非営利組織理事会の運営

堀田和宏 著

その向上を求めて

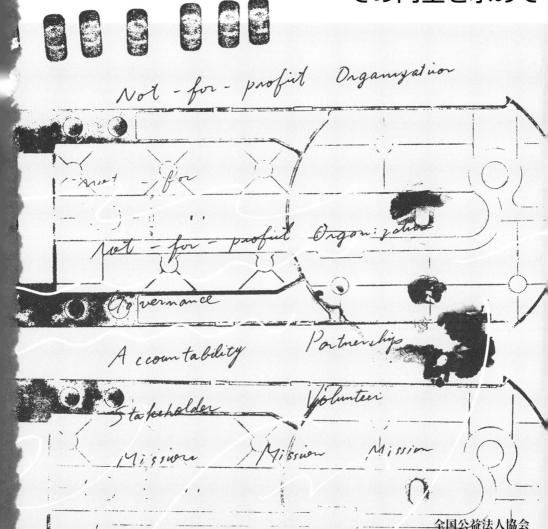

全国公益法人協会

は じ め に

　筆者の問題意識は、非営利組織が社会公共目的のパフォーマンスと公共へのアカウンタビリティを厳しく問われてくる現下のあるいは将来の変化する内外の危機的環境情況のなかで、その理事会はどのようにして組織の経営管理に参加して公共の負託に応えればよいのかという点にある。非営利組織が瀬戸際にあるからこそ、むしろ非営利組織を「らしく」経営するために、理事会は組織の開放性（オープンネス）、透明性（トランスペアレンシー）、正当性（レジティマシー）を担保するにはどうすればよいのか、理事会がその存在価値を認められ、ひいては組織の有効性を向上させるには「どうすればよいのか」という点である。

　言うならば、理事会の構造の構築—誰が、どのような仕組みで、何をすればよいのか—、それには、どのような理事会の規模、構成と人材、委員会制度、選任方法、任期、運営方法が適当なのかを問わなければならない。さらには、理事会と経営者との関係、理事長と最高経営者の関係はどのようにすればよいのかに答えなければならない。そしてさらには、その結果、理事会の有効性はどう高まるのか、それに伴って組織の効率性と組織の有効性はどのように向上するのかを考えることになる。

　逆に言えば、社会公共的存在としての、同時に自主独立体としての非営利組織の組織有効性を向上させるためには、理事会をどのような構造と構成で、どのように運営すればよいのか、その実践指針を「情況適合的に」設定することである。これらの問題について多様な理論や提言を基にして主体的、管理的、戦略的にそのあるべき方向を示唆することである。

　非営利組織の理事会は、営利組織における取締役会と同様に、経営者支配の時代ではもはや所詮は「虚構」なのであろうか。筆者は、そうではない、そうであってはならないという視点に立つ。確かに理事会は今のところ十分に機能し十分に活用されているとはいわないが、特に、非営利組織にとって、そして社会にとって、理事会は未開拓なあるいは未利用な資源であり、付加価値を生産できる可能性が高い紛れもない重要な資本であり、「理事会資本」

と呼ばれるべき存在である。「理事の能力は理事会の力に繋がり」その「理事会の有効性」は「組織の有効性」を高め、したがって「社会への貢献」をすることで、理事会は非営利組織の重要な資源として運営されることによって大きな価値を生むはずである。理事会は非営利組織ガバナンスシステムにおいて欠くことができない存在である。決して無機能ではないし、無能力でもない。自らがそうしているだけである。

　本書は、非営利組織の理事会は何を期待されているのかという職能と役割に関する有力な「いくつかの組織理論」、それらを総括した「規範論」、しかし現実にはどのような職能と役割を果たしているのかという「記述論」、その期待が満たされていないのはなぜかという「理念と現実の乖離論」から始めて、それではどうすればよいのかについて、理事会が最小限果たすべき主要な職能と役割は何であるかについての「戦略的職能論」、その職能と役割を有効に実現するための「理事会の構造・構成および理事会の啓発に関する実践論」、その際に理事会の有効性を大きく規定する理事会（理事長を含む）と経営者（最高経営者を含む）との「関係論」のあり方を中心にしている。そして、その過程において、理事会はどのようにその有効性を向上させ、その結果どのように組織の有効性を高めるのかという「理事会有効性と組織有効性論」と、しかし、その実践はすべからく内外の環境という情況に規定されるという「情況適合論」を織り成して吟味し、そして最後に、特に今後のさらなる研究が必要な「新しいノンプロフィットガバナンス論」を加えることで構成している。

　時あたかも、大規模株式会社の世界では、コーポレートガバナンスのいわゆる第2次改革が進行している。社外取締役導入の制度化に関する議論と具体的な指針による義務化である。欧米ではさらに、株式会社における所有と経営を峻別することの議論とその制度化が一部進められてきている。取締役会会長と最高経営責任者（CEO）の兼任の廃止である。興味あることは、奇妙にも株式会社の世界の最近の傾向として、取締役会における利害対立の可能性、社外取締役制度導入の価値、独立のモニタリング手続き、取締役の多様性の価値が論じられていることであり、営利組織の取締役会に関する問題がむしろ非営利組織の理事会に関する議論に接近してきており、コーポレートガバナンス論において非営利組織の理事会の方向への変換が奇しくも論じられている点である。

本書は、非営利組織の理事会はどうあるべきか、多様な理論や提言と現実の狭間のなかの混沌とした荒地を自分なりの鋤をもって少しでも耕す作業ができればと念じながら、ひとつの入門書あるいは指導書として編んでいる。わが国ではこの種の類書が見当たらないという点からも、それなりの意義はあるものと自負している。できれば、非営利組織の研究を志す若い学究、現に非営利組織の運営に参画している、あるいは将来に非営利組織の経営を志す諸氏に、あるいは、理事会の行動を厳しく見守るひと、理事会のあり方について深く正しく考えているひとにも、あるべき指針ではなくひとつの指標として読んでいただければ幸いである。

　ただ、いくつかのフレームワークを提示するもののひとつとして同じ理事会運営のあり方は存在しない。目的・形態・規模などどのひとつを採ってみても非営利組織の情況は営利組織のそれよりもさらに複雑で異質であることが多いので、ひとつの理論やフレームワークでは非営利組織理事会のすべてを語ることはできない。種々な見方や考え方を拡げたために、実務者には却ってフラストレーションを与えるだけに終わることを惧れるのであるが、各自の組織の情況によって、自己判断のうえで自分なりの戦略的に最適な理事会職能と理事会構造・構成と理事会運営をつくり上げていただく他はない。

　非営利組織の理事会に関する理論と研究はきわめて多種多様な領域に拡散している。しかも、それぞれの領域において見解や結果が異なる議論が続いている。とりわけ、理論研究の世界と実践指導の世界は依然として交わらずに離れたままである。多くの調査・実証研究による実践的な示唆もこれまでの理論研究との関連を尋ねて学習していない。反対に、理論研究が調査・実証研究を基に進展している兆しも見えない。したがって、きわめて興味ある研究業績もその価値が減殺されてしまう。また、非営利組織に関する実践指導の処方箋はそれなりに理論研究に対して貢献するとしても、既存の研究と理論との関連性を欠くので、非営利組織分野の改革に対する貢献はその質を落とす結果となる。筆者としても、多くの研究資料を渉猟したものの、最終的な総合の作業を十分に完成するには至らなかった。菲才ゆえに道半ばにして刊行することを許されたい。

　また、本書については、紙幅の関係などから、議論を要領よく簡潔に述べることになり、いきおいニュアンスのある細密な論議をすることができないので、この論議は個々別々に論述するまたの機会に譲らざるを得ないことを

予めお断りしておかなければならない。なお、引用文献を含めた参考文献についても、煩雑を避けるために最後にまとめて掲載することにした。ご寛容をいただきたい。

謝辞

　本書は、全国公益法人協会の『公益法人・一般法人』に29回にわたって連載された拙稿「非営利組織の発展を支える理事会の運営」（2012年4月15日〜2015年1月15日）に大幅に修正・加筆して改稿し編集したものである。長い間の連載をお認めいただき、さらには、その集成の刊行をご快諾いただいた同協会の宮内章理事長に厚く御礼を申し上げる。また、同協会の桑波田編集局長と島村真佐利編集員には本書の煩雑な編集作業にご尽力を賜った。ここに記して謝意を表したい。

　　2017年2月

堀田和宏

非営利組織理事会の運営
その向上を求めて

contents

はじめに

序章　改めて期待される理事会

Ⅰ．瀬戸際に立つ非営利組織 ……………………………………… 2

　1．政治的危機 ………………………………………………… 3

　2．経済的危機 ………………………………………………… 5

　3．社会的危機 ………………………………………………… 7

　（1）有効性の危機

　（2）正当性の危機

Ⅱ．問題を抱える理事会 …………………………………………… 10

　1．旧態依然の理事会のあり様 …………………………………… 10

　2．理事会に潜む大きな問題 ……………………………………… 12

　3．独立性喪失の危険 ……………………………………………… 14

Ⅲ．期待に応えるべき理事会 ……………………………………… 16

　1．時代の転換と理事会の職能と役割 …………………………… 16

　2．理事会に新たに掛かる大きな負荷 …………………………… 19

　3．理事会に任せられる舵取りの到来 …………………………… 21

Ⅳ．新たな研究の必要とその課題 ………………………………… 22

第Ⅰ部　理事会の職能と役割に関する基礎理論

1 理事会の職能と役割に関する基礎理論

はじめに……………………………………………………………26

Ⅰ．エージェンシー理論—コンプライアンスモデル………28

1．視点と所説 ………………………………………………28
2．理事会の職能と役割 ……………………………………29

Ⅱ．スチュアートシップ理論—トラスティシップモデル………31

1．視点と所説 ………………………………………………31
2．理事会の職能と役割 ……………………………………32

Ⅲ．利害関係者理論—ステークホルダーモデル………37

1．視点と所説 ………………………………………………37
2．理事会の職能と役割 ……………………………………39

Ⅳ．資源依存理論—コオプテーションモデル ………40

1．視点と所説 ………………………………………………40
2．理事会の職能と役割 ……………………………………42

Ⅴ．制度理論—インスティチューションモデル………44

1．視点と所説 ………………………………………………44
2．理事会の職能と役割 ……………………………………46

Ⅵ．経営者支配理論—ラバースタンプモデル ………49

1．視点と所説 ………………………………………………49
2．理事会の職能と役割 ……………………………………50

おわりに……………………………………………………………51

❷ 理事会の職能と役割に関する規範論

はじめに……………………………………………………………………53

Ⅰ．基礎理論に基づく理事会の職能と役割……………54

Ⅱ．理事会の法的・倫理的受託責任………………………58

1．法的な受託責任 ……………………………………………………58
2．倫理的な受託責任 …………………………………………………60

Ⅲ．理事会連合団体が提唱する
理事会のベストプラクティス ……………………61

1．NCNBの理事会の基本的責任 …………………………………62
2．NCVOの理事会の基本的責任 …………………………………63

Ⅳ．指導書・実務書が唱える理事会職能 ………………65

Ⅴ．研究者が提示する理事会職能 ………………………67

Ⅵ．規範的・処方的な理事会職能論の意義と問題点………70

おわりに……………………………………………………………………72

❸ 理事会の職能と役割に関する記述論

はじめに……………………………………………………………………75

Ⅰ．部分的な研究による理事会職能論 …………………75

1．理事会ガバナンス不在論 …………………………………………75
2．理事会職能限定論 …………………………………………………76

3．特定分野の調査研究による理事会職能論 ………………77

　　4．調査・実証研究による理事会職能の総括 ………………81

Ⅱ．いくつかの理事会類型論 ………………82

　　1．職能内容による3つの理事会パターン ………………83

　　2．規模・分野別による4つの理事会パターン ………………84

　　3．パワーを基準にした5つのガバナンスパターン ………………85

　　4．パワーその他の要素を基準にした4つの理事会パターン …………87

　　5．ライフサイクルによる4つの理事会パターン ………………89

Ⅲ．理事会職能の情況適合論 ………………92

　　1．外部情況 ………………94

　（1）政治的・制度的・社会的な外部圧力

　（2）外部資金への依存

　（3）委託契約による政府資金

　（4）特殊な外部情況

　　2．内部情況 ………………99

　（1）組織の規模

　（2）組織の専門化

　　3．不確実性のある情況 ……………… 103

　（1）組織の不安定性・不確実性

　（2）組織の重大事件の発生

　　4．理事および理事会の特性 ……………… 105

　（1）理事の個性

　（2）理事会の構成

　（3）理事の選任方法

　（4）理事会の構造と機能の関係

　（5）理事会と経営者の間のパワー関係

おわりに…………………………………………………………… 109

❹ 理事会の職能と役割の期待と現実の乖離

はじめに……………………………………………………………………………… 111

Ⅰ．理事の特性……………………………………………………………………… 112

　　1．理事の姿勢と行動 ……………………………………………………… 112

　　（1）所有者意識が弱い

　　（2）理事会参加と理事会活動への動機づけとインセンティブが弱い

　　（3）理事職に関して無知・無能である

　　（4）理事職に不満で無関心である

　　2．役割の曖昧性 …………………………………………………………… 114

　　3．役割のコンフリクト ……………………………………………………… 116

　　4．役割の過重 ……………………………………………………………… 117

Ⅱ．理事会の特性 ………………………………………………………………… 117

　　1．不透明な理事会目的 …………………………………………………… 119

　　（1）ガバナンス職能は間欠的である

　　（2）モニタリング職能は満足感を与えない

　　（3）目的意識に欠ける

　　2．集団意思決定の弊害 …………………………………………………… 121

　　（1）集団意思決定に共通の問題点が潜む

　　（2）理事会内のコンフリクト

Ⅲ．理事会職能に関する違った認識と期待…………………………… 124

　　1．ステークホルダーが求める多様な理事会職能 ……………………… 124

　　2．経営者が求める別の理事会職能 ……………………………………… 124

　　3．理事会職能に関する理事と経営者の認識と期待の離齬 ………… 125

Ⅳ．その他の背景と要因 ………………………………………………………… 127

　　1．理事会と組織への外部圧力 …………………………………………… 127

　　2．多様なミスマッチ現象 ………………………………………………… 129

（1）組織形態の多様化によって適用不能な組織が生まれている

（2）理事会構成があまりにも多様化してきた

おわりに……………………………………………………………… 130

第Ⅱ部　理事会の職能と役割の統合化への試み

❶ 理事会の職能と役割の統合論

はじめに……………………………………………………………… 134

Ⅰ．エージェンシー理論の非営利組織への適用可能性…… 135

　１．エージェンシー理論の問題点 ………………………………… 135

　２．エージェンシー理論の非営利組織への適用の可能性とその限界

　　　…………………………………………………………………… 137

（1）経済効率性を求めない非営利組織

（2）多様な所有権者が関与する非営利組織

（3）組織の管理人として働く経営者

（4）協同関係にあるステークホルダーと経営者

Ⅱ．理事会の職能と役割に関する諸理論を統合する試み…… 141

　１．エージェンシー理論とスチュアートシップ理論の統合論 ……… 141

（1）プリンシパルとエージェントが情況によって選択するモデル

（2）エージェンシー理論の特殊型としてのスチュアートシップ理論

（3）エージェンシー理論・ステークホルダー理論・スチュアートシップ

　　理論の統合論

　２．その他の統合論 ………………………………………………… 147

（1）エージェンシー理論と資源依存理論の統合論

（2）エージェンシー理論と制度理論の統合論

Ⅲ．パラドックスの視点によるメタ理論の構築 ······ 150

1．パラドックス視点 ······ 150
2．法制度に内在するパラドックス ······ 151
3．統制と協同のパラドックス視点による統合論 ······ 152
4．統制と指導のパラドックス視点による統合論 ······ 155
5．監視と経営、支配と実践、統制と支援の間のパラドックス視点

······ 158

おわりに ······ 162

❷ 情況適合理論を援用する理事会行動の統合理論

はじめに ······ 164

Ⅰ．情況特性と理事会行動の関係を　実証研究で示すフレームワーク ······ 165

1．実証研究A ······ 166
2．実証研究B ······ 167
3．実証研究C ······ 171
4．実証研究D ······ 173

Ⅱ．情況特性と理事会行動の関係を　理論で示すフレームワーク ······ 176

1．理事会役割に関する3つの理論を基礎にしたフレームワーク

······ 176

（1）環境要素・組織要素が理事会行動に及ぼす影響
（2）理事会特性が理事会行動に及ぼす影響
2．理事会属性と理事会行動と組織有効性の相関を示すフレームワーク

······ 181

（1）理事会の4つの属性

（2）理事会属性間の関連

（3）理事会の組織パフォーマンスへの影響

（4）理事会属性と理事会役割の関連

　3．理事会役割を情況適合で分類するフレームワーク ……………… 186

Ⅲ．情況理論適用の有効性 ……………………………………………… 188

おわりに ……………………………………………………………………… 190

❸ 理事会の職能と役割の絞込み

はじめに ……………………………………………………………………… 192

Ⅰ．理事会職能の戦略的決定の必要性 …………… 193

Ⅱ．理事会の職能と役割の政策領域への限定 ……… 195

　1．理事会が関わる政策段階とその限定 ……………………………… 195

　2．理事会が関わる政策展開とその限定 ……………………………… 196

　3．政策周辺に集中する理事会の職能と役割 ………………………… 198

Ⅲ．政策策定としての「戦略の策定」………………… 201

　1．理事会の戦略役割が不透明な背景と理由 ………………………… 201

　2．取り組むべき基本的な課題 ………………………………………… 203

　3．理事の十分な戦略役割に必要な処置 ……………………………… 205

　4．戦略策定に関する研究結果 ………………………………………… 206

　5．理事の戦略役割に関する新しい研究動向 ………………………… 208

　6．情況によって変化する理事会の戦略役割 ………………………… 209

（1）内外の情況

（2）直接に影響を与える組織戦略

（3）戦略策定の能力

7．重要な戦略の策定 ･･ 212

（1）ミッションの確定

（2）戦略的連帯の展開

（3）革新・転換・危機・リスクへの対応戦略

Ⅳ．組織の活動と成果に対する 理事会の評価・統制の職能と役割 ･･････････････ 216

Ⅴ．対境管理に対する理事会の境界連結の職能と役割 ･･････ 220

おわりに ･･ 221

第Ⅲ部　理事会有効性を高める基礎構造

1　理事会有効性をめぐる基本的理解

はじめに ･･ 226

Ⅰ．様々な視点による理事会有効性の捉え方 ･･････ 226

1．理事会有効性の規範的な基準 ･････････････････････････････ 226

2．アンケート結果による主観的期待 ･････････････････････････ 228

（1）実業家のボランティア理事に対するアンケート調査結果

（2）経営者に対するアンケート調査結果

3．研究者による理事会有効性論 ･････････････････････････････ 230

（1）代表的な議論

（2）理事会能力論─6つの次元の有効性基準

（3）理事会有効性のフレームワークの構築

Ⅱ．理事会有効性を高める基本的方法 ･･････････････････ 235

1．理事会能力の評価 ･･･ 236

2．高い集団活動能力の構築 ･･･････････････････････････････････ 237

3．最高経営者への理事会有効性向上の役割付与 ……………… 238

　　4．理事会による理事会有効性の戦略的選択 …………………… 240

　　5．理事会有効性を高める場合の問題点 ………………………… 241

　（1）理事会は2つの顔をもたなければならない

　（2）理事会有効性の測定・評価が困難である

　（3）組織のニーズと理事のニーズの間のジレンマがある

　（4）動機づけ・インセンティブ報酬の制度と方法を適用できない

Ⅲ．理事会と組織有効性の関係 ………………………………… 244

　　1．理事会有効性と組織有効性の関係に関する研究 …………… 245

　　2．理事会の属性と組織有効性の関係 …………………………… 247

　（1）理事会規模

　（2）理事会構成

　（3）理事会の多様性

　（4）理事会の結集性

　　3．理事会と経営者の関係と組織有効性 ………………………… 254

　　4．理事会の担当職能（財務管理・対境管理）と組織有効性 ……… 256

　　5．理事会の管理活動（戦略・統制）と組織有効性 …………… 256

おわりに …………………………………………………………………… 258

② 理事会の規模

はじめに …………………………………………………………………… 259

Ⅰ．相対的に規模が大きな理由とその利点 ………… 259

　　1．多様な理事会職能を必要とする ……………………………… 259

　　2．多様なステークホルダーが関与する必要がある …………… 262

　　3．専門家が支援する必要がある ………………………………… 263

　　4．ボランティアの動機を満たす必要がある …………………… 263

Ⅱ．規模の大きな理事会の問題点 ································· 264

  1．騒がしい理事会 ··· 264
  （1）理事の間の衝突や対立が激しくなる
  （2）「理事会内理事会」が定着する
  2．不活発な理事会 ··· 266
  （1）フリーライダーが発現する
  （2）会議と行動が儀礼化する
  （3）戦略的意思決定が困難となる
  （4）経営者支配を助長する

Ⅲ．理事会の最適規模 ·· 269

おわりに ·· 272

❸ 理事会構造と理事会手続き

はじめに ·· 275

Ⅰ．理事会の管理階層 ·· 276

  1．理事会 ··· 276
  （1）理事会の役割と責任
  （2）職能規程の作成
  （3）理事会と経営者の関係
  2．執行役員会 ··· 278
  3．常任理事会 ··· 279
  （1）常任理事会の役割と責任
  （2）常任理事会の規模と構成
  4．理事長 ··· 282
  （1）理事長の役割と責任
  （2）理事会の統率

（3）外部関係の管理

（4）最高経営者との関係の管理

Ⅱ．理事会職能の特殊化 ……………………………… 285

１．委員会の職能と役割 ………………………………… 287

２．設置する委員会の種類 ……………………………… 289

（1）部門別委員会あるいは職能別委員会

（2）臨時委員会

３．効果的な委員会制度のための基準と施策 ……………… 293

４．委員会制度の困難な問題点 ………………………… 296

５．委員会制度の再構築—効果を上げる委員会制度の工夫— ……… 299

Ⅲ．諮問機関 …………………………………………… 301

１．諮問機関を設ける目的 ……………………………… 301

２．諮問機関の役割と効用 ……………………………… 302

３．諮問機関の職権の限定 ……………………………… 303

４．諮問機関の問題点 ………………………………… 304

Ⅳ．理事会会議
　　—理事会の舞台装置の設計と舞台進行の手続き—…… 305

１．会議が上手く機能しない兆候とその要因 ……………… 305

（1）兆候

（2）要因

２．有効な会議の基本的な原則 ………………………… 308

３．有効な会議進行のための処方箋 …………………… 314

おわりに…………………………………………………… 316

❹ 理事会構成

はじめに……………………………………………………………… 318

Ⅰ．理事会構成の多様性が求められる背景………… 319

1．非営利組織の存在理由から当然に求められる多様性 ………… 320

2．民主制の下における非営利セクターの責務 ……………… 321

3．パブリック・アカウンタビリティを担保する理事会の多様性

…………………………………………… 322

Ⅱ．組織の正当性と理事会の多様性 ……………… 323

1．組織の正当性 ………………………………………… 323

2．理事会の多様性 ……………………………………… 324

3．多様性に関する相反する実証結果 ……………………… 325

Ⅲ．多様な理事会構成の利点と不利点 …………… 326

1．多様性の利点 ………………………………………… 326

（1）複数の多様な観点を知ることができる

（2）効率的な組織リーダーシップができる

（3）理事会資本が蓄積される

（4）多様性が組織の開放性を反映する

2．多様性の不利点と問題点 ……………………………… 329

（1）強いコンフリクトと難しい相互関係を生む

（2）結集力を弱くする

（3）意思統一を困難にする

（4）多様性を回避しようとする集団の性向がある

（5）利益代表制には微妙な違いがある

（6）代表制は必ずしも組織の正当性を保証しない

Ⅳ．多様なステークホルダーの理事会参加………… 334

1．外部者・内部者の理事会参加 ………………………… 334

（1）外部理事

（2）内部理事

2．資金提供者の理事会参加 ……………………………………… 337

3．ボランティアの理事会参加 …………………………………… 341

4．政府代理の理事会参加 ………………………………………… 343

5．受益者の理事会参加 …………………………………………… 344

6．経営者等の理事会参加 ………………………………………… 348

（1）最高経営者の専務理事あるいは代表理事の兼任

（2）経営者の理事兼任

（3）管理スタッフの理事兼任

7．その他のステークホルダーの理事会参加 ………………………… 352

（1）実業家・専門家の理事会参加

（2）地域社会の有力者の理事会参加

（3）女性の理事会参加

（4）高齢者の理事会参加

（5）教育・職業水準の高い層と低い層の理事会参加

おわりに………………………………………………………………… 357

第Ⅳ部　理事会有効性を高める理事会・理事の啓発

1　理事の選考・選任

はじめに…………………………………………………………………… 360

Ⅰ．非営利組織を取り巻く多様なステークホルダー …… 361

1．ステークホルダーの概念 ……………………………………… 361

2．非営利組織に関与するステークホルダーの特性 …………………… 362

3．ステークホルダーの分類 ……………………………………… 363

Ⅱ．理事の選任基準の確定 ……………………………… 364

　1．理事選任の基本的戦略 ……………………………… 365
　2．多様な構成を認める基準 …………………………… 366
　3．望ましい理事像の確定 ……………………………… 367
　4．非営利組織に必須の理事の特性 …………………… 371
（1）価値観が共通である
（2）信念に基づいたミッションを共有する
（3）組織のために情緒的に専心する
（4）協調性と親和性を尊重する
（5）誠実である
（6）独立性を保持する
　5．組織運営に必須の理事の能力 ……………………… 377

Ⅲ．理事の選任方法と在任制度 ………………………… 381

　1．理事の選任方法 ……………………………………… 381
　2．理事の任期と再任の制度 …………………………… 383
（1）長期在任と短期在任
（2）ローテーション式交代制
（3）再任制の制限

おわりに ……………………………………………………… 387

❷ 理事会・理事の教育

はじめに ……………………………………………………… 389

Ⅰ．理事会・理事教育の困難性 ………………………… 390

　1．理事の抵抗 …………………………………………… 390
　2．指導者の逡巡 ………………………………………… 392
　3．評価制度の先行 ……………………………………… 393

4．有効性の不確実性 ……………………………………………… 394

Ⅱ．理事会・理事の教育の必要性 …………………………… 395

　　1．組織のスキャンダルや理事の怠慢の防止 ………………… 395
　　2．理事の境界連結職能の強化 ………………………………… 396
　　3．市場化要求への対応 ………………………………………… 397

Ⅲ．理事会・理事教育の目的と内容 …………………… 398

　　1．組織経営と理事会の理解 …………………………………… 399
　（1）組織を理解する
　（2）非営利組織の経営管理を理解し習得する
　（3）理事会を理解する
　　2．理事に期待する役割と責任の確認 ………………………… 401
　　3．理事に期待する態度と行動の確認 ………………………… 403
　（1）情緒的なコミットメントをする
　（2）団体行動に参加する
　（3）理事としての規範と倫理を護る

Ⅳ．理事会・理事教育の制度と方法 …………………… 406

　　1．献身的な理事会・理事教育委員会を設ける ……………… 406
　　2．理事会・理事教育プログラムを編成する ………………… 407
　　3．よい会議の設計と運営をする ……………………………… 408
　　4．公式のオリエンテーションの充実を図る ………………… 409
　　5．自発的な研修会を催す ……………………………………… 410
　　6．交流会を開く ………………………………………………… 410

おわりに………………………………………………………………… 412

❸ 理事会・理事の評価

はじめに……………………………………………………………… 415

Ⅰ．理事会・理事評価の必要性…………………………… 417

1．嫌がられる評価 …………………………………………… 418

2．評価の必要性と効用 ……………………………………… 419

（1）修正・改善の再稼動を担保する

（2）活動と業績を改善し向上させる

（3）理事が重要であることを周知させる

（4）インセンティブとして役立つ

（5）有効な理事会構成を管理する用具となる

（6）公共の信頼を確保する

3．評価能力の向上 …………………………………………… 421

Ⅱ．理事会の評価 ……………………………………………… 422

1．評価の対象 ………………………………………………… 423

（1）規範と現実とを比較評価する

（2）優れた能力基準と比較評価する

（3）予定（計画）と実際（実践）を比較評価する

2．評価の用具 ………………………………………………… 426

（1）いろいろな評価項目と評価手順

（2）理事会自己評価の共通の項目

（3）理事会自己評価用具の問題点

3．使い方の留意点 …………………………………………… 432

（1）お仕着せの評価制度ではその効力は半減する

（2）何を評価するのか、評価対象を特定することである

（3）運用する手順を確かにし、それに従って理事が参加することである

（4）評価は時に応じて行うことで効果がある

（5）自己評価は散発的な活動ではなくて持続的な活動である

（6）評価は否定的な批判や制裁を目的にしてはならない

（7）理事会の評価は理事会の責任である

Ⅲ．理事の評価 ……………………………………………… 434

　1．理事評価の重要性 ……………………………………… 435

　2．評価の対象 ……………………………………………… 436

　（1）理事個人の活動と業績を測定・評価する

　（2）行動や姿勢の「態度」に重点を置く

　（3）チームとしての理事会への協力・貢献度を重視する

　3．評価項目と評価チェックリスト ……………………… 438

Ⅳ．理事会・理事の自己評価の意義と問題点 ……… 441

　1．自己評価の意義と目的 ………………………………… 441

　2．自己評価の制約と限界 ………………………………… 442

　3．懸念される強制される評価制度 ……………………… 443

　4．自己評価の作成と利用に際する留意点 ……………… 444

おわりに ……………………………………………………… 446

第Ⅴ部　組織有効性を高める理事会リーダーシップ

1 理事会と経営者の関係

はじめに ……………………………………………………… 450

Ⅰ．理事会と経営者の関係論 ……………………………… 451

　1．これまでの理事会と経営者の関係論 ………………… 451

　（1）理事会支配論

　（2）経営者支配論

　（3）パートナーシップ論

　2．新しいパートナーシップ論 …………………………… 456

　（1）理事会と経営者の間の緊張関係論

（2）理事会と経営者の間の相互依存関係論

（3）理事会と経営者の間の協同関係論

Ⅱ. 理事会と経営者の不均等な関係 ……………………… 463

1. 理事会と経営者の職務上の違い ……………………… 463
2. 理事会と経営者の性格上の違い ……………………… 465
3. 情況によって変化する理事会と経営者の関係 ……… 468
（1）組織をめぐる外部情況

（2）組織の情況

（3）理事の立ち位置

Ⅲ. 理事会と経営者の関係の問題点 ………………………… 472

1. 営利組織とは異なるガバナンス構造とガバナンス構成 ……… 472
2. 政府依存に伴う理事会軽視と専門経営者の重用 ……… 474
3. 企業モデル化への圧力 ……………………………… 475

おわりに ………………………………………………………… 477

❷ 理事会と経営者のよい関係の構築

はじめに ………………………………………………………… 480

Ⅰ. 経営者を中心としたよい関係の構築 ……………… 481

1. 経営者が理事会リーダーシップ役割を担うよい関係を構築

………………………………………………………… 481
2. 経営者のリーダーシップでよい関係を構築 ……… 482
3. 経営者に一任してよい関係を構築 ………………… 484

Ⅱ. 理事会が関与するよい関係の構築 ……………… 485

1. 理事会が主導して公益性を担保する必要 ………… 485
2. 理事会自らが決めるべき役割と責任 ……………… 487

３．よい関係の構築に努める理事会 ……………………………… 489

Ⅲ．理事会と経営者の関係をよくするガイドライン …… 490

１．合意による役割と責任の分担 ………………………………… 490

２．対話による誠実な関係の構築 ………………………………… 492

３．役割と責任の共有と協同 ……………………………………… 493

おわりに………………………………………………………………… 496

❸ 理事長と最高経営者の関係

はじめに………………………………………………………………… 498

Ⅰ．理事長と最高経営者の関係論の必要性 …………… 498

１．理事長と最高経営者の関係の重要性 ………………………… 498

２．理事長と最高経営者に関する研究と議論の必要性 ………… 500

Ⅱ．理事長と最高経営者の職能と役割 ………………… 502

１．理事長 …………………………………………………………… 502

（１）理事長の役割は依然として重要である

（２）理事長の役割の重要性はさらに高まる

（３）理事長と理事の関係における役割と責任

（４）理事長と最高経営者の関係における役割と責任

２．最高経営者 ……………………………………………………… 508

（１）最高経営者の役割と責任

（２）最高経営者と理事会の関係における役割と責任

（３）最高経営者と理事長の関係における役割と責任

Ⅲ．理事長と最高経営者の関係パターン ……………… 511

１．理事長支配型 …………………………………………………… 512

（１）小規模な組織の場合

（2）理事会が最高経営者の任免権をもつ場合

（3）カリスマ型の理事長がいる場合

2．最高経営者リーダーシップ型 ……………………………………… 514

（1）最高経営者が専制支配して理事会は無機能化・形骸化している場合

（2）最高経営者と一部理事が連立して支配集団を形成している場合

（3）巧みな最高経営者が理事会を巻き込みながら支配している場合

（4）賢明な理事長が最高経営者のリーダーシップを容認している場合

3．理事長と最高経営者の共同支配型 ……………………………… 518

Ⅳ．理事長と最高経営者の関係の問題点 ……………… 520

1．理事長と最高経営者の関係に潜む不確実性 ………………………… 520

2．理事長と最高経営者の間の消えないテンション ………………… 522

おわりに ……………………………………………………………………… 523

❹ 非営利組織の指導者リーダーシップ

はじめに ……………………………………………………………………… 525

Ⅰ．非営利組織のリーダーシップ役割 ……………… 526

1．非営利組織のリーダーシップ役割の特異性と重要性 …………… 526

2．非営利組織に固有なリーダーシップ ………………………………… 528

（1）非営利組織のリーダーシップは二元性が原則である

（2）非営利組織に必要なリーダーシップ・スタイルがある

3．リーダーシップ・スタイルは変化する ……………………………… 532

Ⅱ．最高の共有リーダーシップの確立 ……………… 535

1．いくつかの共有リーダーシップ・スタイル ……………………… 535

2．最高の共有リーダーシップ・スタイル確立の必要条件 ………… 537

（1）予め取り決めて大筋合意に達しておくべき基本点がある

（2）特に協同作業をしなければならないもっとも重要な領域がある

（3）強い関係構築には信用・信頼と柔軟で継続的な対話と交渉が必要である

Ⅲ．理事会有効性向上のための指導者の選任基準と選任条件 ………………………… 544

1．指導者の明確な選考・選任の基準と手続き ……………… 544

2．指導者の交代 ……………………………………… 545

3．経営専門家の非営利組織リーダーシップへの参加 …………… 547

4．指導者に必要な資質と能力 ………………………… 547

（1）理事長に必要な資質と能力

（2）最高経営者に必要な資質と能力

おわりに………………………………………………… 554

終章　新しいガバナンスと残された研究課題

Ⅰ．理事会ガバナンスの変化と拡張 ……………………… 558

1．理事会ガバナンスの変化の背景 ……………………… 558

2．理事会ガバナンスの株式会社化の要求 ………………… 560

3．理事会ガバナンスの変化と拡張の必要 ………………… 562

（1）組織のミスマッチ

（2）文化のミスマッチ

（3）スチュアートシップのミスマッチ

Ⅱ．理事会ガバナンスモデルの新展開 —新たなガバナンスモデル ………………………………… 566

1．ガバナンス概念の拡大—ガバナンス機能の拡散 …………… 567

2．新しいガバナンスモデル ………………………… 569

（1）ステークホルダー・ガバナンス

（2）システムワイド・ガバナンス

（3）パブリック・インタレスト・ガバナンス

（4）ネットワーク・ガバナンス

（5）ネットワーク・ガバナンスにおける入れ子型ガバナンス

（6）連合組織ガバナンス

Ⅲ．理事会ガバナンス問題の焦点—今後の研究課題 …… 584

Ⅳ．理事会をめぐる研究状況と今後の研究方向 …… 586

1．伝統的な研究領域とその展開 ……………………………… 586

2．理事会をめぐる今後の研究課題 ………………………… 588

（1）理事会構成

（2）理事会の構造と理事会の機能の関係

（3）理事会（理事長）—経営者（最高経営者）の関係

3．理事会行動に関する新しい研究動向 …………………… 591

引用・参考文献 …………………………………………… 595

序　章

改めて期待される理事会

| 序章 | # 改めて期待される理事会 |

Ⅰ. 瀬戸際に立つ非営利組織

　昨今の大規模株式会社における組織ぐるみや経営者の背任行為や不正行為などの企業倫理に悖る行動がまたまた明るみに出て、これに対する批判や糾弾がマスコミを賑わしている。それにも増して、大規模株式会社は事業のグローバル化から必然的に求められる公式・非公式な国際基準の適用を迫られている。こういった内外からの圧力を受けて、取締役会を中心としたコーポレートガバナンスをどう適切に改善して、正しく確保することができるかについて再び多くの議論を呼び、例えば、社外取締役の選任について誘導と規制が強められ、法改正に至るまでになった。

　こういった営利組織に対する圧力に対して、営利組織の世界とは比較にならないほど、少なくともわが国では、非営利組織ガバナンスについてその改善策や抜本的な改革の議論はほとんど見当たらない。この奇妙な事実は、非営利組織は公益を目的とする私心のない創業者や善意の有志が立ち上げた組織であるから、その組織を運営する創業者たちを含む経営者や管理者たちは善行と徳行の持主であるとする、非営利組織は慈善・利他主義によって造られているとする性善説が安易に信じられているからである。それに加えて、非営利組織は利益分配禁止の拘束に従う組織であり、自己利益を追求することが許されない制度であるという誤った思込みが背景にあるからである。

　非営利組織の私物化や利益の私的流用はたまに官僚の天下りに絡めて問題となることがあるが、しかし、ほんとうはむしろ潜在的に常態化しているのではないかという懸念さえ生まれてきている。実は、ある種の起業家がなぜ非営利組織の形態を選ぶかといえば、非営利組織の形態での創業には、例えば、株主や資本集団などの外部勢力の影響が及ばない、あるいは市場のテストや市場の監視を厳密には受けないという非営利組織の特性が自己継続型経営へのインセンティブとして強く働いているためであるとも考えられる。

あるいは、単純に補助金・助成金・給付金、優遇税制、寄附金などの利益機会があるために非営利組織に偽装して参入するとも考えられる。もともと自己防衛や自己利益のために非営利組織を選ぶということである。非営利組織は本来的に「クローズドシステム」なので、ややもすると、非営利組織は利己目的のかれらの実質的な所有物となるかもしれない。このような事態が本当ならば、それはたんに個別の非営利組織の信用の失墜に止まらず、組織の私物化以上に社会的損失をもたらすだけに、営利組織と比べてことはきわめて深刻となる。

むろんそういう事態はあってはならないことであり、非営利組織はなんらかの公益活動をするひとつの公益信託であると見るべきである。そこで当然のことながら、非営利組織は各種の貢献をしてくれる関係者たちの信頼を得ていなければならない。そのためには、非営利組織は開放性と透明性の水準を高くするアカウンタビリティの向上に努めるとともに、非営利組織が存在するその正当性に関して社会的に認知を受けるだけの高いパフォーマンスを達成するガバナンスを確保していなければならない。

しかしながら、ことはそれだけで済まされない非営利部門を取り巻く内外の環境情況の変化が生じてきているのである。多種多様な組織や団体を含む非営利部門が急速に成長を遂げているなかで、すでにその非営利部門は瀬戸際にあると考えるべき予兆が明らかになっている。それは政治的、経済的、社会的危機という3つの危機である。

1．政治的危機

この数十年の間に政府による公共サービスの供給には劇的な変化があり、これが非営利組織とそのガバナンスに大きな影響を与えている。国は行政改革として民間セクターの経営管理手法を公共セクターに導入したが、その典型的な手法がNPM（New Public Management）である。これによって公共セクターと非営利セクターの間の関係が変化し始めた。この変化に関連する少なくとも次の2つの改革が非営利組織にとって重要な影響要因である。

①行政における役割の分離

伝統的に、政府は公共サービスの供給を計画し、公共サービスを購入し供給する責任を果たしてきたが、この公共サービスの「購入者」としての政府の役割と、サービスを供給する「供給者」としての政府の役割とをますます直接に分離することで、準市場を創ったことである。これによって公共サービスの契約をめぐって民間企業と非営利組織との競争が公共サービスの供給市場に生まれたことである。このような変化の結果、公共、民間、非営利の各セクターの間の境界が不透明になった。公共サービスの補完作用を果たしてきた多くの非営利組織が、以前には公共サービスの中核であるとされたサービスを直接に供給するようになった。

②政府資金支出の変化

同時に、政府資金の多くが補助金から契約金に変わり、政府が業績管理制度（目標と基準が満たされるように、上からの目標設定、サービス水準の設定、規制・検査・監査システムの強化）を通して一定の距離を置いた統制形態にますます頼るようになってきたことである。

さらにまた、NPMの影響として公共サービスの分断が生じたので、政府は政府行動を「統合する」必要性を感じて、政府と民間・非営利組織とのパートナーシップの発展を通して公共サービスの供給を達成しようとする「関係ガバナンス」を構築しようとする。このような関係ガバナンスの発展から、多くの非営利組織が公共機関との組織間協同に組み込まれるようになってきた。確かに、多くの非営利組織が関与する社会問題はその多くはより高い組織間レベルで適切に取り組まれる性質のものであり、組織の内部だけで処理できるものではなくなっていることは真実である。

しかし、多くの非営利組織にとってはこのパートナーシップ関係のなかに取り込まれるのは「不自然な行為」のはずである。そこで、このような変化から、政府に大きく依存する非営利組織の自立性に関する問題が深刻となってくる。加えて、これまでのところ、財政縮減と景気後退が続き、非営利セクターへの公共資金の縮減が行われ、これが多くの非営利組織とその理事会にとって挑戦的な課題となっている。特に、公共資金が縮減することから、ひとつの資金源に依存することが非営利組織の自立性、そればかりでなく組織の存続にとって大きな危機であることが明らかとなってきた。

このような公共政策の展開とその実施に対する役割と責任が公共セクター

序　章

から民間セクターに一部転移してきたことから、セクター間の境界問題が注目されてきた。政府補助金や政府契約と関係する非営利組織にとっては、政府との「縺れた関係」を管理することがますます喫緊のガバナンス問題となってきたのである。

　問題の1つは、公共セクターと非営利セクターの間の曖昧な境界線に生じる権限の分離と責任の分散である。(i)立法府も政府も契約当事者である非営利組織のアカウンタビリティを求める権能を希釈されると同時に、公民も公共サービスの供給システムに対する要求を直接に訴える能力を殺がれることになる。その結果、民主制の障碍となる可能性がある。(ii)また、組織に関する自立性、多様性、特定の個人やコミュニティの需要への反応性、進歩的改革など、歴史的に非営利組織に固有で重要な事業価値が政府契約によって浸食される。ある種の非営利組織にとっては、コミュニティの利益に基準を置くのか、法律と公共機関の価値に基準を置くのかという問題である。ボランタリー組織が陰の国家装置に転換することは、前進的な社会改革を推し進めるボランタリー組織の潜在力を結果として束縛することになる。

　問題の2つは、非営利組織の理事会は公共セクターと非営利セクターの間の相互関係においてどのような位置においてどのような職能と役割を果たすのかである。政府が非政府機関に公共政策の執行を委譲する制度である「サードパーティ政府」において、委譲された組織の理事会はそのなかの重要な参加者なのか、あるいは疎外された傍観者なのかが問題となる。理事会が実質的ではなく儀礼的な存在となれば、その理事会は民主主義の用具としても、組織への有意義な市民参加の手段としても機能しないことになる。それに関連する結果として、理事会は政府契約に伴う政府規制の逆機能を軽減する影響力を何ひとつ果たすことなく、政府との関係に巻き込まれる可能性が出てくる。

2．経済的危機

　非営利組織が瀬戸際にあるという第2の側面は経済的危機である。激変する環境のなかで、多くの非営利組織が経済的理由から重大な岐路に立たされている。「組織としての存続問題」である。非営利組織の所得源はサービス

供給・販売収益、政府補助金・助成金・委託金等、助成財団その他の寄附金収入、基金・剰余金の投資収益、それに非関連事業の収益である。重要なことは、寄附金収入が少なくなる状況では投資収益も少なくなるという両者の間には高い相関関係が認められること、特にソーシャルサービスやヒューマンサービスに対する高い需要とサービス供給・販売収益の減少には高い相関関係があることから、収入減と支出増とが同時に発現することである。

　また、政府資金の縮小から所得源として非関連事業に依存する必要が出てくることから、さらに加えて、政府の委託契約政策から営利組織が非営利組織市場に参入することから、非営利組織が厳しい市場競争に巻き込まれるという事態が発生する。非営利組織の商業化であり経営専門化の方向である。

　しかし、非営利組織が同じ市場の営利組織と効率性の競争をするにはあまりに厳しい制約がある。この効率性志向それ自体から、非営利組織が収益に見合うサービスやクライアントを選択することを余儀なくされて、非営利組織自らがその正当性を失うという危機である。例えば、保険給付において市場のコスト以上の非営利の価値を算入しない政府の政策のなかで、料金収入に頼る非営利組織において支払い能力のあるクライアント・利用者を対象にするサービスを優先して提供する施策や、施設の更新・新設の投資には借入コストを賄えるクライアント・利用者を基準にする施策を講じることによって、市場競争に耐えることができるサービスを提供することに傾斜し、その結果、非営利組織の市場志向はサービスを必要としている人々からサービスに支払える人たちに焦点を移すことになって、非営利組織はそのミッションを持続的に追求することが困難となってくることである。

　それにも増して、営利組織と効率性競争をすれば、非営利組織は必ず敗れる運命にあるという危機である。その理由は4つある。第1に、資金調達が限られていること——政府や助成財団が競争資金を提供することはほとんどない。寄附金は相対的に減少するなかで移り気であり頼りになる原資にはなり難い。事業成果の積立金は制約される。そして、競争資金の借入は債権者の貸し渋りに会う。第2に、事業を積極的に展開するだけの経営者や従業者のインセンティブ誘因・報酬を充分に設計できない。第3に、非営利組織が一定範囲の非関連事業に参入することは許されるとはいえ、営利組織のほうから「商業性のテスト」を要求されて、その非関連事業に商業性が認められればイコールフッティングの競争を強いられる。第4に、経済するだけでは

非営利組織は救われない。反対に、経済することは非営利組織の消滅や変換に拍車を掛けるだけである。

　さらに、危険なことは組織全体が所得獲得への関心を高めて利益獲得活動に傾斜することである。このために非営利組織の企業家志向を求めることにもなり、利益基準の活動に注力することが健全経営の万能薬と受け取られることの危険である。これが嵩じると、非営利組織が非営利組織たるの基礎である利他主義や社会貢献のボランタリズムの前提を損なうことになる。

　他方では、非営利組織が合理的経営を目指して努力をするとしても、この合理化にはコストが掛かり、場合によっては、合理化の施策が事業の財政を圧迫することになる。さらに、非営利組織がその存在の正当性を証明するために、アカウンタビリティに励めば、これまた相当なコスト高を余儀なくされる。近年特に、非営利組織は多くのステークホルダーからさらなるアカウンタビリティを求められてきたが、それによって、ひとつは経営管理を改善して効率的経営をするよう迫られる。その底意と含意は「事業の運営費を削減」して「よい経営管理」を維持して「よい成果」を挙げよということである。しかし、サービスを提供する非営利組織においては「よき経営管理」をして「よい成果」を挙げるには「運営費の増大」がまずもって必要であるという事実がある。この「運営費の増大」が、ビジネスライクになるにしても、非営利組織らしくするにしても、事業経営を圧迫することになる。

3．社会的危機

　最後は、非営利組織に対して社会が抱く疑念という社会的危機である。非営利組織が政府の公共サービス供給に対して補足・補完作用を効率よく有効に発揮して社会公共目的に一致した行動をしているのかどうかが疑問視されてきている。非営利組織の事業姿勢と事業内容への不信、非営利組織の正当性への疑念が社会のなかに生じつつある。特に、営利組織を中心とした保守的な政治社会勢力から非営利セクター不信論が高まっている。営利組織が公共サービスの供給を肩代わりすることと、非営利組織が公共サービスの供給の主体となることとの比較論が盛んになってきたことがその証左である。このような議論を受けて、営利組織と非営利組織とを混合した「第4のセク

ター」が必要であるとする機運がすでに醸成されてきた。

（1） 有効性の危機

　非営利組織は「市場のテスト」を受けないから、資源利用の非効率、問題解決への効果が乏しいとの告発が激しくなってきた。例えば、貧困救済、都市犯罪の撲滅などのヒューマンサービスを提供する非営利組織に対して、その活動によって実際には社会問題は解決されておらず、むしろ問題を悪化させているだけでなく、「つけ込んで公金を受取る」存在である、つまり、人々の生活をよくして扱い件数を減らすよりも、現状維持を目論む存在であると指弾される。非営利組織が問題解決に有効性があるとは信用されなくなる事態である。

　本来、非営利組織はそれが何をしているのか、その価値を公開するという有意な根拠がないから、基本的にアカウンタビリティ・メカニズムは存在しない。ところが、この非営利組織がその活動と業績を証明する必要に迫られる。政府自体が効率性志向を余儀なくされることから、非営利組織の契約者に対しても測定可能な結果を要求し、しかも長期的なアウトカムよりも短期的なアウトプットを強要する。これに倣って、民間寄附団体も資金提供の条件として、業績測定・評価の手続きを要求する。そして、プログラムの自己評価とサービス対象の受益者の評価を重視する。このような要求は非営利組織の特徴としての「利益分配禁止の拘束」に服するという「信頼」があり、そこにこそ非営利組織の立ち位置があるという理念に反することになる。

（2） 正当性の危機

　政府丸抱えの非営利組織、商業活動に励む非営利組織、救済・慈善・社会活動をする慈善非営利組織など、それぞれの組織の間の乖離が甚だしく、なかには、社会の非営利組織への期待と規範が十分に満たされていないものも出てきている。背任行為・不正行為のスキャンダル、天下りや渡り官僚の高額報酬、源泉徴収もしない公益法人などの法令遵守違反などが社会の眼に留まることから、非営利組織が優遇税制や補助金・助成金などの特典の特恵的地位を享受していることに対する疑念が拡がる。個別の非営利組織だけでなく非営利セクターの正当性問題が出来する。正当性にはそれを測る客観的な指標が存在しない以上、非営利組織が存在するその正当性が世俗的に問われ

ることになり、それが社会通念になることこそが危機である。

　さらに、商業活動をする非営利組織、政府の代行をする非営利組織、政府と協同する非営利組織は、民間慈善事業ではないとして非営利組織の特恵的地位を疑問とする傾向が増してくる。逆に言えば、純粋の民間慈善事業を運営する非営利組織だけが優遇税制の特典を受ける正当性があるとの認識が高まってくることである。

　以上を総括すれば、非営利組織をめぐる環境の変化によって、次のような危機が高まると言うことができる。

①　政府の補助金や助成金、助成財団の寄附金や個人の寄附金による資金調達の縮減と資金調達コストの上昇である。そして、さらなるアカウンタビリティ要求と効率化要求とが投資コストと運営コストを増大させる。

②　資金提供に付随する規制・誘導の強化から、非営利組織および理事会の事業経営の裁量が限定され、自立性や独自性が損なわれる危険が高まる。

③　サービス需要は増えるとしても、それに対する補助金や寄附金は増えないから、財源調達のために報酬・料金などの価格市場や収益事業市場に参入する企業化に傾斜する。そして、特に営利組織との市場競争に巻き込まれる結果、競争に敗れる危険が大きく、生残りをかけた存続問題に終始するから、非営利組織の本来の社会公共的機能（政府サービスの補完機能、政府が関与しない革新機能、公共サービスでは満たされないニーズの補充機能）を遂行できなくなる。また、営利組織との差別化が不透明となり、優遇税制や補助金等で保護されるその正当性の根拠を失うことになる。商業化傾向の姿勢と行動に対する社会の不信や疑念や批判が高まる。事実、組織のミッションを逸脱する可能性が高まる。

④　その結果、非営利組織存在の正当性への懐疑、非営利組織の効率性と有効性への疑問が高まる。

　今日のさらには将来の政治的・経済的・社会的環境は非営利組織の成長というよりは現状維持という相対的な「縮小」を命じていると理解すべきである。非営利組織は社会の規範と期待から離れた行動態様に徐々に追い込まれているのであり、その結果、非営利組織に対する信頼と正当性が危機に遭遇しているのである。そのような環境のなかでなお、非営利組織に対して政府や寄附団体その他のステークホルダーがより高い質のサービス、より高いアカウンタビリティ、より高度なガバナンスを求めて、行政組織や営利組織に

対する非営利組織の差別化を期待するのであるが、非営利組織に対するこれらのいわば差別化要求に応じるには高いコストが掛かり、それがまた組織の存続を脅かすのである。非営利組織はこの差別化と存続という決定的なジレンマのなかで戦略を展開しなければならないことになる。

　以上、筆者はこのような情況を指して非営利組織は「瀬戸際にある」と言い、政治的・経済的・社会的な三重苦に落ち込むと予想する。したがって、非営利組織の今後の重大な課題は、瀬戸際にある非営利組織がいかにしてこのような情況に対して危機管理を行うべきかにあると考える。端的に言えば、問題は、非営利組織らしくするための「差別化の至上命令」と非営利組織が市場で生き残るための「存続の至上命令」のジレンマのマネジメントである。

　非営利組織が抱える問題は営利組織のそれよりさらに複雑である。非営利組織に対する社会の期待と要請は財務管理の誠実性だけに留まらない。諸資源が急激に縮減してきた今日の経済環境のなかにおいても、非営利組織の存続は「収益に見合わない」質の高いサービスを提供するというミッションを組織が遂行する能力に掛かっている。しかし、このような社会公共目的の事業を追求するには、自己の利益を追求することから始めなければならないというジレンマに陥る。本来の事業を変更したり、事業の政策と施策を圧縮したり変更することを余儀なくされ、それがまた、社会の批判を受けることになり、市場に適応して成功している非営利組織も社会の信頼を失うことになる。その結果は、非営利組織に関する優遇税制や補助金支給や寄附税制への根拠を失うことになり、非営利組織存在の正当性が危機に陥る。

Ⅱ．問題を抱える理事会

１．旧態依然の理事会のあり様

　例えば、公益法人制度を改革するとして新たに設けられた一般法人法が会社法の単純な「模倣」でしかなく、したがって、その理事会のあり方は株式会社の取締役会の「模倣」でしかない。その内容は模倣で「事成れり」とし

ているものがほとんどである。しかしながら、非営利組織は本質的に営利組織とは異なるし、組織のガバナンスのあり方が当然異なるはずである。したがって、非営利組織の理事会と営利組織の取締役会とは違わなければならない。それなのに、非営利組織の多くの理事会は定款のひな形を使って制度理論がいう模倣の同型化に簡単に嵌り込み、他の理事会の模倣をするだけでこれまた「事成れり」としている。

また、純然たる選挙制で選ばれる理事はともかく、かなりの程度組織化された非営利組織では、経営者が選ぶ理事が選考委員会に諮られ、その後に理事会の決定を得て総会で承認されるという仕組みで選任されることが想定されるから、非営利組織においても営利組織と同様に理事会は経営者のイエスマンから構成される場面が想像される。理事たちは組織の経営者の事業経営の実践に対して「見ざる、言わざる、聞かざる」の行動に徹する傾向となる。実は、非営利組織には営利組織のようにどんな利益基準でどれだけの利益を挙げているのかなど、株式市場や金融市場の掣肘・牽制が働かないことから、また、非営利組織には情報の非対称性があることから顧客がサービスの質量を測定し評価することが困難であることから、非営利組織には閉鎖性、独善性、排他性の組織体質が罷り通るので、そのまま、組織体質通りの理事の人選と理事会構成ができあがる。

その結果、経営者や管理者のなかには、「何も言わないでいてくれる理事」「すべてを任せてくれる理事」が一番ありがたく一番評価できる、と公言して憚らない人たちがいる。そこで、理事や理事会を敬して遠ざける類の行動を採ることになる。甚だしい場合には、経営者の自己防衛のために「意のままになる部下や関係者」あるいは外部の「お友達」を集めただけの「傀儡集団」として理事会を構成することが常態化する。また、理事会には "社交クラブ" の雰囲気があって、この愉しい仲間の雰囲気を壊すような難しい問題を避けるようになる傾向があることも事実である。

他方では、理事会の職務を全うするには、理事はほんとうは時間を掛け厖大な資料を検討したうえで最終的な承認を与えなければならない立場である。しかし現実には、経営者側が多量の資料や議案を盛り込んだ議案を提出するのが会議の当日であったりする。理事が十分に検討する余地を与えないような意図すら感じられる習性がある。例えば、瑣末な日常管理の問題で理事会を悩ませ、小さな決定には多量の時間と資料、重要決定には僅かな時間

と情報を提供するなど、誤った情報の質と量を提供する傾向がある。現に、理事会に上程される「理事会議案」はあまりにも雑多で多量であり、優先事項が明確ではない。そこで、理事会は儀礼か、大仰なセレモニーとなっていて、議論を交わす場となっていない。これでは、理事会統治の不在であり、「不在理事会」の態である。

2．理事会に潜む大きな問題

1）理事は外部から参加する非常勤ボランティアとして組織に関与するという事実が決定的な問題である。通常は非常勤であるので、会議の間の間隔が空きすぎ、このボランティア理事はその間は何もしないし、何も求められないことがある。また、理事会に出席はするが、理事会の事案について理事たちが互いに話し合う時間がほとんどない。ボランティアで非常勤の理事は意思決定をするために必要な情報が限られ不足している。きわめて限られた、しかも組織内のスタッフが適宜に提供する情報の下で行動することから、その決定と行動の範囲が制約される。理事は見識のある質問をしないのが普通である。それは、理事はほとんど情況を知らないので、情況音痴と思われることをおそれるからである。

かれらがボランティアの非常勤で組織に関わることに加えて、組織への執着心が常勤の経営者や管理者よりは少ないことが問題である。それは常勤の経営者たちと比較して組織に依存していないからである。理事会の役割と責任の曖昧性と、ほとんどの理事は組織との関わり方が希薄であるために、実際には、理事は常勤の経営者たちに指導と指示を仰ぐことになる。いきおい議論をしないで経営者の提案を鵜呑みにして署名をする習慣になってくる。事案の重要性とそれに要する時間とは反比例するというパーキンソンの法則を想わずにいられない。理事が経営者たちを統制するのではなくて、反対に経営者が理事を選任し、指示を出し、評価することになる。その結果は、経営者による組織の専制的支配を生み出す危険がある。

さらに、経営者自らが情報を支配できることによって、経営者が自由裁量の範囲を拡大して、組織の支配権を獲得する可能性が高くなる。支配権獲得の闘争をめぐって、経営者は理事会が受け取る情報を組み立てることができ

る。最小限の情報を流して、理事会が利用できる選択を限定することによって、ある行動路線を承認させることができる。

2）理事会の曖昧な役割と責任の曖昧性である。理事会は何に対して責任があるのか、誰に対してアカウンタビリティがあるのか、理事会あるいは理事は誰の利益を代表すべきかについて不確実であることである。代表制は多くの場合混乱しており、理事は特定のステークホルダーを代表するのか、全体としての組織を代表するのかが明らかではない。さらに、多くの非営利組織の特徴はボランティアであって法的に組織に対する責任を有する無報酬の理事と、組織を管理する有償の経営者が分離していることから、ボランティア理事会が法的には政策決定権を許されない有償の経営者に対して指揮権を有するという組織構造であることによって、理事会は「統治すれども経営せず」をどのように確保するのかという非営利組織の経営管理に関する固有な問題が出来する。

そのほかに、次のように問題が派生する。

1）理事会がパワーを振るいすぎる場合には、理事によっては過剰な熱意を抱いているために、組織の事業に干渉し、経営者の仕事を奪って、役割と責任が明確に区別された経営者の活動を妨害することがある。理事会と経営者や管理スタッフのそれぞれの役割と責任を職能規程において厳密に区分して、理事会の権限を縮小するべきであるとする議論も出てくる。

2）非営利組織の理事会では問題を議論して解決するには時間が掛かる。議論のための議論が多すぎて、妥協して合意に達しようとする気持ちが薄く、そのために理事会会議は遅々として進まず非効率な行動をする。多様なステークホルダーが集まる集団意思決定に関わる固有な困難性があることはかねてから指摘されているが、理事会における決定は多様な視点の妥協を図る必要があるので玉虫色となる傾向がある。合意に達するために、出来上がった政策は実際には誰もが望まないような最大公約数の政策になってしまうおそれがある。営利組織の取締役会とは違って、ミッションをめぐる視点や利害の相克の問題が多くあり、非営利組織の「騒がしい理事会」をどのように調整するかの問題がある。

3）理事会を支配する小さな「内集団」の問題が切実な問題となってきた。理事会が年数回程度しか開かれない事情から、公式的にも特化した委員会制度に頼る必要から生じる難問である。この種の委員会などの「内集団」が理

事会に悪影響を与えるような特殊な利害や動機なり、あるいは不公正な便益を得ようとしてその地位を利用するような特殊な利害や動機に動かされるかもしれない。例えば、多様化を図って採用したステークホルダーにはほとんど実権を与えないで軽視する傾向である。理事会は虚構であることがあり、この虚構の理事会の名においてある種の有力な人物や利害関係集団——しばしばその中心は最高経営者である——がすべてのパワーと影響力を行使することがある。

3．独立性喪失の危険

　営利組織の取締役会の弱点のひとつは、CEOが最高権力者であることから、取締役会とCEOの間の対等な関係が欠如しているために、取締役会はCEOに対して強く迫るというインセンティブをもたない存在であることである。それに対して、非営利組織のガバナンスモデルの強さのひとつは、ボランティア理事が経営者や管理者とは相対的に独立していることであり、受託責任を執行して、経営者を評価し報酬を決め、制裁し、場合によっては出来の悪い経営者を解雇するパワーが強いということである。

　営利組織の取締役会の独立性は社外取締役の員数割合で判定され、社外取締役が多ければ独立性が担保されるとする伝統的な議論がある。この判定基準は社外取締役の選任がCEOと一部の取締役との「取引ゲーム」で決まるために、独立性の測定としては不完全であることがすでに明らかにされているが、非営利組織の理事会の独立性の測定はさらに複雑である。非営利組織では理事はほとんどが外部理事であり、外部理事の占める割合で理事会の独立性を測るという方法はほとんど役に立たない。むろん、非営利組織の理事会がほとんど外部者で占めることが必ずしも非営利組織の理事会の独立性を担保するとは言い得ない。

　現に、非営利組織の理事会は外部者がほとんどであり、理事の選出は民主的な自選制度によって行われるとされ、さらに、理事長と経営者とが人格的に分離していることから、非営利組織の理事会は建前として「独立性」が高いはずである。ところが、実相を観察すれば、この独立性は保証されているとは言い難い。特に、経営者が理事会における投票権を得ている場合、そう

でなくても経営者が理事の選任過程に介入し、この選任に強い影響力を与えている場合には、営利組織の取締役会と同様な性質の理事会となり、それはまさに「非営利組織の会社化」の一端を見せることになる。

このように理事会の独立性を危うくする危険をむしろ保証する条件が、非営利組織における理事の任期や在任期間が長いことであり、外部理事がほとんど報酬を受けないボランティアであることである。したがってまた、理事会の活動範囲も経営者が目論む活動範囲に制約されることになる。例えば、政策決定や事業予算決定に関する決定職能や公式のモニタリング職能よりもファンドレイジング職能に重点を置くように、経営者が理事会の交渉力を利用する。そこから、理事会と経営者のパワー関係の問題、なかでも経営者の理事会支配の問題が盛んに議論されることになる。

現実に、非営利組織では、経営者が理事会を「教化」し、あるいは「指導」していると多くの研究が教えている。そこでは、公式の構造とは逆の非公式な支配構造があり、そのほとんどが明示的に認識されていないだけである。要は、非営利組織も組織規模の拡大に伴う組織内部の経営者層の専門化に基礎を置く「経営者支配」の必然の結果に抗することが難しいということである。

非営利組織の理事会もその独立性は保証されないという議論は、営利組織の取締役会は意思決定機関としての役割を果たしていないという古くから問題となっていた「形骸化」あるいは「無機能化」の議論と同根である。営利組織の取締役会の職能と役割のあり方についてはいまだに多くの議論が交わされているが、すでに前世紀に発現した「所有と支配と経営と管理の分離」に問題の根源があるとことは間違いない。同じようにして、非営利組織の理事会の職能と役割についても同じ問題が議論の主流のひとつとなっている。

しかし、双方に同種の問題があるとしても、非営利組織の理事会の職能と役割のあり方についての議論は「所有と支配と経営の分離」からではなく、それは「支配と経営と管理の分離」から発現する。非営利組織には利益分配権のような所有権が存在しないので、経営管理の専門職のいわゆる専門経営者が成長してそれに伴う権利主張が増してきたことから生じる問題である。さらに、事業管理の専門職のいわゆる事業管理者が依然としてミッション中心を主張し推進する硬直性から生じる問題でもある。

Ⅲ．期待に応えるべき理事会

1．時代の転換と理事会の職能と役割

　わが国においても、非営利組織は社会のあらゆる部面に関与し参加することになって、社会に認知された「制度」となり、さらには、経済的にもひとつの成長産業群としての位置を築きつつある。当然のこととして、政府、資金提供者、一般社会を含むその他の多様なステークホルダーが非営利組織のパフォーマンスとアカウンタビリティに対して高い基準を設定するよう求める機運が生まれてきた。

　そこで、営利組織における社会的責任と同様な、むしろ遙かに重い社会的責任に応える非営利組織のガバナンスとアカウンタビリティが問われることとなった。このような社会的責任を担った非営利組織における理事会の役割と責任は、ミッション・目標の達成、外部ステークホルダーの利益確保、経営管理活動の監視・監督（モニタリング）、内部組織の自己統制（コンプライアンス）などきわめて広くかつ重要な範囲に及んでくる。

　他方、この数十年の間に、政府官僚制の能力の低下、加速的な公共サービス需要の拡大、計画立案の分権化傾向など、政府の役割を縮減させる政治的・経済的・社会的な圧力が強まり、戦後の福祉国家の政策は大きく転換している。国の公共政策を執行する役割がかなりの部面で非政府組織に移行して、今のところ主として非営利組織に公共サービスの供給を委ねることとなった。つまり、政府は公共サービスの供給をサービス委託購入ないしは補助金その他の手法によってますます非営利組織に預託ないしは転嫁をする傾向が定着して、その結果、非営利組織の社会経済的重要性が高まっている。

　このことは、非営利組織が公共活動において重要な職能と役割を担うことに対して社会が容認したことを意味している以上、公共サービスの効率性向上に向けて統治機関（理事会と経営者）の有効性の開発と、それに伴う非営利組織の有効性の向上を図ることが社会への責務となる。理事会ガバナンスの重要性は組織の公益性と公共投資の水準が高まるとともに増大するというべきである。

このような現象は、政府が非政府機関に公共政策の執行を依頼する制度として「サードパーティ政府」「契約レジーム（契約政府体制）」などと言われる世界的な現象であるが、この現象によって公共政策の開発とその執行に対する役割と責任の一部が公共セクターから民間セクターに転移してきたことから、公共セクターと他のセクターに跨る不透明な社会活動領域がつくり出されることになり、公共セクターと他のセクターの境界はますます流動的となり、重複関係になってきている。「影の国家統治」「影の政府」という悪しき影の現象が懸念される。事実、相当数の公益法人やNPO法人が各種の補助金制度、委託制度、指定管理者制度に依存して運営されているが、公共セクターと他のセクターの間の機能と役割や、責任と権限の関係は少なくとも不透明なままである。

このような状況では、公共サービスの生産的・効率的な供給は十全に保証されるはずもなく、大きな社会的経済的損失をもたらすことになる。このように、非営利組織の活動領域が拡大するに従って、政府と非営利組織の相互関係が非営利組織の社会的役割に、非営利組織の基本的な組織行動に大きな影響を与えることに注目しなければならない。

1つは、セクター間の曖昧な境界線に内在するところの役割と責任と権限の不透明な分散と複雑な構造とが、公共サービスに関する民主的な意思決定手続きを不透明にすることである。この不透明性のために、サービス供給システムについて社会が理解することが難しくなるし、立法府も政府も委託契約をしている非営利組織のアカウンタビリティを求める能力を減殺される。特に、政府資金に依存して維持成長してきた非営利組織が分担している公共サービスの範囲と規模において、どのような状況の下で誰が主要なガバナンス機能を果たしているのかを確認することは重要であるにもかかわらず、これを確認することは困難である。

そこで、政府補助金や政府契約に依存する非営利組織にとっては、政府との「縺れた関係」を管理することがますます喫緊のガバナンス問題となってきた。このガバナンス問題に関与するのは誰なのかを確認し、双方の関係者がどの程度これに関与するのかを確認することが重要となる。理事会のガバナンス職能が問われることになる。

2つは、政府が外部委託をするに際して公共サービスの供給について多くの条項と条件を設定するので、非営利組織は組織のミッションを護り、その

ミッションの達成を制御する能力を事実上失うことになることである。最近、政府は焦点をアウトプットや短期的なアウトカムに求める「商業的企業志向」すら強要する傾向がある。このような場合に、非営利組織の理事会は自立の危機を防護する役割期待に応えなければならない。

　3つは、非営利組織に歴史的に固有で重要な事業価値であるところの独自のミッションの自立性や多様性、特定の個人やコミュニティの需要への反応性、進歩的改革を提案する革新性を政府契約によって浸食される可能性が高くなってきたことである。個別の多様なコミュニティの利益、個別で多様な受益者の利益に基準を置くのか、法律と公共機関の画一的な価値基準に拠るのかという問題である。特にボランタリー組織が「サードパーティ政府」の装置に組み込まれることは、結局、先取的な社会改革を推進するボランタリー組織の潜在力を束縛ないしは制約することになる。

　以上のように公共サービス供給の態様が大きく転換するなかで、政府と非営利組織の間の相互依存関係において非営利組織の理事会はどのような機能と役割を果たすのか。理事会が組織ガバナンスを司る実質的な存在でなくて、たんに法律の形式的な存在であれば、理事会は政府契約のマイナス作用の可能性を軽減するなんらかの影響を与えることなく、政府の非営利組織ガバナンスの支配に服するだけの存在となる。他方で、理事会が政府との関係においてある種の緩衝機能を果たす場合には、理事会は政府と非営利組織の相互依存関係の均衡を図るのに決定的な存在となる可能性もある。民主主義の用具として理事会の存在を再確認すること、他方で、理事会が市民参加の手段として組織の自己主張をする役割と責任を担うことが理事会に課せられた重要な職能と役割となる。

　以上から、非営利組織の理事会には重要な多くの職能と役割が求められることになる。

① 　今日の社会経済組織に一般的に求められる「社会的責任」行動を履行すること。

② 　非営利組織の存在理由に忠実な活動を行い、社会の公共利益に奉仕する「自律的機能」を果たすこと。

③ 　厳しい財政のなかで公的支援を受けるだけの非営利組織の「存在の正当性を受認されるガバナンス過程」を透明にする責任を果たすこと。

④ 　ソーシャルサービスやヒューマンサービスを供給する非営利組織は地域

コミュニティの代表が参加する理事会を編成することで「民主的な組織運営」を行うこと。

⑤ 垂直的・横断的な各種のネットワークのなかで効果的に行動をするために「パートナーシップの制御」ができること。

２．理事会に新たに掛かる大きな負荷

理事会は非営利組織の個別事業の立場だけでなく、公共の利益を追求する立場からも重要な存在となる。

１）少なくとも組織の維持と存続を図り、組織の存在の正当性を明らかにするには、社会の信頼を得て社会から認知される必要が出てきた。例えば、閉鎖的で不透明な理事会から開放的で透明な理事会に変質しなければ、非営利組織は他の制度と区別される社会的な存在として認知されない。社会をそれぞれに代表する多様なステークホルダーの「参加的な理事会の構成」が認知の資格要件となる。そのときが今、まさに到来しているのである。

２）政府の要求の拡大ないしは政府委託契約方式の拡大に伴い、政府機関よりも透明性が乏しくアカウンタビリティも不十分な非営利組織が公共目的を遂行する公共機関から負託された「公益信託」となり、この公益を組織経営のうえで受託する理事会も有効なガバナンスを供する能力が往々にして欠けているのに、有効なガバナンスに対するより大きな負荷と期待を掛けられる。

そこで、この公共政策と公共利益の問題に対して非営利組織のガバナンスは果たして対応できるのかどうかという問題に取り組む広い視野が求められてきた。すなわち、公共活動をどのように設計し、それをどのように実行するかという意味の大きなガバナンス問題が出来してきた。L.M.サラモンなどが示したように、今日では、サードパーティ政府の下で非営利組織、民間会社、公私複合パートナーシップなどの非政府組織が多様なメカニズムを通して公共政策を執行しているので、政府は公権力から遥かに離れた政策執行者と取引をすることになり、この執行者に対して政府は不透明で不確かな統制を余儀なくされていて、政府はもはや政府の政策の執行命令に「従うことを強制する」ことができない状況にある。

しかも、政府の政策の執行者の一員である非営利組織は公益についてごく

部分的な視点において部分的な公益活動しかできない存在である。そうだとすれば、政府はどのようにして公共に対する責任と説明を担保することができるのか。今は、非営利組織をサードパーティ政府の一員として認識しているだけであるが、公共サービスの公益性に対して個別組織の理事会ガバナンスがどのような職能と役割をほんとうに果たせるのかについて、今後は大きな注目を集めることになる。

　非営利組織の場合、その目的は広く公益的であることは確かであるけれども、そのミッションと目標は遥かに特定のものであり、政府の包括的なミッションと目標とに一致することもあるし、一致しないこともある。公的に選挙されるのでもない非営利組織の理事会がガバナンス職能の一部として公益達成という広い使命に取り組みそうにない可能性がある点が問題なのである。別言すれば、公共サービスを供給する社会的に重要な組織の経営をボランティア理事会に委ねなければならないという問題である。しかし今日は、非営利組織において社会公共目的はどのように表現されて、どのように実現されるのかについて問い質すべきときである。

　理事会は公共政策の遂行と公共利益のうえからもきわめて重要である。しかし、公共の目的に資する大きなガバナンスにおける理事会の職能と役割と、個別組織の透明性と正当性を担保する小さなガバナンスにおける理事会の職能と役割には基本的なジレンマが存在しており、将来においてこのジレンマが厳しく顕在化することが明らかに想定される。それは基本的に、非営利組織の公益性と独立性、非営利組織の公益性と効率性のジレンマであり、今日、そのジレンマを解決する理事会のあり様はどこに求めたらよいのかという厳しい問題が立ちはだかっていると考えるべきである。

　今日の研究の世界では、理事会を組織のなかの一行為者として捉える傾向がある。確かに個別組織のなかの理事会の職能と役割に焦点を当てることは依然として必要であるが、再び、われわれの考察の関心をより広い環境と結び付く理事会ガバナンスの問題に引き戻すことが必要である。

3．理事会に任せられる舵取りの到来

　1つは、非営利組織が事業の公益性を基礎として運営を行う以上、社会から信託された事業の資産と事業の目的を担保することを受託した存在としての理事会の職能と役割が改めて問われることになる。受託責任の具体的な受け手は事業の執行者である経営者たちにあるとしても、その組織を統治する理事会のモニタリングの職能と役割が社会的に問われることになる。不祥事が発見されて、一番に問われるのは、実は「理事会は何をしていたのか」、「理事長はどう責任を取るのか」であって、決して「経営者は何をしていたのか」ではないことである。

　2つは、非営利組織は公益を掲げる事業組織である以上、公益を代表する各種のステークホルダーの意を体する理事会を構成していることが、少なくとも望ましくかつ要請されてくる。特に、民主制を基盤とする非営利組織が、その理事会において民主制を体現するいわば「タウンミーティング」の場となることを要求されてくる。組織の社会化に伴う理事会構成の多様性を担保する理事会である。

　3つは、諸資源の調達がますます困難になる以上、外部環境やタスク環境に対する理事会の境界連結の職能と役割が増大する。政府や助成財団や実業界との交渉や折衝、各種のコミュニティとの連係や提携、有力ステークホルダーとの調整などの理事会職能を熟す理事会である。

　4つは、資源の縮減や資金調達の困難などから、非営利組織の「個別組織の効率性」を要求され、それを実現するための理事会の効率的な構造と構成を求められ、専門職の理事や実業家の理事会参加が求められることとなる。そこでの理事会は最高の意思決定機関として政策立案の役割と責任を任されるようになる。

　長年の間、ほとんどの非営利組織は長期間在任する理事たちの安定した集団によって管理・統制されていた。当然に、そのなかで意思決定の過程は緩慢であり、主としてリスク回避の決定をすることになり、このような風土が敏速にかつ積極的に動く理事会をつくってはこなかった。しかし、非営利組織のリスクの負担が増大するような新しいかつ異質な環境のなかで、理事会は継続して能力の向上を急がなければならないし、これによって、適宜に敏

感に反応して具体的なプログラム策定とプログラム実施に影響を与える政策決定をすることが必要となってきた。新たに理事会の職能と役割に求められるガバナンスモデルと活動モデルは過去のそれとは異なるモデルである。

IV. 新たな研究の必要とその課題

　世界的な傾向として、この数十年の間に非営利組織は持続的に大きく発展してきた。同時に、非営利セクターと政府の関係が発展しかつ急激に変化してきた。各国の歴史と文化の違いから、非営利セクターの進展とその内容は微妙に異なるけれども、アメリカ、イギリス、カナダ、オーストラリアの先進諸国では、以下のような共通の傾向が見られる。

①　政府が公共サービスの供給を委託契約で下請けに出すようになって、非営利組織がますます公共サービスの供給に巻き込まれるようになってきた。

②　複雑な社会問題を解決するには結合・連携・連帯された行動が必要であり、単独の組織では取り組めないという認識から、非営利組織が横断的な公私のパートナーシップに参加するようになってきた。

③　コミュニティの崩壊や反社会的行動のような社会問題に対して、政府は非営利組織が活発な公民権と社会関係資本形成を促進するよう大きな期待を寄せるようになってきた。

④　非営利セクターの重要性が高まり、公共資金への依存度が増すことから、非営利組織に対する監督と精査の必要が増してきた。ここから、外部からは、非営利組織のパフォーマンスとアカウンタビリティの有効性とその能力について、内部からは、非営利組織の独立性を損なう危険について、議論が高まってきた。そこで、ガバナンスの仕組みに注目が集まり、非営利組織のガバナンスが組織のその独立性を保持し、組織の効率的で有効な行動を維持し、その正当性を証明できるアカウンタビリティを果せるように適切な仕組みになっているかどうかが注目されるようになってきた。ガバナンス機能が遂行されるよう担保する法的責任が理事会にある以上、研究の主要な焦点は当然に理事会に移ってきた。これまでは、(i)理事会の構成、(ii)理事会と経営者・スタッフの関係、(iii)理事会の職能と役割、(iv)理事会の有効性、(v)理事会の有効性と組織有効性の関連などに関する研究が大勢を

占めていたが、さらに拡大して、理事会に関する研究は次のような対象に
展開されてきた。

(ⅰ)理事会のアカウンタビリティ能力、(ⅱ)理事会のステークホルダーとの関
係保持、(ⅲ)理事会のガバナンス構造、(ⅳ)理事の能力と理事会活動状況の評価
用具。

　しかしながら、さらなる研究領域の拡大が求められる。非営利組織が公共
サービスの供給を執行する時代が恒常化する以上、政府はじめ他のステーク
ホルダーからの精査の意識が一層高まることは必定で、社会に対するアカウ
ンタビリティが十分に果たせる組織ガバナンスのあり方が俎上に載るように
なってきた。例えば、統治機関としての理事会における理事会構成の民主的
正当性とその有効性との関係の問題である。理事会は組織の外においては公
平性を維持してステークホルダーの利益と公共の利益を護れるのか、組織の
内においては経営者を有効にモニタリングする能力を発揮できるのか、とい
う問題である。そしてまた、理事会自身の業績評価を正しくできるのかとい
う問題である。

　非営利組織をめぐる内外の環境が大きく変化しているのに、その最高の経
営機関である理事会がアブセンティ・ガバナンス（absentee governance）
と言われるほどに無機能状態のままであれば、非営利組織そのものが存立す
る政治的・社会的正当性が問われることになるに違いない。すでに欧米では、
非営利組織の存続には理事会の機能向上が必須の条件となることを確認して
いるから、このことを銘記して、理事会ガバナンスと理事会運営をめぐって
多くの議論と提言がなされており、さらには、これらを総括する総合理論や
政策枠組の構築が試みられている。

　わが国においても、少なくともこの種の諸理論や調査・実証研究を総括的
に跡づける作業をすべきときが来ているものと信じる。理事会は現実にどの
ような価値を内外にもたらす存在なのか、理事会が価値ある存在になるため
には、理事会はどのような職能と役割を担うべきか、それを実践するために、
理事会はどのような構造と構成をもってどのように運営されるべきか、その
結果、理事会の行動はどのような基準でどのように評価されるべきか、など
の課題である。

第 **I** 部

理事会の職能と
役割に関する基礎理論

① 理事会の職能と役割に関する基礎理論

はじめに

　非営利組織の理事会の職能と役割は何かというもっとも基本的な問題がある。理念としては、非営利組織の理事会とは、社会全体が規定する「社会公共性概念」でもって創設された組織の根本的な組織目的に忠実でありながら、「モラルの羅針盤」として奉仕する倫理的な公共責任を担う存在である。このモラリティこそ営利組織や行政組織とは異なる非営利組織の理事会の特異性であり、非営利組織の理事会はその組織の特異な価値観—信仰やイデオロギーの教義、社会の福利や福祉への貢献—を立証し、その存在の正当性を立証する責任がある。したがって、理事会の職能と役割は組織固有の価値観を組織のなかで維持しながら、信託された社会公共性の事業を遂行させることである。このことは、法がその基礎として想定している理事会の職能と役割でもある。

　理事会は法が規定し法的に必置である以上、具体的・実践的な理事会の職能と役割について、どのようにすれば最善の価値を生み出すことができるのか、これに答える有力な「理事会のあり方論」として、優れた理事会をつくり上げるための唯一最善の方式や方法があるとする「ポリシー・ガバナンス・モデル」において文字通り処方箋として規範的な指針が与えられていた。

　ところが、理事会は重要な目的設定について独自で立案する能力はもちろん決定し承認する能力を充分に保有していないために、理事会と経営者との間の明確な目的と手段の職能分離を図り、それに伴う経営管理層への権限委譲の諸原則を確立することは現実性に乏しいこと、さらに、内外の非営利組織をめぐる環境情況と多様な非営利組織が存在する情況から、現実には、単一のあるいは規範的な「ポリシー・ガバナンス・モデル」では理事会は行動しないことが多くの実証研究から明らかとなった。この事実がおよそ一般に同意されるに及んで、改めて理事会は非営利組織に何か違いをもたらす存在

なのか、理事会はほんとうに非営利組織のミッション達成とそのための経営管理において重要な存在なのかという問題が提起されてきた。

そこで、ある時点では単一の"最善のガバナンス・モデル"についてある程度の合意に向かっていると思われた「ポリシー・ガバナンス・モデル」に代わるモデルがあるのではないか、あるとすればそれはどのようなモデルなのか、理事会の有効なガバナンスを構成する諸要素は何かについて、現在では多種多様な新旧の理論が乱立し、ほとんど合意に達していない。

今日でも、依然として「ポリシー・ガバナンス・モデル」はさらに詳細な展開を見せて健在であるし、他方では、「ポリシー・ガバナンス・モデル」に代わる多くの異なった理論とモデルがそれぞれの立場によってそれぞれの論理を展開している。その結果、どの理論やモデルも理事会の固有な職能と役割について適切かつ完全に説明をすることができないでいる。したがって、特に欧米において、理事会の職能と役割に関して一定の基礎をもつ多くの理論とそれと関連する多様な理事会ガバナンス・モデルが互いに主張をしながら他を批判するような混乱状態にある。

そこで、理事会はどうあるべきかの本題を検討する前に、多様な理論はそれぞれに非営利組織の理事会の違った側面を規定していて重要であるので、それぞれの理論が「理事会のあり方」についてどのように捉えているのかについて概略説明しておかなければならない。ただし、本章ではこれらの理論の分析・検討が目的ではないので概略を述べるに留めることにする。なお、以下、Ⅰ.Ⅱ.Ⅳ.については、理論の内容、主張する理事会の職能と役割、理論の非営利組織への適合性、理論の抱えるあるいは残された問題点など、拙著『非営利組織の理論と今日的課題』（公益情報サービス、2012.、第Ⅴ部「非営利組織をめぐるガバナンス理論」）に詳しく論じているので参照されたい。ここでは、主として理事会の職能と役割に限ってその主張を取り上げる。

Ⅰ．エージェンシー理論—コンプライアンスモデル

１．視点と所説

　プリンシパル—エージェント理論、略してエージェンシー理論はコーポレートガバナンスの仕組みについて支配的な理論であり、法制度が拠って立つ理論である。

　このエージェンシー理論は、まず、その基本的な前提として「経営者支配の仮説」に立って、経営者支配を制約し、その支配の方向を指導するための規範的アプローチを展開する。エージェンシー理論の核心は企業の所有者であるプリンシパルが企業を管理する経営者であるエージェントに対してプリンシパルの利益において行動するよう権限を委譲することにある。エージェントがプリンシパルを犠牲にして自分の効用を機会主義的に満たすことが可能であるのは、この権限委譲があるからである。そこで、エージェンシー理論は、最初に権限委譲し、そして権限委譲の濫用の可能性を最小化する統制条件を細かく設定する。

　しかし、プリンシパルとエージェントは異なった目標と目的の下に対立する利害をもち、エージェントは外発的動機と機会主義的行動をするものとの人間観を仮定しているから、プリンシパルはエージェントがプリンシパルの利益よりも自分の利益において行動するかもしれないといういわゆるエージェンシー問題に直面することになる。プリンシパルが適切なエージェントを選択し支配しなければ、エージェントのために適当な報酬体系を設計しなければ、また情報の非対称性の下にあり部分的にしかエージェントの行動をモニタリングできないとはいえ適切な情報にアクセスしなければ、エージェントは怠慢なあるいは機会主義的な行動をするという問題に直面する。

　したがって、特に買収など会社支配の市場や株主保護の法制や政策が経営者の裁量を制約してくれるものの、このエージェンシー理論ではコーポレートガバナンスの仕組みが株主の最大の利益において経営者が行動するよう担保するもうひとつ別の手段となると見る。そこで、このエージェンシー問題を緩和するひとつの方法は、意思決定過程の統制（承認とモニタリング）と

意思決定過程の管理（策定と執行）を分離することである。この分離は、意思決定の統制と管理について同じ人が責任を負えないので、必然的に第三者集団を加えることになる。この集団が株式会社では取締役会であり、非営利組織では理事会であり、この理事会が重要な経営機関として組織の内部統制機能を執行する責任を担うのである。

理事会は決定管理者である経営者の雇用と解雇の権限を保有し、この経営者の報酬を決め、重要な決定を承認しモニタリングする。理事会はこれらの決定統制権を行使することで決定の管理と決定の統制との分離を確保することができる。理事会は最高の組織統制機関として、組織の活動が所有者の期待を反映するようにしながら、経営者をモニタリングしこれに報酬を与える責任をもつ機関である。そこで、エージェンシー理論はプリンシパルの利益においてどのようにして経営者が効果的に組織の経営をするよう統制することができるかという合理的選択理論に関連している。

2．理事会の職能と役割

このような観点から、プリンシパルの代理人である理事会の主たる職能と役割は経営者を統制することである。このことは、理事会の過半数は経営から独立しており、理事会の主たる役割は経営者のコンプライアンスを確保すること、つまり、経営者の行動をモニターし、必要ならばその行動を規制・制約して、プリンシパルと目されるステークホルダーの最大の利益において経営者が行動するように監視し統制することである。このフレームワークでは、法律上外部者から構成される独立の理事会を確立することが、経営者とステークホルダーとの利害の一致を確保するメカニズムのひとつである。このエージェンシー理論はその仮説に対して若干の批判は見られるが、コーポレートガバナンスの研究では主要な理論である。この理論には普遍的な妥当性と適用性があるとして、非営利組織においても有効な理事会行動は「モニタリングと統制の職能と役割」が基本であるとしてモデル化される。

従来から、この理論は上場会社における株主と経営者との関係に焦点があったが、エージェントがプリンシパルの福利を最大化するよう行動させるという問題は一般的に存在する課題であると指摘され、また、経営者は株主

のエージェントではなくて、会社のエージェントであると指摘されて以来、このエージェンシー理論はどのような形態の事業にも適用できるようになった。この考え方は会社の経営者は直接に株主のために働くのではなくて、組織それ自体のために働く存在であるという有力な根拠による視点であり、株主中心から離れることで、この理論は非営利組織にも容易に適用できることになった。

　非営利組織のミッションや目的の遵守に焦点を当てる場合に、組織がそのミッションを達成するように担保する法的責任が理事会にあり、理事会は意思決定を組織のミッションと関連させ、組織の活動が受益者、資金提供者、その他のステークホルダーの期待と利益に応えるように担保するモニタリングとアカウンタビリティの中心であるとされるので、理事会はこれらのステークホルダーのエージェントである。

　非営利組織は法律によって利益分配禁止の拘束を受け、その所得を出資者に配分することがない組織である。このように所有権者が不在であるという組織において、理事会は組織のミッションを護り、幅広いステークホルダーから組織のミッションを防御するところの組織のエージェントとなる。この場合、組織のエージェントである理事会が組織の経営に関して経営者に権限委譲している限り、経営者が理事会のエージェントである。そこで、理事会はプリンシパルとエージェントとの間に立って、プリンシパルの利益においてプリンシパルとエージェントの利害を調整する装置である。

　したがって、理事会は経営者の決定と行動がプリンシパルの利益と整合するようなモニタリング装置を採用する責任がある。その場合、第一のモニタリング装置は、経営者の活動とその業績に関する公式な評価である。理事会が組織を管理する経営者を採用し監督すると想定する場合には、理事会がプリンシパルである。また、非営利組織では強力な買収市場と明確な成功の尺度が欠如していることから、理事会と経営者とがともに相当な自治を保持することになるものの、理事会が経営者の職権濫用を抑制する職能と役割が重視されることになる。理事会とはエージェンシー・コストを下げ、経営者の関心を組織の活動と業績に集中させるために経営者の行動をモニタリングすること、経営者の能力と貢献に対する理事会の評価を表すと考えられる経営者報酬の決定をすること、という組織内の統制役割を第一にする組織統制の最終的な機構である。

以上の主張の内容について特に非営利組織に関して付言しておくならば、エージェンシー理論の主張する理事会の職能と役割はミッションあるいは目的を徹底して遵守することにある。まず、非営利組織は組織のミッションに反映されているような公共への責任を履行するよう担保する法的責任がある。そしてまた、組織がその定款や規則以外の活動をすることは許されないのは当然として、公共の信頼と信任に応えるという倫理責任を負う存在である。したがって、非営利組織の理事会のモニタリング職能は財務活動だけではなくて、組織が存在する社会的根拠から外れないように非財務活動にも及ぶことになる。理事会は組織活動の方向を示すのであるが、また、組織の歴史と組織のミッションが示す組織の存在理由を追求し、それを評価する役割を与えられているのである。したがって、理事会は意思決定に際して、組織の存在理由をそのミッションに積極的に連結させることによって、モニタリングとアカウンタビリティの職能と役割を担う。このことは非営利組織の理事会に固有な独自のモニタリングシステムであると言うことができる。

Ⅱ．スチュアートシップ理論—トラスティシップモデル

1．視点と所説

この理論は基本的にエージェンシー理論とは別の人間観に立ち、いわゆる人間関係論の視点に基礎を置いており、エージェンシー理論とは対極にある仮定から出発する。すなわち、エージェンシー理論ではある種の経済人を想定して、従属する下位者を個人主義的、機会主義的、利己的な存在と見るのに対して、このスチュアートシップ理論では人間関係論の心理学的・社会学的伝統から導き出された研究方法に基づいて、この下位者は集団主義で、親組織的で、信頼性のある存在と見るモデルである。

プリンシパルに対して下位者である管理人（経営者）の欲求が成長、達成、自己実現にあり、この経営者が内発的動機をもっているので、なんらかのインセンティブ誘因を与えられるならば、かれは個人よりも組織の課題を達成

することでより大きな効用を獲得する。同じく、組織と一体となり、組織の
価値に強く執着するこの管理人はより組織目標に奉仕する性向がある。また、
この管理人の理念が連帯と信頼にあり、集団主義の状況とパワーの違いの少
ない状況にある文化ではプリンシパルとこの管理人である経営者の間のよい
関係が築かれるとする。

　このように、エージェンシー理論がプリンシパルとエージェントの利害の
対立を想定しているのに対して、この理論はエージェントである経営者の利
益は相対的にプリンシパルの利益と一致すると想定して、経営者はよき管理
人となろうと努め、内発的動機によって組織とその資産の従順な管理人であ
り、組織の諸資源を効果的に運営する管理人として行動することで組織の目
標を達成しようと努力すると想定する。したがって、インセンティブや動機
づけの必要がなく組織の成功が達成されることが多いとする。

　このうえに、ミッション志向の非営利組織の経営者は非営利組織の世界は
営利の世界の経営者とは基本的に違うことを強調し、組織のミッションに強
く動機づけられた経営者を想定している。その経営者は組織のミッションに
同化しているので、その結果、理事会と経営者とはミッションを共有して両
者の間に目標の一致があり、したがって、経営者と受託機関としての理事会
は協同関係にあるパートナーと見做されるので、組織の管理者としての経営
者への権限付与（エンパワーメント）を重視するという理事会と経営者の間
の強い紐帯を基礎とする。

２．理事会の職能と役割

　したがって、理事会と経営者は組織の諸目的を達成することを願うものと
して、両者の行動は業績達成を求める共同行動である。理事会は経営者との
パートナーシップで動きながら、組織がそのミッションを達成できるように
経営者との間の戦略的計画の策定における協同をする存在である。ただし、
理事会は経営者とパートナーであるが、管理階層の頂点にあり、したがって、
その主たる役割は「戦略的」である。

　なお、同じスチュアートシップ理論に立ちながら、非営利組織の理事会は
コミュニティが資源と権限を付与している集団であるから、理事会が受託者

として行為する存在であり、善管注意義務、スキル、誠実性をもって組織を先導する存在であるとして、管理人は理事会であると見る立場もある。そこでは、理事会の業績達成機能、あるいは戦略的役割を重視する。経営者はもともと管理人として本質的によい仕事がしたいと願っている存在であるから、経営者の動機づけの問題は生じなく、理事会は主として戦略設定に役割と責任を担うことになる。理事会はミッションと目的を達成するように経営者を指導し、経営者との協同と連立を支配するだけの戦略に関連する決定に参画することになる。したがって、理事会の積極的な参加は重要であり必須である。

　そこで、いずれにしても理事会の主要な職能と役割は経営者を服従させ順応させることではなくて、まず、成長、達成、連帯、自己実現のような内発的動機による報酬を通してこの経営者に権限付与をすることである。そして、経営者の決定に参画し、経営者と理事会の関係を密にすることによって組織の活動と業績を向上させて組織に価値を加えることである。つまり、理事会は経営者と協同するパートナーとして行動しながら、経営者が組織のミッションを達成するよう支援するという戦略的役割を担うことである。理事会の職能と役割は第一に戦略的であり、経営者と協同して戦略を改善し、その意思決定に付加価値を加えることである。このように、このスチュアートシップ理論は理事会が経営者と協同してミッション達成に努力することに関わる戦略的支援行動を強調する。

　以上のように、この理論は従前から経営者のために機能するガバナンス構造に焦点を当ててきた。この理論では、経営者は機会主義的な利己主義者ではなくて、本質的によい仕事をし、組織のよき管理人になるという欲求に満ちた存在である。そこで、経営者の動機づけやインセンティブ報酬制度などのエージェンシー理論が重視する問題は存在しない。経営者の間には動機づけ問題は存在しないという条件の下に、経営者は自分が望むよき組織活動をどのように達成することができるかという問題が存在する。

　そこで、経営者が有効な行動を促進させるかどうかは経営者が組み込まれる「組織構造の形状」によって決まるので、その組織構造の形状が組織の活動と業績に影響してこれらを変化させると考える。ここから、経営者が十分に組織の活動と業績に関する計画を策定し、それを実行できるような組織構造を構築することが重要な問題となる。したがって、管理人である経営者の

モチベーションがスチュアートシップ理論の基礎である人間行動モデルに適合しているとすれば、十分に権限委譲をする組織構造がもっとも適切であり、管理人としての経営者の利益を最大化するように経営者の自由裁量の自治を拡大すべきものとなる。この場合、経営者は組織目的と一致するように行動する動機をもっているから、この経営者に組織志向の行動をさせるために必要となるモニタリングとインセンティブの諸制度のコストあるいはボンディングコストが減少する。このような状況の下では、統制と監視は却って経営者のモチベーションを低くして、経営者の組織志向の行動を損なうことになるから、統制と監視は逆効果になる可能性が高いことになる。

したがって、組織構造やその他の仕組みが経営者への役割期待と明瞭に一致していて、組織のガバナンス構造が経営者に高い自治と裁量範囲を与える場合に、つまり経営者に大幅な権限を認めて権限委譲をする場合に、経営者の組織志向行動がもっともよく促進されると考える。その限りにおいて、そういう組織構造の形状が高い質の業績目標を容易に達成させることができる。こういう組織構造の形状はエージェンシー理論の人間行動モデルの下では逆機能を生むと見られるけれども、スチュアートシップ理論の人間行動モデルでは、経営者は自己奉仕目的よりも組織目的を達成することでかれの効用を最大化すると見るので、統制と監視をするガバナンス構造よりも積極的に経営者に権限を委譲するガバナンス構造が優れていることになる。

特に、CEO（株式会社の最高経営責任者）の役割に関していえば、CEOが組織に関するすべての権限を執行することができて、かれの役割が明確で完全である限りにおいて、CEOの主導によって質の高い業績を達成できるような組織構造が有効となる。またこのような状況は、CEOが取締役会や会長を兼任する場合にさらに容易に達せられる。この場合は権限とパワーが一人に集中され、特定の事項について誰が権限を有するのか、あるいは誰が責任を負うのかという問題が生じる余地はない。結果として、組織は指揮統一と強力な命令と統制から生まれる利益を享受することができる。したがって、スチュアートシップ理論はCEOの動機づけに焦点を当てるのではなくて、積極的な権限委譲の組織構造に焦点を当てて、取締役会会長とCEOの兼任制が組織の有効性を高め、その結果、両者の役割の分離よりもプリンシパルに対してより高い利益を生み出すと主張する。

今日のスチュアートシップ理論の受託者モデルは、たんにプリンシパルと

エージェントの間の信託─受託関係ではなくて、組織資産の保全とその維持の信託─受託関係に発展して理解されるようになっている。すなわち、大規模会社を契約のネクサスと見て、株主は明白な契約によって他の人には与えられない剰余財産処分権を所有する者ではあるが、支配の基礎としての所有権がきわめて限定されていることから、株主は会社を所有する者ではなく、現実にも会社を支配していないこと、また他方では、経営者は会社を所有しているように見えるが、法的には所有していないことは明らかであり、金融機関や従業員などの他のステークホルダーもそれぞれの利益を要求する権利を保持していること、したがって、もはや会社は「一つの社会制度」であり、誰の所有物でもない。そして、現実を見れば、経営者がガバナンスと経営管理のプロセスにおいてもっとも支配的な行為者であることは疑いの余地がないので、この経営者が企業資産（評判、特異な各種の能力、従業員の技能と供給者としての技能を含む資産）の受託者であると見る。そこで、経営者の目的は株主価値を最大限にすることではなくて、事業の利益を増進させることである。

エージェンシー理論が株主価値を重視する理論であり、アメリカやイギリスで支配的な思想であるとすれば、この受託者モデルは会社とは社会組織体や共同体であり、その受託者は所有者のエージェントであるというよりも、会社の有形・無形の資産の受託者であるという、わが国やドイツの会社あるいは非営利組織で受け容れられる思想である。受託者の義務は、受託者の管理の下にある資産の価値を護り、かつそれを高めることであり、これらの資産が生み出す成果に対する各種の要求を公正に均衡させることである。受託者は組織そのものを維持発展させることを引き受けた受託者なのである。

このモデルでは、受託者は会社の経営者であり、この経営者は株主のエージェントではなくて会社資産の受託者であり、会社資産は従業員と供給業者の技能を含む特異な各種の技術・能力、長期的な信頼関係から生まれる顧客や取引業者の期待、コミュニティにおける評判などが含まれているため、受託者としての経営者は株主価値を最大限にする目的を有するのではなく、また会社の経済的利益だけを目的とするのではなくて、経営者は自分の統制の下に資産価値を維持し、それを増大させる義務を負っており、資産運用利益に対する多様なしばしば対立するステークホルダーの要求を公平に均衡させる義務を負い、現在と将来の組織の利益を秤量する義務を負う存在である。

ステークホルダーの目的が競合し利害が対立する場合には、経営者はかれらに認知されるように組織の最善の利益において意思決定をするという動機で行動する。もっとも政治的な負荷の掛かる環境においても、ほとんどのステークホルダーは自分が関与する組織が存続し成功することを望むものであるから、それぞれの目的が対立していても、組織の富を増大させることで得られる利益を享受できる限り、組織の業績を巧みに向上させる経営者はかれらを満足させる。したがって、組織志向の経営者は組織の成果を最大化することに動機づけられ、これによって、ステークホルダーの競合する利益を満足させるのである。

　このような説明をしても、経営者が自分に必要な「存続する」欲求を抱いていないということではない。経営者がプリンシパルと異なる「欲求」を内蔵していることは確かであるが、組織目的に奉仕することで自己の効用が高まると考える。エージェントとプリンシパルの違いは、その欲求をどのようにして満たすかという点である。経営者は個人の欲求と組織の諸目的の間にはトレードオフがあることを認識しながら、組織の共通目的に向けて働くことによって自分の欲求が満たされ、自分の利益が組織とその所有権者の利益と一致するものと信じる。

　そこで、このスチュアートシップ理論はいわば経営者性善説に立って、この経営者に組織の経営を信託し、多くのステークホルダーの利害を調整させるとするガバナンス論である。今日の大会社におけるCEOと取締役会会長の兼任制を擁護するガバナンス論ではあるが、多くの非営利組織も共鳴できるあるべき専門経営者モデルを提示していることも確かである。

　理論の視点から理事会を理解する際に問題となるのは、エージェンシー理論の論理が会社法と非営利組織に関する法の基礎にあることであり、反対に、ほとんどの非営利組織はスチュアートシップ理論が示すガバナンスの論理から活動しているという事実であり、組織を取り巻く多くのステークホルダーも経営者をよき管理人とて見做している事実である。

第Ⅰ部 理事会の職能と役割に関する基礎理論

Ⅲ．利害関係者理論—ステークホルダーモデル

1．視点と所説

　上述したトラスティシップモデルは、経営者が組織の資産を保全管理するために多様なステークホルダーの調整をすると見るけれども、他方では、組織という舞台に多様なステークホルダーが関与や参加をする状況のなかで、経営者はこれらのステークホルダーの利害調整それ自体を役割とする存在であると考えるモデルがある。それが利害関係者理論である。

　先のトラスティシップモデルは、組織のガバナンスにおいて経営者が中心となってステークホルダーの利害を調整しながら組織の資産を保全し、併せて社会的責任を果たすという考え方である。これに対して、このステークホルダー理論は、多元的・協同的・参加的な社会は各人が権利主体者すなわちステークホルダーとして関与していくことを保証する望ましい社会であるとする視点において、組織は組織の所有者よりも広い社会の諸集団に責任を負うべきであるという前提に立つ。

　もともとこの理論は、民間セクターにおけるコーポレートガバナンスの議論のなかの伝統的な株主モデルに対する別のコーポレートガバナンスのモデルとして、大規模会社における社会的責任論の一環として、組織は組織の所有者よりも所有者、従業員、経営者、取引先、銀行、消費者、地域社会など広い社会の様々な諸集団に責任を負うべきであるという前提に立って展開されてきた。多様なステークホルダーを取締役会に統合することによって、組織がある集団の狭い利益よりも広い社会的利益に応えることができると期待される。したがって、組織の諸目的を決定し政策を設定するために異なったステークホルダー間の潜在的に対立する利害について交渉し解決する必要から、取締役会は政治的な役割を演じることになる。

　この理論を非営利組織に適用した場合、組織は組織の所有者よりも広い社会の諸集団に対して責任を負うべきであるという理念に基づいて、多様なステークホルダーを理事会に統合することによって、組織がある集団の狭い利益よりも広い社会公共利益に応えることができると期待する議論となる。こ

の理論は組織の諸目的を決定し、政策を設定するために異なったステークホルダーの潜在的・顕在的に対立する利害関係について、交渉し、調整し、解決するという理事会の政治的役割を導き出すことになる。

この理論の主張はシングル・ステークホルダー（株主）から、マルチ・ステークホルダー（多数利害関係者）への転換を唱えることにあり、多数の利害関係のなかで活動する非営利組織にはより適合するガバナンス形態である。昨今では、特に公的機関や非営利組織に対する各種の多様なステークホルダーが管理や運営に関与・参加するそのあり方に関するガバナンス問題が議論の対象となっており、組織とそのガバナンスシステムが組織と重要なステークホルダーとの関係をどのようにして管理するのかに焦点を当てることから、この理論が公的機関や非営利組織に適合することで援用されてきている。

非営利組織においては、マルチ・ステークホルダーには所有者（社員）、受益者（クライアント・利用者）、出資者（寄附者・支援者）、経営者、従業者、ボランティア、地域社会、国を含む共同体が挙げられるが、これらの多様な利害を組織に内部化した形で意思決定を行うガバナンス形態を提示する。したがって、むしろヒューマンサービス組織やソーシャルサービス組織に適合したガバナンス形態である。なぜなら、この種の事業はサービス供給の受益者に対するだけでなく、コミュニティや市民グループに対しても集合財サービスの利益を実現することを目指すからである。

なお、理事会メンバーシップを特定のステークホルダーの貢献と明確に関連させる「ステークホルダー・ガバナンスモデル」も提唱されてくる。そこでは、非営利組織のガバナンスは特に非営利組織が供給する財やサービスの経済的需要者—デマンドサイドのステークホルダーである利用者・消費者、寄附者、あるいは支援者—である「組織の所有者」の権利を強くするように構築されるべきものとなる。これには、ステークホルダー間の調整費用としての取引コストの増大という負担は掛かるが、それは調整の結果、組織の経営がよくなるという成果には代え難いと見られるのである。このモデルについては、終章で触れることになるが、消費者協同組合のような組織の背景にある理論的視点である。

また、この理論による最近の研究では、多種多様なステークホルダーの利害がいろいろな情況のなかでどのように支配的になってきたかを明らかにしている。非営利組織の収入基盤によって政府や助成団体や大口寄附者の資金

第Ⅰ部 理事会の職能と役割に関する基礎理論

提供者の支配が増大する傾向があり、あるいは場合によっては労働者の支配が増大することも明らかにしており、他方では、ライフサイクルの初期段階では寄附者が強力な役割を果たすことが多いとしている。

2．理事会の職能と役割

理事会は内部環境と外部環境の接点で活動するから、理事会を「接点のステークホルダー」として特異な存在として理解する。そこで、この理論は理事会の職能と役割に関して、理事会がすべてのステークホルダーのニーズと利益に対応するのにどのように関わるのかを研究するのに使われてきた。そこでは、営利組織ではなく民主制組織や非営利組織のガバナンスについて、むしろ多くのステークホルダーが組織の経営について互いの立場で参加・協力し合うコラボレーションシップに基礎をおく利害調整の議論が展開される。組織の目的はこれらの異なった多様な集団のときには対立する利害のバランスをとることで達成される。これらのステークホルダーの理事会参加を認めることで、組織は全体としての社会の利益に応えることになる。そのなかで、理事会が組織の利益においてステークホルダーと交渉し調整することを期待する理事会の調整役割を強調する。

他方で、理事会の職能と役割を理解する場合、多数のステークホルダーの目的をひとつに集めて、プリンシパルたちの間の目的の相違がないものと想定して、理事会をプリンシパルであると考える。したがって、理事会が一枚岩の機関と見做され、同じ目標と目的を追求するものではないと想定されるエージェントである経営者が操作する組織行動に対して、理事会はベンチマークとなるような明確な目標と目的を有する機関であるとされる。

なお、スチュアートシップ理論では、株主を代表する外部理事の役割の重要性は低くなるとされ、経営者が組織の中心として組織を維持拡大させる役割を担うのであるが、このステークホルダー理論では、理事会が組織の諸目的を決定し、政策を設定するために異なったステークホルダー集団の潜在的に対立する利害について交渉し解決するという政治的役割を担う存在であると見られる。

他方、ボランティア団体や社団法人さらには協同組合などの民主制組織に

おいて見られるシングル・ステークホルダーにおける民主制理論—デモクラティックモデル（democratic model）にも触れておくことが適当である。エージェンシー理論では、同じくシングル・ステークホルダー（会社の株主）を想定したガバナンスが論じられるが、これに対して、民主制理論では、資本民主制に拠るのではなく、1人1票制度におけるガバナンスを問題にする。民主制の基本となる理念と実践は、1人1票を基準にした公開選挙、代表者はそれぞれ異なった利害を代表する多元主義、選挙民である利害関係集団に対するアカウンタビリティ、政策を決定する選挙された代表と政策決定を実行に移す執行者との分離である。

　この民主制理念と実践とが特に公的組織と非営利組織のガバナンスに関する考え方に影響を与えている。例えば、多くの非営利組織は社団として設立されており、その理事会はなんらかの選挙方法を通して社員を代表するという統治機関である。そこで、社員は理事職として選挙に出られることであり、先の受託者モデルとは異なり、理事や理事会の専門的能力や経験は中心的な資格要件ではないことである。

　この民主制における理事会の役割は組織がサービスを供給する特定のいくつかのステークホルダーの利益を代表し、その利益を表明することである。そこで、理事会はひとつの政治活動の手段の場となり、理事会の役割は違ったステークホルダーの間の利害を解決し、組織の包括的政策を策定し、執行に関する報告をスタッフに求めたり、全体としての組織活動を社会に説明することになる。

Ⅳ. 資源依存理論—コオプテーションモデル

1. 視点と所説

　この理論は社会学と組織論を基礎にした理論で、理事会とガバナンスの研究において頻繁に適用される視点である。第1に、組織はその環境との相互依存関係にあるものとして理解する。組織はそれが内部的に自己充足の状態

でないために環境からの資源を確保しなければならないから、そこで組織は
その維持・存続のために経営諸資源を求めてもっとも必要な支援を提供する
他の集団（組織とアクター）の要求に応えようと決定的に依存する。したがっ
て、この依存関係を管理し、必要な資源と情報とを確保する方策を見つける
必要がある。それが組織であり、組織は不確実性を減じ、組織の依存性を管
理できるような行動をする制度であり方法であると考える。そこで、組織の
指導者の職能と役割は環境の要求と制約に応えることであり、これらの影響
を和らげることである。そして、組織がそのために利用するひとつの用具が
理事会である。

　第2に、この理事会は組織の一部であると同時に組織の環境の一部である
と考える。環境とは組織内の管理者や従業者、下部組織、それに組織外の競
合者、助成財団、規制当局、あるいは寄附者や受益者などのステークホルダー
を含む。理事会は広い意味で組織の福利と組織の目的を実践する責任を負っ
ているから組織の一部である。他方で、理事は元来組織以外の他の集団に帰
属するか関係しており、その集団の代表として組織の経営に参加している存
在であるから、理事会は外部環境の一部である。

　このような両面の位置にいる理事会は環境と組織のそれぞれが利用する資
源となる。理事会は組織の内外に流動する諸資源を確保するために、外部環
境である多種多様なステークホルダーに対して組織を代表し、組織が依存す
るこのような外部のステークホルダーとよい関係を維持することに努め、組
織に情報を提供することで環境の不確実性を吸収して、最終的には組織の包
括的な活動と業績を高めるような「境界連結機能」を演じる。そこで、理事
会は本質的に組織を外部環境と連結させ、他方では外部環境と区別させると
いう特殊な境界との架橋と境界の統制をする用具であり制度である。

　そこで、なんらかの外部依存性を操作するために、組織は理事職を重要な
外部集団や選出母体に与えて、重要な外部との連結と外部の情報入手の能力
を基に理事を選任し、そうして組織は外部の影響力を取り込もうとするので
ある。例えば、公益法人や一般法人が指導や支援あるいは資金援助を受ける
重要な立法機関や行政機関となんらかの人脈関係にある人を理事会に迎え入
れることになる。

　理事会を境界連結者として捉えるこのような視点は、特に非営利組織には
適合している。多数の理事会研究は非営利組織ガバナンスにこの理論が適合

するとして支持している。それは次の点からである。(i)目標がしばしば漠然
としており、定量化するのが難しく、多様な解釈ができる。(ii)寄附者や受益
者のような多様なステークホルダーから出される利害が衝突する要求を受け
る。(iii)組織の内外の諸資源の流れを順調に運ぶのに個人間のネットワークに
頼ることが多い。(iv)理事や評議員は重要な資源ネットワークへの連結を提供
する。

2．理事会の職能と役割

　理事会は正当性の訴求、助言や相談、他の組織との連携、資源獲得の支援
などの活動を通して必要な資源に連結させることによって、組織に対し資源
触媒として機能する。第一に、「境界連結」をする役割において、理事会は
4つの機能を果たすとされる。
①　理事会は外部のステークホルダーと「交換関係」を展開することによっ
　　て、組織の不確実性を減少させる。これらの交換関係は組織の多くの資源
　　依存性を減じ、他方で組織の資源の流れを増大させる。
②　理事会は外部の環境から情報を収集しこれを解釈することによって、環
　　境の諸要求に応えるために必要な組織内部の調整を行う。この能力によっ
　　て理事会は組織がつねに変化する環境に耐えることができるように、複雑
　　なしばしば競合する情報を入手して、これらの情報を用いることで仲介、
　　談合、契約締結、買収や統合などの戦略に役立て、その結果、環境の不確
　　実性と変化を減少させてより安定的な活動環境をつくる。
③　理事会は組織の活動に本質的な情報だけを伝えることで、環境の衝撃を
　　緩和して組織を護り外部の干渉から組織を防御する。
④　理事会は外部のステークホルダーに対して組織を代表して組織に有利な
　　ように外部諸条件に働きかけて環境の制約を少なくして、組織に対する社
　　会のイメージを高めるという重要な役割を果たす。そして、組織のスタッ
　　フ、ボランティア、メンバー、利用者・受益者のステークホルダー間の連
　　結として役立つだけでなく、組織の外交官、支持者、コミュニティ代表と
　　して役立つ。
　要するに、理事会の第一の職能と役割は、環境との相互作用を安定的に維

持する仕組みをつくり出すことで、組織の不確実性を縮減することである。環境との相互作用を通して、理事会は組織の活動に重要な外部情報を獲得し、経営者に適宜な情報を提供して組織が変化に適応できるようにインプット・アウトプットを変えさせることができる。さらに、理事の職業的・社会的地位によって、組織の成功に必要な諸資源を誘引する役割を果たすことができる。また、外部情報を内部に持ち込まないで、外部のステークホルダーの批判に対して非公式に対処することができる。

　このような能力によって、理事会は組織活動の防衛者として機能する。また外部世界において有利な位置を確保しようとする組織にとって、組織代表として行動することができ、組織が受ける制約を少なくすることができる。これには、組織に対する社会のイメージを高めることも含まれる。理事会は組織と「組織の社会的環境と組織が関連をもつべき社会」とを統合させる重要な役割をもつのである。社会における組織の存在の正当性を高めることができる。

　理事会の第二の職能と役割は、政治の次元で重要な役割を果たすことである。非営利組織に対する組織有効性の評価とその存在の正当性に対する価値判断とが外部に委ねられている限りにおいて、組織の諸資源に対して対立する要請をしてくる複数のステークホルダーが非営利組織の活動状況、業績、有効性、全体としての正当性について異なった評価基準で評価することから、その評価は錯綜を極めることになる。これらの多様なステークホルダーは組織がその存続に必要な多数の資源を支配するがために、組織の財務の健全性を左右する可能性を備えている。その場合、理事会は組織を評価する人たちとの重要な連結機関として役立つ。そこで、理事会は主要なステークホルダーとの関係を堅く維持して、組織の積極的な擁護者とならなければならない存在となる。

　これらの職能と役割を発揮するために、理事会は理事と多種多様な外部集団との交流を通して組織間連携を提供する。この場合、理事の連結機能として、理事が他の組織での理事であったり、他の組織の理事が当該組織の理事であったりする場合の理事の間のコネが重要な機能を発揮する。例えば、実業団体の会員や行政のOBを理事にすることによって、実業界の事情や諸資源の流れの経路をつくる。あるいは、資金調達機能が重要で困難である場合、有力実業家を理事職に登用する。この種の組織間連携は理事の兼務を通して

組織間を連結させることによって、時間と熱意の共有、相互信頼、サービスの相互利用などによる「紐帯」をつくり上げる。

このような理事会の政治の次元での役割が資源保有者やコミュニティとの連絡・接続には基本的に重要となる。ステークホルダーとの政治的な関係は、理事会を社会における境界連結機関として機能させることによって、PR活動に有利となり、同時に、寄附者や支援者との接触を拡げることによって資金を確保することになる。視野の広い賢明な理事会は主要なステークホルダーと協同するなり、その代理をすることで組織の正当性を社会に感得させることができる。さらには、このような賢明な理事会は戦略の次元で組織に貢献する。理事会が組織に貢献するもっとも重要な資産は、長期的な方向を構想し、それを具体化する理事会の能力であり、組織の優先事項を決め、組織の将来を戦略的に指し示す理事会の能力である。

要するに、組織の外部環境から選出される有力な理事から構成される理事会は、境界連結機能を果たし、これが不確実性を吸収し、活動の依存性を減少させ、情報を交換し、外部のステークホルダーに対し組織を代表して全体の組織活動を高めるのである。

他方で、同じ境界連結機能を指摘しながら、理事会の機能は最高経営者が境界連結を行う際の用具であると主張する立場がある。この種の研究に拠れば、最高経営者は非営利組織の資源依存性の性質を左右する環境との依存関係を操作し、あるいは安定させるための政治行動を通して組織の業績結果に影響を及ぼすことができ、この最高経営者はこのような組織の環境の不確実性を緩和させる重要な戦略用具として理事会を利用するものであるとする。

V．制度理論―インスティチューションモデル

1．視点と所説

この理論は非営利組織の研究においてこの十数年に非常に多く適用されてきた理論であり、この理論に拠れば、組織が組織の成功と存続の機会を高め

る外部の情況の変化に適応する限り、組織は時の経過とともに変容するのであるが、組織はこの外部の情況に対して組織は正当性があると認められ自己の正当性を認知されるように、組織はそのときの制度的環境に適合して擬態しようとする異種同型化に向かうという制度同型化の現象が起こると主張する。制度的環境とは個々の組織が支援と正当性を得たければ、従わなければならないすべての社会的規則を含めて、組織の行動は組織やその環境のなかで正当化されている規範、価値観、イデオロギー、社会慣習、期待などの社会的な圧力を取り込もうとするので、組織は時の経過とともに当該組織と類似の組織とますます同型になるか同じになるとする。要するに、組織は社会的な規則で制約され、組織の形態とプロセスを形作る通念としての慣習に従うという。

　この制度理論に従えば、組織は技術的環境と制度的環境の下で行動する。(i)技術的環境では、組織は複雑な市場交換に携わる。そうするためには、組織は技術的に効率的にならねばならないから、組織の活動プロセスを効率的に管理し組織しなければならない。(ii)制度的環境では、合理的で正当な組織構造と組織手続きを限定する制度的な構造と規則が現れる。この制度的環境が外部的に正当化されて、効率性に関しては評価されないが形式的な評価基準としては評価されるような管理技術を採用するよう組織に強制する。組織はこのような管理技術をいわゆる「評判効果」で採用する。

　このようにして、外部が認める正当性のうえにガバナンスの「あり方」が規範としてつくられる。そこで、非営利組織が正当性を確保する重要な方法は、外部の情況が求める「よいガバナンス」に従うことであり、どこかから、あるいは有力ステークホルダーから「最善実践方法」であるとされた規範、価値観、特性に忠実に従うことである。

　多くの非営利組織は制度的に精緻化された環境のなかで行動する準公共機関ともいうべき存在である。それは、非営利組織は支配的な政治的規則に組織を従わせる政治制度と委託契約や行政指導で組織を誘導する行政機関の代理機関であることの結果である。そのうえに、価格設定と有効な市場メカニズムを通して資源配分を考える新自由主義思想の圧力を受けて、この準公共機関である非営利組織は市場活動のなかで開発された管理技術を適用することでより効率的になるよう求める政治的圧力に迎合するようになる。

　競争戦略、合併戦略、収益事業戦略、資金調達報酬制度、業績評価制度の

導入などは制度的環境のこのような変化の結果であり、準公共的非営利組織が再び正当性を獲得し、もっとも重要なステークホルダーの積極的な関与と便益を取り付けようとする試みの結果である。この状況は「普通の」非営利組織でも同様な状況にある。これらの組織の有効性と効率性とはマスメディア、寄附提供者、その他のステークホルダーから厳しく観察され評価されている。市場活動の現代的あるいは現代的と仮定された管理技術を採用せざるを得ないような制度的環境の変化に直面している。評判を上げて再び正当性を確保するために、多くの非営利組織は制度的圧力に従い、元来が営利組織で展開してきた制度や管理方法を採用するようになる。

2．理事会の職能と役割

　この制度理論から非営利組織の理事会行動を説明するとすれば、制度的な諸力が理事会の構造、構成、運営方法に影響を与え、そして、理事会のガバナンス形態を形作ると考えることになる。異種同型化に伴う制度同型化の圧力によって組織の同型化が生じれば、どのように同型化するかは一定ではないとしても、これに伴って組織の担い手である理事会の構造も行動も、したがって職能と役割も制度同型化への圧力に従って変化することになる。

　制度理論が主張するこの制度同型化は、次の3つの種類に分けられて理解される。

1）強制による同型化

　外部の指示に従うべき強制的な圧力による同型化は法令と倫理規則の設定、モニタリング・制裁の明示的な規制の結果として現れる。特に制裁は行動への有力な制約として機能する。非営利組織の理事会にとって、制度の期待に従わなければ、組織の正当性に重大な結果をもたらすことになり、例えば、最後には優遇税制の資格の喪失、寄附と契約の破棄、強制解散にまで及ぶ。また、非営利組織の理事会は法的環境から発する命令に反応しなければならない。指針や指導マニュアルでは非営利組織はその基本的な法令と倫理の責任を果たすべきであるとされ、理事会に多くの責任を課している。理事会は最終的に法的基準と倫理規範を遵守する責任がある。その責任を誠実に遂行することによって、理事会は法令に従い組織を護り、安全で倫理的な事

業環境を整え、組織のミッションの追求において組織の誠実性を保守することができる。

他方では、外部から圧力を加える資金提供者が理事会構成や理事会行動に影響を与えることがある。例えば政府委託によって非営利組織が事業を運営する場合、理事会の職能と役割は政府監理を補完ないしは代理して事業経営と経営者の行動を監視する方向に傾斜することになる。

2）模倣による同型化

ある組織がある状況の下でどのように行動すればよいのか不確実なために、別の組織の行動方向を模写するときに現れる。他の組織がより正当であり成功していると感じれば、その組織の行動を模倣する。優れた行動をモデルにすることは正当化と成功の鍵であるという考え方も支持されることになる。この模倣同型化の視点から、営利組織が優れた実践活動をしていると考える限り、非営利組織がますますビジネスライクになり、独自の価値観をもたない存在になる傾向を見せていることが説明できる。この場合、理事会に実業経験の経営専門家が集まることで、理事会の職能と役割は事業経営に関与する事業の指導や支援を重視する傾向となる。

3）規範による同型化

非営利組織の領域で経営の専門化が進行するにつれて、特殊な訓練、教育、資格証明書を通して、専門家は活動が正当であることを示す組織構造と組織プロセスに関する規範的基準を開発する。これが規範となって制度的な圧力となる。その結果、組織は専門家が示す規範に従う行動をすると想定される。例えば、株式会社では法令・規則の定め以上に株主でない人たちが社外取締役に就任する割合が増加しているが、これも経営・法律・政治の専門家が主導する規範的な圧力によると考えられる。非営利組織の場合でも、理事会の構成は多様で多数のステークホルダーが占めるよう規範が形成され、その結果、理事会の職能と役割は外部統制・監視に中心が置かれるようになる。

この制度理論は、組織の構造と職務の実践方法と実践過程がどのように制度の圧力、規則、規範、制裁を反映しているかに注目する際に役立つ有力な理論である。理事会が同じ行動（例えば、最高経営者の評価や自己評価の実践）、同じ構造（例えば、指名・報酬・諮問委員会）、そしてまた同じプロセス（例えば、平等で秩序正しい会議や討議の手続き）を踏む場合、それはこれらの活動や構造あるいはプロセスなど行動路線が「一般に認められたコト

の運び方」であるがゆえであると考える。この理論は、多くの非営利組織の理事会がなぜ同じような構造、構成、実践方法を採るのかについて理解する際に有用な理論である。

　しかしながら、この制度理論は外部環境の圧力に従う組織の同型化を強調するあまり、組織を主導する理事会を含む経営者の能動的な環境適応について触れることがない。そこでは、理事会がどのような職能と役割でもって外部環境に対して能動的に適応して組織を統治するのかについて、実証的にも理論的にも実証し論証することはできないであろう。

　要するに、制度理論では、組織はその活動と業績を向上させる戦略、構造、プロセスを必ずしも十分に備えているのではなく、組織の制度的環境の外部の圧力に順応したり反応したり、それを求めたりする存在であるとする視点に立つのであるが、この外部の圧力によって理事会は組織維持以外のなすべき職能と役割を限定され制約されると考える。それは特に、理事会構成を理解する際に有効な理論である。

　つまり、正当性に対する環境の圧力から、教育・職業・経営管理の適切な資格をもつ人材を理事に採用し、それが正当性への期待を組織的に満たしたことになり、そのことが「制度の秩序」を遵守している証となるからである。政府や助成財団の圧力や要求に従って、ビジネス戦略の採用、商業的収益の追求、実業界の人材を理事に採用することなどである。このような理事が加わることは、組織が特殊な能力に接する機会を与えるかもしれないが、おそらくさらに重要なこととして、組織が「よりビジネスライク」になり、それが専門主義、効率性、競争態勢に従っているということを示すシグナルと考えられることである。今後の非営利組織をめぐる制度的環境が大きく変わる、あるいは大きく変えられる情況が想定されるなかで、この制度理論は非営利組織ガバナンスの研究にとっても注目すべき視点である。

> 第Ⅰ部 理事会の職能と役割に関する基礎理論

Ⅵ. 経営者支配理論—ラバースタンプモデル

1. 視点と所説

　この理論はバーリ＝ミーンズの専門経営者の経営支配説に遡る。これに関する実証研究がこれまで多数に行われたが、現代の組織は専門経営者によって経営され、取締役会は危機的状況以外には戦略には関与しないで、すべての戦略的決定が専門経営者によって支配され専権されている状況を指している。むろん他方では、これを認めながら、専門経営者のパワーは多様な制約と株主を代表する取締役会のパワーの文脈のなかにあると指摘する立場もある。最近の研究では、コンティンジェンシー理論を適用して組織の状況を平時と危機に区別し、平時は専門経営者にパワーが集中しており、取締役会はおそらくはCEOである専門経営者の決定に対して「ラバースタンプ」を押す（形式的な承認だけをする）以上の存在ではなく、その職能と役割は本質的に専門経営者の行動と業績に正当性と合法性を与える象徴としての存在でしかない。取締役会は経営者に支配された重要な儀礼的で合法的なフィクションである。したがって、取締役会は戦略と広い意味の会社の方向づけにおいて消極的な役割しか演じない。この経営第一主義（managerialism）の視点は以下の5つの根拠による。

① バーリ＝ミーンズが主張する所有と支配の分離論がある—株式資本の増大、所有権の分散、多くの株主の所有権の分散。株主支配の相対的な減退が経営者支配を高め、エージェンシー理論に従えば、経営者は利己的行動をし、取締役会は受け身の役割に置かれる。

② エージェンシー理論に基づく根拠で、社外取締役と経営者の間の情報の非対称性がある—経営者は内部で活動するので事業の事情に精通しており、取締役会特に社外取締役は不利な立場に置かれる。

③ 利益を挙げている会社の経営者は資本獲得のために株主に依存する必要性が少なくなる—投資決定の資金調達には内部留保を使うことができる。

④ 多くの場合、取締役は経営者が選択する—この選任手続きで取締役会を支配する。特に社内取締役が多ければ、経営者支配のメカニズムとして次

の事態が生じる。

⑤　社内取締役は経営者に報酬や昇進について従属するので、このような取締役が多ければ、CEOに不均等なパワーを与えることになる。

　以上の理由から、戦略はCEOの領分であり、上級経営者と取締役会は点検と承認の役割しか演じない結果となる。

2．理事会の職能と役割

　この理論は大会社の研究において発展した理論であるが、それが展開するプロセスの多くは非営利組織にも適合する。例えば、組織を所有すると見做される者と組織を支配する者との分離、経営組織の規模拡大と経営管理の専門化である。さらに理事は非常勤あるいは兼務で無報酬がほとんどであるので、その結果として時間の制約があり、理事が関与することの制約があることから、理事会のパワーは制限され、経営者やその管理スタッフに支配が移行する。非営利組織においては理事会の実権と権威は営利組織の取締役会よりも制約されると考えることはできる。理事会の職能と役割はほとんど象徴的となる。

　組織が危機に直面した場合以外には、理事会が戦略策定に関与したいと願ってもそれが叶わぬ情況になっているし、理事会自体が戦略策定には深く関与しないで、ますますこれを忌避する傾向があると考えることができる情況にある。それには次のような要因が働く。一つは主観的要因として、理事会は経営者と別の決定をしようとは思わない。それは、ほとんどの理事は経営者に実質上任命されていることが多く、したがって、継続して在任したければ経営者の裁量に従うからである。また、理事職からなんらかの利益を得ていることから、そのことが経営者に従属する動因として働くからである。二つは客観的要因として、経営者の提供する情報に依存しなければならないことから、独立の意思決定をすることに制約があるからである。多くの場合、理事は有効な決定をするだけの有効な知見や技能を備えていないことである。その結果、理事会の職能と役割は専門経営者の決定と行動を支援する用具として使われる。

第Ⅰ部 理事会の職能と役割に関する基礎理論

おわりに

　以上、6つの理論の視点と所説を概説し、それぞれの理論が掲げる理事会の職能と役割を示した。いずれもガバナンスのある一面しか捉えることができていないから、理事会ガバナンス論としてはその統合理論が求められるべきであろうが、ボランタリー組織、公共的組織、共益的組織、あるいはソーシャルサービス組織、ヒューマンサービス組織、準行政組織など、非営利組織の多様性に着目すれば、それぞれの理論モデルはそれぞれ違った非営利組織に適合するものがあることに関心を向けることも重要である。あるいは、組織の規模、地域性、環境、発展段階に応じて適合する理論を区別することもできよう。

　そもそも非営利組織が多様な事業に拡大し、しかもそれらの目的、形態、規模もまた多様化している現代の状況から、今日では、ある組織に最適な理事会ガバナンス・モデルは必ずしも他の組織にとって最善ではなく、したがって、どのような理論に基づきどのような理事会ガバナンス・モデルにするかの決定は、それぞれの組織に固有な個性や文化、あるいは特異な環境の情況に基づいてなされるべきである。

　今後は、これらの理論やモデルをどのような視点と意図から再検討を加えて整理し、どのように包摂するかが問われることになる。例えば、理事会のモニタリング機能を通して経営者の機会主義的行動を統制することに注目するとすれば、「エージェンシー理論」の視点は的確な枠組みを提供する。また、理事会の境界連結活動や、重要な諸資源への接近手段を提供する理事会職能を重視することや、組織の社会的イメージを高めることに焦点を当てれば、「資源依存理論」の視点が有用な理論である。さらには、多くの理事会がなぜ同じ活動をするのか、なぜ同じような構造と方法を採るのかを理解しようとすれば、「制度理論」が的確な枠組みを提供することになる。このように、それぞれの理論的視点は理事会行動の違った次元に焦点を当てており、違った理論が特定の理事会行動に対する説明をしてくれる。そこで、これらの理論は一元的であり、対立したり、補完し合ったりする状態にある。

　例えば、公益法人ガバナンスの真のあり方は、内部組織の効率性・透明性を確保するガバナンスよりも、外部の対境関係を巻き込んだ有効性・正当性

51

を確保するガバナンスを重視するものでなければならないとすれば、もっとも適合するガバナンス理論は、エージェンシー理論、資源依存理論、制度理論を基礎とするものとなるであろう。なお、これらの理論は非営利組織が理事会のあり方を選択する際には規範的な枠組みとして大きな影響を与えること、したがって、それなりに政策上実践的な意味があることを忘れてはならない。

　しかしながら、他方では、これらの理論は個々に扱う場合にはむしろ一元的であり、理事会の職能と役割のある特定の次元だけを照らすとして批判されてきた。非営利組織の理事会ガバナンスの複雑性を理解するにはより包摂的な視点が必要であることも真実である。現に、そのために、それらの諸理論をなんらかの基準や方法で統合する理論の試み、これらの諸理論とは別の統一理論への試み、あるいは情況適合理論を援用する試みなど、新たに挑戦する理事会ガバナンス理論が登場している。第Ⅱ部第1章と第2章で扱うところである。

理事会の職能と役割に関する規範論

はじめに

　非営利組織の受託責任を果たすべき理事会はすべての組織活動と業績達成を負託された最高の経営機関である。ところが、組織規模の拡大、それに伴う組織運営の専門化、社会的・政治的要求によるボランティア理事の多様化などが要因となって、理事会から経営者への権限委譲が拡がり、その結果、組織運営が機能分化し、管理組織における権限階層の分化が生じてくる。

　このような状況のなかで、受託責任を放棄するような理事の無関心が常態化し無機能化する事態、反対に、理事会が権限範囲を超えて日常活動に過剰に参加する事態が発現する。そこで、法が規定すること以外に、理事会の職能と役割とは何かを限定して、「理事会はこれだけはしなければならない」ことを示す必要が出来てくる。これに応えて、法律・倫理に基づいて理事会が上手く運営できその有効性を発揮するためには、理事会は「こういうこと」をしなければならないとして、規範的に「理事会は何をすれば有効なのか」について多くの研究者が理事会のなすべき職能と役割のリストを提示している。

　また、アメリカなどでの業界指導機関や理事会連合団体がよりよき理事会を目指して、ベストプラクティス（最善実践指針）として掲げる「このようにしましょう」という自己評価表を含めた指針としての理事会職能と理事会有効性基準を作成し、これを基にして啓発し指導している。また、数多くのコンサルタントや実務家がこうすれば理事会は有効になり、高い業績を挙げることができると規範的・処方的に「あるべき理事会職能」を喧伝している。

　もちろん原初的には、非営利組織の存在理由から生じる理事会の職能と役割についての「あるべき論」がある。社会の信託を受けて社会公共的サービスの供給を受託した非営利組織を代表する理事会は、どのような職能と役割を果たすべきかというもっとも基本的な議論である。理事会は非営利組織の

最高経営機関として法的な義務と責任を負うだけでなく、同時に信託を受けていることから生じる倫理的な義務と責任を担うべき存在である。このような視点から、法令・倫理の遵守を中心とする規範的・処方的な理事会職能論が展開される。

　しかし、そこから、多種多様で微妙に異なる理事会職能論が派生していて、これまで特に多数の外国文献における規範論の立場から、非営利組織の理事会に対して「期待される職能と役割」について多種多様な理事会職能が列挙されているので、これらの議論をひとまず整理し要約する必要が出てくるのである。

　本章では、第1章の諸理論の要約ともいえる理論上想定される理事会職能を示した後に、啓蒙書や実務書あるいは指導書やマニュアルが示すような理事会はどのような職能と役割を果たすべきかという理事会の規範的・処方的職能について、多種多様な議論と提言が交わされ、それぞれがそれぞれの立場から「これだ」と主張したり、こうすべきだと処方箋を示して啓発している状況にあるので、これらを纏めて「あるべき理事会職能論」として解説しておくことにする。

Ⅰ．基礎理論に基づく理事会の職能と役割

　第1章で紹介した6つの理論を基にして理事会の職能と役割に関連して類別すれば、それぞれの主たる議論と一致し、同時にそれを反映している次のような6つの主要な理事会の職能と役割を類別し確認することができる。すなわち、①統制—エージェンシー理論、②戦略策定—スチュアートシップ理論、③連結—資源依存理論、④調整—ステークホルダー理論、⑤維持—制度理論、⑥支援—経営者支配理論である。このように6つの理論から導き出された理事会の職能と役割はすべてが同時に履行されるのではなく、内外の環境要素や内外の圧力の諸要因によって、情況適合としてなんらかの職能と役割が求められるものと考えることができる。

① 統制役割—エージェンシー理論
　理事会と経営者とが対立する利害を有する場合に、経営者の恣意的行動を

制限するガバナンスメカニズムが必要であり、いわば経営者の機会主義的行動を減ずるメカニズムとして、経営者行動の統制とモニタリングをする情報システムとしての理事会機能が期待される。それは、組織の諸活動の監視と統制に焦点を当てる機能であり、財務統制、経営者の評価、プログラムとサービスの監視である。しかし他方において、特に会員組織や社団や市民活動のような非営利組織では、この理事会の統制役割は非常に重要であることを認識すべきである。株式会社では株主の主要な関心は利益を最大にすることであるから組織への関心と監視が強く、さらに、大株主の圧力や買収の脅威などの会社支配をめぐる市場があって、経営者が利益目標に沿って行動するような仕組みができている。これに対して、非営利組織では情況が異なる。1つは、利益はそれ自体が目的ではなくて、目的に対する手段である。2つは、持分が市場で売買されないから、経営者の行動に対して大株主や買収などの圧力のような外部圧力が掛かることがない。

　そこで、非営利組織は多様な目標をもち、このような目標は営利組織の伝統的な業績測定方法では簡単には測定できない。そしてまた、経営者の行動は市場要因によって制約されることも少ない。したがって、会員や社員やその他のステークホルダーが経営者の行動を管理統制しようとする場合、理事会がもっとも重要な手段であることになる。ただし、利害の多様性や利害対立を強調すると、理事会の統制役割を過度に重視することになるが、その結果、経営者が防御姿勢を固くして政策と管理の意思決定を囲い込んで、理事会に関与させないという傾向を生む。理事会にはその他にも重要な役割があるはずである。

②　戦略的役割—スチュアートシップ理論

　経営学の人間関係学派から派生した理論であるから、経営者は本質的によい仕事がしたいと願っている存在である。そこでは、経営者の動機づけの問題も経営者との利害対立の問題も生じなく、理事会は特にリーダーシップ職能を期待される。すなわち、ミッションと目的の決定、戦略の策定、予算・財務計画のような方針決定の職能であり、理事会は特に戦略策定に責任を負うという活動ないしは戦略役割を期待される。したがって、理事会は経営者がミッションと目的を達成するよう指導し、経営者との連立を支配するだけの戦略に関連する決定に参画すべきである。

　しかし、合理的で合法的な行動を想定しているので、理事会役割の認識の

違い、理事会リーダーシップの効果、理事会のダイナミックスを等閑に付している。パワー、コンフリクト、イデオロギーの相互作用も考察していない。それよりも、非営利組織の理事会構成が会員や社員あるいは多様なステークホルダーで占められることから、このような理論が示唆する理事会役割が有効であるような、理事に求められる必要な技能や知見をかれら理事が果たして備えているかどうかという問題が生じる。

大会社の取締役はビジネス環境のなかで選ばれるが、非営利組織の理事はビジネス環境以外の多種多様な人たちから選ばれることが多い。熱心でよい判断をする場合があるけれども、ビジネスの世界で戦略的な意思決定をするのに必要で豊富な経歴があるとは限らない。このような理事たちから構成される理事会は経営者に対して支援と批判をするのではなく、情報の受け手として消極的に行動するだけに終わるおそれがある。

③　調整役割—ステークホルダー理論

組織が責任を負う所有権者や従業者以外に社会には多様なステークホルダーが組織に影響され、あるいは影響を与えるという視点に拠って、組織の目的はこれらの異なった多様な集団のときには対立する利害のバランスをとることで達成されるとするから、これらの多様なステークホルダーが理事会に参加することを認めることで、組織は全体としての社会の利益に応えることになる。そのなかで理事会は組織と社会の利益においてステークホルダーと交渉し調整する調整役割を期待される。

したがって、組織の目的を決定し、政策を設定するために、理事会が対立する可能性のある異なったステークホルダーの利害を調整し解決するという政治的役割が生じる。理事が会員や社員から選ばれる理事会は別として、非営利組織の社会的制度としての位置が高まれば、理事会の多様性はさらに求められることを考えれば、多様なステークホルダーが参加する理事会の調整役割という政治的役割が重要性を増すことは間違いない。

④　連結役割—資源依存理論

理事会は競争者、利用者、規制者、資金提供者などの外部集団の環境の脅威や不確実性を吸収ないしは減ずるため、これらの外部集団の統制や支配を行い、またこれらの外部集団との調整・連結・連携を行う用具である。つまり、理事会は有用な資源を獲得し、同時に利用可能な資源を操作することで他の組織を制御する境界連結役割を期待される。そして、外部の利害関係者との

相互依存性の確保、組織イメージの向上、多様な資金の獲得を期待される。ただし、理事が会員や社員から選ばれる理事会では、外部依存性を管理する手段として理事会を使うことは相対的に制約される。

⑤　維持役割—制度理論

　組織はそれが支援と正当性を得たければ従わなければならないすべての社会的・政治的規則や規範によって制約され、組織の形態とプロセスはこれらの圧力に従うので、理事会がなすべき職能と役割も組織の現状維持以外にこれらの社会的・政治的規則や規範で限定される。そこで、制度的な圧力に反応するという理事会の組織維持役割は外部の制度的環境を理解し分析して組織に教え込むことである。

⑥　支持役割—経営者支配論

　現代の組織は専門経営者によって経営され、すべての戦略的決定が専門経営者によって支配され専有されている状況を重視し、理事会は専門経営者の決定を支援する用具として使われるとして、理事会は重要な儀礼的で合法的なフィクションであり、たんに「ラバースタンプ」として役立つだけである。この現象はひとり大規模な株式会社だけでなく非営利組織でも現れている。会員間の分離があり、組織を「所有」する者と組織を支配する者の分離があり、経営管理の専門化の増大という現象である。

　一般的には、理事会は経営者の提案と決定に対して有効に向き合うだけの知識と経験が欠けているので、パワーと意思決定はごく少数の有力者に集中していて、理事会の組織ガバナンスへの関与と影響力が薄れている。むろん、現に理事会が果たしている職能と役割は、組織の規模によっても、組織の発展段階によっても、組織の焦点の課題によっても種々多様ではあるが、理事会は組織や経営者の過去の活動と業績を点検評価して、将来の政策と戦略に挑戦するよりも経営者の決定を是認する「支持役割」のために存在していると見ることができる。

　以上の6つの職能と役割はいずれも、理事会は何をすると「想定」されるか、何をすべきかと「期待」されるかについて想定した規範論でしかないことは確かである。ただ、理事会は公共の信託を受けた「受託者」としての地位を前面に出すことを期待されているので、このような一連の役割期待は「受託者役割」と呼ぶことができる。この「受託者」としての理事会は法律・倫理が求める範囲において組織がそのミッションを達成すべく信託されている

存在である。

　しかしながら、この受託者としての理事会の職能と役割とその責任はすべて全うされているのであろうか。今日では、公共サービスの委託制度が一般化してきたために、公共サービスの供給における非営利組織の重要性が高まってきたのであるが、その結果、非営利組織が公共の活動に対して演じる重要な役割に関して公共の認識が高まり、したがって、非営利組織のガバナンスがますます公共の利益をめぐる社会の厳しい関心とそれに刺激された精査と批判に服することになってくる。組織とその経営管理を有効に監視・監督すること、組織の戦略に貢献すること、財務管理を監視すること、関連する利害関係者と社会に対して確実に活動と成果を説明することについて、果たして非営利組織の理事会にその能力があるのか否かという重大な疑問が寄せられるようになってきた。

Ⅱ．理事会の法的・倫理的受託責任

1．法的な受託責任

　ほとんどの非営利組織はそれを創設した個人とは別の法的実体である法人である。そこで、法人としての非営利組織は法律、規則、定款などに定める委譲することのできない法的受託責任を担う理事会によって統治される。

　ところが、非営利組織には株主のような所有権者は存在せず、特定の非営利組織以外には剰余金や残余財産に対して明確な請求権を主張するものはいないので、非営利組織においては経営者の利害に対して株主の権利を擁護する存在としての取締役会の役割は存在しないけれども、寄附提供者を含む資金提供者は資金とそこから生じる残余利益を内部の経営者が占有する可能性に対してある防御を必要とする。この意味では、理事会はステークホルダーのひとつである資金提供者に防御を提供する存在であると見ることもできる。

　また、広い意味では、非営利組織が免税措置やその他の特典を受けている以上、理事会は納税者を含む社会を間接的に防御する存在と見ることもでき

る。営利組織では株主が取締役に対してその権利を主張するのに対して、非営利組織では場合によっては行政機関が理事の義務を強制する権限を付与されていると考えられる。

特に、社会貢献や公益的な事業をもっぱらにする非営利組織では、許認可を与え、課税優遇措置を決定し、場合によってその種の取消権を保有する行政府が所有権者であるということができるが、他方では、不特定多数のための公益活動をする以上、多数のステークホルダーに対する受託責任を負っているという意味で理事会が倫理的・道義的な責任を負うべき所有権者が存在すると考えられる。

要するに、非営利組織の理事会は営利組織の取締役会と同様な組織の防御と監視の職能と役割を与えられているが、非営利組織では、株主ではなくて、広く解釈された資金提供者を防御するという受託責任を与えられている。さらには、所有権者の特定の仕方によっては、理事会はさらに広い範囲のステークホルダーや社会に対する受託責任を負うことになる。理事会は「受託者」としての地位にあり、ジャーナリズムや社会の論調も基本的にはこの理事会受託責任者観に立っており、このような一連の役割期待は「受託役割」ということができる。

ある研究に拠れば、受託者としての理事会のひとつの役割は「解釈の共同体」となることである。解釈の役割とは組織のミッションを定め、サービスを受ける人たちのニーズが変化するか環境が変化するに従って、理事会がミッションを新たに確定するような役割を指している。そこで、理事会の役割は資金調達や最高経営者の雇用よりもさらに大きな役割であり、受託者が自分をたんに投票者、管理者、あるいは任命機関から命じられた代表者であると考えたら、受託者の地位は破綻する。受託者とは民間が公共財を独立して供給することに対して公的責任を負う存在である。このような定義は受託者地位に関する道徳的定義であるが、この受託者地位がなければ、多元社会は混乱に陥ることになる。受託者としての理事会は信任義務、公益、解釈責任、手続き規範に制約されるべきであると指摘する。

さらに、非営利組織に対して優遇税制その他の特権が付与される根拠は、非営利組織が「公益」で活動する点にあるとすれば、理事会はそれが統治する組織が誓約したミッションと目的を遂行するように担保しながら、適切な財務監査と経営監督を確保する受託責任を最終的に負うべく期待される。そ

して、すべての理事には、遵守義務、注意義務、忠実義務が課せられ、誠実性をもって組織を先導する責任があり、理事は組織の資産を保全する管理人として務めることを期待され、組織が法に従って活動するよう担保することを期待される。

2. 倫理的な受託責任

さらにまた、非営利組織の理事会には組織に対する受託責任の他に、支援者、受益者、地域社会などの多様なステークホルダーの福利と価値観のために行為する倫理的な責任を期待される。これらのステークホルダーは「社会の声を代表する」存在であり、理事会にはこのようなステークホルダーから信託されて組織経営の権限を委譲されたものであるから、最終的には理事会が広い共同体に対して奉仕する「倫理的な受託責任」を負うことになる。つまり、理事会には組織の諸資源を「トラスト」（信託されたもの）として扱う責任があるということであり、責任ある理事会にはこれらの資源が合理的、適正に、法的に説明できるように利用されるように保証することが求められる。

しかも、非営利組織の理事会の受託責任は民間部門の取締役会や公共部門の役員会の義務とは異なる責任であり、株主の富を最大にする責任を問われておらず、また、受託責任の代表を命じられているものではない。反対に、非営利組織における受託責任は、組織のミッションと目的に忠実であることを期待されて、公共によって創られると同時に公共によって制約された「公共の信頼」を担保することを求められる責任である。したがって、理事および理事会には法が規定する法的責任と社会公共的制度としての非営利組織を運営する倫理的責任が課せられる。

特に、最近の非営利組織は単一の個別の組織それ自体としてではなく、より大きな社会システムの不可分な部分であるという特徴を備えてきたので、外部環境に対する理事会の役割と責任が個別組織に対する役割と責任よりも優先されることになり、倫理的責任の範囲を超えるものになってきたことに注目すべきである。

以上のような法的・倫理的責任を効果的に履行するために、理事会はガバナンスにおける幅広い能力を必要とし、特に、組織のミッションを確立する

責任、ミッションを達成する責任を果たすために将来の目標達成の戦略目標と政策を策定する能力、組織の活動と業績のモニタリングをする能力、ステークホルダーに対して説明をする能力を必要とする。

ただ、受託役割は基本的にすべての非営利組織に共通であるとしても、法の義務や定款が理事会はどのようにその職務を履行すべきかについて指針を提示してはいない。事実、理事会と理事の役割と責任、期待される活動と業績については明確に規定されているとは言えないので、組織によって区々である。そこで、理事会の職能と役割と責任の範囲を決めるプログラムや相談・指導サービスのコンサルタント市場が肥大になっており、使用する側が曖昧な仮定で困惑するのである。

しかしながら、一般に、理事会には次のような適正な受託責任があるとされている。

① 財務・その他の資源の獲得と利用を統治する一連の政策を採択する。
② 組織のミッション、ビジョン、目標、アウトカムを達成するようなプログラムと活動に対して財務資源を配分する予算を戦略策定に沿って定期的（通常は年間）に確定する。
③ これらの政策と予算に関して執行する従業者とボランティアを監視・管理し、かれらに報告・説明を求めるようなシステムを開発し履行する。
④ 組織の全体の財政状態と財務活動について監理し、査定し、報告するシステムを開発し履行する。
⑤ 定期的（通常は年間）に独立監査のような外部点検手続きを実施し、組織の財政条件と健全性を査定し、併せて、財務資源の保全と適正な利用に対するシステムと政策の有効性を査定する。

Ⅲ. 理事会連合団体が提唱する理事会のベストプラクティス

以上のような法的・倫理的な受託責任を担保する理事会の職能と役割とは何かという問題をめぐって多くの規範的・処方的な議論が長い間交わされてきているが、ここではその代表例を示しておく。

1．NCNBの理事会の基本的責任

　アメリカのNCNB（The National Center for Nonprofit Boards）（現在、BoardSource）が最善実践指針として指導する理事会職能を公開している。このNCNBはその名が示すように非営利組織理事会の全国センターである点から、理事会が果たすべき公認された職能と役割を例示しているという点で紹介しておく意義がある。

① 　組織のミッションと目的を決定する―組織の目的、手段、主たるサービス提供対象などを具体的に表現するミッション誓約とミッション目的をつくり点検することである。

② 　最高経営者を選任する―最高経営者の責任について合意して、組織にもっとも適合した人材を見出す努力をすることである。

③ 　最高経営者を支援し、その活動と業績を点検・評価する―理事会は最高経営者が組織目標を達成するために倫理的かつ専門的な支援を得られるように担保することである。

④ 　有効な組織計画を策定する―理事会は包括的な計画策定過程に積極的に参加し、その計画目標を実施し、それをモニタリングする支援をすることである。

⑤ 　プログラムとサービスをモニターし強化する―理事会の役割と責任はどのプログラムが組織のミッションと一致しているかを決定し、そのプログラムの有効性をモニタリングすることである。

⑥ 　適切な資源を確保する―理事会の最高責任のひとつは組織がそのミッションを遂行するための適切な諸資源を確保することである。

⑦ 　資産を保全し、適切な財務監督をする―年間予算の設定と適切な財務統制の確保に協力することである。

⑧ 　有能な理事会を構築する―理事候補の適格要件を明示し、新規理事を教育し、理事会自身の活動と業績の定期的・包括的な評価をすることである。

⑨ 　法的・倫理的誠実性を保つ―理事会は最終的に法的規準と倫理的規範を遵守する責任を果たすことである。

⑩ 　組織に対する社会のイメージと評価を高める―組織のミッション、目標、成果を社会に明瞭に示し、コミュニティや社会から支援を得ることである。

2．NCVOの理事会の基本的責任

　イギリスのボランタリー組織の有力な全国協議会であるNCVO（The National Council for Voluntary Organizations）も次のように理事会責任を提示している。

① 組織のミッションとビジョンの決定
　理事会だけが組織の本質的ミッションとビジョンをつくり、それを変更する権限を有する。理事会が策定するすべての政策決定は組織がミッションで設定された目標を実現できるように設定する。

② 戦略的計画策定への参画
　理事会が戦略的政策を策定し、最高経営者と協同して長期的な戦略的計画を展開する。理想的には、両者が会議案を戦略的計画の特定の基点に集中させて重要事項に対処する。

③ 必要な諸政策の策定
　理事会は組織活動を統治する諸政策を策定して、スタッフへの指針を示し、報告とモニタリングの制度を確立し、組織のために働くすべての人の倫理規準を設定する。また、理事会は理事の行動と理事会運営のすべての側面を統治する政策を策定する。

④ 組織のプログラムとサービスの承認とモニター
　理事会は組織のすべてのプログラムとサービスが法規に従い、そして組織のミッションに有効に役立つようにする。組織に対して理事会が描くビジョンはプログラミングがどの方向を採るかを決定する。

⑤ 適切な資金の確保
　理事会は組織がそのミッションを達成するだけの資源を確保する。準備金や資金調達方法を統制する政策を策定することも含まれる。組織によっては、理事自身が募金活動に積極的となる。

⑥ 有効な財政監視と健全なリスクマネジメントの確保
　理事会は年度財務諸表と年度予算を承認し、支出をモニタリングし、組織の資産と財産を管理し保全する諸政策を策定する。そして、資金は組織の最善の利益において法規に従い運用する。また、組織に適正な保険を提供し、組織が遭遇するリスクを最小にするような政策を策定して、損失から組織を護る。

⑦　**最高経営者の選任と支援**

　理事会は最高経営者の報酬政策を策定し、最高経営者の採用と年間の審査・評価を行う義務を有し、また、最高経営者を啓発し支援する責任を負う。

⑧　**理事会とスタッフの間の関係の理解と尊重**

　理事会はスタッフの責任領域を承認して、スタッフの固有な領域の事案に干渉しないことが必要である。同時に、理事会はスタッフの活動を主導する政策を策定して組織の利益を防御する。

⑨　**責任ある雇用者としての行為**

　理事会は法的条件を満たしかつ組織と組織のために働く人たちを護るような包括的で公正な人事諸政策を策定する。理事会は政策に準じた実践を確保するよう組織の活動をモニターする。

⑩　**組織の公共イメージの向上**

　理事自身の行動を通して、組織のための理事会のガバナンス監視とその活動を通して、理事は組織の評判を高め、その評価を維持する。

⑪　**新規理事の慎重な選択と就任**

　理事会は慎重に新規理事を選択し教育することによって組織ガバナンスの質を維持する。組織にとって最善のリーダーシップをすることができる人材を採用し啓発する。

⑫　**理事会の有効な運営**

　理事会は重要な事案が効率的に処理されるように生産的な会議を運営して理事会の問題を処理する。理事会は有効な委員会を設立し、これらに適切な資源と人材を提供する。組織に必要な専門的知見をもつコンサルタントを採用する。正規の業績評価、定期的自己評価、理事会有効性を向上させる啓発活動に務める。

　なお、以上の欧米の代表的な統括機関が提示する理事会の10〜12の基本的責任は不変ではなく一部分ではあるがかなり変更が繰り返されており、時代の要請を感じさせる。例えば、BoardSourceでは、「コンフリクト解決の控訴院」の役割から、「法的・倫理的誠実性の担保とアカウンタビリティの維持」へ、さらには、「アカウンタビリティの維持」から「有能な理事会の構築」に代わっている。

　これらの基本的な理事会責任について、理事会ガバナンスの核となる職能と役割を「組織の方向づけ」、「組織の自立性の確保」、「組織のリーダーシッ

プ」と理解することで、次のように分別することができる。「組織の方向づけ」として、BoardSourceでは、①と④、NCVOでは、①と②と③。「組織の自立性の確保」として、BoardSourceでは、⑤と⑥と⑦と⑩、NCVOでは、④と⑤と⑥と⑩。「組織のリーダーシップ」としては、BoardSourceでは、②と③と⑧と⑨、NCVOでは、⑦と⑧と⑨と⑪。さらに大綱的に、ミッションの確定とモニタリング、ミッション達成のための諸資源の確保、経営者の管理、理事会の管理に分別することもできる。

Ⅳ. 指導書・実務書が唱える理事会職能

　多くの指導書や実務書が理事会ガバナンスと理事会職能のあり方について提示している。多種多様に提示される理事会職能のリストを公約数として纏めてみると、次のような期待される理事会職能が現れる。現実には、すべての非営利組織が下記のような職能を等しく遂行しているわけではないが、これらの指導書や実務書が「よき理事会ガバナンス」の特徴であるとする一連の理事会職能を編集している。論者によって異なるのは、これらの異なる職能に関する強調点が違うだけである。

① **組織のミッションと目的を決定する。**

　　・組織のミッションを定義しその再評価を行う。

　　・ミッションに適合する戦略を策定し、組織の全体的な方向づけと組織活動の主要な政策策定を行う戦略的リーダーシップを確立する。

② **ミッションと政策に基づいた企画・プログラムとサービスの確認・承認と点検と監視を行う。**

③ **財政政策と財務管理の設定、予算の承認、財務活動のモニタリングを行う。**

④ **受託者としての職務の執行―適正な経営諸資源を確保し保全してアカウンタビリティを果たす。同時に、適正かつ責任ある方法で行動するよう経営者を管理する。**

⑤ **適正な資金調達と効果的な財務活動を管理する。**

⑥ **基本的な法令遵守と倫理的責任の受託ならびにアカウンタビリティの維持―組織の誠実性と正当性の保守を図り、免税地位の守護と維持を図る。**

⑦　組織の公共的位置の向上—アカウンタビリティを促進させる。

　　・組織をその社会的環境に統合させる。

　　・組織の可視化を高める。

　　・組織イメージをよくする。

⑧　対境関係を維持・存続させる。

　　・制度的環境に適合して法的・倫理的要件を遵守しその維持を図る。

　　・重要な外部ステークホルダーとの相互依存関係を調整して制御する。

⑨　理事会自身の有効性の向上に努める。

　　・継続的に自己評価し、理事会の構成および理事会の活動と業績を定期的に分析し評価する。

　　・新規理事の募集・選任と指導に務め、組織化を図る。

　　・理事会運営の効率性の向上と有効性の向上に努める。

⑩　経営者について募集、選任、評価、支援し、報酬を決め、必要ならば解雇する。特に執行責任者としての最高経営者の選任と評価、場合によって解任する。

⑪　理事会と経営者・スタッフの良好で密接な協同を維持する。

　　・経営者・スタッフとの良好な関係をつくる。

　　・スタッフ間のコンフリクトを調整する。

　　・特に最高経営者との密接な協同パートナーシップを構築する。

　以上のような理事会職能が指導書や実務書のなかで具体的に「理事会職能規程」の範例に織り込まれているのであるが、およそ次の５つの職能に分けていると見ることができる。

１）組織のミッションと総合戦略を設定する。そして必要に応じて両者を修正する。

２）経営者の監視と評価を行い、組織の活動と業績をモニタリングして組織の評価を行う。

３）最高経営者を含む経営者を選任し、評価し、支援し、必要であれば解任する。

４）基金、資産、人的資源を含む組織の諸資源を開発、確保、増大、保全する。

５）組織と多様なステークホルダーの架橋としての緩衝剤として貢献する。組織を擁護し、広いコミュニティのなかで高い評価と厚い支援を築く。

第Ⅰ部 理事会の職能と役割をめぐる議論

Ⅴ．研究者が提示する理事会職能

　一方では、組織が行うすべてについて理事会に役割と責任があるとする立場から、他方では、組織の顔として役立ち、おそらくは、資金を与え、資金を獲得するという唯一の役割と責任があるとする立場もある。この両極端の間のどこかに中心となるいくつかの役割と責任を確認する努力があるはずである。それは、理事会が有効な存在として認知される基礎と考えられる役割と責任である。

　そこで、指導書や啓蒙書だけではなくて研究者が提唱する理事会の職能と役割に関する議論があり、ほとんどの研究者はそのリストを提示しているが、これまた多様である。これらのリストを比較すると、例えば経営者の選択をする職能は共通であるが、理事会を捉える視点が違う場合、分析レベルが違う場合、組織の職能分類をするだけの場合など、多種多様である。そこで、この研究者たちが提示する理事会職能のリストについても簡単には総括することができない。ただ、多くの研究者の主張する理事会職能論を逐一扱うことはできないので、ここでは、かれらの理事会職能論を集約して提示することとにする。

１）戦略的リーダーシップ機能—組織のミッションを定め、組織の全体的な方向づけと組織が活動する主要な政策策定を決定する。

　・組織が創設されるときにミッションを定める。

　・ミッションを明瞭に表現して、みなの理解と支持うを得る。

　・定期的にミッションを点検し、必要ならばミッションを修正する。

　・内外の環境における組織のミッション、価値観、ビジョンなどの変化に対して戦略的な方向づけと優先順位を決定する戦略的思考に関与する。

　・ミッションの達成を促進させるように組織戦略を推進する。

２）スチュアートシップ機能—組織の諸資源を確保、増大、保全し、資産保全のアカウンタビリティを果たす。

　・組織を支える適切な財務資源を確保する。

　・組織の現在の収益を安定させ、長期に持続可能な収入源を開拓する。

　・獲得資金が適正に管理されるようにし、組織のほんとうの財務状況と主要な財務取引を反映するように財務諸表を適正で、明瞭で、完全で、

適宜に適うものにする。

・基金と資金と資産と人的資源を含む保有資産を確実に保全する。

・スタッフ、ボランティア、クライアント、メンバーの安定、福利、発展を護るように政策と実践を正しく行う。

・法律の基準と倫理的な規範を遵守し、不法行為から組織を護り、組織の誠実性を保持するようにリスクマネジメントの政策と実践を図る。

　多くの不祥事や倒産事件あるいは高額報酬などがひとつの契機となって非営利組織ガバナンスが問題となった経緯から、理事会のスチュアートシップ機能とそれに関連するモニタリングとアカウンタビリティが焦点となってきた。この傾向は株式会社における取締役会の職能と役割においても同様で、今日、取締役会は経営者を見張るための仕組みに重点が置かれていることは周知のところである。監査委員会設置や社外取締役制度などに見られる。

３）モニタリング機能—組織と経営者の監視を行い、組織の有効性と経営者の業績の評価を行う。

・理事会が具体的に示した期待に一致するように、特に最高経営者の選考・選任、支援、業績の点検・評価をする。

・最高経営者を含む経営管理者にかれらの活動とその業績に関する責任を負わせる。

・組織の活動と成果とその目標に向けての進捗状況を監視する。

・組織のプログラムとサービスがミッションを促進させ、受益者のニーズを満たすのに有効であるかどうか、その評価を決める政策を適正に行う。

・新規の理事を選考・選任し、指導する。

・理事への継続的な教育を行う。

・理事会の活動とその貢献を定期的に査定する。

４）外部関係機能—組織とそのステークホルダー（クライアント、メンバー、奉仕するコミュニティ、規制当局、寄附者、公民）の架橋と緩衝地帯となる。

・多様なステークホルダーに対して組織のミッション、政策、プログラム、サービスを伝達する外交官として動く。

・組織がサービスをするコミュニティのニーズを解釈し、組織に伝達する。

・公共政策に関する組織の立ち位置を定め、組織の擁護者として働く。

> 第Ⅰ部 理事会の職能と役割をめぐる議論

　　　・政府や特定利益集団の不適切な介入から組織を防衛する。

　　　・寄附者や潜在寄附者に組織を売り込む。

5）**メンテナンス機能―理事会は自らの維持を図るとともに、上記の複数の
　　理事会機能の間のバランスを図る。**

　　　・理事の選考・選任をする。

　　　・新旧理事の教育・訓練をする。

　　　・理事会活動の組織化を図り適切な運営をする。

　　　・理事の積極的な参加とチームワークを促す施策を行う。

　　　・理事および理事会の活動と貢献に関する正規の評価を行う。

　なお、戦略策定と資産管理について付言しておくと、前者の戦略策定の機能を重視するのがポリシー・ガバナンス・モデルを中心にしたアメリカ型理事会ガバナンスの伝統であり、ガバナンスと経営管理を峻別して、理事会は「ガバナンスはより多く、管理はより少なく」することである。理事会は包括的目標を設定し、どのようにしてその目標を達成するかの高度な諸政策を設定することに集中すべきであり、この枠組みのなかで経営者がその目標をいかに最善に達成するかを決定する裁量を許されるべきであるとする。

　これに対して、後者の資産管理の機能を重視するのが最近の公共政策であり法規定の方向であり、また、研究動向でもある。具体的には、理事会の構成、理事長と最高経営者の分離、報告・統制制度の改革であり、これらのすべてが理事会の独立性を強化すること、財務の統制、倫理的行動、経営者のモニタリング、外部へのアカウンタビリティ、組織の誠実性と正当性、社会への公開性を強調し改善することを企図した方向である。

　ただ、理事会があまりに経営管理のモニタリングに関与すると、意思決定の質を高めるために経営者と積極的に協同することが難しくなるという理事会ガバナンスの資産管理職能と戦略策定職能の間のジレンマが問題として残ることになる。つまり、理事会はスチュアートシップとリーダーシップの２つの役割と責任を上手く遂行できるのか、果たしてこの２つの異なった職能と役割に適切なバランスをとれるのかという問題である。

　また、以上の基本的な理事会職能についても、組織の内外の環境の変化や組織のライフサイクルの段階によって、また、理事会自体の風土や構造や構成などの属性の違いによって特定の組織が必要とする理事会の職能と役割はそれぞれ異なることは当然である。ただ、一連の職能と特定の情況の下に必

要とされる職能の間のテンションに照らして、理事会はこれらの複数の職能と役割を戦略的に選択する必要がある。その際、それぞれの組織にとって理事会職能の焦点や組合せ、理事会が組織のために最大の価値を付加するにはどうすればよいのか、そのためには理事や理事会はどのような職能と役割に焦点を当て、あるいはどのような職能と役割の組合せをするのかについて、二元リーダーシップを特徴とする非営利組織では、最終的には、理事会と最高経営者とが協同して決めるべきことである。

Ⅵ. 規範的・処方的な理事会職能論の意義と問題点

　規範的・処方的研究文献においてもっとも共通する課題は、理事会が適切なガバナンスに失敗する組織があまりにも多いことを示すことである。すなわち、ガバナンスに関する意思決定が基本的な職能であるのに、理事会は最高経営者にそのガバナンスに関する意思決定を許してしまい、事後に形式的な承認をするだけの存在でしかないことであり、他方では、瑣末な日常活動の事案の管理に関与しすぎる理事会があり、戦略的な方向づけを確定するような大きな構図を描くことに焦点を当てない存在であることである。

　だからこそ、これらの点について、規範的・処方的研究文献は理事会のガバナンス職能、そしてそのガバナンス職能だけを有効に演じるように、理事会をどのように改造すればよいのかについて処方箋を記して指導するのである。共通する助言・勧告・提言の処方箋は次のようである。

① 　理事会の役割と責任は組織の「所有権者」に対する受託者として行為することであるから、理事会はこのような所有権者を代表し、所有権者が組織に対して何を望んでいるかを知悉していなければならない。会費を払う会員にだけサービスをする非営利組織を除いて、問題は誰が現実に非営利組織の所有権者であるかがほとんど明瞭でない点である。この問題は所有権者の代わりに「共同体」や「公共」の用語を使うとしてもさらに混乱を来すだけなので、誰が所有権者であるかを特定することが理事会の重大な責務となる。

② 　理事会は組織のミッションを確定して、組織が依拠する価値体系を詳細

に明示する第一の経営機関である。経営者がその方向を立案することは厳に避けなければならない。

③　理事会は組織が直面する脅威と機会について、組織の変化する環境に遭遇した際の組織の内部の強さと弱さについて、独自の情報を確保していなければならない。この種の情報を経営者にだけ選択させ解釈させることは形式的な事後承認をするだけの理事会になる危険がある。

④　理事は慎重に選考され、どのようにガバナンス決定をするかについて完全に教育されていなければならない。そうでないと、「事後承認するだけの傀儡」になるか、「瑣末なことに干渉する管理者」になるおそれがある。さらに、この選考と教育は有償の経営者の責任ではなく、それは組織の「所有権者」と理事会自身の責任である。

　要するに、非営利組織のガバナンスに関する規範的・処方的研究文献の立場はまったく明確で、ガバナンスは理事会の唯一の権限範囲でなければならず、組織のミッションの確定、共通の価値観の確立、ミッション達成のための広範な戦略の決定、諸目標の達成に関する戦略の有効性評価など、理事会が合理的戦略策定の諸原則に従ってこのガバナンスの職能と役割を負うべきであるとする点である。

　以上の規範的・処方的職能論や最善実践指針は唯一最善方法を記述しているだけであるという意味で、理想的な理事会像を描く「英雄モデル」と呼ばれる。

　しかし現実に、理事会はこのような拡大したガバナンスと経営管理の役割を演じているのであろうか。実は、理事会にはこのような期待に十分に応える用意がない。もともと理事会受託制度は神話であるといってよい。この受託神話は、理事会とスタッフの間に責任と権限の明確な分離がある、理事会が公共の利益を護る、理事会は儀礼的な役割と同時に重要な意思決定を行う、有力な理事集団が適切に組織を指導する、という意味を含んでいる。しかし、これらの神話と現実との乖離はますます明らかとなり、この乖離をなんとかなくすような手立てを探そうと懸命になっているのが偽らざる現実である。

　確かに、理事会は組織が対応する諸問題に対して、実業経験、専門知識、積極的な関与、利他主義をもって積極的に対応はするであろうが、価値観を明確なミッション宣誓に表現する、組織の将来方向を確定する、優先順位を決定する、チームとしての協同を維持する、組織の活動と成果を監視し評価

するなどの職能と役割をよく全うしているとは言い難い。

　しかしながら、理事会は仕事をしないという従前からの批判はあるにしても、もともと期待とそれに応える負担が重過ぎるという点も考慮に入れる必要がある。確かに上記に集約したいくつかの職能と役割でも理事会は何をなすべきか、何を達成すべきかを提示していて、理事会の「理想化された、あるいは英雄化されたモデル」のなかの期待される職能と役割であり、理事の時間的な余裕、専門的な知識と技能、参加動機、個別の利害などを正確に認識していない。何を狙うべきかを示すためには、ガバナンス・モデルは必然的に理想的で規範的となることは理解できるが、理事会職能の理念と現実とのギャップがあまりに大きいと、規範的モデルは完全に非現実的であると見なされて、行動を動機づけし、指針を示す力を失うことになる。

おわりに

　理事会の「最善実践指針」を提唱する多くの指導書や実務書は優良な理事会に関する魅力的な規範ではあるが、その実態を確認する手立てがほとんどない。ただし、多くの調査・実証研究においてもこれらの規範的な文献で記された処方箋を支持していることにも留意すべきである。しかし、その研究結果は部分的には適合する場合もあるが、統一的な規範モデルをつくるまでには至らない。また、研究者による理事会職能論は多くの職能と役割を集約してみせた職能論であるか、特定の理事会実践が自動的に最善であるとか、それを使えば有効な理事会と有効な組織に繋がるという個別の研究結果であるから、それらの主張をそのまま鵜呑みにして支持することはできない。

　まして、特定された理事会職能の遂行ですら組織とその現実の環境の関係によって左右されるし、特に非営利組織は複数の基準と複数のステークホルダーによって評価されるので、非営利組織の理事会に対して普遍的に適用できる職能と行動として最善の実践指針や実践方法を求めることは不可能でないとしてもきわめて困難である。研究者の職能論も含めて多くの理事会職能リストを一瞥すれば、その中身は理事会に「期待される職能論」であるから、敢えて言えば最善実践指針は「将来有望な実践方法」であるというほうがよい。

むろん、よきガバナンスを増進させるのに役立つとしていくつかの「最善実践指針」が開発されてきたことは評価できるが、それが有用な用具となるためには次のような問題に答えなけなければならない。

① 指針はすべての組織に適合するのかどうか。規模の大きさ、組織の種類と形態、大きな寄附組織や規制機関への依存度などの情況要素にどの程度適合するのか。

② 指針はどの程度まで遵守すべきか。職能間の軽重はないのか。情況によってどのように遵守すべきか。

③ 指針を遵守した場合の効果はどうなのか。組織の活動と成果を向上させるのか、たんに主要な外部ステークホルダーとの相互作用に使われる「正当化の仕組み」にすぎないのか。

　最善実践指針は、ある種の設定された条件の下に唯一の最善の方法があり、何が成功をもたらすかについて合意ができていると想定しているが、この指針に従っても結果は様々である。推奨された政策や実践を借用するよりも、組織の指導者がどの実践指針が自分の組織のミッション、ビジョン、価値観に適合するのか、これらの実践指針はどうすれば自分の組織に当て嵌まるのかを考えたほうが、組織は上手く機能するであろう。現状に満足できないからといって、安易にコンサルタントなどが指導する最善実践モデルに頼ることは本末転倒である。

　そもそも現実に、非営利組織の理事は、支援組織を代表する例えば助成団体の代理、例えば地域や職域を代表する各種利益代表、利用者・受益者の代表、あるいは、専門家として要請されている弁護士、会計士、大学教授、実業家など、対境関係に強い顔を利かせる有力者であることが多い。これらの理事はそれぞれに期待された知見やパワーをもって組織に貢献をするであろうが、基本的な理事会ガバナンスの役割—公益の受託責任—とは根底において競合する関係にあると言うべきである。

　したがって、むしろ次のような別の問題を改めて検討する必要がある。

1）すべての理事は共通の役割—受託責任—を果たすべきか。理事が受託責任の遂行に専念できるように、理事会において個々の理事の特定の職能と役割は排除すべきか。

2）理事会は多様な職能と役割を演じる理事を積極的に選任すべきか。理事会は多様な組織や共同体を代表する理事によって構成され、あるいは違っ

た経験と知見と能力をもった理事によって構成され、複合的な目的と複合的な役割を担うボランティア理事会であるべきか。団結を維持できないような機能不全の理事会にしないで、理事は専門家として、利害関係代表として、組織の代理として役立つことができるのか。

　これらの問題はまた次のような研究を求めているのである。

① 　すべての理事が必ずしも受託責任を全うしていないとすれば、このことは理事会の行動にどのように影響を及ぼすのか。反対に、多くの理事がこの受託責任を全うすることが果たして効果的であるのか。

② 　理事会がある種の利害関係の代表を境界連結の理事として受け容れている場合、その利点と不利点を検討したうえで、利益代表制の役割はどこにあり、それが理事会の行動にどのように作用するのか。

③ 　理事会の現実の複合的な職能と役割が理事会有効性と組織有効性にどのように作用するのか。

3 理事会の職能と役割に関する記述論

はじめに

　前章のいわば「規範的な理事会職能」に対して、理事会は実践の場面においてそのような職能と役割を果たしているのか、理事や理事会は実際にはどのような行動をしているのかという組織ガバナンスの動態を理解しようとする立場から、古くから多くの多様な調査・実証研究が理事会行動について検証している。そこでは、理事会の職能と役割を説明することは御し難い難問であり、理事会が直面する多くの困難と制約があり、特に理事会と経営者の間の職能と役割に関する境界の設定は困難であるとして、規範的な理事会職能と現実のそれとの間に相当な乖離があることが指摘されていた。

　その結果、理事会行動の基礎にある合理的仮説に対して多くの疑問が出され、調査・実証研究から導出された現実の理事会行動を明らかにして、理事会行動の類型化を試みることによって、記述的な理事会職能論が対向するようになっている。そこで、理事や理事会は実際にはどのような行動をしており、どのような職能と役割を履行しているのかを実証的かつ帰納的に明らかにする「している論―記述論」についても検討を加える必要が出てくる。以下、様々な理事会職能の現実論を整理して総括しておくことにする。

Ⅰ．部分的な研究による理事会職能論

1．理事会ガバナンス不在論

　1）理事会が政策を策定し、組織の活動と業績を評価するとする規範論に

対して、理事会は最高経営者とスタッフが策定する政策をたんに承認するだけであり、政策に基づく具体的な事業プログラムを安全で異論がないものと評価する。そしてまた、理事会は「騒がしい理事会」という仮説に対して、特に上流階級に属する理事から成る理事会は対立回避行動をとり、議論のある組織問題には立ち入らない。理事の間に醸成された長い間の紐帯による交友関係が組織の完全な受託者としての機能を阻害している。その結果、理事会は独りよがりとなり、革新よりも無為の元凶になっていく。

2）受託者としてのアカウンタビリティを体系的に履行している理事会は少ない。組織やその管理の瑣末なことに関わることがあり、有能なスタッフがいる健全な組織ではこのような「ミクロ・マネジメント」は逆効果であって、理事会は細かなことに囚われて、重要な動向や事柄が見過ごされるか隠されてしまうという「木を見て森を見ない」類の無能な理事会をつくり、このために、干渉を受ける経営者やスタッフを混乱させ疎外させることになる。

要するに、「理事会ガバナンスの不在」の状態であり、理事は理事会には出席するが理事会の事案について互いに話し合う時間がほとんどない。会議の準備が不足していて、組織の発展に付いて行けない。理事会は決定をする能力がないかその意思がない、あるいは決定を遅らせる傾向がある。したがって、議論をしないで経営者の提案を鵜呑みにして署名をするだけの習わしになっている。そして、理事はスタッフ、プログラム、クライアントから孤立している。ボランティア理事の採用、訓練、存続の処方箋は多数にあるが、多くの理事会は理事会自体の発展に投資をする意思に欠けている。結果として、理事会がその職能と役割を厳格に受け取っていないので、義務不履行の摘発が増加しつづけることになる。監視機関がさらに監視作業を行い、社会の制裁も増加することになる。

2．理事会職能限定論

1）前章で紹介したBoard Sourceの基本的責任のうち、経営者や理事たちの評価順位は、ミッションの理解、財務の監視、法制・倫理の監視、最高経営者の支援、最高経営者の評価、組織の活動と成果の監視、戦略・計画の策定、新規理事の採用、コミュニティ関係維持、資金調達の順であるが、実

際には、理事会は組織の方向を設定する、組織に適切な資源を保証する、組織と経営者の監視をするという3つの基本的な職能と役割を果たしている。

2) 非営利組織は受動的で反応的に行動する性向にあるので、このような組織における理事会はごく限られた役割しか果たしていない。結局、理事会は企業家というよりも受託者として、そしてほとんどリスク回避という限定された役割を演じる。

3) 理事会の基本的な責任のうち政策策定と財務監督が重要な責任であるとし、資金調達は芸術分野を除いてそれほど重視されていない。コミュニティ関係や公共への教化も重視されていない。

4) 大規模な理事会はガバナンスの失敗や監視の義務の怠慢などに繋がるとする仮説に対して、大規模な理事会は資金調達の用具として機能し、組織とそのミッションについて社会の啓蒙や公共政策に対する影響力を発揮する。

5) 理事会は戦略において重要な役割を演じるとの研究とは反対に、戦略展開の役割は限られており、承認と正当化の役割を演じる。病院理事会の研究では、理事会の時間のほとんどは議案の承認に使われている。その限りで、理事会は戦略を策定するのではなく、戦略の承認に関与しており、外部関係を促進する重要な役割を演じている。

3. 特定分野の調査研究による理事会職能論

1) 政府が非政府機関に公共政策の執行を依頼する制度としての「サードパーティ政府」において、政府機関と非営利組織との相互依存関係のなかで理事会はどのような役割を演じているのかについての実証研究では、理事会役割の類型化を試みている。

① 促進機能
・正当化：政府の目に非営利組織の正当性を認めさせる理事会の能力は貴重な役割である。そこでは特に特殊な専門知識が説得力をもつ。
・調達：ロビング活動で政府とコンタクトができる官僚との知友関係にある理事の活動が重要である。
・承認：相互依存関係の契約時の書類の審査・承認をすることである。

② 相互依存関係の維持機能

・防御：政府から引き出した有形の非営利組織の利益を護る。

・擁護：予算の変更・公共政策の変更などの他の公共政策から生じる脅威を防ぐために政府機関の側に立ってロビング活動をして防御に回る。例えば、非営利組織が政府機関の防衛のために立法府に影響を与えようとする。

理事会が政府との関わりについて促進機能と維持機能として２つのセクターの相互依存を維持し継続させ、政策決定の責任を経営者と共有している場合がある。このような理事会はサードパーティ政府に参加している存在であり、公的機関と契約をするように非営利組織に勧奨し、そして一度確立された契約関係の利益を護る存在である。理事会が持続的かつ拡大的な非営利組織サービスの利用可能性にとって決定的な政府との資源依存関係に関与することは、組織の財政状況にとってきわめて重要な役割であり貢献である。この貢献はまた組織のミッションの防御にも繋がる。

③ 緩衝機能

外部環境から組織を護ることは理事会のひとつの境界連結役割であるが、政府の強権的な要求から生じる自治の脅威から非営利組織を護る機能である。

・別資源の創造：政府とは別の資源を開拓する。資金調達能力が政府との相互依存関係を均衡させ、これによって依存性を少なくする。

・価値の守護：組織の価値観、ミッション、組織が設定する優先順位を護る。

組織の価値の守護者としての理事会、政府とは別の資源の創造者としての理事会の緩衝機能の役割は、非営利組織の自治に貢献し、したがって、政府と非営利組織の関係のバランスを維持するのに役立つ。このバランスを維持することは政府予算の危機に対する非営利組織の脆弱性が高まっている現代にはきわめて重要な理事会機能である。

④ 傍観機能

理事会は政府契約の潜在的なマイナス作用を軽減するようななんらかの影響を与えることなく、サービス契約に関する主要な政治問題には理事会は周辺的か補助的な役割しか果たしていない。役割と責任の中心は理事会ではなくて最高経営者である。このように理事会が資源関係に積極的に参加せず、公共サービス供給の仕組みのなかに加わらないのなら、市民参加と市民統制の実質的な用具として行動していないことになる。

なお、政府補助と政府契約で運営する非営利組織における理事会のガバナ

ンス職能に関する別のサンプル調査においては、(i)政府との契約関係にある組織のガバナンスは経営者のリーダーシップによる理事会との協同作業で執られている、(ii)しかし、政府が高く評価している理事が参加する理事会は外部の重要な意思決定者へのアクセスを経営者に提供することができるコネをもっており、これが非営利組織の政治力を高めることになる、(iii)ただし、政府関係機関と交渉する作業は実務上経営者が中心であり、理事会のリーダーシップは見られない、(iv)したがって、政府と関係が深い非営利組織では、独自の理事会職能は政府当局との暗黙のコネに限定されるという研究結果もある。

　2）ヒューマンサービス組織の理事が演じる役割に関する観察結果では、理事は受託役割の他に、共通して4つの役割を担うとしている。

①　作業者—理事会と組織のために特定の仕事をする。理事会役員や委員会委員・委員長など理事会や委員会の職務と、利用者サービスや事務などの組織の仕事を行う。

②　専門家—金融、補助金申請、資金調達、法律、不動産などの専門知識とスキルで仕事をするか助言をする。

③　代表者—理事会に参加する代表者は一般に組織代表、年齢・性・人種・障害などのタイプ代表、クライアントやその保護者などの消費者代表であるが、それらの代弁をするか、これら外部者と情報交換をする。

④　看板—それほど何もしないが、役割がないわけではない。理事会が重要なステークホルダーの目によく映るように必要に応じて著名な富裕者か低所得者が理事会に在籍するだけで組織の威信と名声を高める役割である。

　また、別のヒューマンサービス（発達障害者サービス）組織における有効な理事会職能について、理事と最高経営者へのインタビュー調査においては、理事会の行動と組織有効性との顕著な関係が見出されたが、組織有効性ともっとも相関している理事会職能は、戦略・計画策定、プログラム・モニタリング、財務計画作成とその統制、資源の開発、理事会の啓発、紛争解決であるという調査結果が見られる。

　さらに、全国福祉サービス供給団体の地域管理委員会（理事会に相当）における理事・理事長・管理者・スタッフへの聞き取り調査において、地域管理委員会の公式に定められた主要な職能—諸資源の確保、法的責任の遵守、地域の代表、戦略策定と計画策定、サービスの質のモニタリング、採用と配属とスタッフ支援—の履行に関するかれらの認識状態を調査したところに拠

れば、

① 諸資源の確保―理事は誰も財務と資金調達を理事会の公式な責任とは思っていない。管理者のほうも理事は「表看板」「名目上の長」であると見ている。助成金の申請も実際には管理者やスタッフが担当している。長期の予算計画と資金提供者との交渉も管理者やスタッフが行っている。

② 政策策定と計画策定―管理者が政策決定と優先事項決定のほとんどを担当している。他方で、理事はこの政策決定について自分の職務であるとは認識していない。また、政策決定は上部団体の強い統制の下に行われるから、理事会がその政策を理解する必要はなく、政策を理解するのは管理者の職務である。

③ サービスの質のモニタリング―理事は管理者やスタッフの仕事について評価し敬服しているので、絶対的な信頼を寄せている。したがって、管理者を見守ることはあっても、モニタリングの責任があるとは認識していない。全責任があることを認識しているが、すべては上手くいくと信頼している。

④ 採用と配属とスタッフ支援―採用・配属は事実上管理者の職務となっている。スタッフ支援については、管理者とスタッフのほうでは理事は一般に組織の仕事と目的から距離を置いており、公式に指定された職能の多くを履行していないが、管理者やスタッフに対して協力的であると見ている。ともに現在の関係とパワーのバランスに満足している。しかし、管理者が慎重にコミュニケーションを制限することによって、理事がパワーをもってスタッフ支援をするのを忌避していると理事から見られている。

　3）大学の理事会の職能に関する実態分析では、残余財産請求権がなく利潤を期待する所有者も存在しないので、所有者と経営者の間のエージェンシー関係ははっきりしない。さらに、残余財産請求権や株式がないので、市場における組織の売買について経営者が気遣うこともない。これらの条件の下では、非営利組織の経営者が自己利益を追求する機会がさらに増える。

　ただし、所有者に代わって、有力な寄附者が理事会を構成する。かれらは財務的な成果ではないが、投資に対するなんらかの成果を期待するので組織の福利に関心を寄せることから、決定統制を厳密に行う傾向がある。また、理事会は資金をつくり出しそれを管理する特殊な責任をもっている。しばしば個人寄附を依頼され、また募金活動を先導し、資金の管理も引き受ける。

大学では、決定統制と財務管理の2つの職能と役割が理事会の重要な責務となっている。

4）医療分野（特に、マネジド・ケアに属する病院）における理事会の職能と役割について、その特性から主としてコミュニティとの連結、諸資源の確保、政治的な正当性の証明などを確保することにあったが、いくつかの要因から、病院に関する社会的価値や期待が変化するに従って、制度的環境が変化し、その結果、病院経営は慈善事業ではなくて事業経営と見做されるようになり、競争圧力に晒されるようになった。そこで、理事会は「会社」モデルを採用するようになり、組織内部を監視・統制する傾向となっている。

4．調査・実証研究による理事会職能の総括

理事会職能に関する多くの調査・実証研究を整理したところ、およそ次のように集約することができる。

① 受託者職能

理事会の受託役割とそれに関連するモニタリングとアカウンタビリティが焦点である。すでにスチュアートシップ理論で説明した財務の統制、倫理的行動、誠実性などのガバナンス職能である。

② 外部関係職能

この職能はさらに重要であり、重要な外部ステークホルダーと組織の関係維持、資金調達、支援活動に大きな役割を果たす。良かれ悪しかれ効果的に外部との連結機能に使われる。

③ 戦略的リーダーシップ職能

戦略展開にはごくわずかの役割を演じており、ほとんどは承認と正当化に関与している。政策立案には経営者と協同する理事会内の執行委員会だけが参画する唯一の地位を占める。組織変更などの状況においては理事会が政策を制定するような場面もあるが、それは例外である。

④ 組織統合職能

特に上層階級の理事の間の強い紐帯がある場合、理事会はコンフリクト回避の行動を採り、難しい組織問題には立ち入らない傾向がある。それは、友好、地位、尊敬など、共有を重んじる理事の間の交換関係を損ねるからであ

る。他方では、理事の間の紐帯が弱い理事会では、組織のミッションと目標に対して高い関心を抱く利害関係があって、取引型の騒がしい理事会となる。

⑤　理事会と経営者のパートナーシップ職能

　有効な相互のコミュニケーションを通して機能するのではなく、多くの重要な決定については、理事会が最終決定権を保有してはいるが、これに関する情報と政策の具体化と政策の実施についてほとんど経営者に頼らねばならないから、理事会は経営者に従属する。

⑥　自己維持職能

　理事の選考・選任と教育、理事会活動の組織化と運営、理事間の有効な協同能力の向上など、理事会は自らの維持を図る。体系的な選考・選任手続き、職務に関する事実情報、新規理事の指導と教育、理事の参加とチームワークを促す方法、理事と理事会の活動と業績に関する正規の自己評価などである。

　以上から、非営利組織の理事会は広い範囲の職能と役割を履行していることが判明している。受託資産の保全とミッションの達成に重心があるために、戦略計画の策定と財務の監督は重要な役割として共通の認識となっている。また、ほとんどの非営利組織では理事はファンドレイジング活動や人的資源の調達活動において活発な役割を果たすことが期待されていることから、多くは資金調達と作業活動を自分の役割と自覚していて、実際に理事は組織活動の重要な「執行」の片腕である。

　事実、多くの非営利組織ではクライアントや利用者の受益者がサービスの対価を容易には支払えない人たちに公共サービスを提供しているから、理事会は活動資金の募集、政府助成金の獲得と政府との委託契約の獲得、投資利益を生み出す基金の創設など収益の向上を図る役割を負わざるを得ない。また、ボランティア活動や物品で財・サービスを自ら提供せざるを得ない。あるいは、特に新しく設立された非営利組織ではかなりの管理と作業の非公式な管理職能を担当することが多くなる。

Ⅱ．いくつかの理事会類型論

　調査・実証研究による記述的機能論とは別に、さらに多様な理事会行動を

検証したうえで理事会パターンをなんらかの基準で分類する試みがあること
に注目すべきである。そこで、代表的な理事会類型論を紹介しておくことに
する。

1. 職能内容による3つの理事会パターン

　理事会と経営者の間のパワー関係の動態から分別するのではなく、単純に
理事会は何をしているかを基準として分類する。

1）作業理事会

　自助・共助組織、草の根運動、協同組合、スポーツクラブ組織などの組織
が新しく、小規模で、ほとんどあるいはすべてがボランティアで構成されて
いる組織の場合、理事は政策策定に参加すると同時に、計画の実施を管理し、
現実に計画執行の作業もする理事会である。理事たちは組織に積極的に関与
し、理事同士が親密な関係にあり、ボランティアとして組織に参加して、組
織の創設に関わった人たちである。したがって、理事会において、作業に関
連する事項が持ち込まれることは当然で、「戦略のリーダーシップ」と「作
業のリーダーシップ」を区別することはできない。

2）ガバナンス専一理事会

　基本的な戦略事項に関連する事案に主として焦点を当てることによって、
広い戦略的リーダーシップを執ることに限定する理事会であり、意思決定と
評価が理事会の演ずる基本的な職能と役割である。このガバナンス専一理事
会は大規模で制度化された組織にもっとも適合するが、容易に「ラバースタ
ンプ型」になる危険がある。ほとんどの理事が組織の重要な支援者であるが、
多忙な人たちであって、当該組織や組織が活動する医療、教育、芸術などの
特殊な分野について知悉するまでの時間の余裕がない。このために重要な戦
略的事案について詳しい専門的な情報をもって議論をすることが困難とな
る。例えば、合併問題（あるいは、組織の存続問題）、大学の学部の開設や
閉鎖、病院の病床数の変更（長期慢性期医療病床への変更）などである。

3）混合型理事会

　多くの理事会は上記の2つのパターンの連続体のなかで浮動している。日
常管理活動に参加したり、ときには、政策ないしは計画に限定する場合があ

る。このような組織では、通常は経営者がほとんどの活動について決定をしているが、パブリシティ、資金調達、政府関係などについて不慣れで知見も経験も不足している場合があり、理事が加勢することになる。また、助成金の縮減、財務の不正、重大な労働問題、戦闘的なクライアント集団の行動などの危機に際会した場合、ガバナンス専一理事会が混合型理事会に転換することがある。経営者がこのような状況の処理に困っており、経営者からその状況処理を求められてきた場合、理事会は問題を直接管理するという誘惑が強くなる。しかし、危機が終わっても、元のガバナンス専一モデルに戻るのではなく、不適切な混合型理事会が続くようになる。

2．規模・分野別による4つの理事会パターン

規模別・組織別にいくつかの類型化を試みる。

1）大規模組織では「経営者支配」型がもっとも共通しており、経営者が多くのステークホルダーから情報を収集し、助言や進言を集めて決定を纏め上げて、全体としての理事会に承認させる無機能理事会型である。

2）小規模で事業年数が短く、ボランティア志向の組織では、「理事会支配型」がもっとも共通に見られる型であり、理事会の少数の中核グループがガバナンス問題について行動路線を立案するという決定的に影響力のある役割を演じ、それを基にして理事会が全体として審議し決定承認する。この状況においては、経営者の役割は基本的に情報と助言を提供するもののひとりにすぎない。

3）大学や病院のような「専門職官僚制」に見受けられる「スタッフ支配」型である。医師や教授の専門職スタッフが戦略的決定をするパワーを保持しているので、経営者と理事会とは双方ともに承認だけに制約されると感じいわゆるルースカプリングの状況である。

4）主要なステークホルダー全体の間に合意されたあるイデオロギーに従って活動する「共同ガバナンス」型である。そこでは、理事、経営者、すべての階層のスタッフ、ボランティア、サービス利用者までも包攝する行動的な連帯を形成することがある。どの集団にも強いパワーを与えない努力をするようになる。強力な自助あるいは意見表明のミッションを掲げる非

営利組織に見受けられる。

なお、理事会が戦略的方向を設定し、経営者と組織の有効性を評価するのが法的にも倫理的にも望ましいとして、非営利組織ガバナンスに関する規範的研究者が提唱している理事会支配型を適用しても、経営者支配型、スタッフ支配型、共同ガバナンス型よりも組織がよくなるという保証は何もない。ガバナンス問題に対処するもっとも有効なパターンは、組織の歴史、組織の風土、有力者の個性、組織のある時点とある時期における文脈の諸条件の独自の形状に依存するからである。

3. パワーを基準にした5つのガバナンスパターン

理事会と最高経営者とのパワー関係に焦点を置いて5つのガバナンスパターンを類別する。

1）最高経営者支配の理事会

理事会は組織に対して大きな影響力を及ぼすというよりはいわゆるシャッポで名目だけの長としての表看板となる傾向があり、有償の専門経営者であり、ときには実業界から来る経営者の指導力に大きく依存する。この最高経営者は専門的な知見と経験が豊富であり、あるいは組織の経営管理の成功者であることなどから非常に影響力があり信頼性がある。理事会は計画や予算について承認を与える前に審査する以外にはそれを策定するという活発な役割を果たすことはない。通常は、議論や不同意をそれほどせずに承認を与えている。理事会と最高経営者を含む経営者の役割と責任との明確な区別をして、理事会の会議は公式的に順序良く行われる。理事会は実質的にはこの最高経営者のラバースタンパーである。

2）理事長支配の理事会

理事会は理事長か議長である指導者に大きく影響され支配されている。この人物は理事に対して威圧的な影響を与えるようなある種のカリスマ性をもっている。有償の経営者がいても、かれはこの指導者の言いなりであり、指導者の決めた役割を演じようとするだけである。この指導者は自分の知友や自分のビジョンを信奉する人を理事に選任する。会議での不一致は滅多に起こらない。理事たちはかれに反対することは恐ろしく覚悟が要ることであ

り、もともと別の視点を考えることができないからである。組織の政策や計画はこの指導者の嗜好から出てくる傾向がある。このカリスマ指導者はコミュニティとよく繋がっており、組織の内外の重要人物とのコネに強い。このような理事長の支配はオープンなコミュニケーションを圧殺し、創造的な問題解決を阻害する。

３）パワー分断の理事会

　多数の利害を代表する多様な理事がおり、理事たちは違った思想と理念を抱いているので、理事会は衝突や対立を繰り返す傾向がある。理事会のなかで多様な個人や集団が、組織は何をするべきか、それはなぜなのかについてそれぞれに違った信念あるいは方法を主張する。これらの個人や集団は組織に利害関係のあるクライアント集団、地域コミュニティ、資金提供者などの外部集団の利害を代表して派閥を形成する。

　このような理事会の会議は論争で荒れて決定をすることが困難となる。組織が割れるので戦略・計画の策定はほとんど行われない。重要な決定がなされる前に相当な政争があり、多様なゲーム・プレーが展開されるのが通常の理事会行動となる。そこでは、もっとも有力な地位を求めて抗争が繰り返され、誰がパワーと影響力が強いのかを知ることが関心事となる。ただ、このような衝突や対立が上手く処理されれば、理事会内の創造性の源泉となる。そうでなければ、ことは手詰まりとなり理事会の活動とその業績は減退する。

４）パワー共有の理事会

　理事たちが民主と平等の価値に強く執着し、特定の個人や集団の専断的なリーダーシップを拒絶して参加と助言を主張するから、意思決定の同意が規範である。理事会はある人物やある集団のどのような型の支配的リーダーシップも拒絶し、意思決定への平等な参加、コミュニケーションの拡張、出来した問題に対するすべての関係者との談合などの過程を踏むことに固執する。衝突や対立は滅多に起こらないが、その場合には理事たちは合意に達するまで話し合いをする。同じく、公式の地位、資格、固定された委員会を重視せず、事態を処理する場合にはそのための特別の集団が自然に立ち上がる。他方、大きな変革を達成するなり、新しい大きな企画を推進することはときには困難である。それは相談をし合い合意に達することを旨とする意思決定の手順を踏むので時間と精力を要するからである。

第Ⅰ部 理事会の職能と役割をめぐる議論

5）無機能な理事会

理事の役割と責任について明確性を欠き無関心を特徴とする不安定で頼りない理事会である。誰も理事会の役割と責任について理解していないし考えているようには見えない。理事会にしろ経営者にしろ、強力なリーダーシップが生じることはほとんどない。理事会が従来の運営の仕方を踏襲し、あるいは、ある理事に仕事がよくできるとして任せたままでことが処理される。無関心と無目的という形容がこの理事会の雰囲気をよく示している。会議は秩序がなく、出席率も悪く、優柔不断である。どのような形の計画策定もなく、上下のコミュニケーションも欠けている。なかに異常に強い理事か経営者がいれば、組織のなかで機能不全の敵対関係や分裂を引き起こす。

4．パワーその他の要素を基準にした4つの理事会パターン

同じく、理事会とスタッフの関係から、さらには、組織の規模、組織の目的、組織の歴史の違いから、理事会の職能と役割についてそれぞれ異なった側面が重視されるとして類別が行われる。

1）顧問型理事会

理事会は主として最高経営者に支援や助言をする職能と役割が中心であり、最高経営者が組織の創設者である場合に多く見受けられるパターンである。このパターンは多くの組織で短期的にはよく機能するが、理事会の重要な責務であるアカウンタビリティ・メカニズムに欠けるところがある。

2）パトロン型理事会

理事会は顧問型理事会よりさらに組織に対する影響力がない。組織のミッションに賛同する富裕層である有力者から構成され、主として資金調達の顔として役立つ理事会である。このような理事会はほんとうの仕事は理事会以外のところにあるとして滅多に会合を開かない。しかし、募金運動や組織の信用を高めるためには特に役立つ存在である。ただし、ビジョンの確定、政策の策定、プログラムのモニタリングなどのガバナンス職能については頼られることはない。

3）協同型理事会

階層構造を避けようとする組織における意思決定構造は「同志経営」、「協

同経営」となる。すべての責任は共有され、最高経営者は存在しない。意思決定は通常合意によって行われ、誰かが権力を占有することはない。理事会は法律によって必置であるから存在するにすぎない。したがって、組織は理事会役員、スタッフ職員、ボランティア、ときにはクライアントから構成される統治と経営管理の単一組織体を創ることによって、理事会を組織の理念に適合させようとする。

　この経営管理の態様はもっとも民主的であるとされているが、この協同型理事会では目的の共有感、すべての構成員の積極的な関与、他人の仕事に対して責任を引き受ける意志、妥協する能力、などを保持することが困難である。ただ、上手く機能すれば、意思決定に現場の従業者が直接関与することから、理事会とスタッフの相互作用によってつくられる結合効果と仲間意識から、組織は大きな便益を得ることができる。しかし、この協同型理事会では個人の行為に関するアカウンタビリティが保守される有効な手立てはないので、有効なアカウンタビリティ構造を維持することが困難である。

4）管理チーム型理事会

　長年の間、多くの非営利組織は職能別委員会と諸活動を組織する理事会で運営している。大規模非営利組織では、人事、資金調達、財務、企画、プログラムなどの領域に関する役割と責任を有する委員会をつくっている。常勤のスタッフがいないところでは、理事会の委員会構造が組織の経営管理構造となり、理事がまたプログラムとサービスの管理者であり供給者である。個人としても、委員会においても、理事は戦略・計画策定、プログラム作成、資金調達、会計処理、広報活動など、すべてのガバナンス、経営管理、作業活動に積極的に関与することになる。

　多くの委員会と分科委員会が設けられ、意思決定はプログラム、サービス、経営管理の実践まで細部に及ぶ。この型の理事会は全員がボランティアである組織には上手く機能するモデルであるが、専門経営者や常勤の従業者がいる組織には適合しない。理事がすべての作業段階の決定もする必要があると信じて、権限の委譲を拒否することで常勤のスタッフにはただ執行だけを任せるような理事会の「ミクロ・マネジメント・チームモデル」に脱してしまうからである。その結果は、経営者も従業者も意思決定に参加できない憤懣があるために、計画策定やアカウンタビリティに積極的に協力しなくなる。

第Ⅰ部 理事会の職能と役割をめぐる議論

5. ライフサイクルによる4つの理事会パターン

　ある種の環境条件の下にある組織は人が歩む誕生、青春、成熟、老化などの人生の諸段階と同じようにつねにそして必ず変転するものであるとする「組織のライフサイクルに関する一般的な仮説」を理事会に援用して、理事会の行動の変化を説明する。周知のように、この仮説はすでに組織のライフサイクル論として一定の評価を得ている仮説であり、組織のライフサイクルに従って理事会もライフサイクルを描くと見る。そこで、理事会の職能と役割、理事会と経営者のパワーは変遷するサイクルに従うと考える。ただし、これに関するいくつかの実証研究やモデルがあり、それぞれニュアンスが異なるところがある。しかし、本章の趣旨からは逐一説明する必要はないので、共通する部分を総括しておくことにする。

1) 創設の段階

　この段階の理事会は強力な創立者である指導者に従うだけの応援団ないしは無機能な機関としての理事会か、反対に、「ボランティアが組織する理事会」で、個人ではなくて集団として組織を立ち上げる「指導者としての理事会」である。組織を創設した段階は諸資源がもっとも制約されている時期であり、理事会に最大の役割と責任が求められる。組織の財務、人事、その他の資源が不足することがすべてではないが、ほとんどの組織の創設の際の障碍である。そのために、理事会はいわゆる「ミクロ・マネジメント」の職能とされる相当多くの管理と作業の職能を果たす「何でもする理事会」である。政策を立案し、従業者を採用し、そして多くの場合、直接の現場作業を行う。

　他方、組織が新しく立ち上がり、あるいは、理事会が最高の責任機関として形成される段階では、政策の策定、理事会と経営者の役割と責任の限定、組織の活動指針の作成などが理事会の重要な職能と役割である。理事は頻繁に会合し、理事会が頻繁に会議を開き、理事会パワーとその影響力が持続的に使われかつ要求される。このようにして、組織創設の段階では理事会が組織を支配し統制するパワーを保有する傾向にある。

2) 成長の段階

　理事会は計画策定、資金の監視、組織のアカウンタビリティなど、組織を統治する方向に移行する。理事会はもっぱらガバナンスに専心する「ボラン

ティア統治理事会」という伝統的な概念がほとんど完全に発揮される。理事会は規模が大きくなりより多様化する。そして、理事会は公式的な構造を採用し、常設の委員会がつくられる。他方で、組織の成長には大きな財務や労務や施設の諸資源を必要とするので、成長に伴い組織規模が拡大することから、組織の経営管理活動が経営者やスタッフの職能に移行する。その結果、理事会は管理や作業をする役割から離れ、さらに指揮命令から助言する役割に回る。理事会は指針や政策の策定には参加するとしても、日常管理から離れて戦略的課題や組織と経営者の監視と評価に転じていく。

この成長の段階では、財務・労務・施設の諸資源の増大、提供するサービスの質量の多様化、理事会と経営者の知見と経験の向上が見られる。そこでは、理事会自体が規模を拡大し、複数の分権化された委員会制度を採用し、理事会が組織として形式化する傾向を見せるが、他方では、組織のミッション、ビジョン、組織目的が経営者やスタッフそれに他のステークホルダーの影響をますます受けるようになる。

この成長の過程において、理事会と経営者と他の関係者の間に経営管理の役割と責任はますます捩れて浮動するが、組織の一段の専門化が進行して、経営者をはじめ管理スタッフがますます活動をするようになり、理事会から積極的な関与を奪うようになる。

このような変化は理事会構成にとって大きな意味をもつ。成長段階における理事は創設・生成段階における理事とは異なる。この成長の段階では、現場で積極的に関与する理事会から経営者はじめ管理スタッフの貢献を監視し評価する理事会に移行し、必要に応じて助言や資源を提供する理事会に変質するから、理事に求められる属性が「作業者から監督者」に変わってゆく。

3）成熟の段階

理事会の役割と責任は統治する理事会から承認するなり助言をする理事会に移行する。理事会は政策策定の意思決定をするよりも政策指針を示すように変わり、組織の経営活動に対して関与するよりは組織全体と経営者の活動と業績について監視し評価する受動的な位置に後退する。そこでは、理事会の主たる役割と責任は予め編成された予算と活動の方向と指針に沿って組織の経営活動が確実に行われるように、その活動を監視することである。しかし他方において、組織の支援活動として、理事会ガバナンスの枠を超えてむしろ多数の多様なステークホルダーと組織を関係づけること、多額の寄附金

を調達することなどの作業レベルで大きな役割を果たすという点で理事会職能は複合的になる。

　また、理事会はますます規模が大きくなりより多様化する。特に主要な地域集団や職能集団から選任される理事の種類が多くなる。この段階では、委員会の仕事が理事の主たる関心事となり、特に資金調達と外部志向の活動を重視するようになる。これらの委員会の規模が増大しその機能が重要になると、委員会は理事会が統治する組織とは独立して独自の活動をする組織になる。理事会は資金と影響力を得るために諮問委員会をつくることもある。そこで、この段階の理事会全体を統制することが困難となるために、組織それ自体は経営者と執行役員会や常任理事会に統治されることになる。この状態が進行すれば、理事会の活動は組織の経営から離れて形式化され、経営者から理事会に提出される事案に対して主として事後承認をするようになる。理事会の承認の段階といわれる状態になる。

４）リサイクルの段階

　以上のように、理事会は創設してから概ね３つの段階を変転し、そして、なんらかの危機や重大事件の発生を契機として、承認の段階からサイクルが反復され、また元に戻るサイクルを描いて変化する。理事会が組織を維持するために行動せざるを得ない事態に至って、理事会が過度に経営管理に関与する段階に戻り、そして組織が安定するにしたがって、理事会は危機が去って関与しすぎたと感じて政策に集中し、経営管理は経営者に委ねる協同の段階へと理事会行動がサイクルを描く。

　組織の発展と活動の多様な段階のなかで、情況次第で理事会行動の態様が異なることは明らかであり、理事の重要性、理事会の職能と役割、理事会のパワーが浮動する。それは要するに、組織のそれぞれの発展段階によって決定的に重要な問題が異なるので、その段階によって主要集団の間でパワーが移動するということである。戦略的な情況適合論の視点からすれば、組織は巧みに不確実性に適応し、組織が問題に遭遇したときに組織が必要とするもっとも決定的な問題を処理する個人や集団に統制されるということである。

Ⅲ．理事会職能の情況適合論

　以上のように、いろいろな理事会パターンの類型化が試みられているが、これらの類型化は普遍的でなく、永続的な情況でもない。同じく、理事会は政策に集中して経営管理は経営者に委譲すべきという規範も必ずしも多くの理事会が従っているわけでもない。組織が小さいときの資金調達の段階と危機の段階には、理事会は積極的に経営者と関わり合うものである。また、理事会が統制職能を発揮するのは難しい場合があり、例えば最高経営者に支配されている理事会はこの経営者に責任を取らせることはほとんど無理である。いずれの研究も実際の理事会職能はきわめて多種多様であるとそれぞれが語っている。

　非営利組織ガバナンスの研究分野では、新しい研究方法を探索する傾向、ガバナンス構造とガバナンスプロセスについて新たな別の設計をする傾向がますます顕著になってきている。そのなかでも、代表的な研究として、ある種の理事会職能がなぜ遂行され、またなぜ遂行されないかを説明する研究が行われており、その情況に関心を寄せる研究が増え、理事会の行動と理事会が担う職能と役割は環境条件によって情況適合するとするいくつかの研究がある。多様な内外の情況要素と、理事会に関する構造特性と、実践態様との相関関係に関する理論の構築である。第Ⅱ部第2章で扱うところである。

　また、新しい挑戦的課題を解決するために組織自体が発展し変化するから、何が理事会の有効性なのかについても普遍性がない。理事会は安定して順調に行動していても、理事会と経営者の間のリーダーシップの移行、組織規模の拡大、資金調達の情況変化やプログラム方針の変更などで理事会に期待される職能と役割が変わり、場合によっては、従来の理事会職能は適切でなく障碍となっていると批判される。言うまでもなく、理事会は静態的ではなく、また静態的であるはずがないからである。組織が変化し成長すれば、理事会も変化し進歩しなければならない。理事会の職能と役割、構造、構成は組織それ自体が遭遇する新しい挑戦的課題を解決するためには変更される必要がある。ただ、それらの変化は組織が成長し発展することの当然の帰結であるから、理事会の職能と役割、構造、構成の変化の多くは予想が可能である。

　さらに、非営利セクター自体の環境の変化から、従来の理事会職能モデル

を不適にしている重要な情況要素がある。

① **組織の多様性**

　草の根運動団体、全員ボランティア団体、社会的企業、さらには、単一組織が組織間連帯するネットワーク組織や複合会社形態に包摂される複合組織などがすでに登場している。

② **理事会構成の多様性と異質性**

　理事会構成の多様化が制度的に勧奨されているが、新しく多様性を導入することは制度化された理事会の慣習ややり方を破壊するおそれがある。若年層、女性、各種のステークホルダーがそれぞれ違った認識と背景をもって理事会に参加するので、みなが協同しようとするとき、グループダイナミックスがさらに複雑となる。

③ **政府委託の増加**

　政府機関は公共サービスの供給について多くの条項と条件を設定してくるので、理事会は組織のミッションを統制するパワーを事実上失うことになり、自分自身の組織において主流でないプレイヤーに脱してしまう。理事会は組織のミッションの受託者としての地位を奪われる。

④ **助成団体の要求の増加**

　助成財団や企業が計画や提案要請でプログラムを限定し、それを実行する非営利組織を支援するなどの助成戦略が一般化したことから、助成団体が非営利組織の活動と管理を支配するようになる。非営利組織の管理者がプログラムの設計とその実施に際して資金提供者からの指示に従うならば、理事会の職能と役割は減退する。

⑤ **市場化・商業化の潮流**

　非営利組織が同種の組織や営利組織と競合する市場において、「経営の効率性」が優先されることから、組織のミッションの受託者としての理事会の裁量は大きく制約される。

　しかし、このような外部情況と組織内部の情況はおそらくは無数に近く存在すると想定されるので、一体どのようにしてこれらの外部と内部の情況要素を限定するのかが困難な問題である。現に、欧米では多種多様な研究者の調査・実証結果に基づく多様で多数の外部情況と内部情況が摘出されているが、それらの情況要素をたんに羅列しているだけで、それぞれの分類のなかにおいて要素間の取捨選択をする基準が明瞭でないので、多量な情況要素が

指摘されたままである。そこで取り敢えず、ここでは多種多量の情況要素を分類整理して纏めておくことにする。

1．外部情況

（1）政治的・制度的・社会的な外部圧力

　非営利部門の重要性が高まってくるに従って、政府やその他のステークホルダーの非営利部門への要求と政策が大きく転換してきた。その結果、一言でいえば、非営利部門は資源の有効な配分に貢献し、サービスの有効な生産と配給を適正に行い、そのために、個々の非営利組織は効率的かつ公益目的に有効な経営管理を迫られるようになってきた。例えば、非営利部門への営利組織の参入を認める規制緩和の促進、営利組織と非営利組織との協同の推進、政府の業務委託の制度化など、政府自らは公共サービスの供給者から厳格な監督者へと変身すると同時に、非営利組織が目的、構造、方法などについてビジネスモデルの経営管理手法を採用することによってステークホルダーの信頼を得られるとして「ビジネスライク」にするよう勧奨しながら暗に強制する傾向となる。

　政府との関係が緊密となり、あるいは大規模助成財団との関係が深まれば、非営利組織は強制的な同型化に服することになる。組織の存続を担保するものとして、相当な専門化が要求される。外部からの正当性の要求に応えるためには、制度的な秩序に準じている証として、組織が「専門的に経営管理されている」ことを示す必要がある。そのために、管理システムの専門化、高度な公式的な戦略策定手続きなどの組織の形式化、理事の実業経験等の経歴、委員会制度などのシステム、理事会と経営者の関係の明確な階層化、専門的な実業経験のある理事の政策策定への参加、財務管理の監視ができる理事会構成などの理事会の形式化と専門化が期待される。

　このことは誰が理事になるのか、どのような管理システムと管理プロセスを用いるのか、どのようなスタッフ機関をつくって組織構造を階層化するのか、どのような経営者をはじめ上級管理者を選任するのかなどに表れる。これによって、組織が合理的であるとしてその正当性を訴求することができる。特に、資金提供組織がそれ自体専門化されている場合は、なおさらである。

そこで、例えば専門化の圧力と要求から経営者のパワーが強くなる。

法制・規制制度は理事会の活動に重大な影響を与える。監督官庁が各種の委員会制度を通して実質的にさらに活発な監督機能を果たすようになってきた。指針と指導や財務情報の開示など新たな公益法人制度を見るまでもない。さらに、委託契約への移行、アカウンタビリティへの圧力、業績評価制度の導入などで、多くの非営利組織の理事会にとってさらに複雑な要求の多い環境がつくり出される。

この場合、法制・規制の情況がどのようにガバナンスに影響を及ぼすかを検討する際に、「アカウンタビリティ環境」を用いることが有力な手掛かりとなる。なぜなら、アカウンタビリティは多種類の圧力が多方面から加わって生じる多次元の要求をひとつに表現できる概念であるからである。このようなアカウンタビリティ環境に正しく適応できる理事会行動が求められることから、理事会行動が変化すると考えられる。

また、政府の公共政策や統制・規制について、政府の統制・規制に多く服している非営利組織はそうでない組織に比較して安定した環境にいるので、理事会は経営者が支配すると想定される。皮肉にも、非営利組織が政府の代理機関となるに従い、理事会は広いガバナンス自治を喪失してゆき、結果として、経営者が運営の舵を取ることになる。

政治的・社会的な圧力から生じる統制・規制、保護等の制度変化から、理事会の特性がどのように変わるのか、例えば、政府のガバナンス規制や経営第一主義への誘導などが理事会行動の水準を下げるのではないか、あるいは、規制緩和などの競争条件の変化の下で「持続可能な組織」を担保するには、理事会行動はどのように変化し、理事会の構造と機能はどのように変わるのか。非営利組織の改革という流れのなかで、法制と規制の環境を理事会行動に影響する重要な要素として組み込む必要がある。

（2）外部資金への依存

特定の資金調達の環境が理事会行動に強く影響を及ぼすことは容易に理解できるのであるが、さらに、外部資金の種類を細かく分けて分析する必要がある。外部資金に依存する組織の理事会では、モニタリングよりも境界連結役割に注力する傾向があることは確かであるが、資金調達の環境と理事会活動の関係は外部資金の種類によって異なるからである。例えば、補助金など

の政府資金や大規模な助成財団に依存している非営利組織の理事会は外部資金が制度化されていることから、理事会パワーは弱くなる。

また、個人や企業の民間寄附に依存している非営利組織の理事会はファンドレイジング活動に注力するから、理事会のパワーは相対的に強くなる。しかしまた、少数の大口寄附者ではなくて、多数の小口の寄附者に依存する組織における理事会はファンドレイジング力を問われないので、そのパワーは弱くなる。さらに、主として料金収入に頼る非営利組織の理事会は経営者と理事会自身の活動と業績のモニタリングをすることが明らかにされており、そこでは、経営者のパワーが相対的に強くなる。

概していえば、外部資金調達の歴史的なパターンは少数の篤志家の支援から大衆運動やコミュニティ資金の支援に推移している。少数の篤志家の代理機関である組織の場合では、政策とその手続きは理事会に代表される篤志家やその代理人によって統治される。外部資金調達が公衆やコミュニティ資金に変わると、例えば、コミュニティ資金それ自体が各種の代表から構成される別の組織を通して配分され、このような組織や専門家が配分資金を支配することになるので、仲介役となる資金調達者としての理事会の重要性とそのパワーは減退する。

以上から、(i)多くの寄附者から少額の寄附を集める組織では、理事会は経営者に比較してパワーが弱い。(ii)資金調達活動が理事と資金調達をする人の個人的な関係に拠らないで、必要性という強い形で行われる場合、理事会の影響力は減退する。つまり、資金源が分散しており、資金調達が理事の個人的なコネではなくて、コミュニティのサービス需要と強く関連している場合には、経営者の役割が強くなる。(iii)ただし、個人的に理事が有力な資金源と繋がっている場合には、あるいは理事が有力な外部のステークホルダーと繋がっている場合には、理事会のパワーは相対的に強くなる。

（3）委託契約による政府資金

理事会の職能と役割に挑戦するような今日の環境の趨勢がある。それは非営利組織に対する政府外部委託の傾向である。政府の委託契約によって公共資金を牛耳る政府機関がサービス供給の質量に関する契約条項を定め、非営利組織に指定したサービスを提供するよう求めてくることである。そのことが組織のミッションとビジョンに忠実であるように政策策定や政策実施の監

視をする理事会の職能と役割にとって困難な課題となる。例えば、政府の政策を批判する力が制約されるし、特定の需要を満たすサービスに独自に対応することも制約される。そこで、特に政府との委託契約が非営利組織のガバナンスに及ぼす影響について、さらには理事会の構造、機能、パワーにどのように影響を及ぼすかを検討することが重要となる。

　また、理事会は資金調達のような伝統的な理事会活動から離れて、組織が専門的に管理されていることを期待されるので、少なくとも財務を監視できる理事会が期待されるようになる。さらに、理事会は政府の資金を獲得する過程における役割としては重要視されなくなり、政府との契約においては実質的な受託者として認められない存在となる。結果として、政府資金を受けている非営利組織において、理事会の資金調達活動の減少と政策への消極的な関与が常態化することになる。

　しかし、他方では、依然として見受けられる天下り理事の存在は理事会の威信を高めて、資金調達にかなりの程度影響を与えている可能性がある。政府との契約締結について天下り理事が重石になるか、梃子の作用として機能している場合が現実に見受けられることも事実である。そういう理事が支配する理事会は果たして政府の影の代理人なのか、当該組織を護る緩衝剤なのか、いずれにしてもこの種の理事会は暗々裏にパワーを所持する存在である。

　ただし、このような理事はなんらかのパワーを発揮し、それが政府資金の誘引力に繋がるとはいえ、それが果たして理事会全体としてのパワーを保証するのかどうかについてはさらなる研究が必要である。この種の研究は広くノンプロフィット・アンド・ガバメントの研究領域に属する興味のある研究対象であるが、ここでは触れない。要は、広い問題としては、サードパーティ政府の時代の理事会の職能と役割はどのように期待されるのか、それに対して理事会がどのように反応するのかに答えることである。非営利組織が政府の強権的な政府契約の要求によって組織の自治と独立を放棄させられる危機のなかで、理事会が非営利組織を護るための理事会の職能と役割をどのような形でどのように遂行するのかを明らかにすることである。

（4）特殊な外部情況

① 産業・活動分野の特殊性

　外部環境の特性のなかのひとつの重要な注目すべき情況要素として産業・

活動分野を分別する必要がある。理事会の構造や理事会の職能と役割の違い
はセクター間よりも非営利組織セクター内でさらに大きい。それは組織が属
する特定の産業・活動分野ごとに特殊な業界規制や業界規範、当該業種の連
帯関係と特殊な利害関係があり、それらが組織や理事会の態様に影響を及ぼ
すからである。

　わが国のように、非営利組織の範疇が依然として統合されずに、教育事業、
文化事業、医療事業、介護事業、慈善事業、宗教事業、いわゆるNPOや
NGOがそれぞれ特定の法制度と規制制度の下で制度化されている場合、そ
れぞれの産業・分野の組織構造の特殊性が理事会ガバナンスパターンを条件
付けていることが多い。

② 　非営利組織間の競争と規制緩和等による営利組織との競争

　これまで非営利組織は政府の保護・助成政策の下である程度の地域独占な
いしは職域独占を享受してきた。ところが、主として規制緩和政策によって、
非営利組織は一転して競争の坩堝に巻き込まれることになった。組織が競争
優位に立つために、理事会にも資源獲得能力と組織管理能力が問われる。非
営利組織の市場化・商業化の内外の圧力が理事会行動に及ぼす影響について
の研究が必要となる。すでに、競争の激化とそれに伴う組織の効率化という
環境変化から、理事会に対して専門家採用の要求が一般化しつつあり、同時
に理事の専門化に伴い理事会の構造化が進められてくる。すなわち、分業を
する職能別組織あるいは下部委員会の増加、会議の頻度の増加、理事選任方
法の公式化、職能規程の文書化などである。

③ 　組織間連帯

　さらに、昨今特に展開されてきている非営利組織同士の提携・連帯・協同
のネットワークの形成という情況がある。非営利組織が優れた活動をしてい
ることの証明としてこの種のネットワークが拡大する傾向がある。そこでは、
資金、クライアントあるいは利用者、会員とボランティアを求める競合他者
との間でどれだけの職能と役割を分担ないし共有するのかという点が組織ガ
バナンスに挑戦的な課題となる。

　このような情況において、単独の組織の理事会はどのように行動するのか、
それは、おそらくはこのネットワークを促進させる誘因によって異なるであ
ろうが、連携しながら同時に依然として競争し合う各組織から出向する理事
のなかから全体を統括するひとつの「協同体理事会」が構成されるに違いな

い。この場合には、単一組織の理事会はほとんど重要な意思決定には影響を与えることができないから、そのパワーは相対的に弱くなり、「協同体理事会」の事務局として働く経営者集団の影響力がきわめて強くなることが想定される。

　今後は、同一地域において同じ人たちを対象とするサービスを提供している非営利や営利の複数の組織に対しては、おそらくは公的・私的資金提供者によって、あるいは政府の勧奨や強制によって、少なくとも当該地域においてガバナンス機能を一部共有する新たな権限構造の協同制度が強制されるに違いない。組織間関係が拡がりまた深まれば、多種多様な利害関係の組織と集団が重なり合うから、単独の理事会は組織間関係の管理に関与することなく主として境界連結の支援に回り、組織間関係の経営に参加する経営者との間にはパワーの分断が行われる。そして、当該組織の政策とその方法を統制し、あるいは規制する連合組織の経営に一部参加する経営者のパワーが強くなることは確実である。

　要するに、今後も組織間連帯が増加すると考えられるが、誰が何をガバナンスするのかという問題が浮上してくる。多くの連帯組織や協同体では、その連帯組織や協同体のガバナンスについて、この組織間連帯が各組織の戦略と活動に大きな影響を及ぼすのに、それに参加する個々の組織はわずかな漠然とした役割しか果たしていない。そこで、組織間関係における連帯や協同について、この種の役割にさらに理事会が関与するようになるのかどうか、反対に、理事会は組織間連帯の政策と運営からは疎外されるのかどうか、今後研究すべき重要な課題である。さらに重要な課題として、非営利組織が営利組織とコラボレーションする場合の非営利組織の理事会の職能と役割である。例えば、コーズ・マーケティングで連帯・協同するという戦略・計画を展開する過程で、理事会がどれだけの影響を与えることができるのかという問題である。

2．内部情況

　近時、理事会の多様化や外部専門家の選任制などが導入される傾向があるが、それは組織の透明性と正当性、あるいは組織の効率性を担保するよう求める社会的・制度的な圧力が増大しているからである。しかし、組織が自ら

の特性を考慮しないで異種同型化に従うことは有効な理事会をつくることには繋がらない。例えば、理事に外部の専門家を採用する最近の要請は組織に対して透明性と正当性を求めることと関連しているが、この要請に従うだけでは、組織の特異性を考慮していないので最適な決定となることはないであろう。なぜなら、理事会は外生的なメカニズムではなくて、あくまで理事会が指導する組織の諸特性と連関しているからである。したがって、理事会の構造と機能に関してなんらかの変更を加える前に、組織の特性とその文脈の枠組みを綿密に検討することが適切である。

（1）組織の規模

　一般に、組織の規模（会員数、従業者数・ボランティア数、予算規模、下部組織数、供給高など）は理事会の影響力を決定する大きな情況要素である。組織の規模と多様な理事会特性とその変化の間には明確な繋がりがある。大小の規模格差によって、理事会の職能と役割について格差が拡大する。例えば、常勤スタッフとボランティアが少数の小規模組織の場合、理事会と経営者・従業者の間には職能と役割の区別はほとんどない。ガバナンス機能は理事会ではなくて組織全体で遂行される。理事会は理事個々人の組織管理への参加という型をとる。もちろん、常勤の経営者がいない場合、理事会内の常任理事会などの経営委員会やボランティア管理職が必須であるが、このような場合には理事会がもっぱら組織の意思決定を行うので、理事会支配は明らかである。

　反対に、大規模組織の場合、理事会自体も各種委員会などで区分された構造を擁した大きな理事会となり、文書化された職能規程や理事の選任・教育を制度化して形式化される。組織の大規模化は理事会の大規模化を伴い、理事会自身の官僚制化を促すことになる。理事会は「安定すれども関与せず」の行動をするようになり、経営者支配の性向を帯びる。

　また、大規模組織の経営を「管理可能にする」ためには、官僚制的な管理制度を採用するようになる。その結果、経営者の自由裁量の幅が拡がり、このような自由裁量のパワーを制裁を受けないで利用するか濫用することになる。それは、経営者が複雑化する組織がどのように機能するのかについてより多くの情報に接近し、より多くの知見を得ているがためである。経営者が組織の意思決定過程の中間の位置にいることから、ほとんどすべての情報に

接近し、そのなかで情報を操縦して、その後に、選別しながら理事やスタッフと情報を共有することができるからである。経営者は理事会の議案となる事案を確認し、選択し、決定することができる。そこで、組織が成熟しており、予算の規模が大きく従業者も多数の組織では、理事会は外部志向になる可能性があり、組織は経営者に支配される。

　要するに、組織の規模が増大するにつれて、組織は官僚制化の過程を辿り、これに伴って、理事会も官僚制的な構造と機能を帯びるようになる。そこでは、理事会の規模も増大し、理事の出自も名声や威信の高い実業家などが多くなり、経営は専門職の経営者に権限委譲して、その経営者の主導の下に理事会の役割と責任は外部関係—特に、ファンドレイジング活動—に追いやられる傾向がある。

　しかし、組織規模は確かに理事会の態様に大きな影響を与えるものの、逆に、組織規模の拡大に伴って理事会の規模が小さくなり、経営者と理事会が組織のコアグループを形成して、一部の理事ではあるが、かれら専門的・実務的な理事が実質的に経営管理の計画—執行—統制の意思決定過程のすべてに関与する傾向も想定される。そうだとすれば、組織の規模の拡大は理事会の規模を増大させ、理事会の構造も制度化されるという仮説は改めて検証されなければならない。どのような情況において、どのようなパターンが現れるのか、いまだ分明ではない。組織の規模は理事会行動に直接・間接の大きな影響を与えるだけに、さらなる研究が俟たれる。

（2）組織の専門化

　理事会と経営者に影響を与える情況として、経営者を始めとする管理者層の特性を挙げることができる。管理者層がどの程度の専門職であるかが、理事会がどの程度積極的な関与をするかに影響する。その関係はそれほど簡単ではなく複雑であり十分には把握できないが、組織の専門化が進めば専門化それ自体が、専門の知識と経験をもつ証しであると見られて、素人の理事会が関与する必要はないと示唆している。

　専門知識が特殊化され技術化される場合には、パワーの配分は理事会から経営者に移転し、理事会は情報について経営者や管理スタッフに依存するようになる。理事会はモニタリング行動に励まなくなり、ファンドレイジング、コミュニティ関係、理事会自身の活動モニタリングにも積極的に関与しなく

なり、むしろ、財務の監視、経営者や管理者の評価、経営管理に関する助言を行うようになる。したがって、専門化に伴って、経営者が組織のモニタリングと組織の情況への反応に関して直接の責任を負い、他方では、理事会はプログラムと理事会自身の活動に対するモニタリングをしないで、財務と経営者に対するモニタリングをする傾向になる。

① **経営者がまた高度な専門職である場合に、理事会との関係はより複雑となる。**

専門職でもあるこの経営者はある政策策定の行為が職業上の規則や職業倫理に悖ると感じるようなジレンマを抱えることになる。専門職である経営者には、プログラムと政策策定について専門的な見解を示す第一の責任があり、専門職の利害を代表するものであると一般に認識されているし、特に同じ専門職からはそのように期待されている。他方で、この専門職でもある経営者は組織の安泰とコミュニティにおける地位に影響する経営管理上の提案と決定に対する第一の責任者でもある。そこで、この種の経営者は専門職と管理職のジレンマに陥る。このような場合、理事会と経営者の関係は様々な情況によって浮動し、この経営者と理事会に不一致が生じた場合にもっとも厳しい緊張関係となる可能性が高い。病院や大学や美術館などの分野における「ルースカプリング」の組織に典型的に現れる情況である。

② **プログラムがその実施に際して高度に技術的な専門スタッフを必要とする場合、経営者の支配が強くなる。**

経営者が理事会と専門スタッフのコミュニケーション経路をほとんど完全に支配することによって、また場合によって自分も特定の専門職であることから、あるいは職業団体との連携を通して、経営者が理事会に対して強いパワーを握ることになる。一方では、理事はこの種の専門知識も技術的な知見もないので、プログラムやプログラム専門スタッフとは通り一遍の接触しかできない。このような情況では、専門スタッフの理事会へのコミュニケーション、理事会の専門スタッフへのコミュニケーションは経営者によって制御される。プログラムが高度に専門的な組織は理事会に対して経営者が強いパワーを発揮できる。

③ **理事会と経営者の関係のダイナミックスに対して、理事会、経営者、そして一般のスタッフの間の関係が影響を与えることがある。**

スタッフが経営者を強く支持するなり、経営者と結託するようになると、

経営者が理事会に対して強くなる。つまり、スタッフが経営者と同調するか、経営者の背後にいるような組織では、経営者が理事会との関係において有利な位置につくことになる。理事会の見えないところで自分たちの利益を護るとか、失策や間違いを隠すことができる。さらには、理事会が提案する改革戦略やそのような政策決定に対して容易に反対することができるし、理事会の決定を履行しないで拒否することもできる。

官僚が共同防衛すること、庇い合うこと、クライアント・政策決定集団・公民などの外部勢力に対して共同戦線を張ることがよく知られているが、これと同じ現象は非営利組織でも見受けられ、専門スタッフと経営者が連帯すれば、理事会に対して強力な防衛線を構築することができる。反対に、理事会とスタッフの緊密な関係が非公式な相互作用によって、あるいは多種の理事会の委員会活動を通して、このスタッフを抱き込むことがある。このような関係は理事会とスタッフに対する経営者のパワーを弱めることになる。

3．不確実性のある情況

理事会が組織の事案について議論し決定をすべき責任を求められるような広い範囲の組織問題がある。一般には、理事会のパワーがもっとも要求され確認されるのは、重要事案の処理期間か、戦略的な決定時点である。例えば、財政危機、社会の厳しい批判、労使紛争などの重大事態、あるいは理事長や最高経営者の離脱、有力理事の辞職、大きな予算拡大や縮減などの転換局面によって、理事会は業務作業や主要な管理職能の執行を余儀なくされる傾向がある。作業と管理の職能を基礎にする伝統的な委員会制度を設置して、人事管理や計画立案の決定に干渉する理事会ガバナンスになる。また、理事会の内部において、あるいは理事会と経営者との関係において基本的なコンフリクトと分裂が起こる時点である。後継者の選択、大きな資金調達と施設拡張などの問題が想定される。

（1）組織の不安定性・不確実性

組織が安定している場合には、理事会はモニタリング職能を有効に履行するが、組織が不安定で不確実な情況の下では、理事会は境界連結職能に専心

すると考えられる。例えば、組織が安定している場合、理事会はモニタリングを重視するから、外部の実業経験者や有力寄附者を招聘して、理事会はコスト管理など効率性志向となる。組織が不安定な場合、ファンドレイジング、組織と政府やその他の団体との協同、組織イメージなどを高める能力を基に理事を選任して、理事会は外部環境に有利に適応できる境界連結志向となる。

　また、組織が不安定で不確実性が高い場合、経営者のパワーが増大し、その結果、理事会の組織と経営者に対するモニタリング機能が低下し、経営者が理事会に対してファンドレイジングの圧力を掛け、理事会を組織の経営から疎外する傾向となる。理事会はファンドレイジング力のある同質的なエリート集団で構成するおそれがある。今後、非営利部門全体が不確実性の高い事業環境において困難な経営を余儀なくされることを考えれば、組織の不安定性・不確実性と理事会行動の関係に注視することが重要となる。

（2）組織の重大事件の発生

　一般に、理事会パワーが強く確認されるのは、組織の重大な存続危機、組織の変換時期、組織のアイデンティティの危機などの戦略的情況においてであり、また、理事会と経営者との間に基本的なコンフリクトと分裂が起こる時期においてである。理事会がこのような情況では最終決定者としての職能と役割を果たすので、経営者に対して強いパワーを保持すると考えられる。以下に３つの事例を挙げておこう。

1）アイデンティティの危機

　大規模組織はいくつかのアイデンティティの危機に直面する。(i)合併の危機であり、組織の機能と資産の永続性は維持されるとはいえ、ひとつの組織としての組織の存続は脅威に晒される。(ii)他の組織との提携・連帯・協同のネットワーク編成に巻き込まれる場合、組織の資源と機能と資源は維持されるとはいえ、単一組織としての組織の存続は脅威に晒される。このような協同事業は部分的に単一組織の自治と独立を制約する。(iii)完全に消滅する脅威である。これらの問題が検討され議論されるときに、再び組織の最終責任者である理事会が完全に巻き込まれ、どの選択をするかに関して強い影響力を発揮することになる。

2）後継者の選択

　後継者を選択することは、組織の特性、組織のアイデンティティ、組織の

受託事業などの基本的な問題を前面に表出することになる。経営者の選択は組織の方向づけに関する決定と密接に関連しているから、有能な経営者の選択と任免が理事会の重要な責任のひとつであるが、理事会のパワーがもっとも動員されるのは特に理事長や最高経営者のトップマネジメント、理事会役員や理事会委員長の後継者を選考・選任するときである。しかも、平時であれば、経営者や支配集団が後継者を選任して、理事会が追認することが多いであろうが、有事や危機に際会して、理事会が後継者選びに積極的に関与してその影響力を発揮する。

　他方、経営者の交代は組織にとってひとつの大きな危機である。この危機に際して、後継者をめぐって支配的な経営者や支配集団が意中の者を指名して、理事会はその指名を容認するだけである場合もあるが、組織が危機に巻き込まれたときに、理事会が活発に動くと言われるように、理事会はそのパワーを高めて後継者の選択に能動的に参画するものである。

3）組織特性の危機と転換

　組織は自らの特性―ミッション達成のためのプログラム政策、サービス政策、財務政策、人事政策などを決定・実施する際に展開される基本的な型―を長年掛けてつくり上げ、その過程のなかでその特性を様式と手続きのうちに制度化している。しかし、例えば、これらの組織特性を変えるような法的・制度的な圧力が加わると、変更すべき特性が非常に重要で伝統的な組織の特質を成しているなら、なおさらそれを変更することは組織内外のコンフリクトを増幅させる。そこで、それに対応する理事会の政策策定を変更するという役割とその責任が重大となり、このような組織特性の危機には理事会が重大な政策変更問題として介入することで主導権を握ることになる。

４．理事および理事会の特性

（１）理事の個性

　能力、資質、性格、社会的地位、性別などの理事の属性はある理事が他の人とどのような関係で繋がり、そしてどのように他の人が反応するかに影響するきわめて一般的な要素である。これらの属性が理事の参加と影響力に作用する。

理事の威信と地位とはこの理事に対する他の人の反応を強くすると想定される。むろんこれらの属性がつねに完全に影響力を決めるのではないけれども、理事の威信と地位とが高ければ、他の理事とスタッフはこの理事の意見に従うようになる。また、理事が直接・間接のファンドレイジング力や組織間関係に使われる威信や地位などをもっていれば、その理事には高い地位の理事としての大きな影響力が保証される。また、地位の高い理事だけで構成される理事会は、多様な社会的地位の人たちで構成される理事会と比較すれば高い尊敬を集め強い影響力を発揮できる。

さらに、性別、年齢別、職業別などの個人の属性が理事会行動に影響すること、相関的に経営者との関係に影響することについても留意すべきである。例えば、本章Ⅱ．1．のガバナンスパターンでは、次のような理事や最高経営者の個性とパワー類型との関連を重視している。

① **女性の参加**

理事会に女性が少なければ、理事会の影響力は低くなる。最高経営者支配型か理事長支配型となると想定される。調査結果では、女性理事が多い理事会はパワー共有型の理事会が多い。最高経営者支配型の理事会には女性理事が少ない。

② **年齢**

高年齢者が多い理事会は最高経営者か理事長が支配をする理事会であると想定される。調査結果では、60歳以上が多い理事会は理事長支配型と無機能型理事会が多く、パワー共有型は少ない。

③ **教育・職業**

高等教育出身者や専門職の理事が多ければ、1人に支配されるような理事会にはならない、反対に教育程度が低ければ、最高経営者か理事長のパワーが強くなると想定される。調査結果では、逆に高学歴の理事が多い理事会では最高経営者支配型が多く、統治すべき組織と距離を置く傾向がある。低学歴の理事が多い理事会ではパワー分断型かパワー共有型になる。

④ **理事の選任基準**

参加意欲により選任された理事が構成する理事会は平等主義で、パワー共有型理事会であると想定される。調査結果では、参加意欲で選ばれる理事が多い理事会は理事長支配型にはなくパワー共有型である。反対に、分断型と無力型にはこのような理事は存在しない。選任基準として名声を重視する理

事会は最高経営者支配と理事長支配と関連している。

⑤ **理事の外部集団との関係**

有名人が多い理事会は最高経営者が支配することは少なく理事会がパワーを保持する状況となると想定される。調査結果では、逆に最高経営者支配型であるか、理事長支配型である。ただし、大規模組織で環境が不確実である場合は分断型の理事会であるか無力型である。

⑥ **最高経営者の年功**

現職としてあるいは組織の従業者として年功を積んでいれば、理事会が依存する知識と情報を統制することができるから最高経営者支配型の理事会になると想定される。調査結果も同様で、最高経営者支配型が顕著であり、理事長支配型とは関係していない。

（2）理事会の構成

理事会構成が非営利組織の自主的・民主的運営を左右する要素として重要であることとは別に、理事会行動は詰まる所「誰が理事会を構成するのか」によっておよそ決まるので、理事会構成が理事会有効性を規定する重要な情況要素である。特に、実質的所有者としての資金提供者、ボランティアとしての実務者や専門家、理事を兼任する経営者、特に代表理事を兼任する最高経営者の理事会参加が重要な情況要素である。第Ⅲ部第3章で詳しく扱うところである。

要するに、誰が理事に属するかが違いをもたらすと考えられるから、理事会構成の研究が注目されるのであるが、理事会構成と理事会有効性や組織有効性のような成果の間の関係はまだほんとうに確立しているとは言えない。理事会構成がガバナンスに対して、いつ、どのように、なぜに問題となるのか、この点についてさらに研究する必要がある。特に、ある組織には今後要求されるであろう理事会の多様性は理事会行動にどのように影響を与えるのか、依然として継続問題である。

また、理事会構成は組織の規模、それに伴う組織の複雑化、組織の専門化、それに、組織の転換期、成長機会と衰退傾向、突発的な重大事件などの組織の情況に影響を受けることも念頭に置かなければならない。

さらには、外部の情況が直接・間接に理事会構成を規定する。特に、民主制・利害関係代表制度の理事会よりも、公共政策による「理事会ガバナンス

の強化」を目的とした「理事会能力の強化─専門化要求」に応える理事会構成への方向である。改めて、理事会構成と理事会行動、理事会有効性、組織有効性の関係を検討する必要が出てきている。

（3）理事の選任方法

どのような理事会構成になるのか、どのような理事会職能が遂行されているのか、どのような理事会と経営者の関係ができるのか、それらは具体的にはどのような理事の選任方法を採用しているのかに懸かっている。その結果として、理事会構成の同質性・異質性、理事会規模の大小、各種委員会などの理事会構造が決まる。ところが、これまでは、理事の選任方法について、これを理事会が決めると想定しているために、選任方法が理事会行動を規定するという重要な側面が忘れられていた。しかし、理事の選考基準や選考方法、選任方法や選任決定過程は単純に理事会決定によると理解するだけでは実態が分明にはならない。しかも、この理事の選任方法が結局のところ理事会行動を決めることになるだけに、この選任方法と理事会の職能と役割の関係をさらに明らかにする必要がある。第Ⅳ部第1章で扱う。

（4）理事会の構造と機能の関係

理事会の諸特性の間にはなんらかの相関関係があり、ある特性の要素の変化が他の要素の変化をもたらすことが考えられる。特に、理事会の構造の特性と機能の特性との間には大きな内部相関関係が認められるはずである。そして、この構造と機能の結合関係が理事会行の職能と役割に影響を与え、理事会有効性とされる何かをつくり出し、そしてまた、この結合関係が組織有効性を生む要因となると考えられる。そこで、例えば、理事会の規模が大きければ、それだけ委員会数が増え、全体としての理事会の職能と役割が増え、それに伴って会議の頻度も高くなる。また、委員会制度を擁する理事会は組織の財務問題や経営者の人事問題に関わるのでそれだけ会議は多くなるはずである。しかし、構造は理事会の規模、委員会の種類と委員の性質だけでなく、職能規程の存在、マニュアルの文書化、会議の規程などの要素を含むし、また機能は会議運営の仕方、理事会への提出議案、その議案の扱い方などの要素を含むから、この構造と機能の関係はさらに複雑な研究を深める必要がある。

（5）理事会と経営者の間のパワー関係

理事会の職能と役割ならびに理事会の構造と機能に対してもっとも大きな影響を与える情況要素として、理事会と経営者の関係、あるいは理事長と最高経営者の関係が挙げられる。理事会と経営者の間には、役割と責任の境界の限定、意思決定への理事会参加の程度、専門的知見と経歴・経験、積極的関与の度合いについて必ずしも一致するものはなく、つねにテンションの状態が継続する。このようなテンションはすべてに適合する方法を探るのではなく、現実には、組織が置かれた多くの情況ごとに処理されているはずである。そこで、誰が指導し、それはなぜか、ということが永続的でつねに両者の間の交渉問題として残されるが、持続的で相互に適合する関係が必ず発展する余地があり、それは両者が遭遇する内外の情況によって変化するものである。第V部第1章・第3章で扱う。

おわりに

理事会の職能と役割に関する文献・資料の多くは、本来的に規範的であり、理事会の理想的な英雄モデルを描いているとして批判を受け、実証的な基礎がないと批判されてきた。これに対して、なんらかの調査・実証研究は理論と実際の間に乖離があることを明らかにして、理事会は必ずしも十分に期待された職能と役割を果しているとは限らないという。そのような乖離はなぜ起こるのか、次章で詳しく検討するが、詰まる所、それは先に示したような多種多様な内外の情況要素が大なり小なり影響しているからである。

しかし他方で、この種の多くの調査・実証研究なるものは通常は理事や経営者・スタッフの主観的な判断と認識に頼っている点が批判され、その限界が指摘されており、完全であるとは言い難いことも事実である。

理事会はどのように行動しているのか、どのような職能と役割を遂行しているのかに関する調査・実証研究が、国土性、地域性、時代性、それに事業分野別、規模別など、多種多様に異なる非営利セクターのなかで盛んに行われるのであるが、それらの研究は狭い範囲の便宜的に選ばれたサンプルで、

主観的な判断に頼るというある特定の情況に基づいた「事例」を示すに止まるだけである。この結果によって普遍的な理論の構築を行うことは不可能である。事例研究の普遍性を求め一般理論の構築を試みることはむしろ実態・実証の名において誤りを犯すことにもなる。この意味で、調査・実証研究の制約とその限界を認識すべきである。自然科学の分野における実証研究とは異なり、社会科学でのそれには個別性という制約と限界がある。ただ、理事会職能は組織の形態や活動分野、さらには組織の活動環境によってどのように変化するのか、この課題に対してさらなる調査・実証研究が俟たれることは確かである。

理事会の職能と役割の期待と現実の乖離

はじめに

　前章で示したように、多くの研究が指摘するところでは、理事会は「上手く運営されていない」のが実相であるという。理事会がその多様な職能と役割を遂行するには多くの困難があり、すでに理事会ガバナンスは崩壊しているとする診断結果さえ示されている。現に、実に多数の文献や提言が「理事会問題」を扱ってきた経緯と事実とが「上手くいっていない」証左でもある。

　それでは、「どうすれば上手くいくのか」という問題を考える場合に、高踏的な規範論や優良な事例を基にした指導論だけではなくて、「どうして上手くいかないのか」について幅広くかつ深く探ってみることが、「どうすれば上手くいくのか」を示唆する最初の手掛かりとなるはずである。まず、期待される理事会職能を十全に発揮できない背景と理由を探ることである。

　そういう意味から、本章では、第1に、理事会を構成する個々の理事の個性と、理事の役割自覚に作用する役割曖昧性、役割コンフリクト、役割過重の問題を挙げ、併せて理事の役割履行における目的自覚の変化とその喪失について指摘する。第2に、「理事会の特性」つまり、「理事会の大規模性と理事会構成の多様性」や、それに伴う「悪しき集団意思決定」が先見的で統一的な意思決定を困難にする大きな要因であることを示す。特に、理事会の意思決定は「集団作業のプロセスであり、集団作業の結果である」こと、「集団コンフリクトは避けられないこと」から「理事会は上手くいかない」という基底にある問題点を確認する。このことは従来の営利組織の経営管理理論では欠けていた「理事会の集団意思決定」の問題を摘出することにもなる。第3に、理事会に対する役割期待と理事会に関する役割認識とは実は内外の関係者によって様々であり、それぞれの間にかなりの違いがあることを明らかにする。第4に、その他の背景と要因についても併せて指摘する。

Ⅰ．理事の特性

1．理事の姿勢と行動

（1）所有者意識が弱い

　非営利組織では営利組織と同じ法的・経済的な所有権を誰も所有していないうえに、理事はほとんどが非常勤である。当然に理事には所有者意識が希薄である。ところが、非営利組織ではこのような理事が構成する理事会が共同して組織の行動に法的な責任を負う。このような責任を負うことは所有者の財務上のリスクを負うことに相当するが、理事は金銭的なインセンティブがないのにリスクを負う破目になる。むろん非営利組織の創設者は組織の存続とその成功に対する責任を深くかつ継続して自覚しているであろうし、組織に対して所有者として関与するようなボランティア組織のボランティアもいるであろう。また、イデオロギーを信奉する社会運動関係の非営利組織は組織に対して強い所有者意識をもつボランティアを引き付けるかもしれない。

　しかし一般に、制度化された非営利組織では、理事会は組織の行動に対して法的な責任を負うものの、心理的な所有者意識が弱い理事たちが相当な時間、エネルギー、努力を投じるとは考え難い。経営者のほうが所有者意識を強くもっているのが普通である。なお、職能団体などの共益非営利組織では会員が所有権を保有してはいるが、譲渡可能な所有権や残余財産処分権がないことから営利組織の取締役と比較して、理事が理事会や組織の意思決定に参加する経済的インセンティブはやはり少ない。

（2）理事会参加と理事会活動への動機づけとインセンティブが弱い

　理事の所有者意識も動機づけとインセンティブに影響を受けるであろうが、営利組織における取締役の権利や報酬に関する動機づけとインセンティブの制度や方法が理事には適用できない。非営利組織の理事は営利組織の取締役とは異なりそれぞれが多様なかなり違った動機やインセンティブで理事会に参加する。一般には、善意、信奉、貢献の動機であり、名声、威信、信

望、ミッション達成感のインセンティブが働くと考えられるから、理事職就任はひとつの交換である。理事会への参加にしろ、組織の活動と業績への貢献にしろ、これらに対して自分が受け取る価値の効果と交換する。

ただ、理事に就任することは地位や威信といったそれ自体大きなインセンティブであるが、それは理事職を継続したいために会議に出席するというインセンティブでしかない。価値のある効果はほとんど「理事職にある」だけで得られることが多い。そこで、格別の努力をするような動機づけも、格別の貢献を求めるインセンティブ誘因も働かない。理事会への参加と理事会や組織への貢献とは別物である点に悩ましい問題が潜んでいる。

（3）理事職に関して無知・無能である

① 理事の職能と役割について無知であるか、他のセクターの役員や取締役の職能と役割と混同をしているか、非営利組織の理事として自分は何をするのか知らない。「公式の職能規程」が定められていても、それだけでは理事を啓発することはできない。

② ガバナンスを遂行する技能と経験の水準が低い。そこで、多くの理事は自分の職能と役割を果たす際にいくつかの困難に出遭うことになる。例えば、理事が受け取った情報からどのようにして重要な点を分析し、それを摘出するかについてほとんど知らないでいる。そして、いつどのようにして、この種の質問をすればよいのか理解していないことがある。経営者側の立案や提案に対してどのように支持や建設的な批判をするのか判らない。優先すべき重要な戦略事項を決めることができない。

以上のようなことは少なくとも、理事の側に適切なガバナンスと経営管理に関する知識と経験が欠けていることを反映している。それはさらに適切な教育が不足していることによって増幅されている。また、理事の教育プログラムを設けているところでも、主として理事と理事会の法的要件に焦点を当てる内容で終始している。要するに、理事と理事会はそれ自身の職能と役割について考察し、熟考する時間と能力を十分に備えていない。

（4）理事職に不満で無関心である

① 未熟で未経験の理事は別として、最大の問題は能力のある人材で経験豊富な理事で構成される成熟した理事会である。「役割について混乱してい

るから無力なのではなくて、役割に関して満足しないから無力である」理事会である。理事は「なぜ自分が理事なのか」、「自分は何か重要で価値ある変化をつくり出しているのか」について疑念を抱いている。ガバナンスとは組織の目的を設定して、その目的を効率的かつ有効に遂行させることであるとすれば、理事会がしていることは現実にはガバナンスではない。日常の理事の活動は対外的な活動、組織内の調整、経営者への助言など、それなりに重要な仕事をしてはいるが、これらは非公式であって、それ自体はガバナンスではない。仕事をする価値があるとして理事を動かす本来のガバナンス職能に関与しないことが問題である。

② 本来の役割以外に理事が組織の日常管理に携わることがあるが、ある程度制度化された組織であれば、このような理事の行動は越権行為のお節介焼きとして経営者側から排除されるので、自分の居場所すらないと思って理事としての目的意識を失ってしまう。また、理事に対して大いに期待されるファンドレイジング、対外折衝、社会関係維持などの対境関係の管理があるが、外向きの役割は決して本来の理事の責務ではないだけに、「自分は何をしているのか」と、虚しさと無意味さを体感して脱線していく。

③ 理事会や組織に何が起こっているのかを知ろうとしないし、何が起こっているのかを知りたいとも思っていない。理事会へはたまに出席するが、出席しても御座なりである。理事の無関心である。この無関心の問題は職務放棄の不参加理事の問題となる。ちなみに、これへの対策として、理事に対して心理的・社会的な報酬や金銭的報酬のなんらかの報酬支払制度の導入が提起されてきた。また、理事の法的責任を強化するか、反対に追及しないかなどの「理事の責任と免責」に関する法制の問題にも発展する。理事の惰眠がいかに多いかを示している。

2. 役割の曖昧性

役割の曖昧性はしばしば不適切なコミュニケーションの結果として生じる。つまり、ある個人が役割に関する情報を欠いているために、その人が役割期待について不確かとなり、その役割を演じるには何をどうすればよいかが判らない場合に生じる。この役割の曖昧性は活動状況と人間関係の双方に

重大な結果をもたらす困難な問題の原因になる。このような不確実性はストレスを生み、組織や個人に役立たない役割を選んでしまう結果となる。役割の曖昧性は特に理事と経営者のリーダーシップの間の役割期待に関する伝達不足の結果である。

① **曖昧性の原因**

曖昧性は、理事会の活動基準を確定し、それを伝達する第一の責任者は誰かについて不確実であることから生じる。言い換えれば、理事会の活動基準と活動手順を確定するのは、理事長なのか最高経営者なのか不透明であることから生じる。むろん、最善実践指針では、理事会が自らの活動とその業績に対する責任を受け容れるべきであるとしているが、ある研究に拠れば、理事会の職能と役割について情報を出すのは特定の知識と専門技能の豊富な最高経営者であることが多いとされ、この経営者が組織の最初のビジョン作成者であり、理事会役割の送り手であると認めている。

ただし、誰が理事会の行動基準を確定するかについて同意があるとしても、むしろ行動基準の不適切な伝達の結果として、理事が役割の曖昧性を経験するところに問題がある。別の研究に拠れば、コミュニケーションの欠如のゆえに理事会役割に関する曖昧性が存在することが多いとしている。

② **曖昧性の結果**

役割の曖昧性は、行動と人間関係の双方に重大な結果をもたらす問題の原因になる。役割期待が不明確であると、役割を割り当てられた人は何をすればよいか判らないし、どうすればよいのかも判らない。曖昧性に敏感でない人でも、このような役割期待の不明確性はストレスをつくり、組織や個人のためにならない役割を選択することに繋る。現にある研究では、役割の曖昧性は理事会が組織活動に従事する貢献度を低くするマイナス効果をもたらしていて、役割の曖昧性と理事会の責務遂行の間には強い相関関係があることを示している。

反対に、役割の明確化は仕事モチベーションに直接の効果を及ぼす。なぜならば、人は自分の行動期待をよく理解することによって、この人は自分の職務に対して責任を感じるし、その結果、さらにその職務に専心して取り組むからである。したがって逆に、役割の曖昧性は職務の成果に対する責任感や熱意を失わせる。

3．役割のコンフリクト

　役割コンフリクトは人が異なる役割期待に出会った場合、同時に２つの役割を履行しなければならない場合、そして１つの役割を履行することは別の役割を排除することになるので２つを同時に履行することは困難か不可能である場合に生じる。理事たちは他の理事、理事会、組織の仕事としばしば衝突する役割コンフリクトと役割混乱を日常的に体験しているものである。役割のコンフリクトによって、役割を期待した人とそれを執行する人のいずれかが不満を抱く、組織不信を醸成する。その結果、生産性が低くなり、人間関係が希薄となり、理事会の活動と業績、組織のミッション達成や目標達成活動が鈍くなる。

　現に、受託者としての役割以外に、理事は作業活動や管理活動、専門家としての資源提供、各種の利害関係の代表、それに境界連結の顔としての働きをしている。理事はコンフリクトにある職能、どこからどこまでという明確な線を引けない曖昧な職能、過重な職能を担っている。

　第２章の理事会職能リストを見ると、職能のレベルがいかにも多様である。意思決定プロセスの上位の段階やミッションの設定と経営者の選任など、これらは典型的に組織の「戦略レベル」の職能である。他方では、予算統制や資金や人材の資源募集活動などの「日常管理レベル」の職能を求められている。しかし、日常の管理活動に過剰に介入することは、この種の活動を管理・監督する経営者の資格能力を損なう結果となる。実際に、理事会が遭遇する困難な問題はこのようないくつもの段階の間の選択に迷うことから生じる。理事はどうあるべきか、何をすべきかについて多様な要請と格闘しており、競合する要求、あるいはしばしば対立する要求に直面している。

　日常の管理職能と戦略的職能の双方が存在するから、明らかに理事会活動に問題が生じる。その主な問題は理事会と最高経営者を含む経営者との間に発生する不透明な権限関係である。ほとんどの非営利組織では理事会が何をなすべきかについて潜在的に意見の対立があり、この不透明性から理事会とかれら経営者との間の緊張が高まる。非営利組織のすべての軋轢と亀裂は理事長と経営者の間の誤解と認識の違いが原因であるとさえ言われる。

4．役割の過重

　過重な役割期待はある特定の役割に関する期待よりも要求の幅が広いために、その特定の役割を履行できない場合に生じる。また、役割期待が曖昧であるわけでもなく、期待と役割の間が一致しないわけでもないが、役割が過重であれば期待の水準が職務を執行する人の履行能力を超える。期待の水準がその人の役割履行の能力、役割をよく履行する能力を超えているのである。これがまたストレスを生む。

　第2章で示したように、理事会に求められている役割自体が「受託者責任」の名の下にまことに多種多様である。理事からすれば、期待される役割が多すぎるうえに責任が重過ぎて、初めから出来るはずがないという心理状態に陥るに違いない。このことがまた、仕事の達成感よりもストレスを生むことになるのは必定である。

　日常的に理事たちが経験しているであろう役割曖昧性、役割コンフリクト、役割過重は理事会の職務執行の状況と組織全体の目的達成活動にとってきわめて大きなマイナスの要素である。これらが嵩じると、理事個人と理事会、さらには組織全体の行動態様に芳しくない効果を与える。このような役割の機能不全をもたらす作用があるのに、理事たちが経験した役割曖昧性、役割コンフリクト、役割過重に取り組む研究も実践方法もほとんど見受けることができない。今のところ、理事と理事会はどこからどこまでという明確な線を引けない曖昧な役割を漫然と引き受けており、役割コンフリクトにも自分なりの解釈で解消するか、ストレスに気付かないか、真面目に考えてストレスに陥るか、いずれかのなかで浮動している。そして場合によっては、過重な役割を期待されて紛れもないストレス状態になるか、理事職を退任する破目になる。

Ⅱ．理事会の特性

　非営利組織の理事会をめぐって次のような不透明な点がある。(i)誰に理事

になる権利があるのか。(ii)誰の利益を理事あるいは理事会は代表すべきか。代表制は多くの場合混乱していて、理事は特定のステークホルダーを代表するのか、全体としての組織を代表するのか、観念的な公共を代表するのか。(iii)理事会は現実にどのようにして組織を統治あるいは支配しているのか。現実には、非常勤の理事は意思決定をするのに必要な情報が不足している。理事会は特定の事案について組織を支配してきただけであり、あるいは組織がファンドレイジングや借入金など重要な財政支援について理事会に頼る場合にだけ組織を支配しているだけである。(iv)そして、組織を支配するのに理事会を利用するような外部ステークホルダーに対しても、理事会が法的・倫理的に従う必要がないために、理事会は誰に対して責任を負うのか不透明となる。

　このような基本的な不透明な特性に加えて、非営利組織における理事会の特徴とその問題のひとつは、その規模が大きいことと異質な人たちが構成しているという問題が加わる。理事が理事会に参加する経緯と動機がきわめて多様であり異質であり、この違いがさらに騒しい理事会をつくり出す。もっとも端的に現れる問題は理事がなんらかの利益代表であることにある。理事の言動は理事会や組織の統一的目的に向けられるよりも、まずもって選出母体の利益の擁護であり主張となる。

　むろん営利組織における株主集団のなかでも多くの利害関係が交錯しており、株主集団以外の多様なステークホルダーの圧力も容易ならぬものがあるとはいえ、非営利組織では所有権者は存在せず、しかもステークホルダーが多様であり多層であって、このような多様なステークホルダーから選ばれる多数の利害を異にする理事が理事会を構成する。

　その結果として、集団意思決定に関わる固有の困難な問題を引き起こす。理事会は経営者を統括し、かれらの活動と業績を監視するどころか、理事会内部の利害調整に手間取ることになる。理事会の困難な仕事は分裂している理事を糾合し、共通のミッションに参加させてひとつの集団に編成することとなる。この作業が上手くゆかない場合、理事会を支配する集団内での共通利益に強く結び付く内集団が形成される傾向がある。ここでは触れないが、いわゆる「グループダイナミックス」についてはすでに社会学や組織論において多くの研究がある。

第I部 理事会の職能と役割をめぐる議論

1．不透明な理事会目的

　すでに述べたように、理事会は対外的な活動や組織内の調整、経営者への助言などの重要な「日常の管理活動」をしているが、ミッションの設定や経営管理の監視を外部に委議することは法に反するという本来の重要なガバナンス活動に関与することが少ない。理事が役割曖昧性で混乱しているから無力なのではなくて、ガバナンス役割に関して満足しないから無力であるとも考えられる。換言すれば、理事はなぜ理事なのか、何かよいことができるのかと思っているのである。ただ、さらに問題なのは理事の気持ちに応える理事満足度ではなく、有効な理事会ガバナンスが遂行されずに組織全体のガバナンスが揺らぐことである。

（1）ガバナンス職能は間欠的である

　理事会にはほんとうの公式的な法律上の職務はきわめて間歇的にしか求められない。年度予算や決算、経営者の任免、組織のミッションの改変、組織の存続に関わる重大な問題などの議論と決議は偶にしか発生しない。しかし、喫緊の重要なガバナンス問題がなくても、理事会は定期的に定められた間隔で開かれる。会議では報告・審議・決議などの一連の書類が揃えられるが、経営者側が基本的なガバナンス問題以外の雑多で瑣末な議案を膨らませて押し込む。理事は自分が何をしているのか、理事職としてのほんとうの職能と役割であるガバナンス職能を見失い、失望する。

　この場合、議案設定の準備過程と会議の運営方法に関して問題が生じる。1つは、議事内容が非常に多くて、その間の優先順位が明確でない点である。その結果、重要な長期的戦略事項が議事事項から締め出され、時間を掛けて審議することができなくなる。このプロセスに至るひとつの要素は、経営者の役割と理事会の役割に関して明確性が欠けている点である。その結果、別のところで扱うべき案件が理事会に回されることになる。2つは、議案を管理する人は誰か、理事長か最高経営者なのかについて曖昧である点である。このことはどちらも自分の職務を有効に果たしていないことになる。3つは、よい会議をすることが重要であることを認識していないことである。理事会は日常的な瑣末な議論に流されてしまう危険があり、理事会のほんとうのガ

119

バナンス職能を履行することができなくなってしまう。

　こうして、すべての問題が会議に提出されはするが、ほんとうは重要なものはほとんどないか、まったくないので、理事は「何か新しい価値の変化を与えているのか」と迷うようになる。重要なガバナンス職能を問われない間に、理事たちはファンドレイジング、助言、外部関係者との接触などの有効な貢献をしているものの、ミッションの逸脱、戦略の失敗、核となる価値観の転向などの重要なガバナンス問題には間欠的にしか対応しない。問題は本来のガバナンス目的が間欠的にしか出来しないという点である。

（2）モニタリング職能は満足感を与えない

　理事会の職能と役割はすべてが間欠的でなく、組織の活動状況や経営者の活動と業績に対するモニタリング職能は継続的であり非常に重要である。このモニタリング職能は忠実義務・善管義務として最低限度受け容れるべき行動規範であり、基本的に法律・倫理が要求する職能である。組織が何をしているのか、特になにか善くないことをしていないかについて社会に対して責任を負う職能である。しかし、この職能は組織の成功を促進させるよりも事故や混乱を防ぐことが課題であるから、本来的に仕事意欲を高めるモチベーションを減殺する。

　例えば、計画書、予算案、財務諸表を精査することでモチベーションが高まるとは期待できない。精査や監視の仕事は前向きの職務ではないので、少なくとも魅力のある仕事とはいえないから、コンプライアンスやモニタリングの規律維持の職務は敬遠され、理事の関心は失われていくことになる。理事も組織のミッションに共鳴して積極的に関与してきたであろうし、自分の仕事が組織の活動と成果に影響を与える機会となれば、さらに貢献する意欲も湧くであろうが、監視と統制の職能と役割だけでは失望する。要するに、理事会に受託責任者としての監視職能を割り当てるが、それはまったく魅力のない仕事であり、たんに規律や秩序を守らせる最低限度の基準を遵守させることは却って難しいわりには魅力のない仕事である。その結果、理事は関心を失っていく。

（3）目的意識に欠ける

　理事会のもっとも重要な非公式な仕事のなかには、組織の正当性を担保す

ることがある。しかし、理事会はそれが存在するだけで組織の正当性をつくり上げることができるから、理事の個人努力に頼らないものがあり、したがって、理事に対して意義のある参加の機会を提供してくれない。非営利組織の良否は理事会の顔ぶれによって評価され、その理事会は組織の正当性を立証する存在と見られるものである。「理事会は何をしているのか」よりも「誰が理事なのか」を尋ねられる。そこで、理事会そのものが組織の正当性をつくるので、理事は名義を貸し、偶には組織のイベントに出る以上のことはしなくてよい存在となる。理事会は理事個人の活動よりも制度として存在していることから、理事会は目的に沿って機能しないおそれがある。

　要するに、理事にとって納得できる目的が欠如してくるところに問題がある。おまけに理事会は本来の責務である組織のガバナンスに触れる機会を徐々に最高経営者に奪われて周辺の役割に追い出されることが多い結果、理事の目的自覚が失せていくのである。

２．集団意思決定の弊害

　理事会は集団で最終の意思決定をする経営機関である。なによりも会議の決定は「組織の最終意思決定をするための集団の決定」である。したがって、理事会は集団意思決定の利点と不利点の双方の特徴に左右されるが、特に、抗争、少数者の支配、コミュニケーションの一方通行、悪い相性など、集団に潜む共通の機能不全が理事会の有効な討議と意思決定の邪魔をするので、理事会を上手く運営するためには、集団意思決定には多くの基礎的な問題があることを理解して、これらの問題を解決しなければならない。

（１）集団意思決定に共通の問題点が潜む

１）決定の回避

　理事会や組織にとって重要な決定をできるだけ遅らせる性向がある場合、決定回避の現象が現れる。誰もが集団責任を取りたがらないので、いつまでもひとつの事案が審議継続の状態のままになる。結果として、理事会はただ眺めているだけで、行動を起こさない「ぬるま湯状態」となり、決められない無能な理事会となる。

２）決定の無秩序

　理事会にはいろいろな個性の理事が集まる。問題を知っている人（組織が直面している問題を知っている人）、解決策を提供する人（解決策を提供することはできるが、問題を知らない人）、資源を支配する人（問題を知らないし、解決策も知らないが、組織内の人と資金の配分を支配する人）、仕事をするための意思決定をする人（決定の機会を待っている人）たちの集合が理事会である。理事会で有効な決定をするためには、例えば、上記の４つの型の理事が同時に存在しなければならないが、現実にはこれらの多様な理事たちは無秩序に混在しているために適正な決定ができなくなる。

３）決定の偏向

　理事はほとんどが非常勤でボランティアであるために、理事会内のコミュニケーションが十分に機能しない状況のなかで、個々の理事が「自分の考えや嗜好は理事会のそれとは違っている」と思い込み、理事会の集団決定に対して異を唱えないために、理事会は誤った決定を導き出してしまう性向がある。実は、後で誰もその決定を望んでいたわけではないことが判る。理事会は「事なかれ主義」で終始する。

４）決定の強制

　理事会の決定は投票によるのではなく、ほとんどが合議制で決まるので、不合理な意思決定あるいは危険な意思決定が容認されてしまう傾向がある。パワーがあり結集力のある理事会では、その結集力を維持する欲求が強いので個々の理事が別の案件を探したり、他の選択肢を考えることがない。このような行為は集団内の異見を生み出すことになり、結集力を損なう結果になるからである。そこで、詰めた議論をせずに決定がすばやく行われてしまう。「集団浅慮」という病根が理事会に蔓延する。

　集団浅慮とは、集団における意思決定において最善の選択を模索するよりも、時間の制約や利害関係のなかでなにかを決定することに意識が向き、必要な情報を十分に収集せず、また情報分析を誤ったりして熟慮を巡らせずに決める集団現象を指す。理事会における集団浅慮は理事が他の理事の行動に言葉を挟むことに躊躇したり、個人的にはコストが掛かり社会的には孤立するような独立の個人努力をするよりも、集団の合意に従うような行動をとる現象である。

　当然に、この集団浅慮のために、資源の開発、財務の管理、戦略的意思決

定をめぐって、批判的な考えを避ける、責任を負うことを避ける、独立志向の行動を避けることによって、理事会有効性を大きく損ねることになる。場合によって、パワーのある経営者が関与する理事会であれば、同じような集団浅慮が起こり、理事会はその経営者の傀儡となる。

（2）理事会内のコンフリクト

　理事会の多様な活動の複雑性と相互依存性のゆえに、集団としての理事会には葛藤や対立を避けることができない。ただし、このコンフリクトが必ずしも理事会活動にとって障碍となるとは限らない。ルーチンでない課業に従事する集団では不一致は損害を与えることはなく、場合によってはむしろ不一致が現実に利益となることがある。

　実は、理事会のような上層部のコンフリクトが高い水準のそれであれば、却ってオープンな議論を巻き起こして、問題と決定選択の批判的な評価をすることで、問題と決定についての自己満足や集団浅慮の同意の行動が少なくなる。従来は意思決定機関のなかの不一致がないことが活動と業績を向上させると考えられていたが、集団内のコンフリクトは決定の質を高め、戦略的計画の質や財務の業績を高め、組織の成長を促すとする理解が認められてきた。

　しかし、当然のことながら、厳しい頑固なコンフリクトは理事会の決定過程と活動を妨げる。非営利組織の理事会は営利組織の取締役会とは異質であることはすでに適宜指摘してきたが、これらの異質性がすべて非生産的なコンフリクトを理事会の風土になるまで常態化させる結果となることは重大な問題である。いろいろな役割を期待された、したがっていろいろな経歴と技能をもった、しかも非常勤のボランティア理事たちが理事会を構成しているところに最大の異質性があり、この異質性が非効率なコンフリクトを胚胎している。

Ⅲ．理事会職能に関する違った認識と期待

1．ステークホルダーが求める多様な理事会職能

　理事会に何を期待するかについても、それぞれステークホルダーによって異なる。
① 　寄附者はミッションの達成、プログラムの成果、特に資金援助しているプログラムの成果を保証する理事会を期待する。
② 　クライアント・利用者は強力な支援をしてくれ、ミッション達成を求めて努力してくれる理事会を期待する。
③ 　規制・監督者は、政府の代理機関としての役割を果たすように、特に法令遵守と指示遵守のコンプライアンスを中心とした財務の安定と組織維持のモニタリング職能を理事会に期待する。

2．経営者が求める別の理事会職能

　ある研究に拠れば、経営者は理事会職能に関して情況によってそれぞれ異なった職能に優先順位を付ける傾向がある。
① 　資源が制約された環境にある組織では、理事会の資源開発を重要な職能として特定する。
② 　サービス範囲が広く複雑な環境にある組織では、理事会の組織戦略の編成を重要な職能として期待する。
③ 　規模が大きく多角化している組織では、理事会の役割はモニタリングにあると期待する。
④ 　反対に、経営者の在任期間が長い場合は、理事会のモニタリング職能を求めない傾向がある。
　また別の研究に拠れば、経営者は理事会職能を次のように想定している。
① 　理事会が社会的連帯への関与から潜在的寄附者への訴求まで資源環境と交渉することを期待している。理事会が資源の確保に役立つと見ている。

第Ⅰ部 理事会の職能と役割をめぐる議論

② 理事会が組織の存在に正当性を与える証明をしてくれる存在として期待
　している。
③ 財務資源を監視し、そして、理事会が決定するなり権限を付与した優先
　事項に組織が集中するように政策の展開とそのモニタリングを通して組織
　の方向づけを示す、理事会は「監視用具」と見ている。

　いずれにしても、経営者の理事会に期待する職能と役割は情況次第である
が、経営者は総じて理事会のモニタリング職能を承認してはいるものの、自
分の任免権を理事会が握っていてモニタリングを受ける立場にあるから、で
きればこれを回避しようとして「ファンドレイジングやその他の資源調達」
などの対境管理における職能と役割を期待する性向が強いと考えられる。

3. 理事会職能に関する理事と経営者の認識と期待の乖離

　理事会の職能とその職務内容に関する公式の規定と、最高経営者を含む経
営者と理事が想定する理事会の職能と職務内容の認識との間には大きな違い
がある。政策と実践、誓約と実際との間のギャップはどんな組織のなかでも
よく見られることであるが、このようなギャップが不満、混乱、対立が起こ
る要因であることは確かである。
　近時、非営利組織の理事会に信託された役割と責任に対して、果たして理
事会はそのように有効に機能していると言えるのかという批判がさらに高
まってきている。そもそも理事会の何が問題なのか、これまで様々な議論が
出ているが、大別すれば、理事会の構造と執行手続きについて基本的な設計
の欠陥があると考える場合と、構造は立派であるが、その執行手続きに改善
の必要があると考える場合がある。しかし、理事や理事会に日常応接してい
る経営者が指摘する理事会の問題点は、以下のように集約することができる。
① 理事会の役割と責任が明確でない
　理事会の役割と責任の範囲についての混乱があり、その結果として、理事
会の役割と責任と経営者のそれとの間に混乱と衝突が起こること、場合に
よって理事や理事会が組織の日常管理に過剰な介入と干渉を行うこと。
② 理事会が適格な理事で構成されていない
　理事が期待された支援をしない、理事が積極的に理事会活動をしない、そ

の結果として、理事会の統治能力不在を招いていること。

③　理事会の意思決定が的確ではない

　理事会構成とも関連するが、理事会内に意見の対立や利害の衝突が多すぎること、その結果として、理事会は組織の情況に適合する的確な政策決定をすることが難しいこと。

④　理事会内の組織構造が複雑である

　特に多くの委員会がある場合、それぞれの委員会の目的が多元であるために衝突の混乱が生じること、理事会と各種委員会の権限関係の調整が困難であり、何が委員会の議案であるのか、全体会議では何を議論するべきかについて混乱があり、その結果として、全体としての理事会と下部組織としての委員会の間の権限関係が複雑になること。

　また、いくつかの研究に拠れば、理事と理事会について経営者と理事個人はどう見ているか、およそ次のようである。

1）経営者側

①　理事は専門家としての技能がないから、効果的に職務を遂行できない。

②　理事は支援をしてくれない、組織運営に何が必要かを理解していない。

③　組織の仕事から離れてしまって、組織の目的に「関与」しないので、スタッフがいなければ組織は動かない。

　要は、理事会は組織全体の運営に専心的に関与していないと見ていて、理事や理事会のために不必要な仕事はしたくないと内心思っているので、理事会は組織内の運営上「なくてもよい」存在であると考えている。また、理事は適正な理事会職能について非常に狭い見方と自分の嗜好でしか動かないと見ているので、それなら、理事会職能は外部との交渉・調整・資源獲得に特化すべきであると考えている。これらの経営者の認識の基礎には、組織維持の専門的な技能や経験に裏打ちされた「自負心」があると同時に、ほんとうのところは、そのなかに自分のパワーを温存して置きたいという組織支配の「権力」志向動機が潜んでいるとも言える。経営者側の個人としての理事への期待は低く、最高経営機関としての理事会を内心では畏敬も尊敬もしていないので、敬して遠ざける態度と行動を取る性向がある。

2）理事側

①　理事には専門的な知識も技能も経験も乏しいので、理事会は政策の策定、意思決定の承認、サービス供給に対して「ほんとうの貢献」ができない。

② 理事会は法によって強制された機関であるから経営者は受け容れているが、経営者はほんとうは理事会が後援や補助に回ってくれればよいと思っていているから協力的でない。

③ 自分は組織の運営に協同するなり、経営者と共有する時間がないので無力である。

確かに、個人としての理事には理事会と自分の職能と役割がいかに重大であるかの認識が不足しており、それに伴う責任感が欠けていることは否めない。要は、理事と理事会は組織全体の運営に関する基本的な職能と役割を与えられた最高経営機関であることの認識に乏しいうえに、組織の経営管理には専門能力も実践経験も少ないので、経営の実際問題の議論や解決について非力なために、経営者の専門職とその能力に遠慮してしまう傾向がある。経営者に遠慮して、基本的な理事会職能も無意識に引き渡す結果となる。

そこで、この経営者に対抗する可能性や経営者が行う業務活動を評価し批判する可能性が少なくなる。ますます理事会は組織の運営の目的と実践から距離を置いてしまうので、重要な問題と決定について議論をし、それらを処理する経験と実績を得ることが少なくなる。そうなれば、経営者の方も重要な情報や問題や懸案事項の決定について理事会と共有することを躊躇するか、その必要も義務もないという気持ちになる。立案を決定した経過について情報を伝えないし説明しないことによって、立案をひっくり返されないように防御することになる。理事会と経営者の間の報告・連絡・協議はここで遮断され途絶えてしまう。

Ⅳ. その他の背景と要因

1. 理事会と組織への外部圧力

政府委託契約における政府規制が強化され、また助成団体の独自の一方的な条件契約が強要される。

1）政府委託の増加

　政府の公共サービスの供給が非営利組織に移転することから、理事会は有効なガバナンス能力が欠けている場合にも、その有効なガバナンスに対する大きな責務を負うことになる。政府は公共サービスの供給について多くの条項と条件を設定してくるので、理事会は組織のミッションの統制と組織経営の制御を事実上失うことになり、その結果、自らの組織においてたんなる脇役になってしまう。

2）助成団体の要求

　例えば、助成財団が「財団計画」や「提案依頼書」で組織のプログラムを限定し、それを実行すると約束する組織を選ぶという助成戦略が一般化してきて、非営利組織の活動と管理に対して事実上の統制支配をするようになる。非営利組織の経営者がプログラムの設計とその実施に際してこのような資金提供者の指示に従うならば、理事会の役割は減退する。こうして組織のミッションの受託者としての理事会役割は外部から圧縮される。財団計画を強要する助成財団が、非営利組織に対してミッション選択の条件を命じる事態になってくる。

3）政府の規制と誘導

　政府主導による非営利組織ガバナンスの改革路線のなかで、近時特筆すべき方向は理事会の権限縮小である。その根拠として非営利組織の理事会は社会公共目的を達成するには個別組織としても社会制度としても「非効率」な手段であると喧伝する。そこで、組織を効率的かつ有効に経営するために、理事会は最高経営機関として権限過剰であるので、その権限の一部を分散ないしは剥奪して、経営者に委ねるべきであるとする。二元リーダーシップを解消して、経営者に一元リーダーシップを与えるとする政策方向である。例えば、私立大学における学長権限の強化への誘導・指導政策がその典型である。大規模株式会社における取締役会ガバナンスの強化とは裏腹の非営利組織における執行部強化である。これによって理事会権限が制約され、基本的であるとした理事会職能の執行権が侵食されることになる。

2．多様なミスマッチ現象

（1）組織形態の多様化によって適用不能な組織が生まれている

　一般的な理事会ガバナンスモデルにおける理事会職能では上手く働かない非営利組織が新たに出現して活動している。

① 草の根組織

　時間、経験、資金もない隣人同士で統治され運営されている。

② 全員ボランティア組織

　理事会とスタッフの最適な役割と責任の分割というような処方箋は存在する余地がない。

③ 企業家組織

　社会的企業のように活動する。そこでは、ミッションに傾倒する一般の理事は必要ではなく、ミッションに共鳴して、当該産業や市場について、さらにはそのリスクについて十分に理解している企業志向の経営専門家が必要な組織である。

④ 組織間連携・連帯

　病院ネットワークからヒューマンサービスの協同ネットワークまでに拡大している。そこでは、誰が何をガバナンスするのかという問題が浮上している。協同ネットワークでは、参加組織の戦略と活動に大きな影響を及ぼすのに、各参加組織は協同ネットワークのガバナンスについて僅かな漠然とした職能と役割しか果たしていない。

⑤ 複合組織

　多くの非営利組織は持株会社形態を導入してきており、多数の活動支部を介して、ときには営利組織の支部組織を介してサービスを提供している。全体を誰がガバナンスしているのか、各支部はそれぞれのミッション達成の支援をどのように担保されるのか、この組織の理事会は各支部がそのミッションの遂行をどのように保証するのか。いずれにしても、従来の非営利組織における理事会職能を期待するだけでは不十分である。

（2）理事会構成があまりにも多様化してきた

　従来型の理事会ガバナンスモデルは同質的な集団を想定しており、理事会は文字通り、また比喩的にも同じ言葉で話す集団であったが、いまや年齢、性別、利用者、ステークホルダーなど理事会構成を多様化する傾向にある。その結果、制度化された理事会の運営の仕方や慣習に従おうとしない新しい人たちで理事会は構成され、理事会のリーダーシップは分散する。それぞれが違った背景と認識をもっている多様なステークホルダーが理事会に参加するので、みなが協同しようとするときグループダイナミックスがさらに複雑となる。

おわりに

　処方箋と実際とのギャップは周知のことであるが、管理スタッフとりわけ経営者が主導権を握っており、理事会が主導して経営者に権限を委譲するという権限委譲関係はもはや非現実的である。したがって、多くの非営利組織を悩ませるこの権限分割や経営者への権限集中の問題に対処する制度と方法を講じることは喫緊の課題である。すでに、理事選任制の改善、理事会における委員会制の設置、理事の教育・学習運動、経営者の情報提供システム、理事会と経営者の関係の改善などが議論され研究されている。第Ⅲ部以降で扱う困難な課題である。

　理事会職能に関する研究は多様であるが、明らかな結論は規範的な理念と現実の実践の間にしばしば乖離が見られるという点で一致する。ただ、規範となる理事会の「英雄モデル」は現実にはほとんど存在しないとはいえ、これを保持することが適切なのかという問題に対して、そうするべきという2つの議論がある。

① 法律が理事と理事会に非営利組織の職務執行に関してある一定の役割と責任を負わせている事実がある以上、その役割と責任を理事と理事会が果たすのは当然の責務である。

② 理事会の活動と業績を向上させるためには、理念型が必要である。高い

基準がなければ、理事会は何が望ましいか、何を目標にすればよいのかを知ることはできない。これは重要な論拠であり、挑戦的な基準が高い水準の活動と業績を達成するのに有効である。ただし、すぐには達成できない基準は動機づけの力を失うことも確かである。この場合、英雄モデルの理念型と現実の実践との間に相当な乖離があるとすれば、理念型に修正を加える必要が生じるが、その方法はその乖離をつくっている本章で述べた諸要因の分析を基礎にしなければならない。

第 **II** 部

理事会の職能と
役割の統合化への試み

① 理事会の職能と
役割の統合論

はじめに

　第Ⅰ部第1章で、多様なガバナンス理論に基づいて理事会の職能と役割に関するいくつかの主張や議論を見てきたのであるが、その際、いずれの理論も理事会ガバナンスのある一面しか捉えることができていないことが明らかであり、それらの理論を総合するなんらかの枠組みが強く求められるとした。確かに、理事会の職能と役割に関する規範的文献も調査・実証研究もともに、理事会がよい管理をするための、そして理事会有効性と組織有効性に貢献するための理事会に関わる諸職能を確認しようと努めているものの、理事会の職能と役割についてたんに合成リストを作成するだけであると、かえって理事会職能が拡大しすぎて煩雑であり有用とはならない。

　そこで、多くの理事会職能を有意義なクラスターに整理するフレームワークがあれば、効用が高くなるはずであり、どのような理事会職能が真に期待されるのかについて実践の指針ともなるはずである。したがって、理事会に関わる職能と役割についての理解を深めるような、理事会の実践的な職能と役割を包括的に理解できるような実証的に支持されるフレームワークを開発することが求められる。

　すでに、このような期待に挑戦する理事会ガバナンス理論としていくつかの試論が提示されており、現に、わずかながら多様な職能と役割を理解する際に、どのようなフレームワークあるいは理論的なモデルが適当なのかに関する研究が行われ、それをめぐって議論が交わされているのである。したがって、本章では特に、まず、対立するいくつかのガバナンス理論をなんらかの根拠で包括して統一化する試みについて、次に、理事会の多様な職能と役割をテンション関係にあるパラドックスとして捉えるメタ理論による統合への試みについて概観することにする。

134

第Ⅱ部 理事会の職能と役割の統合化への試み

Ⅰ．エージェンシー理論の非営利組織への適用可能性

　エージェンシー理論は、大規模株式会社における所有と経営の分離に基づいた経営者支配論に依拠しており、したがって、この理論の基底には、株式会社の所有と支配の分離現象と、その結果としての経営者支配に対する株主保護の視点がある。他のステークホルダーは法制や契約で保護されているのに対して、株主は契約による保護を受けていないという契機から発した実証的理論である。

　つまり、この経営者支配を制限し、その支配の方向を指導するための実証的アプローチを展開する経済学の理論であり、どのようにして株主の利益において効果的な経営をするよう経営者を統制することができるかの理論である。当事者間の利益が相反することを理解させ、その結果生じる経営者の機会主義的行動の問題を説明したうえで、厳格な政策決定統制と適切なモニタリング方法、それに巧みにつくられたインセンティブ報酬制度を通して株主と経営者の双方の利益が一致するようになる関係を説明する有用な理論である。

　そこで、この理論は特にガバナンスの構造と過程の変革を進める際に有効であり、権限規程やコンプライアンス規程のような行動規範の設定、あるいは経営者の株式購入計画などの一連の制度と方法のなかで援用されている。そしてまた、非営利組織における理事会の統治制度についても法制はこの理論に準拠して設計されているのである。

１．エージェンシー理論の問題点

　上記のように、この理論は個別経済組織が大規模化して組織の所有と支配が分離した状況において、この組織をめぐる所有権者である株主と組織の経営権を委譲された経営者の間の関係を説明し、その関係がもたらすコンフリクト・コストを少なくするための、そしてコンフリクトを解消するためのメカニズムと方法を明らかにした理論である。したがって、経営者の行動を株主の経済的利益と一致させるためには、株主が狙う目的と方向を限定し、それに沿って経営者が行動するようにモニタリングすると同時に、株主が望む

135

成果を達成するようにインセンティブ誘因としての報酬制度を設定すること
を約する「契約」を株主が締結することに関する理論である。

　そこで、(i)本質的に株主という単一ステークホルダーの経済的利益を護る
という視点の議論である。(ii)そして、プリンシパル（その代理機関である取
締役会）に対して一般に望ましい社会的目標であると考えられる経済効率性
を促進させる役割を与え、あるいは、多様なステークホルダーやエージェン
トの競合する利害を裁定する役割を与える理論であり、あくまで、効率性を
追求する個別経済組織を対象にしている理論である。

　そこで、このような基本的な特徴をもつエージェンシー理論を多数のス
テークホルダーが関与し、プリンシパルたちの非経済的利益を追求する非営
利組織に対して適用することは正しいかどうか、妥当かどうかの問題が生じ
る。ただ、株主に限らず、その他のステークホルダーにおいてもエージェン
シー問題が発現することが明らかとなり、これに対して複数ステークホル
ダーにおけるエージェンシー理論が発展している。ちなみに、この発展が非
営利組織のプリンシパル─エージェント問題への接近を可能にしてきたこと
は留意しておくべきである。

　さらに、このエージェンシー理論にはいくつかの問題点が指摘され、また
多くの批判が向けられているが、そのなかで特に指摘すべきは次の点である。
すなわち、プリンシパルもエージェントもともに個人の効用を最大化する「利
己主義」の「経済人」を人間行動モデルとして措定していることである。特
に、エージェントの価値観と動機についての仮説に問題があり、利己心で動
く経営者はプリンシパルの利益と指示に背くと仮定している点である。した
がって、経営者の行動をプリンシパルの利益と一致させるためには、プリン
シパルが狙う目的と方向を限定し、それに沿って経営者が行動するようにモ
ニタリングすると同時に、プリンシパルが望む成果を達成するようにインセ
ンティブ誘因としての報酬制度を設定することとなる。

　しかし、これでは現実の人間行動を正しく描写しているとは言えず、また、
すべてのモチベーションを自己奉仕と決めつけることは人間行動の複雑性を
説明していない。さらに、このモデルは費用と便益を個人的に計算する人間
モデルであり、したがって、特に金銭的な報酬を求め制裁を避けようとする
モデルであって、組織心理学でいうX理論（人間は外からの力によって動か
されて一定の行動をするという機械的動機づけ理論）の人間モデルでしかな

い。この点特に、近年の「社会学的・心理学的な人間行動モデル」から厳しい批判を受けている。

実は、経営者もこのような「合理的経済人」ではなく、「非合理的管理人」として行動することが明らかになっている。(i)個人として、内発的動機で動く存在である。(ii)管理人として、所有権者よりも組織自体を護る存在である。現に、今日では組織の社会的責任を重く考慮に入れない組織は長期的な利益を損なうことになるから、長期的な組織の利益を考慮して、ステークホルダーの短期的な利益を犠牲にするのがよい経営者であると一般に認識されてきた。

2．エージェンシー理論の非営利組織への適用の可能性とその限界

エージェンシー理論はコーポレートガバナンスの基本的な枠組みとして一般に認められているのであるが、非営利組織の文献では、伝統的なエージェンシー理論が非営利組織において適用可能かどうかについてほとんど合意がなされていない。ある論者は非営利組織ではエージェンシー問題は少ないとし、ある論者はエージェンシー問題のジレンマはむしろ多いと主張する。

しかしながら、以下に指摘するように、元来が大規模株式会社という営利組織を対象にしたエージェンシー理論であるので、この理論が組織の性質を異にし、その目的も経営方法も異なり、その組織に参加するステークホルダーも異なる非営利組織にはそのまま適用ができるとは考え難い。

（1）経済効率性を求めない非営利組織

非営利組織の状況設定では経済効率性は本来の目標と衝突することがあり、ときには多様なボトムラインがあるために目標それ自体が不透明で漠然としている。

①　ヒューマンサービスやソーシャルサービスを供給する非営利組織はそのミッションとして、クライアント集団への資源の再分配に関わるが、その場合、経済効率性と分配の正義の間に生じるトレードオフがあることはよく知られていることであり、経済効率性と分配のコンフリクトが生じる。これらの非営利組織にあっては現実のあるいは暗黙の契約は非効率をもたらしても（非効率のコストを掛けて）公平と手続きの公正の一般原則に服

するべきであるとする。

② 非営利組織のなかにはよりよい社会をつくるために重要な意見表明役割や連帯役割を目的とする組織がある。そこでは、いかに非効率でもそのような組織をつくり、他の組織と協同し、あるいは他の組織を支援するべきことである。

③ 多くの非営利組織のミッションは、改宗活動、ソーシャル・マーケティング、アドボカシー活動を通して個人の選好を変えることである。非営利組織は意識的にパターナリスティックであり、公益に関する自分の信念や主義に従って受益者の選好を覆す存在でもある。そこでは、経済効率性による評価も判断も馴染まない。

このように、慈善事業、アドボカシー団体、市民運動団体などの一部の典型的な非営利組織に見られるように、非営利組織は資源の再分配、公正・平等、変化などの非経済的・非効率的な成果を追求する。したがって、エージェンシー理論を非営利であると同時に、非経済の組織に適用することには限界がある。

（2）多様な所有権者が関与する非営利組織

株式会社において所有権者は株主であるが、非営利組織では誰がプリンシパルないしは所有権者なのかが曖昧であることが特性である。例えば、プリンシパルは組織の創設者、組織への寄附者、組織の受益者、組織のメンバーなのか。あるいは、非営利組織の存廃を握る政府なのか。誰が単一のプリンシパルなのかを確認するについて合意が得られているわけではない。非営利組織においては、多種多様なステークホルダーが時と場合によって有力なプリンシパルになる情況こそが非営利組織に特異な研究対象でなければならない。

非営利組織の理事会は経営者が組織の資源を流用しないように寄附者に対して保証する責任があるとして、非営利組織のプリンシパルもしくは所有者は寄附者であるとすることもできるが、場合によって、受益者・利用者、スタッフ・ボランティア、納税者、一般市民、規制公共団体、同業団体、供給業者など「複数の所有者」が存在すると考えられる。しかも、個々の所有者は対立する要求を持ち出し、あるいは、組織の諸資源と組織の運営に対して多様な思いと期待を抱いている存在である。このような所有権問題をめぐる曖昧性から、理事会がどのように経営者の行動を統制するのかに関して、「誰

のために何を監視し、どんな効果を求めて導くのか」が多様で複雑であるので、エージェンシー理論は非営利組織には直ちには適用できない。

プリンシパルが容易には確認されないとすれば、プリンシパルと経営者とが対立する目標を抱いているかどうかを決定することは難しい。そこで、プリンシパルの期待に沿って経営者のコンプライアンスを求めることが困難となる。

そのうえに、何が業績なのか、何が成果なのかについて一般に認められた指標が欠如しているために、組織と経営者に対する統制は困難となり不明瞭となる。株式会社では取締役会は財務指標に焦点を絞ることによって経営者の行動と会社の活動状況とその成果を点検することができる。しかし、非営利組織の活動状況とその成果を評価する際には、多様なステークホルダーが関与するために、一般に認められた適当な指標を決定するのに困難を極めることになる。

（3）組織の管理人として働く経営者

特に非営利組織では、組織に関与する経営者はボランタリーで確信的な思想と信条によって、また、公益に奉仕する利他主義によって、むしろ経済人モデルとはもっとも離れた存在として理解される人たちである。非営利組織の経営者は特殊な性質をもつ非営利組織を積極的に自主選択して、非営利組織を選んでいると見ることができ、金銭的報酬よりは非金銭的報酬に動機づけられた存在であると考えることができる。このことは、エージェンシー理論では経営者に対するインセンティブは金銭的報酬や仕事満足その他の外発的誘因であるとするが、非営利組織では内発的誘因で動機づけられる人が存在することを意味する。個人の誠実性、随意衝動、職業規範や社会規範の遵守などがインセンティブ誘因である。むしろ、インセンティブ報酬制度は内発的動機を締め出し、非営利組織の経営者の生来の動機づけを減退させることになる。

エージェンシー理論では、エージェントをプリンシパルの利益において行為させるのに、インセンティブ誘因としての報酬制度とモニタリングの仕組みを中心に置くが、非営利組織では組織それ自体が非経済的な存在であり、それを経営するエージェントの内発的誘因による行動が現実に見られる。金銭的報酬よりも内発的動機によってエージェントが非営利組織に参加する。

そこには非営利組織のエージェントにおいては、エージェンシー理論では律することができないエージェント行動が認められる。ここに、非営利組織のプリンシパルとエージェントの関係と問題の異相に着目する必要があり、外発的なインセンティブ報酬制度を重視するエージェンシー理論を非営利組織のガバナンスに適用することの限界を知ることができる。

　非営利組織に見受けられる経済人モデル以外の人間行動を説明するには別の理論が必要であり、それは経済学の視点を超えた研究のなかに見出すことができる。それがY理論（人間は内在的な力によって動かされて一定の行動をするという有機的動機づけ理論）の人間モデルを基礎とする「スチュアートシップ理論」である。このスチュアートシップ理論が有力な非営利組織の人間行動を説明するひとつの大きな潮流となってきている傾向は十分に肯けるところである。

（4）協同関係にあるステークホルダーと経営者

　エージェンシー理論のもうひとつの柱は理事会の統治システムあるいはモニタリングシステムの設計にあるが、非営利組織においては、ステークホルダーを代表する理事会と経営者の関係は信念に基づく誠実性とイデオロギーへの執着に根ざす高い相互信頼と信頼感によってもっともよく構築されると見ることができる。ところが、エージェント理論はガバナンスシステムの設計において「協同の次元」を想定していない。そこで、非営利組織ではステークホルダーと経営者の相互利益、社会的な便益、信頼性、その他イデオロギーの特性が非営利組織を支え、先導し、維持するという役割を果たすという視点を無視している。

　非営利組織においては、多様なステークホルダーの受託者としての理事会と経営者とは信条的な連帯を結ぶ同志であり、信頼を基礎として連帯を強くしている仲間であって、一方の理事会が他方の経営者を統治するなり、監視するという関係にはないと期待される。このような組織には、エージェンシー理論の適用可能性はきわめて低い。

　総体として、今日まで、非営利組織へのエージェンシー理論の導入について多くの議論が交わされ、現実に、この理論を基礎にして法規や指針において理事会の職能と役割が規定されているのであるが、理事会の職能と役割に関する「ポリシー・ガバナンス・モデル」を主張する研究者を除くと、非営

利組織の多くの研究者からはエージェンシー理論の主要な主張に対する最終的な支持はそれほど得られてはいない。そこで、そのような状況のなかから、「スチュアートシップ理論」や「資源依存理論」のような非営利組織の理事会に関する別の理論説明をするモデルが評価されるようになってくる。

しかし、理事会の職能と役割に関する基礎理論として、エージェンシー理論はその有効性は依然として高いことを認めるべきである。理事会の職能と役割に関するいくつかの理論の視点のなかでは、確かに、エージェンシー理論が理事会職能を総括的に定義しており、ステークホルダーの利益を護るには、これまでのガバナンス構造は不完全であることを認識しており、プリンシパルとエージェントとの間の基底にあるコンフリクトの可能性を明示している。むしろ、そのコンフリクトをめぐってガバナンスの概念を構築している。

したがって、このエージェンシー理論の視点は組織の支配をめぐる闘争が続く限り、非営利組織においても適切なフレームワークの視点として認めるべきである。ただし、その他の理論の視点が排除されるべきではなく、それによって補完され連繋されることが期待される。以下の統合論はこの期待に応えようとする試みである。

Ⅱ．理事会の職能と役割に関する諸理論を統合する試み

1．エージェンシー理論とスチュアートシップ理論の統合論

エージェンシー理論とスチュアートシップ理論はともに理事会ガバナンスに関する代表的な理論であり、しかも、仮説と問題解決などほとんど理論の基礎を異にしているので、従来、経営者はすべて忠実なスチュアートか、機会主義的なエージェントかのどちらかであると想定して、ガバナンスにとってどちらの理論が「唯一最善の方法」を提示しているかを確認しようとしてきた。例えば、問題の焦点のひとつである最高経営者の兼任制について、エージェンシー理論では、理事長が最高経営者を兼任しない独立の理事会リー

ダーシップを基本とするガバナンスの処方箋が高い業績とプラスに関連しているとする。

これとは対照的に、スチュアートシップ理論では、最高経営者の理事兼任制の理事会はきわめて高い業績を達成するという。しかし他方では、理事長と最高経営者の兼任制でも事業の業績には顕著な差異はないとする実証研究の結果も得られている。このような研究結果から見れば、いくつかの違った理論を両立させる何か別の理事会行動や経営者行動を説明する理論が必要であることを窺わせる。

そこから、現実の説明には、エージェンシー理論とスチュアートシップ理論を両立させる、あるいはいくつかの理論を包括するような情況適合理論を基にした「情況適合モデル」や「ハイブリッド・モデル」を提示すべきであるという認識が生じてくる。実は今日では、このようなモデルが提唱されてきており、それが新たに有力な立論となっている。

（1）プリンシパルとエージェントが情況によって選択する モデル

このモデルはエージェンシー理論とスチュアートシップ理論を統合するモデルではないけれども、パラドックスにある2つの理論をひとつに捉える視点として重要である。

経営者はエージェント（代理人）としてか、スチュアート（管理人）としてか、いずれかの行動をすると予め想定してしまうこれまでの決定論に立つのではなく、経営者とプリンシパルの双方が選択をするというモデルを提示することによって、この2つの理論を補強するモデルを主張する。このモデルに従えば、経営者は代理人か管理人のいずれかの行動をすることについて自ら選択をする。経営者の選択はかれの心理的モチベーションと情況の認識によって情況適合する。また、プリンシパルも情況と経営者について認識する程度によって、代理人か管理人のいずれかの経営者を選択する。

経営者かプリンシパルのいずれかが相手方が能動的に行動すると認識するなら、変節する可能性があるので互いが避け合うことから、エージェンシー方式で行動することが双方の最高の利益であり、そして組織は妥協的な利益を受け取ることになる。反対に、双方がスチュアートシップ関係を発展させる選択をすれば、協同関係が結ばれて、組織は最大限の利益を実現する。こ

のように、決定論に立つのではなくて選択論を展開するモデルである。

　経営者が営利組織か非営利組織のどちらに就職するかを選択する際に、自主選択をしているという古くして新しい仮説の議論がある。この自主選択が非営利組織の経営者がエージェンシー理論の主張とスチュアートシップ理論の主張の間のどの位置にいるかを決める内生的決定因であると見る。つまり、非営利組織に就職する経営者は営利組織と非営利組織の採用条件を比較して、自分の意志にもっとも適合する方を選好する。この経営者は本来組織のミッションに対して強い関心と共感を抱き、それに忠実であろうとする人であるから、特定の明確なプリンシパルが不在であるとか、アウトプットの適切な測定方法が欠けている場合でも、非営利組織に就職したこの経営者は組織の利益と社会の利益において行動する存在である。

　確かに、多くは流動性が乏しく継続的であり、分断された労働市場を特徴とするソーシャルサービスや病院施設や教育施設ではスチュアートシップ理論がかなり適用されるように思われる。しかしまた、この経営者が非営利組織は確かにプリンシパルが特定できず、アウトプットの測定方法が曖昧であると知った場合、利己的な代理人に変節したり、もともと利己的な代理人が非営利組織の職場を選択してくるかもしれない。そうなれば、非営利組織は期待された受託組織ではなくて間違った方向に変身してしまうおそれがある。

（2）エージェンシー理論の特殊型としてのスチュアートシップ理論

　従来の研究はスチュアートシップ理論とエージェンシー理論とは完全に異質のものとして捉えていて、相互に排他的であると見る傾向にあったが、スチュアートシップ理論はエージェンシー・フレームワークのなかの限られたケースであると見るべきであると主張する。このエージェンシー・フレームワークの下にすべての点が存在すると見做して、エージェンシー・コンフリクトの連続体の移動軸のうえでは、エージェンシー理論はエージェンシー・コンフリクトが多い方に位置し、スチュアートシップ理論はエージェンシー・コンフリクトが少ない方に位置していると考える。

　エージェンシー理論では、非営利組織のプリンシパルには財務的な目的動機がなく、また利益分配禁止の拘束が課せられていることからエージェント（経営者）に責任を取らせることができる効率的なプリンシパル（理事会）

を欠くこと、非営利組織は適切なアウトプット測定が困難であること、この2つの要因が結び合って、経営者の活動とその業績を正確に測定・評価して、効率的なインセンティブ制度を用意することが困難であると想定する。その結果、経営者が有利な地位を占めることになり、エージェンシー関係のなかでモラルハザードの余地を拡大することになる。

これに対して、エージェンシー・コンフリクトが少ないスチュアートシップ理論では、経営者の自由裁量範囲の余地が広く存在するといっても、経営者の自由裁量の行動は経営者が抱く倫理と規範によって制約され、またクライアントのなんらかの利益を自分自身の効用にすることによって減殺されると考える。

そして、ある非営利組織が上記の2つの極の連続体のなかでどの位置にいるかに影響を与え、その位置を決定する重要な要素として、(i)情報の対称性と情報の非対称性の状況、(ii)経営者への信頼度、(iii)理事会構成（内部・外部理事のバランス、理事の同質性・多様性）、(iv)最高経営者の兼任制などがあり、さらに、内生的決定因として、経営者の自主選択による自由裁量の自己規制という自主選択の仮説が特殊な位置を占めているとする。先の(1)の自主選択と同義である。

以上のようにして、スチュアートシップ理論とエージェンシー理論の対立は、スチュアートシップ理論はプリンシパルとエージェントの目的が同一であるか同一に近いプリンシパル－エージェント関係の理論であると規定することで解消される。このように解釈すれば、スチュアートシップ理論は一般的なプリンシパル—エージェント関係のごく限られたケースを説明する理論ということになり、確かに、エージェンシー理論とスチュアートシップ理論の対立は解消される。

（3）エージェンシー理論・ステークホルダー理論・スチュアートシップ理論の統合論

プリンシパルを確認するのにステークホルダー理論を用いて、エージェンシー理論を拡張しながら、さらに、スチュアートシップ理論と非営利組織ガバナンスに関する調査・実証研究を結び付けることによって、エージェンシー理論とステークホルダー理論とスチュアートシップ理論の3つの理論を包括するエージェンシー理論を提示する。

本来、エージェンシー理論は権限委譲に伴い所有と経営が分離した株式会社のプリンシパル―エージェントを対象にした理論であるから、プリンシパルは唯一「株主」であり、このプリンシパルとエージェントとしての経営者との関係が中心となる。確かに、ほとんどの非営利組織も所有と経営の分離を特徴としている。日常の決定をする経営者と組織の所有者と考えられるステークホルダーの間には明確な区別がある。そこには、プリンシパル―エージェント関係が存在する。

しかし、非営利組織では株主という所有者は存在しないで誰がプリンシパルであるかは明確ではないものの、組織に利害関係があり、組織の活動に影響され、あるいは組織の活動がないことに影響されるような組織をめぐるプリンシパルとしてのステークホルダーが多様に存在する。少なくとも資金を提供する寄附者・助成財団・政府、組織のミッションの対象である利用者・クライアントの外部ステークホルダーがいる。さらには、内部ステークホルダーとしてボランティア、理事会、経営者、従業者がいる。

そして、それぞれがプリンシパル―エージェント関係にある。例えば、理事会の位置は、外部のステークホルダーに対してはエージェントであり、組織運営の受託者としては、権限委譲してその組織運営を経営者に委ねている限りは、経営者に対してプリンシパルである。したがって、非営利組織の理事会は組織とその環境との間の連結機能があるために「接点にあるステークホルダー」であると理解すべき存在である。また同じく、組織の運営を委ねられた経営者も理事会に対してエージェントであるが、組織参加者である従業員やボランティアに対してはプリンシパルとして行動する。

しかも、すべてのステークホルダーが同じ目的をもつことを想定する理由はないから、この複数のプリンシパル―エージェント関係を解くには、単一のプリンシパル―エージェント関係を対象としてきたエージェンシー理論では不十分である。そこで、非営利組織のプリンシパル―エージェント関係を理解するには別の理論で補う必要があるが、ここでは、別のプリンシパル―エージェント関係を主張するスチュアートシップ理論を補完的に適用する。

そうすることで、非営利組織におけるプリンシパル―エージェント関係を包括して把握することができると主張する。しかも、この統合理論の試みは、非営利組織のガバナンスに関する現実に多くの調査・実証研究において、例えば、理事会（プリンシパル）と経営者（エージェント）の関係について、

エージェントとしての経営者の行動について、エージェンシー理論を支持する研究結果とスチュアートシップ理論を認める研究結果が混在している事実から、少なくとも非営利組織のガバナンスに関してはエージェンシー理論とスチュアートシップ理論が同時に適合していると考えざるを得ないとして、2つの理論は対立しているのではなく、スチュアートシップ理論をエージェンシー理論と競合する分離した理論ではなくて、スチュアートシップ理論がエージェンシー理論を補完する関係にあると理解すべきであるとする。したがって、非営利組織のガバナンス—特に、理事会のガバナンス、理事会と経営者の関係—には、エージェンシー理論とスチュアートシップ理論は補完関係にあって現実のガバナンスに同時に適合するものとして統合すべきものとなる。

そこで、この統合の議論からは、理事会の職能と役割に関連していえば、理事会が経営者に対する場合には、エージェンシー理論が適用されるけれども、理事会が外部のステークホルダーに対する場合には、スチュアートシップ理論が適用される。そこで、理事会の職能と役割はエージェントとしての正当性を示すコンプライアンスならびにアカウンタビリティと、プリンシパルとしてのモニタリングと評価を主とする統制ガバナンスの双方を含むことになると想定することができる。

また、理事会と経営者のプリンシパル—エージェント関係については、それを表す理論は目標の対立を想定する「標準的なエージェンシー情況」を考慮に入れる必要があるだけでなく、非営利組織のスチュアートシップ理論の視点に沿って、エージェントがプリンシパルと同様な利益を共有するか、プリンシパルの最善の利益において行動するよう動機づけられている「限定的な情況」に焦点を当てることが必要であるということになる。

確かに、従来から、非営利組織は経営者に説明責任を負わせる有効なプリンシパルが欠如していると指摘されている。法的に残余財産請求権を有する株主、エージェントを統制する金銭的なインセンティブをもつ株主が非営利組織では存在しないこと、さらに、ほとんどの非営利組織の目的が複雑で限定することが困難であるために正確にそのアウトプットを測定することが困難であること、この2つの要素が組み合わさって、経営者の活動と業績を正確に測定すること、経営者の怠慢を摘発すること、有効な統制メカニズムをつくり上げることが困難であり、そのために非営利組織内の深刻なエージェ

ンシー問題が残る。ここにはエージェンシー理論が適合する。

　しかし他方では、非営利組織の経営に魅力を感じる経営者は金銭的利得にはそれほど関心を抱かずに自分の主義信条を実践したいと考えていることが多い。この経営者は自分の金銭的な安定と非営利組織が供給する財・サービスに関する自分の選好とのトレードオフをしている。そこに「労働寄附」の現象が生まれる。つまり、労働を寄附することによる低賃金は利他的行為をするという効用によって償われる。低賃金を提示することは非営利組織の経営者のなかに前向きの自主選択を生み出し、組織の思想に傾倒する経営者を魅了することにもなる。この場合は、理事会は経営者が組織の利益において行為すると信じるので、理事会は経営者に対して統制を控える行動をすることになる。ここにはスチュアートシップ理論が適合する。このようにして、非営利組織における理事会と経営者の相互関係を分析するフレームワークとして双方の理論を統合することが有用であり、必要であると主張する。

2．その他の統合論

（1）エージェンシー理論と資源依存理論の統合論

　以上の統合理論は、主として、エージェンシー理論とスチュアートシップ理論を特定の視点から統合しようとする立論であるが、エージェンシー理論と資源依存理論の統合論は、理事会は資本であるとする視点から理事会ガバナンスを2つの理論で統合して理解しようとする理事会資本機能論である。

　理事会はひとつの重要な資本であり、その資本は専門知識、経験、評判の「人的資本」と、外部のステークホルダーとのネットワークと紐帯を結ぶ「人脈資本」から構成された理事会資本であるが、この理事会資本は理事が有力な公私の資金提供者とのコネを紹介する、財務や法律などの専門知識能力を提供する、政治的な戦略方向を示唆するなどについてその機能を発揮する。しかし他方では、理事会はこの資源供給機能と併せてモニタリング機能も果たしており、したがって、この資源依存理論とエージェンシー理論の双方が組織の活動と成果に関連するので、この2つの理論を統合することがきわめて重要であると主張する。

　資源依存理論の境界連結職能の研究では、理事会のモニタリング職能には

注目していないけれども、この理事会資本機能の視点はモニタリングと資源確保の２つの職能を併せ考える「理事会資本」の概念フレームワークを設定しており、この点がきわめて示唆に富み興味深い。

これまでの研究では、非営利組織の理事会がどのような行動をするかについて、境界連結活動をする場合もあれば、組織内部のモニタリング活動をする場合もあって、その違いは内外の情況要素によって決まるとしてきたのである。しかし一般には、理事会の活動に関して２つの重要な側面があると考えられる。１つは、組織の資金・資産に関して経営者に責任を負わせて管理させることである。エージェンシー理論は所有と支配の分離に焦点を置くことから、このエージェンシー理論は特にこのモニタリングと統制の側面に適合した理論である。経営者の利益が組織の利益と対立しないように経営者を雇用しモニタリングするという理事会の職能と役割を強調する。２つは、組織のミッションを達成するために必要な諸資源を確保することである。人的、財務的、その他の資源の獲得とその維持とが組織の存続には決定的に必要であるとする資源依存理論はこの活動の側面に適合した理論である。この理論に拠れば、理事会の第一の職能と役割は組織の資源依存性を少なくするような交換を促進することであり、人脈と専門的な接触を介して多様な種類の資源の流れを増幅させることであり、外部のステークホルダーに対して組織を代表することである。

したがって、エージェンシー理論と資源依存理論は理事会の職能と役割に関する視点については相互に排他的ではなくて、理事会行動を予定し説明するのに使われる場合にはむしろ補完的な関係にある。エージェンシー理論は主として経営管理コストを抑えること、組織目標から外れた資源の配分をする経営者の私的流用を防止することに焦点を当てる。そこで、この理論の視点からは、よく機能する理事会は経営者の役得行為をモニタリングすることで不必要な管理費を最小化するときに成功している。対照的に、資源依存理論は諸資源の調達に焦点を当てる。この理論の視点からは、よく機能する理事会は組織の資源調達力（一般には、理事会が直接寄附金を最大化することができる能力）を確保するときに成功している。

そこで、エージェンシー理論と資源依存理論は非営利組織の活動とその成果の異なった側面について、理事会ガバナンスと組織活動の間の違った関係について焦点を当てているから、これら２つの理論は排他的でなくて補完し

合う関係にあると考えることができるとする。

（2）エージェンシー理論と制度理論の統合論

一般に、理事会の職能と役割は連結と管理である。連結とは組織と外部環境との関係を構築して組織が存続に必要なインプットを獲得することである。管理とはトップマネジメント、特に最高経営者の活動と業績を監視することである。この２つの職能と役割には伝統的な資源依存理論とエージェンシー理論を適用することができる。上記(1)で示したことである。

ところが、ある実証研究の結果に拠れば、理事会の職能と役割は、理事会が受託する組織の特殊な情況、その組織が属する産業・分野の特殊な情況、あるいは一般的な政治・行政・社会の情況によって大きく変化することが明らかである。したがって、理事会の職能と役割を真に把握するには、理事会の職能と役割におそらくは強い影響を与えるであろう情況あるいは文脈に着目しなければならない。そこで、このような情況の変化を重視する制度理論をもって上記の諸理論を補完しなければならないと主張する。この視点からは、組織自体の伝統と価値観、組織が属する産業・分野の規準や規範が有力な情況要素であり、特に組織が属する産業・分野内の市場競争、行政の規制や誘導の要素が重視される。

実は、この実証研究はアメリカの病院事業における理事会職能についての研究結果としての結論である。それに拠れば、次のような情況の変化が理事会職能を大きく変えたという。

従来は、病院事業の特性から理事会の職能と役割は主としてコミュニティとの連結、諸資源の確保、政治的な正当性を確保することにあった。ところが、病院に関する社会的価値や期待が変化するにしたがって、特に、市場競争とマネジドケアから病院の制度的環境が変化したことの結果、病院経営は慈善事業ではなくて、事業経営と見做されるようになり、競争圧力に晒されるようになった。病院は企業志向の保険者からの圧力で自らも企業志向に変化した。さらには、病院の理事会ガバナンスは「会社」モデルを採用するように奨励され、内部の事柄を監視する努力と時間を割くようになった。最高経営者の評価手続きを採用する病院が急増した。このように、本来理事会は連結と管理の職能と役割を有するが、業界内の異種同型化圧力が加われば、どちらかに偏った職能と役割を負うようになる。管理が連結より重視される

と、最高経営者の業績への監視に関心が集中するようになったという。

　この研究結果は、理事会ガバナンスの問題に複数の理論のフレームワークを用いるべきことを示しており、理論上も実践上にも重要な意味を含んでいる。特に制度理論とエージェンシー理論を統合したフレームワークはガバナンスと理事会職能の実相をさらに理解するのに有効である。ともかく、この２つの理論の視点は補完的であり、これらの理論を用いるアプローチは非営利組織ガバナンス（少なくともその変化）を理解するのに有効である。

Ⅲ．パラドックスの視点によるメタ理論の構築

１．パラドックス視点

　理事会の職能と役割に関して狭い理論のフレームワークを超えて動くガバナンスについて新しい考え方をする必要性が認識されている。上記に概説した統合理論への試みも大きな前進ではあるが、さらには、いくつかの理事会の職能と役割を互いに矛盾し合うとするパラドックス視点から統合して把握する方向に進んでいる。パラドックス視点は複数の理論に基づいて、理事会が遭遇する困難なテンションと曖昧性を説明するのに役立つ有望なアプローチである。

　これまでの異なった多様な理論はそれぞれがひとつの次元を捉えており、これらの理論の視点を個別に扱えば、それは理事会の職能と役割のうちのある特定の側面に光を当てているだけの一面的な視点でしかないと批判されてきた。そこで、非営利組織のガバナンス研究者の間で、これらの異なった理論の視点と考察を統合するのに役立つような、舞台の全体とすべての演者をライトアップすることができるような新しい概念フレームワークを探索することになる。この探索に取り組むひとつの方法がマルチ・パラダイムないしはマルチ・パースペクティブ・アプローチ（複数視点アプローチ）の観点に立つ方法であり、ガバナンスに含まれた曖昧性、テンション、パラドックスに明確に焦点を当てる方法である。

この方法は対立し相反する理論の視点と考察内容を対照することによって、何が重要なパラドックスであるのかを明らかにするひとつの方法として有効である。例えば、エージェンシー理論とスチュアートシップ理論を対照すると、理事会は経営者を統制すると同時にパートナーにするというプレッシャーを経験するというパラドックスに陥ることが明らかになる。

確かに、パラドックスの概念は組織研究のなかでますます大きな役割を果たしつつある。それは、情況の多数の意味を理解し把握し、パラドックスを対照させて管理するために必要であると同時に、多くの経営管理の問題と課題は直線的な思考から離れ、単純な二者択一の思考から離れて、それらをパラドックスとして見る必要が出てきたためである。

パラドックスの視点は、理事会がその異なったいくつかの職能と役割と直面する困難な曖昧性とテンションについて考察することができる有用なフレームワークを提供する。理事会は正しいと思われる理事会モデルや理事会アプローチを探すよりも、いくつかの職能と役割のパラドックスが情況によってつくり出す緊張関係の間の正しい均衡を見出すように努めることであると主張する。

理事会が「ある極」に傾斜するようになり、バランスを維持することができない場合、例えば、理事会が経営者の提案してきた議案の精査をしないで、経営者を信頼し支援する場合とか、あるいは反対に、大きな構図を忘れて、組織の戦略を無視するほどに日常の運営に関与する場合には、そこには通常、理事会の機能不全や理事会の問題が発生するとして正しい均衡を探るべきことを提示する。以下、非営利組織ガバナンスに関する対照的な諸理論が示唆する理事会の職能と役割に関するテンションと、それをもたらすパラドックスを示すことにする。

2．法制度に内在するパラドックス

まず、理事会ガバナンスは法律のなかに根ざした矛盾から生じる一連のパラドックスとしてモデル化することができる。すなわち、個人の理事ではなくて、ひとつの機関としての理事会が組織を統治する権限を有することを法律は定めているが、この理事会が組織の日常管理を担当するようある代理機

関—理事長や最高経営者—を指名すれば、直ちに以下の「構造に関わるテンション」を介してパラドックスが明らかになる。

①　理事会が法的には組織の責任を負うが、経営者や管理スタッフがその責任を履行するのに必要な知識、人的資源、時間を保有している。このパラドックが「プリンシパル—エージェント問題」であり、理事会が経営者を指名してプリンシパルである外部ステークホルダーのために行為するよう求めるが、経営者の行動を十分には統制できない状況が生まれる。

②　理事会は冷静な判断力と豊富な知見をもって、期待に応えて組織に付加価値を加える能力があるとされているが、洞察力のある批判に要する知識の蓄積には、経営者や管理スタッフに依存する必要があり、これによって理事会の独立性は希釈される。

3．統制と協同のパラドックス視点による統合論

本章Ⅱの1で触れたエージェンシー理論とスチュアートシップ理論の統合論への試みについて、「パラドックス視点」から統合しようとする立論である。

まず、エージェンシー理論（統制）とスチュアートシップ理論（協同）の対照的な方法の間にある差異について、次頁の**表**のように対照する。

エージェンシー理論とスチュアートシップ理論の対立軸をガバナンスの「統制と協同」に求め、理事会の「統制」職能と「協同」職能を対向するテンション関係にあるものとして捉えたうえで、統制・監視と協同・権限付与はともに重要な価値を生み出すとして、この2つの理論をあるパラドックス・フレームワークのなかで調和させる議論を提示する。つまり、この両者のパラドックスの間の緊張関係は、「いずれか」によるのではなく、「いずれか」を超えて統制と協同の均衡を図るガバナンスフレームワークを構築することで管理されるとする。そして、組織における統制と協同とのパラドックスを管理する手段も併せて具体的に提示して、ガバナンスにおけるパラドックス視点の意義を強調する。

そして、現実の組織の経営においても理事会はこの相容れないテンションの情況のなかで行動しなければならないと考える。つまり、理事会は法的には組織の最高権威であり、「権力の源泉」であるが、経営者が自然にこの権

力を行使する傾向にあるので、この経営者の活動とその業績を批判的に判定することが期待される。これには、組織に関する深い知見をもち、組織の出来事に親しく接している必要があり、そして同時に、この批判的な判定は独立している必要があるために、組織とは距離を置かなければならない。また、理事会の職務の遂行には強い凝集力を備えている必要があり、そのためには緊密な集団内の信頼できる親交が肝要であるが、他方では、理事個人は独立自尊で「集団思考」に抵抗でき、同僚の理事について批判を呈することができなければならない。

そこで、理事会の統制と協同の2つの職能の間には次のようなテンションが見られる。(i)理事会は組織から離れた外部者か、組織に精通している内部者か、(ii)理事会は経営者に対して監視すべきか、経営者に権限委譲して協同すべきか、(iii)理事会は外部勢力として経営者の行き過ぎた行動を規律すべきか、外部勢力の障碍から経営者を護るべきか、それぞれ議論が分かれることになる。

しかし、外部環境の曖昧性が増幅し、社会的・政治的な不確実性が高まる

表　エージェンシー理論とスチュアートシップ理論の差異

	エージェンシー理論	スチュアートシップ理論
（1）仮説の違い		
①人の性向	個人主義・機会主義	集産主義・協同主義
②モチベーション	外発的	内発的
③所有者と経営者の関係	目標コンフリクト（リスク差異）	目標一致（組織同化）
（2）解決法の違い		
①理事会の役割	規律・監視	助言・戦略策定
②理事会の構造	外部者	内部者
	最高経営者非兼任制	最高経営者兼任制
③経営者のインセンティブ手段	報酬制度	組織同化の醸成

出所：Sundaramurthy, C. and Lewis, M. (2003). Control and Collaboration: Paradoxes of Governance, *Academy of Management Review*, Vol. 28. No. 3.

に従って、理事会の職能と役割に対する矛盾した統制と協同が同時に求められてくるから、どちらの視点に立つかを超えた理解と期待をする議論が必要となってきたと主張する。統制志向か協同志向かのいずれかの理論を強調していずれか一方に偏すると、それぞれが機能不全をもたらすサイクルを煽るような理事会と経営者の双方の防御の反応を引き起こし、組織の衰退をもたらす。

協同とパートナーシップを重視すると、経営者の思考や戦略が適正に精査されることのない、異議を挟まれることのない集団浅慮になる。これはよい時期の戦略の持続性をもたらすが、組織の業績が悪くなるに従って組織が衰退する。反対に、統制を過度に重視することは、理事会と経営者の間の責任の分離をもたらし、経営者が自分の戦略と行動を正当化しようとして防御の姿勢を取るようになる。不信の度合いが高まり、コミュニケーションと相互の学習を阻むような防御姿勢を強くすることになる。「集団浅慮」や「相互不信」が惰性と衰退の危険をもたらすことになる。

パラドックスの視点は、理事会の経営者の統制か、経営者とのパートナーかの単純な二分法はあまりに単純化しすぎていることを示唆しており、両者の関係においては、違った行動形態が違った段階では適当であるとする。ガバナンスには統制と協同が同時に必要である。統制からは監視と規律を通して人間の限界を制御すること、協同からは協調と権限付与を通して個人の願望を刺激することである。

そうだとすれば、次には、統制と協同とのパラドックスをどのように均衡をもって管理するかの問題が生じる。それには、以下のような具体的な解決策があると主張する。

① 理事会には内部者と外部者を精力的に混合すること―これによって対照的な価値ある視点を持ち込むことになり、多様な背景をもつ理事を採用することは、「認知的葛藤」を高めてより創造的な議論を刺激する。

② 協同の戦略的意思決定を行い、公式・非公式の強い相互関係を醸成すること―これによって理事会と経営者の間に共有の理解を高める。

③ 複数の下部委員会を設立すること―これによって生じる連帯は相互関係をさらに密にすることができる。理事がひとつの集団に同化することを防ぐ効果があり、また、正確で時宜を得たフィードバックの多様な情報を得る便益がある。理事はこの下部委員会を通して経営者に助言をし、理事会

の統制を補完することができる。

さらに、統制と協同のパラドックスを管理するには、外部からの干渉が必要であるとする。それは、あるシステムが自ら修正できなくなった場合、外部の干渉が学習の引き金になるようなショックや動揺を与える決定的な作用を与えるからである。例えば、資金を提供する大口寄附者や行政機関などの有力なステークホルダーのモニタリング活動が組織の慣性となっている行動を強く阻むことになり、組織の構造や戦略の変更・再設定を強制することがある。その結果、従来の戦略の持続性と段階的に醸成され累積してきた行動を殺ぐことになるが、経営者の保守的な行動や防御的な姿勢を阻むような変革を促す役割を果たす効果もある。要するに、外部の干渉は組織に対して意図的なショックを与え、統制と協同のバランスの管理に注力するよう覚醒させる作用があり、機能不全の傾向に歯止めを掛けることができる。

以上、統制と協同のテンション、それらの管理の可能性について考察を加えて、エージェンシー理論（統制）かスチュアートシップ理論（協同）かのいずれかに特権を与えるよりも、ガバナンスに求められる必須の諸条件を動態的に均衡させるような「どちらか」の思考と方法を超えて動くガバナンスをひとつのパラドックス・フレームワークのなかで再構築することを唱えている。

4．統制と指導のパラドックス視点による統合論

理事会の中核となる「統制・モニタリング、指導・権限付与、資金調達・資源開発」の３つの職能の相反する要求について、理事会がこれらの３つの職能を調整しようとする際に発生するテンションを理事会行動は反映しているとして、特に、統制行動を重視するエージェンシー理論と指導行動を重視するスチュアートシップ理論を取り上げる。上記の３．と同じく、エージェンシー理論とスチュアートシップ理論の違いを明らかにしたうえで、この２つの理論を統制と指導の両極の範囲内にある連続体のうえで理解することについては一定の評価をするが、この２つの理論の視点は、同時には互いに排除し合う矛盾の関係にありながら、相互に作用し合う同時性を有する矛盾し合うものとして捉え、互いに排他的ではなく、組織がある時点で遭遇する特

殊な環境に従って同時に必要とされるものであるとする「パラドックス」視点を採用して、これによってある統合論を提示する。

　パラドックスがもたらすテンションがあるが、このテンションをめぐって非営利組織ガバナンスの問題が検討される。上記の３でも指摘されているが、なかでも理事会が経営者を統制し、同時に指導するという対照的な理事会職能におけるテンションが重要である。理事会の統制職能については、戦略策定と予算編成、経営者の選択と評価、財務管理の監視がある。そして、理事会の指導職能については、ミッションの定義と点検、主要ステークホルダーとの関係や公衆関係における組織代表、理事会とスタッフの間の職務分担関係の確定があるとする。

　統制と指導のパラドックス視点から理事会行動—特に理事会と経営者の関係のあり方—を示せば、以下のような４つの理念型に分かれる。
① 　統制が少なくて指導も少ない場合—無関心な理事会
② 　統制が少なくて指導が多い場合—助言者としての理事会
③ 　統制が多くて指導が少ない場合—医師のような理事会
④ 　統制が多くて指導も多い場合—統制も指導も同時に行う熟練者としての理事会

　この４つの理念型のどれが優れているかについて論じるのではない。経営者を統制し同時に指導することができる「理事会の機敏性」を開発し維持することが理事会に求められるべきであり、統制型から指導型への焦点の変更、そのまた反対への変更ができなければならないと主張する。

　経営者に対する理事会の統制と指導の間の固有なテンションについては、どちらかに偏すると集団浅慮や相互不信を生じて組織が危うくなるとする上記３の研究に対して評価をしたうえで、理事会が過剰な統制をすると、経営者には信頼されていないと受け取られ、経営者の組織への積極的な関与を減殺する。有能な経営者の自負と自信を喪失させる結果となる。

　対照的に、協同、パートナーシップ、指導を強調しすぎると、それが集団浅慮に繋がり、経営者の考え方や戦略が適切に精査されないで問題を引き起こす要因となる。経営者と理事が強い社会的紐帯で結ばれ相互に信頼している状態では、結集力が高まり、双方が協力して組織のミッションに積極的に関与していることを示す義務感も高まる。そこでは、慎重な厳しい理事会の統制は理念とビジョンを共有していることへの背信であると経営者が受け取

りかねない。

　ただし、非営利組織では、経営者の業績を直裁に測定する利潤のような尺度がなく、複数のしばしば暗黙のボトムラインがあるために、この複数のボトムラインが理事会の経営者に対する統制を困難にする足枷となることが問題であり、他方では、資金提供者が理事となり非公式なパワーを獲得して理事会を支配して、経営者に対して指導行動をするという「資金提供者シンドローム」と呼ばれる現象を起こすことが問題である。

　このようなジレンマをどのように管理するのか。テンションやコンフリクトが生じるのは互いの職能と役割について違った期待を抱いているからである。統制（あるいは支配）と指導（あるいは協同）の２つの職能の複雑な相互作用と相互依存の関係が多くの違った解釈をもたらす。したがって、職能と役割について開かれた議論と交渉をすることによって生産的な権限関係・職務分担関係を設定することであり、効果的なガバナンスの重要な決定要因は、理事会が経営者との関係を正しく検討して、どのようにして協同するかを検討することであるとする。

　ほとんどの非営利組織では、組織のガバナンスはボランティア理事会と経営者とが共有している。ボランティア理事会と経営者の二重のあるいは共有されたリーダーシップという複雑性から、理事会の担う職能と役割の曖昧性と複雑性を生み出す。このボランティア理事会と経営者の間の二元リーダーシップという特有な構造が理事会のテンションの原因であり、これが問題の焦点にある。

　確かに、二元リーダーシップの下において、理事会にとって何が基本的な職能と役割であるのかを理解しようとし、どのように職能と役割の範囲を確定し、どのように職務を履行するかに関して考察することで、理事会と経営者の関係を向上させる方途を提示する努力が見られる。例えば、これまでコーポレートガバナンスに関する理論は主としてエージェンシー理論と取引コスト論に拠っていたが、この２つの理論とも、統制のなかには不信の概念と契約の力の概念が内在している。しかし、最近のコーポレートガバナンスの研究では、統制と不信に対して信用と信頼が価値のある対向物であると考える傾向がある。信頼の積重ねがガバナンス関係を成功させるには重要なプロセスであるとする。不信は統制の必要を示唆するが、信頼は協同に導くという認識である。そこで、信用・信頼に導かれた「協同—統制の関連」が重要な

研究対象となっている。

　長い間、ガバナンス・メカニズムとして不信に基づく統制が焦点となっていたが、信用・信頼が組織内の関係における期待、相互作用、相互依存、行動の調整において中心となるメカニズムであると認識されてきた。ただし、経営者の不正行為などが後を絶たない現実がある以上、信用と信頼が正常な統制活動を怠る可能性に注意すべきである。どこまでいっても「統制と指導」の管理を機敏に行うことのできる理事会のあり方と理事会の能力が問われることである。

5. 監視と経営、支配と実践、統制と支援の間のパラドックス視点

　非営利組織のガバナンスに関する一般理論を見出すことはできないので、多数の理論の視点（民主制ガバナンス、エージェンシー、スチュアートシップ、ステークホルダー、資源依存、経営者支配の諸理論）から導出されたメタ理論の方法を提示する。すなわち、多元的視点が複雑性を包摂し、「パラドックスの視点」に立つひとつのフレームワークとして採用されれば、非営利組織ガバナンスに内在する曖昧性、テンション、パラドックスを扱うのに有効であると主張する。今日、非営利組織の理事会が期待されるその職能と役割を果たそうとすれば、そこには現実に、理事と理事会が遭遇し克服すべき職能と役割をめぐる選択を迫られるジレンマがあるという。

1）代表制の理事会か、専門経営者の理事会か

　一方では、理事は経営専門職でなく被選挙人としてステークホルダーやコミュニティを代表して、これらのステークホルダーやコミュニティに奉仕する存在である。他方では、理事は事業の経験がある専門家で、組織の活動と業績に価値を加えることができなければならない。したがって、理事はその専門的な経営能力と知見によって選抜されるべきである。要は、誰の利益でどの立場で仕事をするのかの間のジレンマである。

　元来、非営利組織の理事はある特定の社員等のプリンシパルの代表であるか、多様なステークホルダーの代表であり、その選任は選挙によるか、例えば理事長や最高経営者の有力者に実質的な任命権を与えることで行われてきた。しかし、組織ガバナンスの民主制形態は非効率であり非効果的であると

いう理由から、徐々に任命制が一般化し、また実業家の理事就任が増えてきた。それは一部には公共政策の変更によって、一部にはビジネスライクなガバナンス、あるいは経営管理の方向が強調されることによって、組織の効率性と有効性に焦点が移り、理事は効果的にその職能と役割を果たすという資格能力を問われることになったからである。

ここに、理事は特定のステークホルダーを代表すべく期待されているのか、専門的な指導をすることを期待されているのか、理事のなかにもその能力と専門的経験によって「選抜される」か、特定のステークホルダーやコミュニティの代表として「選出される」かの重大なジレンマが生じる。選挙されない専門職理事会に移行する傾向は、その非民主的性質と自主選択のエリートをつくり出すことから厳しく批判されるべきである。また、専門的な役割は組織の経営管理と密接に繋がっていなければならないが、これはほとんどの非営利組織に見られる理事の無報酬とは相容れないことが多い。こうして、代表制理事会と専門職理事会との間のパラドックス、つまり、外部ステークホルダーへのアカウンタビリティと、組織の効率性と有効性とのパラドックスはどのように管理するかが問題となる。

このパラドックスは理事にとってジレンマとなる。理事の主要な職能と役割は会員の代表、ないしはある特定のステークホルダーの代表として行為するのか、経営者に助言し、経営者を支援する専門家として行為するのかというジレンマである。

2）戦略策定する理事会か、統制に注力する理事会か

理事会の主たる職能と役割は何かについてのジレンマである。一方では、理事会の職能と役割は組織の戦略とトップマネジメントの意思決定に対して価値を加えることを通して組織の「活動と成果」を高める戦略職能が重視される。他方では、理事会の職能と役割は組織がその「所有者」の利益において行動するように経営者を「適合させる」統制職能が強調され、組織の諸資源を注意深く管理することであるとされる。

この対照的な2つの職能は理事に対して非常に違った方向と行動を要求することになる。戦略職能には前向きのビジョン、組織とその環境の理解、戦略的思考とリスク負担などの積極的な行動を必要とする。これには大きなリスク負担の意思が必要である。これに対して、統制職能には活動と業績結果の詳細な点検、モニタリングの技能、評価と報告の技能を必要とするし、こ

れは本質的にリスク回避である。

　ここに、理事会はこれらの対照的な職能に対してどの程度注意を払うべき
か、異なった要求に対してどのようにバランスを取ればいいのかという緊張
状態に陥る。統制職能に集中すれば、理事会は経営者の経営思考や戦略意図
とその内容が十分には理解できないので、その統制職能もそれほどの効果は
期待できない。反面、あまりに戦略策定などの経営管理に密接に関与すると、
理事会の独立性を損ない、必要な精査・評価に挑戦するという独自性を欠く
ことになり、統制職能が疎かになる。

　統制職能と戦略職能の間のパラドックスは解消されることはない。理事会
があまりに経営者のモニタリングに関与すると、意思決定の質の向上に関し
て経営者と積極的に協同することが難しくなる。このことから、長期的かつ
戦略的に重要な問題が理事会の議題から消えることなく、同時に理事会の独
自の精査・評価の能力が犠牲になることがないように、理事会はどのように
してこの統制と戦略の２つの職能と役割を上手く履行できるのか、統制と戦
略の間の適切なバランスをどのようにして維持するのかという深刻な問題が
生じる。長期的で戦略的な事案が理事会議案から外れずに、かつまた、独立
の精査と評価の理事会能力が侵されないようにするためには、理事会はどの
ような行動に出ればよいのか。理事会の統制職能と戦略職能の間のジレンマ
である。

３）経営者を管理するか、経営者と協同するか

　理事会が経営者に対してどのような姿勢と行動で臨むべきか、理事会と経
営者の関係におけるジレンマである。一方では、理事会が経営者の活動と業
績をモニタリングし統制することの重要性が強調される。他方では、理事会
は経営者の意思決定の質を高めるように経営者のパートナーとなる役割が重
視される。経営者を統制し、支援し、かつ意思決定のパートナーになること
が必要であるとすれば、それは理事会にとって役割コンフリクトとそこから
生じるテンションの原因となる。例えばそれは、経営者の意思とは反対であ
る場合、理事会はある特定のステークホルダーの利益をどの程度主張するの
かという点に現れる。

　そもそも、理事会が経営者を管理・支配するか、経営者とパートナーシッ
プを組むかの二分法は単純にすぎる。理事会と経営者との関係は、同意、異
見、不同意の間をつねに浮動する関係であり、その関係は対象となる問題と

その情況によって異なるものである。問題はどのように均衡を図るかという問題ではなく、このような複雑な関係において生じる避けることのできないジレンマをどのように管理するのかという点である。

なお、理事会が抱えるジレンマが問題である限り、これらの他にも次のような重要なジレンマを指摘すべきである。

① ミッションの方向と経営管理の方向

複数の目的と複雑なダイナミックスのゆえに、非営利組織は複合組織といわれるが、相対立するが相互関係にある価値観と目的をしばしば経験する存在である。ほとんどの非営利組織で経験する競合する価値観として、ミッションの有効な実現と、経営管理の効率性と財務の健全性のジレンマがある。

非営利組織では、執行のリーダーシップは芸術家や医師や教授などの専門職が担当するが、かれらはミッションについての訓練と判断力を有している。組織の事業モデルの特殊な側面についての特殊な知識を有しており、どのようなビジネスモデルがミッションに役立つかを知っている。反対に、非営利組織は組織に対して経営管理の知識を持ち込む人を理事として受け容れるようになるが、かれらはミッションに関連するプロセスが不思議に思う人たちである。このような理事がミッション志向のリスクや活動状況を評価するとなると、熟知している財務基準とは違って、基準が明確でなく曖昧であると知るようになるかもしれない。さらに、ミッション決定の財務的な意味は専門的な評価と説明がなければ、理解することが困難である。

また、執行のリーダーシップを執る特定職業の専門家はミッションに関する専門的訓練を受けているので、それがミッション達成とそれに関連する活動を理事会が批判的に評価することを効果的に阻止することがある。他方で、理事会の強力な経営管理志向からミッションより効率性を重視して、組織の方向を変えることがある。経営管理一般の専門と特定職業の専門との間のテンションが、ミッション志向のプロジェクトと意思決定に関するリスクを評価する理事会能力に影響を与えるのである。

② 外部との境界連結か、内部組織のモニタリングか

外部調整と内部管理におけるジレンマである。理事会に外部との境界連結役割を期待するのと、理事会に組織内部の活動と業績のモニタリングを求めることは、理事と理事会に強い緊張をつくることになる。外部関係に関する理事会職能は環境要素となる利害関係集団やネットワークあるいはコミュニ

ティに向けて、組織の擁護や組織からの働き掛けや交渉を伴う。これに対して、モニタリングと助言や誘導という内部の理事会職能は経営者のリーダーシップと密接に関連しており、組織の事業のミッション、経営管理、財務構造の知識を必要とする。果たして理事会は組織と経営者の活動と業績を評価し批判すると同時に、組織のミッション達成と組織の必要のために外部のステークホルダーを取り込み、組織を擁護することができるのか。ここに、理事会が内部と外部に同時に関与することはいかに困難であるかが示される。

おわりに

　長年の間、理事会の職能と役割に関する研究が盛んに行われ、基本的な研究は2000年までに完成されたといえるのであるが、さらに、最近の研究は個々の理論の欠点に対して複数の理論の視点を統合することで補おうとしている。特に、エージェンシー理論を軸として、(ⅰ)エージェンシー理論とスチュアートシップ理論をなんらかの視点で統合する試み、(ⅱ)エージェンシー理論とスチュアートシップ理論に加えて、ステークホルダー理論を用いて、理事会職能を受託と統制の両面で把握する試み、(ⅲ)その他、エージェンシー理論を基に資源依存理論や制度理論と統合する試みが展開されてきた。

　これらの統合の試みは、いずれも理事会の職能と役割に関する研究の立場からして、従来の有力な多様な理論の統合を試みて、「理事会は何をするのか」を究めようとしている点においてきわめて魅力のある創造性が窺われる。しかし、この創造的な試みの統合論がすべての情況に適合するとするような、結局は規範的な理論に回帰する危険が潜んでいることに留意すべきである。

　さらに、各種の理論の（すべてではないが）統合を図るのではなく、各理論が主張するいくつかの理事会職能はそれぞれがパラドックスとテンションにある全体として理解する議論を提示して、(ⅰ)エージェンシー理論の「統制」とスチュアートシップ理論の「指導」の間をテンションと捉える試み、(ⅱ)エージェンシー理論の「統制」とスチュアートシップ理論の「協同」を対立矛盾として捉える試み、(ⅲ)さらには、従来の理論を超えて、理事会職能をテンションを抱える全体として捉えるメタ理論の試みが展開されている。

第Ⅱ部 理事会の職能と役割の統合化への試み

　そこでは、「理事会は何をするのか」を探るのではなく、理事会はパラドックスによるテンションにある職能と役割を課せられている存在と理解して、現実の理事会行動は情況によって説明されるとし、ある情況の下にある理事会行動のバランスをどのように図るのか、あるいは、テンションをどのように管理するのかに焦点を当てるパラドックス論が提示される。

　したがって、理事会の職能と役割に関する理論や議論の多くがすべてに適合するとする一般論であるのに対して、これらの議論は多くの研究によって新たに明らかにされてきた理事会の職能と役割に関する情況適合論の布石となり、先鞭をつけたものであると言うことができる。事実、理事会の職能と役割に関する研究にとって重要な優先すべき事項は、理事会行動に影響を与える内外の情況要素の検討である。次章で明らかにするところである。

② 情況適合理論を援用する 理事会行動の統合理論

はじめに

　非営利組織の理事会は実際にどのような行動をしているのか、その態様は
きわめて多様であり、組織の内外の様々な情況とその情況の変化に大きく影
響を受ける。したがって、すでに一般には、多くの情況要素が理論でも調査・
実証研究でも明らかにされているが、あまりに多種多様な内外の情況諸要素
が示されているので、それぞれの情況要素がどのように絡み合って理事会の
行動、さらには理事会の構造と構成に影響を与えるのか、さらに、その影響
の度合いと軽重に多様な解釈が交差しているので、情況要素と理事会行動の
関係を一瞥して理解することは困難である。

　そこで、これらの情況要素と理事会それ自体の関係について、どのように
把握し理解するかを総括して示すフレームワークを提示し、なかでもどのよ
うな情況要素が重要な影響を与えるかを想定し、さらに、今後の重要な情況
要素は何かについて示唆することが課題となる。そのためには、情況要素と
理事会行動の関係を体系的にして一覧できる用具として、理論的なモデルで
はなくても、少なくともフレームワーク（関係図）を提示する必要がある。
今日現に、いくつかの提示がなされているので、これらのフレームワークを
確認し点検する作業が必要である。

　この場合、そのフレームワークとは、外部の環境、内部組織の特性、理事
会の属性という情況要素がどのように理事会行動の態様と相関しており、ど
のようにその態様に影響を及ぼしているかを明らかにする「情況理論を基礎
とした」フレームワークである。そして、このフレームワークは理事会行動
の態様が理事会の有効性に影響を与え、そして、おそらく理事会の有効性は
また全体としての組織の有効性に貢献することを示すことになる。要するに、
この情況理論を基礎にしたフレームワークによって、特殊な情況諸要素と理
事会行動の態様との間の関係に関して一連の体系的な知見を増すこができる

第Ⅱ部　理事会の職能と役割の統合化への試み

し、将来の理事会研究と理事会ガバナンスの実践にとって有用な出発点を得ることができる。

　唯一最善の理事会の「あるべき」職能と役割は存在しないし、したがって、ひとつの望ましい理事会の職能と役割を担保する理事会の制度と方法を示すこともできないことは明らかである。現に、それぞれの組織が理事会の構造と構成について実際に構築する際には、なんらかの戦略的な選択基準をもっているとしても、あるいは組織の風土として予め無意識的な優先順位と選択肢をもっているとしても、現実の理事会行動について多種多様な情況要素に影響を受けて、それらの情況要素に意識せずとも適合させて決めているものである。そこで、情況諸要素の間の関係を探り出し、どのような情況要素が理事会行動の態様に重要な影響を与えるかを示唆してくれるなんらかのフレームワークがあれば、それは理事会行動の戦略的選択に少なくとも役立つことができる。

　したがって、本章では、まず、理事会行動を条件づける情況要素と理事会の関係を示すフレームワークについて、いくつかの代表的な実証研究の概略を説明することから始める。次いで、これまで取り上げてきたいくつかの基礎理論に基づいて制作された理論研究によるフレームワークについてその概略を説明し、そして、今後の理事会行動および理事会の構造と構成に影響を及ぼす重要な情況要素について指摘する。最後に、情況理論を基礎にしたフレームワークに関する研究は、戦略的選択という実践のうえできわめて有用であると同時に、さらにその研究を拡げる領域が残されていることにも言及しておきたい。

Ⅰ．情況特性と理事会行動の関係を　　　　　実証研究で示すフレームワーク

　非営利セクターの主要国の内のイスラエル、スペイン、アメリカ、イギリスにおける情況理論を基礎にした実証研究において、多様なフレームワークが提示されていてそれぞれのフレームワークに特徴があり、それぞれ有意義なので、これらの研究が示すフレームワークの概要を示して参考に供したい。

1. 実証研究 A

理事会の特性に作用する諸要素は複雑であり多様である。下の図1にもっとも重要な結果を要約しており、これらの結果を包括する図形によって種々の変数間の有意な相関関係を示している。関係は変数間の内部相関関係に基づいていることを矢印で強調している。

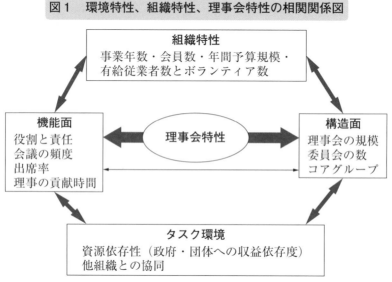

（出所）Iecovich, Eshther, Environmental and Organizational Features and Their Impact on Structural and Functional Characteristics of Boards in Nonprofit Organizations, *Administration in Social Work,* Vol. 29, 2005.

① 組織特性として、事業年数、会員数、年間予算規模、有給従業者とボランティア数などが想定されるが、ボランティア数は影響せず、特に事業年数（ライフサイクル）と年間予算規模（組織規模）が、理事会の構造面と機能面の特性と著しい相関関係にある。制度化された組織では組織が活動的となり、理事の分職を必要として、理事会の関与の必要が増すことから、組織規模が大きな要素となる。
② タスク環境として、資源依存性、外部統制、他組織との協同が想定され

るが、結果としては、政府資金への資源依存性と他組織との協同だけが、理事会のいくつかの機能面の特性と顕著な相関関係にある。

③　理事会の役割行動を理事会の構造と機能に区別し、理事会の構造的特性（理事の規模、委員会の数、コアグループ）は組織特性に影響を受け、組織の活動と組織のライフサイクルの発展段階に適合するよう求められる。それに対して、理事会の機能的特性（役割と責任、会議の頻度、理事の出席率、理事の貢献時間）はタスク環境に影響される。組織の資源依存性が高ければ、その組織は他の組織と協同する傾向にあり、そこで、理事会に対して組織に貢献する時間に多くを割くよう求める。

④　理事会の構造的特性と機能的特性との間には大きな内部相関が認められる。例えば、理事会が大きければ、それだけ委員会数が増え、コアグループが存在する可能性が高くなる。そして、委員会として理事会が予算の配分や資金調達の財務の問題と、最高経営者を含む上級管理職の任免、職能規程の作成などの人事の問題に関与する場合には、会議の頻度が高くなるなどの理事会職能が増えるという構造と機能の相関が見られる。

2．実証研究B

　理事会の重要な職能と役割は組織へのアドバイスとモニタリングにあるが、それが有効に働くかどうかは理事会の構造によって決まる。しかし、すべての組織に対して最適な構造を決めることはできない。それぞれの組織は組織の特異性と組織が活動する環境に依存する異なった必要を抱えているからである。また、最適な理事会の構造は、組織の複雑性、組織の所有構造、理事会と経営者の関係などの内外の情況によって決まる。次頁の図2の示す通りである。

①　外部環境：産業の種類、環境要素（特に不確実性と情報の非対称性）

②　組織特性：ライフサイクル（事業年数）、組織の規模（組織の複雑性）、戦略（成長機会への適応）、レバレッジ（財務構造）、理事会と経営者の関係（特に外部理事の交渉力）

③　理事会特性：理事会規模、理事会構成、外部理事

図2　理事会構成と理事会役割のフレームワーク

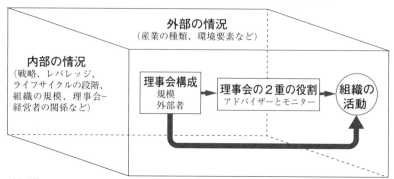

（出所）Pablo de Andrés-Alonso, Valentín Azofra-Palenzuela, M. Elena, Romero-Merino, Determinants of Nonprofit Board Size and Composition: The Case of Spanish Foundations, *Nonprofit and Voluntary Sector Quarterly*, Vol. 38, No. 5, 2009.

　組織の活動とその有効性を高める理事会特性はいくつかの決定要因によって制約される。したがって、単一の最適な理事会構造と理事会特性は存在しない。それらは文脈においてのみ、情況に従ってのみつくられるもので、その決定要因として以下の4つの仮説を想定して、これらの仮説に基づいて実証研究を行い、その結果は仮説とほぼ一致することを明らかにした。

1）創設者と有力寄附者の仮説：創設者の基金や寄附者の寄附金が大きければ、理事会の規模は小さく、そして外部理事の割合が大きくなる。

　非営利組織では、所有権の概念はないけれども、主要な創設者と有力な寄附者は理事会の理事職に就くことに関心があると想定することができるから、理事会の構成は非営利組織の寄附の構造を部分的に反映していると考えることができる。

　会員数やステークホルダー数と理事会の規模との間の関係が認められる。理事会の規模が大きくなれば、コストが高くなるが、多様なステークホルダーはかれらの利害が理事会に代表されることを期待するから、理事会の規模が増大し、かつその自立性も増大する。例えば、多様な民間寄附者から資金が提供されている割合が高ければ、非営利組織の理事会の規模は増大する。一方では、創設者や有力寄附者、あるいは主要な債権保有者がいる場合には、理事会は少数の理事から構成され、これによって意思決定のコストが低くなる。

また、かれら有力者が理事会に外部者を含めるようときに奨励する場合があり、これによって、かれら有力者の情報が増えて、かれらの独立性が増大する。さらに、大口寄附者は資金を提供する組織が透明性とよきガバナンスを保証するような有効な理事会をつくるよう奨励するので、理事数の減少と独立性の増大を推し進める。

2）組織複雑性の仮説：非営利組織の活動の管理上の複雑性あるいは財務上の複雑性が大きければ、理事会の規模は大きくなり、外部理事の割合も高くなる。

①組織が複雑である場合には階層的な構造を必要とするから、理事会は経営者のカウンセリングと統制の役割を執行するのが困難となる。そこで、多くの多様な知識や経験をもつ外部理事が規模の大きな独立した理事会に加われば、この外部理事は経営者に対して最適な助言をするだけでなく、経営者を監視することができるゆえに、外部理事が多く参加する規模の大きな理事会は複雑な組織に対して便益を与えることになる。

②組織の複雑性が増す最大の要因は組織規模の拡大である。そこで、組織規模はガバナンスの組織構造の選択に影響を与える最大の要因である。組織規模や予算規模は理事会の規模と理事会の構成に対して直接に影響を与え、組織規模や予算規模が大きい組織では理事会規模も大きくなる。

③組織活動の複雑性に影響をするのは組織規模だけではない。事業地域を拡張している組織、サービス多角化を展開している組織では、拡大した領域での特殊な知見と経験をもつ理事を採用する必要から、通常は外部理事が増加する。

④組織が成長して多角化を展開すれば、組織のレバレッジが高くなり、負債に伴って複雑な財務構造となり、この結果、理事会には特殊な知識と情報が必要になる。負債比率が高い組織では、理事会にこの特殊な知識と情報をもつ専門家を入れることは大きな便益となる。専門的・管理的な理事が参加する。

⑤組織の複雑性は組織の事業年数とともに増大するが、これは直線的ではなく、ライフサイクルの段階によってその複雑性の増大率は減少する。つまり、ライフサイクルの初期の段階にだけ複雑性は増大するが、組織がいったん「成熟」すれば、複雑性は維持されるか減少する。長い年歴を有する伝統的な組織では、理事は専門職が占め、内部理事が増えるし、理事の選任方法

も非公式な方法から公式的な方法に変わる。また、組織の信頼が増すので、外部理事を誘引することができる。さらにはまた、旧い組織はより権威があり財政的に豊かであると認知されているので、事業活動に外部者を誘引することができる。

3）交渉の仮説：プリンシパルと経営者の利害が一致していれば、理事会の規模は小さくなり、外部理事の数も少なくなる。

　理事会における内部理事と外部理事の比率が経営者と主要なステークホルダーの間の交渉のプロセスの結果であるとすれば、理事会において経営者がどの程度自分の代表を送るかは経営者の交渉力によって決まる。非営利組織には利益創出と利益分配の目的がないとしても、創設者と寄附者とエージェントである経営者との利害が一致するという保証はない。さらに、経営者が利他的行動をするからといって、経営者が創設者と寄附者にとって完全なエージェントになるとは限らない。創設者と寄附者が定めた組織のミッションを求めないで、経営者が自分の目的を求める可能性を排除できない。経営者が創設者か現在寄附者である場合に限り、プリンシパルとエージェントの間の利害の一致があると想定することができる。この場合には、厳密なモニタリングの必要性は減少し、同時に外部理事も少なくなる。

4）成長機会の仮説：組織の成長機会が大きければ、理事会の規模は小さくなり、外部理事の数も少なくなる。

　基金や寄附金ではなく事業収益で運営する非営利組織では、不確実性と情報の非対称性が高い環境で活動を展開しているので、モニタリングコストは著しく増大する。しかし、経済活動で資金調達しているこれらの組織は環境のリスクにもっとも強く晒されている組織であると同時に、成長の機会をもっとも利用できる組織でもある。これらの組織の財務面の存続性はその環境における成長機会を発見し、それを利用する能力によって決まる。そこで、この成長機会を捉えることができる理事会の環境適応能力がこのような組織の存続には決定的に重要である。

　一般に理事の数が増えれば、決定プロセスとコミュニケーションのコストは高くなるが、特に不確実性と情報の非対称性が高い不安定な環境のなかで特定の情報を外部理事に伝えることは難しくてコスト高であり、しかも、成長機会を利用するのに必要な経営管理の柔軟性は、外部理事が過剰に審議する決定プロセスで妨げられる。このことから、組織の成長機会が大きければ、

理事会の規模は小さくなり、外部理事の数は少なくなる。

　以上、この実証結果を総括すれば、次のようである。

　理事会のもっとも重要な職能と役割は組織の内部統制にあるが、ここでは、それは経営に関する「戦略策定における関与を含むアドバイスとモニタリング」と考え、決定管理（計画と実施）と決定統制（承認と監視）のうち、後者が理事会の職能と役割であると限定する。そこで、この職能と役割を全うする理事会は組織から自立している必要があり、そのためには、理事会の規模と構成が重要な情況要素となるが、特に外部理事参加の多寡を規定する情況要素が重要視される。そして、この理事会構成を規定する情況として、外部の情況と内部の情況の４つの情況仮説が実地検証された。

　その結果、理事会は外生的なメカニズムでなくて、理事会のあり方は内生的であり、内部の情況によって決まり、あくまで組織の諸属性と関連していることが明らかになった。その限りにおいて、理事会の規模と構成はこの組織の諸属性とその変化と関連させるべきであるとする。例えば、昨今の理事会には、透明性と正当性が求められて外部理事を採用するよう圧力が加わり、理事会に関する範例として「最善実践指針」が一般化する傾向にあるが、これだけでは、自己の組織の情況の特異性を考慮に入れていないから、最適な理事会のあり方として役立つことはないということになる。

3．実証研究C

　次頁の**図3**は典型的な「情況適合論を基礎とした」フレームワークである。それは、理事会は組織と環境の双方の部分であると捉え、理事会に影響を及ぼす諸要素は理事会の環境と組織の環境の双方の条件によって決まることを示す。

　したがって、フレームワークの主たる構成要素は次のようになる。

1）外部の情況要素

　「広い情況」（法制・制度・公的監査要求などの公共政策、社会不安、社会のパワー、制度的環境）と、特定の種類の非営利組織に作用するような「特殊な情況」（事業種別・分野、資金調達環境、ステークホルダー）の２つに分別する。資金調達環境については、なかでも政府との委託契約が理事会の

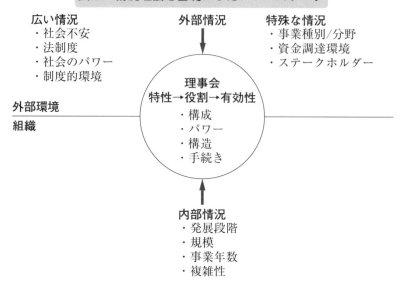

(出所) Francie Ostrower and Melissa M. Stone, Moving Governance Research Forward: A Contingency-Based Framework and Data Application, *Nonprofit and Voluntary Sector Quarterly,* Vol. 39, No. 5, 2010.

機能、パワー、構成にどのように影響を及ぼすかを検討することを重視する。また、特に公共政策の情況要素（政府との契約、法制・規制、正当性を求める圧力）を重視する。公共政策と理事会行動の関係が重要性を帯びてきたために、政府の規制、重要な判例、正当性を求める制度上の圧力が理事会の構成、役割、政策に影響を及ぼす事実に着目する。

　また、外部環境の特性のとして事業分野を分別するが、それは分野ごとに規範、業種別の連帯、訓練制度、ステークホルダー、規制環境などが個々の組織に影響を及ぼすからである。

2）内部の情況要素

　組織の発展段階（ライフサイクルの転換期）、組織の規模（予算支出額）、組織の事業年数、複雑性の側面を含む。理事会は孤立して存在しないで、理事会の職能と役割と政策とは組織から生じる内部の情況に影響され、また、これらの内部情況に反応しなければならない存在である。なかでも組織の規模がもっとも重要な情況要素である。その他に経営者が存在することの代理

指標として専門化（複雑性）を重視する。さらに、理事会の職能と役割と政策に影響する内部の情況を完全に描くためには、組織活動の発展段階、組織の危機や重大事件などの別の変数を加える必要がある。

3）理事会の特性

理事会の規模、構成、パワー、構造、手続きなどの理事会の特性はそれ自体が理事会の職能と役割に関係していると同時に、理事会の有効性と組織の有効性に影響を与える。なかでも理事会の構成、特に最高経営者の代表理事就任の有無を重視する。また、手続きについては、特に理事選任基準を重視する。

このフレームワークは組織の内外の環境が理事会行動に影響すると同時に、理事会の特性が理事会の職能と役割に作用し、その理事会の職能と役割は理事会の有効性に影響を与え、そして、おそらく理事会の有効性はまた全体としての組織の有効性に貢献することを簡潔に示している。

4．実証研究D

理事会の特性に影響を与え、そしてその特性を形成する文脈要素を考慮する必要があり、それらの要素がどのように作用するのかを考慮する必要があるとして、次頁の**図4**のように理事会特性（構成、パワー、構造、プロセス）、役割、有効性に影響を与える情況をモデル化した。

1）外部情況

①政府の法制と政策—法制は言うまでもないが、政府の政策が大きな影響を与える。政府依存資金の増大や委託契約への移行、それによる業績評価制度の発展、業績目標達成の強要、より大きなアカウンタビリティへの圧力などで、多くの非営利組織の理事会にとってより複雑な要請の多い環境がつくり出される。政府の委託契約はその過程からして、専門的な理事会をもった「政府にとって安全な」理事会を優先選択する傾向を生む。その結果、ステークホルダー参加の減少をもたらす。

②規制—規制制度は理事会の行動態様に重大な影響を与える。代表的なケースがチャリティ法に基づく規制、あるいはチャリティ委員会の独自の規制である。社会と政府の圧力が増大して、各種の委員会制度を通して監督官

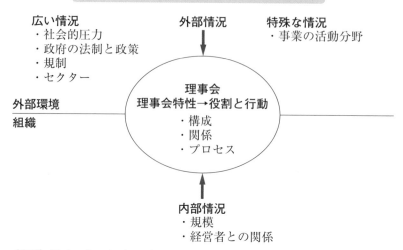

(出所) Chris Cornforth, "Conclusion: Contextualizing and Managing the Paradoxes of Governance", In Chris Cornforth (ed.), *The Governance of Public and Non-Profit Organizations, What do boards do?* Routledge, 2002.

庁が実質的にさらに活発な監督機能を果たすようになってきた。この結果、理事会はリスク回避の行動を起こし、理事会の統制役割が強いられることになる。理事会構成にしても、利用者を含むステークホルダーが加わる可能性が少なくなる。

③社会的・政治的圧力―法制や規制はそれだけ孤立して存在するものではない。広い社会的・政治的な勢力によって形成されるのであり、このような勢力が理事会に直接の影響を与える。不正行為や経営者の私的流用、あるいは、社会的な有効性も乏しい非効率、怠慢経営などが政府に対して規制強化をするよう圧力を加える要因となる。

④事業の活動分野―理事会行動は組織が活動する産業・分野が違えば、それに応じて同一性があるか異質性が高いかが異なる。しかし、この点については依然として十分な実証研究は行われていない。ただし、部門間や分野間で制度的かつ経済的な文脈が異なれば、理事会活動は同一であるか異質であるかが種々多様であり、今後は、違ったセクターと違った分野におけるガバナンスの比較研究が必要となるが、産業・分野の専門化の程度が高ければ、

経営者が支配する性向が強いことは明らかである。

2）内部情況

①組織規模—組織の規模と多様な理事会特性とその変化の間には明確な繋がりがある。組織の規模が理事会に最大の影響を与える情況要素である。大きな組織では理事会の規模も大きくなる。大小の規模格差によって、理事会の職能と役割のギャップが拡大しており、理事の採用や支援活動に違いが出てくる。

②経営者との関係—理事会と経営者の関係が特に別個に扱われるほど重要視される。それは、理事会と経営者の関係が理事会は何をするのかについて影響を与え、おそらくは組織を支配する経営者のパワーがガバナンス研究で重要な課題となるからである。理事会行動が理事会と経営者あるいはその他の協同するスタッフの間の関係によってどのように決定的に影響されるか、経営者と理事会のそれぞれの職能と役割はどのように相互作用しているのか、両者の間の明確な境界を画することがいかに難しいかなどが実証研究で明らかになり、多くの組織のテンションの源泉であるとこが明らかである。

以上、情況要素と理事会行動の関係を示す４つの実証研究による「フレームワーク」を例示したが、問題は、これらのフレームワークにはそれほどの相違はないが、それぞれの情況要素のなかで何を基本的かつ重要な決定的情況要素であると捉えるのかについて、それぞれの提示するものはかなり異なるという問題である。その原因には当然に次の点が挙げられる。(i)対象とした組織が違う。(ii)対象とした国やそのなかの地域が違う。(iii)研究者が抱く理事会行動に関する概念が微妙に異なる。(iv)研究者が設定した仮説（調査方法を含む）が違う。このように、実証研究の状況と条件がそれぞれ異なる以上、それほど簡単に無条件で「総括」することは許されるべきではない。

Ⅱ. 情況特性と理事会行動の関係を 理論で示すフレームワーク

　以上は理事会行動を条件づける情況諸要素と理事会の関係を示すフレームワークについて、いくつかの代表的な実証研究を用いてその内容を紹介し、若干の検討を加えた。本節では、まず、代表的な理論研究によるフレームワークのいくつかを解説する。ついで、これらの実証的・理論的なフレームワークを総括することによって、そのなかでどのような情況要素を重視するべきかを示唆して、情況特性と理事会行動の関係を明らかにする。その場合、今後の理事会行動および理事会の構造と機能に影響を及ぼす情況諸要素について、さらに研究を拡げる領域が残されていることにも言及する。最後に、理事会行動の情況理論に関する研究は理事会のあり方に関する戦略的選択という実践のうえできわめて有用であることを付言しておきたい。

1. 理事会役割に関する3つの理論を基礎にしたフレームワーク

　次頁に掲載する図5のモデル（理論を基礎にした理事会行動の類型）は理事会行動の包括的な理論的フレームワークであり、それは環境要素、組織要素、それと理事会行動の間の概念的連鎖を確認しているフレームワークである。営利組織の取締役会行動の実証研究を支配してきたエージェンシー理論、資源依存理論、制度理論の3つの組織理論を用いて、非営利組織の理事会行動に影響を与えると見られる環境条件と、同じく、理事会行動に影響を与えると考えられる理事会および組織の諸要素を確認する「理論を基礎にした理事会行動のフレームワーク」を提示している。これによって、理事会がある特定の役割と責任を引き受ける際の条件を理解しようとする将来の実証研究に役立つ一連の仮説を提示している。このような理事会ガバナンスのモデルがあれば、それは研究上有用な手立てを与えると主張する。

　エージェンシー理論、資源依存理論、制度理論の3つの組織理論は理事会行動に関する分析枠組みをそれぞれに提供しているが、それぞれが一連の異なった行動と機能に焦点を当てているので、単独では高度に複雑な現象を不

第Ⅱ部 理事会の職能と役割の統合化への試み

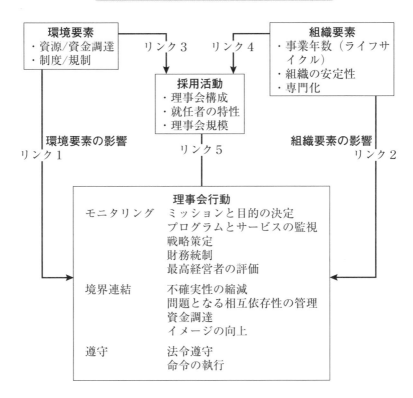

図5 理論を基礎にした理事会行動の類型

（出所）：Judith L. Miller-Millesen, Understanding the Behavior of Nonprofit Boards of Directors: A Theory-Based Approach, *Nonprofit and Voluntary Sector Quarterly*, Vol. 32, No. 4, 2003.（筆者一部訂正）

完全にしか描写することはできない。そこで、3つの組織理論を用いて、規範的な理事会の職能と役割に関するいくつかの仮説を理解するフレームワークを設計する。つまり、それぞれの理論は違った視点から理事会行動を説明しようとしていることを認めたうえで、3つの理論を統合して、理事会行動と環境要素と組織要素を連結する「理事会行動に関する理論ベースの類型」というフレームワークを構築しようとする。

① エージェンシー理論

　エージェンシー理論の視点は、所有と支配の分離の重要性を強調する。理

事会は経営者が構想し執行した決定の「承認とモニタリング」を行う責任を負う。つまり、リスク負担の機能が決定の仕組みと分離していることから、組織の諸資源がステークホルダーの意図する通りに用いられるよう保証する必要がある。エージェンシー理論では、理事は適当な経営者を選任し評価する責任を負い、同時にその経営者の利害が組織や社会の利害と衝突しないよう経営者の行為と行動をモニターする責任があるとする。

② 資源依存論

資源依存論の視点は、諸資源の獲得とその維持の能力が組織存続にとって本質的に重要であると考える。組織は存続するために必要な諸資源をすべて支配することはできないから、組織がその活動環境のなかで相互依存を変えるような交換を行う場面では、理事会は決定的な役割を演じる。理事は、個人的な交渉を通して、そしてまた専門的な交渉を通して、情報にアクセスでき不確実性を減じることができるので、組織にとってひとつの大きな便益である。この資源依存理論は理事会の境界連結役割に注目し、パワーと影響力がどのように資源配分の決定に作用するかについての考察を提供する。

③ 制度理論

制度理論の視点は、組織の構造とプロセスがどのように制度の圧力、規則、規範、制裁を反映しているかに注目する。理事会が同じ行動（例えば、自己評価の実践）、同じ構造（例えば、諮問委員会）、あるいは同じプロセス（例えば、ロバート議事規則－Robert's Rule of Order）を踏む場合に制度化が生じているのであるが、それは、これらの行動と行動路線が「認められた仕方」となるがゆえである。この制度理論は、多くの非営利組織理事会がなぜ同じような行動をし、なぜ同じような実践方法を成文化し、なぜ同じような構造を開発するのかを理解する際に有用である。制度理論はガバナンス行動を正当化する規範、価値観、信念の解釈に分析視点を絞っている。

以上の３つの組織理論の視点はそれぞれが、理事会はその行動に影響を及ぼすある種の方法と情況において、なぜ行動しようとするのかについて異なった理論的仮説を包摂している。前頁の図5は、なぜ理事会はそのような行動をするのかを明らかにするための理事会行動の包括的な理論的フレームワークであり、それが環境要素、組織要素、それと理事会行動の間の概念上のリンクを確認している。

（1）環境要素・組織要素が理事会行動に及ぼす影響

1）環境要素

理事会行動は2つの主要な環境要素によって影響される。理事会は、1つは、資源あるいは資金調達の環境に対し反応する。2つは制度あるいは規制の環境から生じる外部圧力に対し反応する（177頁**図5**の「リンク1」）。

①非営利組織の理事会がどのような境界連結活動を行うかは、組織が外部資金調達、環境の複雑性、情報の必要性にどの程度依存するかによって影響を受ける。

古くから、営利組織における取締役会が特定の行動にどの程度集中するのかに関する一連の仮説が検討されてきた。それに拠れば、組織が存続に必要な資源について環境に依存している高度に複雑な環境では、取締役会は外部の役割に集中し、他方で、外部環境に依存していない営利組織を統治する取締役会は管理職能に従事する。そこで、非営利組織の理事会においても、(ⅰ)外部資金の割合が高い場合、モニタリング機能よりも境界連結職能に集中する、(ⅱ)外部資金の割合が低い場合、境界連結職能よりもモニタリング職能に集中すると想定することができる。

環境がまったく安定しており、大きな変化を経験しておらず、また危機に対応していない場合には、外部情報を求める必要性は現実にきわめて低いと考えられる。さらに、ミッション関連目標と目的を遂行する際にきわめて高度な専門性と技術が必要な場合、理事会は管理職能を経営者に委ねて、資源調達などの境界連結活動に集中すると考えられる。そこから、2つの仮説が生まれる。(ⅰ)外部環境が複雑であり、あるいは組織が転換ないしは危機にある場合、理事会は境界連結職能に関与する。(ⅱ)経営管理者層が専門化されている場合、理事会は境界連結職能に関与する。

②制度理論では、組織における通常の行動は制度的環境によって形作られるとする。外部の政治的・社会的圧力が有効な組織活動を阻害するとしても、組織はその存在が正当と思われたいがために、規範、価値観、イデオロギー、社会慣習を受け容れようとする。例えば、政府機関や資金提供者が資金提供の条件として、コミュニティの比例代表で理事会構成を多様化するよう命じることがあるが、これは強制による同型化である。また、非営利組織の理事会は法的環境から発する外部の命令に反応しなければならないことは言うま

でもない。

2）組織要素

　組織は環境の諸条件に反応しなければならないけれども、他方で、理事会行動に影響を及ぼす組織内部の考慮すべき組織要素がある（177頁図5の「リンク2」）。これまでの研究からは、理事会行動は、組織の発展局面（ライフサイクル段階）と活動（危機、変換の時期、組織のアイデンティティが問題となる場合）の2つの組織特性に従って変化すると考えられる。また、営利組織の取締役会の研究では、管理の専門化がまた取締役会行動に影響をしているとされる。そこで、理事会行動は3つの基本的組織要素—事業年数あるいはライフサイクル段階、安定性、専門化—に影響を受けると想定する。

（2）理事会特性が理事会行動に及ぼす影響

　エージェンシー理論では、理事会は組織の監視をする能力のある理事を選任すると想定する。新規の理事は経営者の利益が適正にステークホルダーの期待に一致するよう管理行為を監視する。資源依存理論では、重要な資源にアクセスできる理事を選任し、あるいは、組織を評価する際の評価基準について有用な情報を経営者に提供できる理事を選任すると想定する。理事会は有力な人たちが組織は有効であると思い、存続に必要な資源を続けて提供するよう組織と環境とを連結する。制度理論では、新規の理事は組織を正当化できる人たちである。理事会構成は社会的な期待に沿うよう求める制度的な圧力を反映する。

　このように、3つの理論は異なるけれども、外部・内部の情況要素が求める理事の採用戦略（これによって理事の出自や個性が決まる）によって理事会の特性が決まるので、その結果、理事会行動は理事の採用戦略に影響を受ける。そこで、理事会行動を規定するもうひとつの情況要素としての理事会特性のうち、理事の採用方法・基準を重視する。そして、次のような仮説を設ける。(i)理事会とスタッフのパワー関係のバランスを取るために理事の増員があれば、理事会はモニタリングと監視の役割を引き受ける。(ii)不確実性を管理するために理事の増員があれば、理事会は境界連結活動に専念する。(iii)理事会構成が外部の命令に反応して変化すれば、理事会は正当性を示す行動に対する規範的期待に沿う行動に注力する。

　以上、「理論を基礎にした理事会行動の類型」のフレームワークを概説し

たのであるが、(i)先の実証研究における理事会行動に関する認識とは異なり、理事会行動として、非営利組織に特有な３つの理論─エージェンシー理論、資源依存理論、制度理論─からそれぞれモニタリング役割、境界連結役割、遵守役割を導き出している点に特徴があり、(ii)理事会行動なるものは外部の情況や組織の情況に大きく影響されることは当然として、理事会行動は理事会特性（特に、理事採用方法と理事会構成）に大きく規定されるとする点に評価すべき特徴がある。

2．理事会属性と理事会行動と組織有効性の相関を示すフレームワーク

　理事会が組織パフォーマンスにどのような影響を与えるかに関する４つの理論の視点（法制論、資源依存理論、階級支配論、エージェンシー理論）と実証研究を総合して、理事会属性と理事会役割に関するある統合モデル図６（次頁）を提示し、理事会属性と理事会役割の間の関連について詳しく論じる。

　外部の情況（環境要素、産業・分野の種類、法的要件）と内部の情況（組織のライフサイクルの段階、最高経営者のスタイル、組織の規模、組織の資源の状況）が理事会役割を周辺から条件づけることを認めるモデルを提示し、そのなかで、特に理事会属性と理事会役割のモデルと名付けているように、理事会それ自体の情況（理事会の属性─構成、特性、構造、プロセス─）がどのように理事会役割に直接・間接の影響を与えるかに焦点を当てる。そして、理事会属性と理事会役割と組織パフォーマンスとの相関を明らかにするフレームワークを提示する。ここでは、理事会属性と理事会役割（上記の４つの視点から公約数として導出した３つの役割［サービス、戦略、統制]）との相関について触れておくことにする。

　理事会属性、理事会役割の遂行、そして、組織の活動と成果への貢献に影響を及ぼす一連の文脈の情況がモデルの出発点である。理事会属性（構成、特性、構造、プロセス）は３つの役割（サービス、戦略、統制）を生産的に遂行するためには内外の文脈的要素と適合する必要がある。この場合、サービス役割とは、理事会の制度的機能であり、社会における組織の利害を代表することで、組織と外部環境を連結する、重要な諸資源を確保するなどの機

図6　外部の情況及び内部の情況と理事会役割のモデル

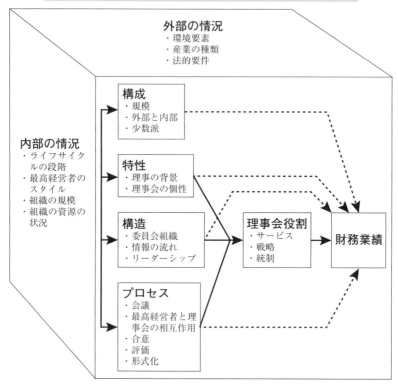

（出所）Shaker A. Zahra, John A. Pearce II, Boards of Directors and Corporate Financial Performance: A Review and Integrative Model, *Journal of Management*, Vol. 15, No. 2, 1989.

能である。また、外部の要素として、組織を取り巻く外部環境、組織が属する産業、組織が従うべき法的要件を考慮し、内部の要素として、所有のタイプ、組織のライフサイクルの段階、内部の活動の複雑性、最高経営者のスタイルと選好を考慮する。

　そして、内部と外部の情況要素が結合して、理事会属性と、次いで3つの役割に関する理事会活動とその貢献と、最終的には、組織の活動と成果の組合せを決定する。例えば、市場が安定している組織と市場が不確実な組織の間では、3つの役割に関する注目度と重心が異なり、それによって理事会属性が条件づけられる。これらの内外の情況をモデルに明確に含めることで、

与えられた文脈のなかで理事会属性と理事会役割が果たすところの組織の活動と成果への相対的な貢献を的確に決めることができる。

（1）理事会の4つの属性

理事会属性は理事会役割の執行を規定し、最終的には、理事会の組織パフォーマンスへの貢献を規定する。ここでは上記の4つの理論の視点から、理事会属性は構成、特性、構造、プロセスを含むものと考える。これらの属性はそれぞれが排他的ではなく、相互に関連する諸要素を含んでおり、理事会役割を通して間接的に組織の活動と成果に貢献する。

① 構成—理事会の規模（理事数）、理事のタイプの組合せ（外部理事、少数民族代表、女性の理事）。後者はそれぞれのステークホルダーの利益を代表するだけでなく、社会の価値観を反映している。

② 特性—理事の背景と呼ばれる年齢、学歴、価値観と経験などの資質と、理事の個人的・集団的特性を超えた理事会の「個性」を反映している資質を含む。

③ 構造—理事会の委員会の数と種類、委員会間の情報の流れ、理事会リーダーシップ、委員の型を含む。

④ プロセス—理事会の意思決定への関与で、最高経営者と理事会の接点、理事の間の合意程度、会議の運営方法などの理事会の内部手続き、理事会の自己評価に関与する程度を含む。

（2）理事会属性間の関連

理事会属性間の関連は暫定的に想定しているので、属性間の関連は論理的に見えるが、将来の研究によっては同時発生の関係や相互関係が確認されれば、修正する必要がある。ここでは、ともかく属性間の連鎖は相互関係を排除するものではない。そこで、次のような関連が想定できる。

① 構成は理事会の特性に影響を与える。例えば、外部理事の数が増えれば、それが理事会の特性に現れる。客観的な思考をする、提言に際して多数の集団の利害を考慮に入れることがある。

② 特性は理事会の構造に影響を与える。経験、教育、利害が異なる理事たちが委員会に参加すると、それらの特性を委員会が反映し、それで委員会が便益を得ることになる。

③　構造は理事会が経営者から独立するにしたがって影響を受ける。特に、理事会がコミュニケーションの内部経路を開発し、理事会のリーダーシップと最高経営者の地位を分離するようになる。

④　構造は理事会内部のプロセスを形作る。例えば、委員会の人事配置のパターンによって、理事会プロセスの大きな構成要素である会議の頻度と内容が影響を受ける。

（3）理事会の組織パフォーマンスへの影響

　理事会が組織パフォーマンスに及ぼす影響には直接と間接とがある。182頁の**図6**に示すように、理事会属性と組織パフォーマンスの関連を通して、理事会が直接に影響を及ぼし（実線の箇所）、多くの実証研究は直接の関係しか対象にしていないが、属性が3つの理事会役割の効果に影響を与え、それが組織の活動と成果に作用するという間接的な影響を与える（破線の箇所）。

（4）理事会属性と理事会役割の関連

1）構成

　①サービス役割との関連—多数の外部者が理事である場合、この外部理事は違った外部環境と関係しているので、経営者に対してそれぞれ違った助言を与えることができる。非営利組織の場合には外部理事が資金調達に寄与することが多い。巧みな理事会構成はサービス役割の成功には決定的に重要である。

　②戦略役割との関連—大規模な理事会、外部者多数の理事会、各種代表の理事会ではミッション、目標、適切な戦略について「騒がしい理事会」となり、議論百出となる傾向がある。この結果、経営者は広い選択肢を考慮に入れるようになり、戦略を展開する場合の制約なども理解するようになる。そこで、構成は理事会の戦略役割のレベルと性質を規定する可能性がある。

　③統制役割との関連—大規模な理事会は経営者の支配に服さない可能性が高い。背景・価値観・スキルが異質であることから、経営者支配に抵抗し、ステークホルダーの利益を主張する可能性がある。したがって、大規模な理事会は最高経営者のモニタリングと評価、組織パフォーマンスについて特殊化された委員会を通して積極的に関与すると考えられる。

第Ⅱ部 理事会の職能と役割の統合化への試み

2）特性

　特性は理事会役割の有効な遂行にとって重要な要素である。3つの理事会役割はそれぞれに違ったスキルと能力を必要とする。サービスを正当化するには理事の専門的な能力と権威が必要であり、戦略役割には外部の有効性と内部の効率性の健全なバランスが必要であり、統制役割には経営者からの独立が必要である。

3）構造

　構造は有効な理事会役割にとって主要な条件である。サービス提供を成功させるためには、適切な委員会が設置される必要があり、公共政策・社会的責任に関する委員会は組織の活動と成果に影響を及ぼすことになる。

　また、戦略役割との関連にしても、理事会構造の特性が強く影響する。長期計画作成に関する、管理技術に関する、公共政策・社会的責任に関する委員会があれば、経営者の行動に特別の示唆を与えることができる。少なくとも経営者の率先力を評価することができる。さらに、最高経営者と理事との間の情報の流れという構造が戦略役割に影響する。経営分析に接近しないでは、検討中の戦略の企画に貢献することはできない。

　統制役割についても、例えば、スタッフを揃えた監査委員会が最高経営者の評価と組織の活動と成果の評価には必須である。時宜を得た信頼できる統制資料があれば、目標達成の進捗状況をモニタリングすることができる。

4）プロセス

　効果的な会議はサービス役割、戦略役割、統制役割にとって重要であることは説明を要しない。効果的な会議は、戦略役割については議論、評価、提言を伴うし、統制役割については最高経営者の評価や組織の業績評価が頻繁に行われることで、適当な矯正行動へフィードバックすることができる。

　以上、要するに、理事会属性は理事会役割が十全に遂行されるための決定的な条件であるが、理事会の特性、構造、プロセスが理事会役割と組織の活動とその成果に影響を及ぼすとする。なお、**図6**において理事会構成と理事会役割の間には実線を引かないように、理事会構成は直接の効果は不透明であると見做している点が特徴である。

　このフレームワークは、さらに理事会属性と組織の活動と成果にどのように繋がるのか、その間の相関関係と直接・間接の影響効果に言及しているのであるが、理事会属性を4つの属性に絞り、その属性間の相互関係を見なが

185

ら、それぞれの属性と3つの理事会役割との関連を示したことで大いに評価できる試みである。

3．理事会役割を情況適合で分類するフレームワーク

　第Ⅰ部第1章で概説した理事会役割に関する6つの理論は、ガバナンスに固有な理論ではなくて、それぞれ別の現象を説明するのに用いられてきたものであるだけに、理事会役割のある一面だけを強調して説明しているので、どの理論もそれぞれの限界があって、ガバナンスの全体像を認識することはできない。したがって、理事会役割を説明する単一の統合的な理論なりモデルは見当たらないし、理事会の多元的な役割を理解しながらも、これらの役割の多様性のなかの相互関係も確認できていない。そこで、図7のように理事会役割を説明する多様な理論を統合しようと試みる。

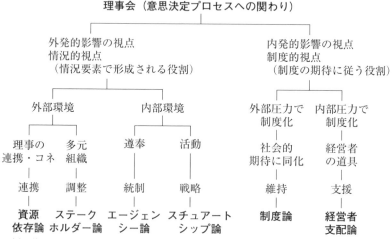

図7　理事会役割を説明する多様な理論

（出所）Humphry Hung, A Typology of the theories of the roles of governing boards, *Scholarly Research and Theory Papers*, Vol. 6, No. 2, April 1998.

第Ⅱ部 理事会の職能と役割の統合化への試み

6つの理論からは、次のような理事会の職能と役割を類別し確認すること
ができるとする。

(i)エージェンシー理論―統制、(ii)スチュアートシップ理論―戦略策定、(iii)
資源依存理論―連携、(iv)ステークホルダー理論―調整、(v)制度理論―維持、
(vi)経営者支配理論―支援である。このように6つの理論から導き出された理
事会の役割は、すべてが同時に履行されるのではなく、内外の環境要素や内
外の圧力の情況諸要因によって、情況に適合するなんらかの特定の役割が履
行されるものと考えることができる。

理事会に影響を及ぼす情況要素を図のように細かく分別する。(i)まず、外
発的影響と内発的影響に大別され、(ii)ついで、外発的影響は外部環境の影響
（理事の連携、あるいは多元組織）と、内部環境の影響（遵奉させる機能と
活動させる機能）に分別される。(iii)また、内発的影響は外部環境である外部
の圧力（社会的期待に同化）と、内部環境である内部の圧力（経営者の道具）
に分別される。そして、それぞれの情況に適合する理事会の役割が期待され、
理事会の役割が連携、調整、統制、戦略、維持、支援と限定される。この限
定された理事会役割はそれぞれに適合する理論によって支持されていること
を示している。

この理事会役割に関する統合論は組織をめぐる環境要素を情況的環境と制
度的環境に分別し、さらに、情況的環境を外部環境と内部環境に分け、制度
的環境も外部環境に属する社会的制度化と内部環境に属する組織内制度化に
分けている点を評価することができる。また、6つの理論がそれぞれに主張
する理事会の役割は情況によってその必要性と重要性が異なるものの、すべ
ての理事会役割が情況に応じて期待されることを示した点を評価することが
できる。確かに、理事会の職能と役割に関する有力な多数の理論のうち、ど
の理論が有効かという問題は、それぞれある情況には有効であり、他の情況
では有効でないという以外にない。そこで、多くの理論を振り分けるルール
は何かの問題となり、結局は異なった理論領域を限定する情況適合論の問題
となる。

Ⅲ．情況理論適用の有効性

　情況理論については、「情況適合理論の適用と多様な理論・モデルの統合に向けて」『非営利法人』（全国公益法人協会）、No.789,11.2010.において、すでに概説し、この理論が抱える制約と問題点を指摘しておいたので、ここでは、理事会行動の態様を把握するのに情況理論を適用することの効能について、以下の点に触れるだけに留めておくことにする。

　理事会には組織のミッションと価値観に基づいて、内外の多種多様な情況を主観的・主体的に判断することで、重要な情況への能動的・受動的な適合について戦略的に選択する責任があるというべきであり、理事会のあり方について決して最適な理想的な情況適合の方法があるわけではない。

　しかしながら、情況理論によって理事会が直面する挑戦的課題に取り組むことができ、戦略的な選択が可能になる。例えば、これまでは、理事会の内外にコンフリクトなどの問題が生じれば、そのコンフリクトは理事会も経営者も問題の根底には関係者が権力志向であるとか無能であるとか、個人間の力学に焦点を置いた心理的で主観的な解釈をする性向があるが、情況理論が使われると、いくつか概説した実証的・理論的なフレームワークが示すように、問題は非人格的、構造的、政治的、社会的な関連のなかで理解される。すべての組織は変化し、時の経過とともに多様な次元を移動し、コンフリクトなどの問題はこれらの変化がもたらす正常な結果であると、情況を客観的かつ批判的に認識し評価することができる。

　情況理論の効用のひとつは、組織がその情況と一致しないなら、組織は有効でなく、情況と一致するように適応しなければならないという、この理論の本来的に環境決定論的な側面とは反対の「選択の役割」を強調するところにある。すなわち、情況理論は唯一最善の方法が存在するとする観念から離れることによって、情況の不確実性と変化が増すなかで理事会が効率かつ有効にその情況に適応するために、変化の方向を指し、何が可能かを考えるフレームワークを提供するヒューリスティックな方法（heuristics）を提供している。情況理論が示すフレームワークによって、情況を取捨選択することができ、これに従って理事会行動と、そのための理事会の構造と機能のあり方が明確になれば、組織のミッションと価値観を遵守しながら、理事会の有

効性がさらに向上することができる。

　要するに、情況理論を基礎にした情況要素と理事会行動の間の相関を示すフレームワークの針路に従えば、多数の情況要素が有効な理事会のあり方に関連することが明らかに理解できる。そこで、理事会の認識と価値観に則した最善の理事会行動のあり方を選ぶに際して戦略的選択を議論しそれを実践することができる。そして、理事会自身の情況価値判断をする戦略的決定に際して、どのような情況要素を重視すべきかを探し出し、「なんらかの基準」で理事会行動を特定することができる。理事会はすべてある種の基本的な職能と役割を履行しなければならないとしても、独自の理事会行動とそのための理事会の構造と機能を採用することについて戦略的な選択ができる。

　このような戦略的な選択には、組織の事業年数、規模、構造、戦略のような組織の諸情況を理解することによって、さらに重要なことであるが、政府の公共政策や法制・規制の圧力、あるいは環境の安定性・不確実性の程度のような外部の諸情況を感得することによって、有意義な情報を得ることが重要である。そうすることで、組織は情況とその情況の変化によって多様な理事会行動のあり方を選択することができ、理事会の有効性を高めるには、情況に適合する情況要素を選択して、情況に適合するように理事会行動のあり方を改変することができる。

　しかしながら、ある種の仮説に基づく実証研究にしろ、ある種の理論の構築にしろ、理事会がどのような情況要素を戦略的に選択し、どのような有効な理事会を構築するかについて首尾一貫して考慮するのに役立つような研究、そして、理事会が考慮したいと思う情況要素に関する指針を提供するような変革プロセスを示唆する明晰な研究はいまだに見当たらない。理事会はその行動に関して自己評価と自己反省を重ねることも重要な責務であり、それによってその行動の変革を模索し推進するべき存在であると言われるが、このような過程を踏む場合に、どのような情況要素を考慮に入れるかという指針を与えられていないのである。それは、一定のあるべき形と方向について指針を与えることがない情況理論の宿命である。むしろ、場合によっては、理事会の不適切な状態についてこれを情況のせいにして、情況が言い訳に使われ、なんらかの有効で最善と思われる理事会行動と理事会の構造と機能を構築する努力を制約することになるかもしれない。

おわりに

　情況理論を基にして、理事会職能は外部情況の変化や組織内の情況変化に伴って多様に流動することをフレームワークとして提示する実証研究や理論研究の作業が続けられていることを理解した。それに拠れば、理事会行動を規定する内外の規定因は多種に上る。例えば、資源や資金の調達状況、規制制度など制度的環境、協同・連帯への参加状況、ライフサイクルの段階、さらには、理事会の規模と理事会の構造と構成、理事会と経営者の関係である。

　しかしながら、多様な研究結果から導出される一般化があるとすれば、第1に、それは理事会が安易な一般化を拒絶する異質の実体であることである。論証されていることは、理事会の「すべてに適合するひとつの型」モデルは妥当性がないという点である。理事会が異質であり、その内外の情況要素に影響を受けるなら、仮説を立てる際に、データを収集する際に、実証結果を解釈する際に、これらの情況の諸要素を分別しなければならないし、同様に、理事会の間の同一性と異質性とを明示し、そこに存在する違いの理由を確証しなければならない。

　第2に、理事会の異質性に影響を与える重要な組織に関する要素として、組織の活動分野、組織の規模、組織の複雑性（官僚制化・専門化）、組織の事業年数とライフサイクル、組織間関係が重要であることである。さらに、理事会は孤立した実体ではなくて、理事会ガバナンスそれ自体が他の関係者とりわけ最高経営者とのなんらかの密接な関係のなかで行われている事実から、理事会と経営者の関係に関するさらなる研究を欠くことはできないことである。

　しかしながら、理事会ガバナンスのすべてに適合する単一のモデルは存在しない限り、組織の内外の環境諸要素が間違いなく理事会行動に影響を及ぼすがゆえに、その環境のなかで理事会がある種の職能と役割を履行するであろう情況を想定した理事会ガバナンスモデルがあれば、そのモデルは非営利組織の理事会に関する研究にとって有用な基礎を提供することができる。

　ただ、非営利組織におけるすべての理事会はある基本的な職能と役割を履行しなければならないとしても、理事会は多様なガバナンス・パターンのなかから価値観、ミッション、情況の主観的判断などを考慮に入れて、理事会

第Ⅱ部 理事会の職能と役割の統合化への試み

自身が情況への適合について戦略的に選択する責任があるはずであり、どの
ガバナンス・パターンを採用するかに際して戦略的な選択をするべきである。

しかし、理事会がガバナンス・パターンを選択する際に、どのような情況
要素を考慮に入れるべきか首尾一貫して役立つような指標や指針があるわけ
ではない。最適な理想的な情況適合の方法があると考えるべきではない。そ
うではなくて、情況適合による理事会ガバナンスのあり方論には、すでに指
摘したように「戦略的選択」の側面があることを理解するべきである。情況
の変化に適応しないパターンの理事会ガバナンスを徒に墨守したり、情況に
反したパターンを選択したりすれば、効果的な理事会ガバナンスは期待でき
ない。ただ、情況適合理論は情況に適合する理事会ガバナンスを継続的に選
択することの必要を理解させてくれるのである。

3 理事会の職能と 役割の絞込み

はじめに

　第１章のように多様な組織理論を結合ないしは統合する議論が展開されて
も、第２章のように理事会行動を内外の情況要素との関連で説明するフレー
ムワークを提示されても、これまでの多くの理論研究や調査・実証研究にとっ
て、理事会の基本的な職能と役割は何かという問いはまた別のなかなかに御
し難い問題である。第Ⅰ部第４章で指摘したように、理事会の職能と役割に
関する公式の規定や規範的定義と実際見受けられる実相との間には大きな乖
離が認められる。そこで一般に、理事会は「実際には何を期待されているの
か」について不確実性と混乱とがあり、誰もが理事会に何を期待すべきかを
明確にすることが困難である。したがって、第Ⅴ部の第１章と第３章で詳述
するように、とりわけ理事会の職能と役割に関する理事会（理事長を含む）
と経営者（最高経営者を含む）の間の権限委譲関係の境界も曖昧なままである。

　第Ⅰ部第３章で述べたように、非営利組織の理事会は効率的でもなければ
有効でもないという調査結果や議論が少なくないことは確かであるけれど
も、そういう類の議論は特定の理事会の問題や欠陥を指しているのか、非営
利組織のガバナンスにおける構造的・体系的な欠陥を指しているのかが不明
のままである。つまり「問題の理事会なのか、理事会の問題なのか」が不明
なのである。また、理事会は効率的でなく有効でないとする議論が厳密な調
査結果に基づくとしても、それらはアンケート方式から得た主観的判断であ
るという意味で経験的知見の域を出ない類のものである。しかし、「問題の
理事会なのか」、「理事会の問題なのか」、いずれにしても、真に基本的な職
能と役割が放置されてよいはずはない。

　本章では、理事会に求められてきた数多くの職能と役割のうちで、理事会
と経営者がどのような職能と役割を戦略的に選択するのか、あるいは選択す
べきかに関する議論を整理し、いくつかの示唆を与えることにする。

第Ⅱ部　理事会の職能と役割の統合化への試み

Ⅰ. 理事会職能の戦略的決定の必要性

　理事会の何が問題なのかと経営者に問えば、およそ次のような答えが返ってくるに違いない。

① 　ほとんどが外部のボランティアで構成される理事会に対して、法的・倫理的な受託責任をめぐってあまりに多くの重要な組織運営に関する理事会職能を負担させることから、理事が役割過重の状態となり、その焦点を見失うことになる。

② 　理事会の職能と役割の範囲についての混乱がある。特に理事会職能と最高経営者職能との間の混乱がある。理事会が組織の日常管理に過剰に干渉したり、参画することによる軋轢と混乱がある。

③ 　理事会構成について組織にとって有用で組織の経営にとって適格な人材が理事に就任していない。背景や経歴の多様な理事の間のコンフリクトが多すぎて、意思決定プロセスに齟齬を来すことから、組織にとって最善の決定をしないことがある。

④ 　会議の運営について、長すぎる会議や会議の無秩序と混乱が見られ、そのなかで、むしろ会議はルーチンとしてシナリオ通りに進行してしまい、重要な事案を十分に検討しない。また、何が委員会の議案であるのか、全体としての理事会の会議では何を議論する必要があるのかに関する混乱がある。理事会構造の問題と会議手続きの問題である。

⑤ 　理事会に期待する対境関係についてそれほど積極的ではなく組織への支援や貢献をしない。

　そこで、例えばアメリカのNCNB（全国理事会連合団体：BoardSource）において、ガバナンスの将来プロジェクトの一部としてガバナンスを改めて概念化する試論のなかで、「最近の非営利組織ガバナンス分野は理事会が果たすべき適切な職能と役割の範囲を一連の規範的で標準的な権限範囲に縮小することによって理事会改善の課題に取り組んでいる」といわれるように、理事会を有効にするために理事会の「職権範囲の縮小」が提起され、その制度化が検討されるという傾向が生まれることにもなる。

　しかしながら、このような方向は強権的であり便宜的にすぎないので、むしろ問題を残すことになる。むしろ、組織の自立性と自律性を特性とする非

営利組織である以上、その理事会に期待される職能と役割は組織が置かれた情況によって異なり、また変化するとはいえ、組織全体が自ら理事会の職能と役割を限定して確定すべきである。

先のNCNBの議論は理事会があまり上手くは運営されていないとする根拠によるが、だからといって、その根拠が「有効な理事会の運営」（理事会の有効性）を探ることを妨げるものではない。むしろ当然に、理事会の有効性を高める努力が求められるべきである。なぜなら理事会ガバナンスを強化することは、特に将来の非営利組織の健全な運営には必須の条件だからである。激変する非営利セクターの舞台において、行動的で多様なそして専心的な理事会が組織の運営に有意義に関与することは、多くの非営利組織の存続にとって鍵となるからである。

それならば、理事会は何をすることが組織に最大の価値を付加することになるのか、理事会の有効性を高めるにはどのような職能と役割を担うべきか、これらを決定することが非営利組織の指導者にとって戦略的な選択でなければならない。もちろん理事会職能は特定の組織によって異なることは当然であるし、理事会職能の焦点は、組織をめぐる内外の情況のなかで違った時期に違った必要と優先順位に従って移動するものであるが、第Ⅰ部第2章で示したような理事会の基本的な職能と役割が認められるなかで、どのような理事会職能に期待すればよいのか、当該組織にとって明確な理事会職能をどのように組み合せればよいのか、理事会は組織と社会のために最大の価値を加えるには何をすればよいのかについて、理事会と経営者が協議のうえ限定し確定すべき戦略的な選択でなければならない。

その場合、理事会の基本的な職能と役割は多数で多様であるので、現実の実践の場では組織はどのような職能と役割に優先順位を付けるべきか、そして、その優先順位の間の均衡をどのようにするのかを決めなければならない。理事会と経営者が受託責任をめぐって理事会には何を期待し、何が必要なのかを決めておかなければ、理事会の有効性を高める努力は十分な改善結果に繋がらないであろう。

第Ⅱ部 理事会の職能と役割の統合化への試み

Ⅱ．理事会の職能と役割の政策領域への限定

1．理事会が関わる政策段階とその限定

　理事会はどのような事態にはどの程度の政策段階で対応するのが有効なのか、理事会自身が臨機応変に決めなければならないことであるが、基本的には組織の将来にもっとも影響を与える最高の政策段階に理事会の能力と精力を集中しなければならないことは真実であり変わることはない。主要な理事会の職能と役割は組織を「統治」することであることを想起すれば足りる。

　しかしながら、一言で「政策」といっても、政策段階は戦略（政策の策定）、計画（政策展開の具体的施策）、執行計画（計画実施に要する手順・手続き）に大別することができるが、さらに、それらはミッションに関わる基本的諸問題に関する「主要政策」から日常行動を指導する「規則」まで、理事会職能を細分して、主要政策、二次政策、職能活動政策、副次政策、標準活動手続き、規則の6つの政策段階に区別することができ、さらに各政策段階のなかでその政策が展開される過程を4つに細分して理事会職能を分別することができる。

1）戦略

① 主要政策：ミッションに関わる基本的な問題を定め、あるいはそれに関連する事業範囲を限定する。組織の方向づけ、価値観、優先順位、その他の決定を導く原則を確定する。

② 二次政策：主な利用者、サービスの種類、分配システムに関する事項を扱い、ミッションに基づいてプログラムや部門活動をつくり上げる。これらの事項は人事、財務、設備の諸資源に関する重要な決定を伴う。

2）計画

③ 職能活動政策：計画策定、予算編成、財務管理、マーケティング、人事管理などの主要な職能の展開とその管理に関わる事項を決定する。

④ 副次政策：日常実践活動の管理を決定する。個人や特定のステークホルダーに関する個別のプロジェクトを決定する。内部統制制度を設定する。

3）執行手続き

⑤　標準活動手続き：ルーチンな取引と正規の活動を処理する手順と手続き
　　を確定する。様式、処理方法など政策の執行に関して決定する。

⑥　規則：日常の行動を指導する規則を確定する。

　以上の政策段階が組織一般の「政策構造」を構成するのであるが、この階
層構造は厳格なものではなく、理事会はこれらの政策段階の「連続体」のう
えに政策決定するものである。例えば、報酬政策は重要な組織の目標と価値
観の全域に影響を与える政策である。そこで、理事会は少なくともこの政策
段階の連続体のなかでどこにいるのかを理解していなければならないが、ほ
とんどの場合、現実の理事会の置かれた情況から見て理事会は⑤と⑥の執行
手続きの決定には精力を使うべきではない。また、最高経営者を中心とした
経営者が従事する組織では予算編成や財務管理の政策決定を除いてあまり関
与すべきではない。組織の階層分化と職能分化という特殊化・専門化の利益
を損なわないことが肝要であるからである。

2．理事会が関わる政策展開とその限定

　政策―行動指針―はそれだけで存在するものではない。組織の最終目標を
追求するためには、あるいは特定部門の補完目的を追求するためには、政策
が現実に展開されなければならない。それには以下の4つの次元が必要であ
る。理事会はこの政策展開の各過程でそれぞれ違った役割を演じる。

1）政策目的の決定

　政策目的とその達成方法について議論し、決定し、公表することである。
政策は行動指針であるから、組織の最終目標を設定する際に、あるいは特定
部門において二次目的を設定する際に、この政策は何のために策定するのか、
その政策目的を明確に限定しておかなければならない。これが理事会の第一
の職能である。しかし現実には、経営者が事業経営に関する内外の情報を所
持しているので、理事会が政策目的を策定する際にはかれら執行部門がその
政策目的を立案することになり、程度の差はあれ、この立案内容が組織の方
向の戦略的視点を定めることになる。

　したがって、経営者は理事会に政策目的を策定する際にはよきパートナー

となるべきであり、経営者がそれを怠れば、理事会が経営者に対して戦略立案を要求すべきである。この戦略立案が組織の方向の戦略的視点を定め、理事会や委員会が政策展開をする基礎を提供することになる。この政策目的の立案を検討し容認して、公式に決定承認することが理事会の職能と役割である。

2）政策の立案

　政策目的が決定されれば、経営者がその政策を公式に立案することができる。病院や大学あるいは文化施設などの非営利組織は多数の専門家が支配する「大きく強力な下部組織」で構成されているから、広範囲に亘って諮ったり、打診したり、説得したりする交渉過程を通して合意点を探し出さなければ組織は充分には機能しない。こういう状況では経営者がその交渉過程を管理し、政策の立案を進めていくべきである。ただし、経営者は事前に理事会に情報を伝達しておく必要があり、この「事前の報告」によって、理事会は経営者の公式の提案にも理解を示すことができるし、これに反対することもできる。

　理事会の職能と役割は、このような交渉過程が適切に行われるように政策目的と政策立案を一致させ、そして政策の評価基準が妥当であるように管理することである。理事が疑問を出したり、保留の意見を出しても、余程のことがない限り、理事会が政策立案の内容を自ら書き直すことはすべきでない。理事会は編集者ではなくて質問者であり修正者として有効に活動すべきものである。あくまで経営者がこの政策立案を編成することである。

3）政策の執行

　原則として、理事会は促進者としてのみ政策の執行に関与すべきである。そして、通常の条件の下では理事個人が政策執行に関与することが適切であるという情況はごく限られているから、理事は慎重に関与すべきである。例外として、1つは、ある課題を処理するのにある理事が適任であると理事長と最高経営者が決めた場合である。ほとんどはその理事がスタッフとしての専門性を所持している場合である。2つは、政策の執行に参加することで、理事たちが事業の性質を理解したり、理事会と内外のステークホルダーとのコミュニケーションを高めたりすることができる場合である。このような場合に対処するとして各種の委員会に参加する制度が認められる。3つは、理事会が設定された政策との整合性を維持するために臨時の部分点検や業務監

査をしようとした場合である。

　いずれの場合も、理事が政策の執行に関与するのはごく限られた狙いと時限においてである。理事は統治活動において演じる決定的な職能と役割があり、日常の課業を履行するよう任命されているのではない。経営者の代理として行為するのではなく、経営者が組織を運営することについてこれを容認しているべきである。理事会はより多くを為すのではなく、より多くの要求をするような助言をする存在である。

４）政策の評価

　政策に関する議論を重ねて、政策を明瞭に承認している理事会もその政策の結果を逐一評価することはできない。したがって、理事会は適正な評価の制度と方法について経営者と予め協議しておくことである。その制度と方法のなかで最高経営者が主として戦略（主要政策と二次政策）に関する結果を理事会に報告すべきである。この場合、最高経営者が評価基準を設計し、評価を実施し、その結果を分析してなんらかの政策変更を提案することである。理事会はこれらの職能と役割を経営者はじめ最高経営者が放棄しないように、督促、問題提起、指示を行うものである。

　以上の政策展開の次元において、理事会はそれぞれの政策展開の各段階で違った職能と役割を負うが、それは管理ないしは執行ではなくて「経営」ないしは「統治」の職能と役割を果たすことであるが、特に政策目的を決定することにこそ集中すべきことは明らかである。

　要するに、理事会の職能と役割は、政策の段階のうちの①〜③までを対象として、それぞれの政策について、その政策展開には、政策目的を決定することを中心にすることであり、政策の立案は最高経営者の責任において編成し、理事会は最高経営者の立案する手続きとその内容を評価して政策目的と適合させることである。政策の執行に至っては理事会はその促進者として役立つだけに止めるべきである。

３．政策周辺に集中する理事会の職能と役割

　理事会職能の焦点をどこに置くかを決める場合、以上の６つの政策段階と４つの政策展開過程のうち、組織のもっとも中核となる理事会は戦略レベル

における「政策目的の決定」と「政策の立案」の展開の次元に絞り込んで能力と精力を集中するべきであり、それから、場合によっては、政策が確定した政策立案に従って政策を実行するなり、政策の実行がどのようになされているかを評価することに焦点を当てることである。部門計画などの中間レベルの政策目的と政策立案には「周辺視野の範囲」で注視すべきであるが、それらの執行には多くの精力を使うべきではない。まして手続きや規則のような執行計画の政策展開には触れるべきではない。

　ただし、情況によっては、どの政策の段階、どの政策展開の過程に焦点を当てるかを決めることである。理事会はすべての政策問題を明確に分別しようとして多くの時間を使うべきではない。どの政策段階と政策展開過程が有益であるかを決定する柔軟性をもつべきである。

　以上のような一般指針を決めたなかで、理事会は柔軟な行動を許されるべきであり、いたずらに定められた権限関係に執着することはない。なぜなら、事業の組織運営においてすべての組織構成員の職能の権限を画然と区別することはできないことであり、すべての職能の間、すべての職能の執行の間は相互に作用する関係にあり、必ずどこかで繋がっているからである。特に、組織がよく機能するためには理事会と経営者との間の権限関係は流動的で柔軟である必要があり、両者の交渉と協同が必須である。統治と経営管理と作業の間には重複する「調節帯」があるからである。

　だからといって、組織のすべての経営管理活動が理事会職能とその執行に関連することは必定であるとして、理事会がすべてのことに注視し執着するべきではない。戦略・計画以外の政策段階に対しては注意深く見守ればよいのであり、どの政策展開の過程に関わるかを情況に応じて適宜変えながら、理事会自身の職能と役割を良識をもって決めていくことに敏感であればよいのである。

　政策段階のうち、法的・倫理的な受託責任をめぐる理事会職能は、戦略策定と職能部門計画やプログラム計画までを最大限の対象とした政策の決定ないしは承認に限定し、情況によっては別の政策段階に関与するとしても、その政策展開については「政策目的を決定する」ことを中心にすることである。政策立案とその実践手段の決定は、経営者に委ねることであり、理事会は経営者の立案する政策の内容を点検して承認し、その結果を評価し再検討を促しながら政策目的と適合させることである。政策の執行に至っては理事会は

その促進者として役立つだけで十分である。要は、戦略策定の段階において
その戦略の方向を最終的に決定することが理事会の中心の職能と役割なので
ある。「統治すれども、管理せず」の原則を護ることであろう。

簡単に戦略策定の段階に慣れて集中しろといったところで、いまの理事会
でそんなことができるのかという異見もあろうが、要は、理事会は「組織全
体の長期的な構図」を描くことに集中することである。それは具体的には、
組織の将来の機会と困難な課題について、それらの情況に対処する適正な目
標とその戦略について、経営者がどのような戦略を立案しているのか、その
考え方とその内容を吟味することである。

① 戦略立案は情況に正しく適合しているのか。
② その立案の内容は明確で包括的であるか。
③ そのなかで何か欠けているものはないか。
④ その戦略立案は理事会が考える方向と同じなのか。
⑤ それによって組織は理事会の期待するように展開されるのか。
⑥ 理事会はこのような将来ビジョンの実現に対してどのような貢献ができ
るのか。

これらに対する慎重で良識的な吟味と批判が理事会の行うべき戦略策定の
段階における役割と責任である。

しかし、理事会は「政策目的を決定」することとしても、政策の実行や政
策の統制についてはどの程度関与すべきか、あるいは、財務や人事などの職
能部門において政策目的の決定は同じ程度であるべきか、さらには、資金調
達や財務管理や成果配分のなかのどの部面の政策目的の決定に注力するべき
か、これらの問題が自動的に明らかになるものではない。依然として理事会
の職能と役割は広範に及ぶことにもなりかねない。

第Ⅱ部 理事会の職能と役割の統合化への試み

Ⅲ．政策策定としての「戦略の策定」

1．理事会の戦略役割が不透明な背景と理由

　理事会が戦略の策定過程のなかでなんらかの貢献をする際に、危機の状況以外には理事会の明確な戦略策定の役割が浮かび上がってこないのは、次のような背景と理由が考えられる。

① **戦略を策定する過程でどの役割を誰が演じるのかが明確ではない。**

　理事会が自分の役割は特に最高経営者が持ち込む戦略計画案を点検し承認するだけであると思うような理事会文化―戦略策定は理事会の役割ではなく、戦略の実践過程をモニタリングすることが理事会の役割である―が定着している場合、理事会は形式的に承認をするだけの存在となる。

② **理事会はリスクと不確実性を特徴とする長期的な決定について進んで関与することを避けるリスク回避行動をする。**

③ **時間が不足している。会議がルーチンな事案や短期的な問題処理の事案で一杯になり、理事会が距離を置いて大きな構想を考えることができない。**

　議案設定の準備過程と会議の運営方法に問題がある。瑣末な議案が非常に多くて、その間の優先順位が明確でない点である。その結果、重要な長期的な戦略事項が締め出され、時間を掛けて審議することができなくなる。このような経緯に至る多くの要素の1つは、最高経営者の役割と理事会の役割に関して明確な合意が欠けていることがある。その結果、別のところで扱うべき案件が理事会に回されることになる。2つは、議案を管理する人は誰か、理事長かその他の役職理事なのか、あるいは最高経営者なのかについて曖昧である点である。3つは、よい会議の運営方法が重要であることを認識していないことである。

④ **理事会において十分な情報が欠如ないし不足している。ときには異常に多く、ときには非常に少ない。**

　例えば、財務の情報は予算報告書と決算報告書に限られ、組織の活動状況や成果について他の組織と比較できるような情報が欠けているか不足している状況である。特に、外部理事は複雑な事業環境のなかで戦略を提言するだ

201

けの情報を所持していない。これには、経営者が理事会の戦略への関与を制限したいとする動機が潜んでいることがある。

⑤　**戦略策定の過程に関する理解が欠如している。**

　戦略策定の経験のある理事が少ない、あるいは戦略に関する学習の機会を与えられていない理事がいる場合に起こる。そもそも理事会においてガバナンスを遂行する技能の水準が低いことである。多くの理事が自分の職務を果たすのに困難な問題に遭遇している。例えば、理事が受け取った情報からどのようにして重要な項目を分析し、それを摘出するかについてほとんど知らないでいる。そして、いつどのようにして、この種の質問をすればよいのか知らないことがある。最高経営者の提案に対してどのように支持や建設的な批判をするのか判らない。優先すべき重要な戦略事項を決めることができない。公式的な内部の会議への参加と非公式な外部の助言や談合とのバランスを取ることができない。

　このことは、理事に適切なガバナンスと経営管理に関する経験が欠けていることから生じるが、さらに適切な訓練教化の不足によって増幅されている。たとえ理事の教育プログラムがあるところでも、そのプログラムは主として理事会の法的責任に焦点を当てているだけである。要するに、理事会はそれ自身の職能と役割について思索し、熟考する時間を十分に与えられていないでいる。

⑥　**理事会構造の問題がある。有効な戦略を策定するのに必要な慎重な情報収集と情報分析をする特定のタスクフォースや委員会を設けていない。**

　いずれにせよ、以上のように理事会の戦略役割について不透明であるのには、基本的には次の2つの事情がある。1つには、ガバナンスに関するそれぞれの理論において理事会職能について視点と認識が異なるからであり、戦略役割に特段の焦点を合わせていないからである。第I部第1章の理事会の職能と役割を説明するいくつかの基本な理論においても、経営者支配理論以外は、理事会の戦略役割についてこれを積極的・消極的に肯定してはいるが、特段この戦略役割の性質と内容について論じているわけではない。端的に言えば、エージェンシー理論では戦略に対する統制、スチュアートシップ理論では戦略策定への協同、資源依存理論では戦略策定・実践に対する助言・支援を重視していることが窺えるだけである。

　また、先に示したように、調査・実証研究では、否定・肯定、消極的・積

極的な多くのニュアンスのある結果を報告しているが、結局のところ、戦略役割について確定した、あるいは合意された結論には至っていない。したがって、基本的には、戦略役割とは何か、その戦略役割と理事の職能と役割との関係は何か、これらを分明にしなければならない。

2つには、理事会の戦略役割を重要視するが、理事会が戦略策定にどのようにどの程度に関わるべきなのか、現実にどのように関わることができるのかについて、実はいまだに明確に解かれているわけではないからである。戦略の決定なのか、戦略への提案や助言なのか、戦略の実践過程のモニタリングや評価なのか、戦略の結果の査定・評価なのか、つまり、戦略の計画―執行―統制のどの過程に関与しているのか、あるいは関与するべきものかを分明にしていないからである。

仮に真実の戦略策定の行為だとすると、組織における理事会と経営者の間の権限委譲関係を大きく変更することになり、まして戦略の執行ともなれば、権限とアカウンタビリティに関する組織の管理体系を根本から覆すことになる。そこで、理事会の戦略策定への参加は戦略策定のプロセスそのものではなくて、戦略策定へのなんらかの貢献、ないしはその貢献の質を高めることに限定されることになるのか、どのような種類の戦略役割なのか、問題は十分に究められていない。

2．取り組むべき基本的な課題

本来、戦略とは組織はどのように行動するのか、将来はどうあるべきかについて「大きな構図」を描くことを含めて組織のすべての人が特定の政策決定をする際に指針となる政策であり、この戦略を策定することは理事会の重要な職能と役割のひとつである。この戦略の策定において取り組むべき基本的な課題は次のように広範に及ぶ。

1）ミッション

組織の存在理由と組織の目的は何か。組織は誰に奉仕するのか。

2）価値観

組織がそのミッションを達成する過程の根底にある基本的な理念は何か。組織を取り巻く多数の多様なステークホルダーとの交渉や協同に対してどの

ような信念と態度を共有するべきか。

３）ビジョン

　組織は将来には、少なくとも数年後にはどのようになっていると考えるか、現在とはどのように違った活動をするべきか。

４）組織の活動を取り巻く環境の文脈

　外部環境の変化の可能性とそれが組織にどのような影響を与えるか。外部環境として、経済、政治、社会の価値観と思想、技術、人口動態など多様である。さらに、多種多様なステークホルダーのなかでどのステークホルダーが組織にとって多くの影響を与えるのか。特に、規制当局、資金提供者、クライアント・利用者、資金とクライアント・利用者をめぐる競合者に関する検討である。

５）組織の能力

　資源、人材、管理制度、リーダーシップ能力に関して組織の現在の強さと弱さは何か。つまり組織が将来遭遇するであろう外部環境に対して影響を与え、巧みに適応できる組織能力とは何か。

６）優先的戦略目標

　構想をすべて実施し実現できる組織はほとんどない。したがって、数年後には可能な戦略目標を決めなければならない。それは何か。

① プログラム

・組織が奉仕するクライアント・利用者の間に変化の可能性はあるのか。

・クライアント・利用者へのサービスの質と量にどのような変更をする必要があるのか。

・組織のミッションを維持するには現在のプログラム以上にどれだけの、どのような種類のプログラムを追加する必要があるのか。

② 資源

・優先決定したプログラムを維持するのに資金源を増やす必要があるが、それはどんな資金であるのか。

・組織の資金開発目標はどうあるべきか、そのうちのどれが実行可能性が高いのか。

③ 能力構築

・優先決定したプログラムを維持し、資源開発を促進させるのには、リーダーシップ啓発、人員配置、ボランティア活動、情報技術、その他の管

理制度にどのような変更が必要なのか。

7）優先順位の決定

　いくつかの目標のなかで重要性と緊急性においてどれがもっとも優先されるべきか。理事会は付加価値を加える存在であり、組織の優先事項と戦略的方向について、最高経営者と「共同」もしくは「協同」して取組み、そして合意しなければならない。

3．理事会の十分な戦略役割に必要な処置

　理事会が戦略的事項に少なくとも対処するためには、次のような処置が必要である。

① **組織の特性（事業年数、規模、経験豊富な経営者、理事の戦略策定の経験者など）を考慮に入れて、戦略の策定過程における理事会役割を選択すること。理事会が以下の3つの基本的な役割から1つを選択することである。**

　・理事会がすべての必要な情報を確保して、進めるべき方向を決定する。

　・経営者と協同して戦略策定をする責任を有する理事会委員会を利用し、必要な情報を確保し、進めるべき方向を決定する。

　・経営者が理事会における議論や決定のための情報や推進方向を作成し、草案の形で理事会に提出する。

② **組織の外部環境や組織内の経営資源などの経営能力の情況に関する必要な情報を提供する経営者をつねに参画させることである。**

　ただし、同じ事案について独立の情報源から信頼できる情報を得ることも大切である。現実には、ともかく理事会において情報がときには非常に多く、ときには非常に少ない。例えば、財務の情報は予算報告書に限られ、組織の活動とその業績について他の組織と比較できるような情報が欠けているという状態である。

③ **戦略策定に関する十分な経験をしていない理事のすべてに戦略の策定に関する指導と教育をすることである。そのためにも、戦略の草案を準備する責任担当部署のために時間、資金、知見を十分に与えることである。**

　上記の諸問題は、一部には理事の役割について明確性が欠けることから生じている。役割が明確になれば、理事会は経験と技能の間の正しいバラン

スをとっているかどうかを判断することができる。特に理事長、あるいは理事会の運営責任者が最高経営者と協議のうえで時間と努力が主要な課題に焦点を当てられるように、議案など理事会運営を管理することが決定的に重要である。そうでなければ、理事会は日常的な瑣末な議論に流される危険がある。

そして「戦略用具の一部」として理事たちの一連の技能と知見と経験を確認するリストを作成しておいて、数年度ごとに組織の戦略的優先事項と比較照合することによって、どのような理事会の技能と知識と経験が必要となるかを決めることである。こうすることで、理事会の全体としての能力が組織の戦略的優先事項と適合し、理事会の戦略策定が現実に行われその効果が期待できるものになる。

しかしながら、理事会の戦略役割が確定できない、あるいは理事会がその戦略役割を充分に果たせないのは、その背景と要因についていくつか指摘した通りであるが、要は、主として非常勤やボランティアの外部理事が構成する理事会という特性による制約があまりにも大きいからである。そこで、研究文献や各種の公的機関が設定する制度や指針が戦略策定への参加を要請しているとはいえ、戦略の策定よりも戦略への関与・統制—情報提供・財源確保・立案助言—と、戦略結果のモニタリング・評価—特に財務統制—に現実の可能性があり、それに絞り込むことが適正であるとも考えられる。しかし、今後の厳しい情況の変化を想定すれば、理事会が戦略策定に直接・間接に参加すること、経営者が担う戦略立案過程に対して協同することの必要が高まってくることは確かである。

4．戦略策定に関する研究結果

むろん、これまでに戦略の策定過程に理事会がどのように関与するかについて多くの調査・実証研究が行われてきた。これらの研究に拠れば、戦略の策定過程に関与する理事会に対して経営者やステークホルダーがその有効性を高く評価している。例えば、理事会は機会と脅威の診断に必要な情報に接近して境界連結の役割を果たし、したがって、戦略行動を点検することで経営者を支援する。また、監査委員会・報酬委員会などの伝統的な委員会を利用して、理事会はますます戦略事項の点検に関与している。さらに、組織の

活動と業績に対する理事会の重要な貢献や影響として、見解や代替案を示して最高経営者の諮問に答えたり、最高経営者に助言や進言をすることで積極的に戦略に関与している。したがって、理事会は最高経営者が選択すべき戦略の策定に対して新しいビジネス概念を率先して検討し提案することによって、直接にこれらの企画を編成することができるとする。基本的には、戦略事項の評価なくして経営者の活動状況を十分に評価することはできないはずであるから、理事会の受託責任は戦略的事項への関心を要するとの見方である。

　このように、多くの研究によって理事会が戦略の策定に積極的な役割を演じることを確認し、そのことを奨励してきた。そして、理事会やその委員会が戦略策定に関与することと組織の活動と業績と組織有効性との間には、直接の因果関係は明らかではないが、プラスの相関があるとしている。

　しかし他方では、経営者は理事会が戦略に関与することに懐疑的であり、消極的な役割しか果たさないとする研究もまた多い。例えば、理事会の戦略に対する貢献はなんらかの危機の情況以外は非常に限定的であり、理事会はスチュアートシップ理論やエージェンシー理論が期待するような戦略領域には積極的には関与していないとの観察がある。すでに、経営者支配理論では、戦略の策定は最高経営者の領分であり、理事会は点検と承認の役割しか演じない存在である。したがって、理事会はトップマネジメントの道具であり、法制が求める条件を満たすだけの存在である。理事会の決定はほとんどが最高経営者の統制の下にあるとする。

　つまり、理事会は戦略策定には参加していなく、せいぜいが戦略を承認しているのであり、有力な最高経営者と対立することをおそれてリスク回避行動をする性向があるという。理事会はいわゆるラバースタンパーである。むしろ、最高経営者が自分の領域であると考えている戦略を設計し、あるいはその戦略を実行するのに理事会が関与することを望まないという観察がある。また、理事の選任方法の不合理や意思決定プロセスの非効率があるために理事会の戦略への貢献に支障があるとする研究結果もある。要するに、理事会の戦略役割についての研究は初期段階に留まったままである。

５．理事会の戦略役割に関する新しい研究動向

　ただ近時、理事会の戦略役割に関する問題に対して、新たに調査・実証研究が行われたり、新しい理論が試みられている。

① 　**理事会の活発な戦略役割として、最高経営者への助言、戦略分析の指導、戦略の選択に際する示唆を挙げていて、理事会の間接的な戦略への関与を指摘している。**

② 　**戦略の展開に際する理事会の役割は認識されているが、その戦略策定への関与の性質については十分に検討されていないとして、理事会の戦略役割のポートフォリオを提示して、次のように分類してそれぞれの特徴を示した提言もある。**

　　　・番犬―戦略の実施状況をモニタリングし評価することに主として集中する。

　　　・信頼―戦略の企画には限られた役割しか果たさないが、選択の分析、結果のモニタリングと評価には相当な役割を果たす。

　　　・パイロット―すべての領域で重要な戦略役割を果たす。

③ 　**理事会の役割は戦略形成ではなくて、戦略の文脈を設定し、戦略のフレームワークを維持することであるとする研究もある。**

　戦略の文脈を設定するとは、事業ドメインや、ビジョンと価値観を設定することである。そして、戦略のフレームワークを維持するとは、３つの側面をもつ。１つは、戦略提案が活発に点検評価され、ときにはフィードバックや助言を通して変更されるプロセスで、ゲートキーパーの役割である。２つは、理事会が経営者の革新的活動を鼓舞するプロセスで、信頼構築の役割である。３つは、適切な経営者、特に最高経営者を選択することである。

④ 　**理事会の職能と役割は基本的には内部の統制と外部との連結にあるとするが、内部の統制を戦略統制と財務統制に分けて理解する。**

　理事会の戦略策定への関与は経営者が定めた戦略の決定と方法とその行動に対する統制にあり、その有力な手段として財務統制があるとする。

6. 情況によって変化する理事会の戦略役割

（1）内外の情況

　これまでの理事会職能論や新旧の調査・実証研究に照らしてみれば、理事会の戦略役割は、ラバースタンプ型から、戦略の選択に際する承認と問題提起、さらにはミッションやビジョンの形成も含めた選択決定に参画するなど、すべての戦略策定のプロセスに関与する管理型まで多様であり、理事会の現実の戦略役割はその間のどこかに位置していると見ることができる。つまり、戦略の策定過程への全面的参加と戦略の策定には通常はなんら関与しない不参加の間の連続体のなかで、理事会の戦略役割は情況によって変化するものであると把握すべきであり、その中間には理事会の戦略役割は財務統制のような戦略結果の統制も含めて戦略の統制があると理解することができる。

　ただ、理事会の戦略への関与を消極から積極への連続体として理解することは単純にすぎるかもしれない。消極的な関与では、戦略的決定は分離していると同時に連続的であって、経営者が戦略を策定し、それを理事会が採択する、そして、経営者がその採択された決定を実践し、理事会がその結果を評価する。他方で、積極的な関与では、理事会と経営者はパートナーシップ関係で戦略を策定し、そして経営者が実践し、双方がその結果を評価する。

　しかし、戦略的決定は複雑で分断したプロセスを通して展開される。理事会は戦略の策定には関与しないで、戦略に活発に関与することがある。最初の段階での戦略の策定では現実に参画しなくても、戦略の考え方の指針を示すことで経営者に影響を与えるという戦略を形作ることができる。戦略を決定することと戦略を形作ることとの間には単純には区別できない関連があることは確かである。

　いずれにせよ、このような連続体のなかで、特定の理事会がどの位置にいるのかに関しては、内外の情況要素が大きな影響を及ぼし、理事会の戦略への貢献は内外の多くの情況要素の複雑な相互作用によって変化して非常に多様となる。すなわち、業績の急激な悪化、最高経営者の退任と承継、その他の重要な組織変化などの危機状況、法規や規制の制度や社会的規範、非営利セクターの伝統やガバナンスの規範、有力ステークホルダーの存在などの外部環境の特性、さらに、組織の特性として、組織のライフサイクルの段階や

組織の規模、理事会の構成と理事の選任方法、理事の技能と専門領域の経験、理事会の運営方法、理事会と経営者のパワー関係などである。特に、外部の制度変更による圧力の結果、理事会の戦略への貢献が他の理事会職能に圧迫を受けるか与えるかの結果をもたらすようなテンションに理事会は直面することになり、したがって、理事会はいずれかの選択を迫られるトレードオフに直面することになる。

　現実に、例えばコーポレートガバナンスについて、アメリカのサーベンス・オクスリー法がコンプライアンスに重点を置くのに対して、OECDはガバナンスにおける戦略指針を打ち出している。非営利組織の理事会に求められる法的責任は理事会のコンプライアンス役割とアカウンタビリティ役割—優先事項と合法性を検査する、組織のミッションと資産を護る、予算・決算を報告する—に重点を置いている。しかし、なんらかの危機の情況では理事会の戦略役割を期待し、その戦略役割に頼ることになるとしても、その戦略役割がコンプライアンス役割とアカウンタビリティ役割に負担を掛けないことが必要である。反対に、戦略役割には過剰なコンプライアンス役割やアカウンタビリティ役割は禁物である。

　ただ、当該組織や組織が関係する事業領域などに素人のボランティア理事会が組織の戦略策定に深く関わることを期待することが、そもそも非現実的であると言うべきかもしれない。したがって、そういう理事会がどれだけ戦略役割に関与できるかは、少なくとも次のような情況を考慮に入れておく必要があろう。

① 　理事会の経営者、特に最高経営者に対するパワーが弱い。この場合、強力な最高経営者は理事会を制御して、理事会の戦略役割を制約することができる。

② 　環境の不確実性がある。場合によっては、理事会は経営者にリスクを移転して、アウトカム評価と、したがって、例えば財務統制に重点を置く。しかし、不確実性がさらに高まれば、経営者はリスク回避行動を採る。このような情況では、理事会は戦略を重視する。

③ 　情報の非対称性がある。この場合、理事会は経営者の行動を確認できるような情報システムに投資するか、経営者の行動のアウトカムについて契約するかの選択をする。

（2）直接に影響を与える組織戦略

経営管理論における組織構造の研究において、戦略が組織構造を規定するとする命題（組織構造は戦略に従う）があり、さらに進んでは、組織構造が戦略を規定するという命題（戦略は組織構造に従う）がある。ここでは、組織戦略が理事会構造と理事会職能を規定すると見る。

組織戦略を個別に扱えば、組織は一般に守成、探索、分析、反応の4つの戦略タイプに分類できる。そして、それぞれに理事会行動と理事会の構造と機能を規定すると考えられるが、特に守成型の戦略を展開する組織と探索型の戦略を展開する組織において、理事会の構造と機能の特徴が顕著であると思われる。守成型組織は強い紐帯でより集中的な構造を護っており、他方の探索型組織はより広くより総括的な構造を備えている。守成型の組織はあまり探索的な戦略を採らず効率性を重視し、限られたサービスの維持を中心にしている。理事会行動は決定管理（決定と執行）ではなくて、決定統制（承認と統制）が軸となる。また、この守成型組織は委員会が少なく、委員会あたりの員数も少ない。

これに対して探索型組織は、革新的なプログラムを重視し、理事の経営実務の経験を奨励する。理事会行動は環境適応のための決定管理（決定と執行）が軸となる。また、この探索型組織は広い委員会構造をつくり、拡張的で総括的な理事会を求めて、委員会に各種のステークホルダー（理事、スタッフ、コミュニティ代表）を入れると考えられる。非営利組織にもますます革新機能が求められる今後においては、探索型組織が規定する理事会構造と理事会行動が期待される。

（3）戦略策定の能力

一般に、理事会特性と公式の戦略策定とは顕著に関連すると考えられるので、これまでも、理事会構造、理事会構成、理事会と経営者の関係が公式の戦略策定の採用とその利用にどのように影響しているかについての研究が行われてきた。理事会が長期計画策定に参画することと、寄附行為や資金提供の正当性、コミュニティでの組織イメージ、他組織の間の評価などときわめて密接な関係があるとして、理事会に対して戦略策定への参画を期待する議論が多い。この期待は専門化された理事会への期待に繋がる。

① 理事会規模は少数精鋭の小規模であること。
② 理事会構成は事業経営に関する豊富な経験と知識を備えた能力があって計画策定の継続的な経験者で構成すること。

　そういう理事会は、高いレベルの政策問題に関わる理事会、ミッションをよく理解している理事会、明確な意思決定の構造と手続きをもつ理事会、実業家と特に営利組織の経営者を含む理事会であることは明らかである。例えば、理事会構成で、事業家が参加している場合には、公式の戦略策定のような専門的管理方法を導入するのに役立つことは確かである。反対に、理事会がほとんど無償のボランティア理事で構成されている場合、このボランティア理事は一般に受け容れられた自明の理である「金がなければ、事業は破滅する」という現実を侮りがちな人たちである。これでは、非営利組織は存続できない状況に至るであろうことも確かである。

　特に外部環境が急激に変化することが、理事会の戦略策定への転換をもたらす。例えば、規制当局が非営利組織は「専門的に管理されている」ことを期待し、少なくとも戦略と財務に対する統制と監視ができる理事会を期待するような制度的環境の変化である。

　今後の非営利組織の成功は事業環境の不断の変化を察知して、それに適応する能力によって決まる。受益者・利用者のニーズが浮動する、政府が優先順位を再調整する、社会のムードが険しく要求が厳しくなる、競争が激しく脅威となる、歴史的な政府の助成金や一般の寄附金の資金源が枯渇する、規制が厳重となり重い制裁を課してくる。これからの非営利組織にはこれらの変化に適応する「革新」が求められる。創造性は例外ではなくて基準となる。このような成功か失敗かの場面では、情況に適応して構成される理事会が戦略の策定に大きな役割を果たすことになるであろう。

7．重要な戦略の策定

（1）ミッションの確定

　ガバナンスとは組織の目的を設定して、その目的を効率的かつ有効に遂行させることであり、理事会がそのガバナンス職能を担うものとして、理事会の公式のガバナンス職能のなかで、理事会はどの役割と責任を誰に委譲する

か、どの役割と責任を自ら保持するかを確定しなければならない。ファンドレイジングや対境関係を委譲することは基本的にはガバナンスにとって脅威とならない。誰がガバナンス職能を履行するかを考慮する際の要因として、理事会と経営者の知識・技能、組織の環境とステークホルダーに関する理事会と経営者がもつ知見の範囲、さらには組織の規模や組織の発展段階などが考えられる。しかし、ミッションの設定と経営管理の監視を外部に委譲することは、法的責任に属するほどのガバナンスの大問題である。

　営利組織では、例えば「品質第一」というミッションを掲げるが、このミッションとする「品質第一」は利益に繋がるという信念と事実に直接に繋がる。しかし、非営利組織では最高で最終のボトムラインはミッションそのものである。非営利組織はミッションのゆえに存在する。組織のミッションを促進させるという唯一の目的のために資源が開発され、経営管理が展開される。したがって、非営利組織の理事会の第一の職能と役割は、営利組織がその株主に利益を分配するのと同じように、組織のミッションを促進し、防護し、実現することである。端的に言えば、理事会の職能と役割とは、ミッションを確定し、あるいはミッションに賛同して、そのミッションの達成を見守り、その効果を確かめて、再びミッションの再確定を行うことである。

　しかしながら、現実には、ミッションの方向と経営管理の方向とは必ずしも一定方向を指しているのではない。非営利組織は複数の目的を抱え、複雑なパワー関係が交差するために複合組織といわれ、対立はするが相互関係にある価値観と目的をしばしば経験する存在である。したがってそこには、ミッションの有効な実現と、経営管理の効率性と財務の健全性の間のジレンマがつねに内在している。

　ソーシャルサービスの非営利組織では、組織運営のリーダーシップは教授や医師や芸術家などの専門職が担当するが、かれらはミッションについての訓練と判断力を有している。組織の事業モデルの特殊な側面についての特殊な知識を有しており、どのようなビジネスモデルがミッションに役立つかを知っている。組織を日常管理する専門職はミッションに関する専門的訓練を受けているので、ミッション達成とそれに関連する活動について理事会が批判できないようにすることができる。ただ、理事会は専門職の視点に対して、外部の審査機関の評価で対抗することができるだけである。

　反対に、組織の経営管理に関する知識と経験をもつ経営専門家を理事とし

て受け容れるようになれば、この理事たちはミッション達成に関する手順に対して疑念や批判を抱く性向のある実務家である。専門的な評価と説明がなければ、ミッション決定に伴う出資の意義を理解することができないかもしれない。このような経営専門家を擁する理事会がミッションよりも強力な経営管理志向による効率性を重視して、組織の方向を変えることがある。

　ただ、今日の現実からは、むしろ組織の存続が自己目的となり、組織運営の自己継続型の恣意的経営に対して、理事会がミッション志向の政策を提示して組織の方向を操縦する必要が出てきているというべきである。

（2）戦略的連帯の展開

　今後に想定される環境において重要な戦略策定は、連携やネットワークなどの戦略的連帯に対する組織の取り組み方を決めることである。合併、買収、ジョイント・ベンチャーなどの公式の連帯は個別の組織にとって大きな利益の機会をつくるかもしれないが、リスクに満ちた運命となるかもしれない。しかし、公式の連帯を形成するには理事会の最終的な決定が必要であり、公式の連帯を目論む組織間の交渉の間に、それぞれの組織のビジョンとミッションが両立するようにする職能と役割が理事会にある。

　したがって、この交渉の期間における理事会の職能と役割は、第1に、自分の組織のミッションとビジョンを代表することである。第2に、組織の基本的な価値が戦略的な関係を通して護られ、そして高められるように担保することである。第3に、提示されたパートナーシップをつくることを通してどのような戦略的目標が達成されるかを決定することである。

　そして、多くの非営利組織が遭遇するもっとも困難な挑戦的課題のひとつは、連帯が正式になされた後の相互の関係を管理することである。交渉の期間には見えなかった多くの問題が連帯後に歓迎されざる事件となって現れる。例えば、財務の問題や人事の問題である。

（3）革新・転換・危機・リスクへの対応戦略

　どのような組織においても事業の失敗や組織内の不正行為・背任行為やスキャンダルが発生するのは、脆弱な組織ガバナンスにその原因があるとされることが多く、その都度、最高の経営機関である取締役会なり理事会の強化と自己規制の重要性が確認され、それら経営機関に関する法制や規制が加え

られてきたものである。確かに、事態が悪化し、組織が危機に陥った場合、非営利組織の理事会についても、その重要性が明らかとなり、現に、例えば、最高経営者の不正行為・背任行為、財政基盤の劣化、外部の圧力の増大などの事態や危機に際会して、通常はリスク回避の行動をとるボランティア理事会でも強い意志をもって高度なリーダーシップを発揮して、組織の転換や変革に取り組むものである。

リーダーシップは転換や革新に影響を与える主要な人的・組織的要素であるが、特に、二元リーダーシップを特徴とする非営利組織においては転換や革新に対する理事会のリーダーシップは重要な戦略要素である。この場合、理事会は次のような直接・間接の革新機能を発揮するべきである。

① 理事会は理事会と組織が遭遇する挑戦的な課題に対して革新的な思考と創造的な対応をする期待を抱かせる気風を醸成する。

② 革新的な思考を実践に移し、そうするように最高経営者を支持することが組織の革新に決定的な影響を与える。

③ 理事は実業・金融・政治の世界と接触していれば、資金調達活動やコミュニティ内で組織を代表するのにこのようなコネを利用することができる。

④ 現実に革新を導入しなくても、組織の革新性に影響を与えることができる。革新に導く風土を醸成することによって、革新に向けた目標と優先事項を設定することによって、新しいアイデアに適応する自由を与えることによって、革新的な提案を承認することによって、組織の革新性を奨励することができる。

⑤ 革新を普及させるという理事会の職能と役割があり、理事は助言をするだけでなく、戦略的な転換を主導することもできる。

さらに、「リスクマネジメント」における理事会の職能と役割については一般にまだ十分には認識されていないが、理事会のリスク管理の職能と役割はその重要性が高まってきた。その重要性は非営利組織に対する一般の疑念と非難の増大、政府規制の強化、寄附者の懐疑主義の定着に伴って高まってきている。そしてまた、非営利組織が供給するサービスへの需要の増大、資金獲得の競争の激化、非営利組織成功のための自発的なリーダーシップ役割の確認など、理事会のリスクマネジメントへの強い期待と要求となって現れている。

Ⅳ. 組織の活動と成果に対する 理事会の評価・統制の職能と役割

　営利組織の取締役会と比較して、非営利組織の理事会に期待される職能と役割は多岐に亘りかつ複雑である。非営利組織には特定の所有権者が不在であること、証券市場が機能しないこと、公共から信託された組織であること、組織を取り巻くステークホルダーが多数であり多様であること、組織の活動と成果を測定する基準が単一ではないうえにステークホルダーによって多様であること、などである。そのため、理事会には次のことが求めらえる。

① 非営利組織は自己継続型経営になりやすく、その結果、経営者の裁量行動の範囲が広く、場合によっては経営者の恣意的な選好が優先される。そこで、理事会は組織の経営と経営者の行動に対するモニタリング職能に注力しなければならない。

② 理事会は信託された組織の法的・倫理的な最高経営機関であるから、組織の事業経営の最終責任を負う以上、組織の政策―執行―統制の意思決定になんらかの関与をしなければならない。

③ 非営利組織は公共が信託した制度であり、その公共が同等で多数であるため、理事会は困難な利害調整職能を負わなければならない。

　ところが、このようないくつかの重要な職能と役割を担う理事会はボランティアで非常勤の外部理事が圧倒的に多数を占める。このような理事会が果たして組織のガバナンス機能やリーダーシップ機能を担うことができるのか、そのような期待をすることは非現実的であるかもしれない。そこで、先に述べたように、危機の情況や大きな事件の際に影響力を発揮するとはいえ、通常は、理事会は「決定管理」よりも「決定統制」に傾斜する傾向は避けられない。

　しかし、現代の法制では、組織の経営管理に関する最終の責任は理事会にあることは確かである。日常の経営管理（ミクロ・マネジメント）が経営者に委譲されるとしても、日常の経営管理も理事会の最終の指揮に従うべきものとされている。そこで、理事会は経営管理に関する基本的な責任を免れることはできない。そうだとしても、理事会が日常の経営管理に無制限に参入することを正当化することはできない。理事会は経営者との協同関係を維持

しながら、トップの位置と姿勢に立つリーダーシップ職能を期待されるが、その意味は、先述してきた戦略策定への関与の他に、理事会が「建設的な懐疑主義」に立って、自立した監督職能を重視することを期待されていることである。理事会が非営利組織を経営するのに必要な専門的な知識や技能を備えていることは、それほど期待できないからである。

確かに、理事会は今日の厳しい環境に反応して組織の広い範囲に亘って監督を拡げることを期待されている。その場合、トップマネジメントの領域に参入することが必要になる。しかし、理事会が組織を直接に全体として管理しようとして経営者のリーダーシップに属する日常の経営管理の特定の職能と役割を引き受けたり、共有することを義務付けたり、期待したりされているのではない。現に、経営者に日常の経営管理の権限を委譲することが認められているのである。理事会の政策策定の権限の外に政策の管理とその執行の権限を加えることは、「チェック・アンド・バランスのシステム」を壊すことに繋がる。戦略的な挑戦的課題に応えようとする理事会の努力も、チェック・アンド・バランスのシステムを維持するという決定的な必要性から調節されなければならない。

このチェック・アンド・バランスのシステムによって理事や理事会の権限の濫用や、放縦な経営者のパワーの濫用を防ぎ、組織の資産の濫用を防ぐよう想定されているのである。ガバナンスの責務と経営管理の責務が合体するか、相当に重複するところでは、経営者が報告・説明責任を負う独立の理事会は存在しないことになる。ガバナンスと経営管理を分離する境界線は細く不透明であるが、それはやはり境界線であり、組織の効率的経営のために尊重されるべき区画線である。

理事会が監督を履行するという理事会の責務を厳しくすることと、理事会が日常の経営管理の責任を負うこととは基本的な違いがある。法律や指針では理事会の監督を経営者の経営管理の領域まで拡げる傾向にあるが、理事会が経営者の権限を無制限に直接に行使することを正式に承認しているわけではない。

しかしながら、小規模組織以外では、経営者やボランティアやスタッフに意思決定の権限を委譲しているから、委譲した事項について理事会が下すことができる唯一の決定は、それらの決定が組織全体の満足できる活動と成果を挙げているかどうかについての決定である。これが理事会の評価職能であ

り、それは委譲することはできない理事会の役割と責任である。

　理事会は組織がそのミッションを有効かつ効率をもって達成するように「正当な注意義務」を発揮するよう求められているのであり、理事会はトップマネジメントの経営リーダーシップの態様を監督しなければならないということである。現に、法律や「最善実践」では、監督職能における理事会の特定の責務を規定している。いくつかの核となる原則がある。

① 経営者の選任、報酬、評価、承継計画

② 戦略・計画の策定過程の監視

③ 年間予算の理解と承認

④ 財務諸表の正確性と透明性の確認

⑤ ミッションの継続性と優遇税制を受けた活動の継続性の保証

⑥ 組織が遭遇する重要問題について経営者への助言

⑦ 重要な組織行動についての非公式な決定

⑧ 有効なコンプライアンス・倫理計画の活動の保証

⑨ 理事会・委員会への有能な候補者の指名、包括的な理事教育・自己評価の実施要項の保証

⑩ 関連団体に留保された権限の承認

　しかし、このような監視や評価の統制職能を果たして履行できるのかどうかが問題である。

① 理事会がなすべき監視と評価の量と質に関して明確ではない。

　理事会と経営者とは監視と評価に関してそれぞれが違った考え方を抱いている。監視と評価を「する方」と「される方」の違いである。あるいは理事会自身が統制職能は何かについて十分に理解していないし、積極的にこの職能を履行しようとはしない。

② 理事会は監視と評価を履行するだけの十分な情報を備えていない。

　情報の収集と報告について不適切な制度や手続きがある場合、あるいは、意識的にか無意識にか経営者が理事会を遠ざける場合に情報不足が生じる。

③ 理事会は監視と評価を履行するだけの内部構造と内部手続きを設けていない。理事会の役員や委員会に情報収集やその分析をさせ、理事会に有効な資料を提供するようにしていない。

④ 同じく、理事会は監視と評価の訓練を受けていない。また、情報データを分析し解釈できる知識と技法を有する理事がそれほど多くない。

⑤ 監視と評価の責任を重大であるとして受け取らない非公式なリスク回避の理事会文化が醸成されている。最高経営者の活動やその業績を監視したり、評価することは避けたいとする風土である。

そこで、理事会は少なくとも次のような監視と評価の統制職能に絞り込んで理事会の役割と責任を果たさなければならないであろう。

1）全体としての組織の活動とその成果の監視と評価

適正な組織有効性基準を選択すること、組織有効性基準を理解するための概念フレームワークを開発すること、測定と分析の最善の方法を選択することである。

2）財務管理に関する監視と評価

ミッションの達成と組織活動の遂行のために十分な資金源を確保するよう担保することであり、その資金が正しくかつ無駄なく使われるように担保することである。そのためには理事会は少なくとも年度予算を監視し評価することができなければならない。この程度の理事会職能はほとんどの理事はよく理解して自覚しているはずであるが、その実践はそれほど容易ではない。財務諸表、監査報告、予算書、財務戦略に潜む志向や理念を理解できるだけの知見と経験のない理事が多いからである。

そこで、組織の財務状況を理解し、その改善に要する諸方策を講じることのできる理事会能力を高める施策を施して定期点検すること、組織の財産・財務状況を的確に理解できるようなすべての財務情報を経営者に提出させること、組織の財務状況に関する監査役や外部監査人などの独立の報告を入手することなどが必要な条件となる。

3）リスクマネジメント

組織の財産・財務の安定を害する可能性のある行為や事件を認識すること、社会やステークホルダーの組織に対する評価や評判を感知すること、事業経営に関する法規が定めるコンプライアンスを理解し確認すること、さらには、クライアント・利用者の安全福利へのリスク、危険な投資へのリスク、社会的に容認されないような行為へのリスクの予防と防御をすることなど、危機に対応する危機管理ではなく恒常的に組織運営を見守るリスクマネジメントをすることである。

4）最高経営者の活動とその業績に対する監視と評価

最高経営者候補の選考・選任、最高経営者の職能規程の作成、最高経営者

の職務の履行に関する指導・教化などの決定をすること。さらに重要なことは、最高経営者の活動とその業績を監視し評価することである。最高経営者に決定形成の責任と権限を大幅に委譲しているとすれば、その決定の過程とその効果について全体として監視し評価して統制することこそ理事会に残された重要な職能と役割である。

Ⅴ. 対境管理に対する理事会の境界連結の職能と役割

　非営利組織における組織戦略を展開するに際して基軸となるのが、多様なステークホルダーやサービス利用者を誘引することである。理事会はこのような対境関係の維持とその向上に努力するいくつかの職能と役割を履行しなければならない。

① **理事会は組織に対して多様なステークホルダーの代表者として行動する。**

　理事会はステークホルダーやサービス利用者のニーズを理解し、そのニーズに応えることができなければならない。

② **理事会はステークホルダーやサービス利用者に対して組織の使節として行動しなければならない。**

　理事会は必要かつ適正ならば、有効な組織擁護者となり、応援団となり、危機介入者にならなければならない。多くの場合、経営者は組織のミッションと事業の達成を推進しようとする場合に利己的行動をすると見られるのに対して、ボランティア理事は組織に対して経営者とは別の外縁的存在として利己的行動をしないと見られるので、理事は経営者とは違った姿勢と行動でもって意思決定に絡む外部の有力ステークホルダーに対応することができる。特に、組織の擁護に努める活発な活動によって、理事会が組織の存続問題、政治問題、資金調達問題などのミッション達成に障碍となるような全体的な問題に対応することができる。

③ **理事会はファンドレイジングに関する包括的な対境関係の戦略を推進しなければならない。**

　巧みなファンドレイジング戦略が成功するすべての基礎は、現在・将来の支援者を組織ミッションの価値観に引き込む組織能力のいかんにあるので、

外部のステークホルダーから集まる理事会が組織の健全財政に直接に作用を及ぼす重要な位置にいる。経営者ではなくて、外部理事が助成財団や営利組織の寄附提供者に大きな影響力を与えるものである。

おわりに

　組織や理事会自身が理事会を変革しようと真剣に取り組むのは、残念ながら、何かの事件が起こるか、世間の非難を浴びるか、構造的な危機が視野に入ってきてからである。そうではなくて「先を読んで」、理事会構造と理事会構成などの理事会のあり方について戦略的な選択をすることが肝要である。その際、それぞれの組織がその個性、組織文化、外部圧力などの組織の独自の形状に適合する最善の方法を探索すべきことは言うまでもない。

　しかし、どのような職能と役割に注力するかを戦略として決めるだけでは十分ではない。次には、その職能と役割にどの程度関わるのかを決めることが必要である。例えば、理事会は政策を決定し、経営者はその政策を執行するとする「政策と管理の分離」を徹底するだけで事足りるのではない。一言で政策の決定というが、すでに述べたように、政策にはいくつかの段階ないし階層があり、かつまた、政策にはいくつかの展開がある。そこで、どのような政策段階においてどの程度にその政策の展開に関与するかを決めなければならない。

　主として欧米において展開されてきた理事会の職能と役割に関する多くの規範的な理論や調査・実証研究による記述的な議論を整理すれば、端的に言えば、理事会の職能と役割とその責任は、(i)社会から信託された事業の運営、(ii)外部の諸資源の獲得とステークホルダーとの交渉、(iii)組織と経営者のミッション達成活動の監視・統制の3つに絞られる。

　さらに、究極のところ、その中心の課題は、組織に与えられたミッションを誠実に達成させるためにはほとんど実質の経営支配権を有する最高経営者をどのように統制管理するのかというところにある。少なくとも中規模以上の非営利組織であるなら、理事会の主たる職能と役割とそれに対する責任は、「組織活動の舵取りを含めた監視・統制」にあると限定し確定することができる。理事会と組織活動とは現実にかなりの距離があり、また、理事会は組

織に対して一定の距離を置くことが肝要である。問題はその距離の「間」であり、理事会と組織の間、理事会と組織を管理運営する最高経営者との間の適当なバランスである。

そこで、この課題を解くためには、どのような、そしてどのようにして最高経営者との関係を構築するのかが問われることになる。組織の政策とその執行に関して理事会と最高経営者とがどのように関わり合うのかが基本的な焦点である。

しかしながら、多くの議論や政策提言のなかから、どれが将来の非営利組織ガバナンスと理事会行動にとってもっとも説得力があり魅力があるのかを即断して確定することはできない。いまだに多くの問題が残っているからである。

① 理事会の職能と役割は組織の形態や組織の活動環境など、どのような条件でどのように変化するのか。

② 時代によって理事会の職能と役割はなぜ変化するのか、それはどのように変化するのか。

③ どのような理事会内部のダイナミックスや理事と経営者のダイナミックスが、異なった発展段階と変化する文脈とに結び付くのか。

④ 異なった環境の下での多様な非営利組織にもっとも適合する理事会と経営者の関係をそれぞれどのように構築するのか。それを示唆する理論やモデルはどのようなものか。

⑤ 本質的に、理事会ガバナンスは組織のミッションと組織の成果を適合させる職能と役割を「部分的に」担う経営機関である。理事会の多様な職能と役割、それに従って求められる責任、第1章で試みたように、これらを合理的に分類する必要があるが、さらに、理事会の多様な職能と役割を具体的に操作可能にすることが求められる。

非営利組織の理事会は今日新たな挑戦を受けている。組織の活動とその成果に関する社会の関心と政治の関与が高まってきて、組織の成果と貢献を向上させ、同時にその成果と貢献を明らかにするアカウンタビリティを充実させよという圧力と要求が増している。非営利組織もますますメディアによる批判に晒されており、その失敗が直ちに摘出され指弾される。その結果、また規制体制が強化されてくる。多くの資金提供者は業績達成の目標を特定するよう組織に要求し、モニタリングと報告の厳しい制度化を求めてくる。

理事会はこれらの新たな挑戦と困難とときには曖昧な種々の対立する職能と役割に対して、現実にどのように対処することができるのか。これまでの経験に頼るとか、たんなる規範に頼ることは好ましくないし適切ではない。理事会はより柔軟になる必要がある。このためには、理事会が誠実に自己の職能と役割、行動態様、行動効果についてさらに自省を深めなければならない。その過程の一部として、理事会は、職能と役割と責任、活動と業績、経営者との協同、理事会の構造と構成について正しく検討する能力を開発する必要がある。

理事会は何をすればよいのか、つねにミッションを達成する立場に立ちながら、組織が置かれた情況に応じて、理事会の職能と役割を具体的に明確に限定し確定して、それが理事に有効に周知され理解されることが肝要である。このためには理事会構造（委員会制度や会議手続き）や理事会構成（理事の人選）のあり方を改めて考え直し、それらを変えることが求められるし、理事に期待する職能と役割を理解させるためには理事の教化・啓発制度や理事の評価制度を導入する必要がある。

現実には、これを実現するにはボランティア理事に大きな負担を掛けるという懸念もあり、なかなかに困難で手間が掛かる事業であるが、理事会を長期的に発展させるという視点、組織の活動とその成果の向上に果たす理事会の職能と役割とそれに対する責任という広い視点からは是非とも実践すべきことである。第Ⅲ部と第Ⅳ部において、理事会有効性を高める方法として順次検討を加える所以である。

第 III 部

理事会有効性を高める
基礎構造

❶ 理事会有効性をめぐる 基本的理解

はじめに

　第Ⅰ部第4章では、「なぜ理事会は上手く運営できないのか」について、非営利組織に特有な理事会構造と理事会運営にその根源の理由のひとつがあり、したがって、集団行動としても理事個人の活動にしても、理事会として共通の動機に基づいて統一的な行動が期待できないところにあると指摘した。本章はこれを承けて、そもそも「理事会が上手くいく」、その結果「有効な理事会である」「優れた理事会である」というのは、どういう基準でどういう面を指して認識されるのかについて考えてみたい。有効な理事会の特徴は何か、最善の理事会ガバナンス・モデルは何かという問題である。

　しかしながら、有効性について一般に認められた基準と評価が確定していないので、規範論は別として種々な立場からの有効性認識が生まれる。当事者や専門家の意見や各種の調査結果からは、理事会有効性は戦略の策定、資源の獲得や対境管理、組織の日常管理まで多種多様な有効性基準と有効性評価が乱立することになる。

Ⅰ．様々な視点による理事会有効性の捉え方

1．理事会有効性の規範的な基準

　こういう理事会にすれば上手く運営できて「有効性」がある、理事会が有効性を発揮するためには理事会は「こういうこと」（職能と役割）をしなければならないとして、規範的に「理事会は何をすれば有効なのか」について

多種多様な理事会職能論がある。また、業界指導機関や理事会連合団体がよりよき理事会を目指して、最善実践指針として掲げる「このようにしましょう」という自己評価表を含めた指針としての有効性リストがある。このような理事会に関する規範的文献や実践指導書は高い業績を挙げると考えられる理事会の活動力とその特質に焦点を当てている。すでに第Ⅰ部第2章「理事会の職能と役割に関する規範論」で述べたところである。

ここでは、Board Sourceの優れた理事会有効性の規範的な基準について、範例として載せておくだけにする。

① **建設的なパートナーシップ**

理事会と経営者の有効性は相互関係にあることを認識して、経営者と建設的なパートナーシップで統治する。

② **ミッション志向**

ミッションを確定し、それを説得力のあるビジョンに具体化し、決定と基本的価値観を一致させる。

③ **戦略的な思考**

もっとも重要なことに時間を集中させて、組織の方向づけを完璧にするように継続的に戦略的思考をするよう努める。

④ **探求の文化**

探求の文化を制度化して、健全なかつ共有された意思決定になるような理事相互の信頼による建設的な論議を行う。

⑤ **自立心**

自立心をもって意思決定をして、組織の利益をすべてに優先させる。

⑥ **透明性の気風**

寄附者とその他のステークホルダーが財務、活動、成果についての情報を評価し確認できるように透明性の気風を助長する。

⑦ **誠実なコンプライアンス**

活発で適切な監視メカニズムを確立して、確固たる倫理的価値と規律あるコンプライアンスを促進する。

⑧ **諸資源の存続**

大胆なビジョンと野心的な計画について、これを財務支援、専門的な知識と経験、影響のあるネットワークに連結する。

⑨ **結果志向**

組織のミッション達成度を測定して、主要なプログラムとサービスの業績達成度を評価する。

⑩　意図をもった理事会実践

本質的なガバナンス義務を果たし、組織の優先事項を支援する意図をもって理事会を編成する。

⑪　継続的な学習

自分の活動状況を査定し、組織に与えた付加価値を評価して、組織が継続的に学習する制度を採り入れる。

⑫　再生力

計画された交代、賢明な採用、多様な理事の任用を通して理事会自身を活性化させる。

2．アンケート結果による主観的期待

理事会の法的・倫理的な受託責任を全うする理事会職能をそのままに履行することが理事会の有効性であるとする規範論とは別に、当の理事や経営者に対する多様な調査研究によって、理事会はほんとうは何をしているのか、その実態を明らかにする「実態論」、他方では、「こういう仕事をする理事会なら、あるいはこういう仕事をしてくれる理事会なら、組織のためにあるいは社会のために優れた理事会である」として、アンケートに回答を寄せた主観的な価値判断による「主観的期待論」がある。ここでは逐一事例を挙げないが、以下に非営利研究の先進国（主としてアメリカ、カナダ、イギリス、オーストラリア）で行われた調査結果を纏めて紹介しておくことにする。

（1）実業家のボランティア理事に対するアンケート調査結果

ファンドレイジング活動、組織の活動手続きの設定、支援活動の訴求、予算・財務統制、組織とステークホルダーの調整、これら５つの役割が多く、経営者の監督、政策策定という一般に期待され、論じられている役割は見当たらない。他方で、実業家のボランティア理事に何をしたいかを尋ねたアンケートでは、活動手続きの設定（組織の信頼向上）、PR戦略の決定（組織の可視化）であり、組織のためにプロジェクトを率先して立ち上げることを求めていない。

反対に、スタッフはプロジェクト策定にリーダーシップを発揮してほしいと期待している。

　この調査は実業家を対象にしており、その他の広範な経歴の理事は除かれていることに注意する必要はあるが、次の諸点が指摘できる。

① 理事は組織をリードするのではなく、スタッフの指揮に従うものと自認している。これは指導書や専門書が指摘する広範なリーダーシップの期待とは反対の結果である。

② 理事とスタッフとは理事会が何をすべきかについて基本的な役割と責任について合意していない。

③ 理事会のあるべき役割が明瞭でないことから、理事会の役割が一部は理事の個人的で社会的な動機で左右される可能性を高める。実業家理事の多くは組織の信頼向上（活動手続きの設定）と可視化（PR戦略の設計）の職能を選んでいるが、これらは理事自身の信頼性と透明性を高める役割を演じるにすぎないともいえる。

（2）経営者に対するアンケート調査結果

　有効な理事会と結び付く行動について経営者に確認した結果、理事会の法的責任を理事が理解していること、資金調達、コミュニティ関係、政策策定、計画策定における役割を理解していること、プログラムの開発と発信、会議の準備や運営の効率的な処置を採ること、新理事を選抜すること、財務資料を点検すること、指導的地位に奉仕する意思があること、などが有効な理事会行動である。また、組織のミッションと価値の設定、資金調達その他の資源確保の支援、財務管理の監視、戦略的方向づけの検討と決定、理事会の活動と業績の点検が挙げられる。そして、4つの変数が理事会有効性の差異を説明するという。重要度から示せば、以下のようなものになる。

① 理事会が自らの役割と責任を明確に理解していること。

② 理事会がスキルと経験とを正しく合せ持ち、そして理事はよい職務をする時間の余裕があること。

③ 理事会と経営者とが目標達成についてどうすべきかのビジョンを共有していること。

④ 理事会と経営者が定期的にどのように協同するか検討していること。

　このような調査結果を受けて、研究者のなかには、理事会は企業家という

よりも受託者として、そしてほとんどリスク回避という限定された役割を演じることにおいて理事会の有効性を認める立場や、理事会のガバナンスと統制職能を強調する立場がある。

前者では、理事会は政策とその方法の策定と評価をする存在ではなく、経営者が提案する政策を承認している存在である。理事会のなかでは最高経営者を含む経営者と協同する理事会の執行役員会や常任理事会だけが政策設計に携わる唯一の地位を占める。組織を更改するなどの状況では理事会が政策を策定することもあるが、それは例外のことである。理事会は良かれ悪しかれ外部との連結機能に使われているのであり、その限りでその有効性を問われていると考える。

さらには、有効な理事会とは、流石に何もしない理事会が有効であるとはいわないが、組織の経営管理を「妨害」すべきでないと暗黙に理解することによって、経営者やスタッフを立て、それ自体が非営利の組織文化の一部であるともいえるコンフリクトを回避する理事会であると認める研究者もいる。

後者では、理事会の役割と責任は組織の継続性、安定性、統合性の維持にあり、経営者の指導と経営者への支援にあるとして、政策策定、予算・財務統制、経営者の監督などの理事会の内部職能を重視すべきであると考える。

しかしながら、以上のほとんどは規範的であるか、主として経営者や理事の個人の経験と認識に基づいた調査結果であって、理事会有効性を包括的な概念モデルと体系的な研究によって明らかにしようと試みたものではない。

3. 研究者による理事会有効性論

理事会有効性に関する文献は多数に上り、その視点と内容は多種多様であって、それぞれに有効な理事会とは何か、その特性を明らかにしている。

（1）代表的な議論

1）「有効性とは正しいことをすることであり、効率性とは正しくことをすることである」とすれば、前者こそが理事会の本来の役割であり、後者は経営者はじめ従業者の役割であるが、この役割をかれらに正しくさせるのがまた理事会の役割である。非営利組織において正しいことをするとは、組織

が掲げたミッションを達成することである。非営利組織の最高経営機関である理事会はこのミッションに対して責任がある。ミッションに焦点を当てることによって、組織の政策策定、組織への積極的関与、組織への明確なアカウンタビリティをすることが、有効な理事会の活動である。

そこから、次のような見解が生まれる。

① 組織の性格、組織の方向づけ、組織の戦略の形成に関与するだけの理事会が有効な理事会である。言い換えれば、理事会職能を厳しく制限して、経営者側から上程される政策立案に反応するだけの理事会が有効な理事会である。

② また、理事会は組織が所有する資産の管理や人的資本の管理にも責任があるけれども、これらの管理はほとんど経営者や管理スタッフに委譲される。しかし、コミュニティ需要の充足という社会問題に取り組む役割と責任はこれを委譲することはできない理事会固有の責務である。この役割と責任を果たすことが有効な理事会の証である。

③ さらには、非営利組織が公共サービスを供給するために存在している以上、一般にその成功はどれだけそのサービスをよく供給しているかによって測定・評価される。特にソーシャルサービス組織やヒューマンサービス組織における有効な理事会はクライアントのニーズを満たすサービスを充分に提供し、サービスの質と量を向上させるのに必要な諸資源を確保することにも役立つよう期待される。したがって、特に対境関係—資金調達とコミュニティ関係—に関する職能と役割に注力することが理事の有効性基準である。

2）理事会が正しいことを自らすることよりも、経営者たちに正しいことを正しくさせることが有効な理事会の証である。そこから、理事会は組織のなかのもっとも重要な評価役割を履行することにおいてもっとも有効である。理事会の戦略的評価と呼ばれる評価役割である。理事会がまず自分の活動を評価する、経営者の業績を評価する、そして組織活動の成果を評価することである。特に、組織活動の成果に貢献するものとして、経営者の評価と制裁を行える理事会の監視と権威の体制づくりが有効性基準となる。

（2）理事会能力論—6つの次元の有効性基準

理事会有効性について、少なくともその有効性の基準を体系として捉える

ものとして有効性の6つの次元を提示する見解を紹介しておこう。この研究
は長期的で大規模な調査研究（アメリカの多数の私立大学の学長、理事長、
その他の評議員との面接調査）による帰納的方法によって、どういう情況の
ときに理事会が有効に活動をしていると感じるかを詳細に調査し、理事会有
効性の本質的な要素を捉えた多元的な理事会能力を明らかにした研究であ
る。それは、「こういう能力や適性を備える理事会は有効である」と関係者
に認められた理事会有効性の基礎理論を構築したとして、一定の評価を得て
いる研究である。そこでは、現実の理事会行動を分析し、これらの行動に必
要な理事会に認められる一連の6つの能力を確認している。

① **組織の文脈**

　理事会はそれが統治する組織の文化、伝統、歴史、価値観、ミッション、
規範を理解して、それらに配慮する。理事会の行動は組織のこれらの文脈に
導かれ、組織の価値と一致する。そのために、

ⅰ）当該組織の環境の特異性と文化を尊重してそれに適応する。

ⅱ）組織のミッション、価値観、伝統、歴史を決定の基礎的指針とする。

ⅲ）決定と行動は組織の基本的価値を反映し、それを強固にする。

② **理事会の学習**

　理事会は学習する能力を培う。理事会活動に対する反応を学習・反芻して、
理事の教育と反省の機会を提供する必要を重視する。理事が組織、その事業、
そして、理事と理事会自身の役割、責任、業績についてよく理解できるよう
に必要な手段を講じる。そのために、

ⅰ）理事の教育と学習の機会を継続的につくり出す。

ⅱ）業績向上のために定期的に自己の活動状況について事後情報を集め、定
　　期的に自己反省をして、理事会の強さと限界を尋ねて誤りを検討し、そ
　　こから学習をする。

③ **集団の育成**

　集団としての理事会の発展を培うために理事の集団構成員としての育成を
図る。理事会は集団目標を確定し、非公式な相互関係をつくり、理事会リー
ダーシップを磨くことによって理事会の協同の力と福利に専念し、一体感と
チームワークを育て上げる。そのために、

ⅰ）理事の間に帰属心をつくり上げる。

ⅱ）自らの目標を設定させる。

ⅲ）理事会で指導的地位に就くよう理事を訓練する。

ⅳ）集団目標をつくり、集団目標の達成について教育する。

ⅴ）理事会内のリーダーシップを確認し、それを養成する。

④　**分析力**

　理事会は対処すべき問題の複雑さと微妙な差異を認識して、多数の視点に立って複雑な問題を詳細に検討し、多様なステークホルダーに対応し、理事会行動の多元的な効果を理解する。そのために、

ⅰ）「いろいろ違ったレンズ」を通して事柄を見る。

ⅱ）微妙な点と微妙な違いを認識する。

ⅲ）曖昧性に寛容であり、情報を追跡し論議を奨励する。

⑤　**政治**

　理事会は主要なステークホルダーとの間の健全なコミュニケーションと積極的な関係をつくる方法を開発し、それを維持する。そのために、

ⅰ）ガバナンス執行過程の誠実性を重視し、これを保守する。他のステークホルダーの正当な役割と責任を尊重する。

ⅱ）複数のステークホルダーの間の健全な相互関係に対する責任を受け容れる。

ⅲ）主要なステークホルダーと適宜に相談をし、直に話し合う。

ⅳ）葛藤や対立を少なくしようと努め、黒白を付ける状況を避ける。

⑥　**戦略**

　理事会は組織の目指すべき将来の方向を構想し、それをビジョンに具体化する。そのために、

ⅰ）組織の戦略的・象徴的な領域での優先事項の決定や政策決定に専念する。

ⅱ）問題を予測し、事柄が重大になる前に行動する。

ⅲ）組織の優先事項を明確にするプロセスを設定して、これに集中する。

　　要するに、

・組織の文脈の次元—理事会が統治する組織の文化と規範とを理解し、それらに配慮する。

・理事会の学習の次元—理事がその組織、その事業、理事および理事会自身の役割、責任、パフォーマンスについてよく理解できるように必要な手段を講じる。

・集団の育成の次元—集団の一員としての理事を教育し、理事会の共同福利に心がけ、団結心を育てる。

・分析力の次元―理事会が遭遇する問題の複雑さと微妙さを認識し、複雑な難問を吟味し、適切な対応策を纏めるために複数の視点に尋ねる。

・政治の次元―主要なステークホルダーと健全な関係を開発し、それを維持する必要が理事会のひとつの主要な責任であることを容認する。

・戦略の次元―非営利制度の行き先を想定して熟慮し、組織の未来に向けて戦略的方法を確保するよう助力する。

　ただし、綿密な研究の結果として導出された有効な理事会像は、学ぶべき貴重な有効性基準ではあるが、この理事会有効性論はある特定の分野における調査結果から帰納された主観的な判断・評価基準に拠っていることから生じる制約を免れることはできない。

（3）理事会有効性のフレームワークの構築

　理事会有効性は組織の活動を方向づける質の高い決定をする能力を意味するが、それは理事会構成員、理事会構造、理事会プロセスの関数であるとして、次のような理事会のインプット、プロセス、文脈的諸要素（特に広い制度的な圧力）の影響によって理事会が生み出すアウトプットは形作られると見る概念フレームワークがある（**下図参照**）。

① 理事会の主要なアウトプットは、理事会が履行する多様な職能とタスク（戦略的貢献）である。戦略の策定、受託資源の管理、経営者の監視と支援、

図　理事会におけるアウトプットの概念フレームワーク

文脈
（制度的影響）

インプット
（理事のスキルと経験）

プロセス
（理事会の組織と運営）

アウトプット
（戦略的貢献）

（出所）Chris Cornforth, Charles Edward, Board Roles in the Strategic Management of Non-Profit Organizations: theory and practice, *Corporate Governance,* Vol. 7, No. 4, Octber 1999.（筆者一部修正）

対境関係とアカウンタビリティ、理事会の継続である。

② 主要なインプットは、理事それぞれのスキルと経験であり、それを使える時間である。これらの理事がもつ要素が理事会の組織（例えば、規模・構成・管理構造）と、運営のプロセス（例えば、理事会の役割と責任の決め方、理事の選任方法、理事会の活動と会議の仕方、経営者との協同）を通してアウトプットに変換される。そして、この特定のアウトプットが組織の戦略に対して理事会が役立つ貢献をなす。

③ なお、ここでは、インプット―アウトプット・モデルについて、情況的・文脈的に捉えることが特徴である。文脈は組織の行動を制約したり、促進させたりする。例えば、ガバナンスや理事会構成に関する法規制は理事会行動に対して大きな影響を与える。また、組織の行動の歴史もその文脈のなかに入れるべき重要な情況要素であり、さらに、従来の理事会行動が文脈の主要な特徴をどのように形成しているのか、理事会はどのようにその職能と役割を決めるのか、理事会行動の規範をどのように決めるのか、理事は直面する問題をどのように解釈するのか、などの文脈の特徴を考慮に入れる。

一般に、組織の環境には経済的・技術的要素と社会的・文化的要素とがあるが、非営利組織の理事会行動について特に影響するのは社会的・文化的要素である。例えば、規制の制度、非営利組織セクターの伝統、ガバナンスの歴史と規範、理事の選任方法などの多様な要素が理事会行動に影響を与えると考えられる。しかし、実は理事会有効性をさらに向上させる理事会の属性と理事会の特定の行動との間の関係はよく理解されていない。

Ⅱ．理事会有効性を高める基本的方法

ほとんどの非営利組織の理事会は有効性に欠けるとされ、そこには、構造とプロセスにおいて基本的な設計の欠陥があるためと見られたり、他方では、現行の構造は立派であるが、改善が必要なのはその執行であると見られる。(i)理事会はもっとも重要な事案に十分な時間を掛けない、(ii)会議はあまりにもシナリオ通りで、振付けができており、出来してきた問題を検討し、別の

有効な方法を考察したり、思慮深い決定をする機会がほとんどない、(iii)全体としての集団よりは理事個人がよく活動している、などと理事会はいろいろな点から批判を受けている。

そこで、非営利組織ガバナンスを改善する方策として、理事会が行うべき適当な職能と役割の範囲を縮小するという議論も出てくる。しかし、現在の理事会の活動とその貢献に不満があるとしても、このような職能縮小の方向は適切な方法とはいえない。

後に述べるように、有効性は違った人たちには違った基準と内容を意味する以上、理事会有効性にはそれがいかにも画一的な基準や要素があるかのように表現されていることには問題があるが、以下の「1. 理事会能力の評価」、「2. 高い集団活動能力の構築」、「3. 最高経営者への理事会有効性向上の役割付与」の3点が理事会有効性を観察し、最終的にはそれを改善する方法を提示していると考えることができる。これに基づいて、組織の指導者たちが理事会の法的・象徴的職能を超えてほんとうに理事会はどこにどんな価値を付け加えることができるのか、情況に応じてそれを探し出し、その価値を十全に発揮する内容として「価値提案」をすることが必要である。そこに、理事会の職能と役割に関する戦略的な選択と決定が求められる。

その際、この「価値提案」は最高経営者との合意によるか、最高経営者の先導によるか、いずれかのプロセスが必須の条件である。なぜなら、組織の運営とその維持の基盤のうえに双方がどのようなパワー関係にあっても協同しなければならないからである。

1. 理事会能力の評価

理事会は何よりも組織にとって有力な資源であることを忘れてはならない。激動する環境を切り抜けるについて、長期的な計画策定を展開するについて、非営利組織らしい成果を達成し、場合によってさらにそれを改善するについて、理事会がひとつの有力な資源である。同様に、理事会は非営利組織の存続を正当化させる組織の代理者としての職能と役割を果たし、主要なステークホルダーの承認を獲得するような象徴、仕組み、過程を適切につくり上げることができる存在である。この2つのことについて多くの研究が確

認しており、それらは理事会が具有する潜在的な多くの価値を見つけるべきことを諭しているのである。

真に指導力のある経営者ならば、経営者の言うままに情報の受動的な受け手として行動して批判をすることを忘れている理事会よりも、あるいは経営者の指導の下に協同する理事会よりも、高い基準を設定し高い業績を要求する指導力を発揮する「もの言う理事会」を今こそ必要としていることを銘記すべきである。

2．高い集団活動能力の構築

理事会の価値のひとつは、有効な集団はどのような個人よりもよい決定をすることができるという点にある。しかし、たんなる作業集団から高い機能を発揮するチームは一朝一夕には成らない。チームワークは厳しい作業であり、個人としての理事の行動の矯正が必要である。理事会においてチームとして仕事をするように理事の能力を開発し啓発するという意図的な努力がなければ、理事は有効な理事会と結び付く長期的な視点、戦略の焦点、協同行動から外れてゆくという当然の帰結が待っている。

今日、逞しい集団として仕事をする理事会能力と理事会の活動と貢献との相関関係について認識され始めてきた。優れた組織と失敗した組織のそれぞれの理事会を比較した場合、もっとも顕著な相違点として「理事会が優れた機能を果たす作業集団」として活動しているかどうかが明らかとなっている。「よい理事会を最適にする要素」は、理事の間や理事会と経営者の間に信頼感と虚心坦懐の気風があるのか、情報が公に適宜に共有されているのか、理事は他の理事の主張や結論に自由に異議を挟めるのか、経営者が戦略事案について活発な議論を求めているのか、理事会が自らの活動と業績を全体としてまた個々に評価しているのか、などの集団の特性に関係していることが判明している。

よく機能する集団として動かない理事会は、理事会自身の有効性の障碍となり、ひいては不調和と集団浅慮から少数者の支配をつくり出す。むろん、チームワークの構築に努力することは重要であるが、それが良識、健全な疑念、意味のある代替案の検討を疎外してはならない。多様な意見に寛容であ

る、違った問題を提起する勇気がある、反対を表明する能力があるという理事会は優れた業績を残す理事会である。

ガバナンスは理論的には複雑なものではないが、実践的には複雑であり、困難な作業である。ガバナンスのソフト面として、理事会の「文化」を形成する理事の個人間の行動とグループ・ダイナミックスについてこれまで重要視してこなかったが、それは語るのが難しくまたそれを測定することが困難だからである。しかし、理事会におけるチームワークの構築が少なくとも理事会が行う作業として重要であることを認識し、また、すべての理事会における行動、関係、グループプロセスの質的な変化が、理事会活動とその業績に関する基準となり、測定の対象とならなければならないであろう。

実は、理事の個人的な資質や経験などが理事会能力を高めるという結果は得られていない。むしろ、理事会有効性は理事会能力として概念される集団スキルと集団能力と相関していると考えたほうがよい。理事の採用や理事の資質などはむろん無視することはできないが、むしろ理事会ガバナンスのなかで必然的に生ずるグループプロセスに着目すべきである。

3．最高経営者への理事会有効性向上の役割付与

理事会には政策策定を、経営者には執行をと職能と役割を限定するポリシー・ガバナンス・モデルは不適切である。理事会が自分の領域を超えて経営管理の領域に入り込んでくると、経営者たちは無知か悪意があるとして非難する。しかし、現実に、戦略と管理と作業とを厳密に区別することは困難である。また、理事会は組織から距離を置いて、「ビジネス」の直の知識を得ないでは統治することは困難であり、組織が活動する現実と直に接することなくして、どうして戦略を展開することができるのか、この活動の現場こそが新しい戦略とアイデアが生まれることの多い場所である。さらに、理事会は事業の直の知識がなくてどうして組織の活動と成果を評価できるのであろうか。

確かに、理事会と最高経営者のそれぞれの職能と役割を明確にする合意を求める努力によって、曖昧性は緩和することができるし、特に複数のステークホルダーが強い影響力を及ぼす領域においては、この合意の努力をしなけ

ればならない。しかし、従来の職能規程だけではどちらともいえない中間領域をなくすることはできないし、職能規程だけではなく、組織の利益に役立つ「よき判断」がやはり必要であろう。

理事会は最終的には最高経営者よりは権限と権威があり、最高経営者を統制するか支援するかを決めるのにこのパワーを使うことができる。経営者は情報を退蔵することもできるし、理事会と共有することもできる。しかしながら、最高経営者と理事会とがミッション、ビジョン、価値を共有して連帯するとともに、それぞれのパワーを交換する方法を選択するほうが、適当な境界について厳しい規約の合意をするよりもガバナンスの質の向上に影響を与えることは確かである。

特に、有能な優れた最高経営者は資金調達力や経営管理の業績ではなくて、理事会との付き合い方において他の最高経営者とは違っていることが実証されている。そこでは、最高経営者の「理事会中心」と結びついた6つの特定の能力を描いている。

(i)理事会関係における相互作用を促進する。(ii)理事に対して配慮と尊敬を示す。(iii)理事会とともに変化と革新を構想する。(iv)理事会の業績達成と生産性を向上させる。(v)理事会の職務執行手続きをつくり、維持する。(vi)理事会に有用な情報を提供する。

また、理事会がどこでどのように時間を使うかを決める際の最高経営者の重要な役割を強調すべきである。個々の理事がその職務に怠慢であるのと同じように、最高経営者も理事が有効なガバナンスをする際に支援する責任を果たさないかもしれない。最高経営者が期待される「戦略的な理事会」をつくり上げるのに積極的な役割を果たす気がなければ、そのような期待は実現しないであろう。

ある研究結果では、理事会が「統治を多く、管理は少なく」すること、「組織戦略を明確にして、理事会による慎重な定期的な検討」をすることに時間に充てることを期待している最高経営者に対して助言をしている。(i)理事が政策と戦略に直に関心を寄せるように「理事会資料」を編集すること。(ii)理事が政策と戦略に直に関心を寄せるように「理事会の会議」を組み立てること。(iii)組織の活動状況と組織の進展状況をモニタリングできる「理事の能力」を高めること。

しかし、理事会はガバナンスと組織の政策設定を行い、最高経営者は組織

の経営管理に専心するというように、両者のそれぞれの役割と責任を明確にすることは有効な理事会の共通の属性であろうが、現実の情況によってどちらが「何を担当するのか」、中間領域においてある程度の曖昧性があるほうが組織を強くすることがある。役割と責任が明確に定められていることは確かに重要ではあるが、特に理事会を指導する理事長と最高経営者が組織の影響力と有効性に対する最終の責任を負っていると、ともに信じ合って融通無碍にしておくことが有益である。

4．理事会による理事会有効性の戦略的選択

　しかし、理事会有効性はそれがいかにも画一的な構成要素と構成内容によるかのように提示されているが、有効性は違った人たちには違ったことを意味するという研究方向―理事会有効性の捉え方―が有力となっている。多様なステークホルダーがそれぞれに評価する有効性基準があるので、理事会有効性の統一的な唯一の基準と測定方法について合意がない。したがって、単一の有効性基準も一括した有効性リストも設定できないとするのが今日の研究方向である。近時の社会構築主義から派生する複数ステークホルダーモデルがその典型である。

　そこでは、有効性概念それ自体が現実構成のプロセスを通して多数のステークホルダーが相互作用的につくり上げる社会的判断でしかないと認識するので、理事会が有効であるがゆえに組織に加えることのできる価値や、理事会が及ぼすことのできる影響を研究することは、この価値や影響とは何かについて多様なステークホルダーの間にほとんど合意がない以上、きわめて困難な作業となる。少なくとも、誰にとっての有効性なのかが分明ではない。

　営利組織では取締役会は第一に所有権者である株主にとって役に立つかどうかによってその有効性が決まる。同じように、非営利組織でも理事会は組織のミッションにとって役に立つかどうかによってその有効性が決まるとしても、このミッションは多様なステークホルダーがそれぞれの視点と期待で「そうである」と認識している社会構築物にすぎない。そうなると、理事会は組織のミッション達成の成果に対して責任を負うとする目標達成モデルの視点は支持されることはなく、理事会有効性は例えば有力なステークホル

ダーが「そうであると考えるもの」であり、単一の客観的な真実は存在しないことになる。

　その結果、理事会有効性は誰かの選択に俟つのではなく、組織の中核のステークホルダーとしての理事会自身が選択しなければならないものとなる。それは理事会が組織に対してどのような価値を加えることができるのか、何が理事会有効性を構成するのかを決定することを意味している。したがってまた、理事会がその選択―自分なりの有効性のあり方―を自ら確定することのできるリーダーシップのあることが理事会有効性を証明することになる。

　理事会の有効性とはこの選択確定のリーダーシップにあるとする捉え方である。どの有効性基準と有効性測定・評価の方法を選択するか、それは理事会のリーダーシップの下に決めるべき戦略に属する選択である。理事会有効性を確実にする万能薬のようなひとつの方法は存在しない。この選択は理事会の状態に合うのかどうか、現実に理事会のよき決定に役立つものかどうか、組織の成功に貢献するのかどうか、自問自答することである。ただし、すでに述べたように、理事会に期待される職能と役割にはジレンマがあることから、理事会有効性それ自体がジレンマを抱えることになる。現実の選択としては、理事会の内と外の職能と役割のうち自らがどちらをどのように選択するのかという二者択一の戦略となるであろう。

　しかし、仮に戦略的に選択したとして、その有効性をどうすれば向上させることができるのか、この問題を詰めないでは戦略の効果がない。そのためには、一般に認められた理事会有効性の基準と次元において、どうすれば理事会の有効性を高めることができるのかについて翻って検討を加えなければならない。

5．理事会有効性を高める場合の問題点

（1）理事会は2つの顔をもたなければならない

　組織有効性の概念が一般に認められたひとつの概念では理解されないという以上、同様に組織としての理事会もその有効性について統一した概念がないことは確かであるが、非営利組織の理事会に特有な基本的に困難な問題があることに留意しておかなければならない。

理事会は同時に外と内を見ることができる2つの顔をもたなければならない。非営利組織はオープンシステムであり、浸透性の強い境界のなかに位置しているが、その理事会は組織とその外部環境との間の境界を連結する立場にある。理事会はこの立場から「内を見る」ように期待されており、会員・クライアント・利用者ないしは社会の便益のために理事会の受託責任を遂行することを期待される。理事会は組織に信託された諸資源が組織のミッションの達成に効果的に使用されるように担保する役割と責任を与えられ、内外のステークホルダーの便益と立場を代表する役割と責任を負う。

　他方では、組織それ自身の利益を増進させる理事会の役割と責任を全うするために「外を見る」ことも期待される。特に、それは少なくとも一部は外部の多くの支援に依存するソーシャルサービスやヒューマンサービスの非営利組織の理事会に適当する。理事は自らが指導的な市民であり、関係するコミュニティにおいて組織への信頼を担保する人物であり、組織は支援を受けるだけの価値があることを証明できる人である。理事は組織の外交官であり擁護者として組織の可視化と評判を高める人である。

　特に近時では、政府、寄附者、その他の外部勢力が組織自治に不当に侵入することから、理事会は組織を防御する役割を果たし、そして、場合によっては組織の存続に必要な財務の健全性を支える役割も果たす存在でもある。

　今日の非営利組織の理事会は統制において有効な仕事をするように期待されており、しかしまた、組織の資金援助だけでなく組織の支援に積極的であることも期待されるという対立する圧力に遭遇している。

　しかし、このように外部社会に対する役割と責任と組織それ自体に対する役割と責任という二重の役割と責任を果たすことが、ときには複雑でときには相反する事態を招くものである。

　理事会の複雑でときには相反する役割と責任から、どの役割と責任に主眼を置くのかによって選任される理事に必要な資質が異なることになる。「知見」—よき統治に要する経験・技能と判断力—と、「富」—資金や他の資源の提供か資源獲得の便宜を図る能力—の間のトレードオフの可能性がある。「知見と富」とは必ずしも互いに相反する人間の資質ではないから、双方を所持している人材を理事にすることはできる。組織の統治者として、同時に組織の擁護者として役立つ人材は存在する。しかし、すべての人が双方の能力を所持しているわけではないから、理事会はどちらの資質を重視すべきか

についてジレンマに陥ることになる。

これらのときに競合する知見と富の間の適切なトレードオフをどうするか、それが非営利組織の理事会のあり方について深刻な議論の対象なのである。理事会有効性はいずれかを選択することによって決まるといって過言ではなく、この戦略的選択は理事会の固有なリーダーシップによって決められるべきである。

（2）理事会有効性の測定・評価が困難である

「有効性」は理事会や組織一般に関して定義し測定するにはあまりにも困難でつかみ所のない異論の多い概念である。理事会有効性の研究の大きな課題は、理事会有効性を定義してこれを測定する基準が欠けている点にある。この理事会有効性の曖昧性はさらに非営利組織の組織有効性の曖昧性によって増幅される。したがって、理事会有効性と組織有効性とを測定する普遍的な測定・評価の方法が欠けることになる。そして、ある（あるいは、ある人の）特定の基準に拠るときだけ確認することができるという評価の概念をめぐって客観的にかつ実証的に検討しようとするから困難な問題が生じる。

実は、理論的にも実証的にも、理事会有効性それ自体は存在しないのであり、そこには組織に関与するステークホルダーの有効性判断があるだけである。有効性はこれらのステークホルダーの間に違った基準で違った判断をされ、有効性を示す能力によって判断されるのではなく、それらが交渉され評価されることによって判断される。有効性は交渉されて評価される高度に情況適合的な概念である。

そこで、理事会有効性の単一のモデルはすべての組織に適合しないこと、あるいは、違った時点では同一の組織にも適合しないことを理解するなら、この視点が有効性研究に対する現実の研究設計のなかに十分に織り込まれ、このような視点から、例えば、組織の事業年数、組織規模、組織の制度的環境と資金獲得環境などの組織の文脈と環境の文脈を重視する必要が出てくる。

（3）組織のニーズと理事のニーズの間のジレンマがある

理事はボランティアであるが、すべてが利他主義で動機づけられているのではない。個人の動機をもって理事になっている。そこで、ボランティアの個人のニーズと組織のニーズを同時に満たす方法を模索しなければならな

い。このような２つのニーズを合一にする方法を見つけることは必ずしも容易ではなく、組織は理事の積極的な貢献を得るために難しい妥協を強いられるものである。

　ある研究に拠れば、理事の法的・財務的責任を強調する傾向が高まってきたために、個人のニーズと組織のニーズを合わせて満足のいく交換と妥協を交渉することが難しくなってきたという。それというのは、このような情況では理事会に積極的に関与し、有用な特定の知見と技能を提供してくれて、したがって組織のニーズが高い理事が、その知見と技能を理事会で必ずしも使おうとしないからである。

（４）動機づけ・インセンティブ報酬の制度と方法を適用できない

　理事会が活動的でないのは、理事会がほとんどボランティアであり無報酬な理事で構成されているからであるとする議論が後を絶たない。このための有力な施策として、非営利組織においても理事に一定額の報酬を出すべきであり、理事の業績報酬制度も検討すべきであるとする提言がある。このような業績報酬制度は理事会有効性の向上にどの程度の効果が見込めるのか定かではないし、ここでは議論をしないけれども、このような制度は非営利組織の原点に抵触するのではないかという問題が出来してくることは間違いない。

　少なくとも、次の２つの要素を計慮しておく必要がある。１つは、寄附者は理事の業績報酬制度が実施されていると知れば、寄附金の一部が報酬に転化されているのではないかいう疑念を抱くことになる。業績報酬制度それ自体が寄附行動を損なう可能性がある。２つは、非営利組織のミッション達成は金銭的な分配額ですべてが把握される性質のものではない。理事の共感、奉仕、信頼などを伴う非営利組織の望ましいアウトプットの価値は業績測定のなかには入ってこないことである。

Ⅲ．理事会と組織有効性の関係

　本書では、どうすれば「非営利組織の発展を支える理事会の運営」ができ

るのかについてあれこれ論じるのであるが、すべてはよき理事会は組織の有
効性の向上に貢献すると想定してのことである。したがって、理事会有効性
と組織有効性の間の有意な関係を把握し、想定が間違いないと確認する必要
がある。

　むろん、すでに理事会有効性は組織有効性とプラスの相関関係にあること
が部分的か断片的ではあるが判明してはいるが、しかし厳密にどのような相
関関係にあるのか、理事と理事会の属性がどのように理事会の行動に影響を
与え、それがどのような側面で組織の有効性を高めるのか。確かに優れた理
事会は組織の有効性になんらかの価値を加えるものであることは間違いない
と信じたいのであるが、それがどのような情況においてどういう過程を辿っ
てどのような価値を加えるのかがそれほど明らかではない。

　現に、理事会行動と組織有効性の間の相関関係について、調査・実証研究
によっては正反対の結果も出てくるように、その相関関係はそれほど明確に
は確認されていない。さらに、理事会行動と組織有効性の間の因果関係に至っ
てはいまだに研究課題として残されているのが真実である。

　しかしながら、理事会改革の最終目標は、理事会の行動とその業績を改善
することだけではなく、その理事会が諸資源の確保、諸資源の効率的利用、
組織の成果への貢献、そして、ミッションの達成、公益性の担保、アカウン
タビリティの充足へと、組織有効性を向上させることにある。意図された理
事会改革が行われれば、この改革が理事会によい効果をもたらすと考える以
上、少なくとも組織有効性とのプラスの相関関係を確認する必要がある。

　そこで、主として欧米の多種多様な実証研究について、まず、簡単にこれ
までの研究結果を辿った後、次に多くの部分的な調査・実証研究や事例研究
から得られた研究結果を参考にして、依然として研究途上にある理事会有効
性と組織有効性の相関関係について暫定的な整理を試みておきたい。

1．理事会有効性と組織有効性の関係に関する研究

　非営利組織の規模が拡大し、その社会的・経済的作用が増大するに従って
非営利組織の活動と業績の態様と、非営利組織のアカウンタビリティのあり
方に関心が集まってきた。これとの関連で、理事会は果たして組織の業績達

成に対して有効に機能しているのかどうか、理事会が有効であれば、組織の有効性が高まるのかどうかという問題が少なくとも大きな政治・社会問題となってきた。

そこで、どのような要素が理事会有効性に影響を与えるのか（有効性の決定要因と条件）、理事会有効性は組織有効性とはどうすれば結び付くのか（組織有効性との関係）が研究されてくる。現在までの研究では、理事会有効性と組織有効性との間には有意な関係があること、経営者、理事、資金提供者はともに、理事会有効性が組織有効性のもっとも重要な決定要因であると容認していることを指摘している。

しかし、そもそも有効性はつかみ所のない異論の多い概念であり、有効性を定義することや有効性を操作可能にするのは困難である。当然に何が理事会有効性を決めるのかについて合意されてはいない。そこで、一般には、理事会有効性の測定には組織の構成員による自己報告による主観的測定方法が使われるが、この方法は多様な制約と困難な問題に出会う。

理事、経営者、上級管理者、資金提供者、その他のステークホルダーは何が理事会有効性であるのか、違った基準をもって判断し認識していることが明らかにされており、ステークホルダーの認識に関する研究では理事会有効性は、交渉されるきわめて偶発的な概念であるとしている。さらに、ほとんどの研究は調査回答者から集めたデータを用いており、これでは、理事会有効性、組織有効性、その他の変数との間の因果関係を決定することができない。

確かに、有効性はそれ自体が異論の多い概念であるうえに、多種多様な人たちが参加する非営利組織では、有効性の定義やそれを操作可能にするのはさらに困難である。したがって、理事会有効性と組織有効性の共有された測定基準が欠如していることは当然であるが、理事会有効性を測定・評価して、これによって理事会有効性を高める指針を示そうとする提言もある。理事会能力の基準や指標、自己評価表、第三者評価、理事会有効性向上の施策に関するマニュアル作成や指針の提言である。

理事会が機能不全であるひとつの理由は、自分自身の能力を評価する適当な方法を備えていないことにあるとして、理事会が自己評価できる点検方法が提示されたり、有効な理事会と有効でない理事会を区別する理事会能力の基準について多くの指標が示されている。多くの「理事会最善実施マニュアル」がそれである。

第Ⅲ部　理事会有効性を高める基礎構造

　非営利組織のガバナンスと経営管理に関する規範的な文献では、定められた法的・倫理的な重要な職能と役割を有する理事会が期待された通りに行動すれば、自ずと組織有効性は保証され、また組織有効性は向上するものとする論理で一貫している。したがって、規範論に基づく理論の提言や実務指導書の指針は、理事会の理想的な諸属性を記述していて、これらの属性をもつ理事会は組織有効性を向上させるものと当然のこととして主張している。

　しかしながら、それに対して、理事会有効性と組織有効性の関係を対象としている調査・実証研究の大多数が、多くの理事会は期待に対して充分に応えていないとして、これを理事会ギャップとして分析と議論を重ねており、理事会の属性と組織有効性の相互関係の有無や、この相互関係の程度に関する議論を続けているのである。

　ただ、調査・実証研究や事例研究を含めて多くの研究は、目的、対象、方法などについて区々であり、それぞれがいくつかの制約と限界を抱えているので、これらを総括することは誤謬を犯すおそれがある。しかし、理事会行動と組織有効性との相関を当然として主張する規範論は別として、理事会有効性と組織有効性の関係についての調査・実証研究では、(i)理事会の属性（理事会規模、理事会構成、理事会資本—寄附・コネ・知識・経験—、理事会の結集性、理事会の組織風土など）、(ii)理事会（理事長）—経営者（最高経営者）との関係、(iii)理事会の能力と運営態様（分科委員会、財務などの重要職能への関与、戦略・統制機能への関与、会議の運営方法）、などが主要な情況要素として検討されている。

2．理事会の属性と組織有効性の関係

　なんらかの理事会属性が理事会有効性に影響する可能性があり、その理事会有効性がひいては組織有効性を向上させることに繋がると考えられる。この場合、理事会の属性は組織有効性に対しては間接的な影響を及ぼすことになるが、他方では、理事会属性が組織有効性に対して直接の効果を与える場合があり、これを直接効果として区別することができる。ただ、ここでは両者を区別しないで説明をすることにする。

（1）理事会規模

例えば、アメリカの私立大学におけるガバナンスと財務業績の研究では、(i)理事会規模の増大は理事会のモニタリング能力を強化する、(ii) 理事の平均在任期間が長ければ、理事会は経営者の経営支配に影響されない、(iii) 実業界出身の理事の増加は困難な財務の決定に必要な専門知識を高める効果がある、などを明らかにした。そしてさらに、これらの理事会特性と大学の総収益に占める寄附金の関係を調べて、理事会の規模と寄附金総額との有意なプラス相関があることも明らかにした。非営利組織の理事会はしばしば営利組織の取締役会と同様なモニタリング職能を有し、同時に、資源獲得の職能も満たしていると指摘する。

この研究結果は、大きな規模の理事会でより外部との接触をする理事会が、組織の資源獲得に効果的に機能し、また、理事の終身在籍権と理事会に占める経営実務家数とは、それらが財務統制を効果的にさせる属性であるので財務業績とプラス相関していることを示している。

その他、これまでの研究では、理事会規模が組織の革新に及ぼす影響はプラスとマイナスに分かれる。理事会の大規模性は地域コミュニティにおいて潜在的な組織支援者の大きな貯蔵地であり、支援範囲を大きくすることを意味する。また、規模の大きい理事会は多様な知識と技能を利用することができ、組織の問題に関して多様な視点を得ることができる。しかし、大規模な集団に固有なグループ・ダイナミックスの問題が発生する。調整が困難であり、コミュニケーション問題が発生し、理事の間の人間関係をつくることが困難となる。

他方では、革新に及ぼすマイナス相関が立証されている。理事会規模と協同的な企業家精神の間の逆U字型関係が見られるという。理事会規模は革新をある程度まで誘導するが、その後は違った理事たちが違ったアイデアや対立するアイデアを出すことから合意に達することが難しく、そして理事たちは理事会の討議に参加することが困難になる。

（2）理事会構成

理事会構成の多様性は理事会と組織の運営のあり方と組織有効性に影響すると考えられている。この理事会多様性は外部環境の判断と理解を向上させ、効果的な問題解決を生み出し、多様な情報源を提供し、多種の問題に広い観

点を提供して、組織リーダーシップの有効性を高め、重要な資源を確保する。多様性の形態には、年齢、性別、学歴、社会的地位、組織経験、実務経歴などがある。これらの多様性は、革新、創造性、有効性、戦略転換と関係しているとされる。

そこで、従来、性別のような理事会構成の要素と組織有効性とを関係づける研究があり、また、職業の多様性は社会活動と資金調達に関係するが、財務活動には関係しないという研究もある。さらには、年齢の多様性は高い寄附金水準と若干関係するが、社会活動や財務活動には関係しないとする研究もある。ここでは、有力な寄附者が参加する理事会や外部者が参加する理事会と、組織有効性のひとつの客観的指標と考えられる財務管理（調達＝寄附金増大、運用＝管理費比率）との関係についての調査研究を例示しておく。

① 寄附者の理事会参加

1）大規模なアメリカの慈善事業団体のサンプルを用いて、総費用に占める管理費の比率、総費用に占める資金調達費の比率、総費用に占めるプログラム費の比率の3つの測定尺度をもって組織効率性を測定した結果、総費用に占める管理費の比率は、有力寄附者の理事職の数に比例して減少し、総費用に占めるプログラム費比率は、有力寄附者の理事職の数に比例して増加する傾向にあることを示した。この統計的に有意とされる関係は営利組織における大株主によるモニタリングと同様に、非営利組織でも見出すことができることを明らかにした。ただし、因果関係がつねに問題であって、有力寄附者が理事であること自体が原因なのか、それとも有力寄附者がさらなる効率的な組織を求めたのか、それは明らかではない。

また、総収入に占める直接寄附金の割合が多ければ、総費用に占める管理費比率は減少する。これは、寄附者が経営管理の非効率な組織を制裁するので、外部の寄附金に大きく依存する組織は効率的に見せようと努力するということである。

2）総費用に占める資金調達費は理事会の規模が大きくなれば著しく増大し、組織の規模が増大するに従って減少する。また、この比率は理事会における有力寄附者の割合とともに減少するが、その効果は統計的に有意とはならない。

3）理事会の財務委員会に関して、この委員会は予算編成、財務政策、総支出に対して責任があるので、有力寄附者の財務委員会への参加は組織の管

理費の効率性とプラスに相関している。

　以上の研究結果は、非営利組織の効率性をモニタリングする際に有力寄附者の存在は決定的であるとする推論と一致する。非営利組織をモニタリングする重要なメカニズムは理事会であるから、理事会に在籍する有力寄附者が営利組織の取締役会における大株主と同じように組織をモニタリングしていると結論づける。

　この研究は、管理費、資金調達費、プログラム費の効率性によって測定される組織の効率性は、有力寄附者が指名、報酬、財務、監査の諸委員会などで重要なモニタリング職能を担当している場合には高くなるという仮説の下に行われ、その結果は、有力寄附者が理事会委員会に在籍することと組織効率性はプラス相関にあり、特に有力寄附者が財務委員会に参加すれば管理費が減少するという点で、有力寄附者の理事と組織の効率性の諸指標との間にはプラス相関があることを示している。このことは有力寄附者が組織への自分たちの「投資」によって動機づけられたモニタリング職能を果たすことを示しており、有力寄附者は組織に対して財務面で強く関係しているがゆえに、組織の効率性を確保する主導者になる可能性があることを示唆している。

　ただし、この研究結果に関していくつかの問題が残ることに留意しなければならない。

　1）測定尺度の適当性について問題がある。すなわち、これらの比率を徒に強調することは、特に慈善事業のような非営利組織が有効に機能するために必要な組織能力に対して過小投資をしてしまうという経営者の逆機能の行動を誘発する可能性がある。つまり、管理費の減少を求める寄附者の行為はつねに賢明であるとは限らないことである。寄附者が効率性指標に過剰に反応することは、経営者の逆機能の行動を引き起こす可能性がある。現に、ことさら高いプログラム費比率を示そうとして、必要なインフラに対して過少な投資をする傾向があると指摘する向きもある。

　確かに、理事会と経営者は有効性の別の測定方法を探す必要があるかもしれないし、これらの指標に過剰に焦点を絞ることは疑問であると有力寄附者に納得させる必要もあるかもしれない。基本的には、組織の効率性と組織の有効性のジレンマの問題が残るということである。

　2）ほとんど金銭的なインセンティブのない有力寄附者がいったん寄附をすると、経営者の逆機能の行動が世に知られない場合には、この有力寄附

者はこのような経営者の行動に対してまったく無頓着で経営者の行動に対処しないことも想定される。また、有力寄附者は自分の提供した資金の使途を特定の活動や特定の固定資産の取得に限定することができるから、組織全体の諸活動をモニタリングしようというインセンティブが弱いとも考えられる。

3）さらに、当該研究者が自ら言うように、理事会の構成と組織の効率性との関係は平均して見られたというだけである。それも特定のサンプルを分析したものにすぎない。反対に、理事会と財務委員会に有力な寄附者がいるのに拘らず、理事会が組織を適切にモニタリングできなかったという事実はよく見られることである。

② **外部者の理事会参加**

エージェンシー理論では、理事会の経営者からの独立性を高めるためには、理事会は外部理事で支配されることを提唱し、これらの外部理事が意思決定に実質的な影響を与えるほどに多数であることを主張する。他方、スチュアートシップ理論では、有能で信頼できると見做される経営者をモニタリングする必要はないから、理事会は独立する必要はなく、経営者と理事との社会的・実業的な紐帯が理事会の統制や監視を減じることなく、より協力的な戦略の意思決定を促進させる可能性があると主張する。

果たして外部理事の存在が組織有効性を生むのかどうか、株式会社における社外取締役の存在と事業の活動状況との相関関係に関するいくつかの研究においては、現在のところ依然として不詳であり、その因果関係を見出すことはできないという結果に終わっている。しかし、この問題は非営利組織においては、組織有効性それ自体が営利組織のような業績だけで捉えることができない以上、ここでも不詳というべきであるが、多数の外部理事の存在が非営利組織存在の正当性の自己証明になることは間違いない。

③ **経営者の理事会参加**

エージェンシー理論では、経営者の理事職兼任は理事会の独立性とモニタリング職能を侵すとして、経営者と理事会のそれぞれの職能と役割を分離・分割することが両者のパワーと権限を保証して、どちらも放縦な決定権をもたないようにするため必要であるとする。他方、スチュアートシップ理論では、経営者の理事職兼任制は強く統一したリーダーシップを育む制度であり、理事会の独立性やそのモニタリング職能を弱体化することを憂慮するよりも重視すべきであるとする。

実際に経営者の理事会参加は、理事会有効性を高め、ひいては組織有効性を高めることになるのか。確かに経営者の理事職兼任は理事会行動にプラスかマイナスの大きな影響を与えるが、今のところ、兼任制と組織有効性との相関関係は明らかにされていない。したがって、兼任制を廃止することは組織の活動とその成果に影響するような実質的な効果ではなく、象徴的な、あるいは見せかけの効果にすぎない。

　なお、理事の社会的地位と組織有効性との関係については、すでに理事の社会的地位と資金調達の結果との関係などが調査されてはいる。事実、理事が著名人であったり、高い権威の人物であったりすれば、組織も立派な業績を挙げていることが多いし、そのような研究結果も数多く見られる。しかし、優れて有効な組織は理事会に有名人を誘引することができるとも考えられる。そこで、理事会と組織の有効性の間の外見上の関係は尤もらしいということになる。つまり、ほんとうの関係は有効な組織が名誉ある理事会を擁するという関係である。こうなれば、調査・実証研究において、どちらが先なのかを確認することは容易なことではない。鶏と卵の関係である。意外にも、理事会有効性の研究において理事の社会的地位にほとんど注意を払っていないのも肯ける。

　ただし、人的資本（経験、専門的知見、技能、評判）と社会関係資本（社会関係を通して利用できる情報、資金、権威、コミュニティとのコネ）から構成される理事会資本が、有効な理事会活動に影響を与えるだけでなく、組織の戦略の転換と革新にも影響を与えるという議論の展開が試みられていることは付言しておくべきである。革新が人的・社会的な資本に基礎を置く以上、理事会資本と革新の間の関連は明らかである。豊富な知識、専門的知見、優れた技能、高い評判をもち、それらを利用する理事は、新しい革新的なアイデアに合わせて自分の資本を使い、革新の実現に要する資源を保証することで革新プロセスに大きく貢献することができる。さらに、戦略的な選好を決める際には自分の職業の専門知識と経験を使うことができる。

　この場合、いくつかの研究では、(i)理事会資本と一連の理事会職能との整合が理事会有効性に影響する、(ii)理事がある種の混合した知的な理事会資本を用いて職能を履行することで、これがひいては高い理事会有効性になる、(iii)あるいは、技能と経験の正しい混合をした理事会資本が理事会活動とその成果とプラス相関している、(iv)知識、情報、奉仕時間、権威が有効な理事会

第Ⅲ部　理事会有効性を高める基礎構造

の主たる特性である、このように種々な研究が見られるが、総じて、理事会属性が理事会有効性に大きく影響するとする研究であって、それらと組織有効性との相関関係なり、因果関係を究めた事例は今のところ見ることができない。

（3）理事会の多様性

　調査・実証研究の結果は理事会の多様性と革新の間のプラス相関を示しているが、理事会があまりに多種多様になれば、この関係はマイナスになる可能性がある。多様な職業の背景から集まる複数の理事がいる場合、資源の水準は高くなるけれども、同時に社会的統合性が低くなり、その結果、コンフリクトが強くなり、コミュニケーションと調整が困難となる。さらに、多様な背景をもつ理事が集まる理事会は結集力がなく、強い認知的葛藤を経験し、それが革新にマイナスに関係する。異質性や多様性のマイナス効果は多様性が極端な場合に発現するとされる。

　同じく、性、年齢、民族、人種など異質性が高い場合、マイナスの結果を生じるので、中庸な異質性が戦略転換に強く関連すると示唆するものもある。要するに、理事会多様性は逆U字型で組織の有効性と関連することは確かである。

（4）理事会の結集性

　理事会の結集性とは理事たちがどの程度互いに惹かれ合い、理事会に在任していたいという動機をどの程度抱くのかということである。この結集性は理事会の運営過程に影響し、それが次いで組織の成果に作用すると考えられている要素である。ある研究に拠れば、理事会の結集性と理事会有効性の関係は逆U字型である。ある程度の人間関係の魅力はコミュニケーションと意思決定過程にとって有効であるが、結集性が強まれば、理事会有効性にマイナスの効果を与えることがある。

　理事会の同質性は現状維持の傾向と関係する。同じ価値観、信条、態度を共有することは集団の結集性を高め、集団同一化を高めることになり、これがひいては、従来の仕事行動に準拠して、これを墨守する傾向が強くなる。結集性は集団浅慮の現象の先行条件であり、それは独自の思考の欠如と全員一致の決定を求めるという特徴を備えているからである。

むろん、結集力のある理事会は、会議の雰囲気もよく、理事会の組織への関与も積極的であり、組織の活動に積極的に参加するのに役立つ。理事の間のコミュニケーションと協同にも役立ち、これが組織の活動とその成果に影響を与える。理事会の結集性は革新にプラス効果をもたらす可能性はある。しかし反対に、マイナス効果になる可能性もある。例えば、強力な指導者がいる結集性の強い集団は画一性を求める性向があり、この指導者に従う人たちは軽蔑や拒否をおそれて違った意見は述べないという選好をする。内部のコンフリクトの少ない非営利組織は損失が比較的多いという研究結果もある。

　理事会の結集性と組織の革新の間の関係は逆U字型曲線を描き、中程度に結集性が低くなれば革新が促進され、それに対して、理事会の結集性が高くなるか、極端に高くなると、それが抑止要因になる可能性が高いのである。

3．理事会と経営者の関係と組織有効性

　理事会と経営者の相互関係の性質と理事会有効性の間の関係についても、いくつかの研究がある。優れた経営者は理事会中心のリーダーシップに配慮しながら理事会を支援する、理事の間の相互関係を高める、理事と革新について構想する、理事会の目標達成と生産性を高める、理事会職務の仕組みを用意し、それを維持するなどの能力を備えており、理事会に優位なリーダーシップを提供する。また、理事会と経営者とが組織の目標をどのように達成するかについて共通のビジョンを共有し、どのように協同するかを定期的に再検討している場合、理事会有効性は高くなる。

　さらには、理事会と経営者の間で、コミュニケーションの明確な経路ができているかどうか、問題に関して考え方と対策が一致しているかどうか、両者が互いに明確な役割期待をもっているかどうか、これらが有効な理事会と経営者の活動とその業績にとって決定的に重要であり、それによって理事会有効性が決まるとする研究がある。反対に、理事会自身の有効性に影響を与える要素として、経営者と理事会との不適切なコミュニケーション、情報共有の欠如、組織を主導する能力がなく経営者に忠実である理事が挙げられる。

　このように、理事会と経営者の関係は理事会有効性の向上に決定的に影響すると考えられ、組織有効性は理事会と経営者の間の調和した関係に依存す

ることは認められているけれども、この関係のどのような性質と内容とがどのように組織有効性に影響を及ぼすかについては、ほとんど十分な研究が行われていない。ある研究に拠れば、組織が革新を追求する際に、理事会と経営者の双方が資源の配分について発言権を保持していることから、両者の利害を一致させる必要があるとする。

さらに、理事会と経営者との関係を「組織有効性に影響する大きなひとつの要素」として確認した研究に拠れば、理事会と経営者の間のもっとも大きなテンションは、ミッション、戦略策定、財務管理、紛争の解決の領域において、両者がどれだけの権限範囲で関わるべきかについて互いの認識の違いから生じていることが判明したので、これらの職能の分担領域と組織有効性の評価との間になんらかの相関があるかどうかについて研究した結果、理事会が比較的パワーが弱く、理事会の役割と責任においてなすべき活動について、これを経営者がすることを許している、あるいは間違って要求している組織は、パワーの強い理事会に比較して組織有効性が低いと評価されることを明らかにしている。

ただし、ここには問題が残る。理事会の役割と責任であるべき活動を経営者が担うことが強ち間違いではないという点である。むしろ、理事会はこの役割と責任を自分では果たせないかもしれないからである。理事と経営者が理事会行動に関して抱いている期待は現実的なのかどうかという点である。

理事がほとんど報酬のないボランティアであり、専門知識や実業経験に欠けるような状態では、理事が考えているよりも多くの役割と責任を経営者や専門スタッフに委ねることが必要であり有効であるかもしれない。そこで、低い組織有効性は理事会がその役割と責任を十分に果たさないことから生じるのか、あるいは、経営者が自分の影響範囲を拡大しようとして生じるのか、そのいずれであるかを即断することはできない。

ただ、理事会に属するべき役割と責任について経営者がこれを執行している場合、理事会と経営者の間にコンフリクトが生まれ、これが組織有効性に関連してくるかもしれない。コンフリクトが組織有効性を低くするのであれば、有効性にマイナス相関するコンフリクトに関わる両者の職能領域を限定する必要がある。しかしまた、コンフリクトがむしろ緊張を高めることで組織有効性を向上させることもある。そこで、いまのところは、第Ⅴ部で述べる「理事会と最高経営者のよい関係」を構築すれば、組織有効性を高める「は

ず」であるとする以外に明確な答えを引き出すことは難しい。

4．理事会の担当職能（財務管理・対境管理）と組織有効性

1）どのように組織が運営されているかを示す客観的な指標として、組織の財務状態がある。この指標としての財務状態によって組織が生産的に資金を利用しているかどうかを語るのではないが、財務内容によって少なくとも組織有効性の一面を客観的に垣間見ることはできる。例えば、理事会の活動が剰余金の多寡にどのように作用しているかについての判断は、多種多様で個別の文脈で決まるものである以上、ほとんど一部の財務管理の域を出ないものである。

ただ、すでに述べたように、大口の有力寄附者が理事である場合、理事会は管理費/総費用、プログラム費/総費用、資金調達費/総費用の効率化による財務内容の改善に役立つことは明らかにされている。また、理事が資金調達の主としてファンドレイジング活動に貢献することは事業分野によって大きく異なるものの認められるところである。さらに、理事会行動の基底には安定的・保守的な組織維持の特性があるから、予算の増大には消極的であるという意味で、理事会は健全財政に役立っていると見ることもできる。

2）理事会の対境関係活動については、理事会のイメージ向上の職能と役割を高く評価する研究がある。それに拠れば、組織のアウトカムともっとも相関していた理事会活動は社会におけるイメージの向上に努める活動である。このような活動は、非営利として各種の優遇措置を受ける正当性、他の組織の間の当該組織の評判、社会の組織イメージの向上、民間・会社寄附の増大にプラスに相関している。理事会が社会のなかで組織のイメージを高めるように積極的に関与していることと多数のアウトカム測定とはプラス相関しているのである。

5．理事会の管理活動（戦略・統制）と組織有効性

1）組織有効性と相関する有効な理事会活動として、戦略策定、プログラ

ム点検、理事会啓発、資源開発、財務計画と財務統制、紛争解決に積極的に関与しているとする研究があるが、なかでも、戦略策定への理事会関与と組織有効性との関係が重視される。経営者の回答に拠れば、ミッション、戦略策定の領域では、優れた組織の理事会は政策形成、短期戦略策定、長期戦略策定に積極的に関与している。

他方、理事会が長期策定に関与することと、政府の資金と民間や会社の寄附金が減少することと相関しているとする研究がある。それは、政府の資金と寄附金が減ると見た場合、理事会がより大きな政治的影響力を使うべしとして戦略策定の必要を強く認識するからである。いずれにしろ、理事会が戦略的経営管理に関連している限り、組織有効性の向上に影響を与えるという点が重要である。そこで、理事会は多角化、資源管理、戦略転換のような戦略形成に積極的に関与すべき存在となる。

また、ビジョン、ミッション、価値観の形成、経営者への権限委譲、外部のステークホルダーとの関係維持に関する戦略形成にも関与すべきである。そうした関与がない限り、理事会有効性は組織有効性に繋がらないということができる。

2）理事会による経営者の評価と組織有効性との関係については、理事会が経営者の承継や報酬の決定を含む統制機能を果たすことが、理事会の最大かつ最善の職能と役割であるとの認識がかなり普及している状況のなかで、この種の研究が盛んに行われている。総じて、経営者の活動とその業績を評価する特定の手続きと用具を備えた理事会は、有効な組織に認められるということである。

おわりに

　理事会は有効性に乏しいという議論が多いけれども、それは経験的であって、理論的ではない。特定の理事や理事会の問題や欠陥を指しているのか、非営利組織のガバナンスにおける構造的・体系的な欠陥を指しているのかが不明である。理事会の問題なのか、問題の理事会なのか、いまだに十分な整理ができていない。いずれにしても、だからと言って、「有効な理事会の運営」のあり方─最善の実践方法─を探求することを妨げるものではなく、先に示したように、その探求は当然に求められるべきである。

　ただし、この最善の実践方法については、理事会団体の資料では多くの有効性を証明する確認を行っているはいるが、これ自体が専門家の意見集約にすぎないし、「将来有望な─期待される─実践方法」でしかない。そこには、これも先に示したように、現実に最善の実践方法を展開するにはいくつかの困難が待ち受けているのである。

　実は、理事会有効性の唯一の基準や確定した方法と内容は存在するはずがない。理事会の有効性を探求するに際して、理事会は内と外の職能と役割を担っているという事実によって困難が伴う。理事会に期待される職能と役割について第Ⅰ部で検討したように多様な理論と多様なモデルが混在している状況にあるが、理事会有効性についても標準的で統一的な概念と基準が分明ではないから、このような理事会であれば有効性がある、あるいは有効性が高いという最適な理事会有効性を示唆することはできない。

　これに関してステークホルダーたちが主観的に決めるものであるとの社会構築主義の所説が示唆に富む。そこで、理事会自身の決定と最高経営者との合意を経て、総体としての組織が「理事会はこういう能力でこうすることが有効である」と決める戦略的な選択が必要である。要は、現在および将来の情況に適合する理事会有効性を決定することであるが、その軸は「正しいことをする」ことに貢献することにあり、その軸をぶれてはならないことがまた重要である。

2 理事会の規模

はじめに

　非営利組織の理事会の大きな特徴は、理事数の多い理事会規模であり、同時に理事の多様で異質な理事会構成にある。理事会の構造や構成のあり様が、理事会が受託する組織の最終責任者としてのあり方と、その理事会が責任を負うべきいくつかの職能と役割に影響を与え、非営利組織の理事会の行動と理事会の有効性に、さらには組織の活動と組織の有効性に決定的な影響を与える。本章では、このうちの理事会規模について、なぜ非営利組織では規模の大きな理事会になるのか、それはどのような利点と不利点をもたらすのか、そして、果たして非営利組織における理事会に適合する適正規模を具体的に示すことができるのかどうかについて検討を加える。

Ⅰ．相対的に規模が大きな理由とその利点

　理事会の規模が理事会の行動、ひいては組織の活動に重要な作用を及ぼすと思われる理事会特性として重要視されているために、理事会の規模の大小について多くの研究が行われる。まず、非営利組織ではなぜ相対的に理事会の規模は大きいのか、少なくとも次のような理由が考えられる。

1．多様な理事会職能を必要とする

　これまでの株式会社の研究では、取締役会の行動に関連する取締役会の構造について、取締役会の自立性と規模の2点が検討されてきた。(i)取締役会

に占める社外取締役の割合によって、取締役会が経営者からどの程度自立しているか、その自立性を測り、社外取締役が少なければ経営者に対するモニタリングが十分に機能しない。(ii)規模が大きくなれば、取締役が自己の利益を優先するというエージェンシー問題が増大し、特にフリーライダー問題が必ず生じるので、取締役会の有効性は低減する。少なくとも規模が大きいことは取締役会の有効性を殺ぐ。

　1）ところが、非営利組織の理事会は株式会社の取締役会よりも幅広い職能と役割を抱えているので、非営利組織の理事会の規模は大きくなると想定することができる。理事会の規模が大きければ、理事の間の連携は乏しくなり、積極的な理事の参加が期待できず、意思決定過程においても利害の対立が生じて効率的な決定に至らないという大規模性から生じるエージェンシーロスが発生する。しかし他方では、大規模であることから多くの職能と役割について特殊化による役割分担が可能となり、この場合、大規模から生じるエージェンシーロスは特殊化の利益で相殺されると考えられる。

　2）特に、非営利組織と政府機関との委託契約関係が拡大することから、この接触の機会を維持し、接触の効果を上げる意図によって理事が増加する傾向が見える。国や地方の行政部門の首長や公務員、その退職者が理事として参加する事例が多く、今日ではこの行政関係の代理人と目される理事が多数を数える。これによって、行政とのネットワークが円滑に形成・維持され、その結果、各種の助成や委託事業の便宜を受けるというなんらかの保証を得られることは間違いない。他方では、少なくともかれらが助成金不正使用や事業の違反行為を防御する役割を果たすとも考えられるために、公的な援助と支援を促進することにも繋がる。

　3）非営利組織の理事会は組織内部の監視・統制の職能と役割だけでなく、外部の社会に対して公益目的のミッションの遂行を担保する職能と役割を担っている。そこで、理事会が護るべき利害関係が多様であるから、それらの利害関係にあるステークホルダーを理事会に参加させる必要と要求が加わる。そこから自ずと規模を拡大する圧力が加わる。

　4）組織に対して関心を抱くステークホルダーが多く、多種多様である場合、明らかに理事会の規模は増大する。例えば、資金を多種の民間寄附や利用者から得ている割合が高ければ、あるいは資金を多方面から多額に集める必要があれば、寄附団体代表や有力寄附者や利用者代表が参加して理事会の

規模は増大する。ただし反対に、単一の寄附者から資金を得ている場合には、理事会の規模は小さくなる。大きな制度的寄附者と大きな民間寄附者はかれらが資金提供する組織が透明性とよきガバナンスを支えるような有効な理事会をつくるべく奨励するように、理事数の減少と独立性の増大を推し進めるであろう。

5）それはともかく、公的資金がますます縮減するに従って、希少資源を引き入れる手段として、組織と経営者が期待するのは寄附金や資金調達ができる理事会である。実質には理事を選択するのが経営者であるとすれば、この強い経営者は外部の対境関係には強いが内部の監視・統制に弱い理事会を選好することになる。理事会規模が大きくなることは経営者の生産性を高める意味でも、分割支配を容易にする意味でも歓迎されるからである。したがって、ますます理事会の規模は大きくなる。それと同時に、理事会は組織内部の監視・統制の職能と役割を果さないのでその自立性は弱くなる。

6）多数の理事を擁する理事会は他の組織とのネットワークを提供する基礎となり、同時に組織に対する信頼性を高める作用をする。非営利の活動は多くのネットワークを必要とするが、このネットワークは員数の増大によって拡がる性質がある。ロビー活動などの政治的なコネ、金融機関との信用関係、コミュニティの人たちとの親密な関係にある多数の外部理事が在籍する非営利組織が成長する可能性が高い。

以上を理論のうえから総括すれば、次のようになる。

① エージェンシー理論の視点からは、規模の大きな集団は資源と知識を多く保ち、より多くの情報源や資源に接近することができる。その結果、より多くの実践活動の可能性があり、より適応性が増すことになる。つまり、規模の大きな理事会は監視・統制能力（モニタリング能力）も高く、組織の諸資源へのアクセスもさらに可能になる。そこで、理事会の規模が増大すれば、総収入と寄附所得も増加すると想定することができる。

② 資源依存理論の視点に従えば、理事会の主要な機能と役割は各種の経営諸資源を獲得し、それを維持することであるが、この場合には、理事会規模が大きければ潜在的な寄附者に辿りつく機会も増え、調達資金やボランティアやスタッフの確保に有利である。理事数が多いと寄附金が多くなるとする単純な論理である。ただし、少数の理事なるがゆえに、真剣に資金獲得に専念する結果、寄附金が多く集まるという事実もある。

実は他方では、理事会が大きければ、寄附金が多いとは必ずしも言えない。むしろ、理事の数が多ければ、相対的に組織の資金調達コストが高くなることがある。すべての理事がコストに見合う資金を獲得してくるわけではないからである。その組織に参加したい有力な理事候補がより多く集まるだけであるとも言える。予算規模や事業活動についてすでに大きな組織である場合には、その組織が多くの資金獲得をしているとしても、大きな理事会が積極的に資金獲得に努めているとは直ちには言えない。潤沢な非営利組織は支払能力があり、名声が高いので、理事数を増やすことができるからである。現に、理事会の規模は資金獲得の増加とは関係しないとする実証研究があり、規模の大きな理事会は資金獲得にそれだけ活発ではなかったとしている。

2．多様なステークホルダーが関与する必要がある

そもそも非営利セクターこそは民主制の下において人々がコミュニティ、地方、国、あるいは国際のレベルにおいて自分たちと社会の未来に対して発言する権利を保持するよう努力する存在である。このことが非営利セクターの第一の機能であるとするならば、公益目的を追求する非営利組織は公共を構成する各種のステークホルダーが専心して参加し、あるいは支配することが本質でなければならない。

そこで、民主制の観点からは、非営利組織の理事会の職能と役割は「組織が奉仕する多様なステークホルダーの利益を代表すること」であり、理事会はミッションの追求とその達成を保証する機関として、多様なステークホルダーから構成される公共の信頼を構築する独自の強力な仕組みとなる存在である。そして、この代表制に基づいて多様なステークホルダーの理事会参加を受け容れることによって、決定の正当性と組織の正当性を得るべき存在である。

さらにはまた、この代表制を基本とする理事会は組織の透明性と内外へのアカウンタビリティを保証するという決定的な職能と役割に加えて、組織のリーダーシップに関して多様性とバランスを与える職能と役割を果たすことが期待される。

ステークホルダー理論に従えば、理事会は広い範囲の社会に対する責任、

少なくとも優遇税制を受けていることの社会公共責任を伴う公益目的を完遂するために多様なステークホルダーの積極的な関与を受け容れるべきものである。組織の狭い利益ではなくて、広い社会問題に対応するためにはできるだけ広い範囲のステークホルダーを理事会に包摂すべきであり、そのためには理事数は多いほどよいことになる。各種のステークホルダーを包摂する理事会への圧力は時代とともに必至となり、さらなる圧力が加わっていることは確かである。

3．専門家が支援する必要がある

　組織内部から参加する理事が少ないことから、理事会は組織の拡大とともに多種の専門家を外部から要請する必要が出てくる。これが理事会の規模を大きくし、理事会の層を厚くする。エージェンシー理論に拠れば、理事会は経営の政策決定から日常の作業管理に至るまで組織の行動を少なくとも監視・統制する重要な職能と役割を期待されている。

　この監視・統制の職能と役割を十分に果たすには事業の経営に疎い非常勤のボランティアだけでは到底覚束ないので、経営管理スタッフからの内部情報が必要であるが、理事会には内部理事が少ないだけに経営・会計・法律などの専門職の理事の支援が必要となる。それだけに理事会の員数が増加する結果となる。

4．ボランティアの動機を満たす必要がある

　理事会が主としてボランティアで構成される以上、理事会は利他主義で組織のミッションに賛同し傾倒するボランティアの「関わり合いたい」という欲求に応える必要があると同時に、公の場に立つこと、顔を売ること、事業取引のコネができることなどのまったく違った利己的動機の人たちの欲求にも応える必要がある。そして、このように相反する動機をもつ理事たちを包摂することがボランティアを増やす条件である。

　現実には、議決権が多数のなかで薄められるので個人責任を回避する機会

が大きいことも相俟って、これらの動機で多数の人が参加したがる理事会が出来上がる。実は、このようにして出来た理事会は経営者がより大きな組織に自分の支配権を広げたいとする欲求を充足させるがために、経営者が自然と大きな理事会を選好することからも理事会規模は増大するのである。

　組織の基本的な政策策定の職能と役割を果たさずに、基金や資金を提供したり、ある重要な援助をすることで「関わり合いをもつ」理事が多くの非営利組織において見受けられる。例えば、「名誉理事」の称号を数多く与える方法が名目だけの参加を完結させる方法として使われる。上記の「3. 専門家が支援する必要がある」で記した専門家のなかに「実業家」や「企業経営者」を入れていないのは、かれらのほとんどは非営利組織の経営についてその経験や知識を頼まれて理事になっているのではないからである。「顔がひろく、顔が売れていて、顔が利く」類の働きをするか、自ら顔を売りたいから理事になっている場合がある。理事になること、理事であることだけが動機である。

Ⅱ. 規模の大きな理事会の問題点

1. 騒がしい理事会

　規模の大きい理事会はそれだけ多くの知識と技能を活用することができると同時に、理事会に集まる多くの視点がコンフリクトを高めることになる。多くの理事の貢献を調整する際に固有な困難が生じて、それぞれの理事が自分の知識と技能を有効に使うことが難しくなる。また、規模の大きな理事会は大きな集団に存在する「社会的な手抜き」（フリーライダー）の可能性があるために、結集力を高め、あるいは理事会の高い努力規範を維持するような理事の相互関係を構築することが困難である。「集団意思決定」の問題である。

（1）理事の間の衝突や対立が激しくなる

　規模の大きな理事会にはそれだけ多くの価値観や利害、それに経験、知識、専門技能が多数に集まることになり、理事会に集まる多くの視点が多種多様となり、このことは理事会の活性化に繋がり、ひいては組織の有効性の向上に資するとはいえ、反面その結果として、理事の間の緊張・衝突・対立を高めることになる。非営利組織に特有な議論百出の「騒がしい理事会」となるおそれがある。多数で必然的に多様な個人や集団が理事会に参加することになれば、その結果は「派閥」が出来上がって、かえって理事会の効率性と有効性を損なうことになり、ひいては組織に対する社会の信頼を失うことになる。同時に、多くの理事の知見や見解を纏める際に複雑で固有な調整の問題が生じて非効率が生じるだけでなく、それぞれの理事が自分の知識と経験や専門技能を有効に使うことが難しくなる。折角の優れた個々の能力が宝の持腐れになる。

（2）「理事会内理事会」が定着する

　理事会の規模が大きくなると、そのなかに理事会の下に活動する「執行役員会」や「常任理事会」を設置する階層分化の傾向が生じ、あるいは「監査委員会」「指名委員会」「財務委員会」などの職能別に特殊化された下部組織を増やすことになる。それらのなかで戦略的意思決定などの「実際の作業」が行われ、「理事会内理事会」が生まれることになる。この結果、理事会のなかに２階建ての階層構造が生まれ、このような「理事会内理事会」が積極的に活動する中心となれば、それ以外の理事は権利を剥奪されたと感じることになり、ある意味では利害関係を異にする別のステークホルダーとなって行動する。

　その結果、すべての理事がいずれかの委員会に奉仕する機会を得られるように保証する目的だけで多くの委員会をつくることにもなる。そうなると、少なくとも密かな派閥形成や内部対立が現実味を帯びて来る。ときには、臨時委員会が直近の問題に対する実践的な解決策として採用されることがあるが、この制度も大規模の問題を解決する永続的な方法としてはそれほどの効力はない。理事会のなかに権限と責任の重複と調整、それに伴う緊張と対立などの問題を持ち込むからである。この理事会構造の問題は第３章で扱う。

2．不活発な理事会

（1）フリーライダーが発現する

　規模の大きな理事会は、個々の理事の役割と責任を分散させるがために理事会の有効性を減殺する。規模が大きくなれば理事個人の熱心で積極的な関与は減退する傾向になる。自分に課せられた役割と責任を回避しようとする。それは参加による満足が大きくないからであり、理事会やその下部組織である委員会への出席率が悪くなることがすでに実証されている。

　確かに、理事の一人ひとりは理事会の成功には相対的にそれほど重要でなくなる。その結果、無関心が拡がる。このようなことから、理事会の規模が大きくなれば、理事は問題事項について互いに議論したり、組織のミッションを効果的に達成できるように協同することがそれほど意義のあることとは感じなくなる。これが普通の理事の個人的な心理状態である。

　このことは規模の大きな理事会においては、大きな集団に存在する「社会的手抜き」が発現する傾向があることを示している。これがために、理事会の結集力を高め、あるいは理事会の高い努力規範を維持するような理事の間の相互関係をつくることが困難となる。また、規模が大きければ、理事会行動として重要な公式の監視・統制の職能と役割にマイナスに影響することが判明している。

　要するに、規模の大きな理事会では理事個人の怠慢や短所は見過ごされることが多く、低い出席率などの理事行動に関する問題もそれほど影響がない状態となる。ある理事は他の理事の犠牲においてフリーライダーになるので、このフリーライダーを排除するように少数の理事がよいことは確かである。

（2）会議と行動が儀礼化する

　大きな理事会は理事仲間と意見が一致したり、仲間と親しくなることが難しく、いきおい理事会の会議と行動は公式的で儀礼的となる性向がある。多くの理事が参加する理事会では、例えば、質疑応答の時間など会議の密度は低く、提案された議決事項や審議事項について儀礼的な賛否が諮られるか、ほとんどはたんなる事後報告の形式的な承認に時間が費やされる。また、規模が大きいという理事会特性が個々の理事の理事会や組織に対する積極的な

関与を弱くするだけでなく、意思決定の過程を引き伸ばすような影響を与えることになる。理事会は非効率かつ非生産的な存在と化す。さらにそのことが個々の理事の理事会や組織に対する積極的な関与を一層弱くし熱意を殺ぐことになる。大きい理事会は「だんまり理事会」となる。

（3）戦略的意思決定が困難となる

　理事会の重要な職能と役割である政策の立案と手段の決定という戦略的意思決定が働くかどうかに関して、理事会規模が重要な要素となる。それはこの戦略的意思決定に関して意思決定者の個人的な価値観と「合理的な経済的意思決定過程」を分離することはできないからである。営利組織では、重大な戦略を決める決定と、決定をする取締役の個人の価値観とはほとんど分離しない。利益最大化基準という価値観を基に択一的な選択を条件として取締役会が戦略的な意思決定を審議し決定し、あるいは承認するであろう。

　ところが、非営利組織のように多数の決定権者の個性があまりに多様に揃うと、その多様性が個々の自己を主張する価値体系を希薄にしていまい、多数の理事の多様な価値体系が互いに中和することになる。そのために、理事個人が自分なりの価値観を戦略的意思決定の過程のなかに組み込ませることが難しいと判ってくるから、多くの理事はその戦略的意思決定に積極的に参加しない。

　さらに、規模の大きな理事会では、働かない理事は議論の多い理事会の言動から離れてしまって傍観者になることができる。したがって、理事会が大きければ戦略的意思決定を行うことが難しくなる。理事会の規模は戦略的意思決定の策定過程において重要な要素をなすのである。逆に、このような理事会は経営者の価値体系を補強する傾向となる。

　以上のことから３つの観察ができる。(i)多くの理事たちは戦略的過程に自分の価値観を注入することが困難であるから、戦略的決定には参加しない。(ii)理事たちの価値観が中和されることから、経営者の価値体系が強くなる結果となる。(iii)大規模な理事会であれば、ボランティアの理事はその理事が議論すべき理事会の行動と絶縁状態になる可能性が高い。

（4）経営者支配を助長する

　理事会の規模が大きすぎると、理事会内に支配的な核集団が形成される危

険が増え、他方では、経営者のほうがその核集団よりもパワーを掌握している場合、さらに経営者が組織を専制し易くする危険が大きくなることから、規模の大きな理事会は経営者支配を助長するおそれがある。経営者は規模の大きな理事会について、その大規模性が資源を提供してくれると同時に監視・統制を少なくするという、経営者が潜在的に望ましいと思う仕組みを一括して提供してくれるものと歓迎するかもしれない。

　要するに、理事会の規模が大きくなれば、外部の組織と連結できる理事の数が増えるから境界連結の努力が増加（例えば寄附の増加）し、反対に、理事の間の見解の相違や対立が増え、あるいは無関心の理事ができる（フリーライダー問題）ことになるから有効な監視・統制の職能と役割は弱くなる。大規模な理事会については出席率が問題であり、規模が大きくなれば出席率が悪くなることがすでに実証されている。このことは大規模な理事会においては、フリーライダーが発現する傾向があることを示しており、理事会行動として重要な公式のモニタリング活動についても、規模が大きければその理事会行動にマイナスに影響することが判明している。

　しかしながら、そうだからといって、小規模な理事会にも問題点があることは確かである。むろん小規模理事会は結集力があり、経験的に集団の知恵、助言、諮問を有効に織り交ぜる術を学習しているものである。また、合意を通して早く決定に至ることができる。さらに、理事会の会議の実施手続きについても規則的・儀礼的な手続きを用いる必要はない。

　ただし、(i)ごく少数の理事が理事会を支配し、不均衡な影響力を行使することになる。(ii)批判的な集団がいないために、よい意味でのグループ・ダイナミックスを展開することができない。(iii)僅かな理事の遅刻や欠席あるいは退任が理事会の活動に大きく影響をしてしまう。現実には、ある優れた理事が何かの事情で退任すると、たちまち理事会に混乱が生じる。(iv)理事個人に過剰な仕事の負担を求めることから、理事が精力を使い果たすことになる。結果は理事を退任することにもなる。(v)資金調達のような支援活動には制約となる。

　それでは、非営利組織の理事会には適正な規模があるのであろうか、あるいは適正な規模の範囲は決められるのであろうかという疑問が生じる。

Ⅲ. 理事会の最適規模

　実際に理事会の最適規模はあるのか、あるいはあり得るのかという問題と疑問を提示している多くの研究では、「理事会ガバナンスの単一のモデルは存在しないこと」、「ある規模がすべてに適合する型は存在しないこと」を確認している。そして、理事会の規模は現実には多くの情況によって決まることが指摘され、これが通説となっている。論者によってその焦点の違いはあるが、最適の理事会規模は、組織の規模、事業年数、発展段階、事業の形態ないしは種類、活動範囲、あるいはコミュニティの伝統と文化などの一連の情況要素によって影響を受け、さらには、組織自体のミッション、目的、組織が置かれている内外の情況に規定されているものであるとする。したがって、情況は組織と環境の双方の次元を含んでいる。

　しかし、情況が大きく変らない限り、なんらかの原則や戦略に拠るよりは、主として組織の歴史によって、つまり惰性によって無自覚に決まっているのが普通であるので、いまここで適正な理事会規模を具体的に示すことはできない。

　営利組織では取締役会を支配する経営者の力を制約するために10名以下であるべきという指摘がある。しかし、非営利組織の理事会は多様で複雑な職能と役割を期待されている。資源依存理論に従えば、理事会の主要な職能と役割は資源の確保であるが、この場合には、理事会規模が大きいほうが資金調達に有利である。逆に、寄附金や助成金にあまり依存しない組織の理事会では９人から19人が適当であるとする。ステークホルダー理論に拠れば、ある集団の狭い利益ではなくて、広い社会的問題に応えるためには、できるだけ広い範囲のステークホルダーを組み込むべきであるとする。また、モニタリング職能を重視するエージェンシー理論に拠れば、モニタリング職能を果たしている理事の犠牲において、他の理事がフリーライダーになるので、理事会は６人以下が望ましいという。

　他方では、議論や意思決定に有効であり、理事全員と仕事をひとつのチームとして関係させるには、少数の理事による理事会が必要であり、何よりも意思統一を図ることが重要となる戦略的決定を重視するとすれば、特に理事会の上層部である理事会執行部や常任理事会は多くて８〜15人に限定すべき

ことを強く推す研究もある。また、専門職が参加する病院や大学では、5人から15人程度が適当であるとする議論がある。

さらに、別の研究に拠れば、最適な理事会規模は9〜19名の間である。この範囲は「デフォルト設定」であるべきであるとして、いずれの規模を決定するにせよ、慎重に考慮し、明確であり、説得力のある根拠を明らかにすべきであり、9名以下か19名以上の場合には、その根拠を示す証明がなされるべきであるとする。ついでながら、異論がある事案について可否同数となる可能性を少なくするために理事数は奇数にしておくべきであるとする。

その他にも、最適な理事会規模の指針を提示している非営利組織に関する公的機関や非営利組織の連合機関においても、それぞれに拠って立つ根拠があるにしても、それらが示す具体的な員数にはかなりな開きがある。例えば、イギリスのチャリティ委員会は理事の数を3〜9人にすべきであると指導している。その理由として、規模が大きければ意思決定が困難になり、少なければ理事に過重な負担が掛かるとする。

反対に、同じイギリスの連合機関（NCVO：National Council for Voluntary Organizations）では、ステークホルダー理論を基にしてステークホルダーや利用者の便益を確認するためには大きな理事会が必要であるとする。広い範囲の知見と技能、背景と経歴、広く多くのステークホルダーの視点を持ち込むだけの規模が必要であり、理事会の多様な課題を共有するだけの規模が必要であると提言している。

一般に、非営利組織の指導書では理事会の規模は15名程度を超えないことが推奨されている。理事が多数の場合、複雑な事業の戦略的決定をする際に多数の理事が関与することになり、合意に達することが難しく、理事会の有用な職能と役割を十分に適宜に遂行することができなくなるからである。

それでも、現実には20名から30名の理事会が多い。また、全国規模の組織では、地域代表をそれぞれ理事にする必要があると考えているから、はるかに多くの理事が参加する理事会を擁している。反対に、理事会の規模が5〜6名と小さい場合があるが、これでは組織がサービスを提供するコミュニティを有効に代表することができないし、簡単に事が運ぶので「集団浅慮」に陥り、組織に脅威を与えるような環境の変化に気づかないという危険があり、変革の発案を阻害することになる。また、この理事会が作業までする理事会である場合には、理事は仕事が過重になって、燃え尽きて辞任するなど

の事態が発生する。

　しかし、結局のところ、最適な理事会規模の問題に対してすべてに答えられる唯一の指標や基準は存在しないであろう。非営利組織自身の多様性からして、これを期待するべきではないことは確かである。現に理事会の規模は信じられないほど多様である。実業連合団体などが典型的に大規模な理事会である。他方では、理事とは名ばかりの管理活動から作業活動までのすべてをこなす「経営者理事」が集まる小規模な理事会もある。そこで、非営利組織の理事会の一般的な適正規模を確定することはできないが、理事会の規模はガバナンス職能のすべての面に大きな影響を及ぼす基本的で決定的な構造特性である以上、組織が考えるそれなりの明確な合理的根拠に基づいて、かつ定期的な点検に従って決めるべきである。

　主として資金調達を目的にした理事会では、その規模が大きくなる。しかしながら今日、財団以外では、中心となる理事会の職能と役割は資金調達ではなくて、組織ガバナンスを担保することである。このガバナンスが目的であれば、大規模の理事会は必要でない。しかし他方で、大規模理事会の他の共通した根拠として、先に挙げた理由のなかでも大規模理事会は重要なステークホルダーやコミュニティがガバナンスに関与する機会を提供すること、非効率なガバナンスの症候である理事会の過重な仕事を分散することが挙げられる。

　理事会には公益性を担保する多数の参加が求められ、組織の有効性を高めるには多種の専門家の支援と助言が必要であることから、組織内部のガバナンス職能と外部社会のガバナンス職能の２つの職能を担う非営利組織の理事会には２つの顔のジレンマが内在している。ただし、大規模な理事会では、調整とフリーライダー問題のゆえに意思決定のコストが増大することに留意しなければならない。

　すべての理事会に最適な理事会規模があるわけではない。しかし、最適な幅は存在する。大規模にしても、小規模にしても、その最適な幅を逸脱すれば、理事会の効率性、有効性、創造性を著しく害することになる。仕事を進行させ、理事の特性、知識、技能、経験、見識などについて適当な多様性を得られるように規模が大きくなければならない。同時に、政策の形成とその執行、そして政策執行の監視・統制のために結集力があり、集中力があり、慎重に審議できる機関として機能するように規模が小さくなければならない。

理事会の規模について、既存の理事会を評価するなり、新しい理事会の規模を考える場合、少なすぎたら、多すぎたら、どのような問題が出来するのか、おそらくこの両極端では、理事会が有効に活動するには問題があることは確かである。この中間でどのような規模が適当かをそれぞれの組織と理事会が決めなければならない。この場合、少なくとも次のことに留意しておくことである。

① 　理事の個人的関与の低下

　理事会規模の上限は、理事会は審議の機関として行動できるように小規模であるべきであるといる真実によって決まる。理事会はひとつの共同体であり、大きくなりすぎると、議論を突き合せて決定をすることができなくなり、理事会はもはや有効ではなくなる。審議の質が危うくなる。

② 　政策の指針や支援の困難

　理事会の規模の下限は、必要な職能と役割を果たすことができるだけの大きさが必要であるという真実によって決まる。少なすぎると、組織に対して政策の指針を示し、組織を支援することが難しくなり、外部の攻撃や政策の策定に関して代表されるべき集団のすべてを含めることができない。紐帯が強すぎるか、孤立主義に陥る危険もある。

　結局のところ、理事会の規模は組織の経営活動に対して理事会が果たす職能と役割に伴う「費用と便益」のパラドックスを理解して決定しなければならないということである。

おわりに

　非営利組織の理事会は相対的にその規模が大きいことは確かである。一般に非営利組織の理事会の規模はその組織の拡大と相関することが明らかにされているが、それは非営利組織の活動が広がって、組織の規模が大きくなることに起因する。1つには、組織活動の資金需要の増大、行政との委託契約の増大、連帯のネットワークの拡大から、理事会が組織のマーケティング活動の用具としての職能と役割を課せられていることである。2つには、組織の拡大に伴って組織の効率的な管理活動の必要に迫られて、理事会は外部か

ら多種の専門家を招く結果となっていることである。3つには、組織の拡大と組織の影響の拡大に伴って、組織が社会公共的存在であることが明白になり、組織の透明性と正当性を求められていることと関連する。公共社会からの監視と参加を要求される圧力が高まってきたことである。

その結果、非営利組織の理事会は、大きな理事会であるがゆえにいくつかの問題を抱えることになる。先に指摘した通りである。

そういういくつかの問題を解決する方策として、最近は営利組織の「コーポレートガバナンス」を導入するよう勧奨や誘導が行われてきている。現に、いくつかの具体的な指針や指導が出されて「理事会モデル」が示されている。すべてはより少規模の理事会である。しかしながら、理事会の適正規模をある範囲のなかで勧奨できたとしても、理事会の規模あるいは理事会の全体の構造は基本的には組織をめぐる外部環境、内部環境、組織の種々の特性と必要性という情況によって決まる性質のものである。

ある種の組織はなんらかの「最善実践方法」や、公式にしろ非公式にしろ、曖昧な裁量権による「指導」から得た指針に従っているけれども、組織の特異性を考慮していないでたんに従っているだけである以上、それでは最適な規模を決定するものとは決してならないであろう。

例えば、政府と委託契約を結ぶ非営利組織には理事会の「コーポレートモデル」(小規模モデル)の導入が勧奨されたり、強要されたりすることがあるが、規模の縮小となれば、多種多様なステークホルダーの利益を担保する公益性は阻害されることになり、非営利組織が担保すべき事業や組織の公益性は、もっぱら官の言う公益性だけになるおそれがある。

これまでの理事会に関する研究は理事会を均一に扱う傾向があり、さらに、規範的な内容が多くて、組織の違いによる理事会の相違、同じ理事会でも時の経過によって生じる相違を等閑に付している。それぞれに違った理事会も同じ職能と役割を期待されているとしても、資源の獲得、経営活動と経営者の監視・統制、ステークホルダーの利害の調整など、組織が求める必要性によって決まると同時に、それを負託された理事に期待される必要な属性によって決まる。その他にも、組織の種類、ミッション、規模、環境、地域の文化などの要因によって異なるものである。

さらに、理事会は動態的でありつねに変化している。例えば、リーダーシップの危機や財政の危機にある組織は、危機の管理を支えることができる連帯

し能力のある少数理事から構成された理事会を必要とする。理事会は外生的なメカニズムではなくて、理事会が指導し監視・統制する組織の諸属性の変化と連関しているものである。

いずれにしても、理事会の規模は組織ガバナンス職能のすべての面に大きな影響を及ぼす基本的で決定的な構造特性である。そこで、理事会の規模は明確な合理的根拠に基づいて、かつ定期的な点検に従って決めるべきものである。

理事会規模の決定要因については、「組織の規模」が大きな要因であることは間違いないが、その理事会規模が理事会の構成が多様となるに従って増えることも確かである。したがって、理事会規模を規定するという意味でも「理事会構成」について４章で扱うことになるが、この理事会構成もまた組織の内外の文脈によって影響されることから、全体としての「理事会の仕組み」に関わる情況について最終的に検討することが必要となる。

❸ 理事会構造と理事会手続き

はじめに

　どのような構造もそれがよい成果と直結するものではないが、構造の機能不全は失敗と直結する。変化する環境に適応しないガバナンス構造は組織の衰退や消滅に繋がることは必定である。ただし、非営利組織における理事会構造と理事会有効性の関係についての調査・実証研究はほとんど見当たらず、その因果関係は不明のままであるが、理事会構造が理事会の職能と役割に影響を与えることは間違いない。

　一般に、非営利組織の管理階層は社員総会（代議員総会）―理事会―執行役員会・常任理事会―理事長（副理事長）―理事会役員（財務・総務担当理事など）―最高経営者（専務・事務局長）―管理スタッフ（部長・課長）―作業スタッフの系列で構成されている。理事会内の管理構造の階層は上記の理事会から理事会役員までを含む。そして、非営利組織では最終の政策決定の責任を負う機関と、決定された政策を執行し組織内部の日常の活動を管理する責任を負う機関との間に構造上の明確な分割がある。理事会が設定した政策の下で最高経営者と他の管理スタッフが執行手続きを確定するという仕組みである。

　それとは対照的に、営利組織では決定と執行の２つの職能は重複しており、上級管理職が政策策定の取締役会の議決権をもつ役員でもあり、同時に政策の執行をする管理者である。この仕組みによって法律上の仕組みを事実上回避しているのであるが、非営利組織ではそのような仕組みが採られていないところに理事会と経営者の２つの経営リーダーシップの間に独特な微妙で解決が困難なパワー問題が発現するのである。

Ⅰ．理事会の管理階層

1．理事会

（1）理事会の役割と責任

　このことについて、まずは理事会に与えられた法律上の業務執行の決定権に触れなければならないが、この点については、法令集や解説書を参考にしていただきたい。

　また、理事会の役割と責任について、理事会と理事個人について規範的・倫理的な役割基準については、例えばいろいろな機関や団体から「理事会はいかにあるべきか」や「最善実践基準」「最善実践指針」が啓発活動の一環として数多く公刊されており、これらは、主として法律に基づくコンプライアンスとその他の理事と理事会の受託者倫理を求めている。すでに第Ⅰ部第2章の規範論で詳しく論じているところである。

（2）職能規程の作成

　理事会—執行役員会・常任理事会—理事長の間の役割と責任について、それぞれの役割を果たすのにそれぞれがもつ権限とそれぞれの間の権限関係は非常に複雑である。それは一言でいえば、理事会の業務執行の最高権限を分割して上記の3者の間に分担させる人為的な作業から出来上がる権限執行の仕組みであるからである。それがために、殊のほか明示的に・公式的にそれぞれが担う職能ごとにその権限範囲を規定すると同時に、それぞれの職権の関係を規定する必要がある。権限階層に従ってそれぞれの階層段階ごとに各職能に関する「立案」「立案決定」「決定」「承認」の権限範囲を定める管理原則を明確にすることである。具体的には、いわゆる「分掌規程」ではなくて「職能規程」を作成することである。理事会を中心にした権限の分割について、以下に留意点といくつかの事例を示しておくことにする。

① 　法律が定める社員総会決定事項については、理事会は立案権しか認められないが、それ以外の社員総会決定事項を定めることは組織の裁量のうちであり、その場合も理事会が「立案」することは当然である。ただし、執

行役員会・常任理事会が設置されている場合では執行委員会・常任理事会ないしは理事長が「立案」し、理事会は「立案決定」をすることになる。

② 同様に、理事会の業務決定について法律が定めた専権事項についても、代表理事である理事長ないしは専務理事が「立案」し、これを執行役員会・常任理事会において審議し「立案決定」して、理事会がさらに審議して「決定・承認」を行うことになる。むろん理事会決定・承認事項を増やすことは組織の裁量のうちであり、この種の決定も理事会の権限である。

③ 理事会の決定事項について、この「立案」「立案決定」をどこの機関で行うのかはまた重要な政策である。執行役員会や常任理事会は法的には非公式な機関であるが、理事長との権限関係のなかで理事長に「立案」させて執行役員会や常任理事会が「立案決定」することもあるし、その反対が適切である場合もある。いずれにしろ組織のなかで公式に定め、これを「規程」に組み入れることが必要である。実際の業務決定と業務執行の間には画然とした分割ができないので、代表理事と常任理事会と理事会との間の業務決定と業務執行をめぐる実践上の重複と輻輳があり、分割できない微妙なパワー関係が生じる。これを少なくとも一部分未然に防ぐことが細部に及ぶ「職能規程」である。

理事会の決定権については、一般に適当と考えられる事項を次のように例示することができる。

① **総務関係**

組織の規程、規則、細則に関する制定および改廃、会員の加入・脱退、役員候補の推薦、理事の職務分担、理事会内の委員会の設置と改廃、委員の任免、常勤役員の報酬・退職金、情報開示請求の応諾。

② **財務関係**

予算・決算方針、限度内の借入金、出資金額、限度内の資産の取得・処分。

③ **人事関係**

退職金額、解雇、表彰・制裁、労働組合との協定書締結。

④ **マーケティング関係**

事業方針、収益事業拡充、広報活動。

（3）理事会と経営者の関係

このテーマについては研究者や実務家の間で古くから盛んに研究され議論

され、いまだにいくつかの見解に分かれたままの状況にある。したがって、改めて第Ⅴ部で詳しく扱わなければならないので、ここでは簡単に、一方の論者は組織の基本的な政策を確定する公式の理事会責任を基礎として強力な理事会リーダーシップの概念を支持していること、他方の論者は理事会と経営者の関係は相互関係にあるとしたうえで、経営者に主たるリーダーシップ責任があると主張していることを指摘しておくに留める。

2．執行役員会

執行役員会は理事会の規模にもよるが、通常は正副理事長（正副会長）、財務担当理事、ときには委員会の長、最高経営者（専務理事）や特に選ばれた理事から構成され、理事長が主宰する。正規の役割は理事会に代わり、理事会の開催までの理事会の日常管理事項や突発事項を処理し、理事会の議案の準備を行う。また、政策と管理が重なる中間領域にある職能、部門間の調整を要する職能で理事会が解決できない問題の処理に当たる。ただし、独立して行動する権限を有するが、多くは理事会全体から点検され承認された行動をするよう求められる。大切なことは理事会の正当な役割と責任である仕事だけに関わること、組織活動や理事会全体が行うべき統治活動を妨げることがないようにすることである。

ところが、現実には、執行役員会の立案決定に従って理事会全体を動かすことができ、この執行役員会の行為に対して理事会全体が責任を負うことになる。この執行役員会の落とし穴は、それが強力な「インナーキャビネット」となり、理事会の決定事項を独断的に決めて、理事会に提出される前に議案を選別することである。

したがって、定款において執行役員会の職能と構成を定めておくことが必須である。理事会が大きくなれば、この執行役員会の影響は大きくなる。これが影響力をもつようになれば、理事会の会議は執行役員会の決定に対する事後承認をするだけの存在となる。このような傾向は阻止しなければならない。

そこで、執行役員会の行為に対する禁止事項を定めておく必要がある。例えば、予算の変更の禁止、経営者の慰留・評価・解任の禁止、契約締結の禁止、組織の資産処分の禁止、組織の代表の禁止、執行委員・理事の任命や解

任の禁止、理事会承認の政策の変更の禁止である。

　他方では、誰かが理事会の議案について重要性を選別し、重要で必要な情報を集めて、議案を設定することが必要である。これらの作業を理事長や最高経営者に委ねておくと、この両者がさらに強力な「インナーサークル」となる可能性が高い。そこで、何を決定することができるかを厳密に限定した権限をもつ執行役員会がやはり有用で必要であるということができる。

　ただし、この執行役員会を理事会組織のなかのどの位置に置くかが問題である。各種委員会を束ねる直系上位機関とするか、理事会に属するスタッフ機関にするかの選択である。各種委員会の立案なり問題提起を執行役員会が直接篩に掛けるのがよいのかどうかである。

　いずれにしても、非営利組織では有力な寄附者や利用者代表やボランティアが理事であることは必要であるとはいえ、かれらがすべて意思決定者である必要はなく、少数の理事に政策決定の権限を委ねるべきである。このような体制を敷いている理事会では、執行役員や後に触れる常任理事が政策立案を設定する中枢の存在となる。他の理事はそれぞれに得意な分野で組織目的に貢献し、理事会では執行役員会の意思決定を補佐したり、ときには有益は提言をする存在となる。

3．常任理事会

（1）常任理事会の役割と責任

　常任理事会は法律に定められた機関ではないが、比較的規模の大きな組織において設置される機関であって、常務会、運営委員会、経営会議などの呼称でも用いられる理事会内の公式の階層に位置する重要な審議・立案・立案決定機関である。法において規定されていない機関であるだけに、裁量の幅が大きくなる可能性があるだけに、その権限範囲と責任とを明確に限定する必要がある。その権限規定のなかに組織それぞれの指揮命令系統の特徴が象徴される。常任理事会の役割と責任はいくつかの型に分けることができる。

①　理事会が決定権をもつ議案を立案し、立案の決定をする機関である場合
　　―常任理事会が実質的な理事会職能を果たす。もちろん理事会には法的には議決する決定権限があり、これを他に譲ることはできないが、理事会は

実質的には常任理事会が立案した議決事項について審議し承認する統制機関となる。

② 理事会が決定権をもつ議案について、理事会が適宜諮問する機関である場合―常任理事会は理事会のスタッフ職能を果たす。組織図からみれば、常任理事会は直系の階層権限から外れて、理事会と理事長や最高経営者との間に位置するスタッフ職能を果たす諮問機関となる。

③ 理事長・会長に下属してその権限範囲の事項について立案し、立案の決定に参加する機関である場合―常任理事会は日常業務を決定し執行する理事長・会長の従属機関である。

④ 上記の3つの場合に対して、それぞれ最高経営者が常任理事会に加わる場合と、最高経営者が常任理事会に加わらない場合によって、常任理事会の役割と責任が変わることになる。

常任理事会の理事会内の管理構造上における地位は①～③と④のいくつもの「組合せ」によって決まる。したがって、常任理事会を設ける場合には、その職権と責任の範囲と内容を厳密に限定しておくことが必要である。いずれにしても、よく設計された常任理事会なくして理事会はほんとうの職能と役割を果たすことはできない。常任理事会が理事会のミニボードと称される所以である。

（2）常任理事会の規模と構成

① 適正な規模については、上記の常任理事会の型によって異なることであるが、一般には理事会規模との相対比で決まる。例えば、理事数が30人では5～6名程度、理事数が20人では4～5名程度、理事数が10人では3名程度が適当である。もちろん、組織の規模以外に組織の地域分散の程度、事業の種類の程度、情報伝達の合理化の程度などの組織の管理情況によって適正な規模が決まるものであるが、とりわけ理事長の手腕次第によって常任理事会の規模は決まるという意味で、理事長の「管理の限界」という管理原則を当て嵌めることも重要である。

② 理事会のなかから誰が常任理事になるのか、その適当な人選については、現実には、熱心な理事が事実上の決定に参加して、日常管理にも携わることが多いことから、このような理事を常任理事に登用するか、問題を事前に処理することができる有力な理事を常任理事に登用することが多い。け

れども、理事会の多様性や包攝性をあるべき姿として前提にすれば、常任理事会は理事会のミニチュア（ミニボード）でなければならないであろう。その理由は、常任理事会がどのような地位にあり、どのような職能を担当するとしても、常任理事は理事の一員であるという事実にある。

いずれにしても、常任理事が理事会のもっとも行動的な中核を構成しており、重要な組織運営の方向と実践について叩き台を編成している現実を考えれば、この常任理事会の役割と責任のあり方について、さらには常任理事会の多様な地位とその職能に関する実相について、今後の研究が非常に重要である。

ただ、常任理事会が実質的な決定機関となる場合、理事会の無機能化を招くおそれがあり、他方では、常任理事会が実践上かなりの日常管理に関与することから最高経営者や管理スタッフとの関係においてそれぞれの役割と責任とが不確定となり、ときには対立したりする危険があることに十分留意しておかなければならない。そこで、一部には先述の綿密な「職能規程」が役立つことになる。

しかしながら、問題は常任理事会が理事会のミニチュアと見られる点にある。このミニチュア理事会が理事会に上がってくるすべての情報を遮断することになるので、他の理事は疎外感を抱き、自分は重要でない理事であり、側近グループから外されたと思ってしまう。このように常任理事会に機能集中をすることから、結果として他の理事のモチベーションが低くなり、積極的な関与を期待することができなくなるとして、近時、常任理事会を廃して委員長の合議制に変更する理事会が見受けられ、これを薦める指導書や研究もあることは留意しておくべきことである。

なお、ここで付言しておくべきことは、常任理事会は理事長の下に権限を集中して迅速に仕事を早めるには最適な制度ではあるが、広い範囲の参加を重視する組織運営の潮流からすれば、委員会への参加、各種委員会の合議を通した理事会の統治体制を無視することはできないという点である。常任理事会は存続させるとしても、その他の各種委員会の設立などの理事会運営の工夫が欠かせないのである。

4．理事長

（1）理事長の役割と責任

　理事長の職権については、代表理事としての権限と責任について法的な枠組みで定められていないだけに、多様な情況によって種々な裁量の幅があるのが現実である。この点についての調査・実証研究は今のとことほとんど見当たらないので、理事長の役割と責任の実際とその実際を総括するフレームワークも構築することができないでいる。

　ただ、次のような役割と責任を担うことについては、一般に了解されるところである。

① 　理事会や各種委員会のなかで決定プロセスを管理すること。

② 　理事会内の人間関係を管理すること。

③ 　特に資金調達源に対して、他の助成機関・団体に対して組織を代表すること。

④ 　外部関係と社会に対して組織を代表すること。

⑤ 　経営者とスタッフに対して理事会を代表すること。

⑥ 　経営者と協議すること。

⑦ 　理事の教育と理事会啓発のリーダーシップを執ること。

⑧ 　理事会の中で資金調達のリーダーシップを執ること。

⑨ 　理事会の議論で得た特定の決定事項について、これを擁護し支援すること。

　要するに、理事会の会議を組み立て運営する責任、理事会の作業をチームとして動かす責任、会議とその他の理事会活動が有効に行われるようにする責任、理事会のために経営者の活動と業績を監視する責任、常任理事会や各種委員会あるいは理事全体との連結の過程を指導する責任である。

　しかしながら、このようなリストは役割と責任の優先順位を示してはいるが、現実には多種多様なタイプの理事長がいるもので、以上の理事長の役割と責任として期待される領域をすべて網羅して懸命に努力する理事長から、たんなるシャッポとしてイエスマンに徹する理事長まで、多士済々というよりは多種多様である。理事会や常任理事会などで議事進行の司会をするだけか、公式の儀礼的な会議手続きに拘るだけで、経営者とは理事会に公式報告書を提出する際に接触するだけであることもある。他の責任領域は例えば常

任理事や財務・総務担当役員に割り当てるか、管理スタッフに丸投げしていることもある。

あるいは、理事会の教育プログラムなどを含めて理事会のすべての手続きに積極的な役割を果たし、経営者との協同関係にも積極的であるが、組織とその環境との関係についてなんら責任を取らないこともある。しかしまた、先のすべての領域について責任を果たしていることもあり、理事会プロセスのなかの積極的なリーダーシップを執り、経営者と緊密な仕事関係を保ち、組織の主たる代理人として働いている場合もある。

（2）理事会の統率

本来、理事長は何よりも理事会を束ねる長である。理事会の主要な役割と責任は資金調達のリーダーシップを執るなどの社会に対して組織を代表することにあると同時に、社会の信託を受けた受託者として組織の運営を統制することにあるから、理事会はまとまった統一体であることを社会に示すことが非常に重要である。理事会内に可視的な意見の相違が続くならば、組織の支援と擁護の機関として有効に活動する理事会の能力が疑われることになる。これはまた、組織の安定性と健全性について外部の資金提供者の疑念を生むことにもなる。

したがって、特に自己継続型組織における理事長の主たる役割は重要な政策事案について理事会が全体として合意する交渉を促進させることである。通常は、理事会内の集団圧力が個々の理事に加えられ、理事は合意の決定をなんとなく支持するか、嫌々ながら黙っているかのどちらかとなる。その結果、過半数の合意に対して異見があり、また異議のある理事も大方の理事会決定に対してそれほどの影響を与えないことになる。それによって理事長の役割は大方果たされているというべきである。すべての理事を満足させることは強権的な支配でも不可能であるからである。

最終的に、理事会の多様性を維持して理事会の意思決定の質を高めるのは、理事長の包容力、調整力、リーダーシップの手腕と技量である。この手腕と技量は理事長の大きな賭けとしての戦術を大きく左右する。異論のある人、対立する人を予め理事会に「取り込んで」「閉じ込める」戦術ができるかどうかである。対立する事案や紛糾しそうな問題が理事会以外のところで公になる前に理事会のなかで同意を取り付け、形式的な満場一致で合意させるこ

とである。これに失敗すれば、反対に理事長もろとも理事会は分裂の極みとなり、分派活動の結果として理事会は機能停止する。

　しかしながら、今後の非営利組織の持続的な発展のためには、好むと好まざるを問わず、次章で示すように、理事会の多様性と包摂性を積極的に推進することが必要であり、そのために理事長はあえて挑戦的な理事を選任するという役割を担うべきである。各種の多様な代表の参加、多様な人材の登用、異論の交差する騒がしい理事会を目論むことである。さらには、理事長の長期的な役割としては、理事を啓発して育て上げる役割を果たすことが重要である。将来の理事像を基礎にして理事会の能力の向上を図る役割と責任である。

（3）外部関係の管理

　非営利組織の理事長には営利組織の取締役会会長以上の役割が期待され要求される。非営利組織はつねに外部資源に依存する存在であるために外部関係管理が重要な役割である。それは資金提供者との依頼や交渉や契約における積極的な参加だけではなく、規制当局との折衝、社会や特定のコミュニティとの交流、連携組織との協調などについて重要な局面で主役を務めることが必要である。このような多様な役割と責任については、非営利組織の資源依存性論が強く主張するところであり、そのような組織を率先してゆく理事長が資源依存に対する受託責任を果たす最高の責任者であるということである。

（4）最高経営者との関係の管理

　理事長は何よりも理事会の長であること、同時に組織を代表するトップであることを指摘したが、したがって、理事長は最高経営者とは一線を画すべき存在であり、そのような役割と資質が求められる。

　理事長は代表理事としてそれなりの権限と責任を有するけれども、実はほとんどを最高経営者に権限委譲しているというジレンマがある。多くはこの経営者も代表理事であることから、さらに両者の間の関係について協定や規則がないぶん、きわめて微妙なパワー関係にある。この両者の関係は理事会の役割と有効性に関して重大な問題なので第Ⅴ部第3章と第4章で論じることになるので、ここでは重要な論点だけを述べるに留める。

　理事長は株式会社の取締役会会長とは違った地位にいる。株式会社では法人の支配と経営は形式上分離しているとはいえ、実質の所有はほとんど経営

者と会長を兼務する最高経営責任者（CEO）の掌中にある。非営利組織においては、同じく組織の支配と経営は形式上分離しているのであるが、それが実質においてもそのまま分離するような仕組みが維持されているところに違いがある。非営利組織の最高経営者が理事会において議決権を有するべきかどうか、いまだに問題とされていることがその証左である。

　この両者の間の権限と責任の分割は、非常勤で無報酬か報酬が少ないけれども組織内の影響力をもつリーダーシップ地位にある理事長と、常勤で有償の組織運営上の影響力をもつリーダーシップ地位にいるが理事会決定のプロセスに議決権をもたない地位にある最高経営者の間の構造上の分離によって担保されている。ところが、非営利組織のリーダーシップ職能の最終的な源泉は理事長にあるものの、時代の経過とともに組織リーダーシップの継続性を維持しているのは最高経営者のほうである。

　したがってと言うべきであるが、どのような条件においても理事長のもっとも重要な受託責任のひとつは、最高経営者の業績を理事会が定期的に点検して評価するような仕組みを用意することである。この際に考慮すべき原則として、１つは、理事会が最高経営者を評価できる位置にいること、少なくとも執行役員会・常任理事や委員会委員長が最高経営者の業績を判断できる情報を確保していること、もう１つは、この評価は公式であり、定期的になされることである。

　理事長と最高経営者の関係についてはいくつかのタイプが類別され比較されている。これについては後段に論じるのでここでは割愛するが、重要なことは両者の間の「職務権限の分割と分担」と、それ以前に協議すべき「根回し事項」を明示的に公式に決めておくことによって協同作業の工程表をつくっておくことである。理事長と最高経営者との関係はパートナーシップ（仲間）にしてはならないのであって、違った職権と職務をもつ両者がコラボレーション（協同）することにこそ、組織の健全な発展と組織の社会公共性が担保されるのである。

Ⅱ．理事会職能の特殊化

　非営利組織の理事会は営利組織の取締役会に倣えという圧力に伴う議論が

非営利組織の効率性向上のひとつの施策として有力になってきている。

① 営利組織では取締役会は少数精鋭の規模である。非営利組織の理事会も小規模にすべきである。規模の大きい理事会ではたんに法制上の機関として存在するだけで、有効な意思決定に効果的に取り組むことが難しいからであり、集団として活動できないからである。理事の間の充分なコミュニケーションがとれない、実のある議論ができない、合意形成をすることが難しい、戦略的な意思決定のような重大な責任に対応できない、などからである。

② 営利組織では取締役会は活動機関として公式に自己評価するシステムを実施している。これによって活動と業績に関するアカウンタビリティをしている。非営利組織においても、統治機関としての理事会活動について反省を重ねて次の向上を目指すには、この自己評価システムが有効であり、とりわけ非営利組織にはなんらかの第三者評価の制度が必要である。

③ 営利組織では常勤取締役がほとんどである。非営利組織でも理事会の役割と責任に十分に時間を割ける人を選任すべきである。ところが、別の多数の組織の理事職にある人が兼任することが多く、これでは基本的に理事会職能は果たせない。営利組織と同じように常勤の専従理事を増やすべきである。また、慈善活動、コミュニティでの地位、ミッションへの積極的な関与などから選任されているが、このような選任の仕方はひとつの重要な基準には違いないがすべてであってはならない。全体としての理事会が組織の中核的な課題を把握する能力、組織の経営管理を評価しこれを発展させる能力、組織が直面している組織上・戦略上の問題に取り組む能力を備えているような専門技能と専門知識を有する人でなければならない。

④ 営利組織では少数の優先事案だけに関する会議を開く。規定通りの日程や形式的な会議の演出など儀礼か儀式になっているような非営利組織の理事会の厳格に管理された会議を廃止して、営利組織のように会議の方式を変えるべきである。

確かに、上記の議論のなかには非営利組織の理事会においても大いに倣うべきものがあり、例えば現実に、個々の理事と緊密に応接するため、理事会費用を削減するため、法的義務のない理事会職能を代行する諮問会議などに委譲するためなどと動機は異なるけれども、理事会規模の縮小は徐々に進んできている。しかし、非営利組織の理事会には営利組織の取締役会と同じに

第Ⅲ部 理事会有効性を高める基礎構造

してはならない社会公共的な役割と責任があり、その機能的効果についても
異なることに留意すべきである。

　非営利組織の理事会ではかなりの規模が必要かつ有用であり、儀礼的な会
議も参加者の擬似満足の機会を提供しており、組織への貢献を引き出すこと
ができるのである。そこで、非営利組織では、例えば理事会規模を縮小した
り、営利組織のような決定機関らしい会議をすることは意外に簡単にはでき
ない相談なのである。このことについては、前章で説明した通りである。

　このようなジレンマに対処するひとつの方法が実質的に理事会規模を縮小
する理事会内の委員会制度の設置や、非公式な側近グループの政策小集団の
利用という方法であり、会議の仕組みの改善である。この種の工夫によって、
理事会が戦略・計画策定の段階の基本的政策を決定あるいは承認して、その
行方を監視あるいは統制する職能に焦点を絞り込むための制度が用意される
ことになる。

　すでに前章で説明したように、非営利組織は営利組織よりも幅広い課題を
抱えているので、理事会は大きくなる傾向があると想定することができる。
規模が大きければ、多くの課題について分業が可能となり、連携は乏しくな
るが、裕福な理事や有力な理事、あるいは政府関係に強い理事を理事会に招
くことができる。この場合、理事会の規模が大きいことから生じる組織の損
失は、理事会の職能を特殊化することによる別の利益で相殺されると考えら
れる。

1．委員会の職能と役割

　株式会社におけるコーポレートガバナンスの中心の課題は取締役会の機能
をどのようにして高めるかにある。わが国においても、幾度となく会社法を
改正して法整備を行い、証券取引所のコーポレートガバナンス・コードの適
用を要請するなどいくつかの改善がなされてきたが、主たる方法のひとつは
委員会制度の充実である。委員会設置会社（現在は指名委員会等設置会社）、
監査等委員会設置会社がそれである。

　非営利組織においても、この種の委員会制度は有効であると考えられる。
むろん、委員会制度がすべての非営利組織に適合することはない。大規模な

非営利組織では委員会設置会社と同様な指名委員会、報酬委員会、監査委員会を擁し、さらに、例えば資金調達委員会、プログラム委員会、投資委員会などを設置している。しかし、中規模以下の非営利組織では、上記の3つの委員会は別として、理事会自身がその種の役割を演じるであろうからそれほど意味をなさない。

　理事会はむろん親睦や社交の場でもなく、たんに議案を承認する場でもない。しかし、現実に、多数の理事が一堂に集まって最初からすべての事案の審議と議決をすることは時間的にも技術的にもほとんど不可能であるし、また量的にも能力的にも不可能である。そこで、一定の理事会の役割と責任を十分に果たすためには複雑な環境のなかで生じる様々な問題を解決するなんらかの仕組みをつくらなければならない。そのためには、少なくとも中規模以上の組織の理事会はすべての職能を「全体として」執行することは得策ではないから、組織が対応すべき問題や理事会全体の問題に政策提言するような特定の専門的な委員会制度が必要である。

　他方では、理事会活動の効率性を向上させるには「分職」が必要であり、「特殊化の利益」を求めることである。専門的な職能領域に集中することで専門的な知見の水準が高くなり、結果として職能執行の効率を向上させる。理事会は各種の委員会にその職能の執行権を分割・委譲して、それぞれの委員会に分担させることが得策となる。

　もちろん組織構造それ自体が職能別・地域別な編成をしており、あるいは広い連邦制を形成しているなどの特徴を有することが前提である。この組織構造の特徴のうえに理事会の特殊化が行われるのが一般的であり適正である。むろん理事会が関心をもつ領域によって、理事会が編成する委員会の種類、その構成、その活動が決まることである。

① 　理事会はよくて年何回かの頻度で開催される程度であるから、期間内に溜められた報告事項が厖大で、それだけで会議の大半が使われ、重要な議案の審議と議決に要する基礎資料も時間もない。これを補完するなんらかの手立てとして委員会制度が理事会の内部で必要となる。

② 　理事会には基本的な戦略・計画段階の政策に関する事案が提出されるべきであるが、理事会がたんなる会議や集会だけでもって組織の戦略に通暁することは期待できそうにない。理事が組織の戦略と目標についてその全体像を総合して理解したうえで、それを理事会の通常の作業や手順の中に

織り込むことはほとんど期待できないから、理事会が年間の戦略事案を出し、これに基づいて各委員会が派生的な行動計画を立てる仕組みとして委員会制度をつくることが得策となる。

その委員会制度は理事会活動に対して戦略的に優先すべき事項をどのように織り込むかを提示する役割を担う。各種の委員会はそれぞれに割り当てられた職務に関する年間活動計画を作成して、ひとつのプロジェクトチームとして行動する。このような仕組みでもって、理事会の時間とエネルギーの大部分を「大きな構図」に関連する事案に費やすことができるようになる。

③　基本的な政策に関する事案がすべて経営者始め管理スタッフの立案によって提出されることになれば、理事会の存在を根底から損なう結果となるので、理事会内で特殊化された専門集団によって議論され、政策立案として「叩き台」が編成されることが望ましい。専門集団の委員会の特殊な才能を集中的に利用して、最初からすべての職能の執行を理事会に託さずに、また管理執行部門に丸投げせずに、ある種の重要な事案を特定の委員会に内々に検討させることができる。

④　その結果、委員会は特化した職能と役割を任せられ、通常少数の構成であり議論を重ねて熟考する時間と機会があるから、理事会のひいては組織の意思決定の質を高めることができる。

少なくとも中規模を超える非営利組織では、適切な委員会の仕組みがなければ理事会はその意思決定職能を適切に履行することはほとんど不可能であり、有効にかつ効率的にその役割を果たすことはできないことから理事会有効性を高める重要なひとつの制度として、理事会の内部に中核となる有力な公式ないしは非公式な専門集団を設置することを考えるべきである。いくつかの委員会を組織論に従って、階層別、職能別、プロジェクト別に分類することもできるが、総括して説明することにする。

2．設置する委員会の種類

一般に委員会には常設委員会と臨時あるいは特別委員会がある。前者は永続的な機関であり、定款によって決められる。後者は委員会の任務完了によっ

て終結する。常設と臨時を問わず、一般に委員会の主たる職能と役割は理事会の会議の準備をすることであり、理事会の審議と議決に際して事前の状況説明と政策立案を提示することである。通常は、委員会は理事で構成されているが、最近では、特定の知識や経験を有する部外者を招くことがある。およそ次のような委員会が設けられる。

（1）部門別委員会あるいは職能別委員会

① 財務委員会

組織の投資を監督し、経営者や管理スタッフと協同して予算編成の作業など、組織の資金政策と財務管理に関する立案・モニタリング・監督を行う。独立の監査委員会がない場合、独立監査や財務検査を監督し点検する。外部の金融界や利用者なども委員会に参加することがある。

② 指名委員会

適当な理事候補や委員候補を選考し、理事会に推薦すべく候補者名簿を作成する。ときには理事会役員を指名する。新理事のオリエンテーション、理事および理事会の自己評価の啓発、理事および理事会教育プログラムや交流会の設定などを含む理事会啓発活動と理事退任の計画をする責任も担う。このような多様な役割をもつ委員会となって、理事会啓発委員会とか、ガバナンス委員会と呼ばれることがある。

③ 資源開発委員会

資金調達方法について検討し、年間資金調達目標を立てる役割である。スタッフと理事会と協力して、資金調達のイベントへの参加や寄附金や助成金の募金活動に携わる。場合によって予算・財務委員会と合併することがある。

④ 人事委員会

有償・無償の人的資源の利用を計画・モニタリング・監督する役割である。業績管理、監督、従業員報酬・厚生、苦情処理など従業員政策の指針となる方針と政策を推薦する責任があり、主として管理職の人事、特に経営者の選考・選任、業績評価、報酬を含む制裁を行う。

⑤ 理事啓発委員会

理事の採用・選任あるいは再任の準備をする役割と理事および理事会の教育・学習の役割であるが、後者については人事委員会と協同する。委員会制度の主流は財務・監査・報酬・指名委員会などであるが、この理事啓発委員

会は組織を活性化させるものとしてきわめて重要である。

⑥　報酬委員会

　理事は名誉職として一般にボランティアでありほとんど報酬を受けないので、理事に関してはそれほど重要ではない。しかし、国によって異なるが、近時の趨勢として外部組織の裁量の下に、あるいは一定の基準の下に理事の合理的な報酬を認める方向にある。他方、経営者特に最高経営者の報酬枠を定める役割はきわめて重要である。

⑦　監査委員会

　財務と業務を監査する委員会で、大規模な組織では常設されているが、小規模では困難であり、財務委員会が外部監査役と共同で監査を行うこともできる。非営利組織にとって主要な課題は適正な監査である。営利組織のように、利潤目標が存在しないこと、株主が存在しないため内部統制が強く働かないこと、資本市場の脅威のような強力な外部統制メカニズムが働かないことから、非営利組織における監査委員会はきわめて重要である。

⑧　公衆関係委員会

　対境関係管理をする委員会である。公衆関係とコミュニティ関係とをひとつの委員会にすることが多いが、公衆関係の職能は主としてメディア政策に焦点を当てる傾向がある。

⑨　コミュニティ関係委員会

　メディアではなくて、コミュニティ内の有力な集団とよい関係をつくり出す役割である。組織が注目されるようなコミュニティのイベントに参加する機会を検討する。ときには政府関係とも繋がり、政治家との人脈づくりにも関与する。

⑩　プログラム委員会

　クライアントに質の高いサービスを提供する組織のシステムを監督し、これらのサービスが適宜に反応よく提供されるようにモニタリングし監視する仕組みをつくる役割であり、利用者サービスを評価する役割もある。さらに、組織の短期的・長期的な目的に影響するような外部環境や社会の動向に注意する責任がある。プログラムと大きな関連があるコミュニティの指導者やステークホルダーとの関係維持、将来のニーズを満たすプログラムの開発や刷新の責任もある。複数のサービスを提供する複雑な組織では、それぞれのプログラムサービスをモニタリングする下部委員会がある。

（2）臨時委員会

　プロジェクトチームやタスクフォースと呼ばれる特殊問題を扱う委員会である。例えば、資金調達を増やすため、あるいはコミュニティの認知を高めるために設置する。今日では伝統的な常設委員会の仕組みも変更を迫られており、常設の委員会は最重要であると考えられる委員会だけに絞り込み、特定の事案のために設定され、問題が解決すれば解散する臨時の委員会を増やす方向にある。

① 　計画・統制委員会

　いわゆるジェネラル・スタッフ（参謀部）として、一般の業務執行職能（ライン職能）から管理職能（スタッフ職能）を分離独立させて、それを特殊化するために設置する委員会である。

② 　計画委員会あるいは戦略委員会・プログラム委員会

　ミッションとビジョンを特定し、それらを具体的に示す政策策定と計画策定とプログラム・事業開発について立案し、場合によっては年度予算の編成までの立案をする委員会である。財務、統制、資金調達、マーケティングなど企画作業に優れた経験と能力のある理事と管理職で構成する。

③ 　業績モニタリング委員会あるいは業績評価委員会

　財務、プログラム、経営管理の面で組織がどのように活動しているかを評価・批判して再計画に繋げる統制委員会である。監査委員会や予算委員会と共同作業をすることができる。特に組織の運営過程を適正に行うように規律する「内部統制」に注力することに努めることが求められてきた。

　なお、近時、組織間の種々なネットワークが形成され、このネットワークのなかで事業展開が行われるような状況が見られるが、この連携・連帯活動のなかで個別組織の理事会はどのように応接し、どのように連携・連帯組織の意思決定に関わることができるのか、新たな課題が出てきている。個別の単位理事会が広いネットワークのなかで埋没してしまい、その結果、理事会有効性を損なう新たな障碍となってきたからである。これを乗り越えるひとつの手段として、理事会内にこの連携・連帯問題に関わる「ネットワーク委員会」の設置を考案する必要があることに留意すべきである。

第Ⅲ部 理事会有効性を高める基礎構造

3．効果的な委員会制度のための基準と施策

たんに委員会を設置すれば、それで理事会の有効性は高まるというわけではない。次のような基準を設け、施策を講じることが前提条件である。

① 委員会制度は理事会がその役割と責任を履行する際に、その活動を下から支えて促進させる目的で設置されるものである以上、そして、緊急時にだけ決定行為をすることができる執行役員会や常任理事会は別として、理事会だけが組織を統治する最終責任を負っている以上、委員会は意思決定をする独立の権限を所持しないことが大前提である。

理事会固有の役割と責任を履行するという法的義務と受託義務は理事会全体にあって、委員会にはないことは明らかである。執行役員会あるいは常任理事会は別として、通常の委員会はなんら最終決定の権限を所持することはなく、政策形成や意思決定をする機関ではない。委員会は統治を期待される機関ではなく、決して統治を許されるべきものでもない。

その前提の下で、委員会にどのような職権を与えるべきかを公式に規定し定款に記載することである。理事会が委員会の職務を定め、指示し、制限する「委員会規程」を作成することが必要である。このように規程を作成することによって委員会の目的と主要な職能と役割が特定される。その際、委員会の権限範囲は当該部門別・職能別あるいはプログラム別の全体に及ぶようにするのか、そのなかの特定の重要事項に限定するのかについて慎重に検討をすることである。理事会がその統治活動において分権管理をどこまで拡げるのか、どの程度まで調整範囲を残すのかという問題が基底にあるからである。

② 「委員会規程」で限定した特定の職権をどのように履行するかを決めるために各委員会が年度作業計画を作成し、このなかで各委員会の主要な事案、課題、成果、最終期限を定めることである。そして、この作業計画が執行役員会あるいは常任理事会によって点検され、理事会によって承認されるようにして、委員会活動を微調整することである。それぞれの委員会はその職能と役割をそれぞれに遂行するのであるが、それらの委員会の諸活動が総体として理事会に収斂することによって全体の年度計画目標を達成できるようにするためである。

③　一旦委員会に委ねた職権内での立案は理事会議案の唯一の経路とすることである。これによって委員会の作業が厳密に行われて、委員会はたんなる討議集団に終わらずに済む。したがって、理事会へのすべての立案や報告書は委員長の責任の下に作成・提出することになる。そうでなければ、それぞれに特化している委員会は焦点を失い、委員会制度は却って理事会を混乱させ、無駄な調整作業に追い込まれることになり、理事会の有効な統治能力が失われることになる。

④　特例を除いて、委員会は毎年度自動的に解消するものとして、その構造と職能について適宜変更することである。理事会で決定した優先順位に即して適宜委員会を変更したり、新設したりすることである。この原則によって、理事会は毎年委員会の業績とその必要性を厳しく批判的に評価を行い、どの委員会を継続させるか、継続させるには目的、職権内容、作業計画についてどのような修正を加えるかなど、組織目標と理事会目的に即して適切な委員会を決めることができる。

　必要に応じて委員会を設置することは、どの委員会がほんとうに重要であるかを明らかにしてくれる。その結果、スタッフも理事も戦略的な意味のない委員会議案をつくる必要を免れるし、理事はそのような会議を続ける必要から解放される。

　ただ、ほとんどの委員会は定款で定められているので、委員会構造や委員会職能の修正・変更は定款の改訂を必要とする。この改訂は面倒な手続きを要するので、一度だけ定款を修正して「年度初めに委員会を設置する」とした定款をつくればよい。一般には、委員会はほとんど変らない常設委員会であるが、このような固定的な委員会制度では、組織の遭遇する課題が変化するときに理事会がそれに対応して焦点と機能を絞り込むことができなくなる。むしろ新しい問題に対処するのに現行の委員会構造が足枷となるおそれすらある。

⑤　なお、委員会はあくまで理事会の委員会であるから、原則として理事で構成することである。しかし、理事が委員会の必要とするすべての知見と専門技能を持ち合わせているはずもなく、特に日常管理の現場の視点が必須である立案作業を担当する委員会となれば、理事だけの委員会では十分な作業ができないかもしれない。そこで、経営者が委員会の作業に合致する管理職を補佐役に選任することが必要であり、さらに若干の顧問や外部

委員を加えることも認めるべきである。

⑥　また、理事は複数の委員会に所属しないで、ひとつの委員会に属することである。専門化された委員会制度では、委員の兼務は荷が重いだけでなく、委員会の特殊性の利益を損なう結果となる。

以上のような基準と設計を満たす限り、委員会制度は理事会がその役割と責任を履行するについてもっとも有効な手段のひとつであることは間違いない。少なくとも中規模以上の非営利組織では委員会制度なくして理事会は本来の職能と役割を果たすことはできないであろう。

しかし、先に細かく分けた多数の委員会を挙げたが、仮にこれらのすべての委員会を設置すれば、新たに理事会に「管理の限界」の原則が働き、委員会の間の調整と全体の統合の課題が重くなり、理事会の機能低下に繋がってしまう。そこで、状況によってあるいは問題の所在によって今どのような委員会が必要不可欠かを選択して、委員会を設置したり撤廃したりすることで理事会構造を状況に適合してつくることが肝要である。

ただ、年々変化する状況に適合する理事会の役割と責任を反映するような有効かつ効率的な委員会制度（構造と機能と人選）をどのようにつくり上げるかが現実の重要な課題である。その場合、要点は、状況に適合して理事会内の管理構造の分権化を推進するか、集権化を強めるかの選択をすることである。

いま理事が20人以上の理事会を想定すると、委員会制度を設定するのに次のような原則を踏まえることになろう。

①　理事長の管理の限界を考慮して、５名から７名の執行役員会あるいは常任理事会を設置する。理事長が議長に就き、このメンバーには理事の外に経営者を加えるか、経営者の指名する部門管理責任者を加える。前者の場合、経営者を職権上の理事として議決権を与える。

②　執行役員会あるいは常任理事会を設置しない場合、常設の各種委員会を設けて、執行役員会や常任理事会に代わる機関として各委員長が集まる合議体として委員長会議を編成する。この委員長会議にライン権限を与えることも考えられるが、あくまで理事長のスタッフとしての権限に留めておく。

③　この場合、どのような委員会を設置するべきか。理事長の管理限界も考慮に入れれば、組織運営の基本的な職能をまず特殊化すべきである。非営利組織に基本的な職能は利用者本位のサービスを供給するマーケティング

管理、ボランティアを含む人事管理、継続的な組織を維持する財務管理である。なかでもミッションに直結する職能を第一に設置することである。

④　さらに、理事会の規模が増大すれば、計画と統制の管理職能の分離が必要になるが、非営利組織では執行部門が相当部分において計画職能を担っていること、理事会は執行部門の業務活動のモニタリングを重視すべきであることから、組織活動と経営者はじめ管理スタッフの行動を監視・統制して多様なステークホルダーに対するアカウンタビリティを担当する統制委員会をまず設置することである。

4．委員会制度の困難な問題点

　職能別委員会にしろ、プログラム別・プロジェクト別委員会にしろ、委員会制度は理事会のなかで重要ないくつかの職能を多様な理事に分割して専従させる仕組みであることから、組織管理論で通常指摘される問題点がここでも当て嵌まることになる。ほとんど一般に理解されているであろうから、ここでは要点だけを挙げておくことにする。

① 　階層分化の不利益

　理事会─執行役員会・常任理事会─理事長─最高経営者─管理スタッフの系列のなかに委員会が加わるとなると、管理階層はかなり長いものとなる。その結果、情報伝達経路が伸びて、管理コストが増えるだけでなく伝達情報の齟齬を来すことになる。常任理事会の階層の位置について考慮する必要があるかもしれない。

② 　特殊化の不利益

　理事が各自に専門領域を受け持つことは大きな動機づけにもなり、専門知識や技能を修得したり、習熟することになって、理事会や組織はいわゆる専門化の利益を享受することができる。しかしまた、理事が専門化すればその専門領域だけに専心して、理事会や組織の全体を俯瞰しないことになる。小事が大事に優先し、自分の専門職を全うすることが自己目的となる。その結果、組織のなかに目的の多元性が定着する。さらには、特殊化をすれば理事会のある職務に関する責任の所在を明確にすることができない場合が多くなるから、責任の不在という重大な結果をもたらすおそれがある。

③ マトリックス編成の問題点

理事会のなかに職能別委員会があり、同時にプロジェクト別委員会がある場合、例えば財務委員会と資金調達委員会、指名委員会と評価委員会が並存する場合には、何についてどこが職務を担当してその責任をもつのかが明確にならないおそれがある。2つあるいはそれ以上の権限関係が同時に発生するという変則的な構造であるために個々の理事にとっては相互の権限関係が曖昧となることから、職務の重複や軋轢が生じ、結果は責任の所在が不明となる。さらには、あるマトリックスを組んだ業務の立案—執行—統制について絶えず意見の調整をするコストが掛り、それでもなお対立が解けないことがある。

以上のように、委員会制度には職能の分化に伴う不利益が必ず発現するものである。もっとも注意すべきは理事会のなかに権限と責任が分割された核集団ができ、この集団が分派行動をすることであり、その結果として理事会内の確執が常態となることである。「分割して支配する」意図があれば別であるが、理事会を統一的な意思決定機関にするためには、分割して効率を挙げるであろう諸職能を巧みに調整して一元化するのでなければ、ほんとうの理事会有効性は生まれない。そこに理事長の手腕と技量が問われるところであるが、悪くすると、むしろ特に最高経営者の支配を助長することになる。

要するに、各種の委員会は原則として官僚制組織のうえに設置され、その官僚制組織の管轄範囲において特殊化されることから、理事会全体と個々の委員会の間、それぞれの委員会の間の連関が絶たれていることに問題がある。その結果、それぞれの相互作用の管理が困難であり、総体としての理事会の有効性を阻害することになる。言うなれば、理事会の動脈硬化による組織疲労の現象である。最後に、委員会の運営に関わる問題点を具体的に指摘しておく。

① 理事会が上手く機能しないのとほとんど同じ理由で委員会の業績を挙げることができない。すなわち、組織の長期的な全体像を描かないこと、組織の運営に関する内外の情報を充分に確保できないこと、政策レベルと作業レベルを区別しないで多くの仕事を抱え込むこと、などが指摘される。特に、管理活動や作業活動に手を出す理事会の性向をさらに拡大する羽目になる。そこで、経営者や管理スタッフが経歴を重ねてきた領分に入り込むことになり、軋轢が生じる。収集され処理されたより多くの情報を保管

しているかれら経営者や管理スタッフが忌避行動をとることになる。委員会はまだ問題があるのではないかと介入し、スタッフの側はもう応接したくないと反発する。特に心理的な諍いが見られる。

② 常設委員会に多く見られることであるが、法的にも機能的にも理事会全体で執行すべき職能と役割を実態としてはこれを差配していることがある。先に、委員会は理事会の決定した政策の意を戴してそれぞれの職務を遂行するとしたが、反対に、委員会がそれぞれの担当職能の政策を立案することが多い。このような状況では、委員会が理事会を支援し理事会によって統制されるよりは、理事会を支配することに繋がりかねない。

　そこで、有効かつ効率のある理事会の統治活動を支援させ促進させるように、しかも、理事会の統治の完結性と権限と責任を侵さないで、理事会と各委員会の間に、そして委員会同士の間にどのように職権を分割・分離しながらそれぞれの職務を調整するのかという困難な問題が生じる。

③ 理事会の役割と責任を主要な戦略周辺に集中させ、戦略の方向づけに特化する現代の傾向にあって、理事会構造のなかに計画立案委員会や戦略委員会の基本政策の特殊化部門を設置することになる。しかし、このような基本政策の立案作業は最高経営者を含む経営管理層が日常管理の過程のなかで担当しているので、執行部門の立案と理事会内の委員会の立案とが重なることになり、組織のなかに主要政策立案の二重階層ができることになる。

　これによる管理費用の増大や指揮系統の混乱が問題であるが、さらに、執行部門の長である最高経営者が委員会を隠れ蓑にして立案決定をするならば、委員会は実質上理事会に対するこの経営者の意思伝達経路でしかないという事態を招く。理事会が認めた委員会が決めた政策立案であるので、理事会はそれに対する異議や反対や撤回を要求することが難しくなる。結果として、最高経営者の理事会支配を助長するという問題である。委員会制度は最高経営者のためにあるのではなくて、理事会のためにあることを忘れてはならない。もしも委員会がそういう存在になれば、存続させないことがむしろ必須である。

④ それぞれの委員会はそれぞれに与えられた職能と役割に関する特定の目的を追求するので、管轄範囲を超えた課題に思いを致すことには適さないことがあり、理事会の統一的な目標とは整合しない行動をすることがある。理事会のなかで目的が多元化する。財務委員会は経費と剰余金に、サービ

ス委員会は質の向上と顧客満足に、公衆委員会は組織への支援と組織の拡大に注力する。

　各委員会の議論は問題の重要な一面に触れてはいるが、委員会構造は理事会がそれぞれ提出してきた問題を包攝して議論する機会を与えないというおそれがある。その結果はまた、理事会にとって、したがって組織にとって重要な問題が見過ごされて「陥穽」の間に落ち込んでしまうという問題である。

　委員会制度としては理事会のなかのある職能と役割に集中して貢献する理事の集団が存在することが重要であるが、最終的には、委員会は理事会の包攝性と有効性を保守する役割を果たすべき存在である。ところが、同じ戦略問題についてある委員会が他の委員会と相互に関係するところがあるのに孤立したまま議論をしていることが多く、しかも、全体の問題は理事会の統治構造のなかで考察されることがないことが多い。

⑤　結果として、政策立案をめぐって執行部門の各職能部門や管理部門、それを束ねる最高経営者、そして理事会の各委員会と理事会、それを束ねる理事長、それぞれの間の意思決定過程が複雑に絡み合うので、ある政策立案の決定責任はどこにあるのか、職能規程に明記をしていても現実の決定作業においてその「責任の不在」が常態化することは避けられない。日和見の決定か、無謀な決定が多くなるという問題である。

5．委員会制度の再構築—効果を上げる委員会制度の工夫—

　先に示したような委員会制度が上手く運営されるいくつかの条件を満たしたとしても、以上のように、そのままでは委員会制度の効力の限界が露呈する。だからといって、委員会制度を廃止することは直ちに理事会の機能麻痺を引き起こす。これがために、いくつかの再構築と再編成の是正策を講じなければならない。

① **理事の全体会議あるいは公開討論会**

　すべての理事は重要な核となるいくつかの委員会が討議をする「全体会議」や「公開討論会」に参加する。これによって、委員会制度の大きな欠点を防ぐことができる。理事会が委員会の提案をほとんど議論しないで受け容れて

しまう欠点、委員会が議論した内容を理事会で繰り返す欠点をなくすることができる。これによって、委員会の決定がなされる前に重要な事案を全体で理解して検討する機会が得られる。

② 委員会の共同会議

単一の委員会の権限範囲を超えた重要な懸案事項について討議する仕組みである。ある事案についてそれに関連する委員会が協議する場所を設けることである。この共同会議によってほとんどはひとつの委員会の枠を超えたところにある重要な戦略的事案に関して理事たちに直に触れる機会が与えられることで、理事の視野が開かれ理解が深まることになる。

③ 委員会連絡会議

従来の執行役員会ないしは常任理事会のような集権的な仕組みではなくて、それぞれの委員会が他の委員会と密接な相互関係をもって運営するように、各種の委員会が協議する委員会連絡会、委員会協議会、委員長会議のような分権的な集団合議制を常設することによって全体の根回しをすることである。

多様な委員会がほとんど独立していて、他の委員会とは厳密には調整し合っていない状態では、各委員会はその行動の結果に対して充分に責任をもてないが、集団合議制が制度化されれば、これによって理事の啓発ができ、理事の間の合意ができ、理事にさらに権限の委譲をすることにもなり、理事にとって会議が魅力のあるものになる。

④ タスクフォース・プロジェクトチーム

常設委員会制度に代えて、あるいはそれを補完する目的でタスクフォースあるいはプロジェクトチームを多用することである。例えば、経営者候補の選考、ファンドレイジング運動の展開、戦略・計画の立案などについて臨時の組織を立ち上げる。特に、この制度によって戦略・計画の段階について各委員会の特定の職能を超えた総合性と統一性を理事会に与えることになる。組織の分散化と硬直化を避けて、組織の集中化と柔軟化を求める方向への回帰である。このタスクフォースの成員は理事や内部スタッフだけでなく、専門家、管理職、クライアント、有力者を入れることが望ましい。言うまでもなく、ある委員会制度はいつでもある理事会に適合するとは限らないし、委員会制度は組織の戦略に照らして編成されるべきものであるから、適宜に柔軟に運用されるべきである。

なお、「4．委員会制度の困難な問題点」で挙げた問題の対応に苦慮するからか、最近、理事長や最高経営者を支える非公式な政策グループの有効性が欧米で注目されている。理事の全員が「チーム」として結集して協同するときに理事会は最善で有効になるという従来の一般的な見方に対して、優れた理事会には変革を主導する中心となる少数の理事集団が存在し、その集団が理事会の代理機関の役割を果たすものであるという議論である。いわば「側近グループ」による「側近政治」の認知と推奨である。

確かにスピード、回転、転換を重視しなければならない組織においては有効に働くであろうし、理事長や最高経営者にとっては誠に便利で有り難く重宝するするであろうが、それでは理事会のあり方に大きく悖ることになる。理事会内の派閥形成を助長したり、指導者の独裁体制に繋がりかねない。また、この種の集団が変革を阻む守旧集団に陥ることは十分に想定できる。そう安易にはこの議論に従うわけにはいかないが、少なくとも危機管理に際会する場面には採用することが許されるかもしれない。

Ⅲ．諮問機関

諮問会議、諮問委員会、顧問会議などと呼ばれる諮問機関は理事会の内部管理構造ではなく、決定権限を有しない非公式な会議体であるが、かなりの数の非営利組織がこれを正式に設けている。この諮問機関はたんに組織のお飾りではなく、理事会の運営にとって重要な支援機能を果たし、場合によっては厳しい圧力ともなり、ときには理事会活動によい影響も悪い影響も与える存在である。

1．諮問機関を設ける目的

① 多様なステークホルダーを理事に選任するよう求める政治的・社会的な圧力が増すに従って各種のステークホルダーが理事に就任する機会が拡まってきたが、そうしない場合には、これに代わって公式の権限は制限されているがステークホルダーの関与と参加を促進する目的で諮問機関を立

ち上げる。

② 　違った意見や期待に応えるために諮問機関をつくることがある。例えば大学では、教授、学生、保護者、寄附者、コミュニティの経営者など、多数がサービスをめぐるステークホルダーがおそらく対立する要求をする場合の緩衝・調整機関として設置する。

③ 　外部資金の提供者の支援を受ける条件として、理事会に代表されていない意見を考慮すること、理事会に代表されていない特定の外部ステークホルダーへのアカウンタビリティをするために設ける。

④ 　組織が様々な環境に影響を受ける以上、それぞれの環境の変化に適応するのに理事会や経営者以外の種々の経験や能力が必要な特殊な事案や課題が出来することがある。その場合、すべての情況に見合うように理事会に人材を補給するのではなくて、臨時を原則として組織が必要とする特殊で新たな専門知識や解決策を得る有効な方法として設置する。

⑤ 　組織や理事会に長年功労のあった退任者を顕彰する便宜的な目的で設けられた理事会内の人事策として設ける。

２．諮問機関の役割と効用

　諮問機関の役割については、組織が「外向き」に設置する場合と、組織が「内向き」に設置する場合に区別することである。

① 　「外向き」の機関の場合

　諮問機関のメンバーが組織の情報を得られるように確認の質問ができ、そして特定のステークホルダーや社会に情報を伝達できるようにする。そのメンバーはサービス利用者、他のサービス組織、コミュニティの有力者、職業団体の代表、会社経営者などである。この場合、会議はもっぱら組織の側から発する「プレゼンテーション」に終始して、メンバーたちは助言に対する反応を聞きたいという期待が裏切られたりするので、終には積極的に関与しなくなる。さらには、消極的な参加の結果、提供される情報を否定的に評価し、このような否定的な評価を他の多様なステークホルダーに対して伝播させることにもなる。

② 　「内向き」の機関の場合

組織に対して共同の助言をするためにほんとうに招かれる。多数の違った
ステークホルダーの代表で構成する機関は共同の助言をするのが特に困難と
なる。さらに、組織活動に関する一般的な情報しか受けない機関である限り、
どのような助言も具体的な問題の制約—例えばプログラム活動に関する資金
の制約—と整合しないことが多い。また、多様なメンバーの助言が理事会や
経営者がすでに決定していることと一致しないか、相反することがある。な
ぜ助言に従わないのかについて経営側が説明しても、そのような努力も言い
訳か自己防衛の合理化であると見られかねない。さらに、つねに助言に従わ
ないと会議への出席が少なくなる。そしてその結果、メンバーの間に疎外感
が拡がり怒りさえ生じるようになり、そのことが代表しているステークホル
ダーに伝えられることになる。

　上記の「外向き」の諮問機関と「内向き」の諮問機関の間にはそれぞれの
目的や意図が異なる以上、それぞれの役割と効用が厳密には異なってくるの
であるが、一般的には次のことを指摘することができる。

①　理事会と経営者に対して諮問に答えるか助言を与える場合、理事会と経
　営者に対していろいろな意見や見解を伝達させる媒体となる。この場合、
　特に理事会のガバナンスを補完し強化する役割を果たす。

②　適正に管理された場合には、組織に影響を与え、組織の影響を受けるス
　テークホルダーとサービス利用者との関係を強くする緩衝と調整の役割を
　果たす。

③　社会に対して組織活動を助成・支援する擁護者の役割を果たす。

3．諮問機関の職権の限定

　この諮問機関は統治理事会と経営者の諮問に答えたり助言を与えたりする
が、通常は組織の正式な機関として設けられていても、法的な地位をもたな
いので法的責任はなく、組織の行為に対する法的責任や受託責任を負うこと
はない。しかしながら、組織内の正式な機関である以上、その目的と職権の
範囲と責任について明確に規定して、理事会の職能権限と区別しておかなけ
ればならない。特に組織のなかの地位と政策策定との関係を明確にしておく
必要がある。理事会と連結するのか、経営者などを介して組織と直接に連結

するのかについて限定すると同時に、よい仕事をしてもらうためにはどんな
職能権限を認めるのかについても規定する必要がある。なぜなら諮問機関の
職能権限について一定の基準枠があるわけではないからである。

　職能権限がなく助言が無視されるか放置されるなら、助言を求められた自
尊心は傷ついてモチベーションが減退する。反対に、理事会のような権限が
あるとして言動することになると、理事会や経営者たちの反動を招く。職能
権限に関して少しでも曖昧性があれば、互いの不満を高めて、対立が生まれ
る可能性も高くなることに留意すべきである。

４．諮問機関の問題点

　しかし、この諮問機関は理事会や経営者が十分に注意すべき存在である。
事実、ある場合には諮問機関が組織の有効なガバナンス構造に複雑な影響を
与え、理事会活動や組織活動に重大な困難をもたらすことがある。

① 　諮問機関には公式の仕組みと手続きがなくて、指名された人の主導だけ
　で会議を行い、この人が議案を決め、議長とか会議の主催者となる場合が
　ある。他方では、会議の時期と議案に関して相当程度の責任を負う議長が
　いる諮問機関もある。むろん前者では主導する議長のスタンドプレーを防
　止することが難しくなる。少なくとも後者のように諮問機関の制度化をし
　ておくべきである。

② 　諮問機関は組織の事業に関係するステークホルダーをさらに関与させる
　ことができるが、このような性質の諮問機関は組織のガバナンスの複雑性
　を増幅させることになる。諮問機関のメンバー代表制は、理事会における
　理事代表制と同じ複雑な問題を引き起こす。端的に言えば、メンバーの間
　の見解の相違、それに伴う反目し合う相互関係、組織の利益のための行動
　よりは「内集団」を強固にする派閥行動が持ち込む問題である。前章で指
　摘したところである。こうなると、顧問機関は各種の意見や期待を集約し
　てくれる緩衝の役割を果たすことができなくなる。

③ 　会議の議案や時期を決める議長がいる諮問機関と理事会の間に、あるい
　はこのような諮問機関と経営者の間にパワー争奪戦が展開される可能性が
　ある。このような場合、諮問機関の議長が全理事に対して、外部のステー

第Ⅲ部 理事会有効性を高める基礎構造

クホルダーに対して、また、例えばニュースメディアに対して組織が諮問機関の助言に従うように働きかけることがある。したがって、諮問機関を主導する議長を別に設けるかどうかが重要な選択肢となる。名誉職として退任理事諸氏を顧問会議などの顧問にしている場合には、職権上ではなくて先輩としての隠然たる権力をもって理事会や経営者と対向することがある。「院政」に類似の問題が出来する。

Ⅳ. 理事会会議―理事会の舞台装置の設計と舞台進行の手続き―

理事会会議（以下、会議と言う。）は理事と理事会が本来の役割を演じる舞台である。その真価を問われる場所である。会議はこの舞台を通して理事会の機能が発揮される中心の装置である。したがって、理事会の職能と役割を全うさせるためには、この舞台装置と舞台の進行プログラムが準備万端備わっていなければならない。そのためには、会議をめぐるいくつかの原則と規則を確定して、これを基にして会議を運営する体制をつくらなければならない。

会議の準備と会議の進行の問題はなかなか難しいのであるが、それをたんに厄介なこととして済ますことは許されない。よくない決定をもたらし、このことが組織の供給するサービスの劣化に繋がり、組織の不良な状況を招き、最後には組織の衰退を招くからである。

最高経営機関としての理事会の形骸化や無機能化が指摘されて久しいけれども、理事会自らがその傾向に与していることを自戒して、会議のあり方を真剣に反省し熟慮して、よき理事会の構築に努めるべきである。

1. 会議が上手く機能しない兆候とその要因

（1）兆候

理事会有効性を直接かつ容易に向上させる方法は巧みな会議の運営を図ることである。会議が非効率で有効に機能しないのは、会議がおよそ次のよう

な状況にある場合である。

① 議案が明瞭に整理されていない

　議案の内容が上手く組み立てられておらず、議案が「ルーチン」な提案であるか、「知らせるだけの」情報が多すぎて、重要な事案について討議する時間がない。また、情報過剰で消化できないので十分に問題の箇所を知ることができない。

② 議案が適宜に事前に知らされていない

　議案の資料が遅く届くと、最悪の場合会議が始まってから配られると、出席者は適切に対応し準備をすることができない。

③ 情報・資料が適切かつ十分に揃えていない

　誰もが最新の的確な情報を得て議論ができるように議案のなかに十分な資料が入っていない。反対に、事案とは明らかに関係のない資料で「有用かもしれない」と誤解するような資料を添付している。議題とは明らかに関係のない膨大な資料を前にして、多くの理事はせいぜい一覧するだけに終わる。

④ 会議の内容が報告に偏る傾向がある

　決定や承認を要しない情報だけの報告を聴く時間が多すぎる。最高経営者や管理スタッフ、あるいは理事会の委員会で討議して決定するほうがよい問題を議論している。理想的な会議は動議と決定を要するもっとも重要な戦略的事案をできるだけ議事の最初に出すことであり、注意深い議論ができるように時間の余裕をつくることであるが、ほとんどの会議では報告事項を一番先に述べる。むろん報告だけの情報でも、理事会が上手く運営されその責務を全うするのに重要な資料があるから、その選択には慎重でなければならない。しかし、理事会の段階で決定をすべき事案は別として、委員会や最高経営者から出されるある種の報告は理事会で取り上げる必要があるとは限らない。

⑤ 会議の時間が長すぎる

　会議が上手く機能しないのは会議の時間が長すぎるからである。理事会全体で検討する必要のない事案に時間を使いすぎているか、情報提供だけの報告時間が長すぎるかである。また、提案がくどくどしているか、報告がよく準備されていないかで会議が長引くこともある。真剣に意思決定に集中できる時間は普通50分程度であるとされており、会議が２時間以上続くのは問題である。このような場合は、議案を提出する担当の委員会や管理職の作業を

どのように改善するかに注力すべきであるが、最高経営者が議論の多い問題について自分の立案を形式的に承認させるために、長々として議案を巧みにつくる場合があり、この議案を最終に持ち出すように企てることもあるから要注意である。

⑥　**会議での決定過程が適切かつ明瞭でないままで済まされる**

議案と会議の内容がよくできていても、意思決定の過程に不備があれば理事会の会議は成功したことにならない。例えば、以下の場合である。

・有用な意見をもちながら黙っている理事は議論に加わらないで、少数の「お喋り」が会議を仕切っている場合。

・ある事案の十分な議論を尽くす時間が組み込まれていない場合。

・事案と関係のない議論に脱線してしまう場合。

・結論が出ても、誰が何を何時するのかについて明確にしていない場合。

・決定の執行に関する進捗状況の事後点検が用意されていない場合。

⑦　**理事の出席率が悪くなる**

以上のいくつかの兆候から多くの理事が理事会の会議の内容と手順に不満を抱き、モチベーションがなくなって会議に出席しない状態になる。この状態は特に会議に出される議案の内容と議案を審議する手順に問題があることの証左である。

（２）要因

会議が上手くいかない基本的な要因は指導者の能力と姿勢にある。

①　理事長（議長）が議会運営の巧みなファシリテーター（調整/促進役）でないことである。理事長に統制力がない場合、会議が脱線したり、少数の理事の恣意を許す。理事長が統制しすぎる場合、会議が公式的で窮屈なものになる。いずれも会議は有効に働かない。理事長を選出する際に優れた会議リーダーシップに必要なスキルと態度が等閑に付されているか、理事長がそのようなスキルを学習する時間がないか、いずれも下手な議会運営となる。会議の管理方法は学習することができるものであるが、理事長になればその必要性を感じないのが普通である。

②　意識してか無意識か、強い理事会を望まない最高経営者、むしろ審議において最高経営者の情報と指導に依存するような理事会を期待する最高経営者の存在がある。また、この最高経営者は重要な事案についての情報を

わずかしか提供しないから、理事会は事後に形式的な決定承認しかできなくなる。反対に、わざと多くの情報を提供することで理事会を操作しようとすることもある。また、ある事案に対するある視点を有利にしようとして偏った情報を提供する。さらには、同じ見解をもつような理事が選ばれるように新規理事の選任につよく関与することもある。最高経営者のこれらの行動が理事会有効性を減じることに繋がる。

2. 有効な会議の基本的な原則

　理事会議案の設定は比較的ルーチンのように見られるが、理事会の審議と理事会の成果に対して大きな影響を与える。この理事会議案によって、理事会の会議の有効性が高まり、理事会の仕事の焦点が明確になる。ところが、一般には理事会の議案はスタッフ（特に最高経営者）が立案することから、議案の焦点がスタッフレベルの問題や事案になる傾向があり、理事会は議案の作成者ではなくて、スタッフが作成する議案の点検者にすぎなくなることから、会議がルーチンで味気ないものに終始することになる。そこで、議案の作成過程を刷新する必要があり、理事会の戦略・計画策定、資源調達・運用策定、日常活動の３つの職能に合わせた議案を作成することが肝要である。

　そして、(i)目標と政策の展開に関する理事会の審議事項を最初にして、ほとんどの時間を組織の将来に戦略的に取り組むように設定する。(ii)担当理事が議案の審議を主宰する。(iii)これによって理事会が直接に審議に関わることで最高経営者は支援・助言をするに止める。

　さらに、このような前提の下に理事会の職能と役割を向上させるためには、会議の仕方に関する諸原則を設定して、これについて反復学習すべきである。どのように会議の向上に資するかを考える際に、これらの諸原則が重要な基礎となる。

① 　会議はすべての準備が完了した後に開くことである

　会議は理事が演技する舞台であるから、会議の舞台装置と舞台の進行準備はすべて完了してから会議を開くことである。舞台の演技は企画と準備の過程がすべて完了してから行われる。会議も同じであってすべての準備が完了した後に行われるべきものである。

308

第Ⅲ部　理事会有効性を高める基礎構造

② 会議は議案の通りに進行させることである

　すべての議案が遺漏なく議論されると同時に、議案にない事項は議論されないように議案を誠実に堅く護ることである。議案にあるのに議論されない場合、議案にないのに議論される場合、議案を準備してきた理事には時間の浪費となり、今後はその準備を回避し、ひいては理事職への熱意を殺がれて、その結果はその理事が辞任することに繋がりかねない。特に、準備した通りに舞台―会議―を進行させることが必要であるから、突然に新しい事案を会議に持ち込まないことである。新しい事案をめぐる議論は理事会にとって害となる。新しい事案について知らされていないのに、だからといって議論をしないわけにはいかないからである。

　新たに発生した事件や事案は会議の開催までにその解決が困難な場合がある。これらの事件や事案は常任理事会や臨時の委員会に付託して、ここで検討したことを改めて理事会に報告し承認を得ることである。これによって、理事会の時間と議事を規定どおり進行させることができるし、遅滞なく事案を処理することができる。

③ **審議の時間には限りがあるから、会議の時間管理を厳密に行うことである**

　特に年に数回しか開かれない理事会において、執行部が業績として顕示したいだけのたんなる過去の報告から始まって、現在の活動状況と業績の報告、瑣末とさえいえる承認事項の議決となると、それだけで理事会は名実共に時間切れとなる。いかにも重要案件で議論が分かれる議決は僅かな時間で済ませたい下心が見え隠れする。委員会も含めて会議では重要な案件とそうでない案件を区別すること、重要な案件には時間を充てること、時間配分規則を作成することである。会議が集中できるように2時間を限度として、戦略・計画レベルに属する議案だけが検討される工夫だけで充分である。

　そのためにまた、それまでの報告や現在の状況報告などはその都度電子メールなどで済ますことはもちろん、議案の同意や承認を得るような同意書ないし承認書を作成し、事前に配付することが有効である。現に、報告事項が多くて時間を取られる場合、「同意議案」の方法が採用されることが多くなっている。

　定款や理事会規則で理事会承認が必要な場合でも、理事会が議論をしてもなんら価値がない場合がある。すでに決められた決定に従って執行されている事業や事案の承認などである。この場合には、この種の議案は予め理事に

送っておき、会議では議論をしないで質疑やコメントをする程度に収めるべきである。この同意議案は会議の初めに提出されることで多くの時間を節約することができる。

このように、二義的な審議事項や決定事項については、法規や定款に触れない限り正式会議の前にそれらの議案（書面決議案）を送付して同意ないしは承認を取り付けることが重要な条件である。

別の時間管理として、各事案についてその質疑に必要な時間を想定して、それぞれ所要時間を割付けておくことである。ただし、この時間設定はあくまで指針であって、柔軟でなければならない。議長や理事長が時間の延長を諮るか、重要でない案件を後回しにするか、審議時間を短縮するかの許可を得ればよい。

また、会議は時間厳守で終了することである。時間の割付け通りに会議を進行させ、会議終了時間を厳守することである。会議には理事の時間を大切にする誠実性が求められる。また、時間の割付け通りに事を運ぶことは理事にとっても議案作成者がどれだけの時間を予定しているかを承知して議論することができる。

④　会議には３つの種類の課題しか存在しない

会議には情報伝達（報告）、決定（承認）、審議（議論）の議案しか存在しないから、これらを明確に区別して順序よく提出することである。それぞれの性質に関係なく議案が提出されることがあり、議案の正確な性質を確認しにくいので、ある理事はそれを聞き置くだけであるが、他の理事は決定したいと思うし、また別の理事は審議したいが決定をするつもりはないという事態になる。理事の間の混乱は会議に混乱をもたらす。

そこで、同じ性質の事案はすべて同時に処理されるべきなので、(ⅰ)伝達・報告事項　(ⅱ)決定事項あるいは執行事項　(ⅲ)審議や議論を要する事項と、議案は順次３つに分けて、それぞれ時間を区切って提出されるべきである。特に、それぞれの議案について重要度に従って優先順位を示す必要がある。議案の絞込みをしなければ、些細な議案に熱心で重大な議案に掛かる時間を逸することになりかねない。重要議案を締め出すクラウディングアウト現象が起こる可能性が高い。

⑤　会議は報告を聞くだけの舞台ではない

会議の大部分が厖大な報告書を見るだけに費やされてはならない。多数の

委員会を擁する理事会、会議の頻度が少ない理事会では多数の多量な報告書が規定上義務として提出される。そこで、会議の内容は現実にはたんなる報告になってしまう。それに対するひとつの解決法は、報告はつねに事前に手元に伝達しておくこと、インターネット等で全体に周知させておくこと、報告を決定、審議、最新情報に分けて質疑に対してのみ応答し、特段の意見がない限りそれに触れないことである。

⑥　なんでも議題に上げて議論してはならない

　会議は理事の個性によって左右されることが多い。会議でなんでも議論をする「厄介な理事」はどこにでもいるものである。理事会の職能規程ならびに会議の決定手続きと作業規則を明確にして、会議の進行手順を決めておくことである。理事会はオールマイティではない。小規模で日常管理も行う理事会でも、公式の会議を運営する指針として標準的な会議規則—「議事進行手続き」—を作成しておくことである。また、議長や理事長はこの種の規則に精通しており、どのように使うかに熟達していることも重要である。しかし、すべての会議が「議会規則」のように厳格である必要はない。危機の情況ではない場合、理事会の非公式な風土が有効であるという限り、規則に縛られないリラックスした仕方を採ることである。

　ただ、議論が交錯し理事の間の意見が異なるような事案についてこの厳格な規則を用いることである。感情的な議論となれば、そのときに議論を公正にするためにこのような規則が必要であり役立つのである。例えば、何回まで発言することができるか、議案に対してどのように修正案を提出するのか、動議はどのように提出するのか、会議の規則に違反するのはどんな場合なのか、などの規則を使うことが有効である。

⑦　会議は先見的行動を決める存在である

　理事会は先を読んで方向を決めることに本質的な役割があるから、積極的に先見的な決定を心掛けることが重要である。周囲の圧力の進展を予想し、事案が非現実と思われないためにそんなに遠くない距離で、また近すぎると解決が難しくなるために適切な距離を置いて対処するという、先見的な意思決定の態勢に転換する必要がある。中間的な距離が先見的な行動には最善である。

⑧　会議は質の高い決定をするために存在する

　実践経験と継続的な訓練なくして質の高い決定は生まれないから、会議の

意義や会議の進め方などを含む理事の教育・訓練の制度を用意して、実践の学習を積んでいくことである。会議には高い質の決定が求められるが、高い質の決定は偶然に生まれるものではない。優れた演技は完璧で容易で簡単に見えるけれども、このような演技は長年の経験と訓練が基礎にある。そうすることで、議論や討論はそれ自体が高い質になり、的確な審議・決定・承認に繋がるものである。

⑨　会議は臨機応変に開催する

　会議の開催頻度は月一回という理事会開催から３か月に１回などと多様であり、それも定期と臨時・緊急に開かれる場合があるが、会議の頻度とその間隔は組織の風土・文化によって異なると同時に、理事会がどのような種類の戦略的事案に焦点を置くのかによって異なってくる。例えば、政策策定に関わる事案、訴訟問題、コンプライアンス問題、債務問題などによって、理事会の開催頻度が違ってくる。

　一般に、安定した組織に比較して、発展途上の組織や改善・変革の過程にある組織では、理事会開催の頻度が高くなり、組織はそれだけ便益を得ることになる。他方、規模が大きくて組織が安定している理事会では、戦略を決定・承認する会議、進捗状況の中間報告を受ける会議、組織の活動状況を査定する会議の年３回程度の開催が適切であろう。

　ただし、これらは公式の意思決定会議であって、今日のように多数のステークホルダーが関与する複雑なガバナンス環境にあり、素早く変化し脅威が増す環境においては、理事会が理事や管理職以外にも他のステークホルダーと交渉するような何度も集合する必要のある事案が続出するに違いない。そこで、「意思決定会議」と単一の重要な戦略事項に関する知見を得るために開かれる「情報収集会議」を区別するのが有用である。

　この情報収集会議では正式の議論は少なくされ、内外の専門家からの情報を得る機会として開催され、特定の議案の議論は行わず、情報が提供され、代替案が確認され意見が求められる会議である。この会議は理事会や管理者の作業グループには格好の資料を提供する場となり、組織の戦略において特定の政策立案をするのに役立つ。この立案なり進言については意思決定会議において正式に議論され議決されることになる。

⑩　臨機応変に会議のスタイルを変えること

　会議の規則通りにことを運ぶのに時間配分を考えるのではなくて、この会

議では何が目的で、この目的をどのように達成するのかを先に考えて時間配分をすることである。特定の狙いがあって、通常の会議の仕組みを変えることがあってよい。特定の理事に権限委譲して自由な会議の仕組みを考えさせて、重要な事案を検討させる組織をつくってもよい。会議の後にまた委員会を開いて反省と再検討をさせることもできる。単一の事案だけを討議するテーマごとの会議、あるいは、委員会がそれぞれ個別に討議をして、理事会で全体として意見交換をする仕組み、理事が委員会よりも先に小集団の協議会で討議する仕組みなどが考えられる。

⑪　理事の怠慢には制裁を加える必要がある

　会議は理事の真剣勝負の舞台である。会議の善し悪しは、結局のところ理事一人ひとりの役割自覚にある。意外にも見受けられることは理事の怠慢行動である。まず、理事が提出すべき報告・提案の資料が遅れていたり不十分であったりする。出席したとしても会議資料を読んでこない場合もある。次いで、出席率の悪い理事がいる。定期的に会議に出席しない場合もあり、甚だしいのはほとんど出席しないので立入検査などでお叱りを受ける仕儀になる場合まで出てくる。さらには、会議ではほとんど傍観者を決め込み、どんな結果になろうと場当たり的な承認や賛成をして過ごす理事もいる。これらの集積が理事会の「形骸化」や「無機能化」を生み出す元凶である。

　そこで、理事に対するなんらかの制裁措置を講ずる必要がある。むろん理事を罰する前に理事会や組織の側にその遠因なり直接の背景があることは十分に考えられるが、心ならずも制裁措置を適用することが重要な原則にならなければならない。会議の３分の２以上の出席を義務付けるとか、正当な理由がない場合には解任するという内規（出席規程）をつくるべきである。

⑫　非公式な会議を準備することである

　理事会や委員会だけでは多忙なボランティア理事たちが親しく対話をしたり、虚心な意見交換をする機会が少なすぎる。これでは良くも悪くも、公式にしろ非公式にしろ、理事たちに共有すべき重要な情報が伝わらない。情報が不均等であるがために徒に見解の相違が生まれ、委員会や理事会での一致が難しくなる。まずもって情報を共有することで共通の情況認識を共有することが必要不可欠である。そのために正式の会議以外の情況認識を共有するなんらかの機会を制度的に設けることが重要となる。理事中心のコミュニ

ティを構築することである。

　欧米では、この種の仕組みが数多く利用されている。例えば、雑多な日常問題のなかに必ずしも理事会の審議を要しないが合意を求める承認事項を入れるとか、理事会のなかに意思決定よりも対話を促すような全員参加の公開討論会や全体会議を設けたり、理事会を小集団に分けて小集団討議を催して理事の創造性を促し、また理事会で話すのを嫌がる理事に意見を言わせる機会を設けたり、また、理事会をひとつの方向に向けて主導したり操作しがちな理事長や最高経営者を外して外部の調整者を入れるなどの工夫をしているという。

　また、理事と内部管理職やステークホルダーが集まる交流会（board retreat）が頻繁に行われる。この交流会は次のようなことが可能であり、かなり評価されているのである。1つは、理事の相互の関係、理事とスタッフの関係をつくり上げる時間と仕組みを提供してくれる。参加の機会が最高に満たされる。互いに親しくなり尊敬と信頼の関係を強くする。2つは、規則や慣例から解放されて、正規の会議の議案以外に重要な事柄について深く自由に議論する機会を与えてくれる。そして理事会や委員会の境界を越えた戦略問題を議論でき、重要な戦略的事項に持続的に関心をもつことができる。

　今後、経済的・政治的な諸資源が制約されるなかで、組織の焦点を適宜迅速に改めて絞り込むことが必要となるが、この交流会はそのために有効に利用できる方法であろう。風土が異なるとはいえ、わが国の非営利組織の理事会活動にとっても取り組むべき方向を示唆していることは間違いない。

3．有効な会議進行のための処方箋

　的確な情報なくして、よい決定をすることは困難である。そこで、ここで示す処方箋は主として情報を必要とする事項に関して整理しており、その焦点は会議の議案においてなんらかの決定・承認事項に必要な情報がわかり易くかつ適宜に理事会に伝えられ、理事会がそれに従って討議・審議することができるようにする処方箋である。

① **議案は次の会議の日まで余裕をもって作成すること**
　日時を決めることによって、理事も議案を提出する時間と機会が得られる。

次の会議に出されるすべての事項は次の会議日時までをほぼ二等分した日までに議案作成者（通常は最高経営者か理事長）の手元に集められていなければならないという規則である。

　そこで、月1回の会議の場合、議案作成者は次の会議の2週間前にすべての議案を受け取ることになる。すべての理事が議案を提出する機会がなければならないから、そうすることで会議の議案がたんに標準的な雛形から出されるのではなく、理事の関心事も含めて作成されるようになる。

② 議案の事前配付を次回会議の何日前と決めておくこと

　前記の規則を守ればこの規則は可能となる。会議が有効であるためには議案と問題点が理事に対して事前に提示されていなければならないし、当然に理事が会議の前に予め議案と問題点を点検していることが求められる。少なくとも10日前には会議の議案が理事の手元に届いていることが適当である。

　月1回の理事会であれば、前回の理事会より3週間後、今回の理事会の1週間前に議案が配付されていることである。この規則は理事が議案を事前に検討するちょうどよいタイミングの時期を指しており、理事が情報について時宜を得て入手することができる。

③ 議案の提出順序は難易度の順にすること

　議案の提出はその内容の難易度によって整理したうえで、比較的容易で議論の少ない議案から始め、もっとも困難で重要な議案は会議の中間に提出し、最後にはもっとも容易な問題について議論をすることである。なお、時間の配分は中程に多く掛けるとしても、総時間は2時間が相当であり、それ以上の時間を掛ける会議は冗漫なだけで緊張が続かないから打ち切るべきである。

④ 議案作成者は議案書の要旨を作成しておくこと

　最高経営者か理事長が下部組織や各種委員会の特に立案書についてその要旨を作成しておいて、それが会議での意思決定の主要な資料となるように準備をしておくべきである。ほとんどの議案書はあまりに長すぎて、質の高い決定に必要な本質的な情報が何かを探ることに時間が掛かると同時に、間違った理解と解釈をしてしまうおそれがある。

　最高経営者または理事長は、(i)問題の開示と説明、(ii)可能な一連の解決策、(iii)どの選択がもっとも合理的であると思われるか、管理職や委員会が提出した議案書のなかでどれが解決策であると提案しているのか、これらを概説した「要旨」を作成することである。そうすることで、簡潔な議案書ができる

だけでなく、理事がどうすべきかについてのある種の手立てを与える効果がある。

⑤　会議は現在の問題に時間を掛けること

　議題は過去の報告、現在の問題に関する審議と決定・承認、近い将来の企画の議論と方向づけに分類して、特に最初の報告は簡潔にして、現在の問題に会議時間の半分以上を掛け、最後に近い将来の審議や議論のための時間を必ず設けることである。この将来の事案は先取的行動を求める理事にとっては将来を展望し、将来に影響を与える事項や関心事について選択をするという愉しい事案となる。このような事案は理事会が先を読む機会を与えてくれるだけでなく、最高経営者や理事長にとっても将来を展望し、一定のシナリオを作成する機会となる。

　このような時間の配分を決めておく方法はきわめて有用である。例えば、理事会の戦略・計画策定、資源調達・運用策定、日常活動の３つの職能に合わせた議案を作成する場合であるが、２時間の会議で、それぞれ90分、20分、10分に振り分けることが有効であるとする提案もある。

おわりに

　理事会構造は理事会内の理事会―執行役員会・常任理事会―理事長という階層構造の権限系列関係を定めるだけでなく、それ以外に、職能別・プログラム別の各種委員会やスタッフ機能と目される諮問機関の権限内容と理事会との情報交換・指揮・報告関係を明らかにし、さらには、理事会やこれらの諸機関と執行部門、特に最高経営者との関係を律する仕組みである。このような理事会構造は理事会の意思決定のスタイルと最高経営者との相互関係に影響を与えるのできわめて重要である。また、理事会の意思決定のスピードと質に影響し、組織の活動と成果に貢献する可能性が高いので重要である。効果的な理事会構造は理事および理事会がミッションと戦略の形成に深く関与し、さらには経営者の活動状況と組織の成果を正しく見極めるように役立つのであり、その結果、最高経営者の地位に対して理事会の地位を強くする基礎となる。

第Ⅲ部 理事会有効性を高める基礎構造

　事実、理事会構造の研究は、理事会が最高経営者に支配されていると広く信じられていることに対する反応として特に盛んになってきたという経緯がある。執行役員会や常任理事会の執行・管理機能や、各種委員会の専門的企画機能が適正に働けば、理事会と執行機関の間に情報の経路が確保されて、最高経営者の政策立案と政策実践の管理行動に特定の示唆を与えることができるし、少なくとも最高経営者の業績を評価することができる。

　例えば、計画委員会は情報の収集と分析を通して問題情況と経営状況の分析を行い、戦略策定に関して先導ないしは参加をすることができる。統制役割についても、例えば、スタッフを揃えた監査委員会は時宜を得た信頼できる統制資料があれば、最高経営者の業績評価や組織の目標達成の進捗状況をモニタリングすることができる。

　ただ、理事会構造と組織の活動と成果との関連についてはこれまでの研究はそれほど多くなく、たちまち委員会の数とそのタイプがどのように組織の成功と不成功に関連するかの研究が俟たれるが、理事会構造が理事会の意思決定スタイルにどのように影響を与えているか、さらには、理事会の職能と役割の遂行に対してどのように影響を与えているかに関する体系的な検討が必要である。

　なお、理事会の有効な活動はひとり理事会構造によるのではなく、理事会の機能—特に理事会の会議の運営—の仕方に掛かっている。その仕方は文字通り「ハウツー」で語られるべき性質のものであるが、時間と知見と関与に制約がある非営利組織の理事会には、効率的な会議を担保することがきわめて重要であることを忘れてはならない。

④ 理事会構成

はじめに

　非営利組織と営利組織は組織の統治方法においてその間の相違が鋭く浮かび上がる。典型的な株式会社の取締役会はまったく安定的で同質的な構成員で占められており、企業経営に関する役割と責任とを引き受け、最高経営責任者を含む経営者層が組織内外のステークホルダーに対応する。対照的に、非営利組織の理事会は多様なステークホルダーを包摂したほとんどボランティアで構成される不安定な多種の構成員で占められ、特に最高経営者を含む経営者層との関係における役割と責任とが不確定であり、場合により緊張と深刻な対立を続ける。

　多くの非営利組織は営利組織の個別性から生じる閉鎖性や、政府の官僚制から生じる独善性に対峙するものとして存在するという基本的な根拠から、非営利組織は民主的なガバナンスを体現する存在であると自ら主張し、また、そのような存在としてステークホルダーやコミュニティや社会の期待を担っているはずである。ところが実は、この自らの主張とそのような期待に対して、非営利組織が果たしてどれだけ応えているのか、つまり、非営利組織はステークホルダーやコミュニティや社会をどの程度代表しているのか、またどの程度代表性を満たすべきなのかなど、非営利組織が代表性の機能を果たす程度と範囲について、意外にも自らが無関心のままである。

　殊に、昨今のNPO法人を含む非営利法人、あるいは行政との関係が深い公益法人のなかには、この非営利組織の代表性についてどれほど認識しているのか、社会公共目的を公益性基準で達成するガバナンス体制について、どれほど自覚しているのか、はなはだ疑わしいところがある。それはともかく、この代表性をもっとも具体的に示すのが「理事会構成の仕方」である。

　本章では、第2章の「理事会の大規模性」に続いて、もう1つの理事会の特徴である「多様な構成の理事会」について検討を加えることになる。この

理事会構成の多様性は長年にわたって研究者や実務家の重要な関心事であり、多くの研究と処方箋が出されている難問であるが、それは理事会構成の多様性が理事会の有効性や組織の有効性に違いをもたらすと想定しているがためである。

ここではまず、理事会が多様であるという意味を明らかにして、次いで、なぜ非営利組織では理事会の多様性が求められ、その多様性が高く評価されるのかを考える。さらに、にも拘らず、理事会の多様性が抱えるいくつかの深刻な問題があることを指摘する。

ただし、理事会構成は非営利組織によって多種多様であって、(i)規模の大小によって異なる、(ii)形態や業種によって異なる、(iii)市民運動型（草の根運動）・意見表明型・サービス供給型など事業内容によって異なる。特に、以上の違いのなかでも、少なくとも規模の大小の違いに注意する必要があるが、ここで想定しているのは大・中規模で制度化された非営利組織における理事会構成についてであること、その他の違いについては特段断らない限り考慮に入れずに一括して示すことを予めお断りしておかなければならない。

Ⅰ．理事会構成の多様性が求められる背景

実は、理事会構成の多様性と理事会規模とは相関関係にあるので、理事会構成の多様性が求められる背景ないしは根拠については、相当部分が理事会の規模が大きくなる理由と重複するので第2章の説明を参考にされたい。そこでは、理事会は政策策定、日常管理、資金調達、組織間ネットワークなど求められる職能と役割が多様であること、ステークホルダーが関与することが民主的な非営利組織では必須の条件であること、ボランティアがほとんどの理事会では組織規模の拡大に伴う専門的経営が覚束ないので外部から各種の専門家を要請しなければならないこと、などを指摘している。しかしさらに、理事会構成の多様性の背景とその根拠について特に指摘しておくべきことがある。

1．非営利組織の存在理由から当然に求められる多様性

　非営利組織が金銭的インセンティブで動かないで社会公共性の高いサービスを提供する存在であるとする限り、そして、公共とは、組織のサービスを利用する、組織に支援を提供する、組織を支持する、組織に参加するなど、組織が影響を与える、あるいは与えられる人たちの集団であるとする限り、非営利組織はミッションの達成に適合するすべての関係者を包摂すべき根拠がある。また、ある社会変革の求めに応じるためのミッションを遂行するのが非営利組織の目的である以上は、非営利組織の理事会はサービスの利用者とサービスに影響を受ける人たちを包摂していなければならないはずである。ミッションとビジョンの達成には公平と公正の果たす役割が重要なのである。

　また、サービスを求めるコミュニティの「文化の多様性」を考慮すれば、限られた資源が最適に有効でもっとも必要なところに配分されるようにするために、理事会はクライアントとコミュニティの適切な代表を必要としている。今日の最良の理事会はそれが奉仕し代表するコミュニティのなかの人々の多様な視点と多様な要請を反映すべきものである。今日の理事会を多様化する流れ、多様性を強要する流れは、時代の変革を求めるひとつの象徴であり、この大きな潮流に抗することはできない。

　好むと好まざるを問わず、今後の非営利組織は資金提供者、クライアント・利用者、コミュニティ全般を含む多様なステークホルダーを容認する情況のなかで活動することを求められる。多様なステークホルダーが非営利組織の正当性を理事会のなかに容易に確認できるような理事会の特性、構造、プロセスを求めてくるのである。

　本来、非営利組織の存在理由から、非営利組織の理事会の構成が多様となるのは必至であり必須である。公共の信託に応えて組織を運営する以上、組織の受託者としての理事会は組織の正当性を証明するために、寄附者・規制当局・助成財団、あるいは利用者・クライアントの受益者、組織を取り巻くその他のステークホルダーの代表も参加する多様な構成でなければならないことを忘れてはならない。

2．民主制の下における非営利セクターの責務

　民主制の下では、全体としての非営利セクターこそは人々が地域、国、国際のレベルにおいて自分たちの未来に対して発言権を保証してくれる存在である。このことを非営利セクターの第一の機能であり責務であると認めるならば、このセクターを構成する非営利組織のガバナンス構造についてつねに何が存在すべきかが明らかである。このような視点からは、非営利組織の理事会の役割は「組織が奉仕するステークホルダーの利益を代表すること」である。そして、少なくとも優遇税制の特恵を享受している以上は、広い範囲の社会に対する責任を伴う非営利組織の目的を完遂するためにステークホルダーの関与を受け容れるべきものとなる。

　さらに、社会がますます多様になるに従って、理事会はコミュニティを反映して複数の多様な声が組織に確実に役立つようにするために、この社会の多様性に従う必要がある。多くの種類の多様性が理事会に対して付加価値を与えてくれる。特に欧米諸国では、人種・民族、年齢、ジェンダーに焦点を当てた理事会の多様性問題がとりわけソーシャルサービスやヒューマンサービスの非営利組織にとって重要な課題となっている。このような多様性はもはや既定の方向として受け取られており、むしろこの多様性が理事会と組織にどのように関係するのかが研究課題である。

　わが国では、人種・民族問題から理事会を多様化する要求とその必要とが論じられることは少ないが、女性の理事職を増やす要求と必要は間違いなく高まってきている。また、理事職は得てして中高年層で占められているが、若年層にもその機会を与える必要が出てきた。ともに理事会に斬新的で革新的な息吹を期待しなければならないからである。年齢とジェンダーがますます重要な多様性の属性となるに違いない。とりわけ中小規模の非営利組織では、女性の理事会参加が人と人との社会的な関係を拡げ膨らませるであろうことは感覚的に理解できるが、女性の理事や理事長がいる非営利組織では、女性が資金調達についてはそれ程有力ではないが、社会活動には大きな力となっているとする実証研究がすでに見られるところである。

　一般にも、非営利組織の職能と役割は、ミッションの範囲内で効果的な活動をするだけではなくて、国や地域のレベルで民主制を再生し向上させると

いう「促進者」たることであると自覚すべき時が来ている。いまや、この点から非営利組織の理事会の改革について論議をすべきである。民主制における非営利組織の機能と責務、そのパワーおよびその影響力をどのように考えるかの時期に来ているものと自覚すべきである。

3. パブリック・アカウンタビリティを担保する理事会の多様性

ほとんどの非営利組織はなんらかの形で公共資金を享受している。そうでなくても優遇税制の特典を受けており、このことは事実上の公共資金の補助に浴しているのである。そこで重要な問題が出来する。このような公共資金を享受している組織は公共資金を供給する社会に対して、あるいは組織の事業目的の対象となる市民や特定の受益者に対して、この組織はどのようにアカウンタビリティを果たして、その存在と優遇措置に対する正当性を立証するのかという問題である。

非営利活動の先進諸国において、非営利組織と営利組織が伝統的な政府サービスを供給する現象がこの数十年の間に急増している。この現象の少なくともその一部は、政府以外の組織の規模と組織形態のほうがクライアントのニーズに敏感に反応し、サービス供給の効率性向上に対応できるとする論拠から、効率性という修辞によって拍車が掛けられてきたものである。

わが国においては、伝統的に実質は準政府機関であるような国と地方の非営利組織が数多く見受けられるが、これらの非営利組織はますます「影の政府」に属するようになり、その組織での「社会に対するアカウンタビリティ」の所在がしばしば見失われてしまうおそれがある。同時に、この外部委託は政府サービスの供給に歴史的に関わってきた行政規則と行政手続きを損なうのではないかという懸念がある。

このような一連の複雑な問題を考察する際に、理事会構成の多様性は本質的に重要である。政府委託事業をする際に中心となるひとつの問題はサービス供給実体の正当性とアカウンタビリティである。誓約した組織の役割と責任を社会に説明するというこのパブリック・アカウンタビリティをどのようにして確保するのか、そのひとつの方法が多様なステークホルダーが民主制

原則をもって理事会を構成することである。多様なステークホルダーが理事会に参加するような理事会構成のあり方がパブリック・アカウンタビリティに重要な意味をなすのである。パブリック・アカウンタビリティに応えるには、理事会構成の変革が必要である。

　つまり、パブリック・アカウンタビリティは重要であると認識して、理事会構成の多様化への意識を高め、多様化への努力をすることが求められる。反対に、非営利組織が公益目的を掲げながら、公益の対象となる人々を排除しているとすれば、その非営利組織は「誰のための事業なのか」「公共資金の主たる受益者は誰なのか」について、誠実にかつ透明性をもって立証することは困難であろう。

　ただし、多様化した理事会はパブリック・アカウンタビリティを担保すると考えられるものの、果たしてこの多様化は非営利組織のステークホルダー全体の福利をほんとうに向上させるかどうかは、新たに問題とすべき困難な課題である。

Ⅱ．組織の正当性と理事会の多様性

1．組織の正当性

　理事会は特に組織行動のモニタリングをするガバナンスの職能と役割を果たすと同時に、組織が存在するその正当性を立証する職能と役割を果たす存在である。したがって、組織がそのミッションに即して活動し、組織が財務責任をもってその諸資源を費消するよう監視する責任がある。理事会はこの監視・統制の職能と役割を果たすために広く社会に対して組織を象徴するか、代表することになる。組織がそのミッションに忠実であるか、資金を上手く使っているかどうかについてステークホルダーが判らないときには、このステークホルダーは誰が理事会を構成しているのかを見ることによって、その組織のあり様を判断するものである。理事会の多様性は組織を代表し、そしてその組織の正当性を主張する基礎である。

したがって、理事会構成のあり方は非営利組織がその存在の正当性を担保するのにきわめて重要な用具なのである。組織がコミュニティのなかの多様なステークホルダーの利益やアイデンティティを代表していれば、その組織は正当性があると見られるがゆえに、組織の正当性を主張するひとつの方法として多様なステークホルダーが支配する理事会をつくることになる。

2．理事会の多様性

　理事会の多様性という場合、厳密には異質性や包摂性と峻別して議論すべきであるが、ここでは理事会が様々な出自や階層の人たちから構成されることと理解しておく。例えば、多様性の用語は差別撤廃運動やその政策と結び付ける人たちからは「暗いイメージ」として感情的な反発を受けるので、いろいろな人たちを「包摂する」という用語を用いるべきであるとする議論もある。「包摂する」とは「開放する」に通じる用語であると理解すべきであろうが、ここでは多様性と包摂性とは同じ意味であるとしておく。

　組織の正当性を立証する理事会の多様性にも２つの流れが生じる。

　１つは、下からの民主化の要求圧力によって多様な利益代表が参加する民主的経営に向うという非営利組織の経営の参加型民主制志向である。一般のひとたちが民主制の下で国政や市政に参加するという仕組みは実は虚構であり、したがって、一般の人たちはほんとうはそこしか参加できない組織であると信じる非営利組織のなかで、任意に行動できるような舞台を求めるのである。

　そのために、比較的大きな規模の組織のなかで、これまでは非営利組織においてもほとんど無視されていた「人種・民族、年齢、ジェンダーなどの観察可能で容易に分けられる観察可能な見える属性」（特に、人口学的特性）の人々が構成する理事会の多様化が行われる。

　２つは、外部の圧力によって経営の合理化に向うという非営利組織の経営の専門化志向であり、それは特に政府のマネジメント志向と無縁ではなく、また有力寄附団体のいわば「支出に見合った価値」の強要の結果である。これが異種同型化と呼ばれる現象であり、その内容は教育程度、専門能力、職能経験、組織の経験年数、社会経済的地位、個性、態度、価値観など、底辺

にあった直ちには可視化できない属性（特に、経営に関する能力）を多種に集めて経営効率を高めることを狙った営利組織モデルの採用であり、そのひとつが理事会を少数の専門家で構成する多様化である。

要するに、多様性には２つの流れがあり、１つは、多様なステークホルダーを包摂した社会的・政治的な理事会多様性であり、２つは、経営の専門家やコミュニティとのコネに強い実務者や有力者を集めた理事会多様性である。

ところが、少なくとも欧米では、「非営利組織の経営者の経歴と実績」や「社会的・政治的地位」という観察可能で容易に識別できる違いによって理事会の多様性を考える傾向があるけれども、それでも、理事の間に視点、考え方、信念について複雑でときには隠された違いがあり、非常に違った経験、したがって、主要な課題や問題について非常に違った視点を持ち込むような多種多様な人たちが参加する。

そこで、理事会には発想、意識的・無意識的な先入観、あるいは固執する信念という底に隠された違いがあって、背景とスキルが違った集団である理事会は意思統一と機能統合の問題を抱えることになる。参加した人たちの思考や主張を組織化し統一するという難しい調整問題をつくり出す。

しかしまた、このような多様性は決定の際に持ち出される多様な視点に繋がり、それによって、問題に対して創造的で革新的な解決をすることに繋がるとも考えられる。現実に、最高の意思決定機関である理事会が扱うような問題には組織内の多様な職能分野からの情報を収集していなければならないが、この理事会が組織の多くの違った分野から代表されているときには、理事会と経営者はじめ一般の従業者との間のコミュニケーションがより頻繁となり、理事会は質の高い行動をすることになる。

3．多様性に関する相反する実証結果

以上のように、多様性は理事会の職能と役割にとって相反する影響を与えることが容易に察せられるのであるが、多くの実証研究においても大別して２つの見解に分かれる。１つは、異質性の高い理事会が問題解決に優れており、曖昧な問題に対して創造的な解決を展開することができる。多様性は多様な人たちが理事会に参加した場合、いろいろな視点とアイデアを持ち込み、

上手く管理されれば複雑な問題をよく解決することになるので、理事会の多様性は革新性と創造性を高める。もう１つは、異質的な理事会はコンフリクトをはっきりと出す傾向があるので、多様な視点はそれらの調整に時間を要し、あまり多くの時間がタスク達成ではなくて交渉や調整のために使われると、タスク志向の個人と集団は欲求不満を起こすことになる。同質的な理事会のほうがタスク志向の問題の解決には優れている。

　このように、１つは広い範囲の視点を考慮する可能性と、高い質の解決策を生み出す可能性があることを実証し、別の１つは多様性が高ければ、組織の統合性は弱くなり、不満や退出が増えることを実証しているのであるが、この２つの研究は、まったく相反する実証結果となる要因として、タスクの複雑性、グループリーダーシップ、参加者の態度とスキル、人口属性、社会経済的属性、文化的属性などのグループ内の多様性の特質という情況が異なることを挙げている。それはともかく、理事会の多様性は大きな機会と同時に困難な課題を持ち込むので、その多様性はいわば諸刃の剣であり、創造性の機会を与えると同時に組織内の関係者が不満を抱え、組織との一体性を失う結果ともなる。

Ⅲ．多様な理事会構成の利点と不利点

１．多様性の利点

（１）複数の多様な観点を知ることができる

　組織が有効な活動をするためには、幅広い考察と視点のもつ価値を認めることである。そのためには、理事会に複雑な問題を吟味し、複数の視点を身につける能力のあることが基本的な必要条件である。このことは必ずしも理事会構成の多様性だけで満たされるわけではないが、複数の見解が理事会のなかにあることが理事会ひいては組織の利益である考えられるから、有効な理事会活動には、審議や議決を要する課題について賛否両論の意見を考慮に入れるような意思決定の仕方が決定的に重要である。

特に非営利組織はその性質上課題が曖昧であり、どのように適応すればよいのかが明確でない場合が多い。このような場合には同質的な集団よりも異質な集団のほうがよき意思決定者となる。とりわけ理事会の役割が特定の仕事に限るものではないという「役割の曖昧性」においては、理事の多様性と理事会活動との間にはプラスの相関関係があるとされている。要するに、多様性は理事会に新たな考えと視点を持ち込むことになるので、組織の業績と組織の有効性に対してプラスの相関関係があることが一般に容認されているのである。

この点を論証する際に、資源依存理論の視点から多様性のある理事会で多くの理事がどのように資源を追加するのかについて概念化することもできるが、理事会構成の多様性の利点について、集団に関わる人々の相互作用の力学的影響力が集団過程においてどのように現れるかについて考えるというグループダイナミックスの視点からも概念化することができる。

（2）効率的な組織リーダーシップができる

仮に理事会が少数の同質的な理事だけで排他的に構成されていれば、意思の合意形成が容易であることから、政策の設定とその方法の決定のプロセスは効率的に運ぶであろう。しかし、これらの政策を執行しその目的を完結するためには、組織外部の諸勢力の間の調整と合意はもちろん、組織内部の管理と作業の段階でも認識不足、誤解、混乱、軋轢、抵抗などについて多大な調整と合意の時間とエネルギーを要する。そこで、政策、管理、作業のそれぞれの階層から集まる理事会において合意形成を終えておくことがはるかに合理的である。実は、外部の有力者や組織内の経営者や管理スタッフやボランティアを理事会に参与させ、この場所に包摂して集めておくことが合理的な得策なのである。

（3）理事会資本が蓄積される

今日の理事会は専務や事務局長などの経営者を含むことがあり、また法律家、会計専門家、銀行家、研究者、実業家、非営利組織経営者などが参加していて、この人たちは多様な職種や産業を代表する人たちでもある。多くの非営利組織理事会は外部のボランティアで構成されるだけに、組織の経営活動や経営者や管理スタッフの行動のモニタリングやその業績の評価には専門

的な職能人が必要である。さらに、多様な資源に依存する非営利組織にとっては資金のみならず優れた知見や技能をもつ理事が多様に集まることが有効な理事会資本を蓄積することになる。したがって、このような多様性は明らかに特定の事業経営の経験と知識と技能について理事会に大きな影響を与え、少なくとも理事会における職業の多様性は組織の社会的活動と資金調達に関する活動と業績を大きくする。

（4）多様性が組織の開放性を反映する

　例えば、アメリカのソーシャルサービスやヒューマンサービスを担う非営利組織では、ますます人種・民族、年齢、ジェンダーの属性の多様性が理事会にとって政治的にも活動的にもきわめて重要となってきている。特に人種・民族が多様な理事会構成は政治的あるいは社会的な背景のために考慮されるだけでなくて、組織の業績を向上させる戦略を追求する際にも考慮されるべき要素となっている。人種・民族の多様性は非営利組織の理事会の開放性を誇示する政治的な機能として役立つだけでなく、理事会がより広範なコミュニティの人々を反映していることを示すことになる。

　実は、この種の非営利組織の多くは満たされない人たち、不幸な人たちのニーズを充足させているのであるから、このような役割をもつ非営利組織が、理事の多様性と、その理事たちの理事会ひいては組織の非営利活動に対する影響について、どのように理解してどのように多様化に努力しているかどうかが、非営利組織の理事や経営者がどのように非営利組織の理事会を発展させているかを示すことになる。

　多様な視点を包摂することに積極的な姿勢を示さなければ、したがって理事会が多様な人たちに開放されなければ、これまでの理事会は寄附やコネなどの狭小な選択を基準にすることに終始して、無意識のうちにある種の人たちの貢献を封じてしまうか、完全に排除することになる。理事会の活動をより向上させるには、理事会自らが多様な参加の価値を認めるように努力することである。多様性の社会的・政治的な機能とは別に、開放的な姿勢を見せることによって、有効な理事会活動の基本的なひとつの側面である組織の戦略問題への対処について多様なステークホルダーが自由に参画する機会が理事会のなかに生じることになる。

　ただ、実は理事会構成の多様化について、その趣意がほんとうに満たされ

ているかどうかを判断することは難しい。理事の数やその構成の資料だけでは、組織の意思決定に対してどのような人たちが影響を与えているのか、ほんの一部しか判明しない。比較的少数の理事が各種の委員会で立案作業に関わっているし、執行役員会や常任理事会が日常管理に携わっていて、もっとも活動的な理事会の中核を構成している。したがって、ほんとうのところは、このような理事会内の機関にどのような多様性が認められるかを知る必要があることに留意しておくべきである。

2．多様性の不利点と問題点

　理事会の多様性の問題点は第2章で指摘した理事が大勢集まる規模の大きい理事会が陥る問題点と重なる点が多いので、ここでは多様な理事会の抱える不利点と問題点に限って指摘することにする。

（1）強いコンフリクトと難しい相互関係を生む

　組織内集団の多様性が及ぼす作用に関する最近の研究では、多様性は集団にとって「諸刃の剣」であり、集団が処理できる諸資源の集合度合いが高くなるが、高いレベルのコンフリクトと相互作用の困難、低いレベルの統合と結び付くことを示している。

　このような「諸刃の剣」の効果は特に非営利組織の理事会で顕著に現れる。理事会はほとんど定期的にしか交流しない非常勤のボランティアから構成されるから、理事には自分たちを分離している互いの違いを少なくしたり、和らげるなどの可能性がほとんどない。多様性は理事会に高いレベルのコンフリクトをつくり出し、理事会の結集力のレベルを下げ、理事会の知見と技能の利用を減殺すると想定することができる。

① 理事たちが違った教育、職能、産業の背景をもっている限り、理事たちが理事会で出会う問題に対して認識し、処理し、対応する仕方に相違があることを自ら体験するに違いない。その結果、これらの違いが強いコンフリクトをもたらす。さらに、多様な背景をもつ理事たちはそれぞれが組織以外の情報と視点に接して、これらの「外来の」情報と視点を貯め込んで組織のなかで統合しようとすることから、さらにコンフリクトを強くする

ことになる。

② 多様性の複雑な理事会はコミュニケーションと調整を困難にして、知見と技能を有効に利用することを妨げる。なぜなら、理事たちは互いの専門知識あるいは経験能力を知らないし、それぞれの知見や技能が理事会の遭遇している問題に適合しているのかどうか、評価することができないからである。さらに、専門的な用語や用法の違いがあるために、互いを理解することが困難である。

（2）結集力を弱くする

理事たちが多様な背景から集まる理事会は結集力が弱いと考えられる。人口属性の多様性は集団内の親和力の程度を低くする。この作用に関するもっとも一般的な説明は、人口属性の違いは態度と言葉の違いと結び付くということである。これが次いで、メンバー間の互いに満足できる相互関係には至らなく、最後には、メンバー間の心理的な紐帯がなくなり、その紐帯は同質的な集団に比べて弱くなる。

理事会が偶にしか会わない多様な個人や集団から構成されていれば、この個人や集団の間を分けている態度や言葉の違いを十分に解きほぐす時間がない。そこで、理事会の結集力は弱くなる。その結果はまた、組織の情報が集団のメンバーの間に分配されているときにも、その情報を共有しようとはしないものである。

（3）意思統一を困難にする

公共の信託に応えて組織を運営する以上、理事会は資金提供者や規制当局などの有力な所有権者、それ以外に組織を取り巻く多様な利害関係の代表も参加する構成となるべきであるが、理事たちはそれぞれの出自の利害が第一の関心事であり、組織全体の運営やその変化について自分の出自の損得がどうなるのかと、それだけに拘る傾向がある。その結果、公共に対する受託責任を果たすべき理事会がたんなる「騒がしい理事会」となる。利害関係にだけ関心のある理事はいかに有能であっても、理事会の「騒乱者」でしかない。

理事会の主要な職能と役割のひとつは資金調達のリーダーシップを執るなど、コミュニティや社会に対して組織を代表することにあるから、理事会はまとまった統一体であることをコミュニティや社会に示すことが非常に重要

である。理事会内の意見の相違が続いていたり、それが広く知られていれば、そのことが組織を支援・擁護する機関として有効に活動する理事会の能力を殺ぐことになる。これはまた、組織の安定性について外部の資金や知見や労働の諸資源を提供する人たちの疑念を生むことにもなる。

　要するに、理事の個性であれ、出自であれ、利害であれ、理事の多様性は理事会の結集力を弱めて意思統一を妨げることは間違いない。

（4）多様性を回避しようとする集団の性向がある

　どのような多様性にしろ、多様性の高い集団は集団への満足度が低く、同質的な集団よりも離反率が高い。そこには、ある制度的な問題が内在している。集団と組織は過半数に属さない個人を制度的に締め出し、追い出すように行動すると考えられ、このような締め出す傾向を意識的に統制しないなら、結果として同質的な集団に固まる傾向をごく自然につくり出す。

　特定の集団に同化したいとする人たちが集まる集団を「内集団」、それ以外の集団を「外集団」と区別すれば、人は前者の内集団に集まる性向があり、この内集団の形成は自然な社会的過程の結果であり、言葉が通じ易い人たちだけを集めてしまう。

（5）利益代表制には微妙な違いがある

　ある種の理事が特定のステークホルダーの利益代表であるとして理事会に在任していても、そのことが直ちにそのステークホルダーを代表しているとは限らない。そうなると利益代表制は「騒がしい」だけでは済まされない大きな混乱の要因となる。人口属性や地域特性あるいは利害関係を考慮して多様な人たちを理事に選任しても、その理事は個人として理事会に参加するのか、ある背景や利害を代表して理事会に参加しているのか、それにはいくつかの類型があるからである。

　これまで伝統的な組織では見られなかった人たちが理事会に選任される場合に生じる決定的な問題は、明示的か暗示的か、代表制の役割と責任の性質である。多くの場合、理事の特性を多様化する努力には、新しい理事は自分の意見を理事会の議論のなかで開陳するという想定と、現行の理事会のなかでは代表されていないステークホルダーを代表して代弁するという想定がある。しかし、場合によって違った代表制の性質が含まれていて、それぞれの

代表制の性質によって理事の役割がそれぞれ違った意味を帯びることになる。

① ある人口属性から選ばれた理事の場合、この理事は自分の出自の利益を代弁しているとしても、その出自全体の利害を代表するようには期待されていない場合がある。また、出自とは関係なく別の利害に取り組む理事も現れる。

② 理事は団体や地域の有力者、実業家、宗教団体役員で、当該組織の事業活動に関心をもつ人であるので、理事会の指名委員会などが選任した人である場合、この理事は自分が帰属するあるいは関係する団体に連絡・報告をして、その団体の意向をすべて反映して理事会に出席しているとは限らない。

③ 理事はあるステークホルダーの団体から指名された人であるが、その団体に対して公式のアカウンタビリティをしない場合がある。この理事はその団体に対してアカウンタビリティを負うことは期待されていない。単なる個人としての理事である。

④ 理事は組織化されたステークホルダーの団体に対して正規の報告・連絡のコミュニケーションを期待されて選任されている場合がある。この理事は文字通り「利益代表」であるから、没個性の理事である。何事も選任団体に諮ったうえで審議や議決に参加する。

このように代表制の性質が微妙に違うことから、理事会のなかに重大な誤解を生むことになる。例えば、ある特定の理事会決定について、ある部類のステークホルダーの代表と思われている理事が賛成したからといって、このステークホルダーがその決定した政策を是認しているとは限らない。反対に、ある特定の事業の案件についてある理事が躊躇したり反対しているからといって、それは必ずしもその代表をしているはずのステークホルダーからは、それは個人的な反対に過ぎないとされることがある。これらの代表制の性質に関する問題を考慮に入れないと、理事会内に視点の多様性をつくり出そうとする努力は成功しない。

（6）代表制は必ずしも組織の正当性を保証しない

1）今日では、コミュニティとは何か、コミュニティの利益とは何かが不確定である。そのために、組織が、したがって理事がコミュニティを代表しているとしてその正当性を訴えたとしても、そもそも代表すべきコミュニティ

が明らかでない。これまではエリート層が構成する理事会がコミュニティや社会を代表する存在として、その正当性を認められてきたのであるが、今日の大衆社会では、ますます利害関係を異にするコミュニティの分化現象が顕著になり、生活水準と生活様式について共通の特性を共有する人々の孤立地帯をひとつにするコミュニティが数多く見られる。

　非営利組織が社会の不特定多数の利益において行動するものであるとすれば、これらの多数のコミュニティの特定の利害とアイデンティティの代表を集めた理事会には多くの異なった利害関係が存在する。そこにはもはや全体としての社会の不特定多数の利益は存在しない。

　2）組織は自らをそのステークホルダーの利益に奉仕し、あるいはステークホルダーの共同のアイデンティティを象徴する代弁者であると自覚することが重要である。そこで、その理事会がかれらステークホルダーの利益とアイデンティティを代表することは、組織が次にそのステークホルダーに対する忠実性を確認する際に重要な方法となる。

　しかしながら、組織が忠実性を証明すべく確定した特定のステークホルダーがその忠実性を認めるとは限らない。このステークホルダーがその組織に対してどのような判断なり評価をするのかが決定的に重要となる。例えば、このステークホルダーが「連帯」を重視するのか、「組織の利益」を重視するのかによって、忠実性の評価は異なるのである。

　3）組織が多数の特定のステークホルダーを代表させるように理事会を構成すると、理事会はこれらのステークホルダーの利害の調整と合意の場になり、社会公共目的の事業のサービスを供給せよと命じた法律の趣旨にも、そのようなサービスを提供するとしたミッションにも反することになる。事業の目的は特定の利益に奉仕し、それを増大させることではなくて、不特定多数の利益のために公共財や関係財の質と量を高めることである。

　その理事会が特定の立場にある多数の集団を代表してそれらの象徴となる限り、非営利組織はこれらのステークホルダーとの関係で組織の正当性を確保できるかもしれないが、全体としての社会の代表であるという正当性の主張を保証することにはならない。確かにその非営利組織は狭い範囲の特定の利益や複数の利益を満足させるかもしれないが、それは「偽装した共益組織」になる危険を冒すことになる。

Ⅳ. 多様なステークホルダーの理事会参加

　多様性には多くの問題があるとしても、非営利組織は多様なステークホルダーの代表たちによって統治され、管理されるべきである。ある特定のステークホルダーに限定すべきでない。組織が特定のステークホルダーの人たちを対象とし支援するために設立されているとしても、その特定のステークホルダーだけを代表するような理事会であってはならない。活動のすべての作用を斟酌しないで理事が選任され、そこで決定が行われ、計画が策定されるならば、視野が狭くなるか、重大な活動を見落とすことになる。いろいろな背景と経験を備えた人たちの視点を得ることが非営利組織の利益である。それぞれに違った視点から問題を視ることができるガバナンスを司る理事会を設けるべきである。

1. 外部者・内部者の理事会参加

　外部理事の登用や外部理事と内部理事の構成割合などが、かねてから非営利組織の理事会構成の大きな問題となっている。多くの研究結果と議論に従えば、理事会が内部理事よりも外部理事の割合が大きければ組織の効率性と有効性は高いとされている。しかし、外部理事がほとんどを占める非営利組織の理事会には利点と不利点が潜んでいる。ここでは便宜上、ほとんど無償の理事は外部理事とし、有償の理事は内部理事であるとする。

（1）外部理事
　一般に、非営利組織では外部理事が多数を占めることは事実である。理事会を主として外部者で構成することは、エージェンシー理論からは組織存続の必須条件である。確かに外部者による理事会は非営利組織の効率的経営にとっていくつかの利益をもたらす。

　多くの研究が非営利組織の理事会構成と組織効率性・有効性との関係を検討してきたが、それらの研究結果と議論に従えば、理事会構成が理事会の技術的な効率性、あるいは資源配分の効率性に強く影響を与えることは明らか

であり、さらに、その理事会構成が内部理事よりも外部理事の割合が大きければ効率的であるとされる。

① 内部理事は理事会での責任を自分の日常管理の義務である管轄業務の延長としてしか見ないのに対して、外部理事は理事会の職能を経営者の職能とは分離した独自のものであり、そして経営者の職能を指導ないしは補完する職能として認識する傾向がある。経営管理についての経験が浅くても、事業の目標と事業に利用できる幅広い代替案を自由に考えるから、外部理事は理事会の機能水準を高める。

② 内部理事は役得を得るインセンティブが大きいのに対して、外部理事は組織をモニタリングするインセンティブが大きく、組織の効率性を高める。例えば、理事会において有力な外部の寄附者の占める割合が高くなれば、総費用に占める管理費用が低下して、プログラム費用が増加したとするすでに示した調査結果がある。この寄附者の理事会参加については、後段で詳しく述べることにする。

③ 外部理事は組織の戦略や組織の行動規範の向上に有用な、あるいは寄附金の増額に有用な別の違った戦略と方法に関する情報を理事会に与えることができる。

④ 内部理事には組織の情況や組織の経営について先入主があるので、外部理事はこの先入主とバランスをとるという点で組織ガバナンスの有力なひとつの手段となる。

⑤ 外部理事が参加することから、これに刺激を受けて内部理事はさらに努力をすることが期待できる。

ただ他方で、以下のような問題を含んでいる。

① 理事会において外部理事はいずれの選択をするのか迷う認知的葛藤が高まることになる。なぜなら、外部理事は当該組織の経営管理について経験が少なく、組織の目標と組織が利用できる幅広い代替案を任意に考える傾向があるためである。

② 同時に、理事会全体として組織の特殊な情況を認識できない傾向になる。それは、外部理事は内部理事が認識している組織の実態に親しく接していないから、事業の特殊な知見が理事会には少ないという状態になる。

③ 外部理事が多いと理事会の結集力が弱まることになる。なぜなら、内部理事のほうは互いに熟知している間柄にあり、協同を密にしながら日常管

理に努めているのに対して、外部理事はそれぞれの出自が多くの違った組織に分散していて、それぞれの出自のなかでの連帯関係が強くあって、内部理事や外部理事同士とは定期的にしか相互に影響を与えない存在であるからである。

ただ、利点と不利点のいずれにしても、外部理事の参加が内部理事よりも自動的に独立性が高いと認める根拠はない。むしろ、多くの研究に従えば、外部理事は経営者の出自やキャリアと同じであり、同じ目標を追求し、同じ利害を共有し、その結果、経営者の決定に賛同し、組織に対する統制は弱くなり、経営者や組織に対して高い評価を付けるという。このような場合、組織の改善と向上は期待できないことになる。

最近の会社法の改正にも見られるように、社外取締役を増やすことが少なくとも取締役会を変え、ひいてはコーポレートガバナンスを向上させるとの願意があるが、それは果たして叶えられるのかどうか、はなはだ疑問である。非営利組織における外部理事選任の実態は同じ疑問を残している。

根底にある問題は、外部理事は外部理事が在籍する正当性として一般に認められる範囲のどのような職能と役割を果せばよいのか、それを明確にすることである。おそらくそれは、理事の独立性の維持に基づく監視・統制役割であろう。この役割に対して外部理事はどのようにしてほんとうのパワーを発揮して、信頼される立場を築くのかという挑戦を受けることになる。

それには、潜在的ななんらかのパワーが働くとして、パワーと影響力を生み出すパワー源泉を現実の影響力に変えるには、外部理事にはそのパワーと影響力を巧みに使える政治的手腕といえるスキルと、そのスキルを使う意志が必要である。危機と転換期には外部理事の影響力は大きいものがあるが、経営者の姿勢や態度に消極的な影響力を与えるような「ノー」というだけではなく、経営者の視点や態度に挑戦する方向性の変更を主導することが求められるなら、積極的な影響力にはより強いパワー源泉と相当な政治的な意志と対人関係のスキルが発揮される必要がある。

なお近時、世界的な趨勢として、株式会社の社外取締役制度を強化してコーポレートガバナンスの向上を図る方向が確実に見て取れるが、非営利組織の外部理事のあり方については、非営利組織の特性からさらに重要な課題であることに留意しなければならない。

株式会社の社外取締役は所有権者である株主の利益のために経営者の恣意

的行動から会社を護るモニタリング職能を履行する一元的な行動に基礎を置くが、非営利組織は優遇税制・内外の補助金・政府委託契約などで原資を得ている以上、その外部理事は多様なステークホルダー、特に政府と社会に対してアカウンタビリティと透明性を明らかにしながら、多様な利害関係を調整する多元的な行動を求められる社会的な職能と役割を求められるからである。

（2）内部理事

しかし、内部者が理事会に加わることにも組織の効率的経営にとって便益がある。

① 組織の情報を知悉することができる。特に、組織内部に出来している問題点や、組織の強さと弱さに関して経験的にも熟知しており、内部者の参加は理事会の意思決定の効率性を高める。

② 外部理事の不利点に挙げた傾向とは反対に、理事会の結集力を高める作用をする。

ただ、次のような問題を含むことに留意すべきである。

① 内部者を理事に登用して、これに報酬を出すことによって、内部理事に意思決定プロセスのなかで利己目的を追求する動機を与えることになる。例えば、自分の担当部門を率先して優遇したり、報酬を上げる動機を強くもつ可能性がある。

② 経営者が理事の将来の経歴に強い影響力を及ぼすために、内部理事の意思決定はこの経営者寄りになる可能性がきわめて高く、理事会のモニタリング役割を弱くする。

③ 例えば有力な外部理事を採用すれば、それ自体が組織の戦略と活動に重大な変化をもたらし、このような変化はある経営者の交代も含むということにもなるが、内部理事の有力者が有力な外部理事の採用手続きを妨害するという動機を抱く可能性がある。そこで、内部者の参加によって効率的な理事会の機能が妨げられる結果になる。

2．資金提供者の理事会参加

営利組織における資本出資者と同様に、非営利組織におけるもっとも重要

な外部ステークホルダーのひとつは助成財団、多額の寄附をする企業を含む有力寄附者、一時的・継続的に小口の寄附をする個人などの寄附者である。非営利組織には組織の所有者は存在しないが、法制上支配権を有する理事会がある。この理事会は寄附者とその代表によって部分的に構成されている場合が多い。また、特殊な法的地位を与えられている財団はその財団を立ち上げた個人や組織の創設者が理事会に在籍している場合がほとんどである。したがって、創設者と寄附者の貢献が財団の存続に不可欠である限り、かれらは会社の所有者に相当する存在である。

　寄附金は株式会社の持分資本に代わるだけでなく、寄附者は株主に代わって経営管理活動のモニタリングを行う。例えば、非営利組織には分配する剰余金は存在しないけれども、有力な寄附者は資本提供の「非金銭的な」見返りを要求する。この見返りは本来的に「利他主義」で慈善活動が有効に行われることである。ただし、少なくとも営利組織の株主と比較すれば、寄附者はモニタリングの活動をする動機は小さいであろうことは容易に理解できる。

　報酬が非金銭的である以上、業績の低い経営者の行動に対して直接に直ちに対処するインセンティブ誘因は少ない。寄附者は資源の効率的配分や寄附金の最終的な処分ではなくて、別の動機を抱いているかもしれない。利他的でないとすれば、その見返りは例えば顕彰や評判を受ける社会的な喝采であり名声であり、あるいは自分の事業活動の促進である。

　しかし、寄附した組織が社会的に非効率な浪費をしていると一般に知られたら、寄附者は社会公共目的の事業に関与していても何の見返りも得ることができない。このことから、有力な寄附者が資源の効率的な利用をモニタリングする動機をもつことになる。これまで、寄附者は投資利益の還元を求めない以上、組織に対して経営や統制に関与することはあまり考えられなかった。寄附は喜捨の精神や利他の精神による利他行動であるから、組織に信託した以上その使途には与らないで、ミッションを達成してくればよいということであった。

　ところが、非営利組織の運営に対する疑念と不信が拡がり、経済活動の停滞から寄附資金が相対的に減少するなかで、特に大規模助成財団は非営利組織が予定する企画や活動業績に判断基準を置いていたものが、その使途について厳しく監視する傾向となり、さらには資金の効率的な利用についてあれこれ指示する傾向が増えてきた。最近では、そのアウトカムやインパクトを

示すように圧力を増してきた。目標達成の確証を提出するように求めている。そうするためには、組織からのアカウンタビリティに頼ることなく、自ら組織のガバナンスに参加することが効果的な方法である。理事会への参加がその典型である。

このような助成財団は個人の寄附者とは性質が異なり、資金を配分する目的で設立されている以上は、資金の最終地点に強い関心を抱くのは至極当然のことである。これがために、財団から資金の提供を受けている非営利組織は、大多数の個人寄附による非営利組織に比較して、財団とのより明確なアカウンタビリティ関係を背負うことになる。

この助成財団はアウトカムやインパクトの組織有効性に関する情報、さらには、内部機密の情報の開示や報告を求めるので、このようなアカウンタビリティの圧力から、経営者が有効性や効率性の課題に懸命に取り組むようになって、その結果、財団が事業のミッションの達成と効率的な経営を支えることにもなる。しかし、組織から発するアカウンタビリティに頼ることなく、財団の代表が理事会に参加することで自ら組織のガバナンスに参加することが効果的な方法であるので、理事会への参加が常態化してくる。

事実、有力寄附者が直接理事として参加することが多く、この種の人たちが理事として理事会に直接に参加することは理事会の役割と組織の有効性に大きな影響を与える。特に多額の寄附をする有力者が理事会に参加することによって、資金がどのように使用されているかを監視するモニタリング職能という直接の手段が得られる。いくつかの実証研究では、総費用に占める公益目的事業を執行する直接費用が増え、間接費が減るなどの効果がある。さらには、このような効率性の改善だけではなくて、サービス供給の質と量などの有効性についても計画と統制の役割を果たす。

特に、宗教、環境、救済、開発の分野では、民間の慈善寄附が主たる財源であるが、この場合、個人や組織の「寄附者の選好」によってガバナンスが動かされる。政府からの独立と共同利益の重視という立場からは、このような寄附者中心の理事会構成によるガバナンスは健全であるといえる。また、寄附者が支配することは、慈善事業への投資と交換に理事職を要求するような最近急速に発展してきた「ベンチャー慈善事業」運動や社会的企業には適合しているというべきである。

他方、有力寄附者は非営利組織の理事会と、特に理事会の資金調達委員会

に参加するように互選することが多く、それは、金持ちエリート同士の接触を深めるため、組織の他の潜在的な有力寄附者を誘引するかれらの能力があるためである。特に大規模な非営利組織では、有力寄附者は資金調達委員会に多く参画しており、有力寄附者が理事会および資金調達委員会に占める割合と直接寄附行為の増大との間にはプラスの相関関係がある。

さらに、寄附者は理事会において寄附の保証人として役立つ存在でもある。有力な寄附者が理事になることによって、この理事が潜在的な寄附者に向かって寄附金は浪費されていないと暗黙のうちに保証していることにもなるからである。訴求効果ないしは看板効果と呼ばれる機能を果たす。

また、少数の寄附者から資金を得ている非営利組織の場合には、大きな助成財団や創業者あるいは有力な民間寄附者は、資金の提供を受ける組織が透明性と正当性を担保できるような少数で独立性の高い有効な理事会を求める。創設者の基金や寄附金が大きければ、理事会の規模はより小さく、そして外部理事の割合が大きくなる。

相当な資金源である助成財団の代表あるいは個人や企業の大口寄附者が理事長や理事であれば、理事会と経営者の関係において理事会が相対的に強いパワーを掌握することは容易に想定できる。そのためか、資金提供者の理事会参加について、それが及ぼす理事会行動への影響および理事会と経営者の関係への影響についてはそれほどの研究は見当たらない。

その理由は、大口の寄附者には所有権をもたないけれども、無言の圧力を含めた大きな発言権―「金を出すなら、口も出す」―があり、そこで、これらの資金提供者の代表である理事のパワーによって理事会が引き締まり、理事会は経営者の立案・決定の意思決定に対して実質的な決定統制を執行することができるものと当然のごとく想定されているからであろう。

あるいは、それとはまったく逆に、寄附行為は利他主義やボランタリズムに拠るのであり、寄附者は発言権を行使しないと想定しているからであるとも解釈することができる。この場合、寄附者が直接・間接に理事会に参加しなくても、「金は出しても口は出さぬ」と言いながら睨みを効かせることから暗黙の非公式なパワーを獲得して、理事会と経営者を支配することが想定できる。この現象は「資金提供者シンドローム」と呼ばれる現象であるが、ここでは触れない。別の研究が必要となる。

むろん、大口寄附者の理事会参加は、その影響が大きいだけに問題も大き

第Ⅲ部 理事会有効性を高める基礎構造

い。それは、この大口寄附者があたかも所有者のように振る舞うことである。その結果、(i)株式会社における機関投資家と一般株主との間に同じ株主でありながら利害の違いが大きいのと同じように、非営利組織においても大規模な助成財団と企業寄附者と一般寄附者の間には利害の違いといえなくとも組織に対する「善意」と「反応」の違いがあると考えるべきである。有力な寄附者が他の寄附者を遠ざけることが考えられる。理事会のなかに一般寄附者の善意をどのように反映するかが、持続的なファンドレイジング活動の面からも問題として残される。

(ii)大口寄附者の嗜好と選好によるパターナリズムから、一方的に財・サービスを提供するよう強いることから、その財・サービスは受益者のほんとうのニーズに応えなく、受益者のニーズと福利と衝突する可能性がある。

(iii)大口寄附者の視点や展望が組織の社会公共目的を表示するミッション・ビジョンと展開するプログラムとして必ずしも一致しないこと、しかも営利組織の株式のように市場操作ができないだけに、大口寄附者と組織との間のコンフリクトを解消することが困難となる。

3．ボランティアの理事会参加

　一言でボランティアというが、プリンシパルとしてのボランティアとエージェントとしてのボランティアとは区別する必要がある。ここではプリンシパルとしてのボランティアを念頭に置くが、特にコミュニティを基盤とした小規模な非営利組織では、理事会に市民が参加する場合が多い。この人たちは一般に言う「コミットメント」（愛着心・積極的な関与）でもって金銭的報酬以外の内発的動機で理事になっている人たちであり、同時にエージェントとしてのボランティア活動にも従事する人たちである。この一般市民の理事会参加はまさに非営利組織の民主制度を体現しているのであり、今後は普遍的なあり方になるであろう。

　金銭的な貢献だけでなく、実物寄附行為であるボランティア活動も、特に小規模組織、草の根運動組織では重要な資源の提供であり、ボランティア支配のガバナンスも受益者支配ガバナンスと同様に非営利組織が掲げるミッションの追求と合致する。ほとんどの場合、ボランティアの利害は組織サー

341

ビスの受給者である直接利用者の利害と一致する。考えられるコンフリクトは、ボランティアと経営者の利害の対立である。特に、大中規模組織の経営者が寄附金、政府資金、料金収入から資源を確保しようとする場合の対立である。

ただ、非営利組織のミッション活動に熱心で理事の責務に専念している人たちのなかには、意外に「組織嫌い」の人がいる。「宮仕え」の嫌いな人、「宮仕え」に飽きた人、「官僚制的な組織」から解放されたい人、解放されて自由な人が多いのである。得てしてそれぞれの熱意を基にそれぞれが抱く信念や信条を任意に主張し実践することに熱心で、理事会での意思統一の合意に向けて配慮をすることが少ないことがある。酷い場合には、ボランタリーの意味を誤解しているとしか思えない「勝手な言動」に終始するボランティア理事がいるものである。

さらに、理事はパートタイムのボランティアであり、多忙な実務家や専門家である場合には、少なくとも2つの深刻な問題が生じる。1つは、理事はボランティアであるがために、理事就任の契約において理事の活動を活性化させるに際して、一般に従業者を管理し動機づける報酬や契約破棄のインセンティブの仕組みと方法を適用することができない。

例えば、経済的なインセンティブを提供するなり、あるいは辞任の脅迫をする契約は適用できないことは明らかである。さらに、理事の知識や特殊な知見が加われば、それらが組織の意思決定を補佐したり、業績達成の活動を評価する際に役立つのに、ボランティア理事は組織や経営者とは不定期な限られた相互関係しかもたないから、有効なコミュニケーションや評価ができなくなる。

もう1つは、このような限られた関係から組織階層のなかの理事会の地位に関する困難な問題が生じる。公共の信託を受けた機関として、非営利組織のボランティア理事会は組織の行為がミッションに関連した目標と目的を反映するよう保証する職能と役割を期待されている。財務業績のモニタリングと正規のプログラム監視を通して組織目標の設定と戦略・計画の策定のなかでリーダーシップを発揮し、経営者の業績を定期的に評価することで、理事会はこの責務を全うするものである。

そのように言われるけれども、組織の方向とリーダーシップに影響を与える知識と経験を有し、あるいは組織経営の率先力に優れており、さらには組

織の成果に対して強いインセンティブをもっているのは理事会ではなくて経営者であることが多い。さらに、これらのボランティア理事は組織に依存していないから組織への思いが弱いことである。そこで、この経営者が監視と政策形成をする理事会の職能と役割を取り込んでしまうとはいわないが、経営者が理事会を有効に統治をするのに必要な用具と情報とを提供する存在であると想定することは間違いではない。確かに経営者と理事会の双方が理事会活動の向上と理事会発展に対してある役割を担うけれども、ボランティア理事の集まる理事会のガバナンス職能についてはかなりな不確実性が潜んでいるように思われる。

今日の非営利組織が直面するもっとも重要なひとつの課題は、決定的に重要な受託者としての職能と役割について、それが非常勤理事のボランティアに委ねられている実態であり、このボランティア中心の理事会をどのように指導し管理し、その責務を履行させることができるのかという点である。

4．政府代理の理事会参加

補助金・助成金や委託契約による政府資金の提供から、政府が多くの非営利組織のガバナンスを支配することになる。わが国における多くの非営利法人は国や地方の政府の出先機関となっており、理事会には天下りが席を占めることが常態である。天下りは社会の批判や指弾を受けることがあるが、天下りのお蔭で、組織の資源獲得が継続的に保証され、同時に資金提供者である政府のモニタリング機能が充足される。そうだとすれば、天下り制度は非営利組織の理事会の重要な職能と役割である境界連結とモニタリングを巧みに執行するメカニズムであるかもしれない。

ただ、政府代理の天下りが最高経営者となり、それがまた代表理事である場合には、上記「2．資金提供者の理事会参加」で指摘した問題が生じることになる。

ただし、天下り理事会の危険は、非営利組織が政府との契約者になることを助長することであり、継続的な政府の一機関になることである。これによって、非営利組織の自主性、柔軟性、革新性が失われることである。さらに、政府の代理が理事である非営利組織を政府が優遇するとなれば、これに対し

て政府支配を相殺するために、寄附者、受益者、ボランティアの集団の代表がさらに努力をすることも想定される。そうなるとまた、政府は代表を送っていない組織に援助する方向に転じる可能性もある。

いずれにしても、政府資金の助成を受けながら、ボランタリー精神で市民社会活動をする非営利組織にとっては、その自主独立を大きく損なう危険なジレンマとなる。実は、この政府代理の理事会参加の問題は、非営利組織と政府の関係論—特に、新しいガバナンス論—として改めて深く考察するべき課題である。

5．受益者の理事会参加

クライアント・利用者、その保護者の受益者に関しては、その主要なしかもきわめて複雑な問題は、受益者を非営利組織の意思決定過程のなかにどの段階でどの程度関与させるべきかの問題である。従来は、当然のことながら寄附者が重要な外部ステークホルダーであり、非営利組織の目的は受益者サービスの提供にあることは間違いないのであるから受益者の体験や情報は非常に重要ではあるが、受益者の意思決定への関与についてはほとんど想定されていなかった。ところが、非営利組織ではこの十数年間の間に、制度的な多数の環境変化から、受益者参加の方向を強めてきて、受益者の理事会参加が非営利組織ではほとんど必然的な受益者の権利となり、そうすることが善であるという潮流となってきた。それは次のような確認による。

① 人は日常生活に影響する決定には参加する権利を有する。

② 受益者は非営利組織が供給するサービスを享受する重要なステークホルダーである。

③ 「消費者に接近する」努力をしている非営利組織を政府はますます重視してくる。

このように、理事会への受益者参加が少なくとも理論のうえで、あるいは政策のうえで一般化してきた情況の下では、受益者の理事会参加はどのような形を採るべきかについて考える段階にきていると認識することが重要である。それには「消費者主義」と「民主主義」の双方から考える必要がある。「消費者主義」では、自由経済市場の思想からサービス提供者と受益者の関

係は「クライアント」「受益者」ではなく「顧客」「消費者」との関係として捉えられ、また、受益者への権利付与（エンパワーメント）をする関係と捉えるが、この受益者の関与はニーズ、サービス情報、サービス評価、市場調査、苦情処理などを確認することに限定される。なお、この場合、ほとんどの受益者はサービスの対価を完全には支払っていない存在であるから、営利組織での「消費者」の用語は用いることができないので、非営利組織での利用者は「公共サービスの消費者」という用語の意味で使うことになる。

対照的に、受益者関与が民主主義の文脈のなかで考えられると、受益者は公民と見做され、組織の意思決定過程に参加する権利を保有することになる。理事会に代表を送る権利や、非営利組織の公益目的とその達成手段に関する決定への発言権を伴うことになる。受益者の期待と夢を受け容れようとするならば、計画化と評価や、事業についての障碍と機会に関する問題を分析するのに受益者が関与する過程こそがガバナンス問題の中心である。

規制当局あるいは寄附者に対すると同じようなひとつの義務ではないとしても、非営利組織は受益者参加の「民主的」モデルとして理事会に受益者代表を含めることで、受益者に対するアカウンタビリティを果たすことになる。そして理事会においてサービス供給の水準とその質について受益者から評価を受けることになる。

とりわけ地域の非営利組織がステークホルダーの利益を代表し、それに応えることに真剣であろうとすれば、その非営利組織の責任として、他のステークホルダーとともにサービスを提供しようと設立した対象であるステークホルダーの代表を集め、組織との対話に引き入れ、何を達成すべきかについて将来の共同の夢やビジョンを語り、そのステークホルダーの改善・向上の戦略を展開することができるようなガバナンスメカニズムをつくることが必須である。むろん、ほんとうの関与の範囲は、一方では「公民権」、他方では、「コンシューマリズム」の連続体のうえにあると考えられる。

しかしながら、非営利組織においては受益者が組織の支配と経営に関与すべき積極的な理由のあることを忘れてはならない。営利組織であれば、市場の競争と情報の対称性から消費者の欲求とその変化に従わなければ組織の存続はあり得ないという意味で、そこでは消費者主権が確立している。ところが、非営利組織では市場の競争が乏しく、情報の非対称性が顕著なサービス事業がほとんどであることから、消費者主権は自然には確立されることがな

い。むしろ非営利組織の特性それ自体が原因となって、非営利組織にこそ受益者の欲求と期待に適応することのない、場合によっては経営者の恣意的な機会主義的行動を許すような「偽装した営利目的組織」が発現する可能性が高い。

　そこで、強制的な規制が必要であって、「利益分配禁止の拘束」やその他の多くの規制が課せられているのであるが、これらが現実には十分に機能せず、おまけに政府の助成や優遇税制が保証されることから、ますます偽装した営利目的非営利組織が横行する可能性が高くなる。この可能性を阻むためにも、政治的・社会的な視点から受益者の理事会参加を主張することとは別に、受益者の理事会参加の必要を考えることが求められる。

　現実に、多くの非営利組織はサービス収入に依存しており、特に医療・教育・文芸の分野では、その所得はサービス料金が多くを占めている。その限りでは、受益者が理事会に参加し理事会を支配することは、非営利組織のミッションの達成と一致する。現に、例えば、ベルギーでは、学校の政策策定に対して学生と保護者の参画を増やすために2004年に「参加法」が成立して、これまで非公式な保護者会が公式の制度となっている。また、ノルウェーでは、政府補助を受けている脳障害リハビリテーションとヘルスケアの病院では、政策展開プロセスに受益者が参加する制度ができている。

　ただし、受益者やその関係者の理事会への参加は次のような困難な問題を残している。

① 　サービス供給に関する要求が出ることから財務問題が生じる可能性が高い。受益者利益による理事会支配は寄附者の利益が受益者利益と合致しないのなら、理事会の受益者支配は資金獲得には逆効果となる。

② 　組織の受益者を明確に限定することが困難である。この確定をしない場合、組織有効性を公正に査定することは難しい。むしろ、受益者といえどもそれぞれがサービスに違った期待をもっているであろうから、その間の葛藤と混乱を招く。

③ 　実は、受益者の参加に関する効果について肯定と否定の両論があり、受益者自身への影響、ひとつのステークホルダー集団としての影響、理事会や経営者ひいては組織の成果に対する影響などがいまだに不透明である。

　さらに、具体的な問題として、次のような指摘がある。

① 　受益者の視点を考慮できない場合が多い。例えば、ヘルスケア・サービ

スに関する決定をする場合、供給者が患者の意見をさらに重視するには「証拠の基礎」が必要である。

② 理事会への受益者参加は将来のサービス利用者の犠牲において、現在の受益者の便益を求める結果となる。例えば、中長期的な視点において政策を考えるべき教育機関において在学生やその保護者が理事会に参加することを想像すれば、この結果は容易に理解できることである。

③ 受益者が意思決定の過程においてパワーを発揮する能力がないのなら、受益者参加はたんに「見せ掛け」であるにすぎない。

④ 反対に、日常の管理活動に干渉するなど、経営の効率的運営には障碍となる。この場合には、「騒がしい理事会」が常態となる。

⑤ 組織内部から受益者参加に対して反撥が出てくる。受益者参加はたんに政治的な意味合いしかなく、受益者が組織の運営に関して効果的に参加することができるはずがないとして、むしろ受益者参加と少なくともよき理事会活動とのトレードオフの問題が生じる。

以上のように、理事会にサービス受益者を代表させるという問題は難しい解決を迫られる。ほとんどのサービス組織では、受益者集団は結集力がなく、あるいは組織化されていないので、ほんとうに適格な代表を選択することが困難であり、あるいは、この代表に受益者集団へのアカウンタビリティを負わせることはできない。さらには、名目的で政治的な少数の代表制では理事会においてサービス受益者に影響を与える議論や意思決定に対して影響を与えることも少ないであろう。

むしろアンケート調査、フォーカス・グループ、理事会への提言、諮問会、利用者公聴会にサービス受益者を参加させるなどの別の方法によって受益者の要望や意見を聴くほうが合理的であり有効であるとする議論が多いのも頷ける。しかし、これらの外縁的な措置がたんなる「口実」であって、虚構であることもまた現実である。そうだとすれば、このような外縁的な措置で民主制を基盤とした非営利組織の民主的運営を担保できるのかという基本的な問題は残ることになる。

6．経営者等の理事会参加

（1）最高経営者の専務理事あるいは代表理事の兼任

　一般に非営利組織の世界では、理事会には経営者は理事として参加しない
のが普通であったが、組織規模の増大や専門的な経営管理の必要から、特に
大中規模組織の世界において経営者が代表理事職や専務理事職の理事職を兼
任する制度が広く認められるようになった。実は、このような現象から、非
営利組織における理事会ガバナンスが別の深刻な問題を引き起こす。

　昨今、特に欧米において、株式会社のCEOが取締役会会長を兼任する制
度を廃止して、両者を分離する最善実践指針を提唱したり、そこまで至らな
くてもこの兼任制の是非論が盛んに交わされている。いろいろ難しい議論で
はあるが、平たく言えば、「取り締まられる者が取り締まる側の大将でいい
のか」という問題提議である。

　もともと、会社法にしても、非営利法人に関する法にしても、組織のガバ
ナンスの仕組みはエージェンシー理論に依拠して編成されており、現在の議
論もこの理論をめぐって交わされている。この理論では、最高経営者と独立
した会長ないしは理事長を擁して、最高経営者の利益を組織の利益やステー
クホルダーの便益と連結させ一致させるインセンティブを用いることで、こ
の最高経営者の「機会主義」を統制することを強調する。そして、理論上こ
のような最高経営者の「機会主義」を縮減する構造上の主要なメカニズムが
理事会である。この理事会は公共の利益とステークホルダーの便益において
経営者の行動に対してモニタリングをする役割と責任を与えられている。

　このモニタリングを公正に行うには会長ないし理事長が最高経営者とは独
立しているところでさらに十分に発現することになる。最高経営者が専務理
事や代表理事を兼任していれば、この最高経営者が自分の活動と業績をモニ
タリングする場合にコンフリクトが生じることは明らかである。さらに、専
務理事や代表理事を兼任する最高経営者が在任中に選任された理事はモニタ
リングを怠るかもしれないし、もともとこの最高経営者を統制し規律しよう
とする理事は選任されないおそれがある。理事会の公平性が危うくなること
は明らかである。その結果、兼任制の理事会よりも会長ないし理事長と最高
経営者が分離している理事会のほうが最高経営者の公式の業績評価の制度と

第Ⅲ部 理事会有効性を高める基礎構造

方法を採用する位置にある。

古くから、エージェンシー理論と組織経済学は、最高経営者の兼任制はかれの利益になる分だけ、そこではこの最高経営者の機会主義とエージェンシー・ロスとが発生することになり、それだけ所有者の利益が犠牲にされると主張してきた。ただ、最近の株式会社の研究においても、社外の取締役会会長と企業の業績との相関関係は不詳であり、因果関係は見出すことができないという結果に終わっている。

理事会の組織に対する統制・支配が弱いのは、在任理事と将来理事に対する最高経営者の影響力が強いからである。新しい理事の選任や現在の理事の再任に最高経営者の支持が必要な場合、内部者も外部者もこの最高経営者に賛同する人たち、特に新規の理事はおそらくこの最高経営者と同じ部類の人たちになるに違いない。そこで、理事の人選に対して最高経営者が支配を高めると、この最高経営者が自分のプリンシパルであるステークホルダーに対する支配を掌握し、高い報酬を得て、組織に関する選択権を拡大する可能性がある。

要するに、最高経営者の専務理事や代表理事兼任が許されている非営利組織では、この最高経営者は理事会決定を直接に支配ないしは統制することができる。エージェンシー理論に従えば、このような枠組みは「狐に鶏小屋の番をさせる」、「飼い犬に手を噛まれる」類の枠組みとなる。非営利組織の理事会ガバナンスの本質は「決定統制」にあるとすれば、エージェンシー理論に基づいて兼任制を廃止する方向が望ましい。興味あることは、営利組織における社外取締役制度や兼任制廃止の議論は、実は営利組織が非営利組織に接近している方向を指していることである。

ただ、実証研究では、兼任制と組織の活動と成果との間には相関関係は見当たらない。兼任制を廃止することは組織の活動とその成果に影響するような実質的な効果ではなく、象徴的な効果にすぎない。兼任制と組織の活動と成果との相関は今のところ見当たらない。

（2）経営者の理事兼任

経営者の立場からすれば、折角経営会議などで合意に達している事案や、やっと説得して通した議案について、また改めて理事会の決定・承認を受けなければならない。この最終で最高に位置する「理事会」でもまた議論を重

ねることは、できたら勘弁してほしいし、ましてや立案・提出事項は修正されたり変更されたり、場合によっては否決されるのは敵わないと思うのは、ひとり経営者だけでなく、経営会議までに協議・立案してきたスタッフの偽らざる心情であろう。そこで、経営者やスタッフは弱い理事会を選好したくなる。一般に、理事会構造と理事会構成は組織の経営者とそれに仕えるスタッフの選好を反映しているとされる所以である。

　また、理事会の構造と構成は経営者と理事会との間の「取引ゲーム」の結果でもある。理事はミッション志向であり、理事会に奉仕すると答える。信託に応えるために、組織の向上、モニタリング、奉仕活動、ファンドレイジング活動のすべてが価値のある行為であると考えて、信託に応える受託者の立場を選好する。これに対して、経営者は理事会の構造と構成についてどのような選好をするのかといえば、経営者は自治を専有することに高い価値を置くので、統制や監視をしない、あるいは自立性の乏しい理事会を選好する。そこで、「干渉してくる」理事会に不満を抱いているのが普通である。

　そういう状況では強い内部の経営者たちと弱い理事会という場面を想定することができる。経営者が理事になると、このような傾向がさらに強まることになり、理事会の自立性を著しく損なうことは明らかである。

　他方では、経営者は資金調達に関しては積極的な理事会を好むものである。それは寄附金の増大は経営者の生産力を増大させるからである。そこで、経営者はファンドレイジング活動を期待するがゆえに、理事会構成に関する交渉取引は経営管理の意思決定や組織活動に関する監視や統制などで活動する受託者としての理事職の地位を考える人や団体よりも、たんに多くの寄附をしてくる人や団体を選好する傾向となる。強い経営者が参加する理事会は他の職能よりも資金調達職能に注力するという特徴があると想定することができる。

（3）管理スタッフの理事兼任

　株式会社に関する文献では、独立の社外取締役が取締役会に占める割合から取締役会の独立性を測定することが行われる。そこでは、経営者から独立した取締役が多ければ、経営者の影響力から離れるゆえによりモニタリングができることになる。同じように非営利組織にも独立性に関する同様な代理指標として、管理スタッフの比率を使うことができる。管理スタッフが理事

である比率が高ければ、理事会の独立性はそれだけ殺がれることになる。それだけではなく、寄附者の理事会参加はエージェンシー問題を緩和させるとする議論とは反対に、経営者や管理スタッフの理事会参加はエージェンシー問題を拡大する。つまり、かれらの自由裁量が大きくなるので、これを抑制するエージェンシー・コストが高くなる。

　今日、少なくとも大学や病院のガバナンス構造で見られるような「ルースカプリング」や「デカプリング」（管理組織の二重構造など縺れた関係）の下では、理事は当該組織についてそれほど経験がなく、管理スタッフは長年その組織の専門職である場合、この管理スタッフが理事になっても外部理事を内心では素人として見下す性向を拭うことはなく、かれらはその非営利組織の事業について専門家であり、自己の職務に忠実であると自負しているので、その組織を理事からさえも「護る」という強い衝動で動いている。理事職に就いても依然として組織を防御する姿勢を崩すことがない。

　また、この管理スタッフは建設的な批判にも慣れていないで、例えば企業社会の「挑戦の文化」を受容しない傾向があり、保守的であり、すぐには反応しない性質の人たちである。かれらは理事会において有力な分派を形成し、組織の発展と改革に対して保守的で情況への反応も鈍い性向を持ち続けるものである。

　問題はこのような状況の下で管理スタッフを理事にするかどうかという点である。この管理スタッフが事業所得の増大に成功すれば、それに準じて理事職に就くことは考えられるし、かれらが組織の財務資源をつくるインセンティブが強くなることも想定できる。しかし、そのことによって、管理スタッフが組織のミッションに焦点を置くことをしない可能性があり、他のステークホルダーの理事会への圧力に対して反応しないことも考えられる。さらに、特に資金調達は理事会と管理スタッフの共同責任であるとされている場合、管理スタッフか理事会のいずれが資源の貢献をしているか、いずれが「面目を保つ」のかという問題が生じる。この点から、ある研究では、管理スタッフが理事会に経営側の代表として参加することは、ガバナンスの有効性を損なうとしている。

7. その他のステークホルダーの理事会参加

（1）実業家・専門家の理事会参加

　実業界や専門職業界の経験と能力とをもって、経営専門家集団が改めて強い影響力をもってきた。非営利組織には中小規模の組織が多いために、この種の経験と能力の蓄積が少なく専門知識が乏しかった非営利組織において、現下の厳しい経営環境のなかにかれら専門家が営利組織の世界を持ち込み、この激変する環境のなかで財務や組織管理の専門知識を提供する機会が増えてきた。

　すでに古くから、理事会における実業家の割合が多ければ、組織の効率性が高くなり、組織の企画の質も高くなるとする多くの実証研究がある。その後のこの種の研究は職業の属性や職業の背景や職業上の友好関係が組織の活動や財務内容と強く相関していることを明らかにしている。

　しかし他方では、確かに多数の有能な実務家や専門家が関与しているものの、不幸にして、これらの多くの理事は奉仕を約した組織に対してそれぞれ自分の能力を捧げる機会を与えられていないとする研究も多い。事実、外部の専門家が理事に就任したとしても、かれらはボランティアであり、専門職に相当する報酬を受け取らないので、ボランティアのインセンティブと動機づけの問題が理解されていないと、かれらの行動を理解することはできない。結果として、お友達理事に囲まれるたんなる「経営者が主役」の理事会となる可能性が高い。ボランティア理事がもたらす問題である。

　そもそも営利組織で成功し、あるいは多くの事業経験を積んできた実業家が何故に非営利組織の理事に就任するのを承諾するのであろうか。確かに組織の価値観と組織の目的に個人として深く関与することから就任する場合もあることは認めなければならないが、(ⅰ)地域や職域や社会での自分のステータスを高めるために就任する。(ⅱ)損益計算や最終利益の悩みから解放される一種の余暇を愉しめるという期待から就任する。したがって、理事就任が新しいクラブへの加入の愉しみになっている実業家も確かに存在する。(ⅲ)また、営利を求める実業家を密かに苦しめている「無教養な人」というイメージを隠す作用もする。このようなイメージをなくすることが目的なら、経費の節約などの厳しい監視をする役割を演じるはずがない。

第Ⅲ部　理事会有効性を高める基礎構造

　以上のような別の動機で理事に就任している実業家理事は放縦であまりに楽観的で熟慮の乏しい提案や決定に対しても、いわゆる「内部告発」をするような行為をしようとはしないであろう。

　さらには、この実業家が真摯に非営利組織の運営に関与したいと自覚をしていても、非営利組織の理事となるには、いくつかの障碍がある。

　営利組織の経営に専念してきた実業家が非営利組織に参加することは未知の世界に探検に出向くようなものかもしれない。同じ事業を経営するといっても、組織風土と組織行動がまったく異なる。

　1）実業家理事は非営利の組織の運営について十分に理解ができない場合があり、誰が見ても適切とは思えない成長率志向や利潤志向という価値観を理事会の席上で主張し提案することがある。

　2）財務会計に通暁している実業家も複雑な基金会計や業界規定の特殊な財務諸表に馴染むことは難しい。財務に通暁している専門家であると思われているので、非営利組織の財務諸表を完全には理解できないとは言えないもどかしさを感じているに違いない。

　3）非営利組織の理事会では意思決定に長々と時間を掛けるのが普通であることを覚悟しなければならない。ところが一般には、実業家はゆっくりした仲間同士の意思決定には慣れていないで、「議すれば決する」「すべてはいま解決すること」のスタンスに立つかれらには長い時間は辛いことである。これでは「どうにもならぬ」と無関心になるか、積極的は関与しなくなる。

　4）困窮した財務の救済にはさらなる寄附が必要である場合、実業家理事は積極的に資金調達の活動に参加する気がなければ、財務報告書が危険を知らしていてもその危険を強調することはしないに違いない。

　5）さらに、非営利組織が最上位に掲げてはいるが、しばしば内容の明確性に欠け微妙な理解を要する「ミッションの性質」について実業家は対応できないから、かれらは能力を発揮できないか無関心となる。例えば、営利組織でもつねに短期利益だけでなく長期利益の視点から政策の選択を行うのであるが、そこではいくつかの課題を体系的に組み立て、最終の収益率や成長率を考慮することで政策の方向を示すような優れた展望とそのための手段を少なくとも用意しているものであるが、非営利組織ではそのような準拠すべき枠組みがなく、実業界では経験していないような「規範的な問題」に対処するよう求められる。

353

要するに、実業の熟練者がすべての非営利組織に貢献するとは限らない。経営者やスタッフが支援することが条件となるが、優先事項の決定、資源の配分、財務計画などに貢献してくれることは確かであり、計画と実践の再分析やそのモニタリングやベンチマークの手法などにも貢献するであろう。しかし、ミッションがときには正確に限定できないような、適切な資料収集や分析ができないような別の奇妙な領域に入ることを自覚して努力してもらう必要がある。そこで、場合によっては理事以外の経験豊かな実業家たちから構成される「諮問委員会」の制度がむしろ有用であるかもしれない。

（2）地域社会の有力者の理事会参加

　非営利組織の理事会の職能と役割のひとつは、非営利組織が信頼にたる存在であり、受益者やコミュニティや社会に対して非営利組織が生産すべきサービスを誠実に供給できるという「シグナルを送る」ことによって非営利組織を正当化することである。したがって、理事たちの名前を組織に貸すことによって組織に裏書をしてくれるような名声と富をもつ著名で力のある有名人を非営利組織の理事に頼むことはきわめて有効な手立てとなる。このような有名人たちが担保物件としての名声を非営利組織に与えてくれる。非営利組織が提供するサービスは情報の非対称性が高く、経営者に利用ないしは搾取される可能性が高いので、理事会の職能と役割の重要な意義は理事の評判を利用して組織の信頼性を保証することでもある。そこに、地域社会の有力者が理事に就く重要な効用がある。

　ただし、非営利組織に対する受益者と寄附者の信頼を高めるには、この有力者の信望と名声が汚されることのないように、かれら自身が組織の運営に尽力するように仕向けるインセンティブ誘因が欠かせない。

　他方、威信あるいは富に代表されるような理事の社会的・経済的な地位は、理事会パワーと強い相関関係にあり、理事会に対する経営者の支配ないしは従属の関係に大きく影響を与えると考えられる。理事が外部で威信と富の高い地位にあれば、発言力、資金へのアクセス、組織間関係に使われる威信などがこの種の理事に大きなパワーを保証する。さらに、社会的・経済的地位が様々な人たちから構成される理事会と比較すれば、高い地位の理事で構成される理事会は尊敬の的であり強い影響力を有しており、経営者はこの理事会の意見に従うようになると想定される。しかし、大方の調査結果では、逆

にこの種の理事会は経営者支配型が多いとも分析されており、また、大規模な組織で環境が不確実である場合にはパワー分断型理事会が多く見受けられるとされているので、少なくとも、理事会の規模、組織の事業分野、組織の風土などの要素を考慮に入れて検討する必要がある。

（3）女性の理事会参加

　女性の理事会参加が増える傾向にあり、さらにこの傾向を促進すべき情況にあると思われるが、欧米といえども、これまでのところ女性が理事会に参加することはそれほど普及していないようである。ただし、特に中小規模の非営利組織において多数の女性が理事であり、積極的に理事会活動に参画することが普通に見られるので、女性の理事会参加は理事会行動にどのような影響を与えるか、また、理事会と経営者の関係にどのような影響を及ぼすかに関する研究がよく行われる。例えば、理事会に女性が多い大学は財務的・非財務的なよい業績を上げているとする研究もある。

　女性が最高経営者となっている非営利組織では、理事会も女性理事の割合が高いことは事実のようであるが、どのような非営利組織に女性理事が多いかといえば、それほど著名な組織ではなく、いわば格付けの低い非営利組織であり、また理事会が定式化されていない組織である場合であるという。

　ただ、すでに理事会に女性が占める割合と組織の業績との相関関係について少数ではあるが調査・実証研究がなされていて、そのすべての研究結果はその相関関係がきわめて高いことを示している。ただし、女性は希少資源に接近する機会や能力に乏しいので、地域社会にとって非常に重要で高名な非営利組織には参加していなく、依然として男性の理事が多数を占めており、また大規模な官僚制組織の非営利組織では女性はほとんど理事に就いていないようである。また、女性の理事の割合が大きければ、収益性や効率性に関わる組織の財務業績が低く、また受益者や環境に対する組織の関心が低くなるとする研究もある。

　確かに、女性は資金調達の分野での成功に影響するような経済的、社会的、政治的なコネが乏しく、男性のように大規模な資金調達を成功させることはないので、女性理事の割合と寄附金などの組織の業績との間にはなんら関係がないけれども、他面において組織の各種の社会関係を維持する活動には大きく貢献しているという。

理事会と経営者の関係については、理事会のなかに女性が多くなれば、理事会は影響力が弱くなるか、ほとんど影響力がないという研究結果があり、理事会は理事長支配型か、経営者支配型のいずれかの型であるとされる。しかし他方では、女性が理事として積極的に参加する理事会はパワー共有型が多く見られ、反対に、経営者支配型の理事会には女性理事が少ないとする研究結果も見受けられる。

　いずれの研究結果も、それぞれの結果についてそれはなぜなのかに関して十分に説得力のある根拠をもって説明なり推論をしているとは思われない。この種の研究がどの程度実践的な意義を有するものなのか、かなりの疑問がある。少なくともわが国では、女性の理事職が分布からも構成からも標本として有効なほどに拡がっているとは思われないから、まず、女性の社会進出・社会活動という一般的な側面、あるいは、女性の地域社会における市民社会活動の側面から研究することが適当であろう。

（４）高齢者の理事会参加

　理事会の年齢分布や年齢構成も大層興味深いと見えて、かなりの研究がある。一般には、およそ60歳以上が多い理事会は、経営者か理事長が支配する理事会であるか、形骸化した理事会が多く、協同して理事会を運営するようなパワー共有型は少ないという。これは社会が高年齢者の潜在的な貢献力を評価しない傾向を表しているとする解釈もあるが、もともと富や名声で選らばれる高齢者が多いとなれば、先の「（２）地域社会の有力者の理事会参加」の社会的・経済的地位の高い理事が多い理事会と同様の型になると見るほうが適当であろう。

（５）教育・職業水準の高い層と低い層の理事会参加

　長年にわたってこの種の多数の研究が行われてきたが、当初は、高学歴出身者や専門職の理事が多ければ、理事長や経営者に支配されるような理事会にはならないと想定しており、反対に、理事の教育程度が低ければ、理事長や経営者が専制的な支配をする理事会となるとされていた。しかし、その後のいくつかの研究結果では、実業家・弁護士・会計士・大学教授などの高学歴出身で専門職が主として構成する理事会は経営者支配型が多いことが判明している。それは高学歴で専門職の理事が多い理事会では、経営者を信用・

信頼してかれらのパワーを許容する性向にあり、理事たちが統治すべき組織と距離を置く傾向があるためであると分析されている。

他方、低学歴の理事が主として構成する理事会は経営者の支配は弱く、パワー分断型かパワー共有型が多く見受けられるとされる。この研究結果は経営者には専門的経験があるゆえに、理事の教育水準が低ければ経営者を信頼するものと見做す直感的な推論とは相反する結果である。それはなぜなのか。高学歴の資格のない理事や専門職としての知識・技能のない理事は、自分の立場が弱くその存在が不安定なので組織を支配したい、あるいは支配しなければと思うからであると憶測されている。ただし、果たしてそうなのか、その理が「劣等感から来る支配欲」にあるというのでは十分には納得されないであろうから、この点さらに吟味と考察を加える必要がある。

おわりに

以上、理事会の構造は人がつくるものであり、理事会の構造は何よりも人に従う、つまり理事会の構造は理事の構成によって決まるとの考えから、どのような人が理事会を構成すべきかを考えるために、非営利組織を取り巻く多種多様なステークホルダーが理事に就任することについて、それぞれのステークホルダーの理事会参加の意義とその功罪について考えてみた。

営利組織のようにあまりに戦略的にステークホルダーを絞り込んで、そのステークホルダーの代理を理事会の席に就かせることは組織維持のためには重要な戦略ではあるが、非営利組織においては、その非営利組織に対するいろいろなステークホルダーの評価—その正当性の承認—の社会構造的性質を重視しないことになる。多様なステークホルダーの理事会参加の必要性と統一的組織管理の必要性との間の非営利組織のジレンマがそこにある。

非営利組織では理事会参加者の多様性は本質的要件ではあるが、効率的で有効な組織運営を維持する視点からすれば、これらのステークホルダーたちをいかに包摂して組織の秩序を護るのか、それにはなんらかの戦略的基準に従ってステークホルダーの「絞込み」をする必要がある。

この「絞込み」の必要性と多様なステークホルダーがそれぞれに組織存続

の正当性を評価する現実との間のジレンマを解決するひとつの方法として「理事会組織内の構造の分化」があるのではないかという問題を提起することができる。理事会は多様な理事で構成し、理事会の下部組織において意思決定の土台を作る方法である。1つは常任理事会などの階層分化によってであり、もう1つは財務委員会など委員会制度の職能的分化によってである。あるいはまた、公式の「顧問会議」や非公式な「諮問会」や「公聴会」によってある種のステークホルダーを外部化することである。

　なお、特に昨今では、非営利組織自体が存在することに満足せず、非営利組織の効率性・有効性が高い経営を期待されていることから、自他ともに組織の効率性・有効性を適正に評価する方法を講じることが重視され要請されてきた。その場合、仕事量やアウトプット指標、単位コストや外部監査やアウトカム評価等の客観的な基準に対してステークホルダーの主観的評価で補完することによって、非営利組織の効率性・有効性の評価がより一般に承認されると考えられる。そこで、理事会構成を「経済的ステークホルダー」を中心として編成するモデルが提示されてきていることに注目すべきである。終章で紹介する「新しいガバナンス・モデル」のひとつである。

第IV部

理事会有効性を高める
理事会・理事の啓発

① 理事の選考・選任

はじめに

　第Ⅲ部第4章では、法律上社員が所有権者として参加する理事会を除いて、非営利組織における各種のステークホルダーが理事会に代表される理事会ガバナンスについて考察した。しかしながら、言うまでもなく理事会の質とその統治能力はそのメンバーである理事の能力（特性、才能、経験）によって決まる。それにも拘らず「誰を理事にするのか」という、この重要な問題について多くの理事会は意外にも無頓着で便宜的に対処しているのが現状である。

　空席ができたり交代期がくれば、新規の理事に関して今後期待される職能と役割について熟慮することなく、この期待に沿った候補者の選考や審査をほとんど行わないままに、今の理事か理事長かあるいは経営者の知友や知人が選任されるのが普通である。また、現在の理事の任期がくれば、再任を妨げない規程をよいことになかば自動的に継続任命するのが普通である。正式の理事選考基準が設けられ、理事選考委員会があり、さらに理事評価制度があるような非営利組織はそれほど多くないという現実がそのことを示している。

　このような状況では理事会の有効性が向上するはずがない。人事はどこまでも非合理な世界にあることは重々承知しているが、合理的で合目的的な人選がその基礎に用意されているというなんらかの手立てと手順が必要である。したがって、理事会はどのような人材を必要とし、どのような基準をもって選考すればよいのかについて考えなければならない。

　さらに、第Ⅲ部第4章で詳述したように、非営利組織の理事会は多様なステークホルダーから構成させることが本旨である。この多様なステークホルダーのうちから、どのように適性のある、また情況に適合する理事を選ぶのか、ここに営利組織における役員人事とは異質の理事の選考・選任問題が潜んでいるのである。

360

第Ⅳ部 理事会有効性を高める理事会・理事の啓発

Ⅰ．非営利組織を取り巻く多様なステークホルダー

1．ステークホルダーの概念

　多くの概念規定があるが、いまだに統一した概念が定まっているわけではない。例えば、ステークホルダーとは、(ⅰ)組織の目標の達成に影響を及ぼすことができるか、もしくは組織によって影響を受ける個人または集団である、(ⅱ)組織の存続に関して直接的な利害を有する集団、さらに、もしかれらの支持がなければその組織の存続可能性が危ぶまれるような影響を与える集団である、(ⅲ)組織が相互作用か相互依存する個人または集団である、(ⅳ)ある組織体の意思決定および活動に影響を及ぼすか、もしくはそれによって影響を受ける個人または集団である、と様々に定義される。

　要するに、ステークホルダーとは、組織の目的設定と目的達成方法の決定という政策決定に対して影響を与えるか、それに影響を与えられる個人もしくは集団のことである。一般に、これらの個人や集団は、資金提供者（助成団体、寄附者、政府機関）、クライアント、規制当局、連帯組織、非営利組織が奉仕するコミュニティ、そして理事、経営者・従業者、ボランティアを含む。

　このように、非営利組織は通常複数の多様なステークホルダーが関係する複雑な環境のなかで活動する。非営利組織はステークホルダーからいろいろな資源の提供を受けるとともに、これらのステークホルダーから組織の正当性を認めてもらう必要があるが、多様なステークホルダーとの関係がどのような方向にいくのかが必ずしも予測したり操作できるものではないので、ステークホルダーは非営利組織にとってひとつの不確実性の要因である。

　その結果、組織の視点からは、どのようにしてステークホルダー関係を管理するかの問題が生じるが、他方では、ステークホルダーの視点からは、ステークホルダーの期待がどのように満たされているか、ステークホルダーの利益がどのように扱われているかを監視・統制して非営利組織との関係を評価するモニタリングの問題が必然的に生じる。

2．非営利組織に関与するステークホルダーの特性

　すでに経営学においては、企業を取り巻くステークホルダーの概念とそれらの集団と企業との具体的で戦略的な関わり方について多くの議論をしている。古くは「企業の社会制度論」、近時では「企業の社会的責任論」が示す通りである。しかし、営利組織はその関心が投資資金の報酬にある資本提供者によって創られ支配されるので、営利組織のガバナンスでは、第1のステークホルダーは株主であり、この株主が残余財産処分権を所有するがゆえに、最高位の階層としての株主が支配する取締役会が法的に存在する。そして、その他のステークホルダーに対しては説明、交渉、調整のプロセスのなかで間接的なガバナンス機能を与えることが基本的な議論の枠組みである。これが営利組織のコーポレートガバナンスとしては最適なモデルであり、それ以外には考えられない。

　ところが、非営利組織のガバナンスでは、誰も所有権をもたない以上、階層が明らかでない多様なステークホルダーが関与することが常態であり、制度上ガバナンスの序列を付けることができないのが特徴である。しかも、仮にステークホルダーのすべてが共通のビジョンと利害を共有していれば、どのステークホルダーが統治機関としての理事会に参加しても大差はないはずであるが、それぞれの立場と利害の相違はむしろ厳然として抜き難いものがある。といって株主に相当する資金提供者である「寄附者」だけを優先して理事にすることは非営利組織の本旨に悖ることになる。ここに非営利組織におけるステークホルダーの理事会参加が固有な問題を抱えることになる。

　どのような組織も誰かがなんらかの動機と目的によって立ち上げて支配ないしは経営をする存在である。株式会社は株主というステークホルダーが利潤動機をもって形成する組織である。これに対して、非営利組織は、自分の家族のために立ち上げるデイケアや介護ケア、利他の精神の持ち主たちが立ち上げる救済・支援事業、政府の事業に不満を持ち別のニーズを満たしたい人たちが立ち上げる教育事業や保健事業など、動機と目的は多様である。

　しかしながら、非営利組織といえども、それは誰かがそれぞれの動機と目的から形成した組織を支配ないしは経営をする組織であることには変わりない。そういう点からは、多様なステークホルダーのうちの誰かが理事会への

参加や執行部への参加の形で非営利組織の支配と経営に参加することは、む
しろ非営利組織の本質に根差すことであるということができる。

　非営利組織ではステークホルダーは見返りが文書による契約で完全に規定
することが困難な組織との取引関係にあるので、この取引関係を「不完全に
規定された契約」ということができ、資源の提供の見返りを期待して、組織
に対して統制を加えようとするのは正当な行為である。それぞれのステーク
ホルダーの貢献は「一種の持分」であると見ることができるからである。た
だ、ステークホルダーは多様であり、それぞれの資源と貢献も多様であるの
で単一のガバナンスモデルはつくれない。

3．ステークホルダーの分類

　非営利組織は資金や財産に関して当事者間の利害が対立するコンフリクト
が少ない存在であるはずであるが、誰にも公式の支配権がないために、例え
ば平等な議決権を有するステークホルダーたちによって却ってコンフリクト
が高まる性向を帯びるおそれがある。そこで、ガバナンスを統合する視点に
立つステークホルダー論が必要となる。そこでは、すべてのステークホルダー
が平等である「複数ステークホルダー論」が基礎となる。

　したがって、非営利組織ではステークホルダーの多様性は本質であるが、
効率的で有効な組織維持の視点からは、これらのステークホルダーたちをい
かに統合して、組織全体の秩序を護るのかが重要となる。ここに外部パワー
との戦略的な調整問題があり、この点においては営利組織のコーポレートガ
バナンス論と通底するところがある。

　非営利組織には多様なステークホルダーが関与するというだけでは、理事
を選任する際にはたんに総花的にあるいは平均的に選択することになってし
まう。そうではなくて、すでに営利組織のステークホルダーに関して、ステー
クホルダーの分別の議論が盛んであるように、組織維持の立場からは、組織
の側からどうしても戦略的に選別する基準がなければならない。

　すでに多くの分別が試みられているが、ステークホルダーの概念と同様に
いまだに統一した分類基準は確定していない。組織との資源取引の関係が直
接的か間接的かによって区別する、組織外のステークホルダーか組織内のス

テークホルダーかによって区別するという原初的な分別から、さらに細かく分類をする研究がかなり見受けられる。なかでも営利組織のステークホルダーを確認し、その特徴を明らかにする研究ではあるが、非営利組織のステークホルダーを分類する場合にももっとも適当であると思われる分類を挙げておくことにする。

　ステークホルダーには組織との関係においてパワー、正当性、要求の緊急度の３つの属性があり、この３つの属性の組合せによってステークホルダーを次のように７つに分類する。

① 　パワーはあるがそれを使わないで眠っているステークホルダー

② 　正当性はあるがそれを主張しない組織が自由に裁量できるステークホルダー

③ 　現在は要求しないが強い要求をするステークホルダー（このステークホルダーは動かないという点で潜在的なステークホルダーである）

④ 　パワーがあり正当性のあるもっとも有力なステークホルダー

⑤ 　パワーがあり要求の多い危険なステークホルダー

⑥ 　正当性があって強い要求をするステークホルダー（このステークホルダーは現に期待しているステークホルダーである）

⑦ 　パワーがあり正当性もあり、かつ要求も厳しい決定的に重要なステークホルダー

　これ以上詳しくは説明しないが、誰を理事にするかについて戦略的視点を重視する際に貴重な示唆を与える分類であるといえる。

Ⅱ．理事の選任基準の確定

　理事の明示的あるいは暗示的な選任基準が違えば、それが違った理事会行動をもたらす可能性はきわめて大きい。したがって、この選任基準の問題は「インプット・コントロール」（入力管理）などの研究対象として興味があるだけでなくて、どのような理事会行動を期待するのかという実践の課題と直結しているだけに直ちに取り掛かるべき研究領域である。例えば、理事会構成が外部の命令に反応して変化すれば、その理事会は正当性を立証すると

期待される規範に則って行動することに集中すると想定することができる。また、理事会と経営者のパワー関係のバランスをとるために理事を増員すれば、その理事会はモニタリングと監視の役割に集中すると想定することができる。

1. 理事選任の基本的戦略

　誰を当該非営利組織の理事に選ぶかの選択は、「資金提供者、クライアントもしくは受益者、関連政府機関を含んだステークホルダーの特性、価値観、認識、期待、関心」を確認することから始まる。この確認をすることで、非営利組織がコミュニケーションをし、関係を維持しなければならない個人と集団の総括的なリストができあがる。そして、この確認の次にはステークホルダーの優先順位を決定することである。

　決定的に重要なステークホルダーは組織価値の創造と破壊にもっとも影響を与える個人もしくは集団である。ある非営利組織が資源と時間の制約を受けている場合に、その組織の指導者はどのステークホルダーの声を聴くべきかについて既存の基準に従って決定をすることができるが、各種のステークホルダーの間で対立する要求が出された場合、これらの要求を操作することが必要である。そこでは、(i)資源依存性、(ii)戦略的な重要性、(iii)関係の相互連結性、(iv)関係を結ぶことに伴う魅力あるいは有利なイメージを比較考量することによって、ステークホルダーの優先順位を付けることである。

　そして、上記の(i)〜(iv)の要素ですべて上位にあるステークホルダーは最高位に置くべきであるし、この4つの要素について重要性のウエイトが違っていれば、指導者が組織のミッションの達成にはどの要素が重要であるかを決めなければならない。このことは一見容易に思われるが、実際にはきわめて難しい。これらの要素について事前のリストがあるか、価値観を導く強力なミッションがあれば、指導者は決定的な誤りを犯さなくてすむ。どの要素が重要であるかは組織によって異なるけれども、必要と思われる事前のリストは次のように作成されていればよい。

① 組織の持続可能性に関して、組織が一番頼りにしているのはどのような個人や集団なのか。

② 組織の能力と一番結びついているのはどのような個人や集団の能力なのか。

③ 組織との相互関係について不均衡なあるいは不当な影響やコンフリクトを与えるのはどのような個人や集団なのか。

④ 組織との相互関係について健全な関係を維持できるのはどのような個人や集団なのか。

２．多様な構成を認める基準

　しかしながら、非営利組織の理事会は非営利組織の存在理由からして多様なステークホルダーが構成することを特徴としている。理事会構成は本来的に多様である。ミッションを信じ、その実現に時間と努力を捧げることに同意している理事を選任することが決定的に重要ではあるが、その結果、理事が同類ばかりであってはならない。この点については、すでに第Ⅲ部第4章において詳しく論じている通りである。要は同類であってはならない以上、現実の一般的な指針として望ましい理事特性を混ぜ合わせることである。

　端的に言えば、3つのW（富、仕事、知見）の混合である。例えば、経済力、権力、名声、自尊心などが理事への動機となることがあるが、理事の選任に際してこれらの要素を過大に評価してはならないとしても、このような理事を拒否するよりもかれらのできる役割と貢献を容認して、それを利用することがあってもよいのである。といって、理事職には富や権力だけが必要なわけではない。理事会に積極的に関与して経営管理の手法や会社支援を提供する実業界の理事も重要な存在である。

　また、居住地域や業界や分野などのコミュニティ、年齢、性別などの構成割合についてもそれぞれに決めておくことである。例えば、対象となるコミュニティに居住するか活動する理事の割合、最低年齢と最高年齢の確定と割合、性別の割合に関する期待される多様性を決めておくことである。理事会の運営にはバランス感覚があり、それを持続することが何よりも重要であり、そのための理事会構成は予め理事選任基準において限定しておくべきである。背景や経験や知見が混ざり合っている理事会のほうが価値観、期待、思考の異質性があって、事業の運営について「チェック・アンド・バランス」が働

くものである。

　そもそも非営利組織の理事会は本質的に多様であり複雑であるが、そのことがむしろ本旨である。多種多様な利害関係の異なる人たちが統治機関に参加しないならば、その組織は非営利部門に属するということはできない。また、例えば、理事会の独自性が政府の強要や助成財団の指導などの種々の圧力から疑わしくなっている組織は、これまた厳密に非営利部門に属するとは言い難い。

　非営利組織が非営利部門に属するといえるかどうかは、統治機関の構成のあり様とその統治機関の自治の程度によって決まるというべきである。そうである限り、理事会には誠実な不一致が必要であり、それはむしろ歓迎すべきことである。また、現実の理事会運営においても、異なった理事たちが組織に対して多様な強さを与えてくれるからである。富と仕事と知見が揃う多士済々のラインアップを選任基準にすることが、むしろ非営利組織の理事会の利点となる。

3．望ましい理事像の確定

　一般に、どのような非営利組織でも理事職には次のような資質と能力が必要であるとされている。
① 組織のミッション、ビジョン、目標、価値観に対して熱意をもって献身できる人。
② ビジョンと目標の創造、問題の解決、コンフリクト解決ができる能力のある人。
③ 公共政策分析、資金調達、プログラムサービス供給の専門家の技能と経験を有する人。
④ すべての会議やイベントに参加できる時間を奉仕することのできる人。
　しかし、このような多様な要素を兼ね備えた人を期待することは、それこそ「理事会の英雄モデル」ならぬ「理事の英雄モデル」であると批判されることであろう。
　確かに、どのように優れた人材であっても、オールマイティの人はいない。さらに重要なことは、有効で「よき」理事職というが、その資質と能力につ

いて普遍的で共通の合意があるはずがない。実は、自分の組織と理事会にとって有効で「よき」理事職の構成要素であると思われるものを明確に具体的に示すことが肝要である。理事会が対処すべき組織の主要な課題と機会に適応して、理事会の職能と役割を理解していなければ、理事会の構成を設計し、それを管理することはできない。理事会が何をすべきかを知らなければ、それを執行する理事がどういう種類の人であるべきかを決めることはできない。どのような職能と役割を果たしてもらうのか、それにはどのような人材が必要か、熟慮して決定をする必要がある。

それにはまず情況予測が前提となる。有効な理事会をつくり上げるための理事の選考・選任には、組織のライフサイクルと組織をめぐる情況が変転するなかで、組織のガバナンスが求めるもの、したがって理事会に求められるものは何かを確認することが前提となる。したがって、今後どのような情況の変化があると考えるのか、それに適合する組織のあり方はどうあるべきか、その組織を統治する理事会の職能と役割はどうあるべきか、そのためにはどのような人材が必要なのかについて、先見性をもった確認と確定が必要なのである。

そのために、この確認された理事会の職能と役割に適合する理事の資質と能力を確定し、基礎となる総括的な選任基準を設定すべきである。その場合、その選任基準は当該組織が対処すべき具体的な課題の性質から設定されるべきである。そのなかで自分の組織と理事会には「どんな人が理事として望ましいか」、その「理事像」を描くことである。

そして、理事職として期待される人を選考し、そしてまた、その人の業績を評価するには多くの要素を考慮する必要があるために、組織が求める理事の資格リストを公式に明らかにすることである。多様性、専門性、地域性、資金力、組織との関連性などを定めたうえで、例えば、以下のような基本的な資格リストを作成して、そのなかから選考することである。

① 長期にわたる専門職としての経験者―キャリアから生まれる所得、技能、見識があり組織に貢献する意志が強い人。

② 大きな財力を持つ資産家―長期的な寄附行為や大規模な資産購入に貢献してくれる人。

③ 特別な専門技術や見識を有する専門家―組織の事業内容と関連があり、組織の経営に貢献してくれる人。

④　なんらかのコミュニティのなかで信望があり発信力のある有力者―組織
が存在することの正当性と組織への信頼性を担保してくれる人。

　現実に、理事の選任基準を細かく分別することで、それぞれの選任基準が
理事会活動となんらかの相関関係にあることが明らかとなる。

①　経理技能による選任基準

　財務の監視だけではなくて、プログラムのモニタリング、政策策定、コミュ
ニティ関係、その他の理事会役割とも関連している。

②　資金調達力による選任基準

　資金調達、コミュニティ関係、一般への啓発において高い水準の理事会行
動と関連するが、プログラムのモニタリングと政策策定とはマイナスの相関
関係にある。

③　組織がサービスする集団からの選任基準

　理事会行動としては資金調達とマイナスの相関関係にあるが、プログラム
のモニタリング、一般への啓発とはプラスの相関関係にある。

　要するに、適材を適所に置くことも大切であるが、適所に適材を置くよう
に合理的な理事像を設定することである。つまり、理事会が新規の理事につ
いて、その新規の理事の特性と能力が組織と理事会の必要に沿うようにしな
がら、どういう人であるべきかを確認して、その人たちを篩いにかけて選考
し選任することである。

　この場合、資格リストについて重要なことは組織が対処すべき課題の性質
を考慮して柔軟に設定することである。この理事選任基準は組織が置かれた
情況によって、したがって理事会に期待される職能と役割の変化に従って適
応的に運用されるべきであるから、あまり厳格に絞り込むような基準を設定
すべきではないことに留意すべきである。均一の基準で理事選任を行うこと
は、それぞれの組織の存在理由について、それを定義し、そして分析し点検
し続けるべき理事会のもっとも重要な役割と責任を見失うことになる。

　例えば、理事の任期が２～３年であるとすれば、中期的な展望の下に選考
を行うことが肝要である。各理事の役割と責任を確定することは理事会に期
待される職能と役割に直接に関連していることであるから、理事会の役割期
待に沿って決めることは言うまでもない。理事の選考には理事に対してどの
ような役割を期待するのか、その役割を確定することが公平であり適切であ
り必要である。組織が必要とする特定の役割と責任を確定して、理事を選任

することである。

　先の３つのＷで示すように、理事の候補にはいろいろな経験や技能や手腕をもったいろいろな人がいる。資金調達、戦略的経営管理、組織や経営者の統制、組織内部のコミュニケーション、公共部門や多様なステークホルダーとの交渉などに長けた人たちがいる。例えば、資金調達、経営者の統制・管理など、組織と理事会が必要とする特定の職能を確定して、それに適合する理事を選考・選任することである。

　そして、理事候補にはどれぐらいの時間の奉仕を期待するのか、他の理事とは別の委員長の仕事も期待するのか、そこで、理事候補が組織と理事会にどの程度積極的に関与してくれるのか、どの程度まで時間を割いてくれるのか、当人と直に話し合うことは適切なことである。なんらかの主義や信念で専心してくれる人が集まらなくては、非営利組織の目標と目的に積極的に関与してくれて自分の特定の技能を提供し、組織に継続的に注力してくれる人が集まらなくては、非営利組織の成功は覚束ないからである。これ以上は理事会に関われない、あるいは関わりたくないという人には、いかに有能で理事会にとって有効な人であっても「退出」をお願いする以外にない。

　ただ、多くの非営利組織ではこの「理事像」を描かないために、便宜的に理事や理事長の知友や経営者の知人を選任したり、寄附団体の推薦者を安易に受け容れたりする過ちを犯すことになる。活動的で奉仕に専心してくれるという理由だけで選任することがあるが、この場合でも、組織の必要性とそれに適合する理事とが合致しない場合には、理事会が無機能化するという重大な問題を起こす可能性がある。

　さらには、どのような選考・選任の仕組みと手順で進めるのかを確定することである。いわば「選考・選任方法の可視化」を制度化する方向に進むことである。優れた理事会となるためには、理事の身元確認、選考、選任のための慎重に設計された選考基準の設定から始めるべきであるが、まず具体的に理事選考の手続きと立案をする理事選考委員会（理事会内の人事委員会も含む）を設置することである。

　優れた理事会では理事候補がどのような能力をもってどの程度に関与してくれるのかについて査定と評価をするいくつかの機会をつくっているものである。このために理事選考委員会を設置することも含めて非公式な接触を繰り返すことが有効な手立てである。また、現理事の再任についてはひとつの

基準として、第3章で扱う理事の自己評価や理事長・最高経営者による評価などの「人事考課制度」を使って、これによる分析、評価、公平な議論をして再任人事を行うべきである。

なお、理事の選考・選任に関する最初の指示や最終の決定について、理事長と最高経営者はどちらでもなく両者の詰めた話合いで決めるべきである。そのためには、理事推薦委員会や理事選考委員会の委員の構成についても、両者の十分な協議と合意で決めることが理事会有効性を高める重要な前提条件である。どちらかがイニシアチブを取りすぎると委員会はそちらの側の傀儡になってしまうからである。

4. 非営利組織に必須の理事の特性

一般に、理事の選任基準として、理事の善意や熱意と社会的・経済的地位のいずれを選択するのか、それはどのような理事会行動を期待するからなのか、その結果はどのような理事会行動に影響を与えるのか、ひいては、それが理事会と経営者の関係にどのような影響を及ぼすのかなどの研究がなされている。

① コミットメント（積極的な関与）による選任基準の場合

組織への善意と熱意によって選任された理事が構成する理事会は平等主義で、理事長や経営者の支配型はなく、パワー共有型理事会である。関心の欠如が理事会の影響力を減退させる原因であるから、このコミットメントという社会心理学的要素は重要である。

② 地位と名誉の名声による選任基準の場合

名声を選任基準にすることは経営者支配型を少なくするという仮説は支持されず、むしろ経営者支配型と理事長支配型に繋がるとされる。名声のある理事は自分の資源獲得能力を通して組織の位置を高めるけれども、その過程においてこのような理事は自分の地位を強くするような内外のネットワークをつくる機会を得ることになる。そこで、高学歴者や専門職の多い理事会と同様に、この種の理事会は地位や名誉で選ばれた人たちによって支配されるが、積極的な関与が乏しい理事会という印象が浮かび上がる。

どのような人を理事にするか、確かに特定の選任基準は情況によって変え

るべきであるが、すべての候補者が理事として保有すべき例外なく当て嵌めるべき基本的な特性がある。何よりも、非営利組織の理事は基本的に変えるべきではない明確な基準によって募集され選考され選任されるべきである。

（1）価値観が共通である

　理事の行動を誘発し方向づける原則あるいは理念―人生観などの理事それぞれの価値観がなんらかの点で共通であるかどうかによって選考することが必要である。理事会にとって理事の間の価値観が衝突するか一致するかが重要であり、嗜好や性向やものの見方などが共通であることが重要である。厳密には、理事の抱く価値観が他の理事のそれとまったく同じであることは決してない。しかし、価値観の違いが大きければ衝突と対立の可能性が大きくなり、組織のミッションを損なうことに繋がる。しかしまた、それぞれの価値観が共有されていても、さらに強い相互の関係をつくり上げるには倫理観や社会観が共有されることがさらに必要である。

（2）信念に基づいたミッションを共有する

　営利組織では、例えば、「品質第一」というミッションを掲げるが、このミッションとする品質は最終利益に作用するという事実と直接に繋がる。しかし、非営利組織の最終目標はミッションであり、非営利組織は利益創出以外のミッションのゆえに存在する。組織のミッションを達成させるという唯一の目的のために財務資源が開発され、サービス活動が促進される。したがって、非営利組織の理事の第一の役割と責任は組織のミッションを増進し、防護し、達成することである。

　したがって、非営利組織の理事会の有効性においてもっとも重要な要素は、理事が組織は何の目的で何をすべきかについてある信念に基づいた共通のミッションを共有しているかどうか、そのミッションに共鳴しているかどうかである。どのような非営利組織でもそれが存在する基本的な根拠はそのミッションにある。新たに理事を選任する際に、かれがその非営利組織のミッションに全面的に傾倒していることが必要不可欠である。

　現実に、理事の報酬が十分である非営利組織はほとんどなく、ほとんどの理事はボランティアであり、本業の時間外にあるいは本業を犠牲にして、さらには社会生活や個人生活を犠牲にして奉仕をする人たちであるから、この

ような犠牲を払いながらもなんらかの貢献をするには組織のミッションを信じ、あるいはこれに共鳴する人でなければ理事は務まらないものである。ある信念に基づいたミッションこそが理事会への奉仕を誘発し、懸命に仕事をしてなんらかの貢献をさせる大きな要因である。そのために特に新規理事の募集要項と選考基準のなかに組織のミッションとビジョンを明確に表明することが重要である。

このように、非営利組織における理事を動機づける場合の「ある信念に基づく共通のミッション」の特殊な役割を重視すべきである。理事会は共通の目的を達成するために個人の時間と能力を否定する個人から成る集団であるから、個々の理事がミッション達成に果たすべき理事会全体の目標と役割の理解を共有することが理事会の成功には必須の条件である。理事はそれぞれが同志であり、連帯感で結び合うことができなければならない。

しかし現実には、「何に貢献すべきである」とする信念が一致していても、だからといってみなが共通のビジョンを抱くとは限らない。例えば、福祉とは何か、公益とは誰に何を奉仕することなのか、信念を具体化するその内容についての考え方は、それぞれに異なることは必定である。そこで、信念と具体的なビジョンの2つを結びつける方法として、組織と長い関係にあり、組織のことを知悉している人を理事にする場合が多い。

確かに、あるビジョンを共有し、組織の目的とそのためになすべき方法を理解することは合意の足場を固め、将来の行動の共通の地盤の基礎となる。そしてさらに、この共有されたビジョンは、組織はどのように機能すべきか、組織はどのような戦略方向を採るべきかについて、信念の違いから生じるコンフリクトの可能性を減らしてくれる。

ただ、組織とすでになんらかの関係にある人たちを理事に採用することで共通のミッションとビジョンをつくり出すことには利点と不利点とがあり、諸刃の剣である。一方では、共通のミッションをもつ人を選んで理事の間の紐帯を強めて組織への自己同一化や共通の信念で固まった理事会は、合一性を強めて理事会の効率性を高めるかもしれないが、他方では、理事会の同一性をつくり出して多様性を少なくし、変化に抵抗して変革に適応できる力を失わせて、理事会ひいては組織の有効性を高めないというジレンマを持ち込むことになる。

内部のコンフリクトが少ない理事会はより大きな損失の機会を抱えてお

り、変化に上手く適応していかないことは十分に想定できる。非営利組織にとって困難ではあるが解決すべき課題は、理事の多様性を保持しながら、ミッションとビジョンを共有するように方向を示し、それに従うような動機づけをして、なおかつ組織の柔軟な適応性を維持するという狭くて困難な中道を選択することである。この点からすれば、法規が規制する親族などで固める家族的経営は論外としても、「お友達理事会」の功罪は一律に断じることは意外と難しいともいえる。

（3）組織のために情緒的に専心する

　組織と一体になる場合、組織に対して情感的な愛着をもって一意専心をする理事の資質である。しかも、組織の重要な仕事に直接に深く関わる「現場に立ち会う」気質である。先に理事個人の組織への積極的な関与のあり方によって理事会有効性は決まるとしたが、積極的な関与のなかには、情緒的な組織への愛着から組織に対して貢献したいと願うタイプから、組織を離れるとコストが高くなるという組織から得られる損得を考えて組織に留まるという別のタイプがあり、さらには、組織には大変世話になったからそのお返しに組織に貢献しなければならないと道義的に感じて組織への義務感から務めるというタイプもある。

　要するに、同じく理事会への関与にも、「望んで」「必要から」「義務感から」の３つのタイプがあるが、むろん、「自ら望んで」関与するような情緒的な愛着をもって組織に参加することができる理事の資質が有効な「よき理事会」を継続的に生み出すことは十分に想定できる。

（4）協調性と親和性を尊重する

　チームワークを壊さない親和性と協調性を重く見る理事の資質である。理事会は共通目的を支えるために個人の時間と能力を犠牲にして成り立つ集団であり、理事会に組織の方向を決める第一の職能と役割がある限り、理事会には統一性のあることが必須の条件である。理事会がなんらかの行動をするときには、理事会はひとつの集団としてその行動をしなければならない。理事は個々に絶対的な権力を所有しているのではない。権力と権威は全体としての理事会から生まれるものである。むろん理事はそれぞれに特定の事案について主張し、審議し、議論し、反対することができるが、採決が行われ決

定が終われば、仮に反対していたとしても、その理事も理事会の決定を支持しなければならない。分裂が継続していれば、それは理事会の決定権の質と明瞭性を傷つける。

そこで、それぞれの理事が目標達成に果たすべき理事会全体の目標と役割の理解を最終的には共有することが、理事会の成功には必須の条件である。そのためには理事は不本意でも協調して協同ができる資質をもつ人でなければならない。理事が理事会の協同の意思を続けて支持したくない場合、その理事は辞任すべきである。

他方、非営利組織の専門スタッフとボランティア理事の間の団体精神の醸成が組織の成功を実質的に高めることのできるひとつの過程であることからも、組織の統一的な行動に協調する人でなければならない。即決の自主的な意思決定に優れていて、それによって成功した実業家は理事会のなかで繰返される審議や民主的な議決方式には我慢ができないに違いない。独立心がある敏腕家は一見して魅力的であるが、このような資質が理事会の調和を破壊するかもしれない。

それとは対照的に、複雑な組織での経験があり、非営利組織独特のガバナンスを象徴するような合意形成に苦労する意思決定プロセスを経験した人に注視すべきである。専門技能やキャリアよりも集団内で働く能力を評価して理事の選考を行うことである。

そしてまた、理事選考の資格リストには載せられないが「同僚間の関係・協調」という重要な価値基準があるということである。つまりは「相性」の有る無しである。もちろん、よき相性がすべての事柄にすべて同意することを意味してはならない。ただ、すべての理事が心安くはないが、友人であることが期待される。互いに好意を寄せることが重要である。そこではエゴが少なく、理事たちはほんとうにチームワークを信じるものとなる。その「信じる」ことが重要なのである。

特に、非営利組織の理事会は多様な利害関係、関心事、性向をもつ人たちから構成される社会的な実体である。営利組織の取締役会とは異なり、理事会は理事職の就任と契約が金銭的な報酬の関数ではないボランティアからほとんどが構成されているから、理事として快く務めるには理事の間の相互信頼の程度と理事会内の理事同士の間につくられる親和関係の質が重要である。

（5）誠実である

　非営利組織それ自体がミッションに忠実であり、外部の対境関係において誠実であることを求められる以上、その統治機関に属する理事には当然に求められる資質である。それは人として社会人として、また職業人として責務に忠実であり誠実である資質であり、非営利組織の理事として社会から信託された事業の受託責任を重く受け止める資質である。例えば、多忙な時間を割いてでも理事会には誠実に出席する人である。

　いかに著名で有能な人であっても、ほとんど会議に出席しない人を理事にしてはならない。このような人物に職責に対する真の誠実性があるとは思われない。これではそもそも基本的に理事会の役割と責任を果たせるはずがない。権威や名誉だけで理事を引き受ける人もあってよいが、そういう利己心を満たすだけで他を顧みない理事はいかに何かの貢献をしているからといって、理事会ひいては組織にとって有効な人とは限らない。不在理事がいては、理事会は機能しない。

　非営利組織の理事会は、結局のところ組織に一生懸命な理事の集合体でなければならない。組織のミッション・ビジョン・主要目標などに傾倒し積極的な関与をすること、理事会に奉仕する余裕と熱意があること、会議の準備・出席、教化活動や組織のイベントに参加する誠意があることが重要である。

（6）独立性を保持する

　非営利組織のよきガバナンスにとって、理事の独立性の維持と理事の監視能力が必要かつ重要な資質である。理事は経営者の活動と業績を批判的に判定することが期待されているが、これには、組織に関する深い知見と、組織の日常運営に関して親しく接している必要があると同時に、この理事の観察と評価は独立していなければならないから、経営者や組織から離れて距離を置いた監視の姿勢と行動が必要である。確かに理事会の職務執行には理事会全体の結集力を高めるような理事間の緊密な親和性と信頼性が求められるが、理事は独立の人物で、「集団思考」に抵抗でき、同僚について批判的な疑問を出すことができなければならない。

　しかし、理事は一流の人物や有力者や寄附者であることから選ばれることが多く、受託責任を果たすだけの批判的な監視能力から選ばれることが少ない。著名人や富裕者は特に創業者である経営者に過剰に敬意を表する理事で

あり、組織のプログラムに関心を当てるとしても、組織や経営者に対して有効な監視をすることを避けるリスク回避の行動をとる性向があるために、理事会がたんなる名誉理事会や有力寄附者の集合体になったり、あるいは専門職会議に脱してしまい、組織を受託能力のない存在にしてしまう。理事はあくまで経営者や組織、あるいは理事会からも一定の距離を置くことが必要なのである。

5. 組織運営に必須の理事の能力

　優れた理事になるには利他的動機と自己犠牲的行動が求められるとされるものの、他方では、名誉、政治的地位、自己利益という別の動機が潜むと指摘されている。しかし、医師や教授がどのような動機を抱いていようが、その医師や教授の行動とその業績こそが重要であるのと同じように、理事にしてもかれの動機よりもその業績を達成する活動の善し悪しが決定的に重要である。したがって、むろん「人柄」だけでは理事職は務まらない。重要な職責を全うできる能力が求められる。

　その1つは、一般的な能力である。高い業績と貢献をする理事としての知識、技能、経験を備えた能力である。(i)人として平均以上の知性の持ち主であること。(ii)自分の考えや立場を明瞭に表現する能力があること。(iii)しかし、集団の一員として生産的に働くことのできる能力を兼ね備えていること。(iv)できれば非営利組織でも財務が基礎であるから、例えば財務諸表が読めて、それを理解し解釈できる能力があることが求められる。

　そしてさらに重要なこととして、組織の維持とその成長には戦略の策定と戦略的経営管理の健全性と継続性が担保されていなければならないから、理事会がこのような「基本的な政策」に大なり小なり関わる機関である以上、理事の選任には組織のミッションだけでなく、その戦略にも絡み合うような人選をすることである。そうである限り、組織のミッションとビジョンに傾倒しそれに貢献するよりも、理事に求められる重要な能力として、まず、この基本的な政策の策定に求められる先見的な情況判断、政策決断力、リーダーシップなどの一般的な能力が問われることになる。とりわけ情報の収集と処理に長けて、大局観に立ってものごとを考える能力である。

他方では、戦略を策定する過程において理事の間に共通のビジョンをつくり出し、またその共通のビジョンの作成が対立を解消する過程ともなるようなリーダーシップが期待される。基本的な政策をともに考えること自体が、有効な理事会をつくり上げる必須の条件でもある。

　その２つは、特定の専門能力である。組織と理事会の課題に対応するために必要な専門知識と専門技能を備えた能力である。(ⅰ)組織の中心となる課題を把握する能力。(ⅱ)組織の経営管理を評価しこれを発展させる能力。(ⅲ)組織が直面している組織上・戦略上の問題に取り組む能力。このような能力のすべてとはいわないが、互いに補完的な知識と技能と経験を備えた理事たちを選任する必要がある。例えば、病院における理事職には医師ないしは医療専門家や病院管理者、大学における理事職には大学教授あるいは大学管理者など、当該事業領域の専門家が相当数であることが必須であるが、その他に、例えば、弁護士、公認会計士、税理士、大学教授、行政管理者などの専門知識の所有者、他の理事会の過去の経験者、同種の組織での上級管理者としての経験者、労働関係・サービスの品質向上・マーケティング・組織改革などの特殊領域の専門家などを選任することである。

　他方において、このような知的資本ではなくて金銭的・物的資本や社会関係資本をもった人の参加もまた必要である。会社の取締役経験者を招聘するなどである。背景や経験や能力が混り合っている理事会のほうが価値観、期待、思考の異質性があって事業の運営について自動的な「チェック・アンド・バランス」の機能を果たしてくれる。理事を情況に応じて適所に配置することを条件とする限り、このような多様性は理事選任基準のなかに明記しておくべきことである。先に述べた通りである。

　しかしながら、特に会社役員の理事兼任については留意しておくべき重要な問題がある。確かに実業界の役員を非営利組織の理事に招くことはいくつかの利益がある。１つは、政府が非営利組織の財源依存を縮減しようとしているときに、非営利組織が希少資金を求めて競合する場合に営利組織との協同や協力を得ることができる。２つは、非営利組織ガバナンスの有効性を向上させるのに実業界の生の新しい経営管理手法などの知見を得ることができる。

　ただし、いくつかの考慮すべき問題点がある。１つは、兼任することが必ずしも営利部門と非営利部門を跨る情報の流れを保証するとは限らないこと

378

である。「役員職の連結を介して何が流れるのか」が問題である。

2つは、なんらかの知識や情報が違った部門の間でほんとうに上手く移転するのかどうかである。むしろ、違った部門間の知識や情報が無批判に移転することからは2つの危険な状況が想定される。一方では、営利組織のガバナンス構造とガバナンス・プロセスとが非営利組織のなかに浸透することである。このことは今後の知識経済社会の発展には決定的に重要であると思われる非営利組織の創造性と自立性を損なうことになる。他方では、理事会内で2つの文化が衝突する可能性であり、違った経験を理事会に持ち込む理事たちの間に文化の衝突が起こる可能性である。

例えば、個別組織の経済的な最終利益を測定することに慣れた会社役員が、非営利組織の目的である長期的な社会公共的・非経済的成果を測定することがいかに困難であるかについて充分に理解していないとすれば、この会社役員は非営利組織の長期的な社会公共目的を達成する有効性を徐々に傷つけていることになる。

3つは、営利組織の経済志向のイデオロギーと非営利組織の社会志向のイデオロギーは相互に異なるだけではなく均等でないことである。この2つのイデオロギーの間には抜き難い力の差異がある。特に、最近の政治・経済の自由主義思想は社会正義のイデオロギーを軽んじる傾向を顕著にしているから、営利組織と非営利組織の利害がガバナンス・ネットワークのなかで衝突するところでは、経済優先が支配的になるように思われる。これでは、非営利組織の自己否定になってしまう。

なお、最後に指摘しておくべきことは、これまでの理事会の研究は理事会を均一に扱う傾向があり、さらに、規範的な内容が多く、組織の違いによる理事会の相違、同じ理事会でも時間の経過によって生じる相違を等閑視していることである。それぞれに違った理事会も同じ職能と役割を果たしているものの、組織の種類、ミッション、規模、環境、地域の文化、その他の要因によって異なる職能と役割を演じているものである。

さらに、理事会は動態的であり、つねに変化している。例えば、リーダーシップの危機や財政の危機にある組織は、危機管理を支えることができる能力を備えた理事から構成された理事会を必要とするし、組織が安定している場合には、理事はあまり事業の経営に関与せず、長期の計画策定に関わる人であるべきである。

理事の属性や資質の議論も必要であるが、情況によって変化する理事の適性の議論をさらに深める必要がある。いま組織が置かれている情況、ここ暫く予想される情況に適合する理事会の職能と役割が確認されたとすれば、その職能と役割に適する理事を選任するのが自明のはずである。しかし、理事の情実人事が日常的に行われ、それを疑うこともしないのがほとんどの現実である。このような情実人事では組織の内外から不信を招くだけでなく、理事会と組織が自らを貶めることである。あるいは「イエスマン」だけが理事であることも稀ではない。それは営利組織の「ワンマン経営」なら組織の効率性の視点から許されるかもしれないが、非営利組織では「ワンマン経営」は非営利組織そのものの存在理由を失わせる。

　要するに、本章では理事の選考・選任は便宜的で非合理ではなくて、合目的的に合理的に行うべきことを指摘したのであるが、取り敢えず自分の組織において理念的な「望ましい理事像」をつくり上げることから始めることである。

　この「望ましい理事像」についていくつかの要素に分けて説明をしたのであるが、要は、無視できない要素は理事の姿勢と行動である。非営利組織の理事会に必要な理事のイメージは、組織のミッションに照らして組織と理事会の行動と業績に対して大局的にかつ客観的に診断を下して批判ができる人材である。理事は日常の管理活動の執行者でも管理者でもない、そうかといって組織運営の経営者でもない。実践というよりは診断をする人であれば充分である。そこで、政治的な姿勢と行動を採るのではなく、理事長や経営者とは一定の距離を置く中立の姿勢と行動に徹する人である。

　むろん、このような理事像は固定されたままであってはならないから、情況に照らして適切に変更されることを条件とし、それぞれの組織の理事像を確定したうえでそれを選任基準として用いることである。ただし、組織は多様な発展段階を辿ることを認識して、それぞれの発展段階において適合する選任基準を採用することを忘れてはならない。組織の発展段階と理事に必要な知識と技能と経験が適合することによって、有効かつ目的的な組織の成果を達成することができる。

　しかしながら、望ましい理事像に一致しており、奉仕に専念すると約束している人を選任しても、理事会の成功が保証されるわけではない。確かに「望ましい理事像」を設定しておくことで適正かつ適格な人材を見つける可能性

は高くなるが、現実には、あまり会議に出席しない、委員会に積極的に参加しない、対境活動を嫌がる、日常業務の管理に執着する、あるいはまた、能力や経験が豊富のはずであるがいつまで経っても日和見の行動をするなどの世俗的な問題がどうしても起こってくる。望ましい理事のイメージを描いたところで、人事の選考には詰るところその人の姿勢と行動を予見する「人物鑑定と人物評価」が要諦であることには変わりない。

しかしまた、「確かな人物」が多様で多数に揃ったところで、それによって理事会がひとつの組織集団としての機能を充分に発揮できなければ意味がない。組織集団としての理事会には、理事長と最高経営者の組織指導者の公式あるいは非公式なリーダーシップのあり方が決定的な影響を与えるものである。そこで、理事会有効性を高めるには、理事の選考よりもさらにこの指導者たちの選考が重要な鍵となる。第Ⅴ部第4章で扱う課題である。

Ⅲ．理事の選任方法と在任制度

理事会の構成のあり方以外に、理事の選任方法と理事の任期制・再任制が「理事会の風土」と「理事会の働き方」に大きな影響を及ぼす。

1．理事の選任方法

理事の選任方法については、むろん法律、定款、規程などで定められている。しかしながら、「決議によって選任」というが、決議をする前の「理事推薦委員の選任方法」「理事推薦委員会の構成」「理事候補の立案」を目論むのは、ほんとうはどこの誰かが問題である。理事の選任方法はどこまでいっても「誰が主導するのか」の起点がもっとも重要である。主として最高経営者が理事候補を推薦し、事実上その候補を選考しているとすれば、この経営者の独善がまかり通ることになる。理事会のパワーが弱いのは、現理事と将来理事に対する最高経営者の影響力が強いからである。新しい理事が選任されるのに、あるいは現在の理事が再任されるのにこの最高経営者の支持が必

要な場合、内部者も外部者もこの経営者に賛同し、ほとんどの理事はおそらくこの経営者と同じ部類の人たちになるであろう。そこで、理事の人選に対して最高経営者が支配を高めると、この経営者が自分のプリンシパルであるはずの多様なステークホルダーに対する支配を掌握し、組織の支配権を拡大する可能性がある。

したがって、少なくとも理事の選任方法に関する詳細な規則と手続きの作成が必要である。もしも最高経営者がなんらかの形で主導して実質的に決定しているならば、この決定に対する牽制を行い、その決定に対する責任を問う別の仕組みが必要となる。現に、理事会のなかに指名委員会を設けて立案決定をこれに委ねることもひとつの方法として定着しつつある。

一般に、理事の選任方法には3つの型がある。(i)理事は組織の構成員全体かその代表によって選挙され、全員の総意の形で理事会が構成される。(ii)現理事が新理事を選考・選任する、これによって自己継続型の理事会が構成される。(iii)上記2つの型の混合で理事会が構成される。

① **選挙による理事会**
　・長所：組織、理事会、経営者のあり方を、特に、会員、社員、寄附者、
　　　　　クライアントなどの直接のステークホルダーのニーズと期待に反
　　　　　応させることができる。
　・短所：選挙の政治化がメンバーの間の不和をつくったり、不均一な技能
　　　　　と能力が集まる理事会となる。また、選挙の周期による交代があ
　　　　　るために長期的な視点が制約される。

② **自己継続型の理事会**
　・長所：組織の文化と目標に継続と安定をもたらす作用をする。また、理
　　　　　事会の技能と能力のバランスを図ることができる。財務管理、資
　　　　　金調達、マーケティング、人事、一般経営管理の諸資源の均衡を
　　　　　図る人選ができる。
　・短所：理事会が現状に中心を置きすぎて安住する傾向となり、変化の機
　　　　　会を逸する可能性がある。自己継続性を重視する傾向にあるから、
　　　　　ステークホルダーや社会との結び付きが徐々に弱くなる。他方で
　　　　　は、場合によっては、経営者の支配に無抵抗に服従することになる。

③ **混合型の理事会**
　・長所：外部へのアカウンタビリティと組織内部の安定性の均衡を図るこ

とができる。

・短所：選挙された人と自己継続型で任命された人との間の派閥が不和を
つくり、組織への貢献に統一的な行動ができなくなる可能性があ
る。

しかしながら、現実の理事選任の手続きは、最高経営者が委員を指名して
「理事推薦委員会」を立ち上げ、この委員会の推薦をとして「理事選考委員
会」あるいは「理事指名委員会」が承認し、そこで承認された理事候補が上
記３つのいずれかの方式で正式選任されるという手順を踏むことがある。そ
の結果、内部と外部の理事のバランスが不適切になったり、同じような経歴
やお仲間が集まる非効率な理事会構成となるが、それは最高経営者の理事選
任過程への過剰な介入から生じることである。ただし、この経営者から独立
した理事選任手続きを設定することは、最高経営者の理事会に対する支配力
や交渉力を制限することはできるが、理事会の自己継続性を許してしまう可
能性もある。

2．理事の任期と再任の制度

理事の任期と任期の更新の規程のあり方は、組織の自立性と継続性を確保
することと、組織の改善や革新などの柔軟性を確保することとの均衡を図る
うえで無視できない理事会の啓発問題のひとつである。

ほとんどの非営利組織では、理事の任期は法律、外部の選任機関、あるい
は理事会の規程で決められていることである。例えば法律では、公益・一般
法人の場合、原則として「選任後２年以内に終了する事業年度のうち最終の
ものに関する定時社員総会又は定時評議員会の終結の時までとする。ただし、
定款又は社員総会の決議によって、その任期を短縮することを妨げない。」
としている（一般社団・財団法人法66条）。しかしながら、実際の状況と運
用は実に多様である。多くの場合、周到に考えられた原則が任期について立
てられているわけではなく、組織の伝統や慣行でなんとなく無自覚に決めら
れている。

しかし、理事の任期と再任を明確にかつ適正に規定することは、新しい情
況に対応する理事会の活動のために任期切れの制度を設けて、用なしになっ

た理事を除くのに必要であるけれども、新しい理事が参加することによって逆効果になる可能性も高くなるがために、きわめて重要な理事会啓発の一部である。

（1）長期在任と短期在任

任期制の考え方自体はきわめて簡単である。すべての理事は再任されたとしても、いずれ退任を求められるという理である。しかし、今のところ、任期制の長短や適否について完全な議論や合意があるわけではない。一般に、非営利組織では任期と在任期間がともに長いとされているが、組織の様々な情況によって少なくとも継続的な再任について制限を設けていることが多いが、区々であるのが現実である。ただ、任期・在任期間の長短にはいずれも利点と不利点があるので、ここで簡潔に纏めておくことにする。

1）長期在任

人はある組織に留まるに従って、どうすれば正しいことができるかを理解し確信するようになる。理事は在任期間が長いほど、情報を利用する能力が増し、経営者の恣意的な主張や議論に説得されることも少ない。そこで、長期在任の理事で構成されている理事会は、組織のなかに特定の有効な知識と技能と経験を蓄積することができ、さらに、理事がそれぞれ互いに親しくなることから、高い水準の結集力が醸成され、おそらくは、自分たちの知識と技能を有効に使えることになる。その結果、強力でより生産的な理事会になる。

さらに、長期在任制を敷いている理事会のなかの理事は、ますます組織への執着心を高めてゆくことも確かに想定することができる。非営利組織では、一般に理事は組織の成功に個人的に積極的に関与することが期待されており、この積極的な関与は組織への寄附行為も含むことになるので、長期在任制は組織に実益を保証する制度でもある。特に大規模な組織や複雑な組織では、長期在任制が望ましい。安定と長期の視点が必要であること、複雑で多様な問題解決とそれに対応する複雑で多様な働きを求められることから、理事の継続性が重要となるからである。

他方では、やはり問題がある。理事が長期在任する理事会では理事たちが協同することで組織の直面する問題について共通の理解をして、組織が現実にできる反応や適応について先入主に縛られているので、変革に対応できなくなる。そうでなくても、長期在任制のマイナス効果は公式のモニタリング

活動が停滞することと、理事の出席率が低下することに現れる。惰性と怠惰は避けられない。

しかし、もっとも問題となるのは新たに理事になる人の数が限られることである。その結果、(ⅰ)代表の範囲が狭められること、(ⅱ)過去が現在を支配すること、(ⅲ)斬新な視点が失われること、(ⅳ)政策が固定的で柔軟性に欠けてくること、(ⅴ)派閥ができて議論や決定を支配することである。その結果、多様な年代の人たちが理事職としての指導力を発揮する機会が奪われることである。

2）短期在任

短期在任制についても長短がある。短期在任制は長期在任制の欠点が長所となる。理事職の経験と名誉が広く共有される、無用な人を排除でき、短い期間に継続的に新しい斬新な視点が入り込む。しかし他方の短所として、(ⅰ)理事として必要な知見を吸収する時間がない、(ⅱ)実質的な貢献をする時間がない、(ⅲ)経験を積んで重要な役割と責任を果たす時間がない、などである。反対に、短期間しか在任しない理事は理事職でないときの経験を持ち込んで、自分の視点と理解に固執する傾向がある。このような理事は当該組織の問題について違った視点に立つことになる。

長期在任制と短期在任制はともにある種の情況においては適当であろうが、いずれにしてもバランスのとれた任期制が自動的にできるわけがないので、任期の限定と再任期間の限定は明確に決めておかなければならない。一般的には、政策と実践の継続性を担保するだけの長い任期が必要であるし、斬新な視点が継続するだけの短い任期でなければならないという意味で中間の任期が適度であるとすれば、折衷案としての次に示す制度を導入することが適当である。

（2）ローテーション式交代制

結局のところ、すべての理事の在任期間が同時に満了しないようにすることが重要である。理事の任期がなんらかの形で重複していないと、組織はその重要な歴史と伝統や、戦略の方向性と政策展開の継続性を失う結果となる。ベテランの理事が組織の直面している問題について成熟した深い理解を提供してくれ、他方で、理事会に新しい人材が加われば、その人は理事会の職能と役割に対して情熱と斬新なアイデアを運んでくれる。この双方を満足させる任期に関する解決法は、任期満了期間をずらすことである。

一般に、このローーテーション式交代制は満期時の２分の１ではなくて、３分の１程度が適当である。例えば、実質３年任期のローーテーション制では、各理事は３年任期で務めるが、各年度末には３分の１が交代で任期を終える制度である。この交代の規則によって理事会の継続性と適応性とを均衡させることが考えられる。この制度の利点として、次のように指摘することができる。

① 　理事職の継続と交代を同時にすることができる。何よりも、無関心であったり有用でなくなった怠業理事を更迭する便宜で適切な方法となる。

② 　就任と辞任の時点が明確であり、理事会の職能と役割の設定に関する計画に具体性を与えることができる。年間計画の策定と理事の人事が連動して、それによって誰を理事にするか、誰をどの理事会委員にするかを決めることができる。

③ 　広い範囲に代表制を採用することができる。一度にすべての代表を理事にすることはできないが、一定期間のうちには適切な多様性を整備することができる。

　ただし、この制度はそれほど容易ではない。焦眉の困難な問題を上手く解決できると公言しながら、解決できない理事がいるものである。また、熱心であるが役に立たない理事もいるのであり、このような場合には、この制度でも上手く機能しない。さらに、有能な理事でも、自分は任期が来たから辞めるべきだと感じて、自ら辞任する理事がいることもある。なかなか難しいこともあるが、理事会には限定された任期で、ローーテーション式交代制を是非とも採用すべきである。

　特に、この制度は新たに創られた理事会で最初の数年間は安定した理事職が必要な場合にも当て嵌まる。この場合、理事をいくつかの組に分けて、再任される長期の理事と再任されない短期の理事に分けることで最初から重複制は護られる。そして、理事職の継続性は最初の理事の一部は少なくとも１回は再任される資格があるという非公式な合意をすることで確保することができる。

（3）再任制の制限

　仮にローーテーション式交代制を採用していても、この制度によって理事の任期の制限をするわけではない。現に、ほとんどの規程では「再任を妨げな

い」としていて、理事の任期は事実上無期限になることも可能であるが、組織の歴史的な慣行として非公式に定めているか、雰囲気として定まっているか、当の理事の感性による「身を引く」退任というのが実情である。しかし、問題はそれでよいのかという点である。

ある組織では、連続在任期間を制限する規程を設けている場合がある。例えば最長3期までとする制限であり、また、期限がくれば自動的に退任し、1年経過してから復帰再任することができるとする規程である。さらには、理事を辞しても別の役割をお願いするとして特別委員会や諮問機関の委員として組織に貢献することは妨げないとする規程をつくることもできる。他方、年齢制限で事実上の任期切れを設けている事例が多いけれども、これでは制限規程によっては理事がかなりの高齢になるまで辞任を待たなければならない。先見的な理事会としての将来展望が望めないおそれが十分にある。そのおそれを免れるためにも、定年を超えれば議決権のない「名誉理事」に就任していただくことも十分認められるところである。

組織にはいくつかのライフサイクルがあり、これに適応する形の理事会の発展があるとすれば、理事会が健全であり続けるためには理事の交代をする以外の方法はない。組織の創設に尽力し、理事会を有効に運営してきた理事を失うことになるが、理事会が組織の成長に従って組織に奉仕するように理事会を更新し活性化させるためには、変化が本質的に求められる。新しい血と絶えず生まれる新しいエネルギーに満ちた理事会だけが、組織の成長と発展に必要な諸活動に資することができる。

おわりに

合理的かつ効率的な理事会構造をつくり、しかも非営利組織の理事会として「それらしくある」多様な構成を編成することは重要であるけれども、結局のところ、理事会のあり方とその運営は「理事の資質・能力と理事の貢献意識」によって左右される。その意味で、どのような理事が適正な理事会運営を支えながらさらに向上させてくれるのかについて、改めて詳しくその条件づくりと、それに要する資質について考えなければならない。当然のこと

ととはいえ、理事の選考・選任こそが理事会の有効性を高める基礎であることを再確認することが必要である。

しかし近年、理事選任について明示的あるいは密かに外部の圧力が増していることに注意すべきである。その圧力の方向は非営利組織のガバナンスの民主制政治モデルから会社モデルへの移行である。例えば、政府や助成財団が勧奨している方式であるが、事業経験や事業スキルの豊富な人材の登用を重視する選任制への移行である。大学における学長や理事の選任制度や、病院における理事長の資格要件の変更の方向がその典型である。また、上級管理者が理事に就任することを積極的に容認し勧奨する方向である。これは理事と管理者を分離する非営利組織ガバナンスの基本モデルを否定している。

このような方向の意図は非営利組織の効率的経営を促進させることにあろうが、理事会を経営執行機関と一体にするか、経営執行機関に従属させるか、いずれにしても理事会の政治的・社会的意義とその役割を軽視する方向であり、その結果、非営利組織の存在理由を脅かすことになりかねない。

理事会・理事の教育

> はじめに

　すでに今日の非営利組織はそれ自体がそれほど社会から信頼されていないし、今後はさらに非営利組織はいくたの事業経営の危機に遭遇するであろうから、自らその存在の社会的意義を明らかにして、多種多様なステークホルダーの認知を得ることで支援や貢献を受けるように、「可視化」の努力を積み上げてゆくことが必要となる。「可視化」は好むと好まざるとに関係なく、非営利組織がさらに存続するためには不可欠の条件となってきている。事態はそこまで来ているということを認識し理解できる理事や理事会でなければ、もはや真に有用とはいえないのである。

　その可視化の有力なひとつの手立てが理事会の有効性を高めることである。これまでのように理事会に有力者が顔を並べているだけでは、もはや社会は納得しない。ほとんどの理事は自分はボランティアであって、是非にと請われて理事になっているだけだと思っている向きがあるから、理事の訓練や教化とか、まして理事の業績評価となると、聞いただけで心中穏やかではないであろう。しかし、理事が備えている人的資本や社会関係資本を集団意思決定の理事会の活動と貢献のためにさらに充実させて理事会有効性を高めることが求められる。そのための教育と学習を受け容れなければならないときである。

　また、経営者をはじめ管理スタッフも理事会は「シャッポ」にしておくことが最善であると思っている向きが多いかもしれないが、理事が非営利組織を理解しその経営に関与すれば、経営者や管理スタッフにも便益となることを知らなければならない。

Ⅰ．理事会・理事教育の困難性

　理事会の能力や活動と組織の有効性との間にはプラスの相関関係があることが証明されているのに、その相関関係には複雑な相互作用を生み出す諸要素が絡み合っていることから、すべてを測定して因果関係を明らかにすることは難しいためか、理事会と理事の教育に対する疑念や抵抗が理事や経営者の間に依然として根強く残っている。しかし、無知は知識よりもさらに危険である。知識の欠如と文脈の理解不足から理事会がより大きな構図を見る能力を失うことになる。

　事実、教育を受けた理事会のほうが不完全な情報の下に不適切に干渉したり、行動することが少ないことは確かである。外部情況に無知な理事、組織の情況に理解を示さない理事よりは、学習を重ねて熟知している理事のほうが理事会の役割を逸脱することなく、日常管理に過度に干渉することもないであろう。また、理事会が結集力をもつように教育されていれば、その理事会はもっとも有効な力を発揮することは明らかである。

　しかし不幸なことに、多くの理事会は理事の役割と責任を果たすための公式の理事会・理事教育制度を常置していない。それには次のような事情があると考えられる。

１．理事の抵抗

　１つは、非営利組織の理事はほとんどがボランティアであり、そのボランティアになる動機も様々であり、その背景にある利害関係もまた多様である。現実に、自分は著名で顔が利くから「頼まれて理事になってやっている」という人や、自分は専門家として頼まれているので「教えてもらうことはない」と思っている人があり、そういう人に対して教育研修を受けてくださいと言えば、「失礼な」とプライドを傷つける仕儀となる。そんな教育プログラムには参加しないと強い拒否反応を見せる理事もいる。それほどではなくても、最近は自分の時間と精力を持て余してボランティア理事に執着する類の人も散見されるとはいえ、ほとんどの理事はたしかに多忙な面々である。そんな

時間の余裕はないと消極的な拒絶をする。

2つは、理事の教育に持続的で系統だって努力することが理事会や組織の業績を向上させる有望で効率的な手順であるとする明確な証拠がなく、優れた理事会と優れた組織の間の因果関係がそれほど明確ではない。そこで、最高の非営利組織は最高の理事会をもつ、あるいは最高の理事会は最高の組織をつくるという関係が明らかではないとして積極的に理事会・理事の教育に関わらない。

3つは、実業経験の豊富な理事が価値ある仕事を仕上げて組織を向上させようとするなら、理事職として貢献するには時間が限られているので、そのもっともよい方法は予算編成、財務、資金調達、施設、寄附金などの「ボトムライン」の管理に集中して関与することである。このような理事はこれらの管理については充分にその知識と経験を積んでいるから、いまさら教育を受ける必要はないと思っている。

最後に、諦観ともいえる深刻な弁解は、結集力のある理事会が組織の有効性を高めるのではなく、理事会は所詮少数の優れた集団や少数の人たちが支配し運営する手段であるから、理事や理事会の教育よりもこの少数の優れた理事を集めるほうが組織の有効性を保証すると訴える。全体としての理事会の発展を試みるよりも、少数のスーパースターを理事として採用することが採るべき現実の処置であるとする。優れた組織は全体としての理事会の優れたガバナンスの結果であるとは限らないのであって、主として、あるいはほとんどはそのようにはなっていない。理事会ではなくて、少数の理事が有効な価値を生むものであるという。

現実に理事会はあまりに多種多様な構成であり、その会議は多くて年に数回、間欠的にしか開かれないから、理事会は協同チームとして結集する努力や機会がほとんどない。このような状況では、理事会は結集力のあるチームになることは難しい。そこで結局は、理事の教育として多くの普通の理事の欠陥を矯正したり、さらなる向上を狙う努力をするよりも、少数の優秀で有力な人材を選考し、継続的に引き止めるほうが効率的であると抗弁する。

２．指導者の逡巡

　有効な活動をする理事会の価値について、これを理解できない指導者はまずいないと思われるが、反対に、理事会の価値を継続的な教育プログラムのなかに織り込む指導者はほとんどいない。理事の教育についてこのような認識と現実とのギャップはかなりのものがある。判っているのにやっていないのが現実である。それはなぜか、次のことが考えられる。

　１つは、理事の教育に充てられるべき時間とお金は直接で緊急の用途に充てられる。特に資金手当ての余裕がない状況では貴重な資源を理事や理事会に投資したくないとの思いが指導者にある。それだけの投資なら別のプログラムやサービスに投入するほうがよいと考える。また、教育プログラムを作成する時間や質の高い労働力の余裕もない。だからといって、外部から専門家を呼ぶ余裕はさらにないという現実がある。

　２つは、理事の教育の成果が現実に有効な理事会に繋がり、ひいては有効な組織に繋がるという証拠は少なくとも短期的には見つからない。リーダーシップの行為と組織の活動と業績との間の明確な因果関係を決定するには複雑な組織では不可能ではないが、非常に困難である。

　そこで、理事長や最高経営者の指導者は教育のなんらかの効果が出るまで長い時間を要する努力よりも、その間に短期的な業績を求める政府や寄附者のようなステークホルダーの要求に背きたくないと考える。むろん、理事会は「シャッポ」として必要であるから、これを安全に維持することに吝かではないが、それ以上に立派にしようとはしない。場合によっては、パワーは所詮「ゼロサム・ゲーム」となるから、理事会が活性化すれば、それだけ理事長や特に最高経営者はパワーを失うことになる。

　３つは、教育プログラムの企画と実践は組織の指導者の重要な職務のはずであるが、特に最高経営者は有力で強い理事会を忌避する性向があることである。理事の教育に力を入れることは理事に対してもっと仕事をしろと要求することになるのではないか、そうなれば、理事が信念の強い政策決定者であるよりも管理者のような行動を始める面倒を起こすのではないかとおそれるからである。強力で活動的な理事会は理事たちを「内視鏡検査の魔力」に誘い込んでしまうからである。

確かに、理事の生半可な知識は理事会にとっても組織にとっても危険なことである。知識のある消息通の理事会は危険でもあり逆作用を起こす。「ちょうどよく」知っている理事会は細かなことに干渉してくる。「あまりによく」知っている理事会は現実に提案、政策、戦略について主導する。

いずれにしても、理事会が専門職の特権を踏みつけると感じる経営者側は理事会を抑制する圧力を加えようとする。そうでないと自分たちが有力なステークホルダーから「弱い存在」と見られかねない。そこで、興味ある疑問を発するものの、その答えを用意したり評価や批判をするだけの知見をもたない理事を巧みにつくり上げるほうが、組織の最大の利益であると思っている。

最後に、理事の知識や経験を組織の必要に一致させることはほとんど不可能である。理事長や最高経営者の指導者といえども理事の選考・選任について影響を及ぼすことはそれほど容易でなく、せいぜい「てこ入れ」をする程度の場合もある。チームを選抜・編成できなかった以上、理事の才能と関心事とは組織のほんとうの必要とは必ずしも一致するものではない。しかも情況はつねに変化しているし、それに適合した活動と業績について合意して評価することもまた、非営利組織のサービスの性質からきわめて困難である。

そういう情況のなかでは、指導者が何を理事会と理事に期待するかを合理的に決め、その期待に沿った教育を徹底することは難しい。それならば、教育に大きな投資をするよりは、理事や理事会への期待を適当に低くしておくほうがよいと信じてしまう。

3. 評価制度の先行

わが国では啓発過程のなかの重要な要素である「活動の査定・評価」だけが一応の定着をしていることである。問題なのは、「これで事足れり」と思われている点である。査定や評価の制度が啓発の唯一の用具となってしまっている組織風土である。言うまでもなく、ある人(この場合、理事)やある組織(この場合、理事会)の活動状況を査定し評価することは、その人や組織をさらに教育するための重要なフィードバック作業であり、したがって、どのような活動を期待するのか、その期待が実現するようにどのように教育し学習させるのか、これらのことが期待する側からも期待される側からも事

前に確認されていなければならないはずである。

　ところが「どのような活動をすればよいのか」について教育・学習させないで、結果を査定・評価することになるので、この査定と評価のフィードバック効果が見られないという愚かな無駄を生むことになる。そこでは、反省しさらなる向上を目指すというサイクルが成り立たない。それが欠けたままに、何かやってみてから、その結果を見てから反省して、やり直すことを期待しているだけである。

　しかも、非営利組織では査定や評価が具体的な金銭的報酬としてのインセンティブにほとんど繋がらない点を考えれば、査定や評価が自動的に活動や業績を向上させることは期待できないだけに、金銭的報酬に繋がらない評価制度には重大な落とし穴があるというべきである。第3章で扱う。

4．有効性の不確実性

　理事会・理事の教育は理事会と理事の役割と責任に関して曖昧性を少なくしてくれるものと感覚的に理解できるとしても、その教育プログラムと理事会と理事の役割と責任の明確化との関係を実証している理事会研究は見当たらない。また、先にも触れたように、教育プログラムと理事会有効性のプラス相関は、はっきりしないままである。理事会有効性は教育プログラムによって向上すると間違いなく想定されるとしても、理事会有効性は他の多くの複雑な要因によって左右されるために、実践上も理論上も明確に確定することが難しいからである。

　ほとんどの研究では、役割と責任に関する曖昧性がどのように理事会の活動と業績に影響するのかについてその意味を探っており、役割と責任が曖昧であるために理事がその役割を履行し責任を全うしないがゆえに、理事会の活動と業績が損なわれるとする議論で終わっている。

　そういう状況のなかで、理事会・理事の教育プログラムについて、「何を狙いとし、何を教育するのか」、そのためには「どのような内容を織り込み」、その際に「どのような制度と方法を用いるのか」について確定することはできそうにない。むろん、現実にどのような教育プログラムを展開するのかについて、多くの指導書やマニュアルが出されていて、これらについて若干本

第IV部 理事会有効性を高める理事会・理事の啓発

章でも総括して説明をするのであるが、すべてが「こうあるべし」との規範でしかない。

これでは、自分の組織の理事について教育プログラムを推進しても、それが果たして理事と理事会の活動と業績にどのように繋がるのか、少なくとも不確実である限り、そのための投資は控えるほうが賢明であると感じるのはむしろ自然である。情況に適合した効果的な教育プログラムが充分ではないことが、その組織への導入を拒んでいるのである。

要するに、「何をどのようにすればよいのか」、ほとんどの非営利組織はその経験も学習もしていない「教育に関する無知」の状態のままであるということである。そのうえ、成功体験の事例や一般化された指針が見当たらないし、研究上も実証されていないので、倣って学習し実践してみる機運が熟していない現実がある。そこで、型どおりの「新任理事のオリエンテーション」や「マニュアルの解説」あたりがせいぜいのところとなる。あるいは、教育プログラムを啓発専門会社や個人のコンサルタントなどの外部の専門家に丸投げしており、そのことがまた教育プログラムへの不信と不評を買う結果となっている。

Ⅱ. 理事会・理事の教育の必要性

1. 組織のスキャンダルや理事の怠慢の防止

理事の職務怠慢で以下のように告発されることがある。(ⅰ)組織の活動に対する管理と監督の失敗、(ⅱ)組織の資産の保全に関する不備と浪費、(ⅲ)組織内の利害対立の激化か自己利益の増殖、(ⅳ)不適切な権限の委譲、(ⅴ)契約の遅延か破棄による第三者への損害、(ⅵ)課税当局に対する違反。これらの職務怠慢の告発に対して保険や免責条項で罪を免れるとしても、怠慢の告発を逃れることはできないし、信頼を裏切られたステークホルダーや社会の怒りから逃れることはできない。それがひいては組織の信頼性を損なうことに繋がり、さらには非営利セクター全体への信頼を失い、非営利組織の特恵的な地位を

危うくするまでになる。

　最近の医療・介護施設の不正受給事件や大学の巨額投資損失事件、公益法人の私的流用の背任行為事件など、これらの事件が明るみに出る度に、理事会は組織のすべての活動を監視し精査する責任があるとはいえ、「理事会は何をしていたのか」「なぜ防げなかったのか」「理事会さえ十全に機能していれば、事件は起こらなかった」などと指弾され、これが社会の偽らざる反応となっている。組織を日常運営し実権を握っている経営者が糾弾されるのは当然としても、社会はセーフティネットであると信じている理事会を批判するのである。

　非営利組織は組織の行為を綺麗にするのでなければ、その結果は、一般の懐疑が膨らんできて、この懐疑が資金調達やファンドレイジング活動に影響する。政府は規制を強化する、また監視団体もさらに活動を厳しくしてくる。さらなる監視の要求はこだまとして反響してくるものである。社会監査のような監視団体がさらに増えるであろうが、内部のアカウンタビリティ体制を設定し維持する責務は非営利組織の側にあり、それはとりもなおさず非営利組織の運営を受託した理事会にあるものである。

　社会は理事会のモニタリング機能の欠如を取り上げているのである。少なくともスキャンダルを未然に防止するモニタリング機能について、それが理事会の本来の役割と責任であることを充分に教育して、受託者責任としてモニタリング機能を含め組織のアカウンタビリティの徹底に努める必要がある。

２．理事の境界連結職能の強化

　1つは、資金調達の困難から生じる境界連結職能を強化する必要である。政府の補助金・助成金や助成財団の助成資金、あるいは個人の寄附金や会社などの組織の寄附金がその総額において伸びないだけでなく、単位組織当たりの調達額が減少してくる。このために非営利組織は自己資金調達に努めるために自らマーケティング活動を強化しなければならない。それが非営利事業の市場開拓であったり、ファンドレイジング活動であったり、さらには非関連事業への進出であったり、その手段は違っていても、同一分野のなかでの非営利組織の間の競合や営利組織との競争において市場活動を強いられる

ことになる。

このような市場においては非営利組織の「想定される信頼性」だけでは成功は覚束ない。市場では自ら行動で示し、「買ってもらえる信頼性」が決め手である。一般に非営利組織は、理事が組織を象徴することが特徴であるから、このような市場活動においてその成否は理事の役割次第ということになる。理事の比重が現実に高くなる。

2つは、政府資金や大規模助成財団などの資金の提供方法が変化して、政府がサービス購入をする委託契約方式や受益者に資金を直接に提供する「バウチャー方式」が増えてきたり、助成財団にしても提供資金の使途とその運用について厳しい条件を付けてくる。いわゆる規制強化の流れが加速してくる。組織のコンプライアンスの要求、組織の対境関係にあるステークホルダーへのさらなるアカウンタビリティの要求に対して公式・非公式に応えるのは理事会の本来の役割と責任である。そのために理事会は組織の特に最高経営者から離れた独自の活動を期待されてくる。

3つは、今後非営利組織はいろいろな挑戦的な課題に遭遇することになるが、これらの困難な問題に対処して組織を存続させるためには効率的でかつ有効な経営管理によって舵を取る必要がある。その際に理事がたんなるお飾りではなく、ほんとうに力となってくれる理事の助勢が重要な鍵となる。資金調達力の他に豊富な人脈による公衆関係の維持と向上、さらには実業界での経営管理の専門知識や経験の活用に頼らなければならなくなる。そのためには、組織に対して積極的に関与して持てる力をさらに発揮するように理事を啓発・督励することが肝要となる。

3. 市場化要求への対応

非営利組織の商業化ないしは市場化の傾向は程度の差はあれ、それが今後辿るであろう運命である。これに際会して、非営利組織を主義や信条で運営してきた理事や理事会や経営者が、経営意識の転換と経営管理の知識と技能を習得するよう求められてくることは必定である。

他方において、経営管理の専門的な知識や技能に長けた事業経営の経験者が非営利組織の特性を理解し、ミッションを基礎とする経営のあり方を理解

することも必要となる。これからの有能な理事は非営利組織の特質を理解すると同時に、経営管理の専門知識を習得するというバランスを身につけた人材である。ここにも理事を啓発して再教育を進めるべき理由がある。

これまでのところ、理事の役割と責任を十全に果たすための「経営専門教育」について公式の教育プログラムを備えている非営利組織はそれほど多くない。しかし、理事会が特に今後の非営利組織の経営にとって重要で特有な「理事会資本」—特に知的財産—となることを考えれば、この理事会資本の価値をさらに掘り起こし高める手段としての理事会・理事教育の投資活動を等閑に付すとなれば、「安物買いの銭失い」となろう。体系的で継続的な理事会・理事教育制度は有効なガバナンスには本質的に重要となるに違いない。特に、政策の策定、組織と経営者の管理活動の監視と評価について経営管理の知識と技能を内容とする教育プログラムを作成すべきである。

最近までの調査・実証研究では、幸い理事会教育が非営利組織ガバナンスに大きく作用することが明らかになってきている。総じて、理事会の活動と組織の成果とは確かに連関しており、理事会活動の質は理事会が統治する組織に対してなんらかの価値をもたらすという仮説と一致する。相関関係の因果関係は証明されていないけれども、理事会の有効性を向上させる努力は組織全体の活動と業績を強化する有効な支点となることは間違いない。したがって、理事会教育の資源と方法を開発するよう投資と努力を積むことを推奨することができる。

Ⅲ．理事会・理事教育の目的と内容

後述する「オリエンテーション」などでは、組織の歴史と文化と歴代の業績から始まって、今日の組織をめぐる情況とその問題点を明らかにし、それに対して理事にはどのような役割と責任を期待しているのかなど、何から何までを教えるお定まりの「教科プログラム」をつくることがあるが、ここでは、次の諸点に絞って理事会・理事教育プログラムを組むことを提示しておきたい。

この教育プログラムでは、まず、新規の理事に対して組織のミッションとプログラムについて説明し、効率的かつ有効な意思決定ができるように広い

文脈と特定の政策課題などを理解させる。そのような教育によって、理事会が正式の意思決定をする前に重要な決定案件について幅広くかつ深く検討をして、理事たちの合意に基づいて意思決定ができるような交渉過程を順調に進めることを目途としている。また、この教育プログラムでは理事会と理事が自分自身の意思決定過程を評価し、理事会と理事の役割と責任の履行を評価する手続きについて理解を深めることを期待している。

１．組織経営と理事会の理解

　非営利組織はそれぞれ違ったミッションを掲げて、それぞれ特定の事業に焦点を当てているので、経験豊富な人も新規に理事として就任した組織と理事会について、組織の理事に対する期待について、理事会の役割と責任について説明を受けるべきである。有望な新規の理事が当該組織のなかにおける自分の役割と責任について理解し納得したうえで、その役割の履行と責任に合意するようになることが重要である。

（１）組織を理解する

　まず、非営利組織の本質である「目的の社会公共性」や「行動の利他主義」についてはかなりの説明と啓発が必要である。そして、非営利組織の特性である「非営利性」を具体的に説明して理解させることである。それには、「利益分配禁止の拘束」や「収支相償」の意味についてはもちろん、ボトムラインとしての「ミッション」や「社会貢献」について充分に説明をし、理事の理解を得なければならない。なかでもミッションをめぐる啓発が必要である。当該組織のミッションの本質、ミッション達成のためのビジョン・プログラムの現状と問題点、ミッション・ビジョン・プログラムの「将来展望」を説明し理解を得ることである。

　特に、経営実務の専門家や経験者が理事会に加わる機会が増えることを考慮に入れて、この種の教育を行う必要がある。かれらは直ぐに収益の増大や剰余金の増額を事業の基礎にしようとする性向があるからである。その後に、当該組織についての理解を深めるために、その歴史や伝統、あるいは組織風土、さらには組織が属する事業分野の特徴を説明し理解させることである。

（2）非営利組織の経営管理を理解し習得する

　今日の厳しい非営利組織の運営において、理事に対する経営管理に関する専門教育を等閑に付すことはできない。主義や信条だけで、あるいはそれらに傾倒するだけで組織を経営できる時代は去った。少なくとも経営管理の理論と技術が何であるのか、なぜそれらが重要なのかを理解させるべきである。そして、財務、会計、マーケティング、組織行動などの少なくとも基礎知識を学習させ訓練すべきである。

　さらに、組織をめぐる情況とその変化の方向の理解を求めることが重要である。組織の維持と存続を図るためにどのような情況適合の戦略を選ぶかが焦点となりつつあり、これについて最終的な決定（承認や否認）をするのが理事の集合体である理事会であるからである。

　ボランティア理事が戦略的経営管理を用いるように啓発する教育プログラムは一般には見受けられないようであるが、ある研究に拠れば、戦略的経営計画策定のOJTの成功事例を次のように示している。

① 　理事は価値観、目標、問題、可能な解決策について意見交換する。
② 　理事が個々に考えたアイデアを集団として統合するためにセミナーを計画する。
③ 　理事はそのセミナーにおいて各人が立案すべき特定の計画領域を割り当てられる。
④ 　それぞれの計画立案が理事の間で交換される。
⑤ 　その後3時間程度のミーティングが行われ、整合性のある最終計画を策定するために各領域の計画が設定された基準に従って評価される。
⑥ 　数か月の後、追跡ミーティングが行われ、進捗状況を評価し、適切な次の段階に向けて展開を始める。

（3）理事会を理解する

　理事および理事会の法的・倫理的な地位と責任や行動規範、組織の定款や規則、あるいは職能規程の学習は、教育プログラムの定番である。留意すべきことは、非営利組織の理事会は営利組織の取締役会とはいくつかの点で異質であることである。非営利組織の理事会は多様な利害が対立する「騒がしい理事会」が特徴であり、最終の意思決定に至るプロセスが複雑であり、時間の掛かる理事会が特徴であるから、即断即決のリーダーシップに慣れた実

業界の理事などは、これだけで「やる気」を失うものである。このような異質な理事会の状態を予め理解してもらったうえで積極的に関与してもらうことが必要なのである。

2. 理事に期待する役割と責任の確認

理事が期待された活動に関心と努力を集中し、自分の活動と業績を的確に評価して調整することは難しいことであるから、継続的な教育が重要である。まず、理事長や最高経営者の指導者が、個々の理事のために、そして集団としての理事会のために、慎重に割り当てられた明確な役割期待を示すことが必須である。そして、この役割期待を理事に丁寧に伝えて説明し、その役割の履行について継続的な教育をする必要がある。

非営利組織において一般に認められている政策策定（決定）と政策執行（実行）との分離自体がそもそも相互作用関係にある策定と執行を無理に引き離すから、その分離の結果として役割の曖昧性とコンフリクトが常態となっており、そこで、特に役割と責任について具体的で実践的な線引きを理解させることが決定的に重要である。

理事は組織のミッションに賛同して自分の専門知識や経験を理事会や組織に提供してくれるとしても、理事に対する役割期待が明確に規定されていなく、また十分に伝えられていない場合には、折角の熱意と技能が空回りするからである。そこで、組織のすべての構成員と同様に、理事は何を期待され、それをどのように実行するのかについて理事本人が十分に理解するための教育を必要とする。そうすることで、役割の明確化と役割の理解とは理事の職務遂行のモチベーションに直接の効果を及ぼし、理事は自分の職責を重く受け止め、その結果、さらに熱心に職務に取り組むことになる。

第1に、理事と理事会に期待される一般的な役割と責任の説明とそれの確認をすることが教育の前提条件である。「期待しないものは得られない」以上、理事会が有効であるためには、理事会は期待について合意して、理事に対してそれを伝える必要があり、理事が何を期待されているのかを理解する必要がある。これがなければ、理事会は理事に対して報告責任を要求することはできない。その場合、公式の法的義務や規範的な役割論を説明することも大

切ではあるが、それらの基礎にある基本的な役割と責任を強調すべきであり、そのほうが重要である。

それは、護るべきことに従い、為すべきことを正しく為すコンプライアンス、信頼に応えて引き受けた通りに実行するトラスティーシップ、何をしてきたのか、何をしようとしているのかを説明し承認を受けるアカウンタビリティを徹底して実行することを理解してもらうことである。例えば、多くの経験豊富な会社役員は一旦非営利組織の理事になると、非営利組織に関する経営管理、計画作成、財務管理の学習から身を引く傾向があるが、この傾向があっても非営利組織では許されているので、このような態度がつねにトラブルを生むのである。実業界でもっとも尊敬されていた人ですら、理事の役割と責任を理解し実行するという能力について予断をしてはならない。

第2に、特に情況による特殊な役割期待を明確に示して説得し、その役割に積極的に関与するよう求める必要がある。1つは、理事が備えている資源のうち、資金集めの力を借りたいのか、組織経営の知恵を借りたいのか、日常管理の世界まで尽力して欲しいのか、いずれかを選択して依頼することである。2つは、主として組織の運営や理事会の活動について、正しいことを正しくしているかどうか、これを監視することを重視するのか、情況適合の戦略の策定と決定に集中するのか、いずれかの役割と責任について明確に確認して、それについて教育プログラムを組むことが必要である。

第3に、一般的な理事の役割と責任と特殊に限定した役割と責任に関して、理事が自らの活動と業績についてつねに観察し自省することによって、その役割と責任の質を持続的に向上させ、それが全体としての理事会と組織の有効性の向上に繋がるという「組織を背負っている責任感」を醸成することである。できれば、その責任感を継続的に抱き続けるような「責任文化」を自らつくり上げるように仕向けることであり、それは理事会と理事の教育の過程も理事の役割と責任の一部であると自覚することを求めることである。

第4に、理事の直接の役割と責任ではないが、理事が特に最高経営者や経営者の執行部との良好な関係を維持することが、理事の役割と責任を全うできるひとつの大きな条件であるから、ボランティア理事会が最終決定権を有するものの、常勤の経営者に支配権が移っている捩れた実態、あるいは、管理スタッフが専門家として主導権を握るルースカプリングの状態など、非営利組織の経営におけるこの両者の関係の特殊性を理解させ、このような特殊

第Ⅳ部　理事会有効性を高める理事会・理事の啓発

な関係のなかで組織有効性に貢献するためには、理事はどのように執行部門と協同するのか、上意下達と下意上達とのバランスをどのようにとるのか、これらのことについて入念に説明し指導しなければならない。

３．理事に期待する態度と行動の確認

（１）情緒的なコミットメントをする

　理事に期待される役割と責任を継続的にかつ効率的に履行させるためには、履行する本人である理事の理事会と組織に対する熱意と積極的な関与を動機づける手立てが必要である。ひとつは、すでに前章の非営利組織の理事に必須の性向の項で指摘したところであるが、理事会よりも組織に貢献するものとしての情緒的なコミットメントを高める方策を考えることである。非営利組織のボランティア理事は全部が立派な貢献動機をもって参加しているとは限らないから、組織貢献を意識したコミットメントを感得させる必要がある。

（２）団体行動に参加する

　非営利組織の理事会の特殊性である「民主主義」や「参加制度」のために、理事は個性的であり、なんらかの違った経験や経歴をもっており、利害関係の異なるのが普通である。このような理事が集まる理事会には得てして群れをつくる「派閥」が形成され、党派行動が常態となることもある。このような場合、理事会の多様性は意思統一による組織の効率化とは真っ向から対立する。その場合、理事に対して理事会集団の一員として、集団機能を高めて組織全体の有効性を高めることに資するよう求めざるを得ない。少なくとも個人よりも全体を尊重する「集団主義」の重要性の理解を求めることが必要となってくる。この集団主義や団体精神についても、前章の非営利組織の理事に必須の性向の項で説明をしている通りである。

　実は、理事の個人的な資質や経験などが理事会能力を高め理事会有効性に相関するというよりも、むしろ、理事会有効性は理事会能力として概念される集団スキルと集団能力と大きく相関していると考えるほうがよい。したがって、理事の採用や理事の資質はむろん無視することはできないが、理事

会ガバナンスのなかで必然的に生ずるグループプロセスに着目すべきなのである。

　理事会という制度のひとつの価値は、有効な集団はどのような個人よりもよい決定をすることができるという点にある。換言すれば、有効な理事会は優れた機能を果たす「作業集団」として上手く行動しているかどうかによって決まるということである。「よい理事会をつくるもの」は、以下のような集団の特性に関係しているのである。

① 　理事の間や理事会と経営者の間に信頼感と虚心坦懐な気風があるかどうか。

② 　情報が開放的で適宜に共有されているかどうか。

③ 　理事は他の理事の主張や議論に自由に異議を挟めるかどうか。

④ 　経営者が戦略事案について活発な議論を求めているかどうか。

⑤ 　理事と理事会がその活動と業績を全体としてかつ個々に自己評価しているかどうか。

　ただ、チームワークの向上は厳しい作業であるから、個人としての理事の行動を矯正する必要がある。理事会において集団の一員として仕事をするように理事の能力を開発するという意図的な努力をしなければ、理事は有効な理事会と直結するところの共同行動から外れてゆく。たんなる作業集団から高い機能を発揮する共同作業集団になるには時間と努力が必要である。よいチームは一朝一夕には成らない。

　理事会の困難な課業は分裂している理事を集めて共通のミッションに参加させ、ひとつの集団に編成することである。よく機能している理事会では、この共有する使命感が時間をかけて形成され新しい理事にも拡まっていく。このような状況では、理事会のなかの意見の相違は建設的な意見の違いとして現われるし、決定的に重要な活力を生み出す役割を果たす。共有するミッションに執着することが理事会有効性の主たる決定要因である。

　要は「理事会が優れた機能を果たす作業集団」として活動しているかどうかが決め手である。一騎当千の侍が集まっただけでは戦力にならない。理事会は共同体としてのみ行動する以上、理事会には集団としての団体精神の醸成が必須である。

　ただし、以上のように集団としての共同作業に努力することは理事会活動の向上には非常に重要ではあるが、それが良識、健全な疑念、意味のある代替案を検討することを疎外してはならない。多様な意見に寛容である、違っ

た問題を提起する勇気がある、反対を表明する能力があるという理事会は奇跡かもしれないが、これによって危機やスキャンダルを避けることができる。

あまりに理事会が集団として纏まりすぎると、理事会自身の有効性の障碍をつくり出し、調和と集団浅慮の性向から機能不全を起こし、集団内少数者がガバナンス・プロセスを支配するという障碍をつくり出す危険がある。現実に、「一枚岩」でイエスマンばかりを集める、イエスマンばかりが集まる「イエスマン理事会」という「傀儡理事会」が現実には見受けられ、そこでは批判や反省を込めたまともな論議や提言をすることは難しい。大人しく安定して沈滞している理事会が想像される。

これに対しては、まったく反対に理事の独立自尊と責任感の自覚の養成と啓発が求められるべきである。その狙いは、進展変化する情況において理事の固有な特定の経験・能力を重用しながら全体として調整して有効にするために「現状の理解と将来の方向を確認することによって」全体の意思統一を図ることである。

（3）理事としての規範と倫理を護る

まったく当然のことであるが、そうは護られていない基本的な行動指針を理解させなければならない現実がある。

① **市民として期待されること**
　・理事会の正規の会議や委員会には原則すべて出席すること。
　・時刻通りに出席し、早退しないこと。
　・自分の利益よりもステークホルダーの利益を尊重する忠実性の受託義務を果たすこと。
　・守秘義務を護ること。
　・組織不信になるような行為はしないこと。

② **理事職それ自体として期待すること**
　・少なくともひとつの常設委員会に所属すること。
　・議案の背景を慎重に検討して、会議の事前の準備をすること。
　・自分の見解、観察、視点、専門的知識と経験を積極的に理事会や委員会に出して議論をすること。
　・他の理事の視点や意見を拝聴して尊重すること。
　・反対意見を述べ、必要ならば反対票を投じる意志があること。

・理事会の政策と決定が一旦決まれば、それを完全に支持すること。

・他の組織・団体・個人と対応する際には自分の組織の擁護者として対応
すること。

　このような「規準表」を理事会・理事教育の用具として作成しておけば、
理事が護るべき規範を具体的に示すものとして利用できるし、また、選考の
過程でどのような理事が望ましいかを示しているので、理事候補者が何を期
待されているのかを事前に知ることができる。さらに、個々の理事の活動と
業績を定期的に査定し評価する一連の基準としても利用できる。

ⅣＩＶ．理事会・理事教育の制度と方法

１．献身的な理事会・理事教育委員会を設ける

　理事長や最高経営者のリーダーシップがない理事会であれば、理事会・理
事の教育の努力はどのような形にしろほとんど実を結ばないであろう。理事
会・理事教育の政策を構想し、それを具体的に展開するように命じるのはか
れら指導者である。

　しかし、先にも指摘したように、最高経営者は自分の領域が侵されるので
はないかとおそれるあまり、教育プログラムに積極的に関与したくないとい
う心理が働くこともある。そこで、理事長の指導の下に理事会のなかに献身
的な教育委員会を立ち上げ、この委員会が中心となってこの教育プログラム
の立案―執行―評価―改善のすべての過程に関与することが必要である。

　欧米では、多くの理事会が理事会教育委員会やガバナンス委員会と呼ばれ
る制度をつくっており、このような委員会は理事の身元確認、選考、選任の
伝統的な指名委員会の枠を超えて拡充変化しており、名実ともに教育の内容
で満たされているという。この種の委員会はよく編成され、かつそのスタッ
フも整備されれば、理事会の活動とその成果に有意な影響を与えることがで
きるはずである。

2．理事会・理事教育プログラムを編成する

　この教育プログラムは新規理事と現理事に対して非営利組織のミッションとプログラムについて教育し、効率的かつ有効な意思決定ができるように教育する。その目的は組織の特定の政策決定に関する内外の環境を正確に理解でき、重要な決定事項について充分に検討を加えて、意思決定が理事間の交渉による合意に基づいて下される過程に役立つこと、そして理事会全体の意思統一の下にそれぞれに定められた役割と責任を全うできるよう啓発することである。

　理事会・理事教育プログラムは何を教育し学習をさせるのか、その内容をなす理事会マニュアルとしてひとつの範例を示しておく。

① 組織の歴史や伝統、これまでの活動成果、組織の社会的意義などの学習。

② 非営利組織に関する法律・規則、組織および理事会や理事の法的責任、組織の定款の学習。

③ 組織のミッション、ビジョン、長中期目標、組織の現在の戦略と経営活動の仕組みに関する解説と学習。

④ 事業活動・財務諸表などを含む年次報告書資料の解説と検討学習、年間予算や各種プログラム当たり資金支出などの資料の解説と検討学習、業績の過去分析による事業の将来計画に関するブレーンストーミング。

⑤ 理事および理事会の職能と役割と責任についての倫理的・規範的な指導、「職能規程」に基づく具体的な権限責任関係の説明と確認。理事会委員会などの組織構造の説明、委員会の職務内容と職務執行手続きの説明と学習。

　なお、この教育プログラムの作成には相当な費用と労力を要する場合があって単独の組織だけでは無理がある場合、ネットワークを組んで標準的ではあるが教育プログラムを立ち上げることもできるし、画一的であるかもしれないが専門機関に依頼することも考慮してよい。要は、理事会・理事教育の事業に取り掛かる意思を具体的・実践的に示すことである。

3．よい会議の設計と運営をする

　理事会の会議は過去の出来事の報告や情報を提供するなり、職務権限に関わる事項の議決をするだけであってはならない。いろいろな意見、新しい考え方、反対意見などを述べる機会を提供すべきである。「会議の運営のあり方」については、第Ⅲ部第3章で説明しているのでここでは割愛する。

　これまでのコーポレートガバナンスの研究では、理事会規模、委員会機構、会議数、会議時間などの構造面の諸要素と理事会有効性との間の関連についてそれほど明らかにしていない。しかし、会議の過程とその内容が理事会の活動と業績のあり方に影響することは間違いない。日常の会議こそはまさにOJTの現場であることを強く意識することである。結果が予め決められたような、うんざりするような儀礼的な会議に出るよう強要されている理事が受託責任へのコンプライアンス以上に組織や理事会に実質的な価値を加えるよう真剣に行動するとは思われない。黙って欠伸をかみ殺しているからといって非難することはできない。

　会議に対するそのような理事の態度はまた複雑な問題を避けるような集団浅慮に行き着く危険を高めるのであるが、この集団浅慮の危険は高い業績を挙げる集団に繋がるような思慮のある建設的な議論や討論を進める余地を会議に与えない指導者の側に問題の原因があるというべきである。

　理事がともに真剣に考え、理事会が管理問題ではなくて戦略問題に対処するようになるには相当な努力が必要である。いろいろな意見を聴いて理解するためには、また戦略的な情報を探索するためには難しい「処し方」が必要である。理事長と最高経営者の指導者が、組織の今置かれている情況、それに対する可能な戦略の選択肢、その際に理事会が対応すべき問題などを整理したうえ的確に提示・説明する能力と余裕を示すこと、会議が開かれる前に報告事項や管理問題の資料だけではなくてガバナンスに関する適切な情報を理事の間に共有させること、とりわけ理事たちの意見表明、批判、アイデアなどを理事会で出せるように誘導することである。これらの「処し方」ができれば、理事の間で、あるいは理事と理事長の間で、さらには理事と経営者の間での対話の能力が高まるものである。

4. 公式のオリエンテーションの充実を図る

　オリエンテーションとトレーニングとは別のものであり、オリエンテーションは一時的なイベントであることから、それ自体が強い作用をもたらす性質ではないが、やはりオリエンテーションは特に新任理事を集団のなかにすばやく合体させるのに本質的に重要な手段ではある。理事の人選がよくてその配属が適切であっても、その人事の成功と理事会の充実が保証されるとは限らない。理事はどういう職務をどのように熟してゆくのか、そのことを教えられ、学習し、習得しなければ、ほとんどの理事は自分に何が必要なのか、よくは判らなくなっていく。

　殊に新規の理事は貢献意欲に燃えて理事会に参加するであろうが、その組織に適切な選考・選任基準制度が設けられていても、オリエンテーションの主旨と内容と手順が間違っていれば、直ちにまた長期的にも、その理事の活動とその業績の質と量とが落ちることは間違いない。

　オリエンテーションを成功させ、その実を挙げるためには、少なくとも次のようなルールを護るべきである。

①　理事長、最高経営者、上級管理職のうちの誰かがオリエンテーションの運営と監督の責任者となることである。また、理事および理事会の向上に最終責任がある理事長がその最高指揮者になることが必要である。

②　オリエンテーションは一時的な一過性のイベントではなくて、教育のひとつの過程である。オリエンテーションは新理事には就任1年間を通して行われるべきであるし、新理事だけではなくて、ベテラン理事も参加する継続的な教育過程でなければならない。

③　ベテラン理事を助言者あるいは指導者として任命して、新理事が経験者とペアを組んで「コツを覚える」ように指導を受ける仕組みをつくることである。なお、指導者となったベテランの役割は1年を通して新理事の指導、助言、教育をすることである。オリエンテーションのなかではこの方法が理事会の有効性にはもっとも適した方法である。

④　オリエンテーションは理事長と最高経営者との綿密な打ち合わせのうえでその内容と手続きを決めておかなければならない。先の理事会・理事教育プログラムと同じ路線と内容であることは当然として、特に新規理事の

ために、理事会のガバナンスのあり方、理事会および理事の基本的な職能と役割および責任の性質と内容を教示することであり、併せてそのための基本的な知識と技術を伝授することである。

⑤　オリエンテーションの内容と手続きは定期的に評価され、必要であればその内容と手続きを再設計することである。年々歳々同じ紋切り型のオリエンテーションを麗々しく行う組織が多く見受けられるが、オリエンテーションは戦略的に変更されて周知されるべきものである。なぜなら、特に新規理事は柔軟性と変革を期待できる貴重な資産であるからである。

　なお、オリエンテーションは、新任に限るものではないこと、理事の教育の出発点であり継続的な理事会・理事教育のひとつの構成部分でしかないこと、また公式の機会に限らないことに留意すべきである。

５．自発的な研修会を催す

　組織が強制的に参加するよう求めるオリエンテーションとは別に、半ば自発的に設置される研修会も重要な理事教育の機能を果たす。ひとつは、組織内で定期的に経営者や管理スタッフを交えたいわゆる「合同勉強会」を開く。これは日常の経営問題を意識しながら幅広い見識と知識を得る機会をつくると同時に、相互の役割と責任について理解し合う場でもある。またその際、新規理事とベテラン理事の間の研修の場を借りた新知識の獲得、忌憚のない議論、非公式な交流などが、新旧の相互学習と両者の紐帯を強める最善の方法であり、これが有効で効率的な統一的な意思決定に繋がることになる。さらには、組織外から課題に応じた専門家やコンサルタントを招いて講習を受けることも反省と変革への機会を与えてくれる。

６．交流会を開く

　この交流会はもともと「黙想・静修するために一時的に引きこもること」（retreat）という修養会の謂いであるが、年１～２回、半日か１日を通して公式・非公式に行われる理事以外の人も参加して、自由に意見交換する交

流会である。一般には、①統治の過程と理事会の役割と責任についての点検を通して理事会の活動と業績を向上させること、②理事会が採るべき優先事項を理解し、その優先目標を達成する戦略を確認すること、③理事の間、理事会と経営者の間の同志関係と仕事関係を蜜にすること、などを狙って開催される。ほとんどの理事は理事会の会議に不満をもっているのが普通であるが、この「交流会」には高い評価を与えるとされている。それには、次のようなことが可能であり、評価されているからである。

①　重要な戦略的事案に対する関心を持続させることができる。

②　参加機会を満たし拡充させることができる。

③　正規の委員会の枠組みを超えることができる。

④　理事と経営者はじめ従業者が親しくなることができる。

⑤　ルーチンや慣例から理事を解放することができる。

　これらの期待を満たしてくれる交流会が自由な出会いを面白くし、そして有意義にする鍵である。交流会は理事会有効性に関心をもたせ、理事会活動を強化する手立てを工夫するもっとも有力な梃子であるとする指導者が多いという。

　しかし他方では、この交流会が盛んなアメリカにおいても、それはお話をするだけで行動が伴わない、雰囲気はよいが行動がよくなるわけでもないと批判され、甘いスキンシップでしかないとされる。だから、交流会は修辞（Rhetoric）、瞑想（Reflection）、気晴らし（Recreation）の３つのＲであって、４つ目の交流会の成果（Result）は得られないと揶揄されることもある。確かに、この種の会合はお遊びとガス抜きにすぎないという印象をときには拭うことができない。

　ただ、そこには交流会を有意義にする一般的な特徴があることは確かである。自由なブレーンストーミング、行動を強制されない思考時間である。より特殊な特徴として、少数の重要な利害関係事項、タスク志向の問題解決方策、全体会議と小規模作業グループのセッション、非公式な討論、仲間意識を醸成するための予定外時間の設定などがある。少なくともアメリカにおいては、このような定期・不定期の交流会がますます一般的となっており、理事会が正規の事業の重圧から離れて、理事会の戦略的な問題の検討、戦略策定、チーム構築の機会の提供、自己評価などの特定の事項に対応するのに使われるようになっている。

なお、この交流会の具体的な次第は一般に次のようである。

① 理事長の挨拶と問題提起—情況の説明、問題の把握、問題解決の方向、具体的な戦略展開の説明などを行う。

② 問題提起のそれぞれについて、グループ討議に入って意見交換や提案を行い、グループごとに纏めて全体討論において報告をする。

③ グループ討議の報告を受けて、全体会議や全体討論を行う。

④ そして最後に、理事がそれぞれに自分の意見を述べた後、理事長や最高経営者が全体を要約して評釈し、最後に次回の引継ぎ事項を予告する。その後は、さらに相互の関係を深めるべく歓談の夕食会などを催す。

おわりに

理事会の無機能化・形骸化、したがって、経営者職能の積極的な容認とそのさらなる拡大を主張する議論が多いなかで、理事会の本来の職能と役割を充実させて認知を受けるための「理事会・理事教育」が現実に有効な理事会の復権に役立つことを示した。

理事会の統治活動は個々の理事が形成する複雑な集団現象である。それはたんなる科学ではなく、決して科学たり得ない。理事会が多様な理事を纏めて非営利組織を統治することはひとつのアートである。個々の理事の傾倒、専心、実践に基礎を置きながら、説明、説得、納得、実践、批判、再考のプロセスがすべての用具である。理事会・理事教育の制度と方法の工夫とその実践はそのためにあることを銘記すべきである。

ただし、ほとんどの理事は組織の成果を挙げるのに貢献したいという動機をもって参加しているのであって、理事会自身の機能を高めようという動機をもっているわけではないから、理事会・理事教育は組織の向上を目的に設計されるべきである。理事会が組織に対してなんらかの価値を付加する方法を強化することに留意しなければ、教育プログラムは継続して成功することはないであろう。

しかしまた、理事会・理事教育に疑念をもつ指導者も、ファンドレイジング活動、財務管理、組織の象徴、経営者の支援などの理事と理事会の重要な

職能と役割を発揮して欲しいと願っているはずであるから、教育されて積極的に関与し結集力を高める理事が構成する理事会は、無気力で分裂した理事会よりも指導者にとって脅威ではなく強力な利益なのである。つまり、理事会・理事の教育の価値評価の基準は組織有効性の向上だけではなく、指導者の利益にも繋がる自己保存の強化でもある。指導者はこの教育に注力することの利を強く意識するべきである。

しかし、継続的な教育は理事と理事会が資源提供役割（助言と諮問、資金調達、外部ステークホルダーとの連係）とモニタリング役割（経営者の選任と業績評価、財務状況や戦略展開の状況の分析と評価）に参加するのに大きな効果をもたらす有望なメカニズムであると推奨されているが、実は、それが理事と理事会の行動にどのように影響したかについてはそれほど研究されていないし、どのような方法の教育が個々の理事の関与を高めるのか、どの程度の教育が集団全体の活動状況を向上させることができるのか、もっとも役立つ教育の内容と方法は何か、これらを理解するにはさらなる研究が必要である。

ただ今日では、どのような理事でも非営利組織は重大な課題に直面していることを認識していれば、「よき理事会は行動する理事会」であることは理解しているはずである。問題は行動的になろうとして、教育されていない理事会は余計に何をするか判らない存在となることである。

むろん誰も正確に将来を予測することはできない。しかし、指導者が島国根性のままでいる組織には最大の脆弱性が潜んでいることは間違いない。指導者がいろいろな幅広い知見と俯瞰図を備えている理事会や理事ともっと誠実に意見交換をして助言や提案を受け止めていれば、おそらくは予測不能の脅威や危機も避けることができるであろう。将来が予言できないという事実こそが、ビジョンと目標の設定に理事会と理事を関与させることの利を説いてくれているのである。

その場合、特に理事会に結集力がなければ、共通の組織ビジョンを理解し、理事会の役割と責任を共有することができずに、理事たちがときには互いに衝突することになる。行動する理事会の名において理事が情報を特別に要求したり、日常の経営管理に侵入したり、あるいは指導者の活動を困難にする。特に非営利組織における理事会の多様性からも、結集力は自然発生的に醸成されることはなく、地道で継続的な教育・訓練が必要である。

ただ、理事会教育の多様な方法が提唱されてはきたが、それらに共通する特性として、理事会が必要としている知識と技術はすべてに適合するひとつの型という意味で一般的であり、例えば、理事会の構造、会議の形式、理事会の規模、役割と責任の分担などの一般原則を薦める内容となる。そして、それらを学習することは客観的で合理的なプロセスであると見做している。

　しかし、このような教育は理事会の過去の実践経験、抱き続けてきた信念・信条、現実に対応する際の予知行動など、特定の理事会の組織風土を考慮していないきらいがある。実は、この理事会の組織風土は理事会が過去に困難な事態を解決した成功体験があればそれだけ強固になっており、それが理事会における行動規則や権限構造や運営の仕方などのすべての行動の基礎にあり、組織の環境が変化しても理事と理事会の考え方と行動に作用し続けるものとなっている。したがって、行動規則、権限構造、運営の仕方の変更・改善はそれらを支えている組織風土を根底から変えないと、ほとんど効果は見込めない。この組織風土を直接に考慮に入れない理事会・理事教育の努力は皮相的で短期的な変化しか生み出さないであろう。

　そこで、有効な教育と長期的な改善と向上には、ほんとうは理事会の組織風土の理解から始めることが決定的に重要である。つまり、理事会という集団の教育活動は、集団の既存の諸々の学習経験や慣習と一致するように問題を組み立てることから始めるべきである。そのうえで、理事会の組織風土を改善する手立てを教育し、その手立てを実践することの学習をさせることが必要である。理事会・理事の教育活動は、理事会と理事が理事会の組織風土の諸側面に努めて注目するようにし、自分の学習と成長のプロセスを自ら主導するよう誘導することによって、集団としての理事会の独自の有効性を向上させる基盤をつくることができるのである。

❸ 理事会・理事の評価

はじめに

　理事会と理事の役割と責任を明確にして、役割期待を伝達するもっとも一般的な仕組みは教育と学習である。理事会と理事は何を期待され、それをどのように実践するのかについて理解するための教育と学習を必要としている。明確な役割期待が確定していること、そしてそれが有効に伝達されることが必要である。前章で述べたところである。

　しかし、教育は最初の一般的な役割と責任に関する情報を提供するだけである。さらに、理事が教育と学習で得た情報と技術を理事会に持ち込むには、理事会・理事の継続的な評価を通した直接の誘導と指導が必要である。この評価は理事会・理事の職能と役割と責任が繰り返し学習され明確にされる重要な制度である。

　つまり、個人や集団の活動と業績に関する総括的で公式な評価の制度は、理事会・理事が何を期待されているのかを全体として理解して、特定の職務の執行がどのように望ましい結果を生むのかを知ることのできる用具である。理事が教育を受けず学習もしないで、そしてさらに理事の活動と業績が評価されないとすれば、理事は自分の役割と責任を充分に理解することはできないし、その役割と責任を高い水準で果たすことはできない。

　以下に、理事会・理事の活動と業績に関する査定・点検・評価（以下、評価とする。）について考えるが、実は、この評価は前章で検討した教育と学習の啓発活動の重要な構成要素であると同時に、フィードバックに繋がる最終の過程であり、理事会と理事の啓発活動はこの過程をもって一応の完結を見るのである。

　この点からは、まず、理事会と理事の評価は理事会内と組織全体の内部管理の領域に属する。教育と学習の結果は仕事の仕方とその成果に現れるはずであるから、少なくとも教育プログラムの内容に基づいて教育と実際との比

較評価をすべきである。

　さらに、理事個人が自らの活動とその結果について絶えず心掛けることによって、職務の質を持続的に向上させ、より大きな職務満足を得るという循環ができれば、理事会のなかに積極的な責任を負うという「責任文化」が生まれる。これに伴って、理事会が組織リーダーシップを発揮して、組織に対してどのような新たな価値を付加しているのかについて内外に示すことができるようになる。自分なりの自己評価を設計する問題である。

　他方で、今日の世界では、非営利組織についても善意をもって善いことをしているだけでは、もはや社会の信頼を得ることはできない。そこで、組織の有効性、透明性、正当性に対する多くのステークホルダーの高まる期待と圧力から、非営利組織を代表して統治する理事会が組織のために熱意をもって取り組むだけでなく、組織の透明性と正当性を示すよう期待されていると同時に、特に具体的な成果を出し、その過程と成果について細かく説明し、非営利組織の存在の有効性を証明しなければならない。

　理事会は最高の経営機関として「何をしているのか」、「その過程と結果はどのように社会への貢献に繋がっているのか」、つまり理事会の社会公共的な機能と役割について、これを説明することを求められている。「非営利で事業をしています」「公益のために事業をしています」だけではもはや受容されない時代が来ている。現に、理事会が有効性を高めるひとつの基準として自分の活動と業績について多方面からの点検を許容し、その結果としての評価を受け容れるかどうかという基準ができている。外部評価を容認しこれに適応する問題である。

　以上のような内部の必要と外部の期待と圧力から、理事会と理事の活動とその業績に関する評価について多種多様な制度と方法が実施されている。第三者評価、ステークホルダーの点検、理事会内の臨時・常設の業績評価委員会、会議における正規の議論、交流会、理事会および理事の自己評価など、多種多様である。これらは、誰が評価するのかによって外部他者評価（第三者評価、ステークホルダー評価）と内部他者評価（理事長、経営者、管理スタッフ）、それに自己評価に分けることができる。

　ただ、前章でも記したように、自負心の強い理事や理事会は本気では容易には他者評価には従わないこと、知性の高い理事は内心ではつねに反省をする性向をもっていること、現実に、最高の経営機関である理事会を直接に他

者評価する仕組みはできていないことなどから、ここでは主として、理事会の自己評価について検討を加えることにする。この場合、理事会の自己評価といっても、理事会は個人の理事たちが集まる集団であるから、理事会としての全体評価と理事の個人評価とに分けることが必要となる。

Ⅰ. 理事会・理事評価の必要性

　最高経営機関である理事会の評価については、誰が理事会の活動とその業績を評価するのかが問題である。まず、会員組織であれば上部組織である総会が行うことは考えられるが、組織の総会に参加する人たちでは情報が不十分であるために、会員が年間を通した理事会の活動とその業績を評価する能力には限界がある。また、産業や組織の性質によってはクライアントが一部参加する評価制度が最適であると提案されることがあり、それは大変有意義な効果をもたらすであろうが、クライアントの能力には会員と同様な限界がある。この点は一般の第三者評価などの外部評価においても妥当する。

　さらに、理事会の仕事ぶりを評価するには、理事会と協同しており、理事会の仕事をよく理解している経営者がもっとも適しているとする議論もある。しかし、この経営者は理事会に下属しており、その支配下にある人が理事会を公式に評価することは適当でない。まして、理事会は経営者の活動とその業績を監視する基本的な役割と責任を有している以上、理事会は独立している必要がある。

　そこで、所有権者が法的に存在しない非営利組織において最高の経営機関である理事会の活動と業績を「直接に外から管理する」ことには無理があり、当該組織の活動とその業績について間接的に外部評価をすることを通して理事会評価が行われることが自然である。しかし結局は、第三者が理事会・理事の仕事を評価する能力や資格に制約があるなら、自己評価に頼らなくてはならない。しかも、後でも述べるような外からの評価を忌避する理事会・理事に特有な性質から、理事会と理事個人ともに、自己評価の制度と方法こそが、理事会や理事が自分に与えられた責務を全うする自覚を高めるためにももっとも必要な手立てである考えられる。

1．嫌がられる評価

　評価は活動とその結果に重要な作用を及ぼすことは論を俟たないが、確か
に評価は決して愉快なものではなく、それがために人は評価に抵抗をするも
のである。現実に、理事や理事会はこの評価に対して何か問題が表面化する
まではなかなか受け容れようとしないし、取り入れようとしない。特に新し
いわが国のNPO法人のなかには独自の信念と自由な方針を完遂するという
名目で、外部の評価や自己評価を避ける傾向がある。この点では前章の教育
活動に対して理事たちが進んで参加しない「忌避の心理と行動」と同じ理由
が当て嵌まる。自己防衛をする心理から自己批判に対して拒絶反応を抱くこ
と、よくできる理事会を嫌がる管理職たちが消極的態度に終始すること、適
切な範例となる評価体系ができていないこと、などからである。特にわが国
では理事会に関する厳しい規律の風土がないことも考えられる。

　また、理事会は自らが財務評価、プログラム評価、経営者評価など、理事
会の責任の一端として多様な評価活動に関わるので、理事会の自己評価をす
ればプログラム評価や経営者評価と妥協して、これらの評価に対して自由に
評価をしないかもしれないし、自己評価を脚色する可能性があり、実効性に
乏しいことも考えられる。

　さらに、一般に理事は次のような弁解をするに違いない。(ⅰ)時間がない—
大切な問題に忙殺されており、自分や理事会を評価している時間の余裕がな
い。(ⅱ)報酬を得ていない—金銭的な報酬を受けないで自発的に取り組んでお
り、自分としてはそれで充分に得るものがあるので、評価を高めて報酬を得
る気はない。(ⅲ)成果が出ない—特に自己評価は真実を語らないので、結果と
してまやかしになることが多いから、ほとんど役に立たない。

　そのうえに、ボランティアで有能な実業家は組織に積極的に貢献はするが、
それは自分の専門的な経験と知見に基づいた能力を提供するだけであり、そ
れが理事職であると勝手に自分で限定している。理事として役立っているの
は自分の経験してきた知識と技能に限られる。だから、それ以外の理事職と
しての職務については、自分は「していない」のであるから、評価は無理で
あり、同時に心外でもあると思うに違いない。

　しかし、先に述べた外部の要請とは別に、理事会もひとつの行動組織であ

る以上、その活動と業績に役立てるために定期的に自分の活動とその業績について事後情報を集め、定期的に自己反省をしてフィードバックをするのは、むしろ当然の必要な行為である。しかも、理事会が経営者や従業者に自己管理行動を求め、活動と業績の評価に従うよう要求する立場にある以上、理事会もそれを倣うべきであるという要請が増大してくることから、また現に、理事会自己評価の様式などがかなり一般化してきたことから、これらの圧力に対する理事会の対応も変わらざるを得ないであろう。

2．評価の必要性と効用

（1）修正・改善の再稼動を担保する

適応的で革新的な経営管理の過程を踏むには評価に基づくフィードバックが絶対の条件である。どのような事業の経営もつねに計画—実施—統制の再生適応行動を螺旋状にかつ継続的に繰り返すのでなければ、その事業組織は存続することはできない。実施をすれば、その状況を査定し分析し評価して、その評価結果を修正と改善に織り込むことによってさらに適応的な再計画に繋げなければならない。修正と改善は経営活動のひとつの重要な過程であるが、評価はその過程の出発点である。計画—実施—統制の経営管理活動のそれぞれについてなんらかの「決定と統制」の役割と責任を担う理事会と個人としての理事が、その活動とその結果について評価の対象となることは言うまでもない。

（2）活動と業績を改善し向上させる

評価はフィードバックされて活動と業績を改善し向上させるのに使われることで初めて有効な働きをする。理事個人も集団としての理事会もそれぞれの活動とその業績について評価を通して修正・改善・向上につねに関心を寄せるべきであり、評価は修正・改善・向上と同じように組織文化となるべきものである。

どのような方法を採用するにしろ、評価から得られる検討と資料とは理事の間で議論され、改善と継続的な発展のための再計画を作成するのに使われるべきものである。そこで、完全な自己評価ができなくても、理事会が懸案

の問題や重要な職務について熟慮し、それについて理事たちから新たな提案を得られるような制度と方法を仕組むことが大切である。理事会が自らを評価する制度と方法に対して、それが「当たり前」として組み込むことが肝要である。そうなると、今していることをさらに上手くやりたいと思っている理事は活動とその業績をさらに改善し向上させるという機会を超えて、理事会それ自身の能力を体系的に向上させようとする気風をつくることになる。

（3）理事が重要であることを周知させる

　ボランティア理事はほとんどが無報酬であり、評価があると聞けばボランティアになろうとしないという指摘がある。しかし、どのような意図のボランティアであろうと、理事は自分の役割と責任に対して自分の想いで少なくとも積極的に関与しているはずであるから、その理事がその役割と責任にどのように貢献しているかを明らかにしてくれる評価をすることは自他共に必要なことである。それは、理事の役割と責任の重要性を強調してくれるからである。有償であろうが無償であろうが、誰も見ない役割は誰も気にしない役割であって、「評価するという事実」がその役割の魅力と重要性を強調してくれる。

　また、日常の経営に携わる管理スタッフや経営者は組織の仕事をしているのはほんとうは自分たちであると自負しており、それなのにいつも観察され監視されていると内心不満に思っているし、おまけにかれらは、理事は日ごろ責任を負わずに好きなことを言い好きなことをしていると見下す癖があるから、理事自身が評価を受け容れるなり、自ら評価をすることは集団としても個人としても、理事会と理事は事実において責任をもって職務を果たし、結果を出していることについて、かれら管理スタッフや経営者に知らしめる効果がある。

（4）インセンティブとして役立つ

　評価は仕事をさせる効力がある。誰も見ていないか誰も求めないよりは、人は評価されていると知れば仕事をしようとするものである。そこで、その方法はともかくとして、自己評価でも評価そのものの存在が理事に割り当てられた役割と責任を履行させる自然なインセンティブになる。

第Ⅳ部 理事会有効性を高める理事会・理事の啓発

（5）有効な理事会構成を管理する用具となる

　個々の理事の熱意と能力と貢献によって、理事会の価値が決まる。したがって、理事会と組織の必要に応じて、理事の熱意と能力と貢献を全体として客観的で体系的に評価した後に、その評価を基準として個々に理事の任期更新を行うべきものである。理事の任期更新は自動的でもなく、保証もされていないことを担保するために、評価が必要である。また、このような評価の情報は将来の理事の採用や指導者への登用を確認する基準として役立ち、特に大規模な非営利組織では評価の情報管理は常設の指名委員会の重要な職務として必要である。そうでないと、理事の選考・選任や再任、あるいは新しい指導者の選任が実績による貢献ではなくて、情実関係やたんなる地位保存などの主観的で恣意的な基準で行われる弊害をもたらす。

（6）公共の信頼を確保する

　公共の信頼は組織が透明性のあるガバナンス構造とその活動過程を維持しているかどうか、ステークホルダーへのアカウンタビリティが充分であるかどうかによって決まる。公益目的を掲げて公共の保護と助成を受けている非営利組織には、組織に対する公共の期待と信頼が寄せられている以上、その活動の状況は事実において信頼性があり、その存在には確かに正当性があることを公共に対して証明する特別の「アカウンタビリティ」が強く求められる。そのアカウンタビリティを十分に果たすために、ガバナンスを司る理事会とそれに属する理事の活動状況とその結果としての業績について詳細な評価が必須なのである。

3．評価能力の向上

　問題はこのような評価を履行する理事会と理事の能力を向上させる方法を見出すことである。
① 理事会のなかだけでなく組織全体のなかに評価を支持する文化を発展させることがもっとも重要である。理事会、トップマネジメント、情報を管理するスタッフの間に協同、信頼、尊敬の雰囲気がなければならない。情報が誰かの批判や制裁に使われると、評価の手続きは評価者と被評価者と

の間の「政治ゲーム」になってしまう。理事長と最高経営者のリーダーシップによってこのような理事会文化を変えることである。

② 理事が評価について教育を受け学習することが重要である。戦略・計画全般の推移、財務の健全性、リスク緩和、最高経営者の活動とその業績、理事会自身の評価などの主要な評価領域についてそれぞれ提供される情報をどのように受け止め、どのように解釈するかの教育と学習である。

③ 理事会内に特定の仕組みをつくることが必要であり、特定の委員会や役職によって評価のために必要な情報収集、情報分析、提言などを行う仕組みをつくることである。この役割と責任を理事会全体に委ねるなり、最高経営者に委譲することは有効な評価には繋がらない。

Ⅱ．理事会の評価

　フィードバックは活動と業績に重要な作用を及ぼすという概念は行動科学において支持されている。有効な理事会の基準のひとつとして、理事会・理事が自分の活動と業績のフィードバックを許容し、そのフィードバックの評価を受け止めるかどうかという基準がある。ステークホルダーの評価情報をフィードバックして収集し、定期的に理事と理事会の活動と業績を評価することは、理事会がミッションに関する目標と目的と一致する活動にその熱意と視点を集中するために重要である。ただ、多くの理事会は問題が表面化するまではこの評価を取り入れようとしない傾向があるが、しかし、このような消極的な姿勢は経営者や従業者に求めている自己管理行動を理事会も倣うべきであるという圧力が増大していること、理事会評価の方式などが一般化してきたことから変わらなければならない。

第Ⅳ部 理事会有効性を高める理事会・理事の啓発

1．評価の対象

多数の多様な理事会評価のあり方が研究者や実務者から示され推奨されている。ここでは、すべてをおよそ3つに大別して整理しておくことにする。

（1）規範と現実とを比較評価する

1）望ましい役割期待と現実との比較

非営利組織の理事会はコミュニティが資源と権限を付与している集団である。したがって、理事会は受託者として行為する存在であり、善管注意、専門技能、誠実性をもって組織を先導し統治する存在である。この役割と責任を効果的に履行するために、ガバナンスにおける幅広い能力を必要とし、特に、将来の戦略・計画策定の専門技能、目標達成の戦略目標と政策の作成、組織の活動と業績に関するモニタリングをする必要がある。

① ミッションと戦略・計画策定に関わる役割と責任

理事会がどの程度戦略・計画策定に関わっているか、行動路線に対して合意しているか、目的が明瞭であるかを評価する。

② 財務受託者としての役割と責任

理事会がどの程度財務状態と財務活動が健全であるかを精査しているか、また、理事会がどの程度客観性を維持し経営者から独立しているかを評価する。

③ 人的資源受託者としての役割と責任

理事会の経営者支援の程度、経営者の業績評価、理事や上級管理職の承継計画のような人的資源活動を監視し評価する。

④ 業績のモニタリングとアカウンタビリティに関わる役割と責任

理事会が情報と成果を慎重にモニターしているか、ステークホルダーに対する理事会のアカウンタビリティは適正か、理事会がどの程度公正な議論と結論の過程を踏んでいるかを評価する。

⑤ コミュニティの代表と擁護者としての役割と責任

コミュニケーションの方法やステークホルダーへの貢献を評価する。また、理事会構成が適正にコミュニティの多様性を代表するように指名手続きがなされているかを評価する。

⑥　危機管理者としての役割と責任

　定款と政策の点検が規則正しく行われているか、定款と政策や関連する法令を遵守しているか、財政その他の危機に対する予防措置を講じているかを評価する。

　しかし、このような理事会に対する評価となれば、それは一般にガイドラインなどで示される「優れた理事会のあり方」を総まとめにした規範的な評価となる。それはそれで目指す方向を示すという意味では有意義ではあるが、そのような「あるべき」理事会はたんなる理想の「英雄モデル」になるに違いないから、その英雄モデルと現実の理事会を比較して、満点にはほど遠いと無駄に悟るだけの結果に終わる。現実に自分たちが特に設定した行動と成果の予定に対する比較評価でなければ、そのほんとうの意義は失われる。

２）中核役割と現実との比較

①　決定・統制の評価

　理事会の評価は、個々の理事の活動と貢献、チームとしての理事会の効率性と有効性、理事会の政策決定の質、組織全体の活動、ミッション変更の可能性の５つの領域で行われるべきである。このうち、「理事会の政策決定の質」と、それに関連する「理事会の政策決定のプロセス」について評価することが重要である。つまり、経営管理活動（計画―実施―統制）のそれぞれの過程において政策決定と政策統制を中心に活動しているかどうかを評価することに重点がある。

　理事会は政策決定という作品をつくる以上、その政策決定を向上させることが理事会の役割と責任の中心である。理事会は自らに「われわれの作品―われわれが下した決定―はよかったのか」ということをつねに自問しなければならない。政策決定に関する評価がなくては、理事会がさらに質の高い決定を持続させるために必要な反応・内省・再設計をすることができない。事実、特に資金提供者のようなステークホルダーは理事会の管理業務ではなくて戦略的な政策に対する役割に注目するようになるので、この種の評価は有効に働くことになる。

②　集団機能の評価

　理事会は個々の理事の集合体である以上、その意思統一への努力が重要であることは当然として、非営利組織は多種多様な理事会構成と比較的大きな理事会規模を特徴とすることから、理事会の活動とその業績の向上には個々

の理事を束ねる理事会の集団結集力が決定的に影響する。そこでまず、他を統治する前に自分自身の統治を十全にしなければならない。そして、この集団結集力が理事会の合法的な権限を有効に発揮するための源泉となる以上、理事会は結集力ある集団として行動し意思統一一体として活動しているかどうかを評価することがきわめて重要である。

③　理事会構造の評価

理事会規模と理事会構成と理事会の活動過程の特徴が理事会有効性と組織有効性にプラス相関するものである以上、理事会規模と理事会構成と活動過程を継続的に評価することが肝要である。

（2）優れた能力基準と比較評価する

アンケート調査の結果から、例えば有効なガバナンスにとって本質的な要素として理事会能力の6つの次元を確認して、そのそれぞれについて評点を付けることで全体の評価を行う方法がある。

6つの次元とは、すでに第Ⅲ部第1章で詳述している通り、(i)組織の文脈：理事会はそれが統治する組織の文化、価値観、ミッション、規範を理解してそれらを考慮する。(ii)学習：理事会は必要な階梯を踏んで、個々の理事が組織、その事業、そして、理事会自身の役割と責任、貢献と業績についてよく理解するようにする。(iii)集団の育成：理事会は集団の一員としての理事の向上を育成し、理事会の共同福利に専念し、一体感とチームワークを育て上げる。(iv)分析力：理事会は処処すべき問題の複雑さと微妙さを認識して、多数の視点に立って複雑な問題を詳細に検討し、適切な対応を総合する。(v)政治：理事会は主要なステークホルダーと健全なコミュニケーションと緊密な関係を高める方法を開発し、それを維持することがひとつの主要な責任であることを受認する。(vi)戦略：理事会は組織のビジョンと具体的な方向を見定め、組織の将来への戦略的方法を確定するのに役立つ。

以上のように、組織の背景を理解しているか、学習能力を積んでいるか、理事会自体を育てているか、複雑性を認識しているか、プロセスを尊重しているか、将来志向をしているかという6つの次元に基づいて、ここでは、詳細を示すことはできないが、65の評価項目を作成し、それぞれに4段階の自己採点を求めている。

（3）予定（計画）と実際（実践）を比較評価する

　理事会評価のひとつの側面は「われわれは為すべきことを為すべきように行動しているか」という質問に答えることである。評価をするということは前もって期待が明らかであることを意味するから、質問は「しようと言ったことをその通りしているのか」ということになる。つまり、「理事会行動はその意図した通りにしているのか」を問うことである。

　具体的には「規定された・期待される・割り当てられた特定の理事会の役割と責任」を果たしているのかどうか、その仕事ぶりとその成果を評価することになる。そのためには、理事会の職能規程と行動を詳細に示す政策をどのように作成するのか、理事会はどのような行動をして、どのような成果を挙げるべきかについての規準を明らかにすることが先決の課題となり、それに基づいて理事会がよい仕事をしているか、計画した通りに行動しているかを知る自己評価をどのように実施するかを決めることになる。

　前章の理事会・理事の教育との関係でいえば、理事会啓発の内容と手順は上手く実践されているかどうか、何を啓発しようとしたのか、それは理事会をさらに向上させるために期待を込めて「これからはこうしよう」という将来の行動と成果を願ってのことであるから、評価はこの「こうしよう」が果たして実際に形となって現れているかどうかを査定し判断することである。

2．評価の用具

　理事会の行動について自らの判断がなんらかの効力を及ぼす以上、その理事会の行動に対する評価は、理事会自身が行うのが最善の方法である。その際、理事が理事会の行動について個々に判断し評価しときには批判をしても意味がなく、個々の評価が組織全体として集合され検討されることが前提として重要である。そこに理事会全体としての自己評価の意義がある。現に、理事会が機能不全のままであるひとつの理由は、自分自身の役割と能力を評価する適当な制度と方法を備えていないことにあると指摘されているが、そうだとすれば、なおさらのこと、理事会が自己評価をできるような制度と方法を準備することが必要となる。

　ほとんどの人と同様に、理事会も先入主のない客観的な自己分析をしたく

はないものではあるが、客観的な理事会自己評価の制度と方法によって理事会の価値や強さと弱さについて理事が認識する手立てとなり、またそれによって、理事会がその活動と業績を改善する際にどのような手順を踏むべきかを知ることができる。

　なお、公式の理事会自己評価は、自己改善の作業にどれだけの時間を割り付けるのか、何を優先してどのように対処するのか、どんな場所と機会で検討するのかなどの手続きによって、その有効性が決まることに留意しておくことである。

（1）いろいろな評価項目と評価手順

　理事会の活動とその結果について直ちにフィードバックする方法として、通常は質問表を用いた自己評価用具が共通した方法として用いられる。そのために、多数の研究者や実務者がそれぞれに理事会の有効性と政策策定についての評価項目や評価基準や評価手続きを提示している。しかし、いずれも長短の問題点を抱えているからか、目下のところ一般に認められた権威ある評価用具は見当たらない。最終的には自分の特定の組織にもっとも適合する評価制度を選択することが必要となるが、ここでは代表的な理事会評価の評価項目と評価手順をいくつか例示しておくことにする。

　１）理事会に非営利組織のガバナンスとリーダーシップに基本的な役割を割り当て、理事会有効性は組織有効性のひとつの基本的条件であると見做して、理事会の英雄モデルとしての「優れた理事会像」を示す12の特性を評価項目として列挙する。それぞれの項目について５段階の格付けを行う。

① 互いの才能を補完できる有能な人から構成されること。

② 政策策定に際し諮問されるべき利害を代表していること。

③ すべての必要な役割と責任を果たせるように規模が大きく、しかし審議をする集団として行動できるように規模が小さいこと。

④ 理事会、執行役員会、常任理事会、委員会、経営者、スタッフの基本的な構造の様式が明確であること。

⑤ 理事会と経営者・スタッフの間に有効な協同関係ができること。

⑥ 理事は組織のミッションを理解し、組織のミッションがプログラムによってどのように達成されるかを理解していること。

⑦ 理事会には社交的で親密な関係の雰囲気があること。

⑧　理事は自分の職務に熱心で積極的に関与していること。

⑨　理事会はその職務の指針となる特定の目標を策定していること。

⑩　決定に関わるすべての人が十分に考慮した後に政策を決定すること。

⑪　有効なコミュニティ関係の維持に努めること。

⑫　理事会が進歩と達成の意識を強く抱いていること。

　同じ系に属するが、特に成功しているガバナンスに関する文献資料のなかで確認された15項目のガバナンス有効性点検早見表がある。ガバナンス有効性を簡単に見分けるように編成されており、小規模な非営利組織に有効である。

①　理事の指導は適切に準備され、理事が自分のガバナンス責任を全うできるようになっている。

②　理事会は組織の方向づけと組織の優先事項に関する政策決定に積極的に参画している。

③　理事会は経営者の業績を適正に評価している（目的に対する成果の測定）。

④　組織の財政は健全である（存続と安定）。

⑤　理事は理事会と経営者とのそれぞれの役割についてはっきり理解している。

⑥　組織の諸資源は効率的に使われている（支出に見合った価値）。

⑦　理事会は資金提供者、寄附者、消費者、関係組織や専門家、コミュニティ、スタッフ、主要なステークホルダーの信頼を得ている。

⑧　理事は組織のミッションと価値基準に対して積極的に関与している。

⑨　理事はガバナンス構造の主要素（定款、政策、行動規則、利害の対立、伝統的・文化的規範など）が求める要件を満たしている。

⑩　有効に統治する理事の能力は理事同士の対立で損なわれていない。

⑪　理事会と経営者の間には生産的に機能し合う関係にある（よきコミュニケーションと相互の尊敬）。

⑫　理事会は組織のリスクに対して有効に対処できると信じている。

⑬　理事会の会議は適正に運営されている。

⑭　理事会は正当な意思決定プロセスを踏んでいる（理事会の責任範囲、事実に基づく情報、時間の有効利用）。

⑮　組織の安定と革新とのよいバランスをとっている。

　２）特定の理事会の課題もしくは役割と責任に絞って評価する。有効性そのものが社会的構成物であるとの立場から、評価はもともと固定された厳密な項目と基準に拠るべきではないとして、例えば、以下のような評価項目を

428

挙げる。

① ミッションの定義と再吟味および政策の決定と再吟味

② 経営者の選任と評価と支援、理事会と経営者の関係維持

③ ミッションと一致するプログラム選択とプログラム・モニタリング

④ 寄附の供出と募集

⑤ 資金援助と財務管理

⑥ 戦略の策定

⑦ 新理事の選抜と教化

⑧ 理事会とスタッフの関係維持

⑨ マーケティングとPR（外部ステークホルダーとの関係維持）

⑩ 理事資格と理事会・委員会の開催

⑪ 危機管理

　3）有効な理事会の特徴として先に示した6つの次元での理事会能力を評価するために開発された自己評価用具である。BSAQ（理事会自己評価質問票）と呼び、これは理事会の特定の行動能力に焦点を当てて理事会の活動と業績を評価し、理事会が強化すべき領域を指摘し、全体として弱い点を改善するような多様な示唆を提供する点で意義がある。そこで、この質問表は自己評価から自己改善に進みたいと願っている理事会にとっては有効な指針となるし、この用具だけが組織有効性と関連する資料となり、組織の活動と業績を解釈する基準を提供している点検表であると見られている。

　なお、わが国ではドラッカー財団の『非営利組織の自己評価手法』（邦訳）（1995）が有名であるが、これは理事会が組織戦略を策定するために設計されたもので、ガバナンスに関する自己評価方法ではないが、有効なガバナンスに関する有意義な考察をしている。

　また、経営者、特に最高経営者による理事会評価も非公式に行われているが、かれらの理事会と理事を見る眼はもともと違っているので、その評価項目や評価基準、あるいはその評点は理事会の自己評価とはかなり異なることは当然であるとはいえ、いくつかの資料に拠れば、その乖離はかなり深刻である。日常の組織運営にはそれほど目立った影響はないにしても、かれら経営者の評価が新規の理事の選考・選任や現理事の任期更新の決定などに少なからず影響を与えることは確かである。そこで、経営者が理事会・理事評価を公式に許されるべきかどうか、理事会がその評価結果をどの程度利用すべ

きかどうか、ここでは扱えない難しい問題が残される。

（２）理事会自己評価の共通の項目

　以上に例示した各種の自己評価項目を点検した結果、いくつかの共通する項目があることが判明する。自己評価表を作成する場合、どの範囲までを評価の対象にするのか、あるいはどのような評価の基準を用いるのかが第一の課題となる。それには理事会の有効性には本質的にどのような諸要素が必要なのかを考えることであるが、差し当たりガイドラインとして認められているいくつかの自己評価表のなかに見られる共通の評価項目を抜き出して整理しておくことも手順として大切である。

① 　ミッションと政策決定

　理事会は明確に組織のミッションと目的を知っているか。その目的に適合して意思決定をしているか。理事は組織が向かうべき方向に同意しているか。理事会は戦略・計画の策定に積極的に参画しているか。

② 　活動と業績のモニタリングとアカウンタビリティ

　的確な情報を得て活動と業績を慎重に監視しているか。ステークホルダーに対するアカウンタビリティは適正か。プログラムの有効性について評価をしているか。

③ 　財務管理（資金調達と資金管理と危機管理）

　理事会が財政状態と財務活動の健全性を精査しているか。予算編成の過程を理解しているか。資源開発計画を理解しているか。資金調達を支援する責務を理解しているか。

④ 　人事管理（経営者のモニタリング・評価、支援、選任）

　理事会は経営者に権限を委譲し支援しているか。経営者から独立しているか。経営者の業績評価、理事と上級管理職の承継計画のような人的資源活動を統制しているか。

⑤ 　理事会構造（構成、規模、委員会・会議、文化）

　組織が必要とする人材が理事会に代表されているか。適正な理事会構成を維持しているか。委員会制度は機能しているか。理事会は法規則、定款、政策、役割の規程書を含む有効なガバナンスの要件を満たしているか。会議は正しい事案に集中しているか。意思決定に必要な情報を規定通りに入手しているか。議論や討論をする適当な時間があるか。信条や価値観を共有してい

るか。チームとして結集力があるか。

⑥ **理事会活動（理事会の執行手続きと活動方法）**

　理事会・理事の啓発：理事の選任と指導、集団行動の啓発、自己評価は適正に行われているか。理事会の管理：職務と職権の配分と利害調整の管理は適正に行われているか。意思決定：現実の的確な情報により、透明性のある方法でもって、理事その他の広範囲の参加の下に意思決定をしているか。

⑦ **理事会と経営者の関係管理**

　経営者とのパワー・バランスはとれているか。経営者とは協同関係にあるか。

⑧ **対境管理（組織代表、社会の評判・信頼、コミュニティの代表とコミュニティへの支援）**

　ステークホルダーとの交渉・調整・相互関係の向上に努めているか。ステークホルダーの関与と貢献を評価しているか。

（3）理事会自己評価用具の問題点

　これまで紹介してきた理事会自己評価の一覧表には、共通して批判されるべき問題点がある。1つは、理事会の活動と貢献が組織全体の活動と組織の成果にどのように関連するのかを問わないで、想定される理事会職能すべてを軽重なしに評価項目に入れている点である。2つは、すべての評価項目を理事会有効性に総括しているだけであるために、それぞれの評価項目の間の相互関係が明らかではなく、したがって、どの項目を直すことがもっとも大事なのか、どの項目を改善すればどのような相関関係や相乗作用が期待できるのかなどが判然としない。

　第Ⅲ部で若干扱った「理事会有効性と組織有効性」の関係を明らかにして、組織有効性に繋がる理事会有効性に絞り込んだ評価項目を作成すること、その評価項目の間の相互関係を示す枠組みをつくることが求められる。そのためには、まず理事と理事会のそれぞれについて、それ自体の能力—理事についてはそのとき期待された資質と才幹、理事会については基本的に集団としての能力—を評価することが先決の課題となろう。

3．使い方の留意点

（1）お仕着せの評価制度ではその効力は半減する

　特に政府の規制や助成財団の要求によって、また同業団体の勧奨によって、組織規制に対する査定という形で理事会の評価が間接的に行われる状況になっている。あるいは、同業者がある理事会の評価制度を導入したことから、意識的か無意識にか、横並び意識で同じように模倣する組織も出てくる。いずれも評価に対して主体的に取り組む姿勢に乏しく、理事会をさらに向上させるという自己管理志向が欠如したままである。これでは、評価制度に振り回される愚を犯すだけである。むろん、すべてが評価制度それ自体の罪ではない。自己実現の欲求を高くすれば、それだけ特に「自己評価」の意義と効力が増すことは必定である。

（2）何を評価するのか、評価対象を特定することである

　最高の経営機関である理事会には現に法的・倫理的な職務の執行が規定されており、さらには、有力な組織行動論—エージェンシー理論、資源依存理論、スチュアートシップ理論など—の理事会の行動仮説に誘導されることで、「理事会はこうあるべし」というベスト・プラクティス（最善実践指針）が多くの指導書に列挙されている。

　しかし、これを目標にしたところで、「わが組織では」理事や理事会に何を期待するのかを特定しないことには実践的な効果は決して生まれない。一般化された最善実践指針などの評価項目や評価基準を鵜呑みにしないことである。

　例えば、組織を正当化するために理事たちが選任されているとすれば、その理事会を監視機能への貢献度を測定して評価することは筋違いである。同様に、理事が自らをある重要な運動や企画のためと位置づけて自己評価をしている場合、監視能力の有効性の有無を評価することは適当ではない。

　すべての評価には比較標準—期待—が必要である。基準として役立つ期待（目標）がなければ、評価は不可能である。評価は具体的な目標を達成する際の達成度合いを測定し、達成状況を分析・反省する過程であり手段である。このことから、当然のことながら、理事会は「何をすることを期待されてい

第Ⅳ部 理事会有効性を高める理事会・理事の啓発

るのか」を確定することから始めるべきである。そうすれば、その後の評価は発展に向けての第一歩となる。その最初の段階がなければ、理事個人にしろ理事会にしろ、その活動と業績を調べることはまったく意味をなさない。

（3）運用する手順を確かにし、それに従って理事が参加することである

特に自己評価にははっきりと上手く仕組まれた手順と、その手順を踏む理事の時間と貢献と信頼がなければ、よくできた精密な制度と方法であってもその成功は覚束ない。次のような要件を満たすことである。

① 全理事が参加意識をもつこと。

② 手順を監視し結果を管理する任務の委員会か小集団があること。

③ 自己評価質問表が配付されたとき、それが回収されたとき、それを全理事で点検するとき、それぞれにはっきりとした工程表があること。

④ 正規の理事会の会議か、結果を検討する特別会議で別の時間を取って検討すること。

⑤ 理事会がその役割や構造について認識した問題点に対処する行動計画を作ること。

⑥ その行動計画が実現されているかどうかを監視する方法があること。

つまり、理事会の活動と業績の改善方法の決定や、評価結果に基づく行動計画を全理事が参画して準備することによって初めて実を得ることができる。

（4）評価は時に応じて行うことで効果がある

評価は必ず行う慣例にすることは大切であるが、ルーチンとして常規的にするべきではない。実際に自己評価には随分と時間と労力が掛かり、また、どれだけの新しい情報がどの程度の期間で集まるのかなどの制約がある。そのため、この評価手続きに毎年関わることは合理的ではない。理事会と経営者がそこから何かを知りたいとか、その結果で何かの行動を採りたいと考えたときに企画されるべきである。そこで、総括的な評価は2年から3年の間隔で行うことも充分考えられる。理事会が大きな再編成をする場合や、組織を再設計する場合には、評価の結果が重要な資料となる。「決められているから行う」のではなく、評価は臨機応変に行うことである。

（5）自己評価は散発的な活動ではなくて持続的な活動である

理事会の活動と業績を向上させたいのなら、評価は持続的でなければならない。定期的な公式の評価は別として、本当は、評価はごく自然に日常的に行われているのが最高の状態なのである。例えば、前回の会議で決めたことはどうなっているのか、実施中なのかどうか、実施中ならばどの程度に進捗しているのか、その間に何か問題が生じたのか、それはどのように処理されているのかなど、わずかの時間でもこれに充てる議事日程が組まれていることである。

（6）評価は否定的な批判や制裁を目的にしてはならない

評価制度を取り入れるときに、その狙いはもっぱら批判をし制裁を課すことにあるのではないことに留意しておくべきである。評価の主たる目的は活動と業績の持続的な向上を図るためである。理事のある種の人事考課に用いることはあっても、それが目的ではないことである。本来の評価はごく自然に活動の仕方を顧みるような過程であり、組織として絶えずその活動の進捗状況を評価するのが当然である。

（7）理事会の評価は理事会の責任である

ガバナンスは明らかに理事会の第一の職務であるので、評価は理事会のなすべき職務に統合されているもので、その職務をどのように上手く執行しているかを評価する責任は理事会にあるのは当然である。他の理事会職務と同じように、理事以外の第三者が理事会評価に携わることがあるとしても、理事会が直接に自分の責任であることをまず自覚することが大切である。

Ⅲ．理事の評価

「Ⅱ．理事会の評価」では理事会の自己評価について、その必要性と有効性、具体的な評価項目と評価表の使い方について検討を加えた。ここでは、理事会を構成するメンバーである理事の自己評価について、具体的な自己評価項目を紹介し、特に、何を査定し評価するべきかを特定して自己評価表を

作成し、それを利用する際に留意すべき諸点を指摘する。そして最後に、集団としての理事会も含めた「自己評価」の制度と方法についてその意義と問題点を明らかにする。

1. 理事評価の重要性

　非営利組織の理事は組織のガバナンスについて重大な責務を担い、財政健全性の確保にも最終の責任を負う存在である。それにも拘らず、その理事の活動とその業績とがどのように理事会や組織全体の有効性に相関しているかが明らかにされていないためか、理事に対する教育・啓発や理事の行動や業績に関する査定や評価が等閑に付されてきたきらいがある。しかし、最近になってわずかではあるが、理事の活動や貢献が理事会や組織の業績にどのように作用するかを探索する「有効性研究」が見られるようになってきた。それらの研究に拠れば、理事の組織への関与の度合いが高ければ理事の活動や業績も高く、それが理事会や組織の有効性を高めることが判明している。理事がどのような場面でどのような関与をすれば、理事会や組織の業績をどのように高めることになるのかがある程度実証されてくれば、理事の活動と業績に関する査定とその評価を行うことが、さらに理事会や組織の有効性を的確に高めることに繋がり、実践的にも具体的な意義と効果を生むことになろう。

　しかしながら、理事たちが教育プログラムに参加したがらない事情はすでに指摘しておいたが、まして他者評価にしろ自己評価にしろ、評価がなんらかの規範や基準に基づいて人の活動とその業績を測定―査定―評価し、場合によっては、その評価が報奨や制裁の基礎となる以上、理事が進んでこれを受け容れて採用し、積極的に活用することはなかなか期待できない。

　本章の1「嫌がられる評価」において、理事会・理事を評価する際の内在的な困難についてはいくつか指摘しておいたし、また、後に述べるように、理事個人の公式の査定と評価は限定的な有効性しかもたないことから、本質的な欠点をもっている。

　しかし、優れた理事会には、理事個人の活動と貢献やアカウンタビリティを明確に示す文化が根付いていることも事実である。このような文化を特徴

とする理事会をつくり上げその文化を向上させるために、優れた理事会では
その基本的な要素として「理事個人の評価」の伝統と制度が維持されている
と考えられる。理事の評価は理事会と組織のガバナンスを向上させる別の重
要な方途である。

　理事には、組織の評価を通して間接的に評価されることはあっても、公式
かつ直接に外部のステークホルダーから評価を受けることはない。そういう
意味から、特に理事に対しては他者評価よりも、自己評価を重視すべきであ
る。だいたいが意識の高い人たちであるから、自らが自分の活動の査定と評
価をしたうえで自己反省をしたこと以外は正そうとはしないものである。こ
のような理事には、自分自身の内発的動機に訴える手段として自己評価が大
いに役立つのである。

2．評価の対象

　多種多様な自己評価表が研究者から提示され、また、すでにいくつかの権
威づけられた自己評価表が公表され利用されているが、総括すれば次のよう
な評価項目から作成されている。

① 　**理事会と組織に対してどれだけ積極的に関与しているか**
　その熱意、時間と能力の奉仕、会議などへの参加。

② 　**組織と理事会に対する各種の貢献をしているか**
　資金（直接の寄附、資金調達）、物財、社会的地位、専門知識と経験の提供。

③ 　**組織のガバナンスとリーダーシップにどれだけ役立っているか**
　役割期待の充足、理事会内の融和と結束。

（1）理事個人の活動と業績を測定・評価する

　一般に、業績評価に関する制約や問題については古くから多くの研究者が
指摘してきたが、特に個人の活動と業績を有効に測定し、的確に評価するこ
とはさらに困難である。このような困難を緩和するために、活動とその結果
に関する主観的な査定を制限するための努力として、評価の対象とすべき行
動の多くが客観的な性質の「参加・関与」の行動を査定し評価することに主
眼を置くことになる。一般の人事考課で用いる資質評価（知識・技術、人格・

性質）は別として、例えば、会議への出席数・出席率、各種の委員会への帰属と奉仕時間、資金や物財の寄附などである。

　確かに会議への出席が理事の活動の主要な指標であることは間違いないが、たんに会議に顔を出すだけでは有効な活動や貢献になることはないこともまた真実であるので、一般に、次の３つの用具で理事の行動評価を補完する。

① 　理事長や委員長か経営者が上記の参加・関与の行動ごとにそれぞれの理事の活動と業績を評価する参加表。

② 　理事長や委員長や経営者が理事会の構成員としての理事にどのような価値を与えるかについてそれぞれの理事を格付けする業績表。

③ 　理事自身が出席や時間や資金の寄附などの自分の行動について情報を提供する自己報告表。

（２）行動や姿勢の「態度」に重点を置く

　確かに理事会や委員会への出席・参加状況、寄附や時間の提供という具体的な「参加・関与」の行動も重要な評価要素ではあるが、日常の理事会と理事の活動に役立つ「眼に見えない」コミットメント行動も評価すべきことが指摘されてきた。理事の理事会と組織へのコミットメントが理事会の業績と組織の有効性を高めることが明らかとなってきたからである。

　最近、あちこちでコミットメントの言葉が使われるが、それは社会的規範や目標または集団への「内的な関わり」を意味するが、特別な対象への貢献とそれに対して受取る報酬が均衡した一種の投資行為（制度・価値観に対する内的愛着）を指している。さらに、このコミットメントについてはすでに指摘したように、情緒的コミットメント、継続的コミットメント、規範的コミットメントの３つの種類があり、コミットメントには「望んで」「必要から」「義務感から」の３つのコミットメントがあるということである。

　この研究に拠れば、理事の理事会と組織へのコミットメントが理事会の業績と組織の有効性を高めることが明らかであるが、そのコミットメントは継続的コミットメントよりも規範的コミットメント、さらには情緒的コミットメントがより高い効果をもたらすことが判明している。特に経営者たちは情緒的に組織と繋がる理事を理事会に行動的に関与する人であると評価し、当然のこととして、この理事たちを有用な人材として評価する。

　このような理事は資金の寄附、時間の提供、会議への出席、多くの委員会

での奉仕に積極的に関与する傾向にあるからである。そうである限り、効果の高い順に従って選ばれた評価項目を重点に自己評価表を作成することができる。この場合、いずれにしても、能力よりも個性（姿勢、態度）の評価を重視することになる。

（3）チームとしての理事会への協力・貢献度を重視する

　理事会はなによりも共通目的を支えるべく理事個人の時間と能力を本来的に否定するような個人から成る集団であるから、理事会の成功にはそれぞれの理事が理事会全体の目標と役割と責任についての理解を共有することが必須の条件である。すべてではないが、個性豊かな多様な理事が集まる理事会であればこそ、ある程度の集団主義や団体精神の醸成が啓発されるべきである。したがって、このための啓発とその評価が重要となる。組織人としての調和、協調、連帯、結束の個人的な資質と人格を問う評価項目が自己評価表のなかにも重要な要素として含められるべきものとなる。

　理事は組織に対する強く高いコミットメントの下に自分の最適な才能でもって理事会と組織全体に貢献してくれることが期待される。その限りにおいて、参加の熱意と貢献意欲、それに職務能力と実行力、さらに集団結集力への協調を中心に理事評価を編成することである。ただし、これらの評価要素はやはり「インプット」の評価にすぎないので、結果としての「アウトプット」を測定し評価することも忘れてはならない。

3．評価項目と評価チェックリスト

　評価には大別して他者評価と自己評価とがあるが、他者評価は最高の経営機関に属する理事には制度上馴染まないことから、さらには、誇り高い理事の評価に対する反応と反省をいち早く促す意味から、自己評価が主として採用されるべきである。この場合、自己評価の用具として、一般に質問表が作成され利用される。何に重点を置くかによって多種多様な質問表ができるが、ここでは、理事が組織に対してどのような価値を付加しているかを評価する自己評価表のひとつの範例を示しておくことにする。

　それは主として理事がその役割期待に応えているかどうか、さらには、理

事会に対して積極的に関与しているかどうかについて、評価項目を作成し、それぞれを4段階で自己採点するものである。

① 組織の定款、政策、プログラムについてよく理解している。

② 理事としての役割と責任をよく理解している。

③ 理事会のガバナンス役割と経営者・スタッフの役割の違いを理解し尊重している。

④ 組織の予算と財務諸表をよく理解している。

⑤ 上記①～④について理解を深めるために説明を求めている。

⑥ 組織のミッションに傾倒し献身的に行動している。

⑦ 理事会と所属委員会にはきちんと出席している。

⑧ よく議事録を調べ検討して会議に出ている。

⑨ 可能な限り理事会・委員会の議論に貢献している。

⑩ 最善の判断で理事会に、場合により経営者に助言をしている。

⑪ 利用できる最善の客観的な情報・証拠に基づいて自分で判断し、組織全体の最善の利益になると信じて判断している。

⑫ 建設的な態度で理事会の決定・方針について同意しないと公式に発言している。

⑬ 理事会の最終決定はつねに尊重し誠実に支持している。

⑭ 機密事項を尊重し守秘している。

⑮ 割り当られた職務は適時に効果的に熟している。

⑯ 個人間の利害対立やその気配を避けるか申告するように努めている。

⑰ 役割期待に沿って理事会の特別イベントに参加し、あるいはそのイベントの立上げを支援している。

⑱ 組織が属するコミュニティに対して積極的に理事会と組織を代表している。

⑲ 役割期待に沿って自分の能力に見合った時間と能力を提供し、あるいは金銭を寄附している。

⑳ 連帯心を強め、理事会そして経営者との良好な人間関係を深め維持するように努力している。

㉑ 理事会での活動は自分にとって見返りがあり充実していると認識している。

㉒ この組織に貢献していることに満足している。

ただ現実には、理事の評価について誰もがその重要性を認識しているけれども、ほとんどの理事はそれに関わりたくないと考えるから、実際にごくわ

ずかの非営利組織だけが理事の評価制度を採用している程度となる。ただ、採用する場合には、自己評価を含む個人評価制度、その結果を啓発プログラムにフィードバックさせる制度、評価に基づく理事更新の制度を併せて採用すべきである。

特に、理事会を活性化させるためには理事会の構成と構造を的確に変更・改革する必要があり、そのために個々の理事の活動と貢献度を評価しなければならないから、それゆえに、理事の評価と更新を連動させる制度が重要となる。理事会がなんらかの価値を付加する能力は個々の理事の熱意、努力、能力、才覚に大きく依存し、したがって、理事の任期更新は自動的でもなく、保証もされていないことが重要となる。理事会と組織の必要に応じて、なんらかの理事会と組織の欠点を矯正するような理事の活動と貢献と関与とを全体として評価した後に、任期更新はケースごとに行われるべきである。少なくとも、この評価は任期終了前に行い、理事に対する期待の規準に従って行われるべきである。

その評価の方法には自己評価と多面評価があるが、前者は一連の質問に答えて一定期間内の活動と貢献について自省して評価するものである。それは自分でいつまで理事を務めるかを決めるべく自問する自己評価制度であるが、そのひとつの範例を示しておく。

① 組織のミッションに強い関心を抱いているから続けるべきか。
② プログラムについて有用な支援と助成をしているか。
③ 理事会、経営者、スタッフの有効性について信頼しているか。
④ 自分の後に就任する人と比べて、少なくとも役に立つ資格があるか。
⑤ 自分が重任することで理事会の力量と統一が強化されると思うか。
⑥ 理事会での自分の仕事は少なくとも同時に別の仕事よりも有意義であり、かつ個人的な見返りがあるか。
⑦ 会議や委員会には規則正しく出席しているか。
⑧ 会議のための準備をしているか。
⑨ 他の理事たちとの人間関係・社会関係の維持に努める気持ちがあるか。
⑩ 変化や革新を支持する能力と意志があるか。

第IV部 理事会有効性を高める理事会・理事の啓発

Ⅳ. 理事会・理事の自己評価の意義と問題点

　最近の非営利組織に関する研究のひとつの大きな流れとして、理事会・理事が機能不全であるひとつの理由は、自分自身の能力を評価する適当な方法をもたないことにあるとして、理事会・理事が自己評価をすることができるような点検方法を提示していることである。

1. 自己評価の意義と目的

　自己評価とは、当事者がそうしたいと考えていたプロセスと産出物と実際のプロセス（行為・行動）と産出物（結果・成果）を比較することである。理事会・理事は自分が起こるであろうと言ったことと現実に起こったこととをつねに比較していなければならない。

　特に、(i)理事会の自己評価はガバナンス機関としての理事会が為すべき行動をして成果を挙げているかどうかについての評価でなければならない。

　(ii)理事会の自己評価は理事会が発揮できるガバナンスに向けて理事を支援し前進させるための評価でなければならない。

　(iii)したがって当然に、理事会がガバナンスを維持するために、そのガバナンスを劣化させないためには、理事会の自己評価はすべての政策のなかから理事会が自分で期待を掛けた政策に特に力を入れて評価しなければならない。

　以上のことは、要するに、理事会の自己評価はガバナンスをするという職能と役割および責任に無関係ではなく、ガバナンスをすることとは分離できない部分であることを意味する。したがって、理事会の自己評価の手続きや手順を含む政策はガバナンスの執行過程の範囲に含まれる。そこで、評価の目的はたんに結果の報告を作成するためではなく、理事会のガバナンスの質を維持し向上させることである。このような評価は昨日ではなく明日に関するための評価であり、過去の点検ではなく、将来を鼓舞するためにある。

　本書のなかですでに多くの点で指摘してきたように、今日、非営利組織の理事会は組織のよきガバナンスを維持するリーダーシップの一端を発揮する存在として大きな期待が掛けられてきている。そこで、理事会がこれらの期

待を満たし、その役割と責任を有効に果たしていることを示すと同時に、さらなる活動と業績との向上を求めるために、自己評価が重要な用具となってきているのである。

2. 自己評価の制約と限界

　しかしながら、自己評価の欠点として、実際の理事会活動とその業績を測定し評価する「計器」としては信用できない点がある。自己防衛から自己批判への拒絶反応が強いこと、よくできる理事会や理事を嫌がる経営者たちの忌避が働くこと、適切な範例となる評価制度が未熟であることなどから、理事会や理事は自分自身の活動と業績についてそれを正確に判断しようとはしないからである。誰も真面目に取り組まないから、大方は平均点以上であろうという認識結果に終わって自己満足を与えてしまう。

　ただ最終的には、自己評価の主たる欠点は評価の主観性にあることは明らかである。そこで、理事会や理事の回答は必ずしも正直であるはずがなく、社会的・政治的に受け容れられるものを回答するだけかもしれない。

　むろん、内省しない人はいないし、内省を無意識に繰り返しているのが普通の人間行動である。内発的動機や自己実現の欲求の議論を俟つまでもない。理事は自分のことは自分が一番よく知っている。だから、実践と実現に対して反応し自省をしているはずである。自省のうえにさらに向上しようとするものである。したがって、公の自己評価制度は自分の行動を自分で再認識し再確認し、そして自省して次の行動に役立てるために「絵に描いてみる」ことに意味がある。

　しかし、自己評価が「制度として」基準を設けられると、押し付けられたものと受け取って、この制度に反応して「妥協」することになる。したがって、上からの評価や管理目的による評価ではなく、ほんとうの自己啓発の一環としての自己評価が意味をもつ。ただ、文書化された自己評価を何かの目的で誰かが視ることについて、それが自己評価をする人に判っている場合、その人は妥協・折衷した評価を行うものである。また、理事会と理事は組織評価や管理者評価などをする責務にある、あるいはそのような評価を命じる立場にあるために、控え目に緩い自己評価をすることになる。この扱い方が

442

成否の分かれ目である。どこまでも評価のすべての作業を自発的に完結させることが肝要である。ただし、自己評価は外部評価と相対することが必要である。自己評価と他者評価とは必ずしも相互に排他的である必要はない。

また、自己改善に対してどれだけの時間を割り付けるのか、どのようなことに優先して対処するのか、どのような場所で検討するのかなどの手続きによってその価値が決まることに留意するべきである。例えば、自己評価の結果が理事会の交流会や熟達した調整者が司る議論のなかで検討される場合には、より大きな効果を生むであろう。

3. 懸念される強制される評価制度

理事会と理事の自己評価とは、自分の職務遂行活動とその結果としての業績を自己批判する分析と評価であり、そして、問題点を探し、改善点を考えることによって理事会と理事のさらなる改善とその向上に資するべきものである。

しかし現実には、自己評価が組織に対する組織の正当性の要求に従う手段としても使われる。つまり、他から要求される圧力に押され、他に迎合する力が働いて、異種同一化の傾向に従って導入されてくる。端的に言えば、今日ではほとんど「経営第一主義」によるガバナンス・ガイドラインに沿って、他から強制された組織存在の「正当性」を訴求するために自己評価を受け容れてくる。自己評価の採用は圧力の下にしか現れていない。理事会と理事の評価をするべしとの要求がガバナンス・ガイドラインに定式化され、またこれらのガイドラインを遵守することが強く勧奨され監視されてきて、初めて理事会と理事は自己評価をするようになる。

社会学的な新制度主義の立場からすれば、(i)政府機関がこれを要求する、(ii)職業基準から要求される、(iii)ある組織が他の組織に準じることは横並びのある種の安心感を与える、これらのことから異種同一化が行われる。組織は互いに適応し合って制度の異種同一化が生じることになる。このような文脈では、自己評価を実施することは当初の狙いである活動と成果の向上であり続けるのか、その実施はたんに正当性の認知を受けるだけのものになっているのかという問題が生じる。自己評価が活動と業績の改善や向上よりも、「品

質証明となる」ガバナンス・ガイドラインを満たすために必要だから、他からの自己評価の圧力と要求に応じているだけであるから、この種の指針に従うことが自己目的で終わってしまう。

したがって当然に、自己評価は消極的な適応戦略でしかなく、そこでまた理事会・理事の活動と成果の向上に繋げようとの強い意志が見られないから、折角の自己評価制度の導入も「自己批判という真のあり方」にまで達することができなくなる。多くの理事会と理事は自己評価の主眼は自分たちの活動と成果の改善と向上の可能性を探ることである点を理解していないので、自分自身の職責のあり様を批判的に評価するという基本的な意志に欠けたまま、要請や指針に沿って自己評価を妥協に使うだけの結果となる。自己評価→フィードバック→修正・改善の学習・協議・合意→新たな取り組みへ、こういう一連のメカニズムが欠けてしまうことになる。

4．自己評価の作成と利用に際する留意点

自己評価制度は優れたガバナンスを維持し、それをさらに継続して向上させるのに使われるもっとも手近で有用な用具であるが、すべてのよい用具と同じように、慎重に使われる必要がある。ここでは、Ⅱの2の（3）「理事会自己評価用具の問題点」と重複するところもあるが、自己評価の政策をつくる際の留意点と自己評価を運用する際の指針を挙げておくことにする。

1）理事会の方針のなかですでに確定している期待基準（理事会が重要であると感じた事項）に拠って評価を行うことである。評価には比較基準—期待—が必要であり、自己評価は確定している期待に関連させるときにもっとも有意義となる。理事会と理事にとって何が責任あるガバナンスであるのか、この点を明確にしていないと理事会や理事が評価を試みてもただあちこち彷徨うだけである。自己評価のひとつの簡潔な原則とは、「理事会や理事がどこかでそうすると言ったら、あるいはそうしないと言ったら、それがどうなったかを見るために点検する」という原則である。

2）既製の評価方法を採用しないことである。既製の評価方法は最初の重要な基準設定の作業を必要としないけれども、理事会には基準を遵守するだけでなく、ほんとうは基準をつくる責任がある。既製の評価方法は理事会行

動にはこういうことが必要であるとの仮定に立って作成しているので、理事会が既製の基準について取捨選択をしないままに採用していると、理事会と理事ともに自己評価の責任を果たしたと勘違いして有用どころか悪い結果となる。既製品は新たな文脈でつくる際にはいくらかは有用であるが、自分の理事会や組織の文脈に合わせることが重要であり、自分自身の質問表をつくることは多少の負担にはなるが、それほど難しいことではない。

なお、画一的で標準的な評価基準を唯一の基準として採用しないことである。そもそも理事会構成において多様な利害と多様な才能の人たちが理事として参加している。理事がそれぞれ動機や役割自覚について大きく異なることはむしろ歓迎すべきことである。このような多様性を排除するような「画一的で標準的な評価基準」をもって自己評価をさせることは多様な理事会構成の趣意に反する。

3）理事会と理事の自己評価はスタッフの責任ではなく理事会の責任であることである。その最終の責任は理事長にあるが、誰が主導的な役割をもつのかに関係なく、すべての理事が評価過程に個人的にも関心を寄せ、それに責任をもつことが肝要である。理事がその職務をどのように正しく、かつ有効に執行しているかを評価する責任を受け容れるべきは当然である。他の理事職務と同じように、理事以外の第三者が理事会と理事の評価に携わることがあるとしても、理事会と理事が直接に自分の責任であることをまず自覚することが大切である。評価のもっとも重要なあり方である「不断の評価」がすべての理事の職務となることである。

4）自己評価は散発的な活動ではなくて持続的な活動であるから、終始専心することである。活動と成果を向上させたいのなら、自己評価は持続的でなければならない。今進行している理事会と理事の行動が正しいことを評価する方法として、理事会が策定した政策と「つねに」比較較量することである。年度末の自己評価で終わってはならない。本来、評価は理事会ガバナンスのあり方の統合部分であるべきであり、評価は特殊に間欠的に行われるよりも、理事会の議事予定の常規的な部分なのである。どのような評価方法を使おうとも、すべての会議で少なくとも数分間でよいから、理事会方針で決めた期待と誓約と、実際の過程と成果を比較することである。評価を会議の度ごとに行わないと、理事会の指導力を徐々に減殺することになるのはほとんど必定である。

５）評価の主たる目的は報酬や制裁のためではなく、活動と成果の持続的な向上を達成するためであるから、自己評価は自己を評価し、内省し、啓発するために使われることである。自然に身体を動かす行為の一部であると考えたほうがよい。特に、理事の自己評価は自省という意味でこれは奨励すべきことではあるが、この自己評価が理事長や経営者などの他者の「査定」の用具になってはならない。なぜなら、集団として活動する理事を育てる責任は当の理事長や経営者の側にあるからである。

６）公式の理事評価をあまり重視しないことである。理事の行動を変え理事会の有効性を高める方策としては、むしろ理事の啓発に重点を置くべきである。啓発は理事の知識と才能を開発し利用するため建設的で発展的な目的を含んでいるが、評価は総じて査定し審判する気配を免れることはできないからである。また、他者評価にしろ自己評価にしろ、公式の評価に拠るよりも別の方法が建設的である場合がある。無関心の理事をどのように動機づけるかについて委員会で非公式に議論する、理事長と業績のよくない理事とが話し合う、無気力な理事に新しい職務を割り当てて発奮させる、活動しない理事を交代させるなどである。

７）評価はフィードバックされ、活動とその結果を改善するのに使われる場合に初めて有効に働くことである。どのような方法を採用するにしろ、評価から収集された情報はフィードバックされ分析され議論されて、どのように理事の能力を発揮させ、どのように理事会ガバナンスを向上させるかについて特定の行動計画を策定するようにしなければならない。理事の互いの活動と貢献について話し合い、ともに改善しようと努めるためには、別のいくつかの特殊な制度と工夫が必要である。例えば、臨時理事会や特定の委員会を立ち上げるとか、交流会を開くなどの工夫と制度である。

おわりに

理事会と理事の教育と啓発は最初の一般的な理事会と理事の職能と役割および責任に関する情報を提供するだけである。さらに、理事が訓練と啓発と教育で習得した知識と技能を理事会に持ち込むには、継続的な評価とフィー

ドバックを通した反応と内省と再設計が必要である。活動と成果の評価と
フィードバックは役割と責任が学習され明確にされ履行されるための重要な
方法である。

　ガバナンスの役割と責任を適切に理解し有効に履行するためには、理事は
理事会の発展と向上に時間と資源を投資しなければならない。ステークホル
ダーからの情報を収集し、日常的に個人と集団の活動と成果を自ら評価する
ことは、理事会と理事がミッションに関する目標と目的に一致する活動にそ
の熱意と視点を集中するために重要である。

　したがって、組織のすべての構成員と同様に、理事は何を期待され、それ
をどのように実行するのかについて明確な活動と成果の期待が確定され、そ
れについて理事が充分に理解するための教育を受ける必要がある。つまり、
明確な役割期待が確立されていること、そしてそれが有効に伝達されること
が肝要である。そして、「そうすることの予定と期待」に対して「現実の活
動と成果」を継続的に比較較量することがフィードバック機能を十全にする
ことになり、理事会と理事の活動と成果の漸進的向上を保証することになる。

　そのためにも、それぞれの理事が理事会全体の目標とその役割と責任の理
解を共有することが必要な条件である。理事会は共通目的を支えるべく理事
個人の時間と能力を本来的に否定するような集団であるから、すべてではな
いが、個性豊かな多様な理事が集まる理事会であればこそ、適度な結集力を
育てるべきである。したがって、このための啓発とその評価が重要となる。

　ただ、このような啓発―評価―フィードバックに取り組むことは資金や人
材の制約があり、ボランティア理事に余計なストレスを与えるのではないか
との懸念もあって、かなり難しい課題ではあるが、ボランティア理事の職責
遂行の向上、長期的な理事会の発展と向上、組織の活動と業績の向上に資す
る広い視野に立った教育と評価の企画の編成と、その実践方法について深く
計慮すべきである。わが国の非営利組織の理事会にとって理事の教育―評価
―フィードバックの分野はほとんど未開拓の分野である。しかし、この分野
への投資は大きな利益を分配してくれるはずである。理事が率先して行動す
べき分野であり、それが理事会の発展と向上に「こだま」してくるであろう
ことは間違いない。

　第2章でも指摘したように、無報酬の理事には教育プログラムについても
大きな抵抗があるが、いわんやその活動と成果の評価に対してはさらに大き

な抵抗や反発や反対があることは想像に難くない。しかし、遠からず理事会と理事の活動と成果に対する評価を実施するよう各種の圧力が強まり、強制的な同一化や模倣的な同一化の現象が一挙に流行することは必定である。今からその対応戦略として独自の制度と方法を準備しておくことが必要となろう。

　自らがやろうとする自己評価であれば、それがもっとも有効である。その意味からは、自己評価の「制度や方法」は自己評価を制度化して標準化するという点からもともと大きなジレンマを抱えることになる。その点からも、理事会と理事の自己評価が成功するためには、理事会と理事とが自ら自己評価の制度と方法を自らの意志でつくることが絶対の条件である。自己実現のための自己管理は必然的にほんとうの自己評価を伴うはずである。

　理事会と理事とはすべての非営利組織にとって決定的に重要な資産である。今後、資源獲得競争の増大、組織の複雑性と機能性の増大、外部規制の増大などが想定されることから、質の高い理事会と理事がさらに必要となってきた。とりわけサービス提供を基盤にした非営利組織では、もっとも重要な資源のひとつは有能で能力があり積極的に関与してくれる理事を確保することである。理事は資源獲得の手段としての連結点であり、理事は知見、技術、関係づくりなど組織を強化するような主要な資源をもたらすことから、理事会と組織にとって有望で有資格のある理事を確保することは至上命令である。すでに「理事会資本」の概念が定着している。

　そこで、理事会が継続して活力を持続させるように、将来の理事の選考と選任、新規理事のオリエンテーション、新旧理事の教育と学習、理事会全体と理事個人の業績評価を総括して「理事会啓発」と呼んで、理事会と理事の活性化が大きく提唱されるべきである。ただ、今のところ、そのための内容と方法はそれほど一般的に明らかにされていないし、この総合的な「理事会啓発」の活動が理事会の業績を向上させ、ひいては組織全体の有効性を向上させるという実証はそれほど明確ではない。しかし、有望で優れた理事を選任し継続して確保する努力をすることは、非営利組織とそれの最高経営機関である理事会が忘れてはならない継続的な挑戦なのである。

第 **V** 部

組織有効性を高める
理事会リーダーシップ

❶ 理事会と経営者の関係

はじめに

　特に第Ⅲ部と第Ⅳ部において、理事会の規模・管理組織・構成のあり方、理事の選考・教育・評価のあり方について検討し、そのような「あり方」を護れば理事会の有効性は高まり、その理事会有効性は組織の有効性に繋がると想定してきた。しかし、現実は、組織の有効性は、理事会自体の有効性よりも、理事長と執行役員会・常任理事会と各種委員会を含む理事会と最高経営者と管理スタッフを含む経営者の関係で決まる場面が多いことが判明しており、「両者の関係のあり方」が理事会有効性と組織有効性の向上にとって重要な決定要因となっている。

　これまでのいくつかの調査・実証研究に拠れば、この理事会と経営者の関係は一方の極に「理事会（あるいは理事長）支配」、他方の極に「経営者（あるいは最高経営者）支配」、両極の間に「共同支配」の３つの関係パターンに大別され、現実の非営利組織においては理事会と経営者の関係はこのような連続体のなかのどこかに該当するとしてきた。そして、啓蒙書や指導書は「理事会と経営者とは社会公共目的のミッションを達成するために協同する同等な立場の同志としてパートナーシップの関係」にあり、そのような関係を維持するよう努力すべきであると提唱し啓発している。

　しかしながら、理事会と経営者の関係はたんに「平等な・同志的なパートナーシップ」で結ばれている関係にあるのではない。協同を支える信頼性を高める様々な制度と手法でもって容易く「よきパートナーシップ」を心掛けよというには、理事会と経営者との関係は組織ガバナンス制度のうえからは上下の階層関係にありながら、理事会は統制と支援、指導と管理のジレンマを抱えていることから、同時にまた、理事と経営者の属性の違いなどがつくり出す人間関係におけるテンションが内在していることから、両者の関係はあまりにも複雑であり微妙である。しかも、両者の関係は先のどのパターン

においても、それなりに明示的にか、暗黙の裡にか「協同・妥協・対立のなかでの取引交渉」が繰り返される関係にあるのが現実である。さらに、これらの関係パターンと取引交渉はまた流動的で、同じ組織でも「内外の情況要素」によって変化するものである。

しかし、理事会と経営者はともに組織のトップマネジメントを構成し、「ペアとして一緒に仕事をする関係」にある以上、テンションやジレンマが自然に均衡をすることもあるが、重要なテンションやジレンマを緩和ないしは解消する制度と方法が模索されて然るべきであり、組織の経営を司る両者の関係は「実践的にどうあるべきか」について明確な指針や示唆を与えるべきである。ところが、この「どうすればよい関係ができるのか」について、両者の関係に関する規範的・倫理的なあり方論は別として、意外にもそれほど研究や提言が見受けられないのであり、調査・実証研究による批判論はかなりに上っているものの「現実はこうである」と説明しているだけであることが多い。

本章では、まず、これまで報告されてきた多数の研究結果を分別整理することによって、この理事会と経営者の関係はどのように捉えられて理解されているのかを説明し検討することにする。次いで、理事会と経営者の関係はなぜ規範的・処方的に定められたようにならないのか、その原因を明らかにする。なお、理事会は多くて年数回の会議をする機関であるので、理事会とは理事長と執行役員会・常任理事会や理事会の各種の委員会を併せて想定していることを付記しておく。

Ⅰ．理事会と経営者の関係論

1．これまでの理事会と経営者の関係論

理事会と経営者の関係論は、両者の関係はどうあるべきかの規範論と、どうなっているかの記述論とが古くから交錯して議論されてきた非営利組織論における重要テーマのひとつである。ここではすべてを網羅して説明するこ

とはできないので、理事会支配論と経営者支配論とパートナーシップ論に大別して大略触れておくことにする。なお、両者の関係に関する「類型論」についてはすでに第Ⅰ部第3章で述べている。

（1）理事会支配論

1）ポリシー・ガバナンス・モデル

　理事会の法制上および組織概念上の地位において、理事会は非営利組織のなかの最高の権限所持者であり、理事会が組織の政策の決定とその方法の決定をする最高の意思決定機関であり、この意思決定に基づいて経営者が組織の管理を執行することで、両者の関係は職階と職権のうえで明確かつ厳格に分離され区別された、命令者と執行者の上下関係のなかで律せられる。したがって、この上下関係を厳守することが最高の調和関係を維持することを保証するとしていた。

　理事会と経営者の関係を有効にするためには、誰が誰のために働くのかについてつねに明確にしておくべきであり、両者の役割と責任を峻別することが必要であり、経営者は理事会に進言すること、理事会は経営者が担当する計画と実践に関与しないことが肝要であると強調する。なお、詳しくは、拙著『非営利組織の理論と今日的課題』（公益情報サービス、2012年）を参照されたい。

　これに対して、このポリシー・ガバナンス・モデルが主張する理事会と経営者の関係モデルはすべての組織に適用することができるのか、果たしてこのモデルによって、理事会有効性と組織有効性が保証されるのかどうか、さらには、このような関係はあまりにも楽観的で、現実を見ない規範論ではないかという疑問が生じていて、この20年～30年の間に別のいくつかのモデルが提唱されてきた。

2）エージェンシー理論

　この理論では、理事会の主要な職能と役割は経営者の行動をモニタリングし統制することである。そこで、理事会は経営者から独立し、経営管理活動からも独立している必要があり、理事会は組織の諸資源が確実に保全され、経営者の行動をモニタリングし、必要ならば統制するという役割と責任を負うべき存在である。ここでは、プリンシパルの代理もしくは本人としての理事会とエージェントとしての経営者は、管理者と被管理者の関係として措定

されている。本書の第Ⅰ部第1章で論じたところであり、なお詳しくは、上掲の拙著を参照されたい。

（2）経営者支配論

しかし、現実の実践の場面では経営者がかなり大きなパワーと影響力を所持する条件と理由が存在していると主張する。経営者は組織とその活動に関する情報にもっとも接近しているし、政策と戦略を明確にかつ具体的に表現して、その手段を講ずることのできる最適な位置におり、決定をどう執行するかに影響を与える位置にいる。このような状況が「意思決定過程をもたない」理事会といわれる現象である。したがって、現実には、非営利組織のガバナンスをめぐって、理事会と経営者の間のパワーはどのように分担されているのかが研究の主流となる。パワーダイナミックスの研究である。

そこで、理事会と経営者のパワーの配分を決定する要因を検討すること、また、どのような要因やどのような組織の発展段階からパワーの移動や転位が行われるのかを検討することになる。その典型的な理論として、「経営者支配論」がある。そこでは、専門経営者の掌中に支配権が移行していて、危機以外には理事会は機能しないし、支配は理事会ではなくて専門経営者に移行しているとする。ただし、この経営者支配論のなかでもニュアンスの異なる議論が行われる。

1）理事会中心の経営者リーダーシップ論

ガバナンスに対する経営者の役割と責任を中心課題とする経営者リーダーシップの研究である。そこでは、経営者は理事会が効果的に機能するかどうかを決定する重要な役割を担っていることが確認される。理事会と経営者の関係において経営者が理事会に対するリーダーシップを発揮して、理事会の啓発に重要な役割を演じる。新理事の採用、財務管理、資金調達、リーダーシップ開発などの分野である。したがって、理事会が「ほんとうの意思決定の役割」をどの程度果たすことができるかは、経営者が「何を与えるか」に掛かっている。

本来はこのような啓発の役割は理事長の仕事であるが、多忙でこれが無理であるから、理事会が経営者の作り物になる危険はあるが、経営者の役割と責任にするのが望ましいと考える。有能な経営者は心理的な中心となって理事会を支援して、理事会中心の理事会に育てることで、理事会に対して経営

者が主導する「理事会中心のリーダーシップ」を与えるとするモデルの理事会ガバナンスを提唱する。

2）共同指揮・管理論

そうではなくて、経営者が理事会を主導して、もっぱら理事会運営を管理するとする「共同指揮・管理」ガバナンス論がある。この共同指揮・管理論はリーダーシップの役割と責任は理事会と最高経営者の間で慎重に分割され、率直な議論と慎重なタスクの割り付けを通して決定されるべきであるとするモデルを提示するが、理事会ガバナンスの成功を支えるために、最高経営者が意思決定と統制の中核にいることを認めるモデルである。組織のミッションとビジョンと政策展開は理事会や組織のステークホルダーが「占有」するのではなく、最高経営者や経営者が同じように所有権者として行動することを認めて、理事会を主導し支援し、組織の成功の責務をも最高経営者に委ねという点で、最高経営者が理事会成功の真の鍵であるとする視点に立つモデルである。

3）連立支配集団論

最高経営者が一部の有力理事と組んで「連立支配集団」を形成して組織と理事会を支配するいわば「ハイブリッド型経営者支配」モデルを主張する研究がある。一般には、非営利組織の「よき理事会」とは計画と統制のような組織内部における有効性と、特に資金調達とコミュニティとの関係づくりのような組織外部における有効性に寄与することである。このうちの理事会の内部職能を遂行するには、理事会は組織の常勤スタッフや経営者、とりわけ最高経営者に大きく依存する。そこで、理事会と経営者の関係の質が理事会の内部有効性に影響を与え組織の有効性を左右するので、組織は「強力な」最高経営者を擁することを求める。この結果、組織内の命令系統である管理構造は公式では理事会―最高経営者―技術専門集団―下部管理集団であるが、非公式な管理構造は最高経営者を軸にした連立支配集団―理事会―技術専門集団―下部管理集団となり、実質上理事会は下の地位にある。

この連立支配集団は、若干の理事、有力資金提供者、規制機関、分野や地域の代表を含んで形成されており、最高経営者はこのなかのもっとも重要な地位として存在することが多く、この連立支配集団がトップマネジメントとして意思決定を行う「逆の関係」が常態化する。理事の一部が参加する経営者支配というハイブリッド支配型である。そこでは、理事会は組織の環境に

対応するなり、そうでなければ組織の環境を管理する「連立支配集団」が用いるひとつの用具である。

（3）パートナーシップ論

理事会と経営者の関係を「パートナーシップ」にあるとする。パートナーシップ関係とは上も下もない対等な関係であり、その対等な関係のなかで組織のミッションを協同して達成する同志の間の紐帯であり、それは理事会と経営者がともにそれぞれがもつ資源を交換し補完して最大化するという創造的な混合を意味している。理事会と経営者はともにリーダーシップ・コアを形成する「対等な関係のチーム」と見做して、両者の間の最高によい関係は平等な権限の共有に基づいて、ともにチームを指導する同志であるとする。この場合、理事会と経営者の関係は階層関係にあることを確認しながら、経営者は理事会に対してのみアカウンタビリティがあり、理事が個人的にその種の権限を有していないので、個人としての理事と経営者とは階層関係にあるのではなくて、対等な同僚であるという。

むろん、パートナーシップを唱える論者も両者の関係には亀裂や摩擦の可能性を認識しているので、その解決策として、(i)特定の職能を示して、それぞれの役割と責任を明確にすること、(ii)理事会も経営者もともに「ボス」ではなく、同じ目標をもって協同しながらそれぞれが違った職責にある「同僚」であるとの認識を高めること、(iii)相互補完や相互作用の要素を強調することを挙げてはいる。

そこで、パートナーシップ論は、理事会と経営者のそれぞれの職能と役割を明確に分割しながら、ともに組織のミッションを達成するよう相互信頼に基づいて「チーム」を組むことが大切であるとする。しかしながら、パートナーシップは同等ないしは平等を意味する用語であるとする限り、理事会と経営者はそれぞれが違った職能と役割をもって共同するチームを形成するというのは、あまりに理想的であり、「理念型」であるにすぎないとして、今日の研究者のほとんどが、それを理論上あるいは実証研究上認めていない。

パートナーシップ論は「信奉された理論」であるかもしれないが、理事会と経営者の関係はパワー・支配の関係と相互依存関係の諸要素を含んでいるから、両者の関係をパートナーシップの概念で捉えるだけでは、内外の情況に反応して協同から深刻な不一致や対立抗争まで、両者が構成するトップマ

ネジメントのなかで想定されるそれぞれの行動の範囲をすべて完全に把握することはできない。実は、そのパートナーシップはごく限られた低い程度のそれであることは暗に広く認識されているのに、一般には理事会と経営者の関係を平等なパートナーシップとして規範的・理念的に扱っているのである。

　パートナーシップ論は理事会と経営者の間の協同だけを見て、両者の間には不一致があり、不同意や意見の対立が起こる幅広い種々の諸条件—役割、戦略、戦術、資源の違いなどの幅広い諸条件があるのに、それらを適切に考慮に入れていない。また、このパートナーシップ論は理事会と経営者の役割とパワーの重要な相違をもたらす両者の関係のパワー移動性と政治性を隠してしまう。実は、この両者の関係は資源の交換として見ることができるだけでなく、パワー・支配と依存の相互作用のなかに見るべきである。したがって、理事会と経営者のパートナーシップの普遍的でかつ成功する公準を示すことはできないものである。

　そこで、以下のようないくつかのニュアンスのある理事会と経営者の関係に関する有力な理論と調査・実証研究が認められる。総括すれば、現代の理事会と経営者の関係に関する研究の流れは、理事会と経営者のパワー・支配の関係と相互依存の関係がどのように移動するかに向けられている。種々な研究結果が報告されているが、このパワー・支配と相互依存に関する研究から3つのテーマが浮上している。1つは、理事会と経営者の間の関係を示す異なった多数のパターンが存在すること、2つは、これらのパターンは幅広い多様な情況によって変化することから、理事会と経営者の関係のパターンとそのパターンの決定要因を明らかにすること、3つは、理事会と経営者の関係のどのようなパターンが組織有効性とプラスに相関しているのかを摘出することである。

2．新しいパートナーシップ論

　理事会と経営者とはどのようなパートナーシップ関係を結ぶことによって、非営利組織の有効で適切な経営を維持することができるのかが議論される。規範論や処方箋を記述する指導書や啓蒙書は別として、特に注目されるのは、パートナーシップの実相をめぐる議論である。理事会と経営者の関係

はつねに役割と責任を共有する「パートナーシップ」の関係にあるべしとする考え方に対して、両者の関係は本来的に「不均等な緊張関係」にあるとする考え方が対向している。

経営者は重要な情報をもつことが多く、理事会に対する教師の役割を果たす。また、経営者は政策の実行者として事実において職権占有者となる可能性がある。しかし、この経営者は被用者であり、理事会によって採用され解雇される立場でもある。経営者は実質的な所有者ではあるが被用者であるという二重性のテンションにある。この二重性があるからこそ、理事会と経営者の間に通俗的で微妙な人間関係と政治的な力学が働くことになる。

そこで、両者の関係は決して調和的ではなく、しばしば対立的である。経営者が政策策定において公式・非公式に立案・提案する一定の大きな役割を演じることから、また、組織内において日常の管理活動を指揮する本来の役割を演じることから、さらに、経営者が外部のステークホルダーと交渉する対境管理の役割などを演じることから、理事会と経営者の関係は本質的に経営者の主導する固有の緊張関係となり、その緊張関係のなかでダイナミックな相互作用が働く関係である。したがって、両者の間には相互作用・相互依存関係の性向があるとしても、この相互関係は必ずしも両者の関係において平等と安定とがあることを意味するものではない。理事会と経営者の関係を「チーム」とか「パートナーシップ」として規定することは疑問である。

理事会と最高経営者を含む経営者とのそれぞれの役割と責任の境界が明確でないので、非営利組織は経営管理責任について曖昧な境界を残しており、理事会と経営者との間のテンションが発生する。そこで、多数の研究が非営利組織のなかの「ダイナミックな緊張」の現象について指摘しているが、理事会と経営者の間に「パワーの不均等な配分」があるので、この関係が「共有されたパートナーシップ」であるという見方は、「コンティンジェンシー・モデル」すなわち「協同、不一致、不同意を伴うモデル」に代えられるべきであり、合理的組織形態の基底にある「コンフリクトと調和のプロセス」を認識しなければならないと主張する。

そこで、理事会と経営者のそれぞれの役割と責任を配分する最善の仕組みや正しい手順はないことを理解して、両者の役割と責任を分割して二分することに努めるのではなくて、本質的に相互依存の性質を帯びることを容認して、「誰が何について責任があるのか」そして「誰が何をするのか」につい

て交渉し、定期的に再交渉することを認めることが適切であるとする。

　要するに、理事会と経営者の関係は「協同関係」にあることは間違いないが、その協同関係は「パートナー関係」ではなくて、「パワーの交渉関係」にあり、その交渉関係も内外の多種多様な情況変数によって変化し、時の経過とともに変化している。したがって、「パワー関係」にはいくつものパターンがあるとされ、また同じく、「協同関係」にはあるが、そのなかで、「協同・妥協・対立」、あるいは「一致・不同意・不一致」が情況によって浮動する関係にあると主張する。以下、その後の理事会と経営者のパートナーシップ関係論を類別して詳細に説明し検討する。

（1）理事会と経営者の間の緊張関係論

　理事会は経営者を統制しながらパートナーを組むというテンションを本来的に抱えていると考えられるから、両者の関係はテンション関係（緊張関係）にあると捉えるほうが適当であると主張する。このテンション関係論は、理事会と経営者の関係は相互依存関係にありながら同時にパワー関係にあって、場合によってはコンフリクトが嵩じて権力闘争に発展する関係になるというのではなく、もともと理事会の本来の職能と役割に関する対立する理論の視点から生じる。

　エージェンシー理論では、理事会は経営者の私的流用を防ぎ、組織の諸資源を有効に利用することによって組織のミッションを達成するために、経営者を監視・統制することである。他方では、スチュアートシップ理論では、経営者はつねに組織の最善の利益において行動するから、理事会は組織の活動と業績を向上させるために経営者とパートナーを組むべきであるとする。このように、理事会は本来的に矛盾した職能と役割を期待されている存在であるが、理事会と経営者の間の現実の関係を説明し、あるいは理解するには、理事会は統制することと支援することとの連続体の両極の間にあると見るべきである。そして、ある特定の理事会はこの連続体のどこかに位置するのであるが、その位置は、例えば、組織の外部環境、特定の専門技術、理事の個人的な関心などの多様な要素によって決まると主張する。そして、緊張関係を生むいくつかの個人的な要因として、組織に対するコミットメントの違い、知見と経験の違い、社会的地位と経歴の違い、イデオロギーと立場の違い、期待と要求の違いが挙げられる。

第Ⅴ部　組織有効性を高める理事会リーダーシップ

　さらに、理事会と経営者の緊張関係は理事会がその職能と役割を理解する
際に発現するのではなく、理事会が実際に活動する際に生じる。

① 　例えば、ボランティアとしての理事はあくまでボランティアであり、優
　先すべき「自分の仕事」を抱えており、組織に貢献できる時間と精力が充
　分にあるわけではない。

② 　また、理事会と経営者のそれぞれの役割と責任は規定のうえではともか
　く、実際は相互に関連しており相互に依存しているので、分離することが
　困難であり、したがってそのことが曖昧性と対立の原因となる。

③ 　また、重要な政策の決定・承認については、理事会は最終決定権を有す
　るものの、これに関する情報とその政策の具体化と政策の実行については
　ほとんど経営者に頼らなければならない。

④ 　理論的には理事会やその下部機関である各種の委員会が政策を策定し、
　管理者層がその政策を活動に落とし込むというけれども、現実には「政策
　策定」と「日常管理」とを明確に簡単に区別することは難しい。

　このように、経営者は政策策定において主導的あるいは支援的な重要な働
きをし、管理組織内のリーダーシップを握る地位にいて、非公式なパワーを
得ることから、理事会と経営者の関係は本質的にダイナミックな相互作用と
いう固有な緊張関係を必然的に帯びることになる。

（2）理事会と経営者の間の相互依存関係論

　しかし、別の問題が浮上する。それは、理事会と経営者の関係は協同・妥
協・対立の連続体として捉えることが適当であるが、どうして破壊されずに
なんらかの「均衡」を維持しているのかという点である。両者の間には基本
的には緊張関係が潜み、そのなかで、協同もあればときには軋轢や対立もあ
るが、通常は決定的に対立して分裂したりすることなく、なんとなく無意識
に妥協して相互依存の関係にある。特に中規模の理事会では、理事会と経営
者の関係の仕組みはコンフリクトを控える傾向がある。それぞれの権限、責
任、パワー、また、準拠集団、社会的地位と役割、イデオロギー・価値観、
組織との一体化・同一化、関心事がそれぞれ大きく異なるのに、ほとんどの
中規模理事会での理事会と経営者の関係の仕組みは相互依存と資源の交換を
基礎にした均衡のなかで動いている。それはなぜなのか。その答えを出すこ
とは、「どうすればよいのか」という問いに応える糸口を示唆するかもしれ

459

ない。

① 組織における意思決定のほとんどは実質的にイデオロギーに影響されないことである。政策策定の内容が主として事実関係のそれである以上、効率性の価値が支配的となり、イデオロギーの違いによる緊張が生じることは少ない。その結果、イデオロギーの重要性が現実には低いことが、理事会と経営者の間の緊張を少なくすると想定することができる。

② イデオロギーの問題が出来しても、その問題が破壊的な結果とならないように作用する多くのメカニズムが働くからである。経営者が理事会に対するコミュニケーション・チャネルを支配するので、この経営者がボランティア理事の利用する情報の流れに影響を与えて、理事会の決定に上る議案の選択を制約する。素人の政策支配と専門家の指導という条件の下では、理事会の会議は経営者の一連の情報と報告から構成されることが特徴となり、経営者が安全な事項だけが検討されるようにその事案を操作することで、コンフリクトの原因となるような議論のある望ましくない事項は排除される。

その結果、多くの会議が理事会を「教育」するのに役立ち、あるいは、会議が経営者の視点に理事会を同調させて「連れてゆく」のに役立つような報告で終始することで、「理事会における意思決定の不在」といわれる現象が起こる。このように、安全な事案だけを理事会の議題にするという経営者の慣例を通して、理事会と経営者の緊張関係は抑制されある均衡を維持するのである。このことが、なぜ多くの理事会が政策決定の機関ではなくて、もっぱら政策承認や政策採択の機関になるのかを説明している。

③ さらに、理事会と経営者は互いに依存関係にあるが、互いに別の資源を求める依存関係にある。それぞれの役割と責任を果たすために、そして、必要な満足を得るために互いを「必要」としている。そこでは、2組の自己利益の間で諸資源が交換される補完的協同が必然として存在する。経営者は自分の権限と責任に関して理事会の承認と支援を求める必要があり、理事会に組織の正当性の承認を求める。その見返りに、理事会は経営者から組織の受託者として、地域や団体の指導者としての信望と批准を受け取る。

社会交換理論の用語を使えば、理事会と経営者とは相互の利益のために資源を交換するパターン化された一連の取引において、相互に作用し合っており、それぞれの利益を最適化しようと求めており、知覚されたコスト

を回避するか最小化しようとする。この相互作用が両者の行動に及ぼす効果は両者の間のパワー・依存関係によって決まり、両者のパワー・依存関係はそれぞれが支配する諸資源の重要性によって決まるものである。

④ 理事会には自己継続性があり、この自己継続性のシステムは理事の選考・選任方法で維持されている。この選考・選任方法は一般に交代する理事の後継者を指名するので、選任される理事は求められた職能と役割に適合し、これまでの理事と同じような働きを期待される人である。このような選考・選任方法はまた、理事会が任命する経営者にも行われる。このように、理事会と経営者の関係の現状のパターンを混乱させないで継続する理事と経営者を選択して任用することでインプット・システムを統禦するひとつの均衡が維持される。このような自己継続性の下に現在の理事会と経営者の関係パターンをほとんど混乱させない傾向となる。

⑤ 理事には顕現性の高い目標を追求する必要が少ないことである。理事は自分の組織に対して周辺的にしか接触しないこと、理事はほかの多数の組織にも忠実でなければならないこと、また、ほとんどの理事は愛着・支援に限界があることから、理事をしている組織には争うほどの価値がある問題が見当たらないのである。結果として、コンフリクトを最小化する傾向となる。

（3）理事会と経営者の間の協同関係論

　理事会と経営者の関係は本来的に不均等であり、緊張関係にあるとする理事会と経営者の関係の議論に疑問を投げかける。組織の問題に対して協同的・参加的な「責任の共有」を基本とする理事会と経営者が存在すると主張する。

　1つは、理事会が組織を統治する際に「比較的重要な役割と責任を遂行する際に経営者と協同する」協同リーダーシップ型があるとする。この新しいモデルでは、非営利組織は「パワー対等理事会」ではなくて「パワー分担理事会」をつくることに集中する。理事会と経営者とは協同リーダーとして組織のビジョン、方向の設定、優先事項の選択、資源の配分について共有する型である。この協同リーダーシップ型における理事会と経営者の関係は理事会が斬新な展望や新しい情報を提供することができ、また有望な機会を確認することができるので、組織の革新に影響を与えることができる。

　さらに、理事の幅広い知見が内部の経営者の知識を補完してくれる。そこ

では、理事会と経営者の適切な役割と責任はいかにあるべきかという議論ではなくて、理事会と経営者の役割と責任の分担には、それぞれの個別のニーズに応じて異なった組合せがあり、両者は特定の情況に適合する仕組みをつくり、協調して組織と社会に対して職責を共有していると考える。

2つは、今日の理事会は政策策定だけではなく、その政策を実施する際に経営者と協同する「協同リーダーシップ型」があるとする。問題が政策の領域か、執行の領域か、問題が理事会マターか、経営者マターかではなくて、出来した問題は重要なのか、重要でないのか、中心の問題なのか、皮相的な問題なのかである。もっとも重要な問題は政策か執行かに分割することができない。そこで、理事会と経営者はパートナーとしてネットの同じ側にいて、「ペア」を組んで政策と執行の2つの役割を同時にそれぞれが演じるものである。

したがって、理事会は経営者の提案を承認する以上のことをする必要があり、組織にとってどの問題が重要であるかを探し出し、組織の成功に決定的な事案について、経営者と協同して重要な問題を確認し、政策を設定し、その政策を執行する。そして、ともに問題を解決する。境界線は不透明であり、領域は自由である。領域は問題の性質によって決められる。組織のガバナンスは理事会と経営者の共同事業なのである。そしてまた、先の相互依存性の概念を援用するとともに新たに情況適合の概念をもって、理事会の役割と責任は経営者との相互依存作用によって決まり、そして情況に応じて「一連の分担された役割期待」に向けて協同する。そこで、情況によってどのような問題に対してどのような役割と責任とが、両者の間で配分され分担されるかを議論する。この限りで、この協同関係の議論は先の相互依存関係論の延長線上にある。

しかも、非営利組織に対して社会の批判が高まり、それに呼応してガバナンス改革の圧力が増すという情況のなかでは、実践的な協同リーダーシップを執る「コラボレーション関係」が今後の方向であると主張するところに特色がある。特に教育や医療の制度や組織に対して社会の批判と改革の圧力が加わるようになり、理事会は多様なステークホルダーに対するアカウンタビリティを充実させるとともに、戦略策定、予算編成、経営者報酬、理事選任、さらには、会議の議案や時間配分、サービスの品質改良、リーダーシップ継承計画の作成など、実践的に受託責任を全うする職務執行をするよう求めら

れる。経営者が立案する議案に対して「事後に形式的な承認をする」だけの存在ではなく、経営者側がつねに正しいとは認めない存在としての理事会が期待される。

以上のような理事会と経営者の「責任の共有」関係から、経営者の役割は理事会を「正しい」決定に向けて指導ないしは誘導するというある有力なモデルは適当しなくなる。新しいモデルでは、ガバナンス改革が理事会に対して活発かつ積極的に組織活動に関与し、アカウンタビリティを充分に果たすよう要求することから、理事会が組織の方向、組織の政策策定とその具体化計画、あるいは会議の議案の作成までを主導する重い役割を演じることを要求され、理事会は経営者との真の協同リーダーシップを求められ、したがって、理事会と経営者の関係は従来のいわば伝統的なパワー関係を変えることになる。

こうして、この新しいモデルでは、理事会と経営者の関係における「パートナーシップ」の概念はその妥当性を認められるのであり、パートナーシップの用語は消滅するものではない。理事会と経営者は互いを同志と見ており、プレイを共有する「ペア」であると見ていて、そこには、組織問題に対して「責任の共有」をする理事会と経営者とがいるからである。したがって、統治機関である理事会と執行機関である経営者の関係は本来的に不均等であり、緊張関係にあり、ときには対立する関係であり、あるいは、通常は経営者に支配されるとする、これまでの多くの論者の見解に疑問符を付ける。なお、留意すべきはこの新しい「責任の共有」関係論は従来のいわゆる規範論とは異なることである。それは、非営利組織のガバナンス改革から受けた要求や圧力に基づいて創られた「社会的に強要されたモデル」であることである。

Ⅱ. 理事会と経営者の不均等な関係

1. 理事会と経営者の職務上の違い

1）理事会と経営者は雇用者と被雇用者の関係にある

理事会は組織の所有者ではなく、組織の資産は最終的には社会に帰属する

けれども、理事会はその組織に対して法的責任を有し、経営者を雇用し監督し解雇する雇用主として行為する。したがって、理事会と経営者の間には明確な雇用者と被用者の関係にあり、その間にある対立が内在している。

2）理事会と経営者は階層権限において上下関係にある

　組織の経営において経営者は理事会の部下である。理事会が政策を採択し、経営者がこの政策の議論に参画するとしても、最終的に決定するのは理事会である。そして、その政策が決められれば、これを経営者が遂行する義務を負う。経営者はその政策を認めるか認めないかに拘らず、それを実践に移さなければならない。パートナーシップ理論は理事会と経営者の間の階層関係を等閑に付しているが、経営者は理事会に対するアカウンタビリティを無視することや忌避することはできないし、理事会は最終の政策決定をする役割と責任を放棄したり、他に委任することはできない。

3）経営者は通常は議決権のない存在である

　株式会社のCEOと違って、非営利組織の経営者はほとんどが理事会の長ではない。このことは、重要な決定はほとんどが理事会の最終決定を要し、経営者は理事会が下した決定に対して議決権を有しないことを意味し、経営者の役割は理事会に対して有用な情報を提供し、提言や立案をすることである。ただ、このような仕組みから理事会と経営者の間には「抑制と均衡」の余地が生じ、両者の間に権限と責任の分離と委譲が行われる。

4）理事会と経営者の関係は本来的に対立している

　理事会の職能と役割と経営者の職能と役割を明確に区別することは実践上不可能で、理事会の職務執行は経営者のそれと連結するがために重複するところがある。多くの重要な決定については、理事会は最終決定権を所持しているが、この決定に関する情報と政策の具体化と政策の実施についてはほとんど経営者に頼らなければならない。経営者は内外の情況について重要な情報を得ていることが多く、理事会に対して「教師の役割」を果たすから、政策の実行者として事実において職権占有者となる可能性がある。

　他方では、理事会は経営者に対してパートナーとして協同し支援することはあっても、経営者を監視し統制することを第一義の役割と責任として期待されている。理事会は事業計画や事業運営に参加しなくても、組織の計画や管理を統括する立場にある限り、理事会が経営者と同等なパートナーであってはならない。

2．理事会と経営者の性格上の違い

　組織目標を達成するためには、本来は理事会と経営者はともに意思決定の過程に協力して活発に参加しなければならない。しかし、この両者の間にはいくつかの対立関係や相容れない関係が存在する。経営者は理事が意思決定過程に参加すれば、理事会へのアカウンタビリティの要求がそれだけ増すことを知っている。また、理事は理事会の評判と信用とは経営者の経営管理の善し悪しに大きく依存する事実を理解している。このような両者の対立関係は表面的には観察されないかもしれないが、暗黙のうちに確実に存在する。理事会と経営者の間の対立関係から亀裂や軋轢に繋がる要因として、理事や経営者の個人の属性や背景や組織との関わりの違いがある。

1）理事と経営者とは組織への関与が違う

　経営者は常時組織の経営に関わる専従の常勤管理者である。理事はほとんどが非常勤であり、いかに熱心であっても部分的・断片的な関与しかできない存在である。理事はどの程度組織に同化しているのか、どの程度組織との一体感をもっているか、理事によって様々であろうが、常勤経営者と比較した場合、非常勤理事は組織への関与の度合いは低く、この違いが理事と経営者の間の亀裂の原因となる。

2）理事と経営者の知見と経験が違う

　通常、経営者は当該組織の事業について経験を積んだ専門家であるのに対して、理事は自分の職業分野では熟達者であるとしても、また当該領域について知見はあるとしても、現場に立つことがない素人である。そこで、経営者は自分の専門的な知見と実績からして、素人理事よりは有能であると密かに自負している。その結果、経営者は素人理事の助言や提言に耳を傾けないで、内心拒絶する態度と行動を採ることがある。他方、理事の方では専門的な経営者は狭量で近視眼であるとして軽視する。このような両者が否定的な態度を採ることが実効性のある関係の可能性を阻み、理事会と経営者の間の亀裂と軋轢を拡げているのである。

3）理事と経営者とは経歴が違う

　理事と経営者とは違った社会・経済階級の出自であることがあり、違った政治的・社会的地位にあることが多い。特に医療・教育・文芸の分野の非営

利組織の理事会は、ほとんどが実業家や専門職や地域の名士などのエリートが選任されて構成されている。経営者は通常は専門知識・技能を備え経験を積んだその道の専門家である。この経歴の違いがそれぞれの思想や信念の違いをもたらす。経歴や階級の違いは理事会と経営者の間の亀裂と軋轢を拡げるひとつの大きな要因である。

4）理事と経営者とはイデオロギーと立場が違う

イデオロギーは意思決定に作用するひとつの要因であるが、理事と経営者は相反するイデオロギーに立つ場合がある。そのために、すでにミッション確定の段階で組織のミッションをどのように考えて、その結果どのような政策と企画を優先させるべきかについて、必ずしも一致しないことがある。例えば、大学の研究・教育政策について、あるいは社会福祉事業政策について、理事と経営者を始めとする専門スタッフの間の考え方の違いが困難な軋轢をつくることがある。

5）理事と経営者はそれぞれ期待と要求するものが違う

経営者のほうは、理事は非常勤で素人であり、複雑な組織を理解し、それを管理するという経験も専門知識もない存在であるとして、自分が優れた存在であると理事を見下し、理事会の会議のあり方について批判をしながら、理事会の扱い方に難儀していると言って憚らない。また、そこまではないとしても、経営者は日常の組織運営に多忙を極めており、理事の助言や提言を有り難く受け止めることもできない場合がある。戦略や優先事項についての議論に理事を加えることをしないで、選択肢がほとんどない提案をして最終の決定承認を期待する。

理事のほうは、敬遠されることはあってもそれほど尊重されることなく、自分の業歴や社会的地位に見合うような尊敬を込めた重要な役割を頼まれることはほとんどないので、欲求不満の状態にある。理事は多士済々であるが、そのなかには、喋りすぎる理事、議論をあらぬ方向にもってゆく理事、適切でない質問をする理事、議事案を読んでこない理事など、それぞれに自分の期待と役割自覚はそれなりにしっかりと抱いているから、評価されていない、認められていないという不満が鬱積する。

確かに経営者の側からは、理事会に応接することはおそらく荷の重いことである。理事会の仕事や理事会との関係づくりに多大な時間を浪費するとはいわないが、かなり消費する。経営者は日常の組織運営に多忙を極めるので、

主要な事案について理事に議論をさせると、さらに貴重な時間を消費するだけだと思っている。他方では、有能な理事は指針や助言を与える機会を期待しているし、リーダーシップを発揮したいと考えているはずである。一般に、理事は経営者と協同して主要な企画案について合意する機会、サービスの質改良の過程について経営者や管理者と協同する機会を望んでいるものである。

現実に、理事会と経営者の間の関係がコンフリクトする可能性のある5つの状況が確認されている。

① **支配的な経営者**

経験豊富で、専門家であり、常勤である場合、支配者となる傾向があり、この支配が組織の目的達成の能力を妨げるのではないかと、理事会が感じることになる。

② **支配的な理事会**

理事会が経営者の職能と役割を管理活動だけにする場合に生じる。

③ **分裂した理事会**

理事会が政策や手続きに関して合意に至らず分裂する場合、理事長と経営者はそれぞれ違った派閥に加わり、これが両者の関係に緊張を生むことになる。

④ **身びいきと敵対**

個人的な敵意と不満が原因で、理事と経営者の間の関係が密接になりすぎるか、対立するかのいずれかの場合に生じる。

⑤ **二重の経営者**

病院のような制度では、医療の管理者と経営の管理者を採用するが、理事会に直接に報告する2人の経営者が存在する。このような状況から、組織の経営において理事会を直接巻き込むようなコンフリクトが生じる。

また、次のようなコンフリクトの要因が挙げられる。

① **経営者のリーダーシップと経営管理のスタイル**

経営者の個性、専門家としての経歴、リーダーシップ、権勢、経営管理のスタイルが、理事会とスタッフ、特に理事長と経営者の関係に影響を及ぼす。

② **理事会の構成**

理事の特性と理事がどの程度専門家であるかという点が、理事会の組織管理への関与に影響を与え、そして経営者と理事会との関係に影響を与える。

③ **理事会の組織への関与**

理事会が心身ともにまた社会的に組織と距離を置く程度、組織のプログラ

ムに関与する程度によって、理事会と経営者の関係が変わる。

④　政策決定をめぐるテンション

　理事や理事会が組織に熱心に関与して経営者に対して自分の影響力を及ぼそうとする場合、パワーの均衡が乱される。

　以上、理事会と経営者の間にテンションやコンフリクトが生じる場合のいくつかの背景や要因を知ることができる。しかし、基本的には、(ⅰ)理事会は多くの重要な決定に関して最終権限を所持しており、また、経営者を採用・評価・解雇する権限を介して経営者を監視し統制することができる。(ⅱ)しかし、理事会はほとんどの情報について、政策の具体的表現や政策の実施について経営者に依存しなければならない。(ⅲ)他方、経営者は組織を経営する実行力があって、理事会が最終の決定をするとしても、実権は経営者に留まる可能性が高くなり、理事会を教育する存在である。(ⅳ)しかしながら、経営者は理事会に採用され評価され解雇される「雇われ管理者」のままである。したがって、理事会の側からいえば、経営者の政策立案の率先性や日常管理活動の積極性を殺がないように経営者を支配してはならないが、他方では、理事会は強い経営者に「取り込まれないように」しなければならないことになる。このように、理事会と経営者の関係は本質的にパラドックスの関係にあるということができる。

3．情況によって変化する理事会と経営者の関係

（1）組織をめぐる外部情況

　1）情況適合論の視点では、組織というものは、組織が困難に遭遇したときに不確実性に巧みに適応し、組織が必要とするもっとも決定的な問題を処理する個人や集団に統制されるであろうとする。そこで、組織活動の発展段階、組織の重要な危機や事案などの情況が理事会と経営者のパワー関係の態様に大きく影響する。第Ⅰ部第3章で指摘した通りである。

　2）理事会と経営者のパワー関係は、外部の圧力や要求から決まることがある。特に組織の政府への依存関係などの外部情況から決まることも想定される。例えば、組織の効率経営を求める圧力から経営者へのさらなる権限委譲や権限集中が推奨あるいは推進されるし、反対に、経営者の不正行為に対

する防御策として理事会の監視・統制を強化する手立てが講じられたりする。従来の組織論では、理事会と経営者の関係の態様は「情況適合の基盤」のうえで双方を満足させようとしながら、経営者のほうに適合する形で動かされるとしているが、政府によるパブリック・アカウンタビリティの要求が理事会パワーを復活させることが十分に想定できる。

（2）組織の情況

1）外部資源に依存する組織の場合

　社会改革運動などの意見表明型の非営利組織、あるいはボランティアが中心となる社会問題解決型のNPO法人、表現芸術やパフォーマンスアートの非営利組織では、その活動と業績はボランティア理事がどれだけ積極的に組織に関与するかに掛かっている。そのために、理事のモチベーションをいかに高めるかという組織の問題が重要となるが、他方で、ボランティアとして理事になろうとする主体的な動機から、このような理事が組織を統制し支配したいという欲求を強く抱くことになる。そこで、理事への動機づけと理事会支配の欲求との間に固有なジレンマが生まれることになるが、その解決は理事会が組織を支配する方向で行われる。

　特に、このような非営利組織における理事会は組織を安定させるのに決定的に重要な存在であり、営利組織の取締役会とは異なるある役割と責任を与えられているのである。ボランティア労働、寄附金、支援などの外部資源に依存する非営利組織は、営利組織よりは支援を受ける正当性と支援の動員に心掛けなければならないから、外部との連結帯であり、この種の資源を提供する理事の役割は決定的であり、したがって、非営利組織では理事会は組織に対して一定以上の「影響力」をもつ傾向となる。

2）組織が専門化されている場合

　理事会と経営者の関係は組織の規模、組織の複雑性、組織の官僚制化・専門化のような組織要素によって変化し、これらの要素が両者の間のパワーの相対的な配分に影響を与える。

　　①　組織が転換の渦中にあり、あるいは専門知識が特殊化され技術化される場合には、パワーは理事会から経営者に移転し、理事会は情報についてこの経営者に依存するようになる。このような状況では、理事会の重要な役割と責任の一つである「モニタリング」が失われる。

② 経営者がまた高度な専門職である場合に、理事会との関係はより複雑となる。この経営者と理事会に不一致が生じた場合、その経営者は専門職としての権限—原則として政策の指示に従わない—を強く主張するのか、管理職としての権限—原則として政策決定機関によって定められる—を遵守するのかが判然としないことがある。専門職でもあるこの経営者は政策策定行為が職業の原則や職業倫理に悖ると感じるようなジレンマを抱えることになる。専門職である経営者には、プログラムと政策決定について専門的な見解を示す第一の役割と責任があるものであり、専門職の利害を代表するものであると一般に認識されているし、特に同じ専門職からはそのように期待されている。他方で、組織の管理者としての経営者には組織の安泰と組織の正当性に影響する経営管理上の提案と決定をする第一の役割と責任がある。

そこで、このような経営者は専門職と管理職のジレンマに陥る。この場合、理事会と経営者の関係は様々な情況によって浮動し、もっとも厳しい緊張関係となる可能性が高い。病院や大学や美術館などの分野における「ルースカプリング」の組織に典型的に現れる状況である。

③ また、プログラムの企画と管理と実行には高度に技術的な専門スタッフを必要とする場合、経営者が理事会と専門スタッフのコミュニケーション経路をほとんど完全に支配することによって、また、場合によって自分も特定の専門職であることから、あるいは当該職業団体と連携していることから、理事会に対して経営者が強いパワーを握ることになる。一方では、理事はこのような専門知識も技術的な知見もないので、プログラムや専門スタッフとは通り一遍の接触しかできない。

このような状況では、専門スタッフの理事会へのコミュニケーション、理事会の専門スタッフへのコミュニケーションは経営者によって制御される。このように、プログラムが高度に専門的な組織の場合、その組織は理事会に比較して経営者が強いパワーを発揮できる要素をもっている。

3）理事会・経営者・スタッフの関係が変化する場合

さらに、理事会と経営者のパワー関係に対して、理事会、経営者、そして一般のスタッフの間の関係が影響を与えることがある。スタッフが経営者と同調するか、強く経営者を支持するなり、経営者の背後にいて経営者と結託するようになると、経営者が理事会に対して強くなり、経営者が理事会との

関係において有利な位置に就くことになる。理事会の見えないところで自分たちの利益を守るとか、失策や間違いを隠すことができる。さらには、理事会の提案する改革戦略や政策決定に対して容易に反対することができるし、理事会の決定を履行しないで拒否することもできる。その結果、経営者のパワーが強くなる。

　官僚が共同防衛すること、庇い合うこと、クライアント・政策決定集団・社会の外部勢力に対して共同戦線を張ることがよく知られているが、これと同じ現象は非営利組織でも見受けられ、スタッフと経営者が連帯すれば、理事会に対して強力な防衛線を構築することができる。

　反対に、理事会とスタッフの非公式な緊密な関係を通して、あるいは多種の理事会の委員会活動を通して、理事会がスタッフを抱き込むことがある。このような場合、理事会と経営者の関係において経営者のパワーは弱くなる。

４）特に最高経営者の組織内の位置と姿勢と行動が大きな変化要因である場合

　理事会の最高経営者への依存度は、組織の大規模化、組織の専門性あるいは専門化によって高まり、また外部との関係、特に政府への依存関係の強さによって高まるが、この最高経営者の理事職（あるいは代表理事職）兼任制が理事会パワーを弱くする。また、最高経営者の姿勢と行動の次第によっては、理事会のパワーと関与とに大きな違いをもたらし、最高経営者は組織の伝統や慣習を温存させるか、改善するかを主導できる存在となる。

（３）理事の立ち位置

　１）理事会と経営者との相対的なパワーは外部資源に対するアクセスないしは支配によって決まる。理事と理事会のパワーの主たる源泉は資金、原材料、サービス、あるいは「市場」の支配にある。例えば、少数の人たちの代理機関である組織の場合には、政策策定とその執行はこの少数の人たちの代理を務める理事会によって統治される。資金調達がコミュニティ資金や大衆の小口資金に移動すると、資金調達者としての理事会のパワーは減退する。結果として、１つは、多くの寄附者から少額の寄附を受ける組織では、理事会は経営者に比較してパワーが弱い、２つは、資金調達が理事と資金提供者との個人的な関係に拠らないで行われる場合、理事のパワーは減退する、３つには、公的資金が資金調達の中心の原資となり、その資金量は組織にとって決定的に重要となる場合、経営者が資金の運転を支配するので、資金提供

者との仲介役としての理事や理事会は組織にとって重要ではなくなる。

　　2）組織活動に関する細かな知識と豊富な経験は意思決定に不可欠であるから、理事会の経営者との相対的なパワーは、理事が組織活動に関する経営者にはない異質な知識と経験をもっているかどうかに影響される。

　　3）理事会は組織に影響を及ぼす多様な集団や多様な利害を「代表」することで組織の正当性を担保するから、理事が外部集団と密接に関連してその集団を代表する場合には、経営者に対してより強いパワーを得ることになる。

　　4）外部組織や組織内部の情況要素よりも、理事会と経営者の関係は理事の属性によって決まることも当然理解できることである。例えば、女性が参加する理事会は影響力が弱く、また、理事長支配型や最高経営者支配型にはならない。名声あるいは富のある人が参加する理事会では、その地位から理事会のパワーは強くなる。ちなみに、経営者の属性についても、例えば、最高経営者の在任期間が長ければ、そのパワーは強くなる。第Ⅰ部第3章で述べた通りである。

Ⅲ．理事会と経営者の関係の問題点

1．営利組織とは異なるガバナンス構造とガバナンス構成

　営利組織ガバナンスについては、大規模会社における株式の高度分散化現象と組織規模の拡大と組織経営の複雑化に伴う経営の専門化現象によって、所有と支配と経営が大きく分離し、そのことによって、組織における経営者の調整機能の重要性が高まり、経営者の組織支配が必然的に定着するとの議論は、経営学や経営管理論では古くから指摘され容認されてきた。そこで、その結果としての株式会社における取締役会の無機能化や形骸化について、その対策がつとに議論され、何度もその改善作業が試みられてきた。例えば、「委員会設置会社」の制度化であり、あるいは昨今の「監査等委員会設置会社」の新設であり、一定数の社外取締役導入の義務化であり、その他の改善

指針・規則の励行の要求である。しかし、株式会社における主な問題点は「株主不在の取締役会ないしは株主利益を代表しない取締役会」にあり、「社長の言いなりになる取締役会」という点にあるにすぎない。

これに対して、非営利組織では、株主は不在であり、その代わりにフィクションとしての社会の代表や様々な背景と動機をもつ各種の利益代表が理事会に参加するのであるが、この理事会に大幅の経営権を付与しているところに問題がある。しかも、そのメンバーである理事は自分の職能と役割について信念や主義主張を強く抱いて自分の思い込みで行動することが多いので、すでに論じてきたような役割の曖昧性と役割のコンフリクトといわれる問題が大きく残される。

さらに、構成メンバーについても、社長が取締役会会長を兼ねる株式会社では、社長が主として内部の知見や経験が同じである子飼いを集めて脇を固めることができるけれども、非営利組織では経営者が理事ではあっても、理事長を兼ねることは少ないし、理事は主として外部の多様なステークホルダーによって選任される。そこに、理事会と経営者の間に「不一致」が生じる可能性や両者が合意に至るまでの手段や方法の難しさが潜んでいる。

株式会社では株主利益を代表する取締役会が存在するが、経営者がこの取締役会との調整を含めて内外のステークホルダーとの調整職能を果たすことが期待される。経営の社会的責任論も主として経営者の責任として期待される。これに対して非営利組織では、理事会がいろいろな資源の獲得など外部との連結職能を期待されると同時に、内部の経営活動と業績達成についての監視と評価や、経営政策の決定とその統制などの統括職能の最終責任を担っている。理事会が抱えるジレンマ問題である。

理事会は組織と外部環境を連結する媒介者であり、同時に、組織の統治者である。多くの理事会団体や指導書が提示する理事会の職能リストを見ると、第Ⅰ部第2章で紹介したように、その活動範囲と活動レベルがいかにも多様である。意思決定プロセスの非常に高いレベルで活動して、組織の典型的な「戦略・計画段階」の職能を遂行しているかと思えば、他方では、日常活動段階の予算統制や資源誘引活動をする。

事実、理事会がこのような高低のレベル間を移動することのなかにジレンマがある。戦略的な決定職能と日常管理の執行職能との両者が存在するから、理事会活動に問題が生じる。そのなかの主たる問題は、理事会と経営者の間

に発生する不透明な権限関係である。この不透明性から理事会が何をなすべきかについて意見の対立があり、理事会と経営者の間の緊張が高まり、非営利組織のすべての亀裂と軋轢は、理事長を含む理事会と最高経営者を含む経営者の間に生じる誤解と違った認識が原因であるとさえ言うことができる。

2. 政府依存に伴う理事会軽視と専門経営者の重用

　今日の非営利組織におけるリーダーシップと経営管理の強化とその専門化への圧力が特に規制当局と助成団体から高まるなかで、非営利組織のガバナンスとその経営に関する強化と改善の方向は、理事会のガバナンス職能の強化と改善ではなくて、むしろ経営者の組織管理職能の強化の方向に集まっている。ボランティア理事会が果して事業の経営に耐え得るのかどうか、事業の将来にとって必要な存在なのかどうかという問題が、密かにあるいは公然と投げかけられている。

　非営利組織の経営を素人のボランティア理事会が差配する状況が減ってきたのは、1つには、資金調達とサービス配給の領域において政府依存が進行したことによる。政府の公共資金に依存する度合いがますます大きくなるに従って、理事会の資金調達職能に対する期待もその必要も小さくなるが、特にサービス購入契約における規制と指導が決定的な要因である。公的機関が認定したクライアントにサービスを提供して政府の資金を受け取るという仕組みのなかに、ボランタリズムの本質である自主性が失われ、この政府のサービス購入に伴う規制と指導が組織の政策とプログラムなどの決定に関する最高経営機関としての理事会の支配権を実質上喪失させる。政策とプログラムと資金の決定に関する支配が大きく失われることから、ボランティア理事会の関心を満たすような意義のある活動をする可能性がきわめて少なくなる。

　それとともに重要なことは、理事会が事業活動に関与することから得られる便益が少ないと経営者が判断して、理事会の関与を必要ないと考える可能性が大きくなることである。その結果、理事の心のなかには自分たちは何をする能力があり、どんな仕事を期待されているのかという失望も含めた自意識の問題が起き、理事会と経営者の関係に亀裂が生じてくるものである。

　また、サービス購入契約の約款やアカウンタビリティ条項の遵守手続きが

求められると、さらに管理活動の専門化傾向が増幅される。政府機関は管理専門集団にこのようなコンプライアンス職能を委ねるので、徐々に理事会やその委員会の職権が奪われてゆく。経営者の忠誠の焦点が理事会や理事が代表する社会から離れて政府機関に移り、このことがまた、政府機関が経営者を重視する方向へと導くことになる。

　もともと、理事会と経営者の関係にはどちらがどのような職能を担当すべきか、その職能の性質を決める権限はどちらにあるのかという混乱と衝突があり、さらには、果たして実際にどのような役割と責任を担当できるのかという問題があるので、今日の理事会と経営者の関係の「危機」は長い間のこのような役割と責任の範囲に関する争いが周期的にまた爆発したにすぎないともいえるが、その争いの文脈が大きく変わってきたのである。政府の規制・指導の強化と経営専門家への期待という文脈である。

3．企業モデル化への圧力

　理事会と経営者の複雑で微妙な相互依存関係のなかにおける協同関係について、その協同関係をどのように構築すれば理事会有効性が高まり、ひいては組織有効性を向上させることに繋がるのか、これに関する従来の議論では、基本的には2つのガバナンスモデルの流れが示されているだけである。1つは、「法的・倫理的に規定された規範に戻れ」という理事会の英雄モデルへの努力であり、もう1つは、「現実と合理的根拠で明らかな実際に倣え」という経営者が主導する企業モデルである。

　英雄モデルとは、理事会が法的にも倫理的にも制度化された組織の最高経営機関であるから、理事会が組織経営の重要な政策策定の意思決定を行い、その決定に従って経営者が組織の管理を遂行するべきものである。その限りで、経営者は理事会の部下として採用される。両者の職能関係は明確に区別された役割分担であることを特徴として、理事会が経営者の活動を指揮し、監視し、制限するという関係にある。そこで、理事会と経営者の関係は上下階層関係として、理事会が上位権限、支配力、影響力を有することは当然のこととして、この関係をさらによくするには、両者の接触の頻度、相互信頼の程度、コミュニケーションの良否などの個人的・社会的な関係が作用する

ので、両者の間の人間関係に腐心することだけが問題になるにすぎない。

　しかしながら、このような英雄モデルは非営利組織における理事会受託制度における神話であるにすぎないとして、理事会は明確に規定された法的責任を有していることを認めはするものの、理事がそのガバナンスへの関与を遂行するに際しては、経営者がその参加を助勢しあるいは調整する、さらには経営者が主導するという積極的な役割と責任を負うべきであるとする「経営者が主導する企業モデル」が有力となってきた。

　例えば、年数回の会議、情報アクセスの不十分、リスク回避の性向、積極的参加のモチベーションの欠如などの理由から、理事と理事会は支配的なパワーを持ち得ないから、経営者が心理的な軸となって、理事会を誘導し取り込みながら理事会中心のスタイルを維持して、理事会に仕事をさせるか、経営者が中心となって事実上のトップマネジメントを構成して、理事会には法的責任を残しながら、全部のパワーを掌握するほうが理事会有効性と組織有効性を高めるとする議論となっている。そこでは、理事会と経営者の関係は、経営者中心の連立支配型か、経営者の実質傀儡となる理事会の経営者支配型であり、経営者主導の理事会運営をすることを通して組織全体の経営を束ねることが組織有効性を高めるとする。

　このように、理事会と経営者の関係をよくするには、経営者の固有な経営管理とリーダーシップスキルを十分に利用することである。その結果、理事会ガバナンスの質は、理事の間の生産的な相互作用を操舵し、理事会の活動を促進させる経営者の能力次第ということになり、両者のよりよい関係の維持と構築は経営者頼みとなる。

　さらには、理事会と経営者の関係は経営者が主導して向上させていくべきであり、そのためには、経営者が組織の経営管理全般を司ることであるとする提言が現れる。株式会社に一般に見られるCEO支配のガバナンスを是とする企業モデルの方向である。非営利組織における「経営者支配時代」の到来を是として、これを積極的に導入するよう示唆する立場である。もっぱら経営者が組織を経営し、理事会を組織のサブシステムとして、管理の用具としてこれを利用することにおいて、組織は効率性を高めることができるとするのである。

　確かに、経営者の一元リーダーシップによって、組織の経営は少なくとも「合理的な意思決定と効率的な組織の管理」がより向上するであろうが、た

だ、非営利組織が公共政策の代理執行機関として政治的・社会的圧力を受ける情況の下では、このような企業モデルでは、政府の代理機関としての非営利組織は別として、非営利組織が存在することの正当性を失うことになる。

おわりに

　理事会と経営者の関係はどうあるべきかに関する啓蒙書や指導書ではまったく安定的な関係を想定している。「平等なチーム」や「共同パートナーシップ」であると規範的・観念的に捉えているが、しかし実は、この関係はきわめて複雑であり、その関係は基本的に緊張関係にあり、その緊張関係のなかでそれぞれの立場を優位にしようとする「ダイナミックなパワー・支配関係と相互作用・相互依存」の関係にある。あるいは、協同パートナーシップとして互いの境界を定めながらともに組織目的に貢献するべしと主張するだけでは、トップマネジメントのなかで内外の情況に影響されたり反応したりして、協同から深刻な不一致までパワーが複雑に移動する現実を把握することはできない。このように両者の関係を規範的・観念的に捉えるだけでは、理事会有効性と組織有効性をいかにして向上させるかに答えることもできない。

　理事会と経営者の間には専門的な知見と経験について大きな違いがあり、また組織との関わり方についても大きな違いがあるが、両者の関係には、それぞれの役割と責任の境界をどのように限定するのか、理事会は最高の意思決定にどの程度参画するのかなど、間違いなく少なくともテンションとコンフリクトが介在する。理事が考えるなり受け容れるなりする理事会の役割と責任は、組織の経営を担う管理者層、特に経営者が望むなり必要と考える理事会の役割と責任とは必ずしも整合するものではない。端的に言えば、経営者が期待する理事会の役割と責任と、理事長はじめ理事が自分の責務と考える役割と責任とは異なる。このようなテンションはすべてに適合する方法を探るのではなく、組織が置かれた多くの情況ごとに処理されているのである。

　これまでの情況要素に関する多くの調査・実証研究から見れば、理事会と経営者の関係をパートナーシップであるとする規範論や指導書が記述している見解は有効ではなく、現実とは相容れないことを示唆している。規範論や

指導書では、理事会と経営者はそれぞれの役割と責任を明確にして、分離を持続することを強調することでパートナーシップを確保するとしているが、実際には、両者の職能と役割は重複・交錯する縺れた関係にあり、関係はつねに交渉されなければならず、周囲の情況と理事や経営者の属性が変化すれば再交渉されなければならない関係にある。

　非営利組織では理事会か経営者のいずれかに明確に属するガバナンス機能、あるいはいずれかに長期的に属するようなガバナンス機能はほとんど存在しなく、また、ガバナンス機能は実際には理事会だけに委ねられているのではない。むしろ、現実の一般的な趨勢としては、経営者が理事会を主導ないしは支配する構図を指している。理事会がどの程度「ほんとうの意思決定の役割」を果たすことができるかは、経営者が「何を与えるか」に掛かっているともいえる。

　さらに、経営者が理事会を犠牲にして自分のパワーを最大化することが可能となる情況の変化が見られる。その限りで、経営者の理事会を主導ないしは支配する現実とその方向がほぼ確信的な結論とされていることがある。確かに、ほとんどの理事が時間の制約のあるボランティアの外部理事であること、経営者との関係で選任されること、非営利組織の「ビジネス」に堪能ではないこと、などの特徴を理事会が見せる場合には、おそらく経営者が支配的な地位に就くことになるであろう。

　事実、今日では、非営利セクターとそれを具体的に構成する非営利組織の重要性が増大し、それに伴って非営利組織の効率性と有効性を担保する経営管理の必要性が認識される一方、政府の非営利セクター政策が転換して、営利組織の参入を認める規制緩和、政府と非営利組織との協同の推進、政府の業務委託の増大が施策されるに従って、政府が供給者から監督者に転換すると同時に、非営利組織の「ビジネスライクな経営管理」を勧奨ないしは強要してくるようになってきた。そこでは経営者が主導する非営利組織が求められてくる。

　こうして、効率性と有効性の障碍になる問題点として、非営利組織における理事会と経営者をめぐる組織ガバナンスの制度が対象となり、統治機関としての理事会のあり方、理事と経営者の関係のあり方が厳しく問われるようになってくる。特に、理事会と経営者の間の関係のあり方が理事会有効性と組織有効性の決定要因であることは間違いないからである。

第Ⅴ部 組織有効性を高める理事会リーダーシップ

　しかしながら、他方では、非営利組織の相も変わらぬ不正行為や非営利組織に対する社会の疑念や不信があるために、非営利セクターと非営利組織の存在の意義とその正当性を証明するためにガバナンス改革が必要であることから、理事会が統治機関としてほんとうに主導する非営利組織が期待されてきた。理事会の役割と責任が厳しく問われる動向を踏まえて、理事会側から改めてガバナンス機能の重要性を認識して、理事会のガバナンス職能を十全に果たすよう自らそのガバナンス能力を高めるより期待されてきたことは真実である。

❷ 理事会と経営者のよい関係の構築

はじめに

　非営利組織がそのミッションに忠実に社会公共目的を追求していますというだけでは、その正当性を認知され担保される時代は去った。もはや非営利組織は「社会公共目的を追求しているから『非効率な経営』となることがある」と唱えることが許されなくなっている。その限りで、専門経営者としての経営者が組織を主導して効率的な経営を実践する方向は必至である。しかし、効率的な経営が必ずしも不正行為や不法行為をなくすることを保証しないし、まして組織の有効性を高めて社会公共目的の達成に必ず至ることを保証するものではない。現に、皮肉なことに再び理事会ガバナンスの重要性が認識されてきているのである。組織が存在する正当性を担保する理事会の職能と役割の再検討と再構築が問われてきたのであり、その趣意は理事会に組織の正当性を担保するさらに大きな役割と責任を負わせる方向である。

　経営者偏重の傾向とその反動としての理事会重視の機運のなかにあって、理事会と経営者の関係について、政策問題として、組織の管理問題としていまだに明確にならない問題を含めて多くの点で確認すべきことが改めて浮上してきていることに留意しておかなければならない。現に、アメリカにおいては、エンロン、ワールドコムの破綻を契機にして生まれた「サーベンス・オクスリー法」（Sarbanes-Oxley　Act＝SOX法）に準拠した非営利組織のガバナンス、特に理事会主体の監視と統制の再構築が具体的な課題となっているのである。

第Ⅴ部 組織有効性を高める理事会リーダーシップ

Ⅰ．経営者を中心としたよい関係の構築

　理事会と経営者の関係に関する実証研究は多様にあるが、いずれも理事が
求められている職能と役割を全うしないことを共通の問題として指摘してい
る。理事はなぜ動かないのか、基本的に2つの要因が作用している。1つは、
理事に心理的な所有者意識が欠如していることである。理事は金銭的な利得
と関係しないのに法的には責任があって、組織の金銭的なリスクを負わされ
る存在である。したがって、理事はリスク回避の行動を採ることになる。2
つは、本来、理事に就くことは理事にとって1つの交換取引である。理事は、
積極的な関与にしろ、具体的な活動による貢献にしろ、これらと自分が期待
する価値の結果とを交換するものである。しかし、たんに「理事」に就くだ
けで個人的な動機が満たされてしまうことが多いから、理事会や組織の活動
に積極的に関与して、なんらかの物的・心理的な満足を得ることを要しない
ことである。

　そこで、現実には、「積極的には動かない理事」と、心理的に所有者意識
をもって「懸命に働く経営者」とが非営利組織のトップマネジメントを構成
していることが十分に想定できる。少なくとも制度化された大・中規模の非
営利組織では、常勤で有償の経営者が最大の所有者意識をもち、組織の成功
に対する責任を負っていると考えられる。したがって、理事会と経営者の関
係をよくするのに、その役割を最高経営者に預けるべきであるとする議論が
有力となる。すでに第1章Ⅵの経営者支配論で若干触れた代表的な議論をこ
こで敷衍しておかなければならない。

1．経営者が理事会リーダーシップ役割を担うよい関係を構築

　積極的には動かない理事が集まる理事会という状況において、理事会と経
営者とはその相互依存関係を以下の方法で対処することになる。1つは、理
事会の決定役割は形式的となり、理事会は儀礼化し、そこでは理事会はほん
とうに事後に形式的な承認をするだけになり、決定役割と執行役割とが完全

に経営者に移行する。2つは、経営者が中心となって理事会を誘導・教化しながら、決定と統制の活動に関する実際の選択を行い、決定—執行—統制のマネジメントサイクルを循環させる。

したがって、経営者が理事会の意思決定のプロセスに対する役割と責任を負う限りにおいて、場合によって理事会活動に対してリーダーシップ役割を負う限りにおいて、理事会の職能と役割はもっとも有効に履行されるという点を認識して、理念型を修正すべきであるとする。そこでは、理事会活動に対して継続的で実質的なリーダーシップ役割を負うことが有能な経営者の資質である。非営利組織の経営者の責務のなかに理事会リーダーシップを追加すべきであり、経営者が現実に遂行している大きな役割と責任を認識して、理事会有効性と理事会と経営者の関係の構築をこの経営者に委ねるべきであるとする。

2．経営者のリーダーシップでよい関係を構築

理事会と経営者との間の経営管理に関する権限と責任を明確にして、両者が「共同指揮・管理者制」を敷くことを強調する。要は、理事会と経営者の関係をよくすることの狙いは、組織の経営能力を最大化することにあり、組織のミッションを統制する理事会の法的・倫理的責任を履行させ、併せて、経営者が合理的・効率的な経営管理の諸活動をするのに必要な範囲の特権を与えられるようにすることである。

そこで、理事会と経営者のよき関係は、経営者を心理的な中心として「理事会中心を構築する」ことではなくて、経営者に「調整リーダーシップ」役割を委ねることにある。経営者は共同管理者制においてどのリーダーシップ役割を誰が担うべきかを決定するだけではなく、経営者は個々の理事の職務の割当てを決める知見と能力をもつべき存在となる。

そもそも、一体組織を経営するとはどうすることなのか。資金・人材・施設・情報などの資源を調達し、これらの資源を合目的的に利用して、財務・生産・配給・人事の諸活動を展開し、そこから生じる成果を組織の存続が保証されるように組織の内外に分配して、再び資金・人材等の諸資源を誘導し投入させることで、組織の存続を図ることである。このような循環を動かす

第V部　組織有効性を高める理事会リーダーシップ

のが経営管理活動であり、決定―執行―統制のマネジメントサイクルである。この経営管理活動を適切に行うためには、情報がすべて中枢部に集まる必要があり、内外の情報の収集・解釈・統合・移送を司り、外部への情報の伝達・広報など、情報の流れを制御・支配し、あるいは、情報をつくり出すことができなければならない。

　非営利組織においては、ファンドレイジング活動には、理事や理事長が一定の役割を果たすとされるが、その他の補助金・助成金や事業収入などの資金調達には日常の経営管理を担う経営者の能力に依存している。また、ボランティアを含む人的資源の調達にしても、組織内の人事管理にしても、あるいは、外部のステークホルダーとの交渉にしても、一部は理事や理事長が加わることもあるが、ほとんどの人的資源の管理は経営者に頼っている。また、資源の利用についても、例えば、誰にサービスを供給するのかという重要なプログラムには理事会が最終の承認をするかもしれないが、その具体的な展開活動は経営者を始め組織の管理者や従業者が担っていることである。

　さらには、政策の決定についても、理事会が最終の職階上の権限を所有しているとはいえ、政策の立案とそのための機会の探索、組織内の職能間の調整、内外の危機や紛争の交渉・調停などの意思決定は経営者が用意し職能上の権限をもってほとんどの政策の基礎をつくっている。政策の執行については言うまでもないが、統制活動にしても、少なくともどのように組織を統制するかの制度と方法は経営者が用意している。最後に、管理活動に必須の情報管理も、外部環境の情報収集や外部への広報については理事や理事長が一部役立つことがあるが、組織内部の情報はほとんどが情報流通のボトルネックにいる経営者の制御・支配するところである。

　このように見てくると、少なくとも制度化された組織においては、経営管理の諸職能は、それに携わる時間の継続性と密度の濃さから、ほとんどが経営者の担うところであり、この経営者が理事や理事長に対してかれらの才能と技能によって適切な職能と役割をかれらに割り振りしている。したがって、理事会と経営者のよき関係は、理事会中心の関係を構築することではなくて、経営者の能動的なリーダーシップの下で経営者に合わせた理事会と経営者の関係を固めることでつくられるとする。有効性の高い組織とは、理事会は経営者の立案する政策を承認・採択し、経営者は理事会の助言、諮問、支援を受けて政策を策定・実践する組織であることとなる。

483

3．経営者に一任してよい関係を構築

　本来は、理事会有効性に対する責任を理事長に負わせるのが標準的な処し方であるが、現実には、これでは理事会は機能しない。理事会を機能させるためには、組織の有効なガバナンスに対する責任を経営者に負わせることであるとする。なぜなら、理事会を啓発・教化し、理事会の役割と責任を十全に履行させるのは理事長の本来の為すべき仕事であるが、この理事長はほとんどが非常勤であり、他で多忙であってこれが無理であるから、理事会が経営者の作り物になる危険はあるものの、大方の経営管理活動に関する役割と責任を経営者に移転するのが現実に望ましい。その根拠は、そうすることで組織の合理的・効率的な経営管理を推し進めることができるからである。理事会との適切な関係をつくることは経営者の第一になすべき責務であり、この関係づくりの資質と能力が、経営者を雇用し評価する場合に重要な基準点でなければならないという。

　ただし、経営者が最終的な責任を負うべきであるが、理事会は大いに干渉すべきであって、理事会の干渉を制度的に容認し奨励する仕組みを設けるのも経営者の責任である。また、理事会は政策決定、経営者は政策執行と明確に役割分担するのではなく、両者は双方の職能に関わり合い、適宜に自分の仕事を調整するべきものである。それぞれがどのような仕事を期待されているか、どのような成果の達成を期待されているのかを決めることである。例えば、理事会には資金の調達、経営者にはボランティアの管理や新しいプログラムの編成などである。ただ、有効性の高い組織にとって重要なことは、経営者がこの調整の役割と責任を負うことであるとする。

第Ⅴ部 組織有効性を高める理事会リーダーシップ

Ⅱ．理事会が関与するよい関係の構築

1．理事会が主導して公益性を担保する必要

　理事会と経営者の関係は理念的には「よきパートナーシップ」で結ばれているが、現実には多くのテンションが内在しており、ときにはコンフリクトがむき出しになるような「協同・妥協・対立」を含む「パワー関係」と「交渉・取引関係」にあることは明らかである。そこで、理念と現実との乖離をできるだけ狭めて解決の方向を模索する議論として、1つは、現実をできる限りの努力によって理念型に近づけようとするポリシー・ガバナンス・モデルが提唱する理事会リーダーシップ型がある。いま1つは、あまりにも理念と現実とが乖離している以上、理念型をなんらかの型に修正するという方向がある。少なくとも中規模以上の非営利組織では、いわゆる経営者支配型が一般に見受けられる現実があることはほとんど確実であるから、経営者にイニシアチブを委ねることで修正するとする議論である。

　しかしながら、理事会と経営者のよき関係を程度の差こそあれ経営者を中心にして構築することで、組織の合理的・効率的な経営管理を達成することだけでは許されない情況が生まれてくることこそが、重大な今後の課題なのである。イギリスやアメリカにおけるコーポレートガバナンス強化の方策としての取締役会とCEOの完全分離論もそのひとつであるが、次に指摘する今後に想定される情況がある。

　サードパーティ政府といわれる文脈の下で、非営利組織、非政府組織、民間会社、公私複合パートナーシップなどの政府以外の組織が多様な仕組みを通して公共政策を執行している。そこで、これらの組織に対して政府はもはや政府の政策の執行命令に「従うことを強制する」ことができない状態にある。なぜなら、政府は公権力から遥かに離れた政策執行者と取引きをしており、この政策執行者に対して政府は効果の疑わしい間接的な統制をしているうえに、この政策執行者は公共利益についてごく部分的な関心と理解しか示さない存在であるからである。

　そうだとすれば、政府はどのようにしてこのような政府以外の組織のアカ

485

ウンタビリティを確保し、それらの組織の正当性を立証させることができるのかという問題が生じる。これに対して、今のところは、一般に非営利組織の役割をサードパーティ政府としての役割であるとして認識して容認しているだけであるが、ほんとうにそのような組織の公益性はどのように体現されるべきかについて問い質すべきである。

　この場合、現実の理事会と経営者の関係のなかで政府の代理機関としての理事会が果たしてそのような役割を全うすることができるのかという問題が改めて大きな関心事になってくる。公的に選挙されるのでもなく、公的に厳格なアカウンタビリティを求められていない非営利組織の理事会に対して、理事会ガバナンス職能の一部として公益という広い問題に取り組むことが期待され、政府に代わって組織の公益性を担保するようその経営管理のリーダーシップを執るよう求められてくる。社会公共目的を追求し、それを達成する公的機関の代理機能を果たす存在として、理事会に期待する社会の強い要求が増大する。その際には、社会公共目的を含む組織のあり方についての「理念」の復活が改めて必要になってくる。ミッションを確定し、どんな成果を挙げるのかを限定し、受託した資金やボランティア労働をどのように配分したのか、これらについてのパブリック・アカウンタビリティを果たす理事会の責任が大きくなってくる。

　非営利組織の理事会は、組織の経営にとって、したがって、経営者にとって重要な用具であるが、同時に、公共政策の執行を監視するという公益性担保の職能と役割を期待されきわめて重要な導管なのである。今日の非営利組織における「経営者支配時代」に対するカウンターパートとして、理事会の復権が公共政策のうえからも求められることになる。

　ただし、強い理事会の復権だけでは、組織が正しく経営されるとは限らないことにも留意しなければならない。理事会と経営者の間の不一致や対立がある場合、これをどのように解決するかについて、必ずしももっぱら理事会の意図する方向で解決すべき根拠はない。むしろ、不一致や対立について理事会に経営管理職能を集中する方向で解消することは危険である。理事会に政策決定の主導権を与えることで、組織の経営管理の能力が向上し、組織の有効性が高まるとはいえないからである。

　非営利組織の主要な特性のひとつは、組織のミッションが多様で限定することが困難である点である。営利組織の所有者は利潤の最大化を選好すると

いう事実については広い合意があるけれども、非営利組織のステークホルダーたちが何を最大化したいのかについてはほとんど合意がなされていない。理事会は多様な利害関係を代表するクラスター集団であり、したがって、ミッションを共有しているとしても、組織の経営管理の目的や方法について必ずしも意思統一がなされているとは限らない。

　また、理事会は非営利組織の特定の分野や非営利組織に固有な専門的・技術的な知識・経験・技能を備えているとはいえない理事からほとんど構成されているのに対して、経営者はこの特定の分野で経験を積み、この部門の内外の事情を熟知している場合が多いから、理事会の狙いが経営者のそれと相違する場合、理事会に従うことは組織と社会公共にとって必ずしも利益とはならない場合がある。理事会が示した目標が従うべきもっとも望ましい目標であるかどうかが必ずしも明確でない非営利組織の特殊な情況を考慮に入れる必要がある。

2．理事会自らが決めるべき役割と責任

1）理事会自身が大筋を選択する

　法制上・社会通念上、理事会に求められる役割と責任は、適当な資源の確保、倫理基準の遵守、ミッションと組織活動の一致の確保、財務管理の監視、経営者のモニタリングと多岐にわたる。この場合、理事会自らがこのうち何に注力するのかを決めることである。それは、戦略・計画などの決定管理（業績達成活動のリスク負担）をするのか、承認・助言・評価などの決定統制（監視・統制のリスク回避）をするのかを決めることである。そしてさらに、経営者に対する理事会の立ち位置を決めることである。それは、経営者の支持に回るか、経営者を監視するかを決めることである。

2）理事会に期待される役割と責任は放棄してはならない

　理事会に期待される多くの職能と役割に関する権限は実質的には経営者に委譲され、特に日常の経営管理についてはそのほとんどが経営者に委ねられる。しかし、法律とそれに従う定款が政策策定の権限と責任を理事会に託している以上、組織の活動状況と経営者と従業者の活動とその業績について、理事会に最終責任がある。そのために、理事会は鳥瞰し展望する権威と最終

の権限を保有していなければならない。理事会は経営者の知見や経験を頼りにすることはよいとして、理事会の役割と責任を経営者に過度に依存することで希釈したり、実質放棄してはならない。

3）監視・統制を怠ってはならない

　非営利組織のガバナンス構造は権限分割の原則を採用している。理事会が組織の戦略方向づけに責任を有し、ステークホルダーや社会に対してアカウンタビリティがあり、経営者は理事会の決定した目的を達成するよう組織を経営管理する役割と責任がある。この権限分割の原則によって、組織のガバナンス構造に「抑制と均衡の制度」が埋め込まれているのであるが、この制度が自動的に働かない場合には、なんらかの統制制度と統制方法を採らざるを得ない。

　なかでも経営者の公正な総合評価が有効な手立てである。理事会は経営者を支援しながら、理事会の主要な役割である経営者の活動とその業績について査定し評価をするというジレンマがあるが、(i)理事会は経営者を評価する位置にいること。このことから、理事会、あるいは少なくとも理事長と評価委員会は経営者の活動とその業績を判断できるだけの情報を得ていること。(ii)この評価は公式で正規のものであり、経営者の地位が守られるように行われること。公式の評価会議を通して、弱点を暴くのではなくて、どうすればよいのかについて助言することである。

　意外にも、理事や理事会は経営者が機会主義的行動をする可能性があるという認識をしないものである。その結果、そこには「経営者覇権」が生じる危険が潜んでいる。確かに、理事会と経営者は緊密な相互依存関係にあり、したがって両者は協同関係にあることが本来の姿であろうが、いかに有能な経営者でも、かれは組織の一従業者なのである。理事会には経営者を評価する責任があり、経営者の活動とその業績が問題である場合には、理事会がその経営者を更迭する最終的な責任がある。このような経営者の任免責任を放棄してはならない。

3．よい関係の構築に努める理事会

1）積極的な関与をするため「現場のビジネス」を知る

経営者はじめ管理者側は理事会が自分たちの領域を超えて経営管理の領域に入り込んでくると、不満でありときには批判し非難する。しかし現実に、政策、管理、作業の諸職能を厳密に分離・分割することは困難であるし、組織から距離を置いていて「ビジネス」の直の知識をもてないようでは、組織のガバナンスは不可能とはいえないまでも、きわめて困難である。組織が活動する現場と直に接することなくして、理事会がどうして戦略を構想し、それを展開することができるのであろうか。その組織の実際の活動現場こそが、しばしば新しい戦略とアイデアが生まれる場所なのである。さらに、理事会は「ビジネス」の直の知識がなくて、どうして組織の活動とその業績を査定し評価することができるのであろうか。このことに冗語は要しないであろう。理事会は積極的に「現場」に干渉することが必要である。

2）最高経営者の的確な採用と啓発をする

実は、理事会がよく機能しているのは、多くは有能な最高経営者がいる場合である。そうである以上は、理事会は組織が有能な最高経営者を擁するようにする役割と責任がある。ただ、組織に対する要求が変化するような環境に適応するために、理事会には最高経営者が将来の組織を成功させるのに必要とする知識・技能・経験を含む経営者能力を再点検し、その能力を啓発するという困難な役割と責任が課せられることである。理事会には的確な状況判断によって最高経営者に必要な能力を確定し、その能力を有する最高経営者を選任し、その最高経営者の業績の評価を通して、この最高経営者を啓発する役割と責任がある。

3）最高経営者が制御する情報の提供を求める

組織内の情報の流れを制御するボトルネックにいるのは最高経営者であり、外部の情報収集のアンテナとなるのもこの経営者である。意図するか意図しないかは別として、最高経営者はある種の情報を強調したり隠したりして、理事会の政策決定能力に影響を与えることができる。したがって、情報管理を最高経営者に委ねることは、この経営者を非常に強力な地位に就けることになる。これに対して、理事と特に理事長は理事会が責任をもって組織

を統治できるために必要と考える情報について、公式にも非公式にも最高経営者につねに求める努力をしなければならない。

Ⅲ．理事会と経営者の関係をよくするガイドライン

1．合意による役割と責任の分担

　理事会と経営者の関係に作用する多様な情況要素があるが、そのうち、理事会と経営者の間にどの程度明確に分職がなされているかという、役割と責任の明確性が重要な要素である。非営利組織では、理事会のもっとも重要な役割は政策を設定することであり、経営者の主要な役割はその政策を実践することと一般に理解されているのであるが、実際には、ほとんど非常勤の理事による理事会と常勤の経営者が構成するトップマネジメントにおいてそれぞれの職能分担の境界について不透明で曖昧な場合が多く、そのためにそれぞれが他の職能と役割の領域に侵入する可能性がある。「ダイナミックな緊張」の現象について多数の研究が指摘しており、非営利組織のなかで重大なテンションが発生すると警告している。したがって、理事会と経営者のよき関係を構築するためには、両者の役割と責任をどう配分するかを探索して、合意によって決めることである。

　ただし、その探索の方向は、いわゆるポリシー・ガバナンス・モデルに求めることではない。理事会には政策決定、経営者には政策執行を求める職階上下関係の規律を徹底することではない。「規範の修正」をすることである。また、反対に、経営者のパワーと影響力に期待して、この経営者に組織の経営管理を全面的に委ねることではない。事実、経営者が経験豊富で有能であり、指導力を発揮しており、情報を制御し組織の内外の重要人物と非公式な関係を保っている場合には、確かに組織は合理的で効率的に経営管理されるであろうが、それでは理事会の公益性の担保と組織正当性のアカウンタビリティの責任を全うすることができないかもしれない。

　理事会と経営者の関係を相互作用のなかの不一致や対立として捉えるので

はなく、組織内で日常的に相互に交わされる公式・非公式なひとつの交渉関係であると理解すべきであって、そこには、両者が「役割期待について共有するところ」があり、他方では、それぞれに「自己実現をしたいと願う役割」があるはずである。それぞれの役割期待を突き合わせて、交渉による合意の下に役割分担を決めることである。そのためには、次の条件を満たすことが必要である。

① 自分の能力と時間を考慮して、自分は何ができるのか、何に貢献できるのか、謙虚に考えることであり、自分の職能と役割を慎重に選択することである。

② 理事ならば経営者に、経営者ならば理事と理事会に、互いに互いの能力を尊重しながら対手に何を期待するのか、互いにこれを明らかにして理解し合い、互いが詰めて合意することである。

③ ただし、合意されて作成された職能規程で職能分担が明確にされても、どちらともいえない中間の領域や重複する領域を完全になくすることはできないから、職能分担のあり方は柔軟に情況の変化に合わせて検討し、また場合によっては変更することに議論と合意ができるような機会を継続的に開くことである。

　この場合、理事会と経営者の役割と責任の分担は、組織に出来た「問題の性質」によって変えることが肝要である。問題の性質は、(i)問題の重要性（プログラム、財務、人事など）、(ii)問題の争点（通常は、両者の価値観と利害に関係する）、(iii)問題に伴う変化の程度（範囲、程度、期間、非可逆性、サンクコスト）の次元に別れるが、それぞれに対応した理事会と経営者の役割と責任の分担があるはずであり、そのように割り付ける作業が適宜に進められるような風土と仕組みが必要である。

　ただ、理事会が経営者を直接に採用し、監視し、監督する権限を保有しているとしても、理事会は純粋に管理的な性質の意思決定に関与することはできるだけ控えるべきである。理事会がこのような行動に出れば、経営者は内発的な動機を失い、組織への忠誠心や所有者意識を喪失していくだけである。その結果、長期的には理事会有効性と組織有効性を減殺することになるであろう。

　原則として、理事会は組織が大きな危機にあるか、経営者がその情況に対処できない場合にだけ、日常的な経営管理の問題に介入し干渉すべきである。

このような事態が起これば、理事会は異常な手段を採る理由とその期間を明らかにして、速やかに新しい活動的な新規の経営者を任命して原状を回復すべきである。要は、重大事件以外には、管理職能は経営者に完全に委譲することであり、これによって、経営者の組織への積極的な貢献と所有者意識を高めることである。ただし、そこには、情況適応的で微妙なさじ加減の役割配分が必要である。

2．対話による誠実な関係の構築

　情況の変化に合わせて両者の役割と責任の分担を「話合い」によって適宜決めるという風土と仕組みをつくり上げるためには、もっとも重要な要素として、多様な人間関係ダイナミックスがある。現に、新協同モデルや関係モデルと呼ばれる人間関係論が数多く登場している。モデルによってその具体的な内容は異なるけれども、いずれも理事会と経営者の間の「コミュニケーション」を重要視し、そのために、コミュニケーションが通じる個性、選好、相性、紐帯などを含む人間関係要素が議論される。

　確かに、理事会と経営者の間のコミュニケーションが頻繁に行われ、滑らかで質の高いものであれば、両者の関係はよくなることは論を俟たない。問題は、非営利組織の理事会の特殊性のひとつである理事会の多様性である。画一的で同質的な理事会構成にすることでコミュニケーションを容易にするのではなくて、非営利組織の正当性を象徴する理事会の多様性を維持するなかで、重要な情報を共有し共通の現状認識に立つことができる啓発と学習を重ねることによって、コミュニケーションの密度を高めることである。そうすることによって、初めて非営利組織における理事会と経営者の間に問題意識の共有ができて、両者がともに組織の所有者意識をもって組織の経営管理に積極的に関与する条件が整うことになる。

　なお、経営者が情報の流れを制御し支配することは明らかであるとしても、理事会が徒に経営者の情報に依存しないように、別の公式的で開放的な複数のコミュニケーション・チャネルを確保しておくことが重要である。理事会は議事録を公開する、委員会を通して管理スタッフや職員と接触する、複数のステークホルダーの意見を聴取することである。

どこまでいっても、理事会と経営者のよき関係の構築は、両者の「個人的・集団的な人間関係・社会関係」のなかに「信用と信頼の関係」が有るか無いかによって決まる。両者の関係の質はよき職能分担を決める仕組みではなくて、対話の質量によって決まるということである。確かに、理事会と経営者の間の信用と信頼の人間関係が崩れれば、合意によって詰めた職能分担のなかで明確にした権限と責任の関係の仕組みはほとんど何の役にも立たないであろう。誠実で建設的な関係の構築こそ本質である。

何よりも、理事会と経営者の関係は、その相互作用がどのような性質のものであるかは別として、一方が他方なしには機能することはできないという相互依存の関係であることを両者がともに理解すべきである。双方がしばしばそれぞれのパワーと資源を相互に交換している以上、両者の間に信用、信頼、尊敬、理解、協力があることが必要な条件である。確かに、理事会が経営者はその役割と責任を充分に果たすであろうと信用し厚く信頼していれば、この経営者は参加意識を高めて無条件でその職責に専心するであろう。理事会と経営者とが会議で集まるときには、空気と同じように目に見えないけれども、そこに人間関係要素が必ず存在するものである。

3．役割と責任の共有と協同

理事会と経営者の関係は相互作用の関係にあり、相互補完と相互依存の関係にある。理事会の職能は政策と統制にあり、経営者の職能は決定と執行にあるとする二分論のなかで相互に作用するというのではない。理事会の政策と統制の職能について経営者を含む管理者層が協同し、経営者の決定と執行の職能について理事会がコミュニティや社会における地位と権威や影響力を使って支援して補完するという「責任を共有する」協同関係になければならない。

むろん、両者の公式な権限関係は分離しており、明確に区別されているが、この双方の役割と責任は相互に尊重し支援をする関係にある。オープンなコミュニケーションと相互の尊重と信頼関係を基にして、両者がそれぞれ独自の技能、経験、知識を経営管理の舞台に持ち寄ることでパートナーシップを形成し、理事会が方向を示し、最終の決定を行い、経営者がスタッフの長で

あり、日常管理の命令者となるが、両者ともに何を与え、何を得るべきかを理解し合うことである。両者は独立である必要はなく、相互補完と相互作用をする点で相互依存の関係にある。しかも実際に、理事会と経営者の役割と責任とは、その組織の歴史、規模、目的、組織の発展段階によって変化する。それぞれの相対的な役割と責任はある情況の変化によって再交渉されるものとなる。したがって、理事会と経営者のこの協同関係はテンションとダイナミズムをもって変化する関係にある。

　そこでは、いつも変わらぬ対等な仲間という意味のパートナーシップではなくて、相互作用で生かされるパートナーシップがある。その限りで、パートナーシップという用語は認められるものの、同時にこのパートナーシップは情況によって変化する複雑なダイナミックな関係のなかにあり、しかも、この関係はパワーの緊張や不均衡を本質とするパートナーシップであると理解すべきである。

　理事会と経営者の間の関係は通常の日常の関係では信頼できるパートナーシップの関係にある。しかし、親しい人間関係のように、その関係のなかには緊張や困難が潜んでいるものである。したがって、普遍的に成功する理事会と経営者の関係の公準を示すことはできない。理事会が法的にも現実にも支配的なパートナーであるとしても、理事会が行使する専断的な権力は余程の事態において用いる最後の手段である。理事会は経営者に対する人事権や資金調達に対する影響力を保持しているとはいえ、通常は経営者の活動する場面の後ろに隠れて存在する。しかし、社会はこの理事会に非営利組織という公益制度に関する直接のパワーと権威を認めているのであることを忘れてはならない。

　理事会と経営者の二元リーダーシップの下での二重の権限関係という制度は、両者のパワーと影響力が縺れながら組み合わされるところに、その価値があると考えるべきである。それは互いに衝突するかもしれないが、有効な成果を生み出すために必要な組合せなのである。

　理事会は政策、経営者はその執行という区別は現実を正確に反映していない。むしろ非営利組織では、理事会が多数の管理の作業を熟しており、他方で、経営者が政策の立案とその決定に日常的に関わっており、さらに日常活動を管理することから発生する問題には実質的な対応政策を組み立てているものである。

ただし、ひとつの原則は存在する。(ⅰ)理事会は、特殊よりも一般の段階に留まること、個々の問題ではなくて問題の体系を考えること、短期的ではなく長期的な発展の視点で見ること、個別の組織だけでなく社会全般の視野に立つこと。(ⅱ)他方で、経営者は経営管理の直接の責任があり、出来する状況を管理し、一般原則を特殊な状況に適用するについて自分の専門領域を重視すること。このような区別は専断的な単一の原則から生まれるものではなくて、これまでに明らかにしてきた両者の違いから生まれて来るものである。

ちなみに、「優れた経営者は理事会とどのように協同しているか」についてある事例研究を紹介し、上記の議論を補足しておくことも有用であろう。

① 採用—理事会の人事委員会との合同作業のなかで、理事選考・選任の作業に積極的な役割を果たす。

② オリエンテーションとトレーニング—新理事のオリエンテーション活動に積極的である。

③ 議案の準備—理事会や執行役員会・常任理事会と経営者との共同作業で行う。

④ 理事会委員会の作業の支援—委員会を運営するのではなく、あくまで委員会をサポートする。

⑤ 政策決定の配分—政策決定と経営管理とを完全に分離するのではなく、きるだけ適正に両者を分離する。

⑥ 理事会をPRに関与させる—理事が地域や団体において組織を代表するようにする。

⑦ 理事会の戦略・計画策定職能を支援する—戦略・計画策定は理事会と経営者との共同事業である。

⑧ 理事会の財務監視職能を支援する—財務状況の情報を提供し、予算編成と財務報告を改善するのに理事会と協力する。

⑨ 理事長の職務を支援する—理事長とパートナーシップを組む。示唆や助言をする。

⑩ 理事を啓発する—理事が自分の専門領域で組織に対して意義のある貢献ができるようにする。

おわりに

どこまでいっても、2つの立場の議論が平行して交わることがない。経営者がもっぱら主導する関係と、理事会が統制する関係である。前者は確かに組織の意思統一を早めて組織の効率的経営を促進させるが、組織防衛に偏してパブリック・アカウンタビリティを欠くことがある。これに対して、後者の理事会統制は組織のミッションの達成には有効で、パブリック・アカウンタビリティに資することがあっても、効率的な経営には足枷となることがある。

ただ、間違いないことは、非営利組織はよく機能する理事会と同時によく機能する経営者を必要としているという現実である。今日特に、理事会と経営者とは「共有する組織価値」の形成に努力することが求められているが、そのなかで「継続的に組織に関与する経営者」の主導的活動が有効な理事会、ひいては有効な組織に繋がるという議論が有力である。その場合には、理事会は経営者のたんなる「作り物」であり、「置き物」になってしまうおそれがある。そこでやはり、非営利組織の理事会には改めて社会公共目的を追求する正当性を示し、それを担保する職能と役割が課せられてくる以上、理事会がその職能と役割に関する独自の戦略的な選択と決定を行うことが求められる。

しかし、理事会には政策決定を行う最終責任があり、経営者にはこの決定を忠実に履行する責任があるとする「組織における上下階層関係」は、非営利組織の理事会のあり方としては、これを維持することは困難であるし得策ではない。結局、理事会は外縁を固めることに職能分化することである。長期的な展望による長期的な戦略への関与、政策決定に対する承認、組織活動に対する第三者としての監視と評価と批判という統制職能、法的・倫理的なコンプライアンスの監視職能に焦点を絞ることである。そして、理事会がそのような職能と役割を果たすことができるように、情報伝達、コミュニケーション、理事の選任・啓発を図れるように、仮にこのような理事会活動の質を高める方策を進めれば、経営者のパワーは相対的に減殺され、また、理事会との不一致や対立が生じることがあるとしても、あえて経営者がこの「お膳立て」をすることである。

組織の経営管理職能を遂行するためには、継続的にかつ時間の余裕をもって組織の置かれた外部情況や内部情況の「現場」に知悉していることが必要

である。この必要を満たすのは、管理者層を含む経営者だけである。理事や理事長は組織の経営管理状況を身をもって体得していないがために、ほとんどの経営管理職能は「執行部」に任せざるを得ない。

したがって、結局は、理事長を含む理事会は主要な決定プロセスに関与することが重要であるが、そのうち、決定プロセスのなかの「決定統制」に特化することが、経営者と距離を置くという重要な意味合いからも、最適の関係維持の方法である。そして、理事会の職能範囲は、組織の外部環境に関する対境関係の管理であり、そのなかでなんらかの役割と責任を果たすことであり、組織内部の管理職能は経営者に委ねることが現実的に最適な関係維持の方法である。

さらに、理事会は法的・倫理的に主要な政策策定の最終責任者であるから、この政策策定に関して、ひとつは、理事会は経営者の助言を得て長期的な戦略策定に関与し、経営者は理事会の助言と理事会との協議を経て短期的な政策の策定とその執行に専心することが、現実的に最適な関係維持の方法である。ただし、その場合、理事会は「決定統制」の役割を放棄してはならない。そのためには、理事会（特に、理事長）は決定統制のための重要で実効的な情報を伝達するよう経営者に義務付けることが必要である。

非営利組織には理事会を効果的なガバナンス機関にするよう努力する以外の選択肢はない。自立した熱意のある外部の人たちから構成される効果的な理事会だけが、ミッション、成果の限定、必要な受託資金に対するアカウンタビリティに関して明確に焦点を当てることができるのである。さりとて、今日の非営利組織はもはや善意と誠実で統治される情況にはなく、活動と成果に基づいて統治されるべきものとなっている。といって、非営利組織はビジネスライクに経営されるべきものでもない。非営利組織はある思想や主義に傾倒して、それを貫徹させるミッションと目標を掲げ、それに関与する参加者の意志と熱意で経営されるべきものであることは不易である。

ただ、このように参加者が積極的に関与する非営利組織の理事会において、理事会と経営者が築く信用・信頼関係があれば、総体としての理事会有効性は向上するのか、ひいては組織有効性の向上に繋がるのか、このことを最終的に確認することは難しい。理事会と経営者のよき関係の構築に成功する普遍的な公準は誰も書くことはできないからである。理事会と経営者には「情況によって棲み分ける知恵」が求められるというだけのことかもしれない。

理事長と最高経営者の関係

はじめに

　第1章と第2章では、理事会という統治機関と最高経営者を中心とする経営管理層という執行機関の間の経営支配権をめぐる「組織と組織の関係」を中心として論じていた。しかし、理事会と経営者との関係に決定的に重要なのは、理事長と最高経営者の間の関係であることも忘れてはならない。実は、中小規模組織において最高経営者が不在である場合を除いて、ほとんどの非営利組織では理事会と経営者の関係は理事長と最高経営者の2人の間の関係に決定的に影響を受け、理事会有効性と組織有効性の向上には、この両者の関係がもっとも大きな影響を与える重要な決定因である。また、理事長と最高経営者の間の関係は、これまでに述べてきた理事会と経営者の関係と同じ問題を胚胎しているが、それとは異質で別の次元の人間関係であることに留意しなければならない。本章では、この理事長と最高経営者の関係に関する最近の論議を検討し、理事会有効性と組織有効性を高める両者のリーダーシップのあり方に言及しておきたい。

Ⅰ．理事長と最高経営者の関係論の必要性

1．理事長と最高経営者の関係の重要性

　非営利組織研究では、この理事長と最高経営者の関係についてあまり関心を示しておらず、本格的な研究はいまだ見受けられない状態にある。それは、これまでの議論が組織のなかの「集団と集団の関係」、あるいは「単位組織

と単位組織の関係」の問題に関心があり、「個人と個人の生の関係」にまで考察が及んでいないためであり、そのような人間・社会関係を非営利組織の問題として総合する作業ができていないからである。実は、理事長の個人的属性と最高経営者の個人的属性の絡合い、両者が織り成す綾とか「阿吽の呼吸」といった非公式な人間関係や、両者の間で繰り広げられる支配権をめぐる政治の次元という両者の関係のダイナミックスが重要となるために、社会学的・心理学的な理論の援用が必要であるためでもある。

ただ、少ない研究ではあるが、どの論者も理事長と最高経営者の関係は組織にとってきわめて重要であることを指摘する。それは、理事長と最高経営者の関係が組織にとって重要で力強い資源であり、その関係が社会関係資本をつくる潜在力を秘めている有用な資産であるからである。

社会関係資本とは関係を通して創出される資産である。それは、人々の間の活発な結び付きから生じる資産であり、組織における生産的な行動を可能にする資産である。組織にとって社会関係資本の報酬とは、情報の質量の向上、知識の交換、信頼と協同の結果としての生産的・効率的な行為であり、理事長と最高経営者が創造する社会関係資本は組織に多数の便益を提供する。それは、活力、生産性、シナジー効果、多様なネットワークとの連関、情報アクセス、意思決定の向上である。この有用な社会関係資本を創出する際に、理事長と最高経営者という指導者たちは、かれらが奉仕する組織にとって決定的な役割を演じる。

それにも拘らず、理事長のリーダーシップ、理事長と理事会・理事、理事長の最高経営者・経営者・有力ステークホルダーなどとの相互作用関係、理事長が及ぼす主要なステークホルダーへの影響については、ほとんど研究されていない。しかし、いまだに後を絶たない非営利組織の不正行為やスキャンダルを前にして、非営利組織の社会公共目的の達成に関するアカウンタビリティの要求を前にして、組織全体のガバナンスやその最終責任者である理事長のあり方が政治・社会問題となってきた。

改めて、すでに述べた非営利組織の効率性志向と非営利組織の社会公共性の維持とを同時に充足するための経営体制が新たに問われることになってきた。そういう意味から、組織の有効性を担保しながら組織の効率性を確保するための経営体制を構築するために、理事会を代表する理事長の役割論がさらに充実することが望まれる。それと同時に、目下のところは、大規模株式

会社における取締役会会長とCEOの兼任制の功罪や分離制の是非論に留まってはいるが、非営利組織の成否を左右する理事長と最高経営者の関係が理事会や全体としての組織にどのように作用するかについての議論を新たに展開する必要がある。

2．理事長と最高経営者に関する研究と議論の必要性

　現在の研究状況としては、営利組織の世界では、社外取締役制の導入などの取締役会構成の改変がCEOに及ぼす影響、さらにすすんでは、取締役会会長とCEOの役割分割の功罪やそれが組織の活動と業績に及ぼす効果など、CEOの兼任制の功罪が議論の中心である。一方、非営利組織の世界では、理事長の役割と責任を規定し、これに対して最高経営者の役割と責任をどのように区別するか、あるいはどのように共有するかについて議論をしている。理事長と最高経営者の職能分担リストや職能規程を明確に確定して、両者の役割と責任を分離・分割することが有効なパートナーシップを構築し、理事会有効性や組織有効性を向上させる第一の方法であると、いまだに議論している。

　しかし現実は、理事長と最高経営者の関係は、これが理事長の役割と責任であり、それは最高経営者の役割と責任であると規範論や指導書に書かれている以上に複雑であり、その関係は「すべてに適合する」規程や規則に従って行動することによるよりも、両者の間の柔軟な「阿吽の呼吸」の交渉によって成り立っているものである。この微妙な関係を闡明しなければ、理事長と最高経営者の関係を巧みに管理してよき関係を構築するのに役立つ実践的な議論は到底できない。

　非営利組織のリーダーシップ論では、確かに組織の中核にあるリーダーシップの重要性を指摘して、理事長と最高経営者の健全な関係の重要性を強調しており、その関係が弱かったり、悪かったり、機能不全になったときは、組織の有効性は危うくなるとする。このような認識は一見正しく見えるけれども、実は、この重要な関係のダイナミックスやその作用が、理事会や組織全体にどのような影響を及ぼすのかについて明らかにするまでには至っていない。そのような乏しい研究状況では、理事長と最高経営者がかれらの関係

の複雑性を想定して効果的に「関係管理」をするのに役立つような研究が実践指針となることはできない。

　現に、重要な問題は、理事長は最高経営者への「支援」と「監視」を同時に行うという役割と責任を課せられているというパラドックスをどのように解決するかという点である。このパラドックスは、理事長と最高経営者とがともに経験のある専門的技能を備えた指導者であることが多い事実を考慮すれば、たんに誰が何をすべきかではなくて、この関係のダイナミックスに関して、さらに学習することの重要性が明らかである。

　理事長と最高経営者の関係は、互いの役割と責任が強い相互依存の関係にあり、役割と責任が重複した領域を共有する関係にあり、互いの行動にそれぞれが強い影響を受ける関係にある。すなわち、それぞれが自分の職務であるとして行動する専一の領域があると同時に、ともに果たさなければならないとして求められる職務を共有する領域がある。他方では、一方がすることができる職務を制約する領域があり、また、ある職務についていずれかがするかしないかを選択し合う領域がある。これらの専一と共有と制約と選択とが理事長と最高経営者の関係に微妙に影響を与えて、両者の関係を複雑にするのである。

　このような複雑な関係において、両者にとってもっとも重要な意思決定はお互いがどのような職務をどのように選択し合うかという点であり、そこで、融通無碍の両者の人間関係が決定的に重要となる。そこでは、仕事ぶりに対する信用、人柄に対する信頼と尊敬、好意を持ち合う相性などが重要な要素となり、社会学や心理学の研究分野における探究が重要となる。

　無機能化した理事会の場合や、最高経営者が取り仕切る理事会の場合には、最高経営者が理事長の公式・暗黙の事前承認や支援がなくとも自由に行動することはできるとしても、理事長と最高経営者の間のパワー関係が公然とした、あるいは暗々裏の敵対関係にある場合には、どちらかの退任かなんらかのパワーによる更迭でしか、この敵対関係を解決することはできない。

　要するに、理事長と最高経営者の関係は非営利組織のガバナンスとリーダーシップの中心課題であるのに、すべてに適合するとして「両者の協調関係」を処方箋として規範的に強調するだけで、微妙な関係を管理する際の実践的な指針となるような実証的な研究に基づく「関係管理」の提言がなされていないのが現状である。

Ⅱ．理事長と最高経営者の職能と役割

1．理事長

　理事長の職能と役割が新たな研究対象となっている。理事会との関係、最高経営者との関係、組織全体との関係、外部ステークホルダーとの関係において、理事長の行動と態様の影響は多種多様である。理事長の有効性は人間関係とリーダーシップ・スキルの関数である。特に、理事長が理事や経営者とどの程度連帯しているかの人間関係が、理事長の活動と業績に対する高い評価に影響し、さらに、理事長が理事会と組織に対してどの程度効力をもつかに関する評価にも影響する。

（1）理事長の役割は依然として重要である
　一般の理論や実証研究では、非営利組織においても最高経営者がパワーを掌握し、経営の実効支配権を掌中にしているとする議論が多い。しかし、それが事実であったとしても、理事長は公式には少なくとも理事会を束ねて治め、理事会を運営すること、最高経営者を管理・監督すること、外部のステークホルダーに対して組織を代表すること、という重要な役割を演じる存在であり、さらに非公式にも決して軽い役割を果たしている軽い存在ではない。
① 　理事会の重要な意思決定事項に影響を与える。最高経営者が実効支配権を振るうことができるとしても、事業年度報告、資産の取得と処分、財務政策と予算、事業年度計画の承認などは、理事会の職責として留保されており、これらの戦略事項について、その是非や可否について理事長が決定的で最終的な役割を果たすことができる。
② 　理事の動機づけや選考・選任などの人事を管理して、理事会を活性化させ、理事会有効性と理事会の意思決定の質に影響を与える。例えば、特定の理事が理事会を支配しないように公正かつ公平に努める、理事に必要な情報を的確に提供する、出来した問題の事情説明を的確に行う。さらに、理事の再任・交代を適切にかつ公平に行う、理事の活動を公正に査定し評価するなどである。

③ 理事会運営の主導者である。理事長の主要な役割のひとつは、理事会の情報を制御する「ゲートキーパー」の役割であり、そして理事会の会議の主宰者としての役割である。理事長のゲートキーパーとしての役割の次第によって、理事会で情報がどの程度共有されるか、問題が理事会にどの程度提出され議論されるかが大きく影響される。

　要するに、理事長が有能ならば、最高経営者がいかにパワーを握っていようとも、理事長は理事会の議題について支配する、的確な問題を提起する、反対論を許容して議論をする、対立する議論を調整し収拾する存在である。

（２）理事長の役割の重要性はさらに高まる

　非営利セクターが質量ともに国や地方の重要な社会的・経済的な分野を構成するようになるに従って、このセクターの構成単位としての非営利組織の有効かつ効率的な経営管理に関心が集まってきて、非営利組織は経営知らずの非効率な組織として攻撃の対象とさえなってきている。さらには、当の国や地方の政府が社会公共的な事業を民間に委託するなり移譲する政策に変更したことから、政府は供給者から規制者・監督者に転換した。この政府と非営利組織の間の相互関係の転換のひとつの象徴が、非営利組織はより強い外部規制に服するとともにより「ビジネスライク」になるよう強要されることである。こうして、効率性を向上させるための非営利組織の経営管理の重要性が高まってくる。

　このような文脈において、非営利組織の経営体制が槍玉に挙がり、非常勤で構成される理事会は、少なくとも想定されている営利組織の取締役会の行動と比較して、アマチュアに等しく、したがって経営知らずの行動をする存在と見做され、政府や資金提供者の側から専門経営者を重視し、重用するよう強要される傾向が明白となってきた。

　さらには、非営利組織自身の市場化や企業化・商業化の方向が強いられるなかで、経営組織や管理方法のビジネスライクの方向が必至となり促進されるので、いかに経験豊富で事業の専門技能を備えている理事や理事長でも、大半が非常勤で業績報酬をほとんど得ない状況では、かれらが厳しい経営管理を統治し統制することはできそうにないと思われて、非営利組織のプロフェッショナルへの依存は避けて通ることはできなくなってきた。

　しかしながら、社会公共目的を追求しようとする非営利組織において、フィ

クションとしての社会代表制を表象する理事会制度を廃止することはできないし、社会に対するアカウンタビリティを十全に達成するためには、ガバナンスと経営管理を分離する原則はこれを放棄することはできない。したがって、理事会（理事長）と経営者（最高経営者）の職能と役割のあり方、両者の間の役割と責任の分離・分割のあり方が再び問われることになる。

実は、実業界における株式会社や経営者の不正行為や背任行為などが後を絶たない状況において、それにも増して、透明で厳正なコーポレートガバナンスへのグローバルな圧力を背景として、株式会社に対して財務の誠実性を確保するために、統治機関と最高経営責任者のそれぞれの職能と役割は分離・分割されているべきであり、基準の設定と戦略の開発をするガバナンスと、活動を管理する経営管理とを分離することが公的な指針とされる事態となっている。これを受けて、非営利組織の世界においてもガバナンス（理事会とそれを統率する理事長）と経営管理（経営者とその中心にいる最高経営者）の関係のあり方が改めて議論されてくるのは必至である。その方向は、理事長を含む理事会の復権である。

要するに、これからの非営利組織はそのガバナンスを実践する際の制度と方法を更改するようますます大きな圧力を受けるようになる。その場合、理事会を統率する理事長と最高経営者の双方に対する圧力が増すことになるが、そのことが両者のパワー関係に影響を及ぼし、一方が他方の抵抗にも拘らず自分の意志を遂行する地位に就くという、パワー関係のテンションやコンフリクトを厳しくすることになる。

理事長は理事会を統率する権限は別として、通常は重要事項の意思決定を単独で下す権限を有しないことは確かである。むしろ、理事長は理事会における筆頭責任者として理事会を代表する存在でしかない。しかし、理事長はたんなる「シャッポ」（これはこれで重要な役割を果たしてはいるのであるが）にすぎないのではなくて、そのリーダーシップ次第では、様々な影響力を発揮する存在である。その職能と役割については、(i)理事長は理事との関係においては、チームリーダーであり、(ii)理事会との関係ではゲートキーパーである。(iii)最高経営者との関係においては階層上の関係よりも日常の相互作用における非公式な「交渉」関係が重要であり、理事長は実質的には最高経営者のサポーターでありアドバイザーであると同時にモニターでありコントローラーである。(iv)さらにまた、外部ステークホルダーとの関係においては、

理事長は理事会や組織を代表する公式のスポークスマンであり非公式なブローカーである。要するに、理事長は調整者・促進者としての役割、媒介者としての役割、問題収拾者としての役割を果たすという組織にとって重要な存在である。

それだけに、理事長と最高経営者の関係はより輻輳して複雑となる。理事長から見て、自分の領域、最高経営者の領域、共有する領域、それに選択し合う領域があり、他方の最高経営者から見て、自分の領域、理事長の領域、共有する領域、そして選択し合う領域があるはずで、それぞれが複雑な関係をつくることになる。特に、共有する領域と選択し合う領域において、両者の関係がテンションとコンフリクトの関係をつくる可能性が大きいことは言うまでもない。

（3）理事長と理事の関係における役割と責任

理事会の長としての理事長の職能と役割については、すでに第Ⅲ部第3章の理事会の構造で述べている。ここでは、特に理事との関係における理事長の役割と責任を考える。

理事長の主要な役割のひとつは、理事会情報を制御する役割—「ゲートキーパー」の役割—である。このゲートキーパーとしての役割は、理事会において情報がどの程度共有されるのか、理事会に問題がどの程度提出され議論されるのかに大きく影響を与える。理事長が会議を通して理事会の仕事をどのようにして促進させるかについて、次のような方法で理事会に影響を与えるものである。

①　会議を巧みに制御する

理事長には多様な役割と責任が期待されるが、もっとも重要な役割と責任は、理事会の会議を制御することである。理事会の主宰者として会議の最初に議案の概略を説明し、議案と各種の問題の関係、長期目標との関連、前回の理事会以降の達成状況の説明を行う。有能な理事長は会議の運営をどのように制御するかを知っている。自由に情報を共有することができる、問題を提起する、難儀な質問を調整する、反対意見を許容するなどの仕方を知っている。そうでない理事長は会議の進行を縛りすぎて、理事の意欲と貢献を妨げるか、理事が言いたい放題という状態のままに放置する。

② 会議の時間を的確に配分して支配する

　有能な理事長は会議を時間通りに始め、てきぱきとこなして、時間通りに終了する。予め重要度に従って議案を作成し、それに沿って議論を進めて時間通りに終了させる。そうでない理事長は理事に方向を示さず、どうすればよいのか判らないままに会議を進める。

③ 議論を調整する

　有能な理事長は物言わぬ理事にも意見を言わせるような「議論の文化」を育てる。そうでない理事長は余談や駄弁を黙認するので、心ある理事が何も話すことがないと思うような「沈黙の文化」を定着させてしまう。

④ 理事を動機づける

　有能な理事長は魅力ある個性でもって理事の創造性を鼓舞し、理事の貢献を総合し統合する。そうでない理事長は部下の貢献を鼓舞するのに自分の権威を使うだけである。

　一言でいえば、理事会活動の質を向上させるには、会議における「スマートな議長」が必要である。「スマートな議長」とは、理事会の結集力と包摂性を促進し、グループ・プロセスに専念することのできる理事長である。会議の制御こそは議長としての理事長の腕の見せ所であるが、つねに理事会の結集力と、理事会を協同させる接着剤としての包摂性がいかに重要かを知っていることである。それは質疑に丁寧に応じるような姿勢から生まれるし、それには、答えを暗に強いるのではなくて、合意に至るように議論を積み上げていく能力が問われる。命令者や指示者ではなくてファシリテーター（促進者）に徹することが有効な会議をつくり出すのである。有能な理事が集まる集団としての理事会全体から何か最善のものを引き出すことであり、みなが参加して自由に語り、理事会が共通の落としどころを見つけ、共有できるよい結論に達するように働きかけることである。

（4）理事長と最高経営者の関係における役割と責任

　理事長と最高経営者の個々の役割に関する関係が非営利組織の有効な機能の発揮には決定的に重要である。理事会と従業者の間で起こる軋轢や衝突の問題を避けるためには、理事長と最高経営者の間に信頼し合うオープンな関係が必要であり、互いの相対的な役割と責任について議論し交渉することが肝要である。

非営利組織の理事長は営利組織の取締役会会長とは違った異例な地位にある。法規上は理事会が組織の最高の意思決定機関であり、したがって、それを統括する理事長が最終の責任者であり、その管理下において権限委譲された最高経営者が組織の運営の任に当たるべきものである。この両者の間の役割と責任の分割は、非常勤であるが一定の影響力を示す最高のリーダーシップ役割にある理事長と、常勤であり相当なリーダーシップ役割を担いながら、理事会の決定過程に対して最終的な議決権を有しない最高経営者との間の階層構造上の分離・分割によって行われている。

しかし現実の世界では、リーダーシップの継続性を維持しているのは最高経営者であり、新任理事長を選任する過程に積極的に関与するのも最高経営者であることが多い。そこで、もっとも重要と思われる関係は、日常の相互関係のなかの非公式な「交渉」関係あるいは「パワー」関係なのである。理事会が進むべき方向を絞り込み、理事会を生産的な位置に置くためには、理事長と最高経営者とがダンスをするような一体の動作と行動が求められる。

また、理事会の会議が巧みに演出されているとすれば、そこでは、理事長は指揮者として、最高経営者はソリスト（独奏者）あるいはコンマス・コンミスとして演技している場合である。端的に言えば、理事長は理事会ではよきファシリテーターであることが有効であるとすれば、最高経営者との関係においては権威をもったよきアドバイザー（助言者）、ないしはよきリコメンダー（推奨者）であることが肝要であるというべきである。

巧みな理事会リーダーシップが成功するのは、多くは強力で有能な最高経営者がいるからであるが、理事長は組織が最高の有能な最高経営者と経営者・管理スタッフを擁するようにする役割と責任がある。非営利組織が組織に対するニーズが変化するような環境の変化に適応する以上は、将来の組織を成功させるのに必要とする最高経営者の知識と技能と経験を再検討して、現在の環境と将来において非営利組織を防衛し発展させるのに必要な最高経営者の資質と能力を確定し、最高経営者がその資質と能力を備えるようにすることが、理事長の重要な役割と責任である。

なお、その他に、理事長の外部ステークホルダーとの関係における役割と責任を忘れてはならない。その役割と責任は公式の関係だけではなくて、寄附金、後援、なんらかの支援などの組織に大きな便益を与える理事長が、個人的なネットワークを結ぶ人たちとの非公式な関係を密にすることである。

２．最高経営者

（１）最高経営者の役割と責任

　現実に最高経営者は何をしているのか。情況によってすべて異なる。組織に同じものは存在しないから、最高経営者の仕事も同じものはない。資金調達が重要な仕事である場合もあれば、ほとんど問題ではない場合もある。有給職がほとんどの組織とボランティアに頼る組織では、最高経営者に必要な技能は異なる。理事会のタイプによって最高経営者が遭遇する問題が大きく異なる。このような違いを理解したうえで、次のような基本的な職能と役割を担うものと見られている。

① **ミッション達成に専心する**

　ミッションを理解し、意思決定に際してはミッションを第一とし、ミッションがあちこち浮動しないよう堅守する。

② **財務管理責任を担う**

　理事会が組織の財政健全性を保証する包括的な責任を有するのに対して、日常管理で組織の資産、収入、支出を管理し、組織が不正行為や無駄をしないように準備をして統制をする。

③ **資金調達を指導し管理する**

　資金調達に関する最高経営者の責任は組織によって異なるけれども、理事会と共有する。慈善事業の非営利組織では、資金調達、そのプログラムの計画作成、資金調達スタッフの管理に直接携わることが、ほとんどの時間と精力を使う仕事になる。

④ **法規や倫理規範に従い、アカウンタビリティを実行し、コンプライアンスを管理する**

　理事会が法的・倫理的行動を遵守する基準と手続きを設定する政策を立てるのに対して、これらの政策について自身の行動をもって範を示しながら組織の日常活動のなかで従業者に実行させる。

⑤ **理事会に政策策定をさせて、その実施を指導する**

　組織の将来の方向づけは理事会と最高経営者の共同責任であるが、多くの組織の実態からして、政策策定の努力を先導すること、政策策定の諸資源を準備すること、理事会が考察すべき問題を限定することにおいて重要な役割

を演じる。

⑥　スタッフを指導し、組織を管理する

　スタッフの雇用、訓練、啓発、動機づけ、組織の事業に適合した組織構造の開発、日常活動とプログラムの効率性と有効性を管理する。

⑦　プログラムの質と有効性を確保する

　理事会がプログラムの有効性を評価する基準を定めるが、的確な問題を提示し、適当な資料を収集し、継続的な評価と学習の過程を経て、計画—執行—統制のサイクルを完結させ反復させる。

⑧　将来のリーダーシップを開発する

　多くの組織では理事長の選任について、非公式にか、理事長指名委員会の委員としてか、重要な役割を果たす。また、有能なスタッフを後継者として育成し、安定した継承ができるように準備する。

⑨　対境関係を構築して組織を代理する

　外部環境の機会と脅威をつねに観察し分析して、組織のよき外部関係を構築することに専心する。

⑩　理事会を支援する

　理事会が最高経営者を支援する役割と責任があるのと同様に、最高経営者には理事会を支援する役割と責任がある。有能な最高経営者は理事会中心のリーダーシップを実践する。実際に、理事会の会議を前にして主要な役割を果たす。理事長とともに課題を確認し、理事会の年間事業計画を立案し、職務執行工程の時間配分を用意する。さらに、理事に提供する情報を決め、理事会や各種委員会に対するスタッフ支援を調整する。

　以上の最高経営者の職能リストから、2つのことが明らかとなる。

　1）最高経営者は多くの役割と責任について理事長および理事会と共有していること。すなわち、ミッション、財務責任、資金調達、アカウンタビリティ、政策策定、行動規準、理事会自体の活動について協同する。そこから、両者の関係がいかに複雑であるか、多くの研究がなぜ両者の間の役割と責任を区別しようとしてきたかが理解できる。

　2）管理とリーダーシップの双方を含んでいること。すなわち、財務管理制度の設置、スタッフの雇用と評価、プログラムの質と有効性のモニタリングなどの一般的な管理業務のほかに、外部に対して代理者となること、ミッションを明瞭に表明すること、資金援助を説得すること、高い業績を求めて

有給従業者とボランティアを動機づけること、組織の将来ビジョンと戦略などのリーダーシップに属する役割と責任を担うことである。これらのリーダーシップ職能は理事長および理事会と共有するが、最高経営者がこれを組織の発展と成長の実践計画に落とし込むという「詰めの作業」をするのである。このような役割は管理業務を超えたなんらかのリーダーシップを必要とする役割であり、最高経営者が専門経営者であり、企業家的指導者であることを求める性質の役割である。

（2）最高経営者と理事会の関係における役割と責任

　非営利組織論では一般には理事会と経営者の関係論として、この関係のあるべき姿とその関係の実態に関して多くの論考がなされており、いまだに延々とした論争が止まないで続いている。第1章で論じた通りである。この問題こそは非営利組織の経営管理における第一級の研究課題である。したがって、端的に言えば、両者の関係には、(i)理事会が最高経営者を支配する型、(ii)最高経営者が理事会を実質支配する型、(iii)理事会と最高経営者がなんらかのパートナーシップにある型に分別できるのであるが、いろいろな非営利組織がある以上は、両者の関係はその情況に応じて大方はいずれかの型に属するということができる。しかし、ほとんどの非営利組織では(iii)の型を意識的にしろ無意識的にしろ、「望ましい型」として受け容れることであろう。

　非営利組織の理事会はその多様性が本質であり、したがって多様で異質の利害関係が絡み合う最高の意思決定機関であること、このような意思決定機関が組織全体のガバナンスの役割と責任を有していること、それにも拘らず、この理事会を構成する理事はほとんどが非常勤の理事であること、これらの理由から、理事会は意思統一がきわめて困難であり、その意思統一を図り、それを持続するプロセスがまたきわめて複雑であることから、下部組織の執行機関、なかでも最高経営者が理事会の意思決定のプログラムを用意して、その意思決定のプロセスを差配することになる。先に挙げた役割のうちの「理事会を支援する」役割である。すなわち、理事会のガバナンス構造とガバナンス運用を尊重しながら、最高経営者が理事会中心のリーダーシップを発揮することである。

　現に、活発に活動している理事会では、最高経営者が理事会に対して実質的な継続的なリーダーシップを発揮しているとされる。理事会活動に対して

リーダーシップ責任を果たしていることが、有能な最高経営者の資質なのである。そこで、非営利組織の最高経営者の役割と責任のなかに理事会リーダーシップを追加すべきである。そのような最高経営者は次のような行動をするものとなる。

① 理事会関係において相互作用を促進させる。

② 理事に対する配慮と尊敬を示す。

③ 理事会とともに組織の変化と革新を構想する。

④ 理事会の業績達成と生産性を促進させる。

⑤ 理事会運営の仕組みを用意する。フィードバックを提供して、理事会が目標設定と役割の明確化に取り組むようにする。

⑥ 理事会運営の仕組みを維持する。日程計画、調整、問題解決を通して仕事の安定と流れを獲るようにする。

⑦ 理事会に情報を提供する。

（3）最高経営者と理事長の関係における役割と責任

　先に、理事長と最高経営者の関係における理事長の役割について触れているが、両者の関係における最高経営者の役割も同列に置いて差し支えない。ただ、それとは別に次の点は強調しておかなければならない。すなわち、いかに最高経営者が政策や具体的な計画を立案し、それらを日常的に展開する練達の実力者であるとしても、最高経営者はその政策や重要な計画を承認し最終の責任を負うのは理事長であることを充分に弁えて、自ら報告・連絡・相談を怠らないという下意上達のコミュニケーションを続けるという役割と責任を果たすことである。そのためには、最高経営者には謙虚と深慮の資質とコミュニケーションの能力が問われることになる。

Ⅲ．理事長と最高経営者の関係パターン

　先に、ほとんどの非営利組織では、最高経営者が実効支配していると想定されるし、そのような実態を明らかにしている研究が多いと指摘しておいた。しかしながら、非営利組織のガバナンスと経営管理のあり様は多種多様であ

り、また、それは同じ組織でも情況によって変化する。さらには、ガバナンスと経営管理をめぐるパワー関係は本来が個人の属性と対人関係の相互作用によって異なるので、理事長と最高経営者の関係は一筋縄では捉えることができない微妙なダイナミックスにある。そこで、両者の間のリーダーシップの配分について、文献上次のような３つの支配関係のパターンが論議されてきた。

① 理事長が最高経営者よりも組織リーダーシップにとって重要である。法的にも支持される議論である。

② 最高経営者が理事長よりも組織リーダーシップにとって重要である。組織の成功に主たる役割と責任を担っており、理事長は組織の成功にはほとんど影響を与えていないとする研究結果がある。

③ 理事長と最高経営者はリーダーシップ役割をほぼ均等に分有している。それは３つに区別される。(ⅰ)協同している、(ⅱ)長期的リーダーシップと短期的リーダーシップとして分割している、(ⅲ)リーダーシップ責任を共有しているが、最高経営者が成功のための時間と最終の責任を担っている。しかし、ともに理事長と最高経営者のチームワークが非営利組織のミッション達成を最大化する。

すべての研究において、リーダーシップの権限と責任は組織におけるリーダーシップ役割の共有者としての理事長と最高経営者の間になんらかの形で配分されていると見做している。

1．理事長支配型

（1）小規模な組織の場合

ある研究に拠れば、理事長は最高経営者との関係において、次の５つの役割（重複する場合も個別の場合もある）を果たしている。

① パートナー——相互補完関係にあり、婚姻関係と同じように、ともに組織の管理を共有している。

② 管理者——最高経営者に行動を指示する。指揮を執るタイプである。

③ 指導者——自分の行動の影響力を高め、最高経営者の行動に影響を与えようとして、コーチやカウンセラーとして振る舞う行動をする。

第Ⅴ部　組織有効性を高める理事会リーダーシップ

④　助言者─助言を求めてくるまで待つ。

⑤　傍観者─公式の会議の議長や公式の外部の会合に参加するだけで、簡単
　には諮問に応じないし助言もほとんどしない。

　このうち、理事長支配のパターンは、理事長が管理者としての役割と指導
者としての役割をともに履行する型であるが、理事長が組織の活動を差配し、
仕切ることのできる組織規模である場合には、理事長支配が現実となる。

（2）理事会が最高経営者の任免権をもつ場合

　理事会が実質上最高経営者を選任し解任する場合には、最高経営者は理事
会に、そして理事会の長である理事長に従属する部下である。当然のことと
して、両者の間には明確に区別された職能分担が行われる。理事会が政策を
選択し、最高経営者がこの政策の議論に参画するとしても、最終的に決定す
るのは理事会であり、理事会の長である理事長である。そして、その政策が
決められれば、これを最高経営者が執行する義務を負う。最高経営者はその
政策を認めるか認めないに拘らず、それを実践に移さなければならない。意
に反する政策ならば、この最高経営者は辞任するしか道がない。

（3）カリスマ型の理事長がいる場合

　理事長が理事や最高経営者に対して強力な影響を与えるある種の威圧的な
資質─カリスマ性─をもっている場合がある。事業の創設者か、その一族の
理事長に多く見られる「ワンマン理事長」である。専門経営者や最高経営者
がいても、かれらはこの理事長の言いなりであり、理事長の決めた役割を演
じようとするだけである。この理事長は知人や自分の理念を信奉する人や嗜
好に合った人を理事や最高経営者に選任する。かれらが理事長に反対するこ
とは進退を賭けることでもあるし、もともと従順に付いていく人種を選任し
ているのであるから、会議での議論も滅多になく、反対の動議などほとんど
起こらない。重要な政策や計画はこの理事長の嗜好や選好から出てくること
が多い。しかも、この理事長は幅広くコミュニティと繋っており、組織の
内外の重要人物とのコネをもっているので、そのカリスマ性は強大であり持
続する。

2．最高経営者リーダーシップ型

多くの実証研究の結果でも、最高経営者が組織の支配的人物であるとするものが多い。通常は、理事長が最高経営者に比べてなんらかのコミュニティのなかでは高い地位とパワーを保っているものであるが、組織の経営においては、①組織が大きく複雑であるとき、②サービスに高度に専門性があるとき、③問題が政策に拠ったものか専門的なとき、④最高経営者が長期に在任し高度な専門職であるとき、このような場合には最高経営者が理事長との関係においてより強いパワーを得る地位にいる。

つまり、組織が成熟し、組織の活動が拡大し、そのことが常勤の従業者数や年間予算額の増大に反映しており、制度化された組織において明確な役割と責任が公式に定められている場合には、最高経営者がますます組織の活動を引き受け、理事長の関与を超えて組織を支配すると考えられる。最高経営者支配は組織がどの程度制度化されているかによって決まると言うことができる。

（1）最高経営者が専制支配して理事会は無機能化・形骸化している場合

最高経営者が組織を主導するのは、この経営者が内外に影響力を与えるような、なんらかの資産を保持しているからである。それは専門職としての地位と知見、経営管理の権限と責任、組織に対する常勤としての関与、情報への接近とその制御、内外の主要なステークホルダーとの非公式な社会関係など、多岐にわたる。つまり、個人の特性、知見、情報、技能、情緒的な社会関係という資源である。これに対して、組織が大規模で複雑な場合、サービスが高度に専門的な場合、外部からの組織効率性の要求が増す場合、最高経営者が長期間在任する場合などの条件が重なって、最高経営者の組織支配が強くなる。このような状況では、最高経営者は組織の唯一のほんとうの指導者になり、理事長は実質的には事後に形式的な承認をするだけの名目上の存在となり、たんなるシャッポの看板になる。理事会の形骸化であり、傀儡化である。

理事会は承認を与える前に審査する以外には、政策や予算についてそれを

策定するという活発な役割と責任を果たすことはない。通常は、それほど反対や議論をせずに承認を与えるようになる。理事会の会議は形式としては理事会と管理職の間の役割と責任の明確な区別をして、公式的で順序よく行われる。チーム・リーダーシップとか、共同責任という理念は消滅する。熱意のある理事は去り、積極的に関与しない理事は残るとしても、その理事たちが組織に対してさらに貢献することはない。さらに、理事会と最高経営者の間の信頼が失せて、両者の間に不気味な平穏か、無意味な軋轢と衝突と対立を生むことになる。

最高経営者が組織を支配して理事を実質上選任するので、多くの理事は最高経営者に採用されたことから、この経営者に対してアカウンタビリティがあると思い込むようになる。明らかに、意思決定は最高経営者の掌中に移ることになり、これが経営者支配の状況をつくり出す。事実、高い経験を積んだ最高経営者が理事会を支配することが普通のこととなっている非営利組織が見受けられる。そこでは、理事長の姿は霞んで見えない。

格別に有能で多くの資源をもっていなくとも、最高経営者の在任期間が長ければ、その経営者が理事会に対して大きな影響力を与えるようになることも、現実にはよく見受けられる現象である。情報伝達を含むコミュニケーションに占める最高経営者のボトルネックとしての中間の位置が決定的な力の源泉となるからである。さらに、理事会の権限は個々の理事ではなくて集団に属するものであるから、最高経営者に対する理事個人としての雇用者の統制は分散され、そのために、最高経営者の独立性は高まることになる。長期的には、最高経営者は理事の選考過程に参画することを通して理事の構成に影響を与える機会を得ることになる。ここでも、理事長の出る幕はない。

他方、経営者支配の反面として、理事と理事会が自分の職責を忌避する「放棄モデル」が考えられる。理事と理事会は事業の経営から距離を置いたほうが得策であると考えて、最高経営者にほとんどの職務を丸投げするという型である。

（2）最高経営者と一部理事が連立して支配集団を形成している場合

最高経営者が主導して一部の理事と組んで組織を支配する連合体を形成することがある。第1章と第2章で示した「連立支配集団」である。この場合、

組織内の理事会ならびに理事長と経営者の上下関係にある公式の命令系統とは別に、最高経営者が軸になることが多く、理事の選考、新任理事の啓発、要望事項の設定などに中心的な役割を果たす。ここでは、理事長は支配集団の一員でしかない。

（3）巧みな最高経営者が理事会を巻き込みながら支配している場合

　最高経営者が組織の経営とその管理をすべて支配するのではないが、この経営者が組織の成否を含むもっとも重要な事象に対して主たる責任者であると、理事会や理事長も認めており、最高経営者が「心理的中心性」と呼ばれる状況のなかで組織を束ねるという最高経営者主導による組織支配である。その場合、この経営者は「理事会中心のリーダーシップ」を発揮して、理事会の職権と責任を奪うのではなくて、理事会の職務の執行を支援し促進させながら組織のガバナンスを差配する。理事会を抱き込んで丸く収める巧みな経営者像が浮かび上がる。このようにして、成功している最高経営者は理事会とそして理事会を通して協同することで、活発な政策役割を演じる。

　このような経営者リーダーシップは、最高経営者が常勤の専門家であること、解雇されるリスクを負っていること、日常の情報アクセスが容易であることの内部要因からしても、リーダーシップを発揮する情況にあることは充分に理解できる。このような最高経営者のリーダーシップが理事会有効性に決定的な役割を演じるので、理事会の有効性がきわめて高いとされている。最高経営者が理事会に対してその役割と責任を理解するよう、理事の積極的な関与を促進させるように仕向けるからである。

　この最高経営者が主導する理事会と経営者の関係では、理事会は明確に規定された法的責任を有していることを認めはするが、理事会がそのガバナンスを実践する際に、最高経営者がその実践を助勢しあるいは調整するという積極的な役割を担う。最高経営者のこのような理事会制御は、経営者固有の経営管理の知識と経験とリーダーシップ技能を十分に利用することで可能であり、その理事会統制の結果として、理事会の活動とその業績の質は、理事の間の相互作用を操作して理事会活動を促進させる最高経営者の能力に直接影響されることになる。伝統的な上下の階層関係を前提にした理事会と経営者の関係とはまったく反対の異なった関係となる。

（4）賢明な理事長が最高経営者のリーダーシップを容認している場合

　大変興味あることは、理事長が組織の最高の責任者であり、外部のコミュニティにおいても最高経営者よりも高い地位にいるのに、どうして最高経営者が実効支配をすることができるのかという問題である。このことは、古くから多くの「経営者支配論」が教えるところであるが、そこでは、「組織の制度化」がキーワードである。しかし、理事長と最高経営者の関係をテンションやコンフリクトを持ち込むパワー関係にあるとする視点からは、このような根拠だけでは不十分である。

　実は、最高経営者の資質と才幹と努力がキーワードである。非営利組織では、最高経営者が理事長の下に付くのが正常な関係となっているなかで、きわめて微妙な関係を長期間にわたって管理することは、非営利組織の最高経営者が直面する最大の困難なリーダーシップの課題である。理事長が例えば指名委員会の長であるかその委員であって、最高経営者を選任する立場にいれば、選考過程において理事長の狙いと選任される最高経営者の想いとがよく一致し、同じく、よい「相性」が生まれるはずである。そこで、最初の最高経営者と最初に出会う理事長との関係は通常は非常に好ましいものであることは驚くに当たらない。

　しかし、非営利組織の理事長は通常は短期で交代する存在である。したがって、最高経営者はその在任中に幾人かの理事長と接することになる。そこで、新任の理事長が違った見解や違った目的を抱いている場合、最高経営者がこの違いを管理して、それぞれ異なる理事長との有効な仕事関係をつくってゆかなければならない。そこでは、相当な忍耐と柔軟性が求められる。巧みで賢明な最高経営者は理事長との断絶は、特にそれが爆発して公になれば、異常な困難と危機の引き金となることを熟知しているだけに、理事長とのよき関係を築くことについて知恵を働かせるものである。

　しかしながら、ここで指摘しておくべきことは、他方で理事長がパワー争奪関係をできるだけ避けたいとする行動を採ることが、最高経営者とのパワー関係を緩和ないしは解消していると考えられる点である。

① 　コンフリクトに巻き込まれることは時間と精力を要するので、非常勤で時間の制約がある理事長は、自分の役割に専心するだけでよいと考える。

② 　理事長は自分が現実に何を支配できるかについて、まさに現実を認識し

ている。

③　理事長はすでに主要な人物は最高経営者であると認識しており、そして、それが適正であると思っている。

　要するに、理事長は組織の経営に対して控え目な態度を採ると想定できる。ただ、穿った見方をすれば、その理事長の控え目な態度は、内外の厳しい要求があること、非常勤で自分の時間も必要な時間の制約に縛られていることなどの圧迫を受けているので、理事長が自分でやろうと思えば幅広い選択ができて、影響を与えることができ、周囲の事態を変えることができるという自信を留保しておくひとつの戦略であると見ることもできる。このような戦略は最高経営者とは職能とその権限について表立っては争わないことを意味している。よく言えば、強烈な個人のパワーを使って得られる満足よりも、最高経営者の重要性を認識し、かれの力量を信用し、その人柄を信頼しているがゆえに、理事長はいろいろな欲求を制御する感覚が重要であると思っているからである。

3．理事長と最高経営者の共同支配型

　ある研究に拠れば、理事長と最高経営者のそれぞれの役割と責任は文字通り相互依存の関係にあり、それぞれの権限範囲の詳細は明確に限定されていないとする。両者は相互依存で補完的であるか、緊密な関係にある職務を執行するので、それぞれが組織の環境と内外の要求の変化に応じて、各自の個性によって、それぞれの役割の領域について「公式・非公式に交渉」している。そういう意味からは、理事長と最高経営者の関係は「ボスと部下」の関係ではなくて、婚姻の関係に似ており、カップルとはいかないまでもペアとして、両者は適所適材で臨機応変に「リーダーシップを共有」しているのである。そのなかでも、いくつかのパターンを区別することができるが、両者の「相互依存による補完関係」が共通認識にある。

　このようなリーダーシップ共有型の相互依存による補完関係のパターンは、P.F.ドラッカーの言う専門知識を含んだ両者の間の「チェック・アンド・バランス」（相互間の抑制と均衡）のモデルを支持しており、また、第1章のパワー関係のなかで例示しておいたが、お互いに支配をしないような「パ

ワー共有理事会」と呼ぶものに相似している。

理事長と最高経営者は、資源、特権的な情報へのアクセス、特殊な技能、ネットワークなどのそれぞれ違った能力をもち、さらに、違った選好をし、この選好が何を選択し、どの決定を採るかに現れるので、理事長と最高経営者は外部の脅威、制約、機会にそれぞれ違った反応と行動をする。理事長と最高経営者はそれぞれが特定の能力と選好をもった関連し合う関係当事者であり、かれらの能力と選好の特性がこの関係当事者間の交渉に影響し、理事長と最高経営者の行動態様を形成するのである。

なお、最近のある研究では、ガバナンスの改善に努める非営利組織では、理事長と最高経営者の間の協同的パワー関係を統合する努力をしており、その際に、理事長と最高経営者がリーダーシップの能力と技能、管理能力、戦略観、専門的知見に関して同等な能力を有し、他方では、組織全体、理事会、内部管理組織などの活動の焦点、組織のミッション、組織経営、アカウンタビリティ、対境関係に関しては補完関係になるように「人選」を進めているという。そういう努力をすることによって、理事長と最高経営者は自分たちの選好を互いに計り合うことで、理事長が最高経営者の活動と業績を支援しながら、同時に公正にモニタリングすることもできるのである。

一般には、両者の関係は技能、経験、関心、気質、直感などに補完関係があれば、協同関係は有効に働くとされているが、さらにこのような「人選の枠組み」が設定されれば、理事長と最高経営者のパワー関係は両者がそれぞれの能力によって補完しながら協同することによって、組織を指導することができるとするモデルが現実味を帯びることになる。

そこまでいかなくとも、両者の補完関係を十分にするには、次のような努力はこれを欠かせてはならないであろう。

① 理事長と最高経営者の役割と責任の境界は、どれだけ細密な規則をつくってもどこまでも不透明であり、曖昧なものである。したがって、理事長と最高経営者の権限と責任が職能規程などで公式にどのように定められていようとも、両者の役割と責任の分割と配分について、いかに操作し管理するか、公式・非公式な交渉を重ねることが相互関係を十分に機能させるためにはきわめて重要である。理事長と最高経営者との関係は婚姻関係のようなもので、理解し合うよき協同関係でなければ長続きしない。2人の間の境界を苦心してつくり上げることであり、相互関係を存続させるに

は、どの辺が境界なのかを見抜くことである。

② 理事長と最高経営者とが情況の変化と個性の変化に従って、それぞれに対する期待を再検討して再交渉し、改めて両者の関係を構築するように不断の積極的な関わり合いを継続することが肝要である。要は、理事会をひとつの有効な機能集団としてまとめ上げ、組織の有効性を向上させるために、理事長と最高経営者とは、それぞれに組織の事業の展開において積極的で活動的な役割と責任を全うする手立てを適宜に交渉して取り決める関係を持続的に確保する努力が必要である。

Ⅳ. 理事長と最高経営者の関係の問題点

1. 理事長と最高経営者の関係に潜む不確実性

しかしながら、次のような事実と根拠から、理事長と最高経営者の適切な関係を妨げる不確実性があり、それによってコンフリクトが生じる可能性を持ち込むのである。

1）非営利組織には特有な組織特性がある。(ⅰ)非常勤の限られた時間しかないボランティアと有給の常勤管理者を結合している組織、(ⅱ)しかし、公式に規定された各々の役割と責任が同等でない上下関係の組織、(ⅲ)強い個人の価値観で動く人たちが運営する組織。このような組織においては、誰がリーダーシップを取るのか不確実性が高くなる。

2）政策決定と政策執行とは不即不離の関係にある。理事長と最高経営者の役割と責任を分離・分割して、この2人の主要リーダーシップの保持者に配分すること自体が、そもそも「緊密に関連した」、そして「補完関係にある」職能を分離・分割するので、その分離・分割の結果として役割と責任の曖昧性とコンフリクトが生じる。実は本来、組織を経営するためにはある役割群のなかで職能の特殊化が行われるが、その特殊化は職能の共有性ではなくて職能の補完性を基礎にするものである。特殊化は互いに補完し合って総合された全体を形成するべきものであるので、つねにペアリング（対合）が行わ

れていなければならないものである。

　3）ほとんどの理事長は在任期間が短くかつ非常勤である。理事長と最高経営者はともに組織のリーダーシップを執る中核の存在であるが、最高経営者が理事会に対しても、組織全体に対しても大きなパワーを掌握することが想定され、調査・実証研究のほとんどがこの想定を立証している。(i)理事長は限られた期間だけ在任しており、最高経営者は業績が極端に不振でない限り長期間在任しているという特定の組織における在任期間の長さの違いがある。リーダーシップの継続性の違いである。事実において新任理事長を選任する過程に積極的に関与する最高経営者も多い。(ii)理事長は非常勤であるために、ほとんどの職務を最高経営者に権限委譲している。そこで、決定のために必要な情報はほとんど最高経営者に頼らなければならない。さらに、多くの場合、最高経営者も代表理事であることから、両者の関係について決定手続きが複雑になるので、いきおい両者はパワー関係に陥る傾向がある。

　以上の諸点を考慮すれば、理事長と最高経営者のパワーと影響力の重さは、最高経営者のほうが理事長よりも強いと想定することができるし、現にそのような研究が多いことも十分に肯けるところである。そこでは、要するに、理事会が公式的には組織における最終の権限を保持しているが、現実には、理事会を代表する理事長よりは最高経営者がより支配権を掌中にしていると認めている。

　しかし、理事長と最高経営者の関係のパターンは実のある協同関係から、組織に損害を与えるような荒んだ関係までが見受けられる。ただ、基本的には、理事長と最高経営者のそれぞれの役割と責任が分離・分割されていることから、両者の役割と責任の混合とコンフリクトは続く。ただし、そのような混合とコンフリクトの状況は、役割と責任の分離・分割によるよりも、理事長が非常勤で時間と精力を集中できないこと、現実の組織の運営は最高経営者が執っていること、両者の職能と役割は現実の組織運営に際しては分離・分割できないで補完関係にあることから必然的に生じるものと考えることができる。

2．理事長と最高経営者の間の消えないテンション

　いかに共有リーダーシップの相互作用があっても、やはり理事長と最高経営者の間にはテンションやコンフリクトの機会は多く見受けられ、もっとも生産的な関係のなかでも、テンションや不一致が出来するときがある。これを避けることはほとんどできない。理事長と最高経営者とは一心同体になることはできない関係である。理事長と最高経営者との間のテンションは自然のことである。

　すでに、理事会と経営者の間のテンションやコンフリクトについては指摘しているところであるが、これと同じ性質のものが理事長と最高経営者の間にも生じる。ただ、その他に理事長と最高経営者の間には特有なテンションやコンフリクトがある。

① 　理事長と最高経営者のそれぞれの役割を分離・分割しても、先にも述べたように、「自分の役割」、「あなたの役割」そして「われわれの役割」、「どちらかが選択する役割」があり、特に、戦略策定と対境管理において互換性と補完性のある領域が残される。そこでは、特に相対的なパワー関係の問題が生じ、一方が他を制約しようとし、自分の自由裁量を最大化しようとする関係が続く。この状況は形式的・公式的な役割の分割によるよりも、両者の役割が現実の組織運営に際しては分割できない互換・補完関係にあることから必然的に生じるものである。

② 　理事長と最高経営者は個人としてともにリーダーシップ役割を担っている。ガバナンスとマネジメントに関してそれぞれの領域におけるリーダーシップを区別するなり、長期的リーダーシップと短期的リーダーシップを分割することができたとしても、その他に外部に対する象徴としてのこの両者の二元リーダーシップがあり、これを区別することはできない。

③ 　多くの理事長は非常勤で時間と精力を集中できないこと、現場とは接触する機会が少ないことから、最高経営者とは距離を置いた関係しかもてないのに対して、他方では、最高経営者は理事長よりも長く在任し、組織の日常活動の管理に精通していて、多くのステークホルダーについても熟知しているから、理事長よりも多くのことに精通していると自負している。

　このように、現実の組織の運営はもっぱら最高経営者が握っているから、

理事長はかれに依存して必要な情報を得なければならないのに、他方では、理事長は最高経営者のアカウンタビリティを要求し、最高経営者の活動と業績を評価する監督者の立場にある。しかも、理事長は最高経営者がアカウンタビリティを果たすべき理事会に対してリーダーシップを発揮する責任があり、また、最高経営者の業績を評価する理事会を指導する責任がある。そこでは、管理構造のジレンマがもろに現れる。

④　以上のような制度的な要因のほかに、それぞれの個性、役割感、相対的な経験と知見などの相違、両者が抱く焦点の違いや重視する面の違いが大きな要因となって、最高経営者はタスク志向、理事長はミッション志向をより鮮明にする傾向があり、さらにコンフリクトが高まると考えられる。そこで、最高の共有リーダーシップを担保するためには、どうしてもなんらかの手立てとして「制度と方法」が必要なのである。

おわりに

　非営利組織では、その経営管理構造はガバナンスとマネジメントを完全分離することを原則としており、これを合一することは許されないゆえに、マネジメントの長である最高経営者はガバナンスの長である理事長に「報告」し「承認」を得る義務がある限り、また、理事長は最高経営者の行動とその業績に関して「評価」し「統制」する責任がある限り、最高経営者は理事長に依存し従属するという意味で、理事長にはその多寡はともかくなんらかのパワーが残されている。他方において、理事長は承認するなり評価と統制をするには、最高経営者から透明で的確な情報を得ることができなければならない。

　したがって、この両者の間の関係にはパワーをめぐるコンフリクトとはいえないが、つねにテンションが底流にあるものの、相互依存の関係のなかで役割と責任を分担する互換・補完関係にあることも事実である。

　しかし、理事長と最高経営者の間の役割と責任の分離・分割を明確にすることが、両者の間の協同関係を構築し、理事会有効性や組織有効性を高めるとする「規範論」や「処方箋」を護るだけでは、ほとんど実践的で有効な効

果を生むことはないであろう。すべての結婚を幸せにする処方箋を書けない
ように、両者のよき関係の公準を示すことはできない。「微妙な相性」ある
いは「結婚の経済学」が働くからである。ただ、理事長と最高経営者のよき
関係、とりわけ両者の二元リーダーシップにおける共有関係が、組織のミッ
ションの達成を支える際の楕子となる重要で有力な資源であることを非営利
組織のこの2人の指導者は深く認識する必要がある。

第Ⅴ部 組織有効性を高める理事会リーダーシップ

非営利組織の指導者リーダーシップ

はじめに

　理事会の有効性は理事の個々の資質と能力にもまして、理事と理事会を束ねる理事長と、あるいは最高経営者の力量の有る無しが重要な決め手となる。前章で述べたところである。そこで、組織としての理事会を指導する理事長と組織の経営を司る最高経営者に求められるリーダーシップとは何か、そのリーダーシップを負託するにはどのような人材を選ぶべきかについて論じておかなければならない。むろん、理事長と最高経営者のリーダーシップは何も理事会の有効性を高めるために必要であるだけではない。そのリーダーシップいかんでは組織の将来が危ういのである。善意の動機で、慈善の行為に真剣に取り組んでいても、その善意の中身についてアカウンタビリティを充分にして社会の一定の評価を受けられないようでは、あるいは政府や寄附者の費用対効果を含む組織の効率性と有効性の要求に応えられないようでは、組織自体の存続が担保されないであろう。

　そこで、組織を透明にして、さらに組織を組織らしく運営して信頼を得るためには、組織の維持と存続を図って組織を経営できるリーダーシップが重要となる。今日すでに、非営利組織の構造的な危機が目前に迫ってきている。そのような予兆が明らかななかで、今非営利組織には何がもっとも必要かを確認して、それに適合するようなサバイバル戦略を展開できる指導者としての人材を制度的・継続的に確保することが必須である。非営利組織の世界においても今こそ指導者の力量が問われる時代が来たのであり、だからこそ、どのような指導者を選ぶかが決定的に重要な戦略課題となってきた。

　非営利組織の指導者として期待されるよき人材といっても、非営利組織では理事長と最高経営者の職能と役割は法規上も実践上も異なる。そのことが非営利組織の経営における深刻なジレンマであって、この両者の職能と役割とが異なるがゆえに、この両者の間の「関係のあり方」が組織の有効性を大

きく規定するとして重大な課題なのである。このことは前章で検討した課題であるが、両者ともに集団あるいは組織の成員の意思統一を図って、ある一定の目的を達成させる働きをするという指導者の地位にあり、リーダーシップ役割を担う存在であることに変わりはない。本章では、非営利組織におけるリーダーシップ役割の特殊性を論じ、その後に、理事長と最高経営者に求められる資質と能力を定めて、選考・選任する制度と方法について考えることにする。

Ⅰ．非営利組織のリーダーシップ役割

1．非営利組織のリーダーシップ役割の特異性と重要性

　一般的で標準的なリーダーシップは非営利組織にも適用できる部分があるが、非営利組織の現実に適合させることができない場合もある。非営利組織は営利組織とは異なる情況の下に行動することを余儀なくされるので、自ずと組織のリーダーシップのあり方は異なるものとなる。それでは、非営利組織ではどのようなリーダーシップ・スタイルが求められるのか、そのようなリーダーシップを発揮できる指導者とは動機、特性、能力、行動など、どのようなタイプの人が適するのか、一般的な経営管理の能力に優れている人材でよいのか、それでもって非営利組織に必要なリーダーシップの質は担保されるのか、理事会としてはどのようなタイプの指導者を選べばよいのか、が問われることになる。

　一部はすでに示唆しておいたように、非営利組織の市場化・商業化傾向に伴い非営利組織の独自性とその存続性が危機に遭遇することと関連して、実はその指導者にどのような人材を選ぶべきか、その選択はたんに理事会の有効性を高めるという次元を超えて、将来の非営利組織の岐路を分かつ重要な戦略となってきた。

① 　営利組織は一連の限定された目標と目的をもって行動するのに対して、

　　非営利組織は組織の内外のステークホルダーの考え方が違い、ときには対

立するルーズな集合体である。営利組織は利益の創出とその分配という最終の事業目的が明確であるのに対して、非営利組織の運営は社会構築主義的な意味で不確実である。

② 営利組織でも組織内外のステークホルダーの利害関係は複雑で、ときには対立することもあるけれども、最終的には組織の価値観や信条に対してある一定の約束と同意があることから視点と行動が収斂するのに対して、非営利組織ではボランタリズムで形成されるので、組織の価値観や信条に対して限定的で流動的な約束しか得られないから、組織は試行錯誤で運営される。

③ 一般的に営利組織は明確に限定されたミッションがあり、その業績の直裁的な測定方法は顧客との取引の代償としての収益である。対照的に、非営利組織でもなんらかの価値観を基底にしたミッションを志向するが、そのミッションに関する合意があるとは限らないし、ミッション達成の業績を測定する合意された適当な方法があるとは限らない。ミッションと業績に関する合意を得るためには、寄附者、ボランティアの理事、奉仕をするボランティア、その他の人たちの積極的な関与を獲得し、それを持続させる組織のビジョンを具体的に表明するには、独自のリーダーシップが必要不可欠なのである。この独自のリーダーシップが欠如していれば、組織が漂流し、衰退し、失敗することは必然である。

要するに、非営利組織の多様で任意のステークホルダーの間には複雑な関係があり、その関係維持にはつねに交渉と妥協を必要とすること、非営利組織はミッション、業績達成、資源獲得という一連の流れを情況によって統合する戦略が必要であること、財務的成果と社会的貢献という二重のボトムラインを管理する必要があることなどから、非営利組織のリーダーシップには心理学者が言う「曖昧性に寛容」である特異な資質が重要である。はっきり定義されていない、あるいは、明らかな解決には至らないようなことに対処し、そしてそれを包摂するような能力である。曖昧性に寛容な人物は、環境が不透明であっても、環境の解釈が多様であっても、複数の方向を定める機会を掴むので、非営利組織のように特に明確に限定されておらない挑戦的課題に対処することができる。

2．非営利組織に固有なリーダーシップ

　ミッションの曖昧性と多元性、利害関係の多元性と複雑性、財務管理の不確実性、上部管理階層の二重性など、非営利組織は組織としては行政組織や企業組織と比較してとにかく複雑で壊れ易い性質を帯びている。したがって、組織の維持とその存続を図る指導者の少なくとも特異な職能と役割が求められるのである。

（1）非営利組織のリーダーシップは二元性が原則である

　営利組織は組織の集中管理・統一管理を第一義として「ワンマンコントロール」を実質制度化していて、最高経営責任者（CEO）の「統一的経営管理」が（今のところ）制度として認められているのに対して、非営利組織においては法規上または形式上、理事会を主宰し最高責任を負う理事長と、理事会の政策決定に従って組織を運営する最高経営者とは、それぞれの職権と地位とが明確に分離され区別されていて、民主的管理、複数ステークホルダー管理、階層分権管理を旨とする「マルチコントロール」がその特質となっている。営利組織と非営利組織の決定的な違いは、組織リーダーシップの一元性（最高経営責任者の会長兼任による支配）と二元性（理事長と最高経営者の並行支配）にある。

　このリーダーシップの二元性が組織経営上プラス・マイナスの決定的な影響を与える。理事長と最高経営者が分離していること、したがってまた理事会と経営管理機構が分離していることが、多くの利点を有すると同時にコストの負担を重くする。

　営利組織とは違って、特定の所有権者が存在しない非営利組織において、社会から信託されそれを受けて理事会が受託するという構造のなかで、リーダーシップの二元性は決定管理と決定統制とを分離させ、これによってエージェンシー問題を緩和してエージェンシーコストを減ずることができるので、組織有効性を担保するシステムであると理解されている。

　決定管理は資源の配分と運用に関する提案を企画し実施することを指しており、決定統制は資源の配分と運用の執行について確認し監視することを指している。この決定統制システムの頂点には理事会があり、通常、この理事

会が最高経営者を任免し報酬を出す権限を保有しているのであるが、理事会が最高経営者の決定裁量範囲を制限しないなら、理事会は決定統制の有効な用具とはならない。この点から、最高経営者の理事長兼任制は容認されない。なぜなら、理事会を代表する理事長は理事会の会議を運営し、経営者を採用、解雇、評価、報酬のプロセスを監督する職能を有するが、この理事長が最高経営者を兼ねた場合、この理事長兼最高経営者が最高経営者の立場と私益を離れて、理事会代表としての理事長の職能を遂行することはできないことは明白であるからである。

したがって、理事会が有効であるためには、最高経営者の地位と理事長の地位を分離することが重要である。独立の理事長が、最低限度において理事の任命、理事会委員会の職務決定、そして理事会議案を設定する権利を与えられるべきである。

その限りでは、非営利組織におけるリーダーシップ二元性は大きな利点を有するが、他方において、組織の経営においてエージェンシー問題を持ち込むという不利点を胚胎している。その結果、理事会運営におけるエージェンシーコストの問題、管理の非効率の問題、さらには、最高経営者との関係における多くのテンションやコンフリクトの問題を抱えることになる。ここでは、リーダーシップの資質は異なるけれども、リーダーシップ能力が備わっていると想定される二人のリーダーが、組織を経営する主導者となる場合のエージェンシー問題について触れておきたい。問題は二元性のコスト問題である。

① 理事長のエージェンシーコストが発生する。外部から独立の理事長が就任することは、最高経営者の行動を統制するエージェンシーコストを減らすであろうが、この最高経営者でない理事長の行動を統制するエージェンシーコストが発生する。つまり、理事長が最高経営者の任免権をもち、議案の決定権をもてば、「統治者である理事長の行動を誰が監視するのか」という問題が出来する。

② 情報伝達のコストが必要である。組織が直面する戦略問題とか戦略機会について最高経営者のほうが組織経営に関する特定の専門知識と経験を備えているのが普通であり、理事長の職務に必要な特定の知識とノウハウを併せて所持している場合、二元リーダーシップは決定的に重要な情報について、コストを掛けてしかも不完全に二者の間を移動させなければならない。

③　調整のコストが必要である。二元リーダーシップは有効な指導力を希釈
し、また、理事長と最高経営者の間の敵対関係を醸成するおそれがある。
対境関係においても代表者がこの両名であることは混乱をもたらすし、そ
の混乱が外部のステークホルダーの機会主義的行動を生むかもしれない。
また、活動と業績に対する明確な責任を確定することが難しい。ほんとう
は誰に責任があるのかについて組織の内外で混乱が生じ責任の所在が不透
明になる。要するに、リーダーシップの権限が両者に分離・分割されてい
れば、組織における意思決定において重大な不一致が生じる可能性が高く
なり、そのための調整のコストが大きくなる。

　しかし、重要な点は、この問題の二元リーダーシップは非営利組織の正当
性を担保する決定的な装置であることである。たとえこのリーダーシップ二
元性が組織経営においてコスト高をもたらし、組織経営の非効率に繋がると
しても、この装置を外すことはできないことである。

（2）非営利組織に必要なリーダーシップ・スタイルがある

　非営利組織としては、どのようなリーダーシップ・スタイルが最適である
のか、もちろんそれは組織の種々の特性とその組織が置かれている情況に
よって異なるために、唯一最適のリーダーシップ・スタイルが一概にあるわ
けではない。しかし、理論としては次のように理解することができる。

　営利組織の基本的なリーダーシップ・スタイルは、ギブアンドテイクの契
約により、指導者が他人の行動に対して報酬と制裁を出すことで取引する交
換過程のそれである。そこでは、ことを正しくするように、規則、政策、手
続きが強調される。この取引型リーダーシップ・スタイルは、実は組織内に
おいて対等に取引する交換過程はほとんどないという意味で、権威主義的で
あり支配型である。

　これに対して、非営利組織の独自のリーダーシップ・スタイルは「変換型
リーダーシップ・スタイル」である。この型のリーダーシップは指導者が組
織の価値観とミッションについて共鳴するなり共有する人たちに訴求するこ
とによって、この人たちのモラールと動機づけを高めるように仕向けるリー
ダーシップである。価値観を基礎にしたミッションに関与することを動機と
する人たちの参加を誘引するような非営利組織には、この変換型リーダー
シップが特に適合する。この変換型リーダーシップ・スタイルは民主型であ

り放任型である。非営利組織は刺激的な金銭的動機を与えるだけの資金力に欠けていることが多い。また、従業者のなかにはボランティアなど報酬を受けていない人たちがいる。ミッションに傾倒し、それを達成するという動機だけで参加する人がいる。非営利組織の指導者は有給のスタッフ以外の人々を指導しなければならない。場合によって、寄附者はじめ多くのステークホルダーを誘導し啓発する必要がある。

そこで、非営利組織のリーダーシップは人々を―そして組織を期待する方向に動かすためには、多くは理念、説得、鼓舞、相互関係の力を借りなければならない。そこでは、人々を鼓舞して成長させ、人々を変える変換型リーダーシップが重要となる。この変換型リーダーシップは、報酬と制裁によって人々を動機づけるのではなくて、人々との相互関係を密にすることによって、人々が利己心を克服して共通の利益の目標を追求するような力を与え、共有する価値観と理念に訴えることで人々を動機づけるものである。

行動を変えるのに報酬と制裁を用いることは、少なくとも短期的には従業者には有効であるかもしれないが、個人や団体や理事がさらに多くの寄附金を提供するよう動機づけるのに、またボランティアがさらに長期的でさらに多くの労務を提供するよう動機づけるのに、報酬と制裁の動機づけが有効に働くとは考え難い。

どのように組織の価値観と個人の価値観を一致させるかを確認し、個人の価値観に訴えて心底から望ましい行動が生まれるようにすることで、ファンドレイジングやボランティア労働に関する目標は達成できるはずである。将来の情況を観測して、ミッションやその他の大きな目標を達成するために、ただ妥協するのではなくて多様なステークホルダーと説得と納得の交渉を繰り返して、方向を示して多様な利害を調整し、ある有効な「落としどころ」を諭して合意に導く能力と才覚が必要である。非営利組織では強力なリーダーシップではなく、いわゆる「ファシリテーター」としてのリーダーシップが求められる。

他方、非営利組織には、利己心を満たすよりも他人に奉仕することに専心する道義的指導者である「サーバント・リーダーシップ」が求められる。このサーバント・リーダーシップは自分の意思を他人に強制しようとするのでなく、よく聴き、共鳴し、相互関係に注力するリーダーシップであり、社会公共目的をもつ組織の受託管理人のリーダーシップである。

また、非営利組織にはヒューマンサービスを提供する組織が多いけれども、ここで求められるリーダーシップは「相互関係リーダーシップ」である。ニードの状態にある受益者や利用者を含めた組織に関わる人たちとの間の密接な人間関係を重視するリーダーシップである。

　そもそも非営利組織に関わる人の動機は個人的な利得の多寡ではなくて、その組織が掲げる社会公共的な事業や社会改革を標榜する主義に傾倒するなり共鳴して組織に参加することである。この人たちは自分の仕事や自分が属する組織に自己同一化している人たちである。したがって、その指導者ともなれば組織の社会貢献とそれに伴う独自の職業倫理を第一の行動規準にして組織の経営を行うことが求められる。しかし、現実の観察からすれば、そのなかでもいろいろニュアンスの違うリーダーシップ・スタイルが見られることは避けられない。(i)社会貢献を動機にしているが、組織内部の出来事を処理するだけに専心する内部型で受動的なリーダーシップ・スタイル、(ii)社会貢献に真剣に取り組むがゆえに組織外部との接触や交渉に熱心なリーダーシップ・スタイル、(iii)確かに社会貢献の意識は強いが、組織内部の管理に終始して組織の効率性や存続性を重視するタスク志向のリーダーシップ・スタイル、(iv)同様に組織の維持とその成長を重視して、良好で適合的な対境関係に軸足を置いた情況適合的で能動的なリーダーシップ・スタイルなど、いくつかに分別することができる。これからの非営利組織に求められるリーダーシップは(iv)のリーダーシップ・スタイルである。

3．リーダーシップ・スタイルは変化する

　ただし、リーダーシップ・スタイルは次に指摘するような非営利組織をめぐる情況によって変化する。

1）不安定で不確実な環境

　政府や助成財団が規制権限を強化する、政府の政策とプログラムを代理執行する委託事業経営が増加する、それに伴う費用―便益の効果に対する関心と要求が増大する、内外から厳格なアカウンタビリティとプログラム評価手続きとその実施を求められる、このように非営利組織にとっては要求と規制が強まる環境が生まれている。また、組織が提供するサービスに対する要求

と基準が時代によって変動する環境、組織の活動に必要な諸資源が競争の圧力によって左右される環境が生まれている。このような不安定で不確実な環境の下では組織の成長と発展は急激でしばしば予測できない方向にゆく傾向となり、これに対応して効率的・有効的に組織が反応できる柔軟性を高めるために、「動態的」な組織の構造と組織の運営を必要とする。

現に、経営管理の専門経営者の職能と役割を重視する政府の勧奨やその法制化までが議論されてきた。むろん、要求と規制を強める側からすれば、非営利セクターがますます政治・社会・経済の面で重要性を増してきたことから、非営利組織の効率性と有効性の高い経営管理への関心が強くなることは当然のことである。そこで、非営利組織は営利組織の経営管理方式への接近を余儀なくされ、そのためにリーダーシップのあり方も変更を迫られてくる。

特に、ソーシャルサービスやヒューマンサービスの分野において、政府の政策がサービス供給を営利組織と非営利組織に委託し委譲する方向に変換していることから、政府はサービス供給者からサービス供給の規制者・監督者に転向したが、この両者の間の相互関係の転換のひとつの象徴が、非営利組織はより強い外部規制に服することであると同時に、より「ビジネスライク」になることである。差し当たり、非営利組織のガバナンスのあり方が問題の対象となり、理事会・理事長と最高経営者の役割と責任を厳格に分離することと、最高経営者を重用する施策が議論されることになる。

2）脱専門職支配

特定の事業や特定の分野における専門職が特殊な指導者としての地位を占めてきたことに対する再検討と再評価が行われるようになり、この専門職の職能と役割を重視しなくなる傾向である。本来、特に病院や大学や文化施設のようなソーシャルサービス組織は営利組織とは違った経営管理の制度と方法で運営されている。そのために個人や集団あるいは組織を指導するリーダーシップのスタイルとリーダーシップ行動は異なるものであった。しかし、上記のような環境の変化から、営利組織の経営管理方式への接近を余儀なくされており、そのためにリーダーシップのあり方も変更を迫られてきている。それは、脱専門職の傾向であり、一般的な経営管理の技術と手法の導入に伴うリーダーシップ・スタイルの変更であり、結局のところ、非営利組織における専門職のリーダーシップの排除である。

現に、いわゆる規制緩和の名においてそれを法制化する動きがある。伝統

的な非営利組織のリーダーシップ・スタイルの改変であり、場合によっては
その破壊である。よく言えば、社会公共的事業の組織に対して一般的な経営
管理の技術と手法を導入することに伴うリーダーシップ・スタイルの修正・
変更である。

　その善し悪しを論じることは別として、今後は事業の専門家や専門知識・
技能よりも組織を運営する専門経営者や組織の管理技術や管理能力を求める
ようになってくる。先の(iv)のリーダーシップ・スタイルの指導者と繋がる
資質—専門職の価値観に重点を置かないで、組織の維持と存続を賭けて環境
を監視する能力—を備える人材が求められる。その結果として、非営利組織
で常態化していた民主型リーダーシップではなくて、組織運営のなかにパ
ワーと権限を集中する「集権型リーダーシップ」を生み出す傾向となる。

　そこで、事業の専門職の将来は、専門職の技能と能力に執着すると同時に、
専門職の仕事を実践する際により広い文脈を認識することもできる二重の役
割を展開できる能力に掛かっている。この二重の役割は事業の専門職が慣れ
ていない要求を課すことになるが、この要求に応えなければ、事業の専門職
の権限と権威とが経営管理の専門経営者に奪われてしまう。その結果、非営
利組織の運営において事業の専門職の特徴である利用者のそれぞれのニーズ
に敏感であるという特性を失うおそれが出てくる。

　しかし、外部環境の変化によって、脱専門職化のリーダーシップ・スタイ
ルに重心が置かれてくることは避けられない以上、このような危惧に対処す
るためには、社会公共的事業の専門家がより広い経営管理の知識と技能を
もってリーダーシップ役割を果たすことが必須である。ただ、このようなリー
ダーシップ役割を全うするには、事業の専門家が学習と実践を重ねるなかで
経営管理の技能をさらに習得し、事業の実践において有効な経営管理方式が
もたらす効果により敏感になる必要がある。

第Ⅴ部 組織有効性を高める理事会リーダーシップ

Ⅱ．最高の共有リーダーシップの確立

1．いくつかの共有リーダーシップ・スタイル

　理事長と最高経営者の関係に関するごく少数ではあるが貴重な先行研究からは、小規模組織では理事長リーダーシップ型、制度化された組織では最高経営者リーダーシップ型、規模に関係なく「上手くいっている」組織では共有リーダーシップ型が認められていることを紹介しておいたが、ここでは、共有リーダーシップ型に関して詳細な研究結果を概略紹介したうえで、どのような制度と方法を用いれば、理事長と最高経営者の最高の共有リーダーシップが構築され、かつそれが持続できるのか、さらには理事長がどのような姿勢と行動を採れば、最高の共有リーダーシップが担保されるのかについて述べておきたい。

　理事長と最高経営者の間には基本的に互換・補完関係があり、この互換・補完関係が上手く働かなければ、理事会と組織はたちまち機能不全に陥ることは確かである。ただ、理事長と最高経営者は互換・補完関係にあってリーダーシップを共有するとしても、その共有の仕方は多様である。状況によって両者の関係が変化するという現象とは別に、両者が共有する対象の種類、両者の信頼関係の程度、両者が共有する職能の内容によって、共有リーダーシップの状況が異なることが考えられる。現に、この点に着目したきわめて精緻で有用な研究が見られる。それに拠れば、理事長と最高経営者の間の共有リーダーシップの関係には「よい関係から最高の関係までの3つの類型」があるとする。

　この3つの類型は(ⅰ)共有する対象の種類、(ⅱ)信頼関係の程度、(ⅲ)両者が共有する職能の種類を累積することによってつくられる。

① 　いくつかの共有する対象がある

　理事長と最高経営者の間には共有するものが多様にあるが、どれを共有するかは様々であり、その共有するものの数と組合せによって最終的には共有リーダーシップの質量が左右されると考えられる。共有するものは、(ⅰ)事実を共有（資料や情報を提供し合う）、(ⅱ)アイデアを共有（議論を交わす）、(ⅲ)

535

情感を共有（支え合う）、(iv)知識を共有（教え合う）、(v)ギブアンドテーク（譲り合い・歩み寄り）に及ぶ。これらがすべて信頼を構築するのに役立つが、理事長と最高経営者の間の共有関係が多種であれば、信頼の構築が強くなる。もっとも強い信頼関係にある理事長と最高経営者の間では上記のすべての共有関係が見られる。

② 信頼関係の程度には大きな差がある

理事長と最高経営者の間には信頼関係が認められるが、その程度には大きな差がある。(i)リスクと報酬を測る「損得勘定のなかで生まれる弱い信頼関係」、(ii)「知識を基礎にした中程度の信頼関係」、(iii)互いを同一と認める「同一化を基にした強い信頼関係」である。これらの信頼関係は累積しており、知識を基にした信頼は損得勘定を基にした信頼のうえに構築され、同一化を基にした信頼は知識を基にした信頼のうえに構築される。

③ いろいろな共有する職能がある

理事長と最高経営者は組織管理の職能を共有する。それは大別して、(i)管理型（内部活動）、(ii)計画策定型（管理と戦略の策定）、(iii)指導型（管理、計画策定、そしてコミュニティを引き入れるための理事会との協同）に別れる。理事長と最高経営者がどの職能を共有するかは、信頼の程度と同様に累積しており、計画策定の職能は管理の職能のうえに、指導の職能は計画策定の職能と管理の職能のうえに累積している。そして、指導型にある両者の間の信頼関係は計画策定型での信頼関係よりも強く、管理型よりも遥かに強いという関係にある。指導型の理事長と最高経営者だけが最高の信頼程度—同一化を基にした信頼—に達している。

以上の結果から、「よい関係から最高の関係までの3つの類型」が浮かび上がる。

① よい関係

低度から中度の対象の共有を基にした信頼のうえに管理型の職能を共有する。理事長と最高経営者とはある程度の信頼を築くことによって、互いの期待を示して、合意した目標に向けて互いに協同作業をすることができる。

② よりよい関係

中度から高度の対象の共有を基にした信頼のうえに計画策定型の職能を共有する。この型の理事長と最高経営者は理事との関係を密にして、理事の個人の技能を評価し、理事のネットワークを拡め、理事を事業に積極的に参画

させる。その結果、理事会が生産的となり、理事会が戦略レベルと作業レベルの活動を活発に行うように影響を与える。

③ 最高の関係

同一化を基にした信頼のうえに指導型の職能を共有する。指導型の理事長と最高経営者は組織のビジョン、ミッション、戦略的中心課題に向けて協同し、理事会も積極的に関与させる。理事会とスタッフとも協同し、組織の生産性とコミュニティとの関連を強める触媒としての結合効果を生む。また、ボランティアを勧誘し、関係資源が充分に利用される。こうして、理事会、スタッフ、コミュニティの組織の内外のネットワークをつくることができ、その結果、大きな社会関係資本を増殖させることができる。

要するに、理事長と最高経営者の関係は相互の対人関係から始まるが、その対人関係には先に示した(i)の５つの共有する対象があり、共有するものの多寡によって、理事長と最高経営者の信頼関係の程度の差が生じる。一般には３つの信頼の程度が生じるが、これらの信頼関係が理事長と最高経営者が共有する職能のレベルに作用する。結局は、対人関係において共有するものが多く、その結果生じる同一性の認識から生まれる信頼関係が指導型の共有リーダーシップをつくり上げるのである。

このような研究結果は非常に興味深い。すでに、共有リーダーシップはある程度なんらかの形で議論されていたのであるが、この研究は近時、最高の共有リーダーシップが現実に多く見受けられるようになったことと関連するからである。

2．最高の共有リーダーシップ・スタイル確立の必要条件

（1）予め取り決めて大筋合意に達しておくべき基本点がある

共有リーダーシップの有効性を最大にするためには、理事長と最高経営者とは次のような点について取決めをして大筋合意しておくべきである。

① 組織の最善の利益とは何かについて、その解釈と理解を共有しておくことである。

② ミッションを達成するための「目標や目的」について、全体として合意

していること、その優先順位を互いに確認をしておくこと、ミッションの変更についても予め確認しておくことである。

③　健全なガバナンス職能の実践とは何か、その実践をどのように行うかについて合意しておくことである。

④　協同作業関係を継続的に維持するために互いの期待を確認しながら、それぞれの職能と役割の境界を明確にして、どこに重複するところがあるのかを確認しておくことである。ただし、両者の関係について予め期待を決めていることもあるが、ほとんどは関係がすすんでから一緒に協同作業をつくり上げるものであるから、期待だけで職能と役割の分別をすべきではない。さらに、最初に期待を決めていても必ずしも強い共有リーダーシップ関係を維持できるとは限らないことに留意しておくべきである。

⑤　担当する職能と役割を区別して大筋分割・配分しておくことである。理事長と最高経営者に求められる職能と役割はそれぞれ別であり、それに要する資質と能力も別物であるから、一般的には、それぞれが「棲み分ける」ことである。すなわち、理事長の調整と包容に対して最高経営者の率先と統率、理事長の長期的な将来構想に対して最高経営者の中短期の現実への環境適応、理事長の外部関係管理に対して最高経営者の内部の組織管理という棲み分けであり、総じて、理事長の役割は外部管理にあり、最高経営者の役割は内部管理にあるように棲み分けることである。

　ただし、棲み分けるにしても、最高経営者の職能と役割をどう限定するかという困難な問題が残る。この問題は最高経営者の就任に先立ってはっきりと決めておくべきである。理事長の第一の役割は、最高経営者の責任と権限に制約を設けることであり、組織の目的と方向に関して互いに合意した事項を最高経営者が遵守しているかどうかをモニタリングすることだからである。

　また、両者の役割と責任がいかに限定されていようとも、両者の間の関係をいかに操縦するかがきわめて慎重に扱うべき重要な領域として残されており、よき相互関係を維持させるためにはきわめて重要な条件である。理事長と最高経営者の関係は理解し合うよき協同関係でなければ長続きしないものであり、２人の間の境界を苦心してつくり上げることであり、相互関係を存続させるにはどの辺が境界なのかを見抜くことである。

⑥　情報交換、打合せの頻度や時間、非公式な会合など、互いの社会契約を

結んでおくことである。そのために、互いに何を期待しているかについて、まず対話をすることである。情報の共有や助言の提供などのために、公式・非公式にどの程度会合し、どのように連絡をし合うのか、両者の間の会合の頻度と性質について幅広く打合せをすることが必要で、そういう社会契約を結んでおくことである。

　特に、以下のような社会契約を入れておくべきである。1つは、現在の問題や将来の課題について議論をする定期的な会合をもつこと、そして、必要ならば、理事や経営者・管理スタッフをどのように動機づけるかを考えることであり、2つは、組織に影響を及ぼしそうな事柄については、双方が知らせ合い熟知していて、知らないものがない状態までに情報の交換をすることである。悪いニュースを控え目に扱う、情報を選んで知らせる、重要な問題を提示しないなど、これらの態度はお互いの軋轢を避けるためには短期的には有効であるかもしれないが、長期的には失敗を招くことになる。情報を隠すことは最高経営者と理事長が互いに寄せるべき信頼を損なうことになる。その原則は「何も驚くことはない」という原則であり、それがつねに有用なのである。

　このような協同関係において決定的な要素は、公式・非公式の定期的で注意深く考えられた強いコミュニケーション・ラインを築く意志である。ただし、両者だけの会議は頻繁にしてはならない。それは強い関係をつくるように思えるが、あまりに個人関係となる危険があり、他の理事や経営者や管理スタッフを困らせることになる。両者の間の議論の重要部分は文書化して、理事会全体で共有するように注意することである。

　なお、上記の2つの社会契約は、事柄の大小に拘らず結んでおくことである。最高経営者は日常管理については理事会が関与しないとして、理事長に通しておかないことがあるが、情報を伝えることは問題の解決に関与して欲しいという要請とは同じではない。何かの小さな問題も必ず周囲に伝わり、それが理事会にも周知のことになるものである。そういう意味からも、最初に理事長に伝えておくことが大切なのである。問題が表面に出た場合に、理事長の支援が受けられるし、あるいは、少なくとも理事長がどう反応するかを知っておくことができる。

⑦　両者の退任やその後の承継について、あるいは上級管理職の人事について、事前に確認して共通認識としておくことである。特に、理事長の承継

について、次代の理事長候補について検討をすることが重要である。理事長と最高経営者の関係でもっとも深刻な困難はどちらかが交代することから生じる。新規の理事長は理事長の地位と最高経営者の職能と役割について違った期待を持ち込むものであるが、それはほかの組織での経験によることが多い。新規の最高経営者も別の状況での経験から互いの職能と役割について違った期待を持ち込む。理事長と最高経営者の関係に関する明確に定めた協定は存在しないので、期待の違いが現れるまでは両者の関係は明るみに出ないものであるが、交代に伴う両者の関係が変わることで、理事会や組織の運営を大きく変質させることになる。

（2）特に協同作業をしなければならないもっとも重要な領域がある

① 政策策定と計画作成

政策の策定に協同し、ミッションとビジョンの宣誓書を提示し、組織の価値を明らかにする。

② 予算と財務

最高経営者が理事会に年度予算を作成して提示し、理事会がこれを承認するが、理事長は理事会を主導して理事会が予算を承認し、それを監視するよう指導し、理事会が受託者としての責任を果たすように努める。

③ 資金調達、開発、外部関係

理事長は理事の寄附や奉仕の貢献を誘導し、すべての理事が公正な負担をするようにする第一の責任者であるが、最高経営者は包括的な資金調達活動を調整する。外部の寄附提供者へのファンドレイジング活動は、最高経営者、理事長、理事の責任である。

④ 理事会の会議運営

理事長によって調整・促進される理事会の議案について、最高経営者は理事会がよい決定をするのに必要な会議資料と報告書を準備して、最高経営者と理事長とが協同してその準備と作成に当たる。理事会に先立って議案を点検する理事長とのコミュニケーションは等閑視してはならない。理事長は会議において会議を管理する重要な役割を演じる。その役割を成功させるには、最高経営者と理事長とは議案を慎重に点検する必要があり、そのために、最高経営者は理事長が会議の準備ができるように情報を提供して支える必要が

あり、また、理事長は経営者や管理スタッフと接触するよう配慮する必要がある。理事長が理事会の運営と管理について信頼されれば、理事会は有効となり信頼される存在になる。

⑤　委員会活動

理事長は包括的な委員会制度をつくり、すべての委員会に職権上参加するべきであるが、最高経営者は委員会の会議に適宜に参加して、委員が管理者のサポートや必要な資料を得るようにする。理事長と最高経営者はともに組織のミッションと戦略目標に沿って委員会が活動できるように、委員および委員長の推薦ないしは指名をする際には、理事長は最高経営者に諮問する。

⑥　理事の選任と啓発

理事がより積極的に貢献をして、理事会がより有効な活動をするように新旧理事の選任と啓発をするには、理事長と最高経営者とが共同責任者として協力する。

⑦　理事会評価

理事長が管理するが、多くは最高経営者との共同作業で行う。

⑧　人事配置の責任

最高経営者が管理下にある人事を決定して、理事長を介して理事会に報告する方式がよきガバナンスであり、理事長は最高経営者が決定した人事の評価に対する最終責任者となる。理事長が人事予算を承認するなかで、最高経営者はスタッフを採用、評価、昇進、降格、解雇する。

（3）強い関係構築には信用・信頼と柔軟で継続的な対話と交渉が必要である

上記のような規範的なガイドラインを遵守して最高の共有リーダーシップを継続して保持するには、以下のような「心掛け」が必要なのである。それによって、信頼関係が積み上げられて共有リーダーシップが本物になる。

理事長と最高経営者の関係は繰り返し交渉されて初めて独自の秩序となることを理解すべきである。その際に、関係の基礎的な条件を提供する両者の経歴や個性、理事会や組織の歴史などの情況が重要な影響を与えるのであり、このような情況のなかで、両者の関係の秩序は交渉されて積み上げられ構築されるものである。したがって、強い関係を築くことついて機械的な既定の解決法は存在しない。この両者が自分たちの関係を築いて発展させることが

鍵となる。成功は微妙な関係の過程を効果的に操作することに掛かっている。そうすることのなかで、重要な要素として「信用・信頼、相性」が浮かび上がる。

第1に、それぞれが尊敬し合い、それぞれが信用し信頼し合うことが重要である。相互の期待に基づいて作成された規則や、責任と権限の限定などに頼ることは信用と信頼関係が低いことの証左である。両者の関係にもっとも大きな影響を与えるのは、強くかつ深い信用と信頼と尊敬が有るか無いかである。信用・信頼関係は有効な共有リーダーシップの基礎である。

第2に、個人的な相性と互いに好意を持ち合うことがよい関係の構築には支えとなる。好意をもつことと信頼とは同じではないが、好きでない人に信用と信頼を寄せることはきわめて難しい。両者のよき「相性」が重要である。最高経営者がなんらかの根拠があって反対している理事長が就任すれば、関係は絶望的である。その反対も然りである。

第3に、強い信用と信頼関係にある両者が柔軟な交渉と対話を通して、役割と責任の分担などの両者の関係の「マイクロ文化」と称すべきものをつくり上げることが重要である。そこから、互いに協同する特定の方法に関する一連の交渉された規則が生まれる。役割と責任の相互依存性を明確に承認することを通して、相手のニーズを認めて柔軟に反応する意志を通して、相手の価値をともに理解することを通して、両者の関係が強まる。

対話とそれが生み出す柔軟性とが、職能規程に従うよりも重要である。この柔軟性は強い信用と信頼によって生まれる。さらに、互いのスタイルに適応することは協同の最初には生じない。違いを学習し許容することが双方の関係にとって重要である。職能規程や職能分担リストを作成するような規則よりも、ここで重要なことは「信用と信頼関係」の構築である。この信用と信頼関係がある以上、理事長が日常管理活動に参画することがあっても問題は生じない。重要なことは、相手に合わせて与え合う信用と信頼関係であり、これに基づいて柔軟な対話と交渉を通してそれぞれの強みと関心事を理解し合い、そして組織の重要な事業を勘案して、互いに互いの権限を与え合うことが肝要である。

しかし、ここにはひとつの危険がある。緊密に相互に依存し合うことがアカウンタビリティに及ぼす影響という問題である。理事長は最高経営者の仕事をモニタリングするだけの客観性を保ちながら、最高経営者との互換・補

第V部 組織有効性を高める理事会リーダーシップ

完関係を維持することができるのか。モニタリングと評価を下す直系の上司であると同時に、最高経営者に対して信頼しあう同志であり支援者でなければならないのであるから、これはどちらを選ぶかの選択の問題ではなくて、これこそがガバナンスのパラドックスである。

両者の相性が合って、よき友人関係になることが大切であるが、これはまた別の大きな問題となることがある。互いに各自の地位と立場を忘れてあまりに親しくなると、境界が不透明となり、権限ラインが消失してしまう。それにまた、両者があまりに密着すると、理事や理事会全体、あるいは経営者や管理スタッフが疎外されて、かれらから両名だけが特権階級にいると見られてしまう。これが起こると、理事会や組織の運営に重大な支障を来すことになる。

最高経営者は「理事長はいつでも自分を解雇できる」ことをつねに忘れてはならないのである。つねに役割と責任の区分けを意識しており、互いに超えてはならないと思う境界線がある。それがあってのパートナーシップであり、そのパートナーシップのなかで共有リーダーシップが生かされているのである。両者ともにつねに「自分は何者か」に思いを致しながら行動することである。

要するに、両者の関係を律するには互いの職能分担を原則的に確定しておくことが必要ではあるが、信用と信頼関係のなかで対話や交渉を積み重ねることで両者に適合する関係の秩序をつくり上げ、そして、合意のうえで積極的に関係の変更を行い、より高いより強い関係を築いていくことが要諦である。そうすることによって、初めて二元リーダーシップにおける最高の共有リーダーシップに近づくことができる。このプロセスをさらに補完するものが、理事長の姿勢と行動である。

Ⅲ．理事会有効性向上のための指導者の選任基準と選任条件

１．指導者の明確な選考・選任の基準と手続き

　理事会は指導者の選考と選任をする啓発役割、その後の指導者の業績を評価して統制をするモニタリング役割を果たすべきである。非営利組織の成功・不成功は理事会の活動よりも、理事会がどのような指導者を選択したか、その指導者の監視や管理を怠ったかどうかに掛かっているからである。特に、最高経営者の選考と選任については厳格で規律の厳しい基準ではなくて緩やかな基準を用いる傾向にあるが、非営利組織のようにときには実質的に非常に幅広い範囲の役割と裁量をもつような最高経営者については、明確な選考・選任基準が必要である。

　このような明確な選考・選任基準がなければ、理事会が最高経営者の評価をすることができないし、この最高経営者も自分の職責として何をすればよいのか、それを理解することができない。理事会は最高経営者に何を期待しているのか、理事会は何を必要としているのか、最高経営者の基本的な職能と役割は何なのかについて決定をすることである。そしてその際、当然のことながら、選考・選任プロセスの透明性と可視化を担保する制度と方法を確定しておくことである。

　しかし、理事長と最高経営者の選考・選任に際して同時に２つの問題が発生する。１つは、候補であったが最終的に選任されなかった人に配慮するという気遣いの問題、あるいはある内部集団の推薦が通り、他の内部集団が疎外された場合のその後の派閥抗争への対応という問題である。２つは、公選の弊害であるが、完全にオープンな手続きでは一方が勝ち、他方が負けるという気まずい雰囲気が後を引くが、これへの対応の問題である。このような困難な問題に対する有効な解決策として、委員会制度のなかで制度化された多方面の「話し合い」と「根回し」が丁寧に行われ、指名委員会ないしは選任委員会が最終的な候補者選びに携わり、候補者と入念な折衝を行い、最終的に内定するという手法が挙げられる。個々の理事がなんらかの関与をして

意見を言う機会を与えることによって、また公式の選挙を避けることによって、怨念や確執を回避することが賢明な策である。

2. 指導者の交代

　どのような指導者を選ぶかについて一般的な議論をしてきたが、現実には組織リーダーシップは継続して機能している以上、指導者の交代こそが指導者の選考と選任の生々しい場面となる。非営利組織では指導者は一般に「リサイクル」の傾向があるが、交代は組織を活性化させる絶好の手立てでありその機会である。そして、組織のアカウンタビリティをさらに充実させることに繋がる機会でもある。

　すべての組織は交代の必要に迫られる時期がある。所有権の所在がない非営利組織では、最初に理事会がその必要を認識し、指導者の交代を考えるか更迭を求めなければならない。特に創業者である指導者の退任には世俗的な思惑や確執などの困難が伴うものであるが、任意でない退任は組織にとって塗炭の苦しみを味わうことが多い。なかでも創業者にありがちなカリスマ型指導者は自分が創設したか築き上げてきた組織には、自分が不可欠な存在であると自負している人が多いから、このような指導者を交代させるには特殊で困難な問題が伴う。しかし、このような組織がたとえ成功しているとはいえ、この長期存在の指導者から組織を解放できなければ、その将来は危ういということである。任意の交代か強制的な交代か、いずれにしても創業者である指導者が組織を去るときには重大な転機となる。

　無理な更迭は紛争を伴うので、これは別の問題として、一般に、創業者は継承者について真剣に熟慮し計慮しないところがあって、継承の候補者にリーダーシップの学習の機会を入念に用意しておくことは案外に少ない。このような情況では、馴染みのない未知な人材で、場合によってよくない人物を選んでしまうという思わぬ結果となり、組織の有効性と安定性に重大な脅威となる。

　反対に、創業者一族が継承して経営する自己継続型の非営利組織のなかには、組織内の権力をめぐる醜い争いとは別に、非営利組織の存在理由を脅かす反社会公共的な利己的行動が見られることがあるだけに、その継承と交代

はたんに組織の問題に止まらず、それを超えてひとつの大きな社会問題ともなる。したがって、非営利組織の指導者の交代が非営利組織のガバナンス問題として大いに注目されて然るべきであり、組織とその理事会が指導者の交代計画を作成し、組織の価値観、ミッション、ビジョン、目標、期待に照らして適格な指導者を探査すべきである。

　また、特に最高経営者の交代が問題である。非営利組織の理事長は例えば定款通りにリーダーシップの交代が準備されているもので、その承継は一般にはそれほど問題なく終了する。通常は副理事長が継承し、選挙の形を採った場合も順調に交代して職務を引き継ぐことができる。しかし、最高経営者の場合、情況はそれほど簡単ではない。大規模な組織で官僚制が形成されている場合、最高経営者が実質の経営支配権を掌中にして、指名委員会や選考委員会があってもそれを牛耳ることによって、自らの去就を決めることもできる。非営利組織では所有権者が不在であり、市場の力が働き難いために、「自己継続型経営」が容易なのである。他方では、組織のスタッフが少なく、予算が厳しくて、能力のあるナンバー２を採用しておく余裕がない場合、外部から採用せざるを得ない。

　いずれにしても、非営利組織でも交代の準備が行われ、新しい指導者を確認して選択できるような「候補探しの制度化」が必要である。大規模で管理職が多数にいる組織では、最高経営者が後継者を訓練し、リーダーシップの学習をさせ、理事会とも交渉させるように指導すべきである。小規模の組織では、内部の候補者は見当たらないかもしれないが、最高経営者がその準備をすることは可能であり、理事会もその計画を推進すべきである。しかし、このような候補探しの工程は性急にはできないので、適材、適所、適宜の人材を決めるためには、その前に組織と理事会が自らの組織について―その価値観、ミッション、ビジョン、目標、あるいは、その過去、目的、利害関係者、期待―を充分に理解していなければならない。

　要するに、有効な理事会のためにはあるいは有効な組織のためには、理事長や最高経営者の交代を合理的・意図的に計画しておく必要がある。そのためには、厳格な任期の適用などを行う前に、後継者育成のプログラムを作成しておくことが重要である。ただ、このような準備に真剣に取り組むとなれば、皮肉なことに余計に「誰を候補者に選ぶのか」という選択に迷うことになるが、それはむしろ望ましい悩みとして受け取るべきである。

3．経営専門家の非営利組織リーダーシップへの参加

　特に今後注目すべきことは、実業界の経営者が非営利組織の理事長や最高経営者として就任することから生じる理事会有効性に及ぼす「プラス」「マイナス」の効果である。政府や助成財団が非営利組織の効率性と有効性への要求をますます高めてきた情況のなかで、理事長や最高経営者は当該組織の専門家ではなくてよいとする傾向が見られる。脱専門職支配の圧力と要求である。

　この効率性と有効性の要求に加えて、政府や助成財団などの資金援助が減少するなかで、非営利組織はその財源を増やすために市場戦略を使わざるを得ず、経営管理の専門家の助力を求める機会が増えることになる。いわゆる非営利組織の市場化・商業化傾向である。市場の力がこれまで営利組織と非営利組織を分離させていた境界を不鮮明にして、セクター間の相互依存の状態をつくり出すひとつの要因となって、営利組織の経営者と非営利組織の指導者の連結を増幅させると想定される。営利組織の取締役や行政の上級幹部職が非営利組織の理事長や最高経営者に就任したり、兼任することが増えることであろう。

　ただ、実業界出身の最高経営者はその専門的な経営管理を非営利の状況に適用するのに失敗することが多いという。それは主として、最高経営者が自分の職務を担当する際に理事会と理事長との協同が重要な課題であることを念頭に置いていないことに原因があるとされている。そこで、実業界出身の最高経営者は理事会と理事長がリーダーシップ能力を向上できるように教える役割と責任があることを充分に認識していることが重要な資格要件である。

4．指導者に必要な資質と能力

　理事会有効性を高めるためには優れたリーダーシップが求められるが、指導者の属性やリーダーシップの資質について共通の合意があるわけではない。したがって、それぞれの組織において「よき」リーダーシップの構成要素を明確に具体的に把握し、明示する必要がある。どのような役割を果たし

てもらうのか、そのためにはどのような人材が必要か、また、情況によって必要とされるリーダーシップ・スタイルは何か、このことについて意識的・目的的に決定をする必要がある。

　要は、現実の指導者を選考する基準として、その人の持って生まれた「資質」と、培ってきた「技能」を同時に考慮に入れることであるが、経営管理の技能に秀でていても、行為や行動に「規定上の権限」がなくても「一身上の権威」があって、人々がその「権威」を感じる「資質」が備わっていなければリーダーシップの資格がないというべきである。それは一般的な知識や良識、豊富な経験、道徳的価値観などから生じる品格であり、非営利組織のリーダーシップに第一に求められるべき資質である。

（1）理事長に必要な資質と能力

　適格な最高経営者を選び出したとしても、理事長を選任することはどのような非営利組織にとっても決定的に重要な課題である。非営利組織でも理事会が直に解決すべき多くの微妙な決定、あるいは承認をしなければならないが、時間やその他の制約から理事会全体が関与することが実際にはできないことが多い。そこで、理事長が通常は理事会のために理事会の立場でものを言うが、理事たちはそのことを後に聞かされることになるので、理事長の判断に理事会が信頼を置くことがきわめて重要なこととなる。それがために、理事長は通常は組織と長い関係があり、複数の委員会に参加することができ、組織の仕組みや組織の文化を理解していることが必要である。

　理事長はどうあるべきかについて公式の指針はほとんどないので、よき理事長とは、当該組織や他の組織での豊富な経験、専門知識と専門技能、積極的な熱意ある関与、余裕のある時間と所得などを混ぜ合わせた一般的な指導者のイメージが通用してきた。しかし、「もっとも優れた理事長はどのような行動特性を備えているのか」について、これまであまり見られなかった興味ある国際的な調査研究も行われるようになってきた。それに拠れば、次のような行動特性がまず分類項として示される。

① 「関係づくり」の資質―柔軟である、気軽に付き合う、すぐに厳しい判断をしない、穏やかである。

② 「活動」する資質―物事を処理するのに真剣である、先を見越して行動する、自分の役割を明瞭に理解している、大局を見る能力がある、問題点

を明晰に理解する能力がある、異論のある問題を処理する能力がある、協調する能力がある。

③ 「奉仕を動機づける」資質─利他的である、ユーモアのセンスがある、権限を委譲する、親しみがあり優しい、謙虚である。

④ 「影響を与える」資質─組織がよくなるようにコネを使う、重要人物との交渉でコネや自分の影響力を使う。

⑤ 「支配する」資質─支配的で有無を言わせない、自分自身の検討課題をもっている。

⑥ 「すすんで創造する」資質─明晰で知的である、信頼できる、自信家である、よき聴き手になってくれる、てきぱきと仕事をこなせる、細部に注意を払う能力がある。

以上のいくつかの資質から、きわめて平凡な結果ともいえるが、次のような資質の順で評価される。

① 10位まで

信頼できる、大局を見る能力がある、自分の役割を明瞭に理解している、組織に対して熱意をもって取り組む、問題点を明晰に理解する能力がある、異論のある問題を処理する能力がある、物事を処理するのに真剣である、よき聴き手になってくれる、目的意識があり集中力がある、明晰かつ知的である。

② 20位まで

協調する能力がある、どんな人とも気軽に付き合う、権限を委譲してくれる、自信家である、てきぱきと仕事をこなせる、先を見越して行動する性向がある、ユーモアのセンスがある、当該組織について知見がある、穏やかである、柔軟性がある。

③ 33位まで

すぐに厳しい判断をしない、革新的である、人を指導し助言する能力がある、組織に使う時間がある、組織がよくなるようにコネを使う、重要人物との交渉でコネや自分の影響力を使う、親しみがあり優しい、利他的である、謙虚である、支配的で有無を言わせない、細部に注意をする能力がある、批判的である、自分自身の検討課題をもっている。

一見あまりに総花的で漠としているようであるが、端的に示せば、(i)協調的雰囲気を創造する、(ii)目標に焦点を絞る、(iii)信頼関係を構築する、(iv)優先順位を決める、(v)活動を管理する、これらがチーム・リーダーシップ行動を

する理事長の望ましい特性である。さらに加えて、最高経営者と比べて、人生経験が豊富であること、視野が広いことが充分条件となるであろう。これらの資質によって一般的に最高経営者や経営者・管理スタッフの下からの下意上達のコミュニケーションを自然に促す資質と能力が備わるものである。

　また、理事長周辺の経営者・管理スタッフにアンケート調査したある研究結果に拠れば、理事長にはおよそ次のような個性と能力が問われ期待されていることが判明している。

① 　有能な理事長と無能な理事長を分けるのは、「イモーショナル知能」に属する資質である。イモーショナル知能とは自分の感情を理解したり使用する能力であり、他者とのやり取りのなかでの感情について理解したり応用したりする能力であるが、他者との質の高い関係を管理することができる柔軟な人間関係とリーダーシップの技能をもつ人物である。また、「スピリチュアル知能」に属する資質である。スピリチュアル知能とは福利、動機づけ、あるいは個人や組織の充実感といった感情と関連付けられた、向社会的行動や愛他的行動をする能力であるが、社会的意識が高く、支援と奉仕の動機で行動する人物である。

　　したがって、理事長の採用に当たっては、感情を扱う力（相手の感情を読み取るとか、自分の感情の理解や適切な表出をする）、他者との関係を適切に扱い構築する「心の能力」が、物事を認識し理解する能力、問題解決や戦略思考のような「認識・分析能力」と同じか、それよりも重視されるべきである。

② 　周囲が満足する理事長は公平・公正、他の貢献を督励し承認し、新しい意見を広く募って自由に議論ができ、丁寧に対立を解決するような安全な雰囲気をつくることでチームを構築するチーム・リーダーシップがある。組織の目標から逸脱せず、理事会と最高経営者には自治と独立性を保証して、チームメンバーを尊重し、多様な貢献を奨励し評価して、理事会チーム構成への努力をする人物である。

③ 　理事長の貢献は、理事会のモラールと理事の積極的な関与を高める刺激の素としてではなく、主として会議を管理するプロセス、情報を提供することで評価される。すなわち、ファシリテーターとしての理事長である。

・会議の制御─会議を運営するのにどれだけ制御するかを知っている。

・会議の時間を自分のものにする─会議を時間通りに初め、時間通りに終了

して会議をてきぱきとこなし、議論は重要度に従って明確な行動計画を作って終了させる。

・議論を調整する―喋らない人も引き込む議論の文化を育てる。

・人を動機づける―自分のカリスマ性を使って創造性を鼓舞し、人々の貢献を総合し統合する。

　以上から、有能な理事長とは、ボスと見られている支配的な人物ではなくて、自分の役割を同僚としてこなしている人物であることが明らかである。勢力争いや権力闘争を避け、余程のことがない限り最終の決定権や承認権を表に出さない謙虚さと賢さが必要である。なぜなら、理事長には、(i)時間と精力に制約があること、(ii)組織の政策実行はその執行権を下部組織に委譲せざるを得ないこと、(iii)組織の運営を監視すると同時に支援するという相反する役割と責任があるために偏向してはならないこと、などが求められるからである。

　要するに、非営利組織の理事長には強力なリーダーシップは必要でなく、民主型の調和を第一と心得る指導者であって、「ファシリテーター」といわれる調整役・促進役の資質が求められる。特に、多種多様な理事を束ねて理事会有効性の向上を十全にする責任者としての理事長には、このような資質と能力を基にした人選が欠かせない。端的に言えば、理事長には理事や最高経営者の心のなかに「苦しいときの神頼み」の心理が働くような組織情況のなかで「この情況に対応できる資質と能力」が問われているのである。

（2）最高経営者に必要な資質と能力

　いま1つ、非営利組織が維持され存続するためにもっとも重要なことは、有能な常勤の最高経営者を選考・選任することである。この最高経営者は組織の環境と組織の内部活動の間の境界を繋ぐ決定的に重要な存在である。主要な外部のステークホルダーに影響を与えながら、同時に適応的で効率的な組織を内部においてつくり上げなければならない存在である。この最高経営者は営利組織のCEOと同じような役割と責任を担うので、CEOとは共通項が多いけれども、非営利組織のリーダーシップ・スタイルの特性とは別に、最高経営者に特有な資質と能力が求められることに留意しなければならない。

　理事長の有効性も同じであるが、最高経営者の有効性も社会的に構築される。組織を取り巻く多様なステークホルダーが有効な非営利組織とは何か、

したがって有効な非営利組織のリーダーシップとは何か、どのような最高経営者がよい人材であると認識するかによって、まったく違った結果となる。少なくとも情況によって異なることは明らかである。組織が安定していて確実性が高いか、不安定で不確実性が高いかの違いによって、求められる最高経営者のプロフィールは異なることは言うまでもない。しかし一般には、以下のような具体的な行動をする資質と能力が問われることであろう。

① ミッションに焦点

　ミッションこそは非営利組織の存在理由であるから、最高経営者はすべての決定に対する根拠と指針としてミッションを用いるべきである。ときには営利組織の役員である理事が財務的に有利な施策を提出したり、経営者や管理スタッフがそういう実施計画を上申する場合があるが、それらの提案はミッションに照らしてどうなのかを判断できることである。

② 理事会に焦点

　理事会中心のリーダーシップこそが最高経営者の独自のリーダーシップである。営利組織や行政組織のリーダーシップとは異なり、非営利組織においては最高経営者が階層上位の理事会を動かすことが多いと言ってよい。理事会の立場に立って充分に配慮をめぐらせることのできる最高経営者であることである。実は、非営利組織では政策に関する基本的な不同意が隠されていることが多い。反対をしない、といって賛成をしているわけではない。不一致の人たちでも、自分があえて批判したり、反論するつもりはないからである。その理由は、最高経営者は日常的に組織の運営に携わっているのに対して、理事長や理事にはこの組織の運営に常時取り組んでいるわけではないからという「引いた気持ち」がかれらの側にあるからである。したがって、このような状況に配慮することのできる気質は見極めが難しいとはいえ、最高経営者の選考・選任の重要な基準である。「賢明で利口な」最高経営者ということである。理事会に対してリーダーシップを発揮する最高経営者のこのような洞察力と手腕は、理事会にとっても組織にとってもひとつの大きな資源である。見えないように陰からリーダーシップを発揮する気質と能力が意外に重要なのである。

③ 外部関係に焦点

　内部管理に過度には注力しないで、部下の政策と手続きと日常管理に関わりすぎないことである。外部への影響を高める実践的な戦略として、非公式

な情報ネットワーク、政府諸機関・他の非営利組織・財団・職業団体との交渉などがあり、ファンドレイジング活動が多くの非営利組織の最高経営者にとってきわめて重要な外部活動であり、今後は助成金や寄附金の縮減と資金提供者の厳しい制約と要求が考えられるだけに、さらに対境管理の重要性が高まってくるに違いない。

④　**主要な役割と優先事項に焦点**

　主要な「目標あるいは成果」に焦点を絞ることが決定的に重要である。よくできた組織は公式の戦略・計画策定プロセスに基づいていくつかの目標を掲げるものであるが、最高経営者は自分自身が達成したいと念じる少数の優先事項に焦点を当てて、幅広い多様な目標に囚われて時間と精力を分散させるのではなく、ごく少数の決定的に重要な率先すべき優先事項に絞り込むことである。こうすることで、組織のリーダーシップを限定し、自分の注力と他の人たちの注意を限られた少数の優先事項に集中させることができる。

⑤　**「政治的立場」に焦点**

　物事を党派的にあるいは政治的に見るという意味ではなく、組織の重要な多様なステークホルダーの間の避けられない相互作用の関係を積極的に容認することである。多様なステークホルダーが資源の配分をめぐって争い、取引し交渉することから生じる重圧について、その情況を見て理解するというひとつの視点と立ち位置が必要である。この政治的立場を使う最高経営者は組織に影響を与える外部諸要素に敏感であり、したがって、相互関係を維持し対立する多様なステークホルダーに影響を与えるために時間と精力を使うことができる。

　非営利組織の最高経営者はどのような人物であるべきかについて、これまでも多くの理論や実践書が議論を重ねてきている。リーダーシップの資質論やスキル論を反映しているものから、最高経営者の行動を記述するものまで多種であるが、上に示したように、ほとんどの議論のなかで確認されている行動は、ミッション、理事会、外部関係、主要な優先事項に集中する最高経営者の行動であり、組織の資源の配分と成果の分配を求める多様なステークホルダー間の競合という政治的現実を理解して包容する行動である。

　以上から、端的に言って、理事長にはファシリテーターとしての「民主型リーダーシップ」が求められるのに対して、最高経営者にはすでに説明したような変換型リーダーシップのなかの特に「企業家型リーダーシップ」を発

揮することのできる人材が必要であることが明らかである。非営利組織は特に能動的なリーダーシップを発揮する最高経営者を必要とする。非営利組織は価値観に基づいたミッションによって動かされる組織であり、これらの価値観やミッションがビジョンの共有に繋がることで多種多様な組織参加者の積極的な関与と支援を動員しなければならない組織であるからである。

おわりに

　理事長と最高経営者は、両者のよき関係それ自体を構築することは自分たちが協同する不可欠な要素であることを認識し、信用と信頼を基礎にしてよき関係を維持することは理事会有効性と組織有効性にとって必須の条件であること、同時によき関係に基づく共有リーダーシップは社会関係資本を増大させる重要で力強い資源であることを認識すべきである。そして、このような認識のうえで、どのようにその関係を発展させ、どのように信用と信頼を高めるかを模索し合うことである。

　規準とされた職能と役割と責任はあまり強調されるべきではない。どのようにその協同を構築するかについて、規範論や指導書などに従うべきではなく、事業の性質と事業組織の環境を考慮して、両者はともに柔軟であるべきで、互いのそれぞれの強さと関心、互いにその資質とパワーを与え合うことである。両者の共有リーダーシップ関係をどのようにして発展させ育成していくのかについて対話と交渉を繰り返すなかで、合意と確認をすることが必要である。

　最高経営者が組織経営の支配を掌握している状況において、理事会を代表し理事会行動の責任者である理事長が最高経営者と共有リーダーシップを発揮することは現実に可能なのかどうか、確かに問題は依然として残されたままである。しかし他方では、理事会（その代表である理事長）が受託責任を負う以上、組織の経営（その責任者である最高経営者）に対する計画—統制のリーダーシップを譲ることは、理事会は言うまでもなく、非営利組織そのものを自己否定することに繋がる。少なくとも非営利組織では、その組織の特質上、リーダーシップはあくまで理事長と最高経営者の「二元リーダーシッ

プ」であることを認識していなければならないであろう。

　リーダーシップが二元であっても、それぞれのリーダーシップが巧みに共有されなければ、理事会有効性も組織有効性も担保されないという限り、理事長の権限と権威をもって、そしてその根底には理事長の深慮をもって、理事長が最高経営者を支える姿勢と行動を示すことによって、この二元リーダーシップのなかで協同作業を続けることが実践的な指針である。

　理事長が監視と支援という二重の職能と役割を負う限り、理事長はつねにテンションに遭遇するが、最高経営者を信用し、その最高経営者に信頼を寄せている理事長は、最高経営者との権限関係を確認する必要があるとは思わないであろう。最高経営者を評価しながら、必要なときには適切な距離を置くことができるものである。強く厚い信用と信頼関係のなかでは、両者の間の役割と責任の分担の仕組みは、「どうあるべきか」からではなくて、詰るところ、両者の融通無碍な暗黙の了解のなかで臨機応変に変わるものである。その際に、二元リーダーシップの組織のなかでは、理事長と最高経営者が「同調一致」することが決定的に重要であるけれども、つねに理事長が謙虚にして協調することである。

終章

新しいガバナンスと
残された研究課題

終章 新しいガバナンスと残された研究課題

Ⅰ．理事会ガバナンスの変化と拡張

　今日、多様なステークホルダーの組織参加の要求、政府・営利組織・非営利組織間の「連携と協同」への圧力、政府や寄附団体のアウトカムとアカウンタビリティへの過剰な要求、政府との委託契約に伴うさらなる緊張関係、それに伴う企業化志向への高まる圧力など、これらの外部環境の挑戦に対して非営利組織が反応し対応する必要から、組織を統御する理事会ガバナンスはどのように変わろうとしているのか、どのように変わるべきか、という非常に興味ある研究が進められている。

　そこで、この終章において、今日の「理事会ガバナンス」の問題点を明らかにするとともに、理事会ガバナンスに関する今後の研究課題を示唆しておきたい。なお、ガバナンスの概念とその拡大、非営利組織のガバナンスの特性については、拙稿「公益法人のガバナンスとは何か」（『月刊公益法人』Vol. 38、No. 7～8、全国公益法人協会、2007年）、拙著『非営利組織の理論と今日的課題』（公益情報サービス、2012年）第Ⅴ部および第Ⅵ部に詳述しているので、併せて参照されたい。

1．理事会ガバナンスの変化の背景

　ガバナンスとは、本来は営利組織の機能に関する理論において用いられた概念で、出資者が投資収益を自ら確保するための仕組みと方法を扱う概念であった。しかし、今日のガバナンス問題の基礎となる理論は、そのようなエージェンシー理論とはやや異なった仮説の下で展開される「取引コスト理論」であるともいえる。つまり、制度（それ自体がガバナンスのメカニズムである）というものは基本的に取引コストを最小化することで発現する。そして、

終　章

　ガバナンスは、相互の利益を実現する機会を潜在的なコンフリクトが壊すおそれのある関係のなかにおいて、秩序を達成する手段である。したがって、ガバナンスは人々が組織に参加するときにはいつでも発生するコンフリクト、あるいはモラルハザードを減らすために存在する。

　このガバナンス概念について非営利組織ガバナンスを理解するのに拡大すれば、コンフリクトあるいはモラルハザードを減らす組織に関係するすべての事柄を含むことになる。例えば、年度報告書の作成から立入検査・勧告・制裁などの政府の規制、助成財団の条件提示、理事会による経営者と管理スタッフのモニタリング、受益者によるモニタリングなどの要素を含む。

　このガバナンス概念からは、ガバナンスとは理事会、経営者、所有権者、その他のステークホルダーのような多様な事業参加者の間に権利と責任を配分する規定をつくり、そして、事業の意思決定の原則と手続きを詳細に規定して、そうすることによって、組織の目的が設定される仕組みと、その目的達成の手段とパフォーマンスをモニターする手段を提供するシステムであると理解することができる。

　このような取引コスト論のガバナンス概念は、次のような背景から具体的なガバナンス問題が出来している事実によって容認することができる概念となっている。

① 　非営利組織自体の事業展開

　個々の非営利組織は同じ事業種のなかでますます事業提携・連帯を組み、さらには異業種の間のネットワークを形成するように戦略展開を進めてきた。すでに、非営利組織においても下部組織を擁する大規模組織のガバナンスについて、資金、寄附者、ボランティアのような希少資源の配分、地域と全体のそれぞれの必要が競合するなかでの優先順位の設定、自治・独立と相互依存の間のバランスなどのコンフリクトがある。

　その結果、組織内ガバナンス以外のネットワーク組織ガバナンスの編成―いわゆる組織間管理―の問題が生じている。提携・連帯の関係において生じる非営利組織ガバナンスの広域化とそれに伴う社会化の問題である。それはまた、非営利組織ガバナンスが単一組織を超えて複合組織のガバナンスになることに伴って生じる単一組織の理事会ガバナンスと複合組織のガバナンスとの関係問題である。

559

② 非営利部門に対する社会的・政治的圧力の増大

　政府や助成団体を含めた資金提供者が非営利組織に対して他の組織と提携や連帯を組むように、そして活動範囲を全国的に展開する成長戦略に進むよう期待している。ネットワーク組織におけるガバナンス問題が出来すると同時に、さらに、ますます非営利組織のパブリック・アカウンタビリティの要求が強まり、非営利組織に対する条件提示が厳しくなり規制が強化されてくる。

　その結果、場合によって、助成財団が理事会の議席を要求したり、なんらかの関与の権利を強要する。他方で、政府規制は法令、指導基準、事業の事前・事後統制など、ますます強化の度を増してくる。理事会が単一組織の効率経営を促進させる以外に、社会公共目的を達成させ、それを説明する責任を問われることになる。いわばパブリック・ガバナンスへの編入要求である。

2．理事会ガバナンスの株式会社化の要求

　周知のように、すでに政府の行政事業自体においても、営利組織における経営理念、手法、成功事例などを公共部門に適用し、そのマネジメント能力を高め、効率的で質の高い行政サービスの提供を目指すというニュー・パブリック・マネジメント（NPM）の導入とその実践が行われている。同じように、規制対象である非営利組織にも、(i)競争原理の導入、(ii)業績・成果による成果主義、(iii)政策の企画立案と実施執行の分離（権限委譲）の3つの基本原則を適用しようとする意図がある。その一環として、非営利組織の事業経営の合理化を狙って、理事会ガバナンスの「専門化」を要求してくる。非営利組織がガバナンスの「会社化」の方向である。

　その意味するところは、少数の理事会規模、特殊な経営・技術専門家の理事、多数の内部理事、経営者の積極的な理事会参加、理事の短期間の任期制、理事の報酬制度の導入などの要件を満たす理事会を再構築することである。

　目下のところは、この「会社化理事会」は非営利組織において有効に機能するのかどうか、それはどういう条件においてかについて検討する段階にある。そして、その結果非営利組織はよきガバナンスを構築することになるのかどうかの課題も残っている。

しかし、非営利組織の理事会において、専門化の必要が高まっていることは確かである。端的に言えば、それは非営利組織それ自体の存続問題となる経営危機から生じるビジネス志向の流れである。非営利組織に対する助成・支援の環境が、政府財政の縮減、寄附原資の減少、労務を提供するボランティアの減少によって恒常的に悪化するなかで、非営利組織自体の増加や規制緩和に伴う営利組織の参入の増大と相まって、資源獲得の競争が激化すると同時に、利用者獲得の競合も厳しくなってきている。

したがって、市場競争に打ち克つ組織を構築すること、そのなかの重要な組織ガバナンスを設計することが必須となる。このために、効率性と合理性を備えていると想定されている営利組織の経営管理とガバナンスの制度と方法を採用すべきという声が大きくなってきた。

これを擁護する研究者は、非営利組織の存続は、形態、構造、実践方法、理念についてビジネスライクになることに懸かっていると主張する。同時に、理事会の仕組みとその職能と役割をビジネスライクに再設計することを提言する。

ただ、この会社化理事会は、それが財政危機から非営利組織を救えるという前提、あるいは市場における競争地位を高め、市場競争に勝てるという前提に立つが、非営利組織の存続の危機は序章で指摘したようにもっと構造的な要因に尋ねる必要がある。そもそも、現実の営利組織の組織ガバナンスが不透明で不確かであるだけに、会社化理事会モデルはそれほど有効なシステムであるのかどうかについて断定することはできない。また、危機にある非営利組織が現実に会社化理事会を導入できるのかどうか、現に会社化理事会を採用している非営利組織が、会社化ガバナンスで成功したのかどうかは確認されていない。

むしろ、会社化している非営利組織は大規模で成長率が高く競争圧力にも屈しない非営利組織なのであり、会社化理事会によって成功したのか、成功している組織が会社化理事会を採用しているのか、それは判然としない。また、コーポレートガバナンス・モデルの採用は、組織の効率性を向上させたのか、環境条件の変化への反応を柔軟にしたのか、目標、権限関係、事業戦略、統制システムの変化をもたらしたのかどうかを確かめる必要がある。さらに反対に、他のステークホルダーや社会の支持を喪失するなど、コーポレートガバナンス・モデルを実践する際のマイナス効果も検討する必要がある。

しかしながら、政府との緊密な関係や大規模助成財団との関係が深まれば、同型化現象それも半ば強制的な模倣による同型化が一挙に広がると考えられる。組織の存続を担保するものとして、相当な組織管理の「専門化」が要求されるに違いない。それは理事会の構成、意思決定手続き、経営者やスタッフとの関係の明確な階層化、理事と経営者の専門職選任などに現れる。非営利組織は政府と助成財団に依存する関係から、専門化と理事会の会社化を鮮明にすることが有力な外部環境と連接するための重要な用具となる。

ただし、政府委託契約、助成財団の厳しい条件指示、非営利組織間の競争や営利組織との競争によって、社会公共目的のミッションを受託する非営利組織はこのような外部の圧力や作用からミッション選択条件を命じられる結果、その理事会は組織の幅広い自主的なミッション受託機能を縮減されることになる。

3. 理事会ガバナンスの変化と拡張の必要

本書で機会あるごとに指摘してきた理事会ガバナンスを変えなければならない背景と理由が認められる。それは、今日改めて理事会の役割と責任が問われる事態になって、理事会ガバナンスは崩壊しているとさえいわれる理事会に固有の問題が、問題の理事会ではなく、理事会の問題としてその改善ないしは改革が求められるからである。次のようなミスマッチの現象が理事会ガバナンスを変えるように求めている。

（1）組織のミスマッチ

従来型のガバナンスモデルは新たに登場し成長している多様な形態の非営利組織には適合しない。例えば、草の根運動や全員ボランティアの市民組織・慈善団体、社会的企業、事業連帯組織、持株会社形態であり、それぞれが特有なガバナンスを抱えているので、当然に別のガバナンスモデルが適用されるべきである。すでに、第Ⅰ部第4章Ⅳで少し触れているので、ここでは、特に社会的企業についてそのガバナンスの特徴を明らかにする。

① 小規模市民組織

理事会とスタッフの最適な責任分割などという処方箋は存在しない。時間、

経験、資金もない隣人たちの寄合いでガバナンスが行われる。

② 社会的企業

　急激に発展しその重要性が高まってきた現実から、そしてまた、この組織がサードセクターにおいて独特なハイブリッド組織形態であることから、その研究に関心が高まっている。何が社会的企業なのかについて、法形態や事業範囲など様々であるので定説は確認されていないが、総じて、(i)企業志向、(ii)社会公共目的、(iii)社会的所有を特徴とする企業と理解することができる。何が問題なのかといえば、ガバナンス構造とガバナンスプロセスにおいて事業のあり方と価値観について相反するような社会的目的と商業的目的が混在しているだけでなく、後者の商業目的が先行優先されることにある。サードセクター組織はすべてが社会公共目的と財務安定目的をバランスさせる必要から、理事会のガバナンスはこの違った目的のトレードオフをする困難な問題を抱えているが、社会的企業はこの問題がさらに厳しくなる。

　そこで、新たに起業家が企業活動をして社会公共目的を追求するハイブリッド型の社会的企業では、ミッションに関心をもつジェネラリストの経営者は求められないで、ミッションに共鳴しながら当該産業や市場、さらにはその危険を理解している企業志向の経営者が必要となる経営者支配の組織になる傾向がある。

　このような企業志向の経営者は事業の成功に集中する性向を避け難く、いきおい組織の透明性や正当性やアカウンタビリティを等閑に付すので、これに対処するガバナンスの仕組みが必要である。例えば、取締役会の決定・経営者の執行というガバナンス構造は不適であることは確かである。

　また、社会的企業といっても、実はいくつかの類型が見られ、それぞれが異なったガバナンス問題を抱えている。例えば、信用組合や協同組合のような共益組織では、会員制の１人１票主義によるガバナンス制度をもちながら、「寡頭制の鉄則」通りに少数エリートの寡頭支配が常態となっている。また、慈善組織が商業目的の事業を別に立ち上げた兼業慈善組織では、商業活動は別組織で行われる場合が多く、重層のガバナンス（理事会と取締役会）をどのように維持・調整してそれぞれの役割と責任はどうあるべきか、戦略的なプロセスの調整はどうするべきかの問題に直面する。つねに主体としての慈善事業と別事業との利害の対立が持続するおそれがあり、別のガバナンスの仕組みが求められる。

総じて、社会的企業においては、企業家精神、組織の経営管理専門主義、ビジネスチャンスとリスクの管理、財務業績向上のチャンスとリスクの管理から営利組織のようなガバナンス構造が必要であると同時に、社会公共目的を達成する組織として、組織の透明性、正当性、社会へのアカウンタビリティ、組織へのステークホルダー参加を保証するガバナンス構造がさらに求められるという困難な独自のガバナンス問題を胚胎している。

③　組織間提携・連帯

　病院ネットワークからコミュニティベースのヒューマンサービスの協同組織まで、非営利組織間の提携や連帯が増大しているが、誰が何をガバナンスするのかという問題が浮上する。多くの協同組織では、その協同組織のガバナンスがそれぞれの組織の戦略と活動に大きな影響を及ぼすのに、個々の組織の理事会は僅かな漠然とした職能と役割しか与えられていない。さらに、実業団体のような大規模な職能組織における理事会の職能と役割については、別の視点から検討する必要がある。

④　複合組織

　大規模化した非営利組織はときには営利組織と提携して多数の独立の活動単位を通してサービスを提供する複合企業の組織形態を採用することがある。どこが全体の活動をガバナンスしているのか。本部組織は下部組織のミッションをどのようにして保証するのか、複合組織の理事会と下部組織の理事会を包括するガバナンス問題が深刻な問題となる。

（２）文化のミスマッチ

　従来型の理事会ガバナンスモデルは同質的集団を想定しており、理事会は文字通りに、また比喩的にも、同じ言葉で話す集団であるが、いまや多様性が民主制を担保するものとして重視される理事会構成が優勢となり、多様な文化が混在する理事会が常態化してくる。今日、理事会はある特定の限られたエリートの占有物ではない。とりわけ市民運動や提携活動の非営利組織では、多様なときには利害関係が異なる人々が理事会を構成するのが当然のあり方になってくる。

　しかし、理事会にこのような多様性を導入することは制度化された理事会の慣習や行動の文化を破壊するおそれがある。それぞれが違った背景と認識をもっている多種多様な人たちが理事会に参加するので、みなが協同しよう

とするとき、さらにグループダイナミックスが複雑となる。

　ここで重要な点は、理事会構成の多様化は、理事会機能を高めるのかどうか、ひいては、それが組織の高いパフォーマンスを支えることになるのかどうかについて、理論上でも、実践上でも見解が分かれたままであることである。それほどまでに、この理事会構成の多様性は、理事会ガバナンスの成否を決める重要な鍵である。それがために、多くの理論研究と調査・実証研究が続いているのである。第Ⅲ部第4章で詳しく論じたところである。

（3）スチュアートシップのミスマッチ

　組織のミッションの管理人としての理事会の職能と役割は怪しくなってきている。業績達成を基礎とする委託契約による政府の規制、提案依頼書で干渉する多種の助成団体の制約、営利組織との競合市場の圧力などが、非営利組織にミッション選択の条件を命じる事態になっている。

①　政府委託の増加

　非営利組織に政府のサービス供給が移転することから、政府機関よりも答責性が乏しく透明性も乏しい非営利組織の理事会は有効なガバナンスを供する能力が往々にして欠けているのに、より大きな責務を負うことになる。ところが、政府は非営利組織に対してサービス供給について多くの条項と条件を設定してくるので、理事会は組織のミッションの統制を事実上失うことになり、事実、自分自身の組織において主体的な役割を演じることができなくなる。

②　約束を交わした助成団体

　例えば、助成財団がプログラムの提案依頼書を示して、それを実行したいとする非営利組織を助成対象に採用するなどの助成戦略が増えて、非営利組織の活動と管理を支配するようになる。非営利組織の経営者がプログラムの設計とその実施に際して資金提供者からの指示に従うならば、理事会の職能と役割は減退することになる。

　このように、規制当局や資金提供団体のアカウンタビリティ要求が非営利組織ガバナンスの重要課題となっている。政府の委託契約による資金提供や助成団体の助成条件に基づく資金援助から、ますます厳しいアカウンタビリティを要求されるが、このアカウンタビリティの要求それ自体が外部ガバナンスの強化を意味する。その結果、政府や有力助成団体の強制的ないしは誘

導的な規制と指導によって理事会の独自性と非営利組織の自律性が失われるおそれがある。

　政府から公共サービスの供給を委託されることと、公共から組織の運営を信託されることとは別のことであって、理事会は組織目的を達成するガバナンスを負託されて公共へのアカウンタビリティの責任を負うべきであるが、政府や助成団体の強力な一部の外部ステークホルダーに対する別のアカウンタビリティも要求される。しかも、少なくともこれらの資金調達に絡む交渉において理事会は主導的な役割を演じることがないので、理事会独自のガバナンスが希釈される。

　本来、社会公共目的の事業を善意において任意に展開することが本質である類の非営利組織が、その理事会において決定すべき戦略的意思決定の範囲が大きく制約されることになり、とりわけコミュニティベースで構成される民主制理事会のガバナンスが働かなくなる。理事会の受託機能の縮減であり、そこにスチュアートシップとしての理事会の受託ミスマッチが生じるのである。

Ⅱ．理事会ガバナンスモデルの新展開 ―新たなガバナンスモデル

　今日、改めて非営利組織ガバナンスのメカニズムに関して多様な手段と方法が論じられ、その効果の有無に関する議論が盛んである。その基底には、非営利組織の経営者には、市場のテストというガバナンス作用が弱いので別のガバナンスメカニズムが働かないと、経営者の自由裁量が大きくなるという懸念があるからである。

　会計情報の開示や監査の制度の改善と強化は組織のガバナンス機能を高める重要な方法であり、また、業績達成基準によるインセンティブ報酬制度が、エージェンシーコストを下げるという意味で、かねてから組織のガバナンス機能を高める効率的方法としてその導入の是非が議論されている。さらには、政府や助成財団や会社などの助成団体が理事会に関与や参加をすることによるガバナンス効果についても大いに論じられているところである。同じように、経営者が自由に裁量して収益を費消しないように、貸付機関が有力なス

テークホルダーとして関与する「借入負債」のガバナンス効果についてすら研究の対象になっている。

　しかしながら、非営利組織ガバナンスのメカニズムにおける中核は、依然として「理事会」にあり、ガバナンスの成否は理事会の態様、つまり「理事会の制度と理事会の行動とそのパワー」に懸かっていることは確かである。現に、非営利組織の理事会ガバナンスに関して、誰が何をどのようにしているのか、誰が何をどのようにすべきなのか、といった果てしない問題提起と議論が続いている。

　ところが、その議論が終わらぬうちに、この中核の理事会ガバナンスをめぐって新しい問題が浮上している。その新しい問題は、まずガバナンスの概念それ自体がはるかに理事会ガバナンスを超えて拡張していることに起因する。先に一部指摘したところである。

1. ガバナンス概念の拡大—ガバナンス機能の拡散

　本来、コーポレートガバナンスとは、その名の通り営利組織の機能に関する理論で用いられた概念で、資金提供者が投資収益を自ら確保するための仕組みと方法を扱う概念であった。すなわち、「資金の供給者が自らその投資の還元（投資利益）を確保しようとする方法である」。そうだとすれば、非営利組織ガバナンスとは、寄附者は利益の還元を期待しないものの、「寄附者の提供した資金が寄附目的に正しく使われるようにすること」に関わる仕組みである。

　したがって、非営利組織ガバナンスの主要な要素は、寄附者が組織の従業者（使用者やボランティア）に意図された受益者にできるだけ財やサービスを配分するよう強制し、従業者が寄附者に対して組織のパフォーマンスについて説明の責任を果して納得させる仕組みと方法である。

　ところが、このガバナンスの概念が、組織の指導者がステークホルダーの福利を取り込むように誘導するか強制することができる制度設計にまで拡大した。さらに特殊化されて、組織が指揮され、統制されるシステムであると理解されてきた。今日では「ガバナンス」の用語は非営利組織の戦略的リーダーシップを意味するものとして定義され、ガバナンスの概念は組織の経営

管理のひとつの側面を指す。事実、ほとんどの辞書では、ガバナンスの同意語として、経営ないしは経営管理の用語が充てられている。

また、最近の語法では、ガバナンスの用語はある種の経営管理の意思決定のプロセスとして特殊な意味を帯びるようになっている。この意思決定とは、組織のミッションの設定、一体にしたい共通の価値観の確立、ミッション達成のための広範な戦略の決定、諸目標の達成に際する戦略の有効性など、戦略的決定に関連する。

さらに重要なことは、ガバナンスの概念が厳密な組織の面から幅広く社会の面にまで拡大した一連の定義を包摂する広く用いられる概念となってきたことである。参加の原則を基礎に構築されるガバナンスで、ガバナンスの唯一の場所であるとされてきた理事会を超えて拡大するガバナンスである。

そこで、新たなかつ重要な問題は、ガバナンスの概念が拡大しているなかで、理事会ガバナンスをどのように位置づけるかである。

① ガバナンスと理事会の区別

ガバナンスはひとつの機能であり、理事会はひとつの構造である。ガバナンスとは、組織に対する包括的な方向づけ、統制、アカウンタビリティを確保することに関するシステムでありプロセスである。そこで、ガバナンスには、特に経営者を含んだ他の参加者が関与する。理事会、経営者、その他内外のステークホルダーのような多様な事業参加者の間に互いにアカウンタビリティを果たす方法を含む権利と責任を配分する規定をつくり、そして、事業の意思決定の原則と手続きを詳細に規定する。そうすることによって、目的が設定される仕組みと、その目的達成の手段と組織のパフォーマンスをモニターする手段を提供する。

② 外部のガバナンスと内部のガバナンスの区別

最近の非営利ガバナンスと公共サービスガバナンスとの境界が不透明になってきたことから、社会レベルのガバナンスと組織レベルのガバナンスを区別することである。

③ 単一組織とネットワーク組織の区別

ネットワークされた組織が常態化するなかで、「組織としてのネットワーク」のガバナンスを念頭に入れる必要が出てきた。連合組織、協同・合併などの提携・連帯組織におけるガバナンス問題である。

2．新しいガバナンスモデル

（1）ステークホルダー・ガバナンス

　ある研究に拠れば、非営利組織のガバナンス機能をどのような集団あるいは複数の集団が担っているのかという問題に関して、ガバナンスは理事会職能を超えて、経営者（特に最高経営者）、ボランティア、諮問委員会、個々の理事の非公式な集団、それに多様なステークホルダーなどに分散していることが判明している。

　そこで、次のような経済的ステークホルダー・ガバナンスの提唱がある。ほとんどの非営利組織はその収益源が多様であり、それぞれの資金供給者がステークホルダーとしてガバナンスに関与する。しかし、非営利組織には法的に認められた所有権者が存在しないがゆえに、一部の会員制組織のようには組織の活動と成果を向上させるインセンティブが働かない。そこではつねにフリーライダー問題が潜んでいる。

　そこで、非営利組織がステークホルダー志向の制度として有効に活動する存在であるとするなら、そして、このような制度の下で、これらのステークホルダーが組織の意思決定に影響を与える程度によって、それぞれのステークホルダーの経済的貢献が高まるものとすれば、それぞれのステークホルダーに組織の福利と有効性にさらに貢献するインセンティブを提供するようなガバナンス構造を工夫すべきである。そして最終的に、組織が有効に資源創出能力を向上させるためには、理事会ガバナンスにこのような経済的ステークホルダーを参加させることが必須であるという。

　営利組織や協同組合のガバナンスの成功の鍵は、そこには「法律が定めた所有権形態」が存在するからである。非営利組織では、所有権それ自体が存在せず、「信託方式」のガバナンスでしかない。そこで、ガバナンスが成功するために、非営利組織でも所有権モデルを採用すべきであり、現に、ヨーロッパでは、協同組合、協会、その他の機構の形態で複数ステークホルダーの社会的企業が増えている。そこでは、複数のステークホルダーが共同決定する方式が採用され、それぞれのステークホルダーの貢献は、「一種の持分」であると見ることができる。したがって、その場合、理事候補は消費者、個人寄附者、機関寄附者、ボランティア、政府機関となり、ほぼ組織の収益源

への貢献度に応じて理事数を割り当てる理事会ガバナンス制度である。

　このような制度は理事会ガバナンスに関する政治学とダイナミックスの観点からさらに興味ある研究対象になる。つまり、特定の資金源に支配されない非営利組織で、それぞれに資金源に貢献する程度が異なるステークホルダーの間で利害が対立するなかで、違った種類の連帯ガバナンスが発展すると期待される。例えば、芸術・文化の分野における利用者と寄附者、保健・ヒューマンサービスの分野における政府と利用者、宗教組織における信者、寄附者、ボランティアの連帯ガバナンスである。

　今後、非営利活動のなかに所有権を再確認する形態—ヨーロッパ型非営利経済や社会的企業など—がさらに拡大すると考えられる状況において、このガバナンスモデルは注視すべき概念であるが、次のような困難な問題を持ち込むことになる。

①　ステークホルダーの間の競合が組織の包括的ミッションを不明瞭にしてしまうおそれがある。一般に理解されているように、理事会は全体としての組織の誠実性を維持し、組織の包括的なミッションの達成に指針を与え方向を示すという負託を受けている存在である。仮にこのステークホルダー・ガバナンス制度が無差別な支配をめぐる競合やステークホルダー間の取引コスト高となる状態をつくるとすれば、この包括的ミッションの視点は犠牲となってしまう。

　　元来、ステークホルダー志向はその根源にコンフリクトがある以上、コンフリクトが生じれば、不一致を解決するための仕組みを工夫しておかなければならない。その場合、それぞれ異なったステークホルダーが組織に積極的に貢献しようとする動機と、利害の競合から生じる取引コスト（パワー関係の維持、組織のミッションと両立しないステークホルダー間の機能不全を起こす闘争）の間のトレードオフが生じるから、このステークホルダー間の取引コストを最小化して、組織のミッションに最高に奉仕するステークホルダー代表の間の正しいバランスを見出して選択をするという困難な問題がある。

②　経営者や管理スタッフの企業家的な主導権を殺ぐことになる可能性がある。このことは自己利益を高めようとし、そして支配権を高めようとするステークホルダー理事の活発な行動から生まれるが、この支配権は受動的な理事会の下で経営者が享受してきた自由裁量範囲を殺ぐという意味で、

特に業績の高い経営者の犠牲を伴うことになる。

（2）システムワイド・ガバナンス

　非営利組織の伝統的なガバナンス方式は、株式会社の取締役会方式とトップダウンの「命令と統制」のパラダイムにほとんど依拠しているが、これが依然として非営利セクターを支配していて、有力なポリシー・ガバナンス・モデルやコーポレートガバナンスに基づく同様なモデルが維持されている。この種のガバナンスモデルは、理事会、直接利害関係者、外部のステークホルダー、スタッフの境界を厳密に区別し、経営者だけが組織の多様な部分に関連するという特徴を有する。

　このような分離が理事会と、最終的には組織と、それらが奉仕するコミュニティとを分断させることになる。それがまた、有効なガバナンスとアカウンタビリティを疎外する。さらに、「専門化傾向」が一般になれば、組織のミッションには傾倒しないかもしれない「専門家」から理事会が構成されることから、理事会とコミュニティとの間の階級と権力の分離がより深くなる。最終的には、これらのガバナンス方式は非営利組織を有効でない存在にしてしまうことがある。つまり、理事会や組織が奉仕するコミュニティに対して反応し、適応し、責任に応えることをしない存在にしてしまうことがある。

　したがって、もっとも重要なことは非営利セクターは民主制と自主決定を育て発展させることであり、非営利組織が真実そのコミュニティとそのステークホルダーに対して責任を負うのであれば、組織の中核において民主制がなければならない。しかし、非営利セクターは組織のなかで現実に民主制を妨げるような構造と手続きを反復している。伝統的なガバナンス構造は民主制の価値と理念に反するだけではなく、組織の目標達成と組織のミッションの遂行の努力を妨げることになる。

　組織のステークホルダーが主要な意思決定過程に容れられないのなら、かれらステークホルダーが支援活動、ボランティア活動、資金援助活動などで組織を支えることはない。さらに、このような受け容れをしない非営利組織は組織のステークホルダーのニーズ、組織自体のミッションと一致する結論や決定に至ることがないというおそれがある。

　したがって、このシステムワイド・ガバナンスではメンバー、スタッフ、理事を含むステークホルダーの間にガバナンス責任が共有されることを提唱

する。このシステムワイド・ガバナンスでは、理事はコミュニティとステークホルダーのなかから民主的に集められることで、ステークホルダーに基礎を置く計画策定と実践活動とが組織の有効性を高めることになる。

　特に、このガバナンスはコミュニティにおける長期ケアサービス、幼児ケアサービス、雇用促進サービスなどのソーシャルサービス供給組織に適合するガバナンスモデルである。非営利組織が「コミュニティ・エンパワーメント」というミッションにほんとうに忠実であろうとするならば、従来のガバナンスシステムを改革して、民主制が組織の核でなければならない。組織の行動に直接に影響される人たちの声が主要な意思決定過程のなかに含まれないならば、ミッションは言うまでもなく、ステークホルダーのニーズに合わない悪しき決定をしてしまうことになる。

　ここで言う「システムワイド・ガバナンス」とは、ガバナンス責任が組織の主要な参加者—組織の外部ステークホルダー、あるいはメンバー、従業者、理事—の間で、組織のシステムを横断して共有されるガバナンスモデルである。それは、参加型民主制、自主決定、真正のパートナーシップの諸原則に基づくガバナンスであり、ほんとうの民主制の基盤としてのコミュニティレベルの意思決定に根ざすガバナンスである。このような共有型ガバナンスあるいは参加型ガバナンスを基礎に置く諸原則は、目新しいものではなく、進歩的な運動ではここ長年の間採用されてきたガバナンスモデルである。

　このガバナンスモデルでは、ステークホルダーが選ぶ理事、メンバー、ステークホルダー自身、従業者を登用する理事会チームを採用して、ある人にチームを指導させるよりも、かれら全員がパートナーシップを形成する。そして、かれらが組織に関する重要な戦略的決定を協同して行う。したがって、このガバナンスモデルは非営利組織の理事会を専門化する一般的な傾向とは対照的なガバナンスモデルである。

　これが有効になるためには、継続的なコミュニケーション、透明性、チーム内部の調整が必要であり、かれらが「オープン・システム」のなかで活動する必要がある。その結果、組織全体が重要な諸決定に責任を担う組織になるので、理事会は伝統的な理事会構造に近い「執行委員会」の機能を果たす存在となる。確かに、少なくともソーシャルサービス供給部門の特に小規模組織においては、パートナーシップを基調とする「社会的交渉ガバナンス」の概念が適合するであろう。

真の民主制ガバナンスは、次のような原則に基づいて構築されるべきであるという。

① コミュニティがガバナンスにもっとも影響を与えるように設計すること。つまり、コミュニティの公益性と組織のガバナンスとの関連を重視することである。

② ガバナンスはひとつの機能であって構造ではないから、ガバナンスと理事会を同一視するのではなく、ガバナンスは理事会の占有物ではなく、ステークホルダーと共有されること。

③ したがって、直接利害関係のあるステークホルダーやその他のステークホルダーが理事会とともにガバナンスの意思決定を共有すること。

④ その場合、多様なステークホルダーが理事に選ばれるだけの「代表制」では不十分であり、ステークホルダーが発言権を共有できる「参加型」のガバナンスを構築すること。

このような直接・間接に組織に関係するステークホルダーやコミュニティが組織のガバナンスの中核に現実に影響を与えるようなガバナンス制度—理事会を超えて組織の意思決定に多様なステークホルダーが関与する参加型の民主制ガバナンス—は、たんに望ましい理念型のガバナンス制度ではなくて、少なくともコミュニティに根差すNPO法人のような非営利組織には、もっとも適合する望ましいガバナンス制度であることを理解すべきである。

（3）パブリック・インタレスト・ガバナンス

政府の役割範囲を縮減させるという小さな政府への政治的圧力が強まり、公共政策を執行する責任が非政府組織に移行している。これによって、政府と非営利組織の相互依存関係が高まり、両者を区別することの妥当性を問題にすべきときが来ている。公共プログラムや公共サービスの直接の供給者としての政府機能は縮減して、サードパーティ政府あるいは間接政府と呼ばれる制度が出現し、そこでは、非営利組織や営利組織などの非政府諸機関や複雑なネットワークが多様なメカニズムを通して公共政策を執行している。

そこで、公益性の視点から非営利組織の社会公共目的は理事会ガバナンスのなかでどのように表現されているのかについて問いただすべきであり、非営利組織の理事会は公共政策の効果とその便益からもきわめて重要な存在となっている。したがって、ガバナンスを組織レベルにおいて分析することは

妥当な視点ではあるが、もっとガバナンスの範囲を拡げるべきであるという。

　1）非営利組織はいまや、バウチャー制度、ローンとローン保証制度、政府委託契約プログラムなどの多様なサードパーティメカニズムを通して主要な公共政策を代行する役割を果たしている。これらのそれぞれの政策（特に政府委託契約）に固有な目標、規則、規制がこれに関連する非営利組織のガバナンスのあり方に影響を与える。理事会が統治する組織とともに、理事会もその組織に直接影響を与える「パブリック・ガバナンス」の体制のなかに組み込まれるべきである。

　2）今日のパブリック・ガバナンスの問題は、政府とは別の政治力を有し、非対称な情報を隠し、潜在的に対立する目標を掲げ、一部しか公益に関心を寄せないような独自の基盤に立つ非営利組織を含む多くの第三者組織に対して、どのようにして公共の目標を達成させるかという重大な問題なのである。

　非営利組織の場合、その目的は広く公共的であるかもしれないが、そのミッションと目標ははるかに特定のものであり、公共政策におけるミッションと目標とに一致することもあるし、一致しないこともある。そこで、非営利組織のガバナンスはより広い公益性に関する事象と要請に取り組むことができるかどうか、また、それはどのように取り組むのかという問題を解決しなければならない。

　3）さらに、非営利組織の理事会は組織が奉仕するコミュニティを全体として完全に代表していない。そこで、公的に選任されておらず、公的にアカウンタビリティを問われていない理事会がその統治機能の一部として公共の利益というより広い問題に対処するとは考えられないという問題がある。

　しかし、今日では、非営利組織に対してその個別目的ではなくて、公共目的を明示すべきであるという機運が醸成されてきている。現に、ガバナンスの概念は公共政策を含めて拡大しており、非営利組織ガバナンスは重要な意思決定をするときに、公共の利益をどのような方法でどのように捉えるかを問うべきなのである。そこで、公共の利益を担保するガバナンスの研究が求められる。

　従来は、政府のガバナンスと非営利組織のガバナンスを区別して扱ってきた。パブリック・ガバナンスは、公の諸資源の管理と統制、プログラムとサービスの交付に関する責任とそのアカウンタビリティについて、政府とその執行機関の間の関係をめぐって定義されていた。そこでは、パブリック・ガバ

ナンスは成果達成に関するアカウンタビリティに焦点があり、内外の垂直的でかつ水平的な権限関係にある組織での公式・非公式な責任を伴う政策実施プロセスの重要性を強調する。

　対照的に、非営利組織のガバナンスは、ガバナンスの主役としての理事会に焦点を当て、理事会とスタッフの公式・非公式な関係に注目し、理事会と組織有効性の関係に集中する性向にあり、その結果、公共の政策実施プロセスのガバナンスにおける非営利組織の理事会の職能と役割を等閑視することになる。

　ところが、政府のガバナンス（パブリック・ガバナンス）と非営利組織のガバナンス（ノンプロフィット・ガバナンス）との両者の間の境界はますます流動的となり、両者の関係は重層関係あるいは協同関係になってきた今日では、非営利組織ガバナンスの研究の視座もこの両者の関係を包括するよう大きく修正する必要がある。組織のガバナンスと広範な公共との関連に注目して、複数のアクターが絡み合い、複数のレベルで現われるプロセスとしてガバナンスを広く捉える視点が必要であり、組織のガバナンスと公共政策を繋ぐ概念として「パブリック・インタレスト・ガバナンス」を据える視点が求められてきたのである。

　理事会ガバナンスの問題と、非営利組織が重要な活動をする文脈のなかでのより大きなパブリック・ガバナンスの問題という2つの問題の関係をより深く理解する必要がある。非営利組織のガバナンスを社会の人々と公共の利益とに連結させることである。公共政策に関心を抱く人たちにとって、非営利組織の理事会は研究のうえだけではなく、実践的な組織経営のうえからもきわめて重要となってきた。

（4）ネットワーク・ガバナンス

　非営利組織間の提携・連帯が進むネットワーク時代にも拘らず、そのガバナンスはそれほど研究されていない。その理由はいくつか考えられるが、根本的には、ネットワークはいくつかの自治組織から構成され、したがって、本質的に協同の仕組みであり、協同努力であるのに対して、ガバナンスは統治（階層・統制）の仕組みであると理解されているからである。

　しかし、偶発的なネットワークではなくて、明確な独自性をもった目標志向の組織ネットワークは、特定の目的をもって設立されており、それには参

加者自身によるか、命令や契約によるかの違いがあるが、調整をつくり上げる意識的な努力を通して進展する存在である。そこで、この組織ネットワークにとっては、参加者が協同して相互に支え合う行動をするように、ある種のガバナンスが必須であり、そのネットワーク・ガバナンスは、ネットワーク全体を通した資源の配分や協同行動の調整と統制のための権限と協同の制度と構造を用いなければならない。

特に、水平的・垂直的なネットワークが一般化してきた今日では、ネットワークの効率性と有効性が問題となってくるに従い、このネットワーク・ガバナンスが、組織のガバナンスのように法令事項ではないが、ネットワークの効率性と有効性の向上には決定的要因として浮かび上がり重要な研究対象となる。

これまでは、非営利組織においても、そのガバナンスの研究は主として理事会であり、同時に、単一の統治機関として理事会を有する単一の組織に焦点があった。しかし、最近では、多くの非営利サービスは組織間のネットワークを交差して配分されていることが多く、したがって、そのネットワークのなかのガバナンスがネットワークの有効性の向上において重要な鍵となる。

単一組織の場合には、法律の規定によって組織の他の職能に対して専制的・階層的な関係をもつ理事会の形式をもってガバナンス構造が定められる。しかし、複数組織のコラボレーションの仕組みという文脈のなかにおけるガバナンスの設計には、このような限定要素は存在しない。コラボレーションが明確な責任実体がなく水平的な関係から成るという限り、従来のガバナンスのような階層の概念はそのままでは適合しない。しかし、協同も意図的にあるいは無意識で、協同の意思決定に向けた構造とプロセスを設計するものである。ただ、公式の理事会から構成されるガバナンス構造とは違い、コラボレーションにおけるガバナンス構造は非常に多様である。組織間ネットワークにおけるガバナンス構造として、次のような類型がある。

① 参加者統治のネットワーク

もっとも単純でもっとも一般的な形態が参加者ガバナンスである。この形態は分離した独自のガバナンス実体をもたないでネットワークメンバー自身が統治する。この形態のガバナンスは組織代表が公式か非公式で参加する定期的な会議を開くことで行われる。

この参加者統治形態においても、一方では、ほとんどのメンバー、あるい

はすべてのメンバーがガバナンスのプロセスにおいて相対的に平等な関係で相互作用をする分権化された参加者ガバナンスネットワークがあり、他方では、ネットワークメンバーであるひとつの指導組織によって、その指導組織を通して統治される集権化された参加者ガバナンスネットワークがある。

いずれにしても、ある種の管理活動や調整活動がネットワーク全体のある部分で行われるとしても、明確な公式の管理組織は存在しない。理論上、このネットワークでは分離した単一のガバナンス組織が全体としてのネットワークを代表することはない。

② **指導組織統治のネットワーク**

協同ガバナンスが非効率であるとして、さらに集権化した方法が選ばれる。系列関係のなかで「指導組織」を立ち上げて、この指導組織がネットワークのガバナンスを執行する。そこでは、すべての主要なネットワーク・レベルの諸活動と主要な決定は、この指導組織として行動する参加メンバーから構成される単一の組織を通して調整される。したがって、ネットワーク・ガバナンスは非常に集権化した第三者が介入するものとなる。

この指導組織はネットワークに関する管理コストを負担し、事業の管理を行い、指導組織の目標と強く結びついている場合が多いネットワークの目標をそれぞれのメンバーが達成するようにメンバーの活動を指導する。医療・ヒューマンサービスにおける系列組織のなかの中核機関がそうである。

③ **ネットワーク管理組織統治のネットワーク**

分離独立した管理組織がネットワークとその諸活動を統治するために特殊に設立される。ネットワークのメンバーは互いに相互作用をするが、先の指導組織と同様に、このネットワーク管理組織は集権化される。このネットワーク仲介者はネットワークを調整し、そしてそのネットワークを持続させる主要な役割を演じる。

先の指導組織とは異なり、このネットワーク管理組織は自分自身のサービスを提供する組織ではない。もっぱらネットワーク・ガバナンスを目的として外部から統制されるネットワークである。このネットワーク管理組織がそれ自身、理事会、経営者、スタッフを擁する公式の組織である場合、理事会はネットワークメンバーのすべてか、その一部を含む構成となる。理事会は戦略的なネットワーク事項を処理し、活動の決定はこの管理組織の指導者に委ねる。

（5）ネットワーク・ガバナンスにおける入れ子型ガバナンス

　水平的ネットワークとは異なり、垂直的ネットワークの組織におけるガバナンス問題がある。連合、結社、協会、連盟と称される「メンバーシップ非営利組織」における理事会の入れ子（階層的で組織間関係）状態のガバナンス、上部組織の理事会と下部組織の理事会を擁する「パワー分散したネットワーク組織」のガバナンススタイルである。それは「入れ子型理事会モデル」と呼ばれ、多層のガバナンス構造からなり、個々の非営利組織を連携させた連合団体に加入させて形成される地域・全国上部団体に見られる。

　そこでは、複雑な民主制によって代表制が採られ、個々の組織の代表が地域や全国の連合体に参画する構造となっている。多様な複数の地域に跨った全国組織が典型である。このような制度を指して、連邦制、フランチャイズ、ネットワークといった修辞語で表現しているが、自らを協会、協議会、連盟、連合会と称している「会員制連合体の非営利組織」に通常見受けられるガバナンス制度である。

　このような仕組みは包括団体の指導や資源を得る便益がある点が有利に働く。包括団体のほうは多様な下部組織の組織的な関与と参加から便益を受ける。包括団体の理事会は多数の下部組織の理事で構成されることが多い。そこでは、取決めの協定がつねに緊張を伴う。下部組織はその地域のステークホルダーにサービスを行う自治を求めながら、上部団体の資源提供と指導から提携・連帯の利益を得ようとする。同様に、上部団体は下部組織を包括していることと下部組織全体を代表していることから利益を得ようとして、下部組織の献身的な参加と貢献を期待し、併せて下部組織がその地域の活動を効果的に運営してくれることを期待する。

　この連合体のガバナンス構造は次のように分類される。

① 　会社組織型

　ひとつの統治機関を有する単一の法的実体であるが、全国・中核団体が地域団体・支部を設立する。

② 　職能団体型

　独立した法的実体である会員によって、その会員のために創られる会員制組織である。

③ 　連邦制型

　上記の2つの型の中間にあり、メンバー組織からさまざまに影響を受ける

が、ひとつのガバナンス構造のなかである程度は中央統制を行う。

④　フランチャイズ型

　③と同じ分類型として、連邦制型と階層的な会社組織型とは区別されるフランチャイズ・モデルであり、地域の団体は法的には独立しているが、中央の決めた共通の基準を遵守し、サービス標準を保証することに同意しなければならない。

　このようにいくつかに分類されるが、これらのパワー分散型ガバナンスネットワークに共通した問題は、上部組織と下部組織の間のいくつかのテンションである。その形態によって若干の違いはあるものの、①下部組織はミッションに関して違った見解と立場を固持することがある。②下部組織から行動の方向性と優先事項について異論が出る。③本部組織と下部組織の間につねに集権化・集中化と独立性・自律性の引き合いがある。テンションの根は、資源の配分、サービスの配給、本部からの支援の質量、本部への会費その他の支払いなどであり、これをめぐって上部組織の集権化・集中化への圧力と、下部組織の独立性・自律性を確保したい抵抗とのテンションがある。

　最終のテンションはガバナンスのそれであり、本部理事会と地域理事会との関係の間の深い断層があり、それぞれの職能と役割、ならびにそれぞれの責任と権限をめぐる諍である。本部理事会は全体の組織のネットワークを集中管理する機関でありながら、他方で、下部組織の利益代表制を基礎に構成されることから生じるテンションである。集権化と代表制のジレンマから発するテンションである。

　このようなガバナンス制度に関して、個別組織の理事会がより大きなネットワークのなかでどのように活動するのか、他の理事会とどのように連携するのか、また、連合体との「契約のネクサス」のなかでどのように活動するのか、これらのことを確認することが重要である。例えば、全国組織の理事会と地方組織の理事会との間のガバナンスの相互作用の性質を明らかにすることである。システムセオリーの視点からは、その焦点はサブシステムを内包したより大きなシステムにあり、ネットワークのフレームワークからは、その焦点は結合の結節点にあるが、全国組織と地方組織の両者のガバナンスの相互作用は複雑でときには矛盾するシステムである。どの程度の結集性、独立性、集権性、ビジョン・目標と利害の共有性があるのかによって違いが生じる。

要は、ネットワーク・ガバナンスは、集権化と自治、集権化と利益代表制、標準化と非標準化のテンションを特徴としており、このテンションをどのように管理するのか、どのように解消するのかが課題である。

　さらに、問題は政府を含めた有力な資金提供者が非営利組織に対して他の組織とパートナーやネットワークを組むように、そして活動範囲が広域的に統合されるようにますます勧奨・誘導してくることである。このような事態と要求に対して、地域の組織の必要を同時に満たしながら、全国レベルの組織のガバナンスをどのように効果的につくり上げるかが喫緊のガバナンス政策の課題となってきた。

（6）連合組織ガバナンス

　上部団体としての実業団体・職能団体の立場から、全体組織の統合ガバナンスの問題が新たに提示されてくる。これまでは、連合組織におけるガバナンスについて、テンションの存在をトレードオフによってバランスをとると理解していた。つまり、連合組織のダイナミックスは集権化と分権化のテンション、標準化と非標準化のテンションであると捉えて、これらのテンションのバランスをとることを求めて、つまりは、潜在的には、トレードオフを求めて、結局は統制か自治かの勝ち負けに帰すると考えていた。しかしこれでは、連合体のガバナンスにはつねに政治の作用が働き、全体としてのシステムとして有効に機能しないおそれがある。

　今日、この連合組織は非常に多数に存在し、種々の政治的・社会的機能を発揮しており、サードセクターの重要な一角を構成しているのに拘らず、この種の団体に固有なガバナンスに関する研究は十分に行われていない。この連合組織にとって重要な課題は、多層レベルにおける各統治機関の間に責任と権限をどのように分担するのか、各統治機関の間のパワーのバランスをどのように図るのかという点にある。しかし、次のような点についてはいまだに研究が不十分である。

① 　多層レベルのなかの複数の統治機関はどのような関係にあるのか。

② 　多層レベルのなかの統治機関の間のパワーのバランスはどのようなものか。

③ 　多層レベルのなかの統治機関の間に役割と責任はどのように分担されるのか。

　現実には、それほど開催されない大規模な理事会と複雑な委員会構造で

もって行うガバナンスは、きわめて儀式的で重々しい手続きを踏むので、意思決定の在り処と過程を隠してしまい、複雑で急速に変化する環境には適さない。そこで、コーポレートガバナンスに倣って、連合組織の通弊である大規模な理事会や過剰な委員会を廃して、意思決定を少数のグループに集中させる連合組織も想定できるが、これはまた会員制組織のなかで民主制が欠けることになるというジレンマに陥る。

そこで、連合組織が会員制団体としての地位から要求される代表制と、連合組織がより先見的で戦略的である必要性とを均衡させるような仕組みが必要となる。その仕組みのひとつが、理事会を戦略グループと代表グループに分離するガバナンスシステムである。戦略策定に関わるグループは作業グループとして、決定が迅速になされるように少数集団で構成される。代表グループはすべての組織から選出される代表によるグループである。理事会のなかの管理職能分化を徹底することである。

以上、いくつかのネットワーク・ガバナンスはネットワークを組んだ組織の時代から、組織のネットワークの時代に移行する非営利部門の傾向に照応するガバナンスモデルである。このネットワーク・ガバナンスは、新しい時代の要求を満たすために、従来の階層構造からネットワークに転換する際に、一般に認められた組織化方式としての共同体リーダーシップ方式である。

このネットワークにおいて原動力となるリーダーシップと戦略は、単一組織を超えたレベルで行われる。日常の活動やサービス配給は個々の単位組織で行うが、この単位組織の活動は、連携組織や統合組織のガバナンスの支配領域であるミッション、ビジョン、長期目標、戦略に一致して、その達成の推進に役立つように行われるものとなる。もはや「ネットワークされた組織」ではなく、「組織としてのネットワーク」が問題である。このガバナンスは複数の単位組織が重要な事案について提携ないしは統合して協同するように仕向ける厳格な階層化ではないが、組織化された影響を及ぼし、複数の組織が包括的な重要性と関心事のある事柄に対して働くように連結するシステムである。

このような環境では、個別の組織における理事会はより大きなガバナンスシステムに少なくとも指導される存在であり、より大きなネットワークのガバナンスシステムに対しアカウンタビリティを問われるようになる。このような状況では、そのネットワークを動かすガバナンスが全体のサービスの有

効性を左右する鍵となる。

　その際、これまであまり研究されてこなかった多層的で多元的な組織としてのネットワークという単一組織以外の組織におけるネットワークされたガバナンスの問題点、例えば、個別の非営利組織と理事会がどのようにして全体のネットワークに影響を与えるのか、個別の組織の理事会はどのようにして個別組織の受託責任を果せるのか、あるいは反対に、個別の組織が全体のネットワークからどのような影響を受けるのか、それがどのように理事会行動に影響を与えるのかという問題が浮かび上がる。

　この「組織としてのネットワーク」のガバナンスは非営利組織にとって独特で重要な挑戦を伴うがゆえに研究の焦点としてきわめて重要となってきた。提携、連帯、協同のガバナンスとして、以下のような点が最近の研究から明らかにされている。

① 　パートナーシップには、サービスパートナーシップ、資源獲得パートナーシップ、規則設定パートナーシップなどのタイプがあり、パートナーシップによってそれぞれに主要なステークホルダーが違うので、ガバナンスとアカウンタビリティについて違った対応をする必要がある。

② 　ネットワークの包摂性、戦略の明確性、個別の組織が全体で共有する目標を現実し、そして協同の成果として認知する成功体験の組合せによってネットワークの機能が大きく異なる。

③ 　政府と非営利組織のネットワークについても、政府にとっては専門知識、非営利組織にとっては資金調達のような単独では確保が難しい必要な資源を確保する目的で連携・協同関係を結ぶ傾向にある。この特殊な連携あるいは協同は非営利組織に資金力を与えるが、非営利組織と政府の関係は通常は政府が支配する関係にあるので、同等なパートナーシップということはできない。

④ 　複数の多様なパートナーのガバナンスは、価値観の違い、論理の違い、ガバナンスの仕組みの違いなど、不安定で永続的なテンションを伴う「神経質なネットワーク・ガバナンス」で、扱い難いバランスを要するガバナンスである。

　　ガバナンス構造とガバナンスプロセスに影響を与える文脈として、協同の焦点（組織間の調整、管理活動、サービス供給）、パートナー組織間のパワー不均衡、パートナー組織がネットワークに持ち込む個別組織の論理

の多様性が挙げられる。特に、相反する論理がネットワーク・ガバナンスの基本的な問題であり、ある組織の論理からは正当であると見られる行為、手続き、規範、構造が他の立場からは正当ではないと見られるからである。

このような新しいガバナンスの出現とともに、個別組織のガバナンスとは異質の問題領域が浮上する。

① ネットワークの行動とダイナミックスの視点から、他方では、統合されて自立しない単位組織のガバナンスの視点から、ガバナンスは把握されなければならない。トータルシステムのガバナンスとサブシステムのガバナンスのジレンマである。

② ネットワークが、共同投資、資源の共同支配、リスクの共有などの戦略策定の段階におけるほんとうの提携・統合の利点に基づいて構築される場合、そのネットワーク構造のなかの上位階層のガバナンスと下位階層のガバナンスのジレンマが生じる。

③ 単位組織の活動と業績を示す有効性だけでは、ネットワークがどういう成果と作用をもたらしたのかを直接には説明できない。ネットワークのプラスもマイナスも含めた総合的なアウトカムや作用について、その貢献の度合いを測定・評価することが困難であり、この測定・評価が困難であることは、全体と個別の双方の責任の所在を不透明にするという重大な欠陥を持ち込み、ガバナンスシステムの有効な運転を損なうことになる。

どういう成果をもたらしたかについて、個別組織の犠牲のうえにネットワークの利益がある場合、他の複数の個別組織も含めてネットワークの犠牲のうえに個別組織の利益がある場合、そのネットワークと個別組織の間に責任の所在と貢献の度合いを正しく分けることは、今のところ有効な手立てがないのでほとんど不可能である。

以上の諸点から、ガバナンスはネットワーク・レベルに包摂され広域化されるので、個別の単一組織はかつて所有していた種類の主権をもはや所有しなくなり、それに伴って、個別組織の理事会ガバナンスは個別組織の境界を超えて動かされ、その理事会は選択し決定するという戦略的裁量範囲を著しく減殺され、理事会ガバナンス職能は大きく限定される。

そこで、個別の組織の理事会においてこの新しいガバナンス様式に対してどのように理事会を設計すべきかを再考する必要があり、理事会はこの新しいガバナンス設計にどのように役立つかを考えなければならなくなる。その

一部として、この広域化・複雑化するガバナンス形態に適合する理事会には複雑で流動的な問題に対処できる人材の登用が不可欠である。

この新しい「組織としてのネットワーク」のガバナンスは次世代の非営利組織理事会の働きに対してある重要な意味を与える。それは、理事会の管理機能ではなくて、リーダーシップ機能である。そのためには、理事の能力は、違った種類のリーダーシップ、特に、ネットワーク能力の技能、境界を超えた多様なステークホルダーとの多面的な関係を構築する技能、権限不在のなかで有効な影響力を発揮する能力が問われる。つまり、この種のリーダーシップとは「管轄権をもたないパワー」を行使する能力である。

Ⅲ. 理事会ガバナンス問題の焦点─今後の研究課題

従来のガバナンス研究にはいくつかの限界があり、まだ検討と探索をすべき研究が残されている。

1）エージェンシー理論、スチュアートシップ理論、資源依存理論、制度理論など、比較的少数の理論に根拠を求めている。（それらの紹介・説明とその批判については、拙著『非営利組織の理論と今日的課題』（公益情報サービス、2012年）、概説は本書の第Ⅰ部第1章を参照されたい）。それぞれが非営利組織ガバナンスの一面を的確に描いているけれども、今日では、多様な理論の考察を統合するような理論フレームワークが必要である（上掲書、概説は本書第Ⅱ部第1章と第2章を参照されたい）。

2）個人としての理事、集団の一員としての理事、集団行動をする理事について、心理学的・社会学的な側面から人間行動を研究して、理事会の態様と行動を観察することが必要である。本書においてはこのような理事の人間行動について間接的に触れるところがあったが、正面からは検討していない。例えば、理事のモチベーションとインセンティブ誘因・報酬の検討が必要である。また、重要な存在である理事長と最高経営者についてもそれぞれの個性と人間行動と、相互の社会関係・心理関係の研究が必要であろう。分析レベルと分析単位を個人に求めることである。

3）非営利組織ガバナンスを理事会構造と理事会機能を中心として理解し

てきたが、非営利組織ガバナンスにはより広い概念が必要であり、理事会は広いガバナンスシステムの一部であることを認識する必要がある。非営利組織ガバナンスは、管理者、スタッフ、会員、助言・諮問機関などの多様な内部の関係者がガバナンス機能を履行することはもちろんのこと、特に、規制・指導の圧力やアカウンタビリティ要求を加える規制当局、監査機関、資金提供者のようなその他の重要な外部ステークホルダーなどが参加し、そしてまた、組織の受益者やボランティアのようなほとんど忘れられていた特定のステークホルダーを含んだシステムであり機能であることも忘れてはならない。

実は、多くの非営利組織において、ガバナンスプロセスは理事会レベルの上下にある組織の主要な複数のレベルで発現しているのであるが、これらの多層のレベルのガバナンス構造がどのように機能し、時とともにどのように変化するのかに関してよく知られていないのである。分析レベルと分析単位を組織全体に求めることである。

4）単一の理事会をもつ単一の組織の研究に焦点を当てすぎていて、多くの非営利組織が多層のガバナンス構造の下で行動している現実について十分な研究をしていない。非営利組織が企業的活動、提携、パートナーシップ、共同ベンチャーをする場合、それらの活動と理事会の職能と役割の適切な組み合わせ、それらの活動が理事会のガバナンスに及ぼす影響については研究は不充分で未開発である。

今日は、非営利組織を集合する多様な形態のネットワークが形成されており、さらに、民間企業や政府機関との提携・連帯が増加している。その結果、組織の戦略にとって意義のある決定が組織間レベルで行われ、ガバナンスシステムが違ったレベルの理事会との関係者を含むことになる。したがって、複数レベルのガバナンス構造がどのように動くのか、ガバナンスシステムにおける違ったレベルがどのように相互に関係し合うのか、これらの研究が欠かせない。

組織間関係の研究はすでに定着しているとはいえ、特に、違ったレベルにおいて多くの理事会の間の役割と責任の分担はどのようになっているのか、これらの理事会の間における関係とテンションはどのように交渉され管理されているのか、また、これらの提携・連帯・協同がそれ自体どのようにしてガバナンスされるのか、この提携・連帯・協同がそれに参加する組織のガバナンスにとってどのような意味を与えるのか、これらの研究が必要になる。

5）さらにまた、特に政府と非営利組織の相互関係のなかのガバナンスの
あり方を研究する必要がある。社会のもっとも重要な問題と事案の多くは単
独の組織では有効には処理することはできないので、政府主導の非営利組織
間のコラボレーションがますます普及するであろうが、その結果、政府と非営
利組織のセクター間の境界が曖昧となり、非営利組織ガバナンスは単一組織
のレベルだけでは機能することはできなくなる。したがって、政府ガバナンス
と非営利組織ガバナンスの混合ガバナンスの研究が求められる。

　以上のような多くの複雑な課題に答えるべく、少なくとも欧米においては
非営利組織の理事会に関する研究が急激に増えてきており、理事会問題の研
究は「新しい市場ニッチ」となっている。しかし、これまでのところほとん
どの研究は、畢竟「理事会ガバナンスの世界はこれまで以上に混乱して複雑
である」と述べているにすぎない。

Ⅳ. 理事会をめぐる研究状況と今後の研究方向

1. 伝統的な研究領域とその展開

　この20数年の間に、主として非営利組織の先進諸国（アメリカ、イギリス、
カナダ、オーストラリア）においては、「非営利組織の理事会の職能と役割」
をめぐる数多くの実証研究と理論研究が行われてきた。これらの研究はおよ
そ次のような領域に分別することができる。

　(ⅰ)理事会の役割と責任、(ⅱ)理事会の行動、(ⅲ)理事会の構造、(ⅳ)理事会の構
成、(ⅴ)理事会と経営者の関係、(ⅵ)理事会有効性と組織有効性、(ⅶ)理事会と情
況とその変化の関係である。

　これらの研究についてはすでに本書において、それぞれに関して論じたと
ころであるが、以下において、主としてどのような問題に焦点が当てられて
いるのかについて要約してみれば、次の通りである。

（ⅰ）　理事会の役割と責任

①　あるべき論（規範的・処方箋的役割論）

終章

②　実相論（記述的役割論、事例・調査・実証研究）

③　環境条件（資金調達、組織の発展段階等）の変化による設計・再設計論

④　政府・助成財団等の圧力のなかの理事会パワー・理事会構成の情況論

⑤　埋事会の職能と役割に関する「理論とモデル」の展開

（ⅱ）　**理事会の行動**

①　職能論（計画・統制の管理職能）

②　プロセス論（意思決定、会議の運営方法、「最善実践方法」）

③　モチベーション論（インセンティブ報酬制度）

④　パフォーマンスの測定・評価基準論

（ⅲ）　**理事会の構造**

①　理事会の規模（最適規模）

②　理事会の組織編成（委員会、タスクフォース、諮問会議）

③　理事会の構造の変化（組織の規模、組織のライフサイクル）

（ⅳ）　**理事会の構成**

①　理事の選択・選任論（選任と情況との関連）

②　理事会構成の多様化とその要因とその効果

③　理事会構成と組織有効性の関連

（ⅴ）　**理事会と経営者の関係**

①　パワーダイナミックス論（パワーの源泉とパワーの変化要因）

②　関係の類型論

③　経営者リーダーシップ論

④　関係のあり方論（「支配－従属関係」「パートナーシップ」「不均衡な均等関係」）

（ⅵ）　**理事会有効性と組織有効性**

①　理事会の有効性論（有効性の決定要因と条件）

②　理事会有効性と組織有効性・外部効果性との相関論

③　理事会有効性を高める実践論（教育訓練、自己評価など）

（ⅶ）　**理事会と情況とその変化**

①　情況変化論（理事会はどのように変化しているか、理事会はライフサイクルに対応してどのように変化するのか）

②　理事会行動を規定する情況フレームワーク論（理事会に影響を与える内外環境とその変化）

以上のような理事会とガバナンスに関する研究のなかで、以下のような諸点に研究の関心が集まってきていることを確認することができる。

① 　理事会とガバナンスに関する諸理論の妥当性と有効性を検証することの必要性を確認してきた。特に、エージェンシー理論に関して、その他の諸理論（特に、ステークホルダー理論・資源依存理論・制度理論）と有効に関連づけてエージェンシー理論の視点を補強し、さらに、ネットワークの研究に適当なネットワークの理論と方法を包摂するようになってきた。

② 　複雑性を包摂する必要性、複数の理論を統合する視点を採用する必要性を認識し、少なくとも全体を把握するフレームワーク構築の試みが進展してきた。

③ 　理事会構造や理事会構成などの理事会に限定した研究を超えて、組織における外部ステークホルダーの規制と圧力や要求、経営者はじめ組織従業者と理事会の関係を含んだガバナンスの構造とプロセスに研究領域を拡大してきた。

④ 　分析レベルと分析単位の多様性を確認して、連合体組織や複合組織のような単体以外の組織に関する研究の重要性を認識してきた。

⑤ 　理事会とガバナンスの理解を深めるには文脈の重要性を認識するという情況適合の視点を踏まえるようになってきた。

2．理事会をめぐる今後の研究課題

（1）理事会構成

　理事会の態様は、詰まる所「誰が理事会を構成するのか」によって決まる。そのために、理事会構成が非営利組織の自主的・民主的運営を左右する重要な要素であることとは別に、理事会構成が理事会有効性を規定する重要な情況要素として検討されるべきである。

① 　理事会に経営専門家を導入すべしというビジネス志向のなかにあって、外部の実業経験者の理事会参加の功罪や利点と不利点について未確認の問題が多くある。最近の営利組織における社外取締役導入の安易な議論を超えて深く検討を加える必要がある。この種の理事はほかのビジネス実践方法を導入する導管として役立つのかどうか、また、どのように役立つのか

を検討する必要がある。

　さらに、会社関係者が参加する理事会は外部の役割よりも、内部の狭いアカウンタビリティ関係に関与するようになるのかどうか。社会的地位の高い理事が多くを占める理事会では、経営者支配の性向があるとされるが、例えば、少なくとも現役と退役の違いによる理事会行動の違いなど、会社経営者などの実務専門家の理事会参加の影響についての詳細な研究が俟たれる。

② 経営者の理事（特に代表理事）兼任について、この兼任制が理事会行動に決定的に影響を与えるから、どのように理事会行動に影響を与えるかの研究が重要である。理事会における投票権者としての経営者の存在がどのように作用するのか、あるいは、欧米での取締役会とCEOの分離論の動向からみても、理事会から経営者を分離する「非理事の経営者」はどのような行動をするのかに関する研究が求められる。

③ また、わが国でも女性が参加する理事会、あるいは、コミュニティの多種のステークホルダーが参加する理事会における理事会有効性と組織有効性への作用に関する研究が進められるべきである。

④ 寄附者が理事会に参加することによる影響について、「金の力」が「金が支配する俗界ではないはずの信念の世界」にどのように影響するのかについて、「無言の圧力」の源泉とその作用に関する疑問に答える必要がある。

　要するに、誰が理事会に属するかが違いをもたらすと考えられるから、理事会構成の研究が注目されるのであるが、構成と種々の結果—有効性のような結果—との間の関係はまだほんとうに解明されているとは言い難い。特に、多様な理事会はどのように理事会の態様に影響を与えるのか、依然として残された課題なのである。

（2）理事会の構造と理事会の機能の関係

　理事会の諸特性の間にはなんらかの相関関係があり、ある特性の要素の変化が他の要素の変化をもたらすことが考えられる。特に、理事会の構造の特性と機能の特性との間には大きな相関関係が認められるはずである。そして、この構造と機能の結合関係が理事会有効性といわれる何かをつくり出し、そしてまた、この結合関係が組織有効性を生む要因となるであろう。

　例えば、理事会の規模が大きければ、それだけ委員会数が増え、全体とし

ての理事会の役割と責任が増え、それに伴って会議の頻度も高くなる。また、委員会制度を擁する理事会は組織の財務問題や経営者の人事問題に関われば、それだけ会議は多くなるはずである。しかし、構造は理事会の規模、委員会の種類と委員の性質だけでなく、職能規程、文書化マニュアル、会議規程などの要素を含むし、また機能は会議運営の仕方、理事会への提出議題、その議題の扱い方などの要素を含むから、この構造と機能の関係はさらに複雑な研究を深める必要がある。

（3）理事会（理事長）―経営者（最高経営者）の関係

理事会は実権を行使できるのか、あるいはショーを演じるのは実際には経営者なのかという問いが依然として続いているが、現実に、厳しい存続問題に遭遇する非営利組織においてどのようなパートナーシップが望ましいのか。経営者支配か、理事会と経営者の二元リーダーシップか。理事会と経営者の間や理事長と最高経営者の間には、役割と責任の境界の限定、意思決定に対して理事会が参画する程度、専門的知見と経歴・経験、積極的関与の度合いついて、必ずしも一致するものはなく、つねにテンションの状態が存在するものである。このようなテンションは、現実には組織が置かれた多くの情況ごとに処理されているはずである。

そこに、持続的で相互に適合する関係が発展する余地があり、誰が指導し、それはなぜか、ということが永続的でつねに両者の間の交渉問題として残されるが、それは両者が遭遇する外部の情況の挑戦によって変化するものと考えられる。例えば、戦略的事案が出来した組織の情況によって、あるいは、経営専門家の経営者を重視するような外部環境の変化によって、両者の関係は変化する。したがって、とりわけこの両者の関係に対して外部環境―そのなかでも組織と政府との関係―が及ぼす影響、つまり、外部環境と理事会属性の情況要素間の関係についてさらに研究を深める必要がある。

従来の組織論では、理事会と経営者の関係は双方を満足させようとしながら、経営者のほうに適合する形の「情況適合の基盤」のうえで動かされると認識しているが、パブリック・アカウンタビリティの圧力と要求が理事会のパワーを復活させることも十分に想定すべきである。

今日では、理事会とより広い環境との関連について研究が進められようとしている。理事会が統治する組織に対して、あるいは、組織が組み込まれて

いるより広い環境に対して、理事会が果たして影響を与えることができるのかどうか、またどのようにその影響を与えるのか、という問題である。端的に言えば、理事会に関する今後の研究は、非営利組織を取り巻く内外の環境が大きく変化するなかで、その理事会は何をするのかを探索することである。

3．理事会行動に関する新しい研究動向

　特に、次のような社会学・行動科学による理事会行動研究の新しい視点に触れておくことも重要である。

　第1に、理事会は何をすべきか、理事会は何をしているのか、これらの理事会行動の研究の基礎は長い間エージェンシー理論であった。しかし、このエージェンシー理論を非営利組織の理事会行動に援用する場合には、非営利組織には不完全契約の下に多種多様なステークホルダーがそれぞれ独自の利害と目的をもって、違ったアカウンタビリティを求め、違った理事会有効性の評価をして、それぞれのステークホルダーが理事を支援し、ないしは理事をエージェントとするので、エージェンシー関係は非常に複雑であり、理事会行動はこの多様なステークホルダーの関与とパワーに大きく影響を受ける。

　ここでまず、理事会行動の研究のなかにステークホルダー理論を重視することが求められる。この際、第Ⅲ部第1章で少し触れておいた「社会構築主義の理論」に尋ねることが有効であろう。

　第2に、多様なステークホルダーの間の不完全な契約があると想定した場合に、ステークホルダーの代理をする理事の行為を動機づけるメカニズムを理解することが重要であり、そこで「アイデンティティ理論」が大いに役立つ。この理論は何が理事の関与を促すのか、理事は、経営者、ステークホルダー、企業自体など、誰の福利のために関与するのかを理解するのに役立つ理論である。

　さらに、アイデンティティ理論が役割（わたしは誰か）に焦点を置くのに対して、「社会的アイデンティティ理論」は、「わたしは誰か」を決めるのにどのような社会集団がどのような影響を与えるかに焦点を当てる。社会的アイデンティティとは集団あるいはカテゴリーを通してのアイデンティティの謂いであり、この理論は、人はいくつもの実際の集団やカテゴリーによって

織り成され、自分というものを構築しているとする理論である。あるステークホルダーの一員として、あるいはある組織の専門職の一員としての自分があり、あるいは別の組織の理事としての自分があり、場合によってどれかの顕在性が高まるとする理論である。

アイデンティティ理論も社会的アイデンティティ理論もアイデンティティが行動を形作るという点で一致するが、この社会的アイデンティティ理論は、理事が個人としてどの程度理事会に関与するかはステークホルダーとの同一化に影響されるとするだけに理事の行動に関する重要な研究基礎となるであろう。

第3に、理事会の意思決定は理事会の内部で行われるのではなく、多様な外部のステークホルダーと理事会が活動する文脈や制度によって大きな影響を受ける。そこで、ステークホルダーの間のパワーと機会主義的行動とがどのように理事会の行動とアウトカムに影響するかを探究する必要がある。誰がもっとも影響力をもつステークホルダーであるのか、それをどのように確認することができるのか、どのようなパワーを発揮するのか、その影響は時の経過とともにどのように変化するのか、これらを探究する必要がある。組織内外の「パワーダイナミックスの理論」の援用である。

さらに、このようなステークホルダーの組織と理事会への関わり方は幅広い文脈や制度に作用されるので、理事会行動を明らかにするには、影響力とパワー関係を含む「制度理論」が求められる。この場合、制度理論の他に、ソーシャルネットワーク、社会運動、社会的距離の諸理論のような社会心理学や社会学に根差す諸理論がこのような影響を説明するのに役立つであろう。

第4に、理事会行動を明らかにするには、「行動理論」を援用する必要がある。すでに理事会研究に適用されてしかるべき行動理論のなかの4つの中核となる概念がある。

① 限られた合理性

組織のなかにいるアクターは自分の世界を完全には理解していないことを重視する。組織のなかのアクターの認知的バイアスによって、アクターは意思決定の環境を不完全に描くことになり、環境が制約され不明確にする。

② 「満足」行動

人や組織は最適解を探すのではなく、いまもっとも重要な必要性に基づいてよしとされる選択や判断を受け容れる傾向である。結果として、行動理論

における意思決定は経験の学習過程であると見られる。そこでは、組織は学習と経験を通して変化する環境にますます適応することになる。

③ **組織ルーチン**

ルーチンは統制と安定の源泉であり、組織行動を可能にしたり制約したりするが、ほとんどは経験学習から成るので、暗黙で成文化できないことが多い。しかし、ルーチンはまったくマイナスの要素ではなく、社会的・歴史的に構築された行動プログラムとして、ある問題情況のなかで選択すべき側面と方向を示すことに役立つ。したがって、経験学習は行動フレームワークでは中心の役割を果たす。

④ **連帯のなかのアクターの交渉**

組織は政治交渉を通して存在し、コンフリクトの準解決を通して存在する。目標のコンフリクトは経済的インセンティブによる目的一致を通してではなくて、政治的取引交渉を通して解決される。組織は隠されたコンフリクトと目標を多く抱えているものと想定することができる。したがって、目標の形成は連帯間の交渉の出発点ではなくて、連帯間の交渉の結果である。このような企業行動理論を援用することによって、理事会の行動理論は理事会室の内外の関係者たちの間の相互作用と行動プロセスに焦点を当てることができる。

第5に、理事会行動と理事会有効性は、理事個人の個性・行動、理事会内での理事たちの集団行動、集団行動としてのチームワーク、仕事をさせる集団としての理事会の能力に決定的に影響を受ける。ところが、理事が自分の知識と技能を理事会で使うこと、その知識や技能を組織やチームの利益において価値創造のために使うこと、理事会がチームとして機能すること、これらを予断することはできない。したがって、例えば「チーム生産理論」が必要となる。

この理論では個々の理事としてではなく、チームとしての理事会はどのようにして事業活動を効果的に調整し、違った諸資源を利用して価値創造をすることができるのかを重視する。理事は個々に違った背景、利害、目標、価値観、規範を理事会に持ち込み、それが組織の価値創造に役立つことを期待されるのであるが、理事会内の多様な理事や集団は有効に管理されなければ、理事の間に怠慢やフリーライダーの行動を持ち込み、理事会の価値創造の可能性を減殺するか消滅させることになる。したがって、チームとしての理事会が重視されるべきである。まして理事が望ましい目標を達成するために必

要な情報と知見を完全に所有するわけではないから、理事会がチームとして働くことが個々の努力よりもさらに大きな生産性を達成することができる。

　第6に、理事会の内外のパワーと影響力の相互作用の観察が欠かせない。理事の間のパワーの違いがどのように行動とアウトカムに影響するのかに関する研究が必要である。また、理事会における内外の意思決定を統合するプロセスの研究も必要である。集団浅慮、議論の欠如、多数の無知などが理事会研究を理解するのに重要である。さらに、理事会の内外における政治と戦略の探究が求められる。どのようなルールが発展して、多様な個性の間でどのような利害が現実に均衡しているのか。多様な個性の間でどのような連携と連帯とが形成されているのか、それはなぜなのか。この連携と連帯とは理事会の行動とアウトカムにどのように影響するか。これらの問題については、「グループダイナミックスの理論」から知ることができると思われるが、いまのところ理事会研究に適用されていない。

　最後に、理事会のリーダーシップ研究がさらに必要である。有効でアカウンタビリティのある理事会リーダーシップとは、理事会で蓄積された知識と技能を価値創造に使うようにすることであるが、その仕組みを探索する必要がある。ガバナンスをめぐる議論や理論も重要であるが、第Ⅴ部の第4章と第5章で述べたように、理事長や最高経営者のリーダーシップ論が古典的なリーダーシップ理論を基礎にして再び深化される必要がある。

　以上、要するに、エージェンシー理論が理事会研究においては支配的な理論であったが、この理論の仮説から解放されることによって理事会行動の研究に新しい視点と方途を見出すことができるに違いない。理事会行動の究明には、エージェンシー理論を中心とする経済学や法制・倫理・規範の法学・政治学から離れて、むしろ社会学・行動諸科学の方法を援用することが必要であり、適切であると考えられる。この点は十分に留意しておくべき今後の学究が進む研究方向であると信じる。

引 用 ・ 参 考 文 献

Abzug, R., and Webb, N.J. (1999). Relationships between Nonprofit and For-Profit Organizations: A Stakeholder Perspective, *Nonprofit and Voluntary Sector Quarterly,* Vol. 28, No 4, Summer,

Abzug, R., and Galaskiewicz, J. (2001). Nonprofit Boards: Crucibles of Expertise or Symbols of Local Identities ?, *Nonprofit and Voluntary Sector Quarterly,* Vol. 30, No. 1, March.

Alexander, J.A., Weiner, B.J. (1998). The Adoption of the Corporate Governance Model by Nonprofit Organizations, *Nonprofit Management and Leadership,* Vol. 8, No. 3, Spring.

Andrew, G. (1992). Auditing the Three Es: The Challenge of Effectiveness, *Public Policy and Administration,* Vol. 7, No. 3, Winter. (The International Library of Management, Public Sector Management, Volume 2, 1995.)

Anheier, H.K., Kendall, J. (eds.). (2001). *Third Sector Policy at the Crossroad, An international nonprofit analysis,* Routledge.

Anheier, H.K. (2014). *Nonprofit Organizations, Theory, Management, Policy,* Routledge.

Armstrong, R.R. (1998). Does the Carver Policy Model Really Work?, *Front & Center, Canadian Center for Philanthropy.*

Austin, D.M. (2002). *Human Services Management, Organizational Leadership in Social Work Practice,* Columbia University Press.

Axelrod, N.R. (2005). Board Leadership and Development, R.D. Herman and Associates, *The Jossey-Bass Handbook of Nonprofit Leadership and Management,* Second Edition, Jossey-Bass.

Bainbridge, S.M. (2002). Why a Board?, Group Decisionmaking in Corporate Governance, *Vanderbilt Law Review,* Vol. 55, No. 1, January.

Balser, D., McClusky, J. (2005). Managing Stakeholder Relationships and Nonprofit Organization Effectiveness, *Nonprofit Management and*

Leadership, Vol. 15, No. 3, Spring.

Batsleer, J., Cornforth, C., Paton, R. (1992). *Issues in Voluntary and Non-Profit Management*, Addison-Wesley Publishing Company..

Berg, W.E. (1985). Evolution of Leadership Style in Social Agencies: A Theoretical Analysis, Simon Slavin,(ed.). *An Introduction to Human Services Management*, The Haworth Press.

Bjork, D.A. (2006). *Collaborative Leadership: A New Model For Developing Truly Effective Relations Between CEOs and Trustees*, Center for Healthcare Governance..

Block, S.R. (1998). *Perfect Nonprofit Boards, Myths, Paradoxes and Paradigms*, Simon & Schuster Custom Publishing.

Block, S.R. (2001). Board of Directors, J.S.Ott, *Understanding Nonprofit Organizations, Governance, Leadership, and Management*, Westview.

Block, S.R. (2007). Nonprofit Board Governance: The Relationship Model, Paper presented at Networks, Stakeholders, and Nonprofit Organization Governance: Whither (Wither) Boards?, Conference, Kansas City, Mo., April, 26.

BoardSource. (2008). *Why do nonprofits have boards, and What do boards do?*

BoardSource. (2010). *Nonprofit Governance Index*, W.K. Kellogg Foundation.

Bois, C.D., et al. (2009). Agency Conflicts Between Board and Manager, A Discrete Choice Experiment in Flemish Nonprofit Schools, *Nonprofit Management and Leadership*, Vol. 20, No. 2, Winter.

Bradshaw, P. et al. (1992). Do Nonprofit Boards Make a Difference?, An Exploration of the Relationship Among Board Structure, Process, and Effectiveness, *Nonprofit and Voluntary Sector Quarterly*, Vol. 21, No. 3, September.

Bradshaw, P., et al. (1996). Women on Boards of Nonprofits: What Difference Do They Make ?, *Nonprofit Management and Leadership*, Vol. 6, No. 3, Spring.

Bradshaw, P. et al. (1998). Nonprofit Governance Models: Problem and

Prospects, Paper originally presented at the ARNOVA Conference Seattle Washington.

Bradshaw, P. (2002). Reframing Board-Staff Relations Exploring the Governance Function Using a Storytelling Metaphor, *Nonprofit Management and Leadership*, Vol. 12, No. 4, Summer.

Bradshaw, P. (2009). A Contingency Approach to Nonprofit Governance, *Nonprofit Management and Leadership*, Vol. 20, No. 1, Fall.

Bradshaw, P.,Toubiana, M. (2014). The dynamics of nested governance, A systems perspective, Chris Cornforth and William A.Brown (eds.), *Nonprofit Governance, Innovative Perspectives and approaches,* Routledge.

Brickley, J.A., et al. (1997). Leadership structure: Separating the CEO and Chairman of the Board, *Journal of Corporate Finance*, 3.

Brody, E. (1996). Agents Without Principals: The Economic Convergence of The Nonprofit and For-Profit Organizational Forms, *New York Law School Law Review*, Vol. 40, No. 3.

Brown, W.A. (2002). Racial Diversity and Performance of Nonprofit Boards of Directors, *The Journal of Applied Management and Entrepreneurship*, Vol. 7, No. 4.

Brown, W.A. (2002). Inclusive Governance Practices in Nonprofit Organizations and Implications for Practice, *Nonprofit Management and Leadership*, Vol. 12, No. 4, Summer.

Brown, W.A. (2005). Exploring the Association Between Board and Organizational Performance in Nonprofit Organizations, *Nonprofit Management and Leadership*, Vol. 15, No. 3, Spring.

Brown, W.A. (2007). Board Development Practices and Competent Board Members, Implication for Performance, *Nonprofit Management and Leadership*, Vol. 17, No. 3, Spring.

Brown, W.A., Guo, C. (2010). Exploring the Key Roles for Nonprofit Boards, *Nonprofit and Voluntary Sector Quarterly,* Vol. 39, No. 3, June.

Brown, W.A. et al. (2012). Factors That Influence Monitoring and Resource Provision Among Nonprofit Board Members, *Nonprofit and Voluntary Sector Quarterly*, Vol. 41, No. 1, February.

Brown, W.G., (1994). When a Business Leader Joins a Nonprofit Board, *Harvard Business Review*, September-October.

Bruce A, K,(1977). Organization Effectiveness Measurement and Policy Research, *Academy of management Review*, 2 No. 3.

Brudney, J.L. and Murray, V. (1997). Improving Nonprofit Boards, What Works and What Doesn't ?, *Nonprofit World*, Vol. 15, No. 3, May · June.

Brudney, J.L., Murray, V. (1998). Do Intentional Efforts to Improve Boards Really Work?, The Views of Nonprofit CEOs, *Nonprofit Management and Leadership*, Vo. 8, No. 4, Summer.

Brudney, J.L., Nobbie, P.D. (2002). Training Policy Governance in Nonprofit Boards of Directors, The Views of Trainer-Consultants, *Nonprofit Management and Leadership*, Vol. 12, No. 4, Summer.

Caers, R., et al., (2006). Principal-Agency Relationships on the Stewardship-Agency Axis, *Nonprofit Management and Leadership*, Vol. 17, No. 1, Fall.

Callen, J.L., et al. (2003). Board Composition, Committees, and Organizational Efficiency: The Case of Nonprofits, *Nonprofit and Voluntary Sector Quarterly*, Vol. 32, No. 4, December.

Callen, J.L., Klein, A.,Tinkeiman, D. (2010).

The Contexual Impact of Nonprofit Board Composition and Structure on Organizational Performance: Agency and Resource Dependence Per-spectives, *Voluntas*, Vol. 21, No. 1, March.

Carlson, M., Donohoe, M. (2003). *The Executive Director's Survival Guide, Thriving As a Nonprofit Leader*, Jossey-Bass.

Carman, J.G. (2011). What You Don't Know Can Hurt Your Community, Lessons from a Local United Way, *Nonprofit Management and Leadership*, Vol. 21, No. 4, summer.

Carver, J. (1990). *Boards That Make A Difference, A New Design for Lead-ership in Nonprofit and Public Organizations*, Jossey-Bass Publishers.

Carver, J. (1997). *Carver Guide, Board Self-Assessment*, Jossey-Bass.

Cameron, K.S., Wettten, D.A. (1983). Some Conclusions about Organizational Effectiveness, Kim S.Cameron, David A.Wettten (eds.), *Organizational Effectiveness, A Comparison of Multiple Models*, Academic Press.

Chait, R.P., and Taylor, B.E. (1989). Charting the Territory of Nonprofit Boards, *Harvard Business Review*, January-February.

Chait, R.P., Holland, T.P. and Taylor, B.E. (1993). *The Effective Board of Trustees*, American Council on Education and The Oryx Press.

Chait, R.P., Holland, T.P., Taylor, B.E. (1996). *Improving The Performance of Governing Boards*, American Council on Education, Oryx Press.

Chait, R.P., Ryan, W.P., Barbara E. Taylor, B.E. (2005). *Governance as Leadership, Reframing the Work of Nonprofit Boards*, John Wiley & Sons Inc.

Chor-fai Au. (1996). Rethinking Organizational Effectiveness: Theoretical and Methodological Issues in the Study of Organizational Effectiveness for Social Welfare Organizations, *Administration in Social Work*, Vol. 20 (4).

Cindy, R.C., et al. (2006). Principal-Agency Relationships on the Stewardship-Agency Axis, *Nonprofit Management and Leadership*, Vol. 17, No. 1, Fall.

Conrad, W.R. Jr., (2003). *The New Effective Voluntary Board of Directors, What It Is and How It Works*, Swallow Press/Ohio University Press.

Cornforth, C.J. (1995). Governing Non-Profit Organizations: Heroic Myths and a Human Tales, Presented for Conference 'Researching the UK Voluntary Sector' *National Council of Voluntary Organizations*, London, Sept. 7-8 th.

Cornforth, C. (1999). Power relations between boards and senior managers in the governance of public and non-profit organizations, 2nd International Conference on Corporate Governance and Direction, 13-15 October 1999, Henley Management College, UK.

Cornforth, C., Edward, C. (1999). Board Roles in the Strategic Management of Non-Profit Organizations: theory and practice, *Corporate Governance*, Vol. 7, No. 4, October.

Cornforth, C.J. (2001). What Makes Boards Effective?, An examination of the relationships between board inputs, structures, processes and effectiveness in non-profit organizations, *Corporate Governance*, Vol. 9,

No. 3, July.

Cornforth, C.J. (ed.). (2003). *The Governance of Public and Non-Profit Organizations, What do Boards do?*, Routledge.

Cornforth, C.J. (2003). contextualizing and managing the paradoxes of governance, Cornforth C.J. (ed.). *The Governance of Public and Non-Profit Organizations, What do boards do? Routledge.*

Cornforth, C., and Simpson, C. (2003). The changing face of charity governance, The impact of organizational size. C. Cornforth, (ed.), *The Governance of Public and Non-Profit Organizations, What do boards do ?* Routledge.

Cornforth, C. (2004). The Governance of Cooperatives and Mutual Associations: A Paradox Perspective, *Annals of Public and Cooperative Economics*, 75: 1.

Cornforth, C., et al. (2010). What makes Chairs of Governing Bodies Effective?, A Report presented for the National Council for Voluntary Organizations and the Charity Trustee Network.

Cornforth, C. (2012). Challenges and future directions for nonprofit governance research, *Nonprofit and Voluntary Sector Quarterly*, 41, 6, 1117-36. (Open Research Online)

Cornforth, C. (2012). Nonprofit Governance Research: Limitations of the Focus on Boards and Suggestions for New Directions, *Nonprofit and Voluntary Sector Quarterly*, Vol. 41, No. 6, December.

Cornforth, C., and Brown, W.A. (eds.). (2014). *Nonprofit Governance, Innovative perspectives and approaches*, Routledge.

Cornforth, C., et al. (2015). Nonprofit-Public Collaborations: Understanding Governance Dynamics, *Nonprofit and Voluntary Sector Quarterly*, Vol. 44, No. 4, August.

Cumberland, D.M. et al. (2015). Nonprofit Board Balance and Perceived Performance, *Nonprofit Management and Leadership*, Vol. 25, No. 4, Summer.

Cunningham, J.B. (1977). Approaches to the Evaluation of Organizational Effectiveness, *Academy of Management Review*, Vol. 2, No. 3.

Dahya, J., et al. (2009). One Man Two Hats: What's All the Commotion!, *The Financial Review*, 44..

Dalton, D.R., et al. (2007): The Fundamental Agency Problem and Its Mitigation, *The Academy of Management Annals*, 1: 1.

Dalton, D.R., and Dalton, C.M. (2011). Integration of Micro and Macro Studies in Governance Research: CEO Duality, Board Composition, and Financial Performance, *Journal of Management*, 37(2).

Dart, R., and et al. (1996). Boards of Directors in Nonprofit Organizations: Do They Follow a Life-Cycle Model?, *Nonprofit Management and Leadership*, Vol. 6, No. 4, Summer.

Davis, J.H. et al. (1997). Toward a Stewardship Theory of Management, *Academy of Management Review*, Vol. 22, No. 1.

Dawe, J. *The Chief Executive and Board Chair: A Crucial Partnership*, BoardSource.

De Andrés-Alonso, P., et al. (2009). Determinants of Nonprofit Board Size and Composition: The Case of Spanish Foundations, *Nonprofit and Voluntary Sector Quarterly*, Vol. 38, No. 5, October.

Deguchi, M. (2001). The distinction between institutional and non-institutionalized NPOs: new policy initiatives and nonprofit organizations in Japan. H.K. Anheier and J. Kendall, (eds.). *Third Sector Policy at the Crossroad, An international nonprofit analysis*, Routledge.

Dekin, N. (2001). Putting narrow-mindedness out of countenance: the UK voluntary sector in the new millennium, H.K. Anheier and J. Kendall (eds.), *Third Sector Policy at the Crossroads, An international nonprofit analysis*, Routledge.

Dobbs, S.M. (2004). Some Thoughts About Nonprofit Leadership, Ronald E. Riggio, Sarah Smith Orr (eds.) *Improving Leadership in Nonprofit Organizations*, Jossey-Bass.

Donaldson, L., and Davis, J.H. (1991). Stewardship Theory or Agency Theory: CEO Governance and Shareholder Returns, *Australian Journal of Management*, 16(1).

Drucker, P.F. (1990). Lessons for Successful Nonprofit Governance,

Nonprofit Management and Leadership, Vol. 1, No. 1, Fall.

Dubin, R. (1976). Organizational Effectiveness: Some Dilemmas of Perspective, S. Lee Spray(ed.), *Organizational Effectiveness: Theory-Research-Utilization,* The Comparative Administration Research Institute Kent State University.

Eadie, D. (2007). Can Standing Committees Contribute to High-Impact Governing?, *Nonprofit World,* Vol. 25, No. 2, March–April.

Ebrahim, A., and Ragan, V.K. (2010). The Limits of Nonprofit Impact: A Contingency Framework for Measuring Social Performance, Harvard Business School, Working Paper 10-099.

Enjolras, B. (2009). Governance-Structure Approach to Voluntary Organizations, *Nonprofit and Voluntary Sector Quarterly,* Vol. 38, No. 5, October.

Eshther, I. (2005). Environmental and Organizational Features and Their Impact on Structural and Functional Characteristics of Boards in Nonprofit Organizations, *Administration in Social Work,* Vol. 29.

Evan, W.M. (1976). Organization Theory and Organizational Effectiveness: An Exploratory Analysis, S. Lee Spray(ed.), *Organizational Effectiveness: Theory-Research-Utilization,* The Comparative Administration Research Institute Kent State University.

Faleya, O. (2007). Does one hat fit all ?, The case of corporate leadership, *Journal of Manage Governance,* 11.

Finkelstein, N.E., et al. (eds.) (1999). *The New Board, Changing Issues, Roles and Relationships,* The Haworth Press, Inc.

Fletcher, K.B. (1992). Effective boards: how executive directors define and develop them, *Journal of Non-Profit Management and Leadership,* 2, 3.

Florou, A. (2005). Top Director Shake-Up: The Link between Chairman and CEO Dismissal in the UK, *Journal of Business Finance & Accounting,* 32(1) & (2), January–March.

Forbes, D.P. (1998). Measuring the Unmeasurable : Empirical Studies of Nonprofit Organization Effectiveness From 1977 to 1997, *Nonprofit and Voluntary Sector Quarterly,* Vol. 27, No. 2, June.

Forbes, D.P. and Milliken, F. (1999). Cognition and Corporate Governance: Understanding Boards of Directors as Strategic Decision Making Groups, *The Academy of Management Review,* Vol. 24, No. 3, July.

Friedman, A., Phillips, M. (2004). Balancing Strategy and Accountability, A Model for the Governance of Professional Associations, *Nonprofit Management and Leadership,* Vol. 15, No. 2, Winter.

Freiwith, J., and Letona, M.E. (2006). System-Wide Governance Community Empowerment, *Nonprofit Quarterly,* 13(4).

Freiwirth, J. (2014). Community-Engagement Governance TM: Engaging stakeholders for community impact, Chris Cornforth and William A. Brown, (eds.), *Nonprofit Governance, Innovative perspectives and approaches,* Routledge.

Fredette, C., Bradshaw, P. (2012). Social Capital and Nonprofit Governance Effectiveness, *Nonprofit Management and Leadership,* Vol. 22, No. 4, Summer.

Friedman, A., Phillips, M. (2004). Balancing Strategy and Accountability, A Model for the Governance of Professional Associations, *Nonprofit Management and Leadership,* Vol. 15, No. 2, Winter.

Garber, N. (1997). Governance Models: What's Right for Your Board, *Nathan Garber & Associates.*

Garratt, B. (1996). *The Fish Rots From The Head,* Harper Collins Business.

Gibelman, M. et al. (1997). The Credibility of Boards: A View from the 1990s and Beyond, *Administration in Social Work,* Vol. 21 (2).

Gibelman, M.,Gelman, S.R. (1999). Safeguarding the Nonprofit Agency: The Role of the Board of Directors in Risk Management, Nadia Ehrlich Finkelstein et al. (eds.), *The New Board, Changing Issues, Roles and Relationships,* The Haworth Press, Inc.

Gies, D.L. et al. (eds.) (1990). *The Nonprofit Organization: Essential Readings,* Pacific Grove, Calif.: Brools/Cole.

Gill, M. (2001). *Governance Models: What's Right For Your Organization?,* Synergy Associates Inc.

Gill, M., et al. (2005). The Governance Self-Assessment Checklist, An Instrument for Assessing Board Effectiveness, *Nonprofit Management and Leadership*, Vol. 15, No. 3, Spring.

Gill, M.D. (2005). *Governing for Results, A Director's Guide to Good Governance*, Trafford.

Glaeser, E.L. (ed.), (2003). *The Governance of Not-for-Profit Organizations*, The University of Chicago Press.

Golensky, M. (1993). The Board − Executive Relationship in Nonprofit Organizations: Partnership or Power Struggle?, *Nonprofit Management and Leadership*, Vol. 4, No. 2, Winter.

Gough,Jr., S.N. (2005). Five reasons for nonprofit organizations to be inclusive, *New Directions for Philanthropic Fundrasing*, NO. 47.

Green, J.C., Griesinger, D.W. (1996). Board Performance and Organizational Effectiveness in Nonprofit Social Services Organizations, *Nonprofit Management and Leadership*, Vol. 6, No. 4, Summer.

Green, J.C., et al. (2001). Local Unit Performance in a National Nonprofit Organization, *Nonprofit Management and Leadership*, Vol. 11, No. 4, Summer.

Guo, C. (2007). When Government Becomes the Principal Philanthropist: The Effects of Public Funding on Patterns of Nonprofit Governance, *Pubic Administration Review*, May-June.

Guo, C., and Musso, J.A. (2007). Representation in Nonprofit and Voluntary Organizations: A Conceptual Framework, *Nonprofit and Voluntary Sector Quarterly*, Vo. 36, No. 2, June.

Hage, J. (1998). Reflection on Emotional Rhetoric and Boards for Governance of NPOs, Walter W. Powell and Elisabeth S. Clemens(ed.), *Private Action and the Public Good*, Yale University Press.

Handy, F. (1995). Reputation as Collateral: An Economic Analysis of the Role of Trustees of Nonprofits, *Nonprofit and Voluntary Sector Quarterly*, Vol. 24, No. 4, Winter.

Harlan, S.L., Judith R.Saidel, J.R. (1994). Board Member's Influence on the Government—Nonprofit Relationship, *Nonprofit Management and*

Leadership, Vol. 5, No. 2, Winter.

Harris,E.E. (2014). The Impact of Board Diversity and Expertise on Nonprofit Performance, *Nonprofit Management and Leadership,* Vol. 25, No. 2, Winter.

Harris, M. (1989). The Governing Body Role: Problems and Perceptions in Implication, *Nonprofit and Voluntary Sector Quarterly,* Vol. 18, No. 4, December.

Harris, M. (1993). Clarifying the Board Role: A Total Activities Approach, D.R. Young and others, *Governing, Leading, Managing Nonprofit Organizations, New Insights from Research and Practice,* Jossey-Bass Publishers.

Harris, M. (1993). Exploring the Role of Boards Using Total Activities Analysis, *Nonprofit Management and Leadership.* Vol. 3, No. 3, Spring.

Harris, M. (1999). Voluntary Sector Governance-Problems in Practice and Theory in the United Kingdom and North America, David Lewis(ed.), *International Perspectives on Voluntary Action, Reshaping the Third sector,* Earthscan, 2009 edition.

Harrison,Y.D., and Murray,V. (2007). The Role and Impact of Chairs of Nonprofit Organization Boards of Directors: An Empirical Investigation, Conference Paper Association for Researchers in Nonprofit Organizations and Voluntary Action (ARNOVA) Atlanta, GA(2007.11.14)

Harrison,Y.D., Murray, V. (2012). Perspectives on the Leadership of Chairs of Nonprofit Organization Boards of Directors, A Grounded Theory Mixed-Method Study, *Nonprofit Management and Leadership,* Vol. 22, No. 4, Summer.

Harrison, Y.D., et al. (2014). The role and impact of chairs of nonprofit boards, Chris Cornforth and William A.Brown(eds.), *Nonprofit Governance, Innovative perspectives and approaches,* Routledge.

Heimovics, R.D., and Herman, R.D. (1990). Responsibility for Critical Events in Nonprofit Organizations, *Nonprofit and Voluntary Sector Quarterly,* Vol. 19, No. 1, March.

Heimovics R.D., et al. (1993). Executive Leadership and Resource

Dependence in Nonprofit Organizations: A Frame Analysis, *Public Administration Review*, September–October, Vol. 53, No. 5.

Helmig, B., et al. (2004). Challenges in Managing Nonprofit Organizations: A Research Overview, *Voluntas*, Vol. 15, No. 2, June.

Hendry, K., Kiel, J.C. (2004). The Role of the Board in Firm Strategy: integrating agency and organizational control perspectives, *Corporate Governance*, Vol. 12, No. 4, October.

Heracleous, L. (2001). What is the Impact of Corporate Governance on Organizational Performance?, Conference Papers, Vol. 9, No. 3, July.

Herman, R.D., and Tulipana, F.P. (1985). Board-Staff Relations and Perceived Effectiveness in Nonprofit Organizations, *Journal of Voluntary Action Reseach*, 14.

Herman, R.D. (1985). Board Functions and Board-Staff Relations in Nonprofit Organizations: An Introduction. Robert D. Herman, Van Till, J. (ed.). *Nonprofit Boards of Directors, Analyses and Applications*, Transaction Publishers.

Herman, R.D. (1985). Concluding Thoughts on Closing the Board Gap, Robert D. Herman, Van Till, J. (ed.). *Nonprofit Boards of Directors, Analyses and Applications*, Transaction Publishers.

Herman, R.D., Van Till, J. (ed.). *Nonprofit Boards of Directors, Analyses and Applications*, Transaction Publishers.

Herman, R.D., and Renz, D.O. (1997). Multiple Constituencies and the Social Construction of Nonprofit Organization Effectiveness, J. Steven Ott(ed.). (2001). *Understanding Nonprofit Organizations, Governance, Leadership, and Management*, Westview Press.

Herman, R.D. (1990). Methodological Issues in Studying the Effectiveness of Nongovernmental and Nonprofit Organizations, *Nonprofit and Voluntary Sector Quarterly*, Vol. 19, No, 3, Fall.

Herman, R.D., and Heimovics, R.D. (1994). A cross-national study of a method for researching non-profit organizational effectiveness, *Voluntas*, Vol. 5, No. 1.

Herman, R.D., Renz, D.O. (1998). Nonprofit Organizational Effectiveness:

Contrasts Between Especially Effective and Less Effective Organizations, *Nonprofit Management and Leadership*, Vol. 9, No. 1, Fall.

Herman, R.D., and Renz, D.O. (1999). Theses on Nonprofit Organizational Effectiveness, *Nonprofit and Voluntary Sector Quarterly*, Vol. 28, No. 2, June.

Herman, R.D., and Renz, D.O. (2000). Board Practices of Especially Effective and Less Effective Local Nonprofit Organizations, *American Review of Public Administration*, June, Vol. 30, Issues 2.

Herman, R.D. and Renz, D.O. (2004). Doing Things Right: Effectiveness in Local Nonprofit Organizations, a Panel Study, *Public Administration Review*, November–December, Vol. 64, No. 6.

Herman, R.D., Renz, D.O. (2008). Advancing Nonprofit Organizational Effectiveness Research and Theory, Nine Theses, *Nonprofit Management and Leadership*, Vol. 18, No. 4, Summer.

Hiland, M.L. (2006). *Board Chair-Executive Director Relationships: Are There Interpersonal Dynamics That Contribute to Creating Social Capital in Nonprofit Organizations?* Doctoral Fielding Graduate University, Dissertation

Hiland, M.L. (2006). Effective Board Chair-Executive Director Relationships: Not About Roles!, *Nonprofit Quarterly*, Winter, 12.21.

Hiland, M.L. (2006). The Board Chair-Executive Director Relationship: Dynamics That Create Value for Nonprofit Organizations, *Journal of Nonprofit Management*, 12(1).

Hillman, A.J., Dalziel, T. (2003). Boards of Directors and Firm Performance: Integrating Agency and Resource Dependence Perspectives, *Academy of Management Review*, Vol. 28, No. 3.

Holland, T.P., et al. (1993). Culture and Change in Nonprofit Boards, *Nonprofit Management and Leadership*, Vol. 4, No. 2, Winter.

Holland, T.P., Jackson, D.K. (1998). Strengthening Board Performance, Findings and Lessons from Demonstration Projects, *Nonprofit Management and Leadership*, Vol. 9, No. 2, Winter.

Hopt, K.J. (2010). The board of nonprofit organizations: some corporate governance thoughts from Europe, Klaus J.Hopt and ThomasVon Hippel, *Comparative Corporate Governance of Non-Profit Organizations*, Cambridge University Press.

Hough, A. (2006). In Search of Board Effectiveness. *Nonprofit Management and Leadership*, Vol. 16, No. 3, Spring.

Houle, C.O. (1989). *Governing Boards, Their Nature and Nurture*, Jossey-Bass Inc., Publishers.

Houle, C.O. (1990). How Effective Is Your Board?, A Rating Scale, *Nonprofit World*, Vol. 8, No. 5, September–October.

Hoye, R. (2004). Leader-Member Exchanges and Board Performance of Voluntary Sport Organizations, *Nonprofit Management and Leadership*, Vol. 15, No. 1, Fall.

Hung, H. (1998). A Typology of the theories of the roles of governing boards, *Scholarly Research and Theory Papers*, Vol. 6, No. 2.

Huse, M., et al. (2011). New perspectives on board research: changing the research agenda, *Journal of Management and Governance*, 15, 1.

Hyndman, N., McDonnell, P. (2009). Governance and Charities: An Exploration of Key Themes and The Development of a Research Agenda, *Financial Accountability & Management*, 25(1).

Iecovich, E.,(2005). Environmental and Organizational Features and Their Impact on Structural and Functional Characteristics of Boards in Nonprofit Organizations, *Administration in Social Work*, Vol. 29(3).

Iecovich, E., and Bar-Mor, H. (2007). Relationships Between Chairpersons and CEOs in Nonprofit Organizations, *Administration in Social Work*, Vol. 31(4).

Inglis, S.et al. (1999). Roles and Responsibilities of Community Nonprofit Boards, *Nonprofit Management and Leadership*, Vol. 10, No. 2, Winter.

Inglis, S., Weaver, L. (2000). Designing Agendas to Reflect Board Roles and Responsibilities, Results of a Study, *Nonprofit Management and Leadership*, Vol. 11, No. 1, Fall.

Inglis, S., Cleave, S. (2006). A Scale to Assess Board Member Motivations in Nonprofit Organizations, *Nonprofit Management and Leadership*, Vol.

17, No. 1, Fall.

Jackson, D.K., and Holland, T.P. (1998). Measuring the Effectiveness of Nonprofit Boards, *Nonprofit and a Voluntary Sector Quarterly,* Vol. 27, No. 2, June.

Jager, U.P., Rehli,F. (2012). Cooperative Power Relations Between Nonprofit Board Chairs and Executive Directors, *Nonprofit Management and Leadership,* Vol. 23, No. 2, Winter.

Jaskyte, K. (2012). Boards of Directors and Innovation in Nonprofit Organizations, *Nonprofit Management and Leadership,* Vol. 22, No. 4, Summer.

Jeffrey, C., and Falk, H. (1993). Agency and Efficiency in Nonprofit Organizations, *The Accounting Review* January, 68, 1.

Jeffrey L., et al. (2010). The Contexual Impact of Nonprofit Board Composition and Structure on Organizational Performance: Agency and Resource Dependence Perspectives, *Voluntas,* Vol. 21, No. 1, March.

Jegers, M. (2009). "Corporate" Governance in Nonprofit Organizations, A Nontechnical Review of the Economic Literature, *Nonprofit Management and Leadership,* Vol. 20, No. 2, Winter.

Jehn, K.A. (1995). A Multimethod Examination of the Benefits and Detriments of Intragroup Conflict, *Administrative Science Quarterly,* 40, 2, June.

Jonker, K., & Meehan Ⅲ, W.F. (2014). A Better Board Will Make You Better, *Stanford Social Innovation Review,* Mar. 5.

Kang, C.H. & Cnaan, R.A. (1995). New Findings on Large Human Service Organization Boards of Trustees, *Administration in Social Work,* Vol. 19 (3).

Kanter, R.M. (1979). The Measurement of Organizational Effectiveness, Productivity, Performance and Success: Issues and Dilemmas in Service and Non-Profit Organizations, *PONPO Working Paper No. 8 and ISPS Working Paper* No. 208.

Kaplan, R.S. (2001). Strategic Performance Measurement and Management in Nonprofit Organizations, *Nonprofit Management and Leadership,* Vol. 11,

No. 3, Spring.

Kay, J., and Silberston, A. (1995). Corporate Governance, *National Institute Economic Review,* August.

Koch, F.E. (2003). Building a Strong Board-Exec Relationship, *Nonprofit World,* Vol. 21, No. 4.

Kramer, R.M. (1975). Ideology, Status, and Power in Board-Executive Relationships, Ralph M. Kramer, Harry Specht(eds.), *Readings in Community Organization Practice,* Second Edition, Prentice-Hall, Inc.

Kramer, R.M. (1985). Toward a Contingency Model of Board－Executive Relations, *Administration in Social Work,* Vol. 9(3).

Kreutzer, K. (2009). Nonprofit Governance During Organizational Transition in Voluntary Associations, *Nonprofit Management and Leadership,* Vol. 20, No. 1, Fall.

Kreutzer, K., Jacobs, V. (2011). Balancing Control and Coaching in CSO Governance, A Paradox Perspective on Board Behavior, *Voluntas,* Vol. 22, No. 4, December.

Kumar, S., Nunan, K. (2002). *A Lighter touch, An evaluation of the Governance Project,* Joseph Rowntree Foundation/YPS.

Leat, D. (1993). *Managing Across Sectors: Similarities And Differences Between For-Profit And Voluntary Non-Profit Organizations,* City University Business School, March.

Lechem, B. (2002). *Chairman of the Board, A Practical Guide,* John Wiley & Sons, Inc.

Lecy, J.D., Schmitz, H.P., Swedlund, H. (2012). Non-Government and Not-for-Profit Organizational Effectiveness: A Modern Synthesis, *Voluntas,* Vol. 23, No. 2, June.

Leduc, R.F., and Block, S.R. (1985). Conjoint Directorship: Clarifying Management Roles Between the Board of Directors and the Executive Director, *Nonprofit Voluntary Sector Quarterly,* Vol. 14, No. 4, October.

Leduc, R.F. (1999). *The Distribution of Leadership in Nonprofit Organizations between The Chair and The Executive Director,* University of Colorado at Denver.

Leslie, D.R., Holland, T.P. (1994). Exploring The Impact of Board Development upon Board Effectiveness, ARNOVA, Annual Conference.

Levin, H. (1985). The Board-Executive Relationship Revisited, Simon Slavin(ed.) *An Introduction to Human Services Management,* The Haworth Press.

Lichtsteine, H., Lutz, V. (2012). Use of Self-Assessment by Nonprofit Organization Boards, The Swiss Case, *Nonprofit Management and Leadership,* Vol. 22, No. 4, Summer.

Light, M. (2001). *The Strategic Board: The Step-by-Step Guide to High-Impact Governance,* John Wiley & Sons, Inc.

Luckerath-Rovers, M., et al. (2009). Non-executive Directors in the Profit and Non-profit Sector: A Different Approach Towards Governance?, *Management Online Review,* December.

Maitlis, S. (2004). Taking it from the Top: How CEOs influence (and Fail to influence) Their Boards, *Organization Studies,* 25(8).

Marc, B.H. et al. (2004). Challenges in Managing Nonprofit Organizations: A Research Overview, *Voluntas,* Vol. 15, No. 2, June.

Mascotte, J.P. (1985). The Importance of Board Effectiveness in Not-For-Profit Organizations, R.D.Herman and J.V.Til, *Nonprofit Boards of Directors,* Transaction Publishers.

Mastracci, S.H., Cedric Herring, C. (2010). Nonprofit management practices and work processes to promote gender diversity, *Nonprofit Management and Leadership,* Vol. 21, No. 2, Winter.

Mathiasen, K.Ⅲ. (1998). *Board Passages: Three Key Stages in a Nonprofit Board's Life Cycle,* Management Assistance Group, National Center of Nonprofit Boards: Fifth printing.

McCambridge, R. (2004). Underestimating the Power of Nonprofit Governance, *Nonprofit and Voluntary Sector Quarterly,* Vol. 33, No. 2, June.

McClusky, J.E. (2002). Re-Thinking Nonprofit Organization Governance: Implications for Management and Leadership, *International Law Journal of Public Administration,* 25(4).

McFarlan, F.W. (1999). Working on Nonprofit Boards: Don't Assume the

Shoe Fits, *Harvard business Review*, November-December.

McNamara, C. (2003). Suggestions to Enhance Working Relationship Between Board Chair and Chief Executive, Retrieved March, from url www.managemnthelp.org.

Middlenton, M. (1987). Nonprofit Boards of Directors: Beyond the Governance Function, Walter W. Powell(ed.), *Nonprofit Sector, A Research Handbook*, Yale University Press.

Miller, L.E., et al. (1988). Boards of Directors in Nonprofit Organizations: Composition, Activities, and Organizational Outcomes, *Nonprofit and Voluntary Sector Quarterly*, Vol. 17, No. 3_4, July.

Miller, J.L. (2002). The Board as a Monitor of Organizational Activity, The Applicability of Agency Theory to Nonprofit Boards, *Nonprofit Management and Leadership*, Vol. 12, No. 4, Summer.

Miller, J.L. (2002). Who "Owns" Your Nonprofit?, *Nonprofit Quarterly*, 9.

Miller-Millesen, J.L. (2003). Understanding the Behavior of Nonprofit Boards of Directors: A Theory-Based Approach, *Nonprofit and Voluntary Sector Quarterly*, Vol. 32, No 4, December.

Miller, J.L., and Faerman, S.R. (2003). Making Good Board Choices: A Competing Values Approach. *Nonprofit Quarterly*, 10.

Millesen, J.L. (2004). Sherpa? Shepherd? Conductor? Circus Master? Board Chair, GOVERNANCE/VOICE, 21 December. (*The Nonprofit Quarterly, Winter*)

Milliken, F.J., and Martins, L.L. (1996). Searching for Common Threads: Understanding the Multiple Effects of Diversity in Organizational Groups, *The Academy of Management Review*, Vol. 21, No. 2, April.

Ming-sum Tsui., et al. (2004). In search of an optimal model for board-executive relations in voluntary human service organizations, *International social Work*, 47(2), April.

Mole, V. (2003). What are chief executives' expectation and experiences of their board?, Chris Cornforth(ed.), *The Governance of Public and Non-Profit Organizations, What do boards do?*, Routledge.

Mordaunt, J., Cornforth, C. (2004). The Role of Boards in the Failure and

Turnaround of Non-Profit Organizations, *Public Money & Management*, 24: 4.

Murray, V., Bradshaw,P., Wolpin, J. (1992). Power in and Around Nonprofit Boards: A Neglected Dimension of Governance, *Nonprofit Management and Leadership*, Vo. 3, No. 2, Winter.

Murray, V., and Bradshaw, P. (1995). Core Groups: An Overlooked Key to Board Effectiveness, *Nonprofit World*, Vol. 13, No. 3, June.

Murray, V. (2001). Governance of Nonprofit Organizations, J. Steven Ott (ed.), *Understanding Nonprofit Organizations, Governance, Leadership, and Management*, Westview Press.

Murray, V. (2005). Evaluating the Effectiveness of Nonprofit Organizations, Robert D. Herman & Associates, *The Jossey-Bass Handbook of Nonprofit Leadership & Management*, Jossey-Bass.

Murray, V., Harrison, Y. (2014). *Guidelines for Improving the Effectiveness of Board of Directors of Nonprofit Organizations*, Open SUNY Textbook.

Nicholson, G., et al. (2012). The Nonprofit Board as a Team, Pilot Results and Initial Insights, *Nonprofit Management and Leadership*, Vo. 22, No. 4, Summer.

Nobbie, P.D., Brudney, J.L. (2003). Testing the Implementation, Board Performance, and Organizational Effectiveness of the Policy Governance Model in Nonprofit Boards of Directors, *Nonprofit and Voluntary Sector Quarterly*, Vol. 32, No 4, December.

Oliver, C. (2002). Policy Governance and Other Governance Models Compared, *Board Leadership*, No. 64, Nov.-Dec.

Olson, D.E. (2000). Agency theory in the not-for-profit sector: its role at independent colleges, *Nonprofit and Voluntary Sector Quarterly*, Vol. 29 No. 2, June.

O'Regan, K., Oster, S.M. (2005). Does the Structure and Composition of the Board Mater?, The Case of Nonprofit Organizations, *The Journal of Law, Economics, & Organization*, Vol. 21, No. 1.

Oster, S.M. (1995). *Strategic Management for Nonprofit Organizations*, Oxford University Press.

Ostrower, F., Stone, M.M. (2006). Governance: Research Trends, Gaps, and Future Prospects, Walter.W.Powell and Richard Steinberg(eds.), *The Nonprofit Sector: A Research Handbook*(2nd ed.), New Haven,Conn: Yale University Press.

Ostrower, F., and Stone, M.M. (2010). Moving Governance Research Forward: A Contingency-Based Framework and Data Application, *Nonprofit and Voluntary Sector Quarterly*, Vol. 39, No. 5, October.

Ostrowski, M.R. (1990). Nonprofit Boards of Directors, DavidL. Gies, J. StevenOtt, Jay M. Shafritz(eds), *The Nonprofit Organization: Essential Readings*, Pacific Grove, Calif.:Brools/Cole.

Otto, S. (2003). Not so very different, A comparison of roles of chairs of governing bodies and managers in different sectors, Cornforth, C.J. (ed.). *The Governance of Public and Non-Profit Organizations, What do Boards do ?*, Routledge.

Panel on Accountability and Governance in the Voluntary Sector. (1999). *Building on Strength: Improving Governance and Accountability in Canada's Voluntary Sector*, Final Report, February.

Pearce, J.L., and Rosener, J. (1985). Advisory Board Performance: Managing Ambiguity and Limited Commitment in Public Television, Robert Dean Herman and Jon Van Til, (eds.), *Nonprofit Boards of Directors, Analyses and Applications*, Transaction Publishers.

Peregrine, M.W. (2009). Respecting the Line Between Governance and Management, *The Governance Institute's E-Briefings*, Vol. 6, No. 3, May.

Pettigrew, A., and McNulty, T. (1995). Power and Influence in and Around the Boardroom, *Human Relations*, August, 48, 8.

Plambeck, D.L. (1985). The Implication of Board Member Composition for Fund-Raising Success, Robert Dean Herman and Jon Van Til, (eds.), *Nonprofit Boards of Directors, Analyses and Applications*, Transaction Publishers.

Pointer, D.D., Orlikoff, J.E. (2002). *The High-Performance Board, Principles of Nonprofit Organization Governance*, The Jossey-Bass.

Preston, J.B., Brown, W.A. (2004). Commitment and Performance of

Nonprofit Board Members, *Nonprofit Management and Leadership,* Vol. 15, No. 2, Winter.

Provan, K.G., Kenis, P. (2007). Modes of Network Governance: Structure, Management, and Effectiveness, *Journal of Public Administration Research and Theory,* 18.

Puyvelde, S.V., et al. (2012). The Governance of Nonprofit Organizations: Integrating Agency Theory With Stakeholder and Stewardship Theories, *Nonprofit and Voluntary Sector Quarterly,* Vol. 41, No 3, June.

Reid, W., and Turbide, J. (2012). Board/Staff Relationships in a Growth Crisis: Implications for Nonprofit Governance, *Nonprofit and Voluntary Sector Quarterly,* Vol. 41, No 1, February.

Reid, W., and Trbide,J. (2014). Dilemmas in the board-staff dynamics of nonprofit governance, Chris Cornforth and William A.Brown. (eds.), *Nonprofit Governance Innovative perspectives and approaches,* Routledge.

Renz, D.O. (1999). Adding a Few Pieces To The Puzzle: Some Practical Implications of Recent Governance Research, *The New England Non-profit Quarterly,* 6(2).

Renz, D.O. (2007). Nonprofit Governance and the Work of the Board, *Midwest Center for Nonprofit Leadership.*

Renz, D.O. (2012). Introduction, Special –Theme on nonprofit boards and governance, *Nonprofit Management and Leadership,* Vol. 22, No. 4, Summer.

Renz, D.O., and Andersson, F.O. (2014). Nonprofit Governance, A review of the field. Chris Cornforth and William A. Brown(eds.), *Nonprofit Governance, Innovative perspectives and approaches,* Routledge.

Riggio, R.E., Orr, S.S. (eds.). (2004). *Improving Leadership in Nonprofit Organizations,* Jossey-Bass.

Roberts, J., and Stiles, P. (1999). The Relationship between Chairmen and Chief Executives: Competitive or Complementary Roles ?, *Long Range Planning,* Vol. 32, No. 1.

Robinson, M.K. (2001). *Nonprofit Boards That Work, The End of One-Size –Fits-All Governance,* John Willey & Sons, Inc.

Rochester, C. (2003). The role of boards in small voluntary organizations. Cornforth, C.J. (ed.), *The Governance of Public and Non-Profit Organizations, What do boards do?* Routledge.

Rojas, R.R. (2000). A Review of Models for Measuring Organizational Effectiveness Among For-Profit and Nonprofit Organizations, *Nonprofit Management and Leadership*, Vol. 11, No. 1, Fall.

Roland, J.K., and Poole, P.P. (1996). Exploring Structure-Effectiveness Relationships in Nonprofit Arts Organizations, *Nonprofit Management and Leadership*, Vol. 7, No 2, Winter.

Ronald K., .et al. (1997). Towards a Theory of Stakeholder Identification and Salience: Defining the Principle of Who and What Really Counts, *Academy of Management Review*, Vol. 22, No. 4.

Rosenthal, L. (2012). *Nonprofit Corporate Governance: The Board's Role*, Harvard Law School Forum on Corporate Governance and Financial Regulation.

Rowe, W.J., and Dato-On, M.C. (2013). *Introduction To Nonprofit Management*, Sage.

Ryan, W.P. (1999). Is That All There Is?, Searching for More Useful Governance Strategies Beyond the Board Room, *The New England Nonprofit Quarterly*, 6(2).

Saidel, J.R. (1993). The Board Role in Relation to Government: Alternative Models, D.R.Young et al. *Governing, Leading, Managing Nonprofit Organizations, New Insights from Research and Practice*, Josssey-Bass Publishers.

Saidal, J.R. (1996). Outgrowing Governing Board, A Conundrum, Miriam M. Wood(ed.), *Nonprofit Boards and Leadership Cases on Governance, Change, and Board-Staff Dynamics*, Jossey-Bass Publishers.

Saidel, J.R., Sharon L.Harlan, S.L. (1998). Contracting and Patterns of Nonprofit Governance, *Nonprofit Management and Leadership*, Vol. 8, No. 3, Spring.

Salamon, L.M. (2001). The nonprofit sector at a crossroads: the case of America, H.K. Anheier and J. Kendall(eds.), *Third Sector Policy at the*

Crossroads, An international nonprofit analysis, Routledge.

Salamon, L.M. (2005). The Changing Context of American Nonprofit Management, Robert D.Herman & Associates, *The Jossey-Bass Handbook of Nonprofit Leadership & Management,* Second Edition, Jossey-Bass.

Scott, K.T. (2000). *Creating Caring & Capable Boards, Reclaiming the Passion for Active Trusteeship,* Jossey-Bass.

Senor, J.M. (1963). Another Look at the Executive-Board Relationship, *Social Work* 8, No. 2, April.

Sharon, L.H., Saidel, J.R. (1994). Board Member's Influence on the Government –Nonprofit Relationship, *Nonprofit Management and Leadership,* Vol. 5, No. 2, Winter.

Sharp, C.A. (2005). Evaluation of the Contribution of Governance to Organizational Performance, Paper presented at the Australasian Evaluation Society, International Conference 10-12 October- Brisbane, Queensland.

Sheehan, Jr., R.M. (1996). Mission Accomplishment as Philanthropic Organization Effectiveness: Key Findings From the Excellence in Philanthropy Project, *Nonprofit and Voluntary Sector Quarterly,* Vol. 25, No. 1, March.

Siciliano, J.I. (1996). The Relationship of Board Member Diversity to Organizational Performance, *Journal of Business Ethics;* December, 15, 12.

Siciliano, J.I. (2008). A Comparison of CEO and Director Perceptions of Board Involvement in Strategy, *Nonprofit and Voluntary Sector Quarterly,* Vol. 37, No. 1, March.

Siebart, P. (2005). Corporate Governance of Nonprofit Organizations: Cooperation and Control, *International Journal of Public Administration,* 28.

Sivertsen, S. (1996). Governance Issues Seen from a Management Perspective, *Review of International Co-operation,* Vol. 89, No. 4.

Skidmore, E. (1999). Board Leadership 2000-Critical Roles for the New Century, Nadia Ehrlich Finkelstein,et al. (eds.). *The New Board, Changing Issues, Roles and Relationships,* The Haworth Press, Inc.

Snyder, G.R. (2006). *Nonprofits: On The Brink, How Nonprofits have lost their way and some essentials to bring them back,* iUniverse, Inc.

Spear, R. (1996). Democratic Governance in Member Based Organizations, *Paper to ICA Research Conference,* Estonia, September.

Spear, R., et al. (2009). The Governance Challenges of Social Enterprises: Evidence From A UK Empirical Study, *Annals of Public and Cooperative Economics,* 80:2.

Steane, P.D., and Christie, M. (2001). Nonprofit Boards in Australia: a distinctive governance approach, *Corporate Governance: An International Review,* Vol. 9, No. 1, January.

Stein, H.D. (1985). Board, Executive, and Staff, Simon Slavin(ed.) *An Introduction to Human Services Management,* The Haworth Press.

Steinberg, R. (1990). Profits and Incentive Compensation in Nonprofit Firms, *Nonprofit Management and Leadership,* Vol. 1, No. 2, Winter.

Steinberg, R. (2010). Principal-agent theory and nonprofit accountability, Klaus J. Hopt and ThomasVon Hippel, *Comparative Corporate Governance of Non-Profit Organizations,* Cambridge University Press.

Stewart, R. (1991). Chairmen and Chief Executives: An Exploration of Their Relationship, *Journal of Management Studies,* 28:5, September.

Stoesz, E. (2007). *Doing Good Even Better, How to be an Effective Board Member of a Nonprofit Organization,* Good Books.

Stone, M.M. (1991). The Propensity of Governing Boards to Plan, *Nonprofit Management and Leadership,* Vol. 1, No. 3, Spring.

Stone, M.M. (1996). Competing Contexts: The Evolution of a Nonprofit Organization's Governance System in Multiple Environments, *Administration & Society,* Vol. 28, No. 1, May.

Stone, M.M. (2005). *Nonprofit Governance: What We Know, Where We Go,* Keynote Address University of Missouri-Kansas City Conference on Governance, March 31-April 1.

Stone, M.M., and Ostrower, F. (2007). Acting in the Public Interest?, Another Look at Research on Nonprofit Governance. *Nonprofit and Voluntary Sector Quarterly,* Vol. 36, No. 3, September.

Stone, M.M., et al. (2014). Adaptive governance in collaborations, Design propositions from research and practice, Chris Cornforth and William A.

Brown, (eds.). *Nonprofit Governance, Innovative perspectives and approaches,* Routledge.

Sundaramurthy, C., and Lewis, M. (2003). Control and Collaboration: Paradoxes of Governance, *Academy of Management Review,* Vol. 28. No. 3.

Taylor, B.E., Chait, R.P. and Holland, T.P. (1991). Trustee Motivation and Board Effectiveness, *Nonprofit and Voluntary Sector Quarterly,* Vol. 20, No. 2, June.

Taylor, B.E., Chait, R.P., and Holland, T.P. (1994). The New Work of the Nonprofit Board, *Harvard Business Review on Nonprofits.*

Theuvsen, L. (2004). Doing Better While Doing Good: Motivational Aspects of Pay-for-Performance Effectiveness in Nonprofit Organizations, *Voluntas,* Vol. 15, No. 2, June.

Toepler, S. (2005). Called to Order A Board President in Trouble, *Nonprofit Management and Leadership,* Vol. 15, No. 4, Summer.

Tropman, J., and Harvey, T.J. (2009). *Nonprofit Governance, The Why, What, and How of Nonprofit Boardship,* Co-published by Corby Books, University of Scranton Press.

Tsui, Ming-sum, et al. (2004). In search of an optimal model for board-executive relations in voluntary human service organizations, *International Social Work ,* 47(2), April.

Unterman, I., Davis, R.H. (1982). The strategy gap in not-for-profits, *Harvard Business Review,* May-June.

Unterman, I., Davis, R.H. (1984). *Strategic Management of Not-For-Profit Organizations, From Survival to Success,* Praeger.

Vidovich, L. Currie, J. (2012). Governance Networks Interlocking Directorships of Corporate and Nonprofit Boards, *Nonprofit Management and Leadership,* Vol. 22, No. 4, Summer.

Wellens, L. & Jegers, J. (2011). Beneficiaries' participation in nonprofit organizations: A theory-based approach, *Public Money & Management,* 31:3.

Werther, W.B., JR., and Berman, E.M. (2001). *Third Sector Management, The Art of Managing Nonprofit Organizations,.* Georgetown University

Press.

Werther, W.B., JR., & Berman, E.M. (2004). Leading the Transformation of Boards, *Nonprofit World*, Vol. 22, No. 2, March/April.

Widmer, C. (1993). Role Conflict, Role Ambiguity, and Role Overload on Boards of Directors of Nonprofit Human Service Organizations, *Nonprofit and Voluntary Sector Quarterly*, Vol. 22, No. 4, Winter.

Widmer, C., Houchin, S. (2000). *The Art of Trusteeship*, Jossey-Bass.

Williams, L.D. (1999). Alternative Board Structures to Accommodate New Demands, N.E.Finkelstein,et al. (eds.). *The New Board, Changing Issues, Roles and Relationships*, The Haworth Press, Inc.

Wood, M.M. (1989). The Governing Board's Existential Quandary: An Empirical Analysis of Board Behavior in the Charitable Sector, PONPO Working Paper No. 143 and ISPS Working Paper No. 2143, May.

Wood, M.M. (ed.). (1996). *Nonprofit Boards and Leadership Cases on Governance, Change, and Board-Staff Dynamics*, Jossey-Bass Publishers.

Worth, M.J. (2009). *Nonprofit Management, Principles and Practice*, Sage.

Wright, B.E.,Millesen, J.L. (2008). Nonprofit Board Role Ambiguity: Investigating the Prevalence, Antecedents, and Consequences, *The American Review of Public Administration*, Vol. 38, No. 3.

Young, D.R. (1993). The First Three Years of NML: Central Issues in the Management of Nonprofit Organizations, *Nonprofit Management and Leadership*, Vol. 4, No. 1, Fall.

Young, D.Y. (2011). The Prospective Role of Economic Stakeholders in the Governance of Nonprofit Organizations, *Voluntas*, Vol. 22, No. 4, December.

Young, G.J., et al. (2000). Board of directors and the adoption of a CEO performance evaluation process: Agency—and institutional—theory perspectives, *Journal of Management Studies*, Vol. 37, No. 2.

Zahra, S.A., Pearce II, J.A. (1989). Boards of Directors and Corporate Financial Performance: A Review and Integrative Model, *Journal of Management*, Vol. 15, No. 2.

Zald, M.N. (1969). The Power and Functions of Boards of Directors: A Theoretical Synthesis, *American Journal of Sociology*, Vol. 74.

Zander, A. (1993). *Making Boards Effective, The Dynamics of Nonprofit Governing Boards,* Jossey-Bass Publishers.

Zimmermann, Jo An M., Stevens, B.W. (2008). Best Practices in Board governance Evidence from South Carolina, *Nonprofit Management and Leadership,* Vol. 19, No. 2, Winter.

堀田 和宏（ほった・かずひろ）
近畿大学名誉教授・非営利法人研究学会会長

近畿大学名誉教授、商学博士。非営利法人研究学会会長。神戸大学大学院
経営学研究科博士課程修了。主著に『フランス公企業の成立』（ミネルヴァ
書房、1974年）、『公益企業の新領域』（編著、千倉書房、1975年）、『非
営利組織の理論と今日的課題』（公益情報サービス、2012年）。翻訳に
N.W.チェンバレン『企業と環境―変化と相互作用の理論―』（共訳、ダイ
ヤモンド社、1974年）、R.D.ハーマン／R.D.ヘイモビックス『非営利組織
の経営者リーダーシップ』（共訳、森山書店、1998年）、公益企業・公企業・
非営利組織に関する論文多数。

非営利組織理事会の運営
その向上を求めて
　　　　　　　　　　　　　　　　　　　　　　《検印省略》

平成29年4月27日　初版発行	定価はカバーに表示してあります。

著　者	堀田和宏	
発行者	宮内　章	
発行所	**全国公益法人協会**	

〒103-0027
東京都中央区日本橋3-2-14　日本橋K・Nビル5階
電話 03-3278-8471（代）　FAX 03-3278-8473（業務）
　　　　　　　　　　　　　　　　03-3278-8370（編集）
振替口座 00150-3-97187

装　幀	ヨシミユキ
カバーイラスト	松田水緒

印刷・製本／勝美印刷株式会社　　　落丁・乱丁はお取りかえします。

本書の内容の一部あるいは全部を無断で複写複製することは、著作権及び出版社
の権利の侵害となりますので、その場合は予め弊会あてに許諾を求めてください。

ⒸKazuhiro Hotta 2017 Printed in Japan ISBN 978-4-915668-58-6

◇◇◇ 全国公益法人協会の本 ◇◇◇

非営利組織の財源調達

石崎忠司
成道秀雄
松葉邦敏 [編著]

A5判 290頁 2800円

寄附金控除制度の拡充等、新しい非営利組織の構築が模索されているなか、新時代への柔軟に対応するために必須の書籍。

逐条解説 一般社団・財団法人法

熊谷則一 [著]

A5判 954頁 7315円

すべての実務担当者、行政担当官、専門家が切望した公益・一般法人関係者必携の条文解説書。いま解き明かされる、一般法人法の全容がここに!!

【増補改訂版】
一般社団・財団法人
公益社団・財団法人 の理事会Q&A 精選100

渋谷幸夫 [著]

A5判 464頁 3546円

理事会の制度、権限から開催そして議事録作成等、理事会運営の全てをQ&A形式で網羅。改正一般法人法・登記規則も含めて解説を一新!!

（価格は税抜）